1916 PUBLICATION MENSUELLE N° SUPPLÉMENTAIRE

RECUEIL GÉNÉRAL DES LOIS ET DES ARRÊTS

EN MATIÈRE CIVILE, CRIMINELLE, ADMINISTRATIVE ET DE DROIT PUBLIC

FONDÉ PAR

J.-B. SIREY

Rédacteur en chef :
O. DE GOURMONT, docteur en droit.

Secrétaires de la rédaction :
D. DECHEZELLE, docteur en droit, avocat à la Cour d'appel de Paris.
G. LASSAIGNE, docteur en droit.

LÉGISLATION DE LA GUERRE DE 1914-1916

TROISIÈME VOLUME

(1er septembre 1915 — 15 fevrier 1916)

LIBRAIRIE
DE LA SOCIETE DU
RECUEIL SIREY
Anne Mon LAROSE ET FORCEL
LÉON TENIN, directeur
22, RUE SOUFFLOT, PARIS, 5e arr.

LÉGISLATION

DE LA

GUERRE DE 1914-1916

LOIS, DÉCRETS, ARRÊTÉS MINISTÉRIELS

ET CIRCULAIRES MINISTÉRIELLES

Avec références au *Recueil Sirey*, au *Journal du Palais* et aux *Pandectes françaises*

3e VOLUME

(1er septembre 1915. — 15 février 1916)

LIBRAIRIE
DE LA SOCIÉTÉ DU
RECUEIL SIREY
Anne Mon LAROSE ET FORCEL
LÉON TENIN, directeur
22, RUE SOUFFLOT, PARIS, 5e arr.

LÉGISLATION

DE LA GUERRE DE 1914-1915

(1er septembre 1915)

GUERRE, GUERRE FRANCO-ALLEMANDE, DOMMAGES DE GUERRE, RÉPARATION.

CIRCULAIRE *relative à l'application du décret du 20 juill. 1915, concernant la constatation et l'évaluation des dommages résultant des faits de guerre.*

(1er septembre 1915). — (Publ. au *J. off.* du 9 sept.).

Le ministre de l'intérieur à MM les préfets des départements où ont eu lieu des dommages résultant de faits de guerre.

Le *Journal officiel* du 23 juillet dernier a publié un nouveau décret, en date du 20 juillet (1), relatif à la constatation et à l'évaluation des dommages résultant des faits de guerre.

Ce décret comprend trois titres et des dispositions générales (art. 32 à 35).

TITRE Ier

Le titre I concerne les dommages causés aux biens des particuliers; dans son ensemble, il reproduit et réunit les dispositions contenues dans les décrets des 4 févr. (2), 8 et 24 mars (3), 22 (4) et 24 avril 1915 (5).

Je vous signale seulement les modifications apportées aux dispositions desdits décrets.

Art. 3 (ancien art. 2 du décret du 4 février).

§ 3. Le délai de quinzaine pour le dépôt de la déclaration, prévu par le décret du 4 fevrier, ayant paru trop court, a été porté par le nouveau décret à un mois.

D'après l'ancien texte, le dépôt pouvait être effectué « par les intéressés, ou, en leur nom, par le maire ou par toute autre personne à laquelle la commission reconnaîtra qualité ». Le décret du 20 juillet stipule que ce dépôt doit être fait « par la personne même victime du dommage, ou, si elle est incapable, par son représentant légal ». On a estimé qu'il convenait de ne pas laisser au maire, ou à toute autre personne, qui, même dans une intention louable, aurait voulu se constituer gérant d'affaires du sinistre, la faculté de déposer la déclaration; on a craint que l'intéressé, s'il n'était pas satisfait de l'évaluation, pût se plaindre ultérieurement de ce que ses droits aient été mal exposés et mal defendus.

§ 5. Ce paragraphe, qui est relatif aux demandes des collectivités, apporte au § 6 (qui lui correspond) de l'art. 2 de l'ancien décret, une modification qui se justifie par cette consideration que, dans ce dernier décret, les règles à suivre pour la constatation des dommages aux biens des établissements publics n'etaient pas indiquées, alors qu'elles font l'objet du titre II du nouveau décret.

§ 6. Ce paragraphe est nouveau; il indique le lieu de dépôt des demandes relatives aux dommages causés à des exploitations industrielles ou forestières s'étendant sur plusieurs communes.

Art. 4 (ancien art 3).

Le dernier paragraphe de cet article détermine les conditions dans lesquelles sont élus les délégués des maires et des conseillers municipaux; ces conditions sont les mêmes que celles qui étaient indiquées à l'avant-dernier paragraphe de l'art. 3 de l'ancien décret pour l'élection des délégués des conseils municipaux; elles sont étendues à l'élection des delégués des maires.

(1) 2e vol., p. 240.
(2) 2e vol., p. 17.
(3) 2e vol , p. 78.
(4) 2e vol., p. 128.
(5) 2e vol., p. 133.

Art. 6 (art. 5 du décret du 4 févr. 1915)

L'art. 6 est relatif à l'instruction de la demande par la commission cantonale.

Je crois devoir à ce sujet formuler deux observations préalables.

1° Si, dans certains cas exceptionnels, la commission estimait nécessaire d'avoir recours à la photographie, et si cela devait entraîner des frais, il conviendrait de m'en référer, et je prendrais moi-même les mesures nécessaires à cet effet;

2° Le serment déféré par la commission constitue un simple moyen d'information; il ne saurait lier les décisions de la commission; celle-ci reste libre de procéder à la constatation et à l'évaluation des dommages par tous autres moyens auxquels elle croirait utile de recourir.

§§ 3 et 5. Les modifications aux §§ 3 et 5 de l'art. 5 de l'ancien décret sont de pure forme et ont seulement pour objet d'apporter plus de précision dans le nouveau texte.

J'appelle votre attention sur une addition et une suppression de paragraphe dans le nouvel article

A. — L'addition à l'ancien texte constitue le § 6 du nouvel article; elle est ainsi conçue : « La commission peut entendre, en outre, sur la demande de l'intéressé, toute personne ayant été habituellement chargée de ses intérêts ».

Ce texte infirme les instructions contenues tant dans ma circulaire du 19 mars 1915 (art. 5, I) (1) que dans mes instructions du 26 avril suivant (p 3), qui reconnaissaient aux victimes du dommage le droit de se faire représenter par un parent ou par un habitant sinistré de la commune. Désormais, les seules personnes que la commission peut entendre sont celles qui « ont été habituellement chargées des intérêts » du réclamant. Vous remarquerez, d'une part, que cette disposition écarte toutes personnes qui n'auraient pas été déjà dans le passé chargées habituellement des intérêts de la victime du dommage, et, à plus forte raison, celles dont le concours et l'intervention ne se seraient manifestés qu'à l'occasion du dommage allégué; d'autre part, la commission a le devoir de vérifier si les personnes dont le sinistré demande l'audition remplissent bien les conditions imposées par le décret, et, dans ce cas, elle a la faculté et non l'obligation de les entendre; elle apprécie souverainement si leur comparution est de nature à lui faciliter sa tâche

A raison des modifications que le § 6 apporte aux instructions précédentes, il y aurait lieu d'apposer un papillon sur la partie de vos affiches qui reproduisent ces instructions; d'ailleurs, sur les exemplaires du décret du 20 juillet dernier que je tiens à votre disposition pour être affichés dans les communes, j'ai fait ajouter, en caractères *italiques*, une « observation importante » qui signale à l'attention du public les modifications dont il s'agit.

B. — Le paragraphe supprimé est le dernier de l'art. 5 du décret du 4 févr 1915, ainsi conçu : « En cas de partage, la voix du président est prépondérante ». En effet, les commissions ne peuvent délibérer que si tous les membres, au nombre de cinq, sont présents; aucun des cinq membres n'a le droit de s'abstenir. Les commissions ne sont pas de simples comités administratifs chargés de donner un avis; les personnes qui ont été appelées à en faire partie ne peuvent se soustraire à l'obligation dans laquelle elles se trouvent de juger D'autre part, lorsqu'un des membres est empêché de siéger, il y a lieu de le remplacer, s'il s'agit d'un membre désigné par le premier président, le ministre de la justice, le ministre de l'intérieur ou le ministre des finances, par un nouveau membre qui sera désigné sur votre demande (V. Circulaire min., 19 mars 1915, art 5, III), et, s'il s'agit d'un délégué des maires ou des conseils municipaux, par les suppléants prévus aux art. 4 et 9 du décret.

J'ajoute que tout membre titulaire, qui a formé une demande d'indemnité sur laquelle la commission dont il fait partie est appelée à statuer, doit être considéré comme empêché de juger, nul ne pouvant être à la fois juge et partie; il y aura donc lieu de le faire remplacer dans les conditions qui viennent d'être indiquées.

Art. 7 (ancien art. 6).

Le § 1er contient une modification de pure forme, qui a seulement pour objet d'apporter plus de précision dans le texte

Art. 10 (ancien art. 9).

Le nouveau texte supprime la prépondérance de la voix du président de la commission départementale. Cette suppression se justifie par les considérations que j'ai exposées *supra* sous l'art. 6

Art. 12 (ancien art. 11).

Le nouvel article limite à quinze jours la durée du délai pendant lequel l'état récapitulatif est tenu à la disposition des intéressés.

Art. 13 et 17.

Ces articles sont relatifs à la commission supérieure; ils réunissent et complètent les dispositions contenues dans l'art. 12 du décret du 4 février et dans les décrets des 24 mars et 22 avril 1915.

J'appelle seulement votre attention sur l'art. 14, qui détermine avec netteté et précision le rôle de la commission supérieure; celle-ci a une double mission :

1° Elle compare les méthodes et les taux d'évaluation adoptés par les différentes commissions;

(1) 2e vol, p. 68.

elle rectifie les erreurs qui auraient pu être commises à cet égard, sans avoir à determiner la réalité et la consistance des dommages ;

2° Elle recherche si les opérations ont été faites en conformité des règles tracées par le decret du 20 février; si elle constate une violation de ces règles, elle peut statuer, soit comme commission de cassation, c'est-à-dire qu'elle annule purement et simplement les opérations irrégulières, en renvoyant les intéressés devant les commissions locales, soit comme commission d'appel, c'est-à-dire qu'elle fixe elle-même l'évaluation, après avoir constaté la réalité et la consistance des dommages.

TITRE II

Le titre II contient les dispositions qui avaient été prévues par l'art. 15 du décret du 4 févr 1915, ainsi conçues : « Les conditions dans lesquelles il sera procedé à l'évaluation des dommages causés aux départements, aux communes, aux établissements publics seront ultérieurement determinées par un règlement d'administration publique spécial ».

Les dispositions du titre II ne paraissent comporter aucune explication complémentaire ; elles sont inspirées, dans leur ensemble, des mêmes principes que ceux sur lesquels ont été établies les règles tracées par le titre Ier pour la constatation et l'évaluation des dommages causés aux biens des particuliers, avec cette différence cependant que l'instruction du premier degré, qui, pour ces derniers biens, est faite par les commissions cantonales, est confiée, lorsqu'il s'agit de dommages aux biens des départements, des communes et des établissements publics, aux soins de l'Administration.

Je vous rappelle ma circulaire du 24 juillet dernier, par laquelle je vous signalais l'intérêt qui s'attache à ce que le conseil géneral procede, dès sa prochaine réunion, à la designation, prévue aux art. 23 et 31, de ses délégués à la commission départementale d'évaluation et de leurs suppléants

TITRE III

Le titre III institue un régime spécial pour la constatation et l'évaluation des dommages causés aux services et aux entreprises de distribution d'eau, de gaz ou d'electricité.

M le ministre des travaux publics adressera directement — et vous transmettra en communication — des instructions aux chefs de services qui seront chargés de proceder à l'instruction des demandes afférentes auxdits dommages

DISPOSITIONS GÉNÉRALES (art. 32 à 36)

Parmi ces dispositions, je signale à votre attention celle de l'art. 33, aux termes de laquelle « les séances des commissions ne sont pas publiques » ; les commissions doivent donc veiller à ce que seuls les intéressés et les personnes dont la présence est indispensable pour la constatation ou l'évaluation des dommages assistent aux séances, et seulement au moment où est discutée l'affaire les concernant.

Quant aux art. 34 et 35, ils reproduisent textuellement des dispositions contenues dans les décrets précédents.

En terminant, je crois devoir faire remarquer que les instructions contenues dans mes circulaires des 19 et 30 mars dernier (1) restent en vigueur en ce qui concerne l'interprétation à donner aux dispositions qui figurent au décret du 4 février, et qui ont été reproduites dans celles du 20 juillet.

ARMÉE, GUERRE FRANCO-ALLEMANDE, PERMISSIONS DE SEMAILLES.

AVIS relatif *aux permissions accordees en vue faciliter les travaux de labours et des semailles d'automne.*

(Publ. sans date au *J. off.* du 2 sept. 1915).

Sur la proposition de M. Fernand David, ministre de l'agriculture, le ministre de la guerre a decidé, le 29 août, qu'en vue de faciliter les travaux de labours et des semailles d'automne, deux permissions non consécutives de quinze jours chacune pourraient être accordées, entre le 1er septembre et le 15 décembre, aux propriétaires exploitants, fermiers, métayers, maîtres valets, domestiques et journaliers agricoles qui se trouvent sous les drapeaux, à l'un des titres ci-après : territoriaux et réservistes territoriaux, hommes du service auxiliaire de toutes classes, hommes non mobilisables pour raison de santé et inaptes a devenir mobilisables avant un mois au minimum, appartenant : 1° aux formations de tout ordre (G. V. C. compris) stationnées dans la zone de l'intérieur; 2° aux dépôts stationnés dans la zone des armées.

Les permissions dont il s'agit sont indépendantes de celles qui ont été accordées à l'occasion de la fenaison ou de la moisson ou de celles qui le seront pour les vendanges.

Les permissions seront accordées aux *dates demandees par les intéressés.*

Ceux-ci ne pourront en aucun cas dépasser une ligne délimitee par la frontiere française jusqu'à la limite Est du canton de Bailleul; la limite est de ce canton, des communes de Neuf-Berquin et Merville, du canton de Lillers, des communes de Chocques-la-Beuvriere, Lapugnoy, Marles, Bruay, Houdain, Ranchicourt, Gauchin-Legal, Gaucourt, Villerschatel, Aubigny, Tilloy-

---

(1) 2e vol, p. 91.

les-Hermaville, Izel-les-Hameau, limite Est du canton d'Avesnes-le-Comte, des communes de Warlincourt-les-Pas, Pas-en-Artois, Louvencourt, Acheux, Varennes, Harponville, Warloy, Baillon, Baizieux, Ribemont-sur-l'Ancre, Sailly-le-Sec, Sailly-Lorette, limite Est des cantons de Corbie et de Moreuil, des communes de Boussicourt, Fignières, Etelfay, Faverolles, Piennes, Rollot, Mortemer, Cuvilly, Gournay-sur-Aronde, Mouchy-Humières, Baugy, limite Nord du canton de Compiegne, des communes de Janville, Choisy-au-Bac, Rethondes, Trosly-Breuil, Cuise-la-Motte, Croutoy, Montigny-l'Engrain, Cutry, Missy-aux-Bois, Ploisy, limite Nord du canton d'Ouchy-le-Château, des communes de Cerseuil, Lime, Paars, Vauxcere, Blanzy-les-Fismes, limite Nord du canton de Fismes, de la commune de Guyancourt, puis du canton de Fismes, des communes de Muizon, Thilloy, Ormes, Bezannes, Champfleury, Montbre, Ludes, Mailly-Champagne, Verzenay, Verzy, puis une ligne qui, rejoignant la voie ferrée Reims-Verdun à hauteur de Sept-Saulx, la suit jusqu'a Verdun, la Meuse entre Verdun et la limite Nord de l'arrondissement de Commercy, cette limite Nord, puis la ligne Courouvre, Pierrefitte, Baudremont, Lignieres (ces localités incluses), la limite Nord des cantons de Ligny et Commercy, la Meuse jusqu'à Commercy, la limite Nord des communes d'Enville, Aulnoy-sous-Vertuzey, Boucq, Sanzey, Royaumeix, Tremblecourt, Rogeville, Villers-en-Haye, la ligne Ville-au-Val, Landelaincourt, Moivron, Champenoux, Hoeville. Serres, Valhey, Bauzemont, Crion, Sionviller, Croismare, Marainviller (ces localites incluses), le cours de la Verdurette jusqu'à Vacqueville, Raon-l'Etape, la Meurthe jusqu'à la frontière, la frontière jusqu'à la Suisse.

Les hommes qui, pour une raison quelconque, ne trouveraient pas à s'employer, soit chez eux, soit dans la région ou ils se trouvent, et qui désireraient l'être ailleurs, seront signales aux généraux commandant les régions où la culture des céréales est particulièrement developpee.

Il sera rappelé à tous les permissionnaires que la permission agricole n'est pas une faveur individuelle, mais qu'elle répond à un besoin collectif, et que tous ceux qui en benéficient ont le devoir strict de travailler, non point seulement leurs terres, mais aussi celles des combattants du front qui, eux, ne peuvent obtenir de permission.

Les titulaires devront faire viser leur permission par le maire de la commune où ils se rendent, et déférer à toute invitation de ce magistrat municipal en vue de collaborer à l'exécution des labours et des semailles.

En cas de refus ou de mauvaise volonté, ils seront signales à la gendarmerie, qui les dirigera immédiatement sur leur corps

Indépendamment des permissions accordées aux agriculteurs, des équipes de travailleurs, formées au moyen d'hommes des catégories militaires plus haut énumérées, n'exerçant pas de professions agricoles, mais accoutumés aux travaux manuels, pourront être organisées et mises a la disposition des communes pour les travaux accessoires de l'automne, telles que l'épandage des fumiers, le ramassage das pommes, l'arrachage des racines, la récolte du maïs, etc. Elles permettront de libérer de ces tâches un certain nombre de laboureurs professionnels, qui pourront ainsi être mieux employes à des travaux de leur spécialité.

D'autre part, les militaires sous les drapeaux pourront être autorisés à travailler chez les cultivateurs en dehors des heures de service, sous la réserve qu'il n'en résultera pas de gêne pour le service ou pour la discipline

Enfin, les animaux des dépôts et des convois auxiliaires disponibles dans la zone de l'intérieur pourront être prêtés aux agriculteurs pour les labours, entre le 1er septembre et le 1er novembre, dans les mêmes conditions que pour les travaux de fenaison et de moisson.

MARINE, GUERRE FRANCO-ALLEMANDE, LOI DU 17 AOUT 1915, MARINS VERSES DANS LE SERVICE AUXILIAIRE, RÉFORMÉS, NOUVELLE VISITE, DISPENSE.

CIRCULAIRE *relative a l'application des dispositions de l'art. 3 de la loi du 17 août 1915*

(2 septembre 1915) — (Publ au *J. off.* du 4 sept)

Le Ministre de la marine à MM. les vice-amiraux, commandant en chef, préfets maritimes.

L'art. 3 de la loi du 17 août 1915 (1) prescrit que, dans un délai d'un mois à partir de la promulgation de ladite loi, c'est-à-dire avant le 20 sept. 1915, tous les hommes des classes mobilisees ou mobilisables, classés ou versés dans le service auxiliaire, reformés temporaires ou réformés n. 2, depuis trois mois au moins, devront être à nouveau examinés par une commission de réforme.

Sont dispensés de cet examen les hommes de l'armee de mer dont la situation de réformes, ou le classement dans le service auxiliaire, a éte consacre par un conseil de revision ou une commission de réforme, en exécution du décret (guerre) du 9 sept. 1914 (2) ou de la loi du 6 avril 1915 (3), ainsi que ceux qui, depuis la mobilisation, ont été examinés par un conseil de revision et par une

(1) 2e vol., p. 287.

(2) 1er vol, p. 106.

(3) 2e vol., p. 102.

commission de reforme ou par deux commissions de réforme, si la dernière décision a eu pour objet de les classer ou maintenir en réforme ou dans le service auxiliaire.

Je vous prie de donner les ordres nécessaires pour l'exécution de ces prescriptions législatives.

Tous les hommes présents au service dans l'armée de mer, astreints à un nouvel examen médical, seront visités par les commissions de reforme de la marine

Ceux, inscrits maritimes ou réservistes, renvoyés dans leurs foyers à la suite de la decision d'une commission de réforme de l'armée de mer, et astreints à une nouvelle visite médicale, devront être signales par les commandants des dépôts ou les administrateurs des quartiers d'immatriculation aux commandants des bureaux de recrutement où ils sont inscrits sur le registre matricule. C'est à ces officiers supérieurs qu'il appartiendra de les convoquer et de faire régulariser leur situation. Au cas où des marins ainsi soumis à l'examen d'une commission de réforme (guerre) seraient reconnus aptes au service arme ou auxiliaire, ils seraient laissés à la disposition de l'autorite militaire.

Les marins de l'armée active, classés dans le service auxiliaire ou declares utilisables à terre seulement, depuis trois mois au moins, doivent être à nouveau soumis à l'examen d'une commission de réforme.

MARINE, GUERRE FRANCO-ALLEMANDE, SOUTIENS DE FAMILLE. FAMILLES NÉCESSITEUSES, ALLOCATIONS JOURNALIERES, EXERCICE D'IMPUTATION.

CIRCULAIRE *au sujet de l'exercice d'imputation des allocations aux soutiens de famille acquises en 1914.*

(2 septembre 1915). — (Publ au *J. off.* du 3 sept).

Le Ministre de la marine à MM. les vice-amiraux commandant en chef, prefets maritimes commandants de la marine en Corse et en Algérie, directeurs de l'inscription maritime.

La direction de l'intendance d'un des ports a demandé s'il y a lieu d'imputer sur les crédits de l'exercice en cours, chapitre 39 (Allocations aux soutiens de famille), les arrérages de ces allocations acquis en 1914, dont le montant n'aurait pu être payé avant la clôture de l'exercice 1914.

J'ai l'honneur de vous faire connaître que cette question doit être résolue par l'affirmative. Il importe, en effet, de ne pas différer le payement d'allocations de cette nature, qui ont le caractere d'un secours, et doivent être versées aux ayants droit dès leur concession.

La même raison ne saurait être invoquée, toutefois, pour justifier l'imputation à l'exercice 1915 des allocations payées par la Caisse des invalides au titre de l'exercice 1914, et dont le remboursement n'aurait pas été opéré avant le 31 juill. 1915. Ces créances devront, en conséquence, figurer dans l'état du « reste à payer ».

ARMÉE, GUERRE FRANCO-ALLEMANDE, TROUPES COLONIALES, ENGAGEMENTS POUR LA DURÉE DE LA GUERRE, RÉFORMÉS, EXEMPTÉS, HOMMES DÉGAGÉS DE TOUTE OBLIGATION MILITAIRE.

DÉCRET *relatif aux engagements spéciaux dans les troupes coloniales, au titre d'un emploi déterminé* (1)

(3 septembre 1915). — (Publ au *J. off.* du 11 sept).

LE PRÉSIDENT DE LA RÉPUBLIQUE FRANÇAISE; — Sur le rapport du ministre de la guerre; — Vu la loi du 7 juill. 1900 (2), portant organisation des troupes coloniales; — Vu les art. 50 et 52 de la loi du 21 mars 1905 (3), sur le recrutement de l'armée, modifiée par la loi du 7 août 1913 (4); — Vu la loi du 17 août 1915 (5), assurant la juste répartition et une meilleure utilisation des hommes mobilisés et mobilisables; — Vu le décret du 25 août 1905 (6), relatif aux engagements et rengagements dans les troupes coloniales; — Décrete :

ART 1er Tout Français ou naturalisé Français, dégagé de ses obligations militaires, soit par son âge, soit par réforme ou par exemption, peut être admis à contracter, dans les troupes coloniales, un engagement spécial pour la durée de la guerre pour remplir un emploi determiné.

2 Les engagements sont reçus :

---

(1) Ce décret est précede au *J. off.* d'un rapport ainsi conçu :

« L'art. 1 de la loi du 17 août 1915, assurant la juste répartition et une meilleure utilisation des hommes mobilisés et mobilisables, a autorise les exemptes ou réformes, ainsi que les hommes degages de toute obligation militaire, a contracter dans les services de l'armée et dans la mesure des besoins, pour la durée de la guerre, et apres vérification d'aptitude, un engagement spécial pour un emploi de leur choix

« En vue d'assurer, dans les troupes coloniales, l'application de cette disposition, j'ai préparé le projet de décret ci-joint, que j'ai l'honneur de vous demander de vouloir bien revêtir de votre signature, si vous en approuvez les clauses ».

(2) S et P. *Lois annotees* de 1900, p. 1113; *Pand. pér.*, 1901.3.147.

(3) S. et P. *Lois annotées* de 1906, p 3; *Pand. pér.*, 1905 3.81.

(4) S et P. *Lois annotées* de 1914, p. 561; *Pand. pér.*, *Lois annotées* de 1914, p. 561.

(5) 2e vol., p. 287.

(6) *Bull. off*, nouv. série, 2681, n. 46789.

1° En France, au titre du dépôt de l'un des corps coloniaux stationnés en France, en Algérie ou en Tunisie;

2° Au Maroc et aux colonies, pour l'un des corps coloniaux ou indigènes de la colonie où le contractant reside. Ils sont reçus pour l'un des corps de la colonie la plus voisine comportant une garnison des troupes coloniales, si la colonie où réside l'intéressé n'en comporte pas.

L'acceptation des engagements est subordonnée au consentement prealable du chef de corps, ou commandant de dépôt.

3 Les engagements sont reçus dans les formes prescrites pour les engagements par le décret du 25 août 1905, relatif aux engagements et rengagements dans les troupes coloniales. Toutefois, le certificat d'aptitude physique spécifie seulement que le candidat est physiquement apte à remplir l'emploi pour lequel il demande à s'engager, et, en outre, aux colonies, qu'il n'est atteint d'aucune affection incompatible avec le service colonial.

4. Outre les pièces prévues par le décret du 25 août 1905 et par le dernier alinéa de l'art. 2 du présent décret, l'engagé doit produire une piece constatant qu'il est degagé de ses obligations militaires, ainsi qu'un certificat, délivré par le commandant d'armes de la ville de garnison la plus rapprochée de sa résidence, spécifiant qu'il possède l'aptitude professionnelle à l'emploi qu'il sollicite. Mention de ces documents, et, en outre, du consentement du chef de corps, est faite dans l'acte d'engagement.

5. Les engagements visés par le présent décret ne donnent droit à aucune prime d'engagement

6. Les engagements au titre d'un emploi determiné peuvent, pour raison d'inconduite habituelle, d'indiscipline ou d'incapacité professionnelle de l'engagé, être résiliés, sur la proposition motivée des chefs hiérarchiques, en France, par le commandant supérieur des depôts de troupes coloniales, aux colonies, par les commandants supérieurs des troupes. Une instruction ministérielle fixera les questions de détail relatives à la réception des engagements spéciaux prevus par le présent décret, et indiquera les conditions dans lesquelles les engagés peuvent être réformés.

7. Le ministre de la guerre est chargé, etc.

COLONIES, GUERRE FRANCO-ALLEMANDE, FONDS DE RÉSERVE, ÉMISSION DE BONS.

DÉCRET *modifiant temporairement l'art.* 261 *du décret du* 30 *déc.* 1912, *sur le régime financier des colonies* (1).

(3 septembre 1915). — (Publ. au *J. off* du 9 sept.).

LE PRÉSIDENT DE LA RÉPUBLIQUE FRANÇAISE; — Vu les lois, ordonnances et décrets organiques des colonies; — Vu le sénatus-consulte du 4 juill. 1866 (2), réglant la constitution des colonies de la Martinique, de la Guadeloupe et de la Réunion; — Vu le décret du 31 mai 1862 (3), portant règlement général sur la comptabilité publique, ensemble le règlement arrêté le 14 janv. 1869 pour servir à l'exécution de ce décret, en ce qui concerne le département de la marine et des colonies; — Vu le décret du 15 sept. 1882 (4), rendu en forme de règlement d'administration publique, et qui modifie l'organisation administrative des colonies de la Martinique, de la Guadeloupe et de la Réunion; — Vu le décret du 3 oct. 1882, apportant les mêmes modifications dans l'organisation des autres colonies; — Vu le décret du 20 nov. 1882 (5), sur le régime financier des colonies; — Vu la loi du 5 avril 1884 (6), sur l'organisation municipale; — Vu la loi du 20 mars 1894 (7), portant création du ministère des colonies; — Vu l'art. 59 de la loi du 26 déc. 1890 (8), creant la comptabilite des dépenses engagees, et

---

(1) Ce décret est précédé au *J. off.* d'un rapport ainsi conçu :

« L'art. 261 du décret du 30 dec. 1912, sur le régime financier des colonies, prescrit que la partie des fonds de réserve des budgets generaux et locaux, depassant le chiffre minimum prevu a l'art 260 dudit décret, peut être employée en rentes sur l'Etat. en valeurs du Tresor, ou en obligations dont l'amortissement et l'intérêt sont garantis par l'Etat. Cette fraction peut être également employée, mais dans la proportion d'un quart seulement des fonds places en titres des emprunts de la colonie non garantis par l'Etat, si ces titres sont cotes a la Bourse de Paris Tous prêts à des particuliers, à des communes ou a des établissements publics sur les fonds de réserve sont interdits

« Or, pour parer aux nécessites financières resultant de la guerre actuelle, diverses colonies ont obtenu ou sollicite l'autorisation d'émettre des bons sur leurs caisses. D'autres, dont la situation budgetaire est plus prospère, sont disposées à souscrire aux émissions de ces bons. Il y a la une manifestation d'entr'aide et de solidarite coloniale qui mérite d'être encouragée. C'est pourquoi il nous a paru opportun d'étendre, a titre temporaire. les dispositions de l'art. 261 du décret du 30 dec. 1912, en comprenant parmi les valeurs que peuvent acquérir les caisses de réserve les bons emis par les colonies.

« Cette dérogation, toute provisoire, prendra fin quand la vie normale aura repris son cours Le régime antérieur sera rétabli par un décret, dès que les circonstances le permettront Nous avons, en conséquence, l'honneur de soumettre a votre haute sanction le projet de décret ci joint ».

(2) S. *Lois annotées* de 1866, p 48. — P. *Lois, décr.*, etc. de 1866, p. 84.

(3) S. *Lois annotées* de 1862, p. 59. — P. *Lois, décr*, etc. de 1862, p 101.

(4) S. *Lois annotées* de 1883, p. 410 — P *Lois, décr.*, etc de 1883, p. 733.

(5) S. *Lois annotees* de 1884, p 544. — P. *Lois, décr.*, etc. de 1884 p. 893.

(6) S. *Lois annotées* de 1884, p. 553. — P. *Lois, décr.*, etc. de 1884, p. 894.

(7) S. et P. *Lois annotées* de 1894 p. 865, *Pand. pér.*, 1895.3.15.

(8) S. et P. *Lois annotées* de 1891, p. 167; *Pand. pér.*, 1891.3.49.

le décret du 14 mars 1893 (1), déterminant les formes de cette comptabilité; — Vu le décret du 21 mai 1898 (2), relatif aux attributions des gouverneurs des colonies en matière financière; — Vu les art. 78 de la loi du 13 avril 1898 (3), 33 de la loi du 13 avril 1900 (4), 40 de la loi du 30 janv. 1907 (5), 126 et 127 de la loi du 13 juill. 1911 (6), portant modification du régime financier des colonies; — Vu le décret du 30 déc. 1912 (7), sur le régime financier des colonies; — Sur le rapport du ministre des colonies et du ministre des finances; — Décrète :

ART. 1er. Par dérogation temporaire à l'art 261 du décret du 30 déc. 1912, sur le régime financier des colonies, la partie des fonds de réserve des budgets généraux ou locaux des colonies, dépassant le chiffre minimum prévu à l'art. 260 dudit décret, pourra être employée en bons que diverses colonies sont ou seront autorisées à émettre sur leur caisse.

Un décret ultérieur déterminera l'époque à partir de laquelle cette dérogation cessera d'être admise.

2 Les colonies ne pourront, en aucun cas, consacrer à l'acquisition de ces bons, ni immobiliser aucune portion des fonds qui doivent toujours rester disponibles, en exécution de l'art. 260 du décret du 30 déc. 1912.

3. Le ministre des colonies et le ministre des finances sont chargés, etc.

COLONIES, GUERRE FRANCO ALLEMANDE, MONNAIES D'ARGENT, INTERDICTION D'EXPORTATION.

DÉCRET *rendant applicables aux colonies et pays de protectorat autres que la Tunisie et le Maroc les dispositions du décret du 25 août 1915, prohibant la sortie des monnaies d'argent.*

(3 septembre 1915). — (Publ. au *J. off.* du 8 sept).

LE PRÉSIDENT DE LA RÉPUBLIQUE FRANÇAISE; — Sur le rapport des ministres des colonies et des finances; — Vu l'art. 34 de la loi du 17 déc. 1814 (8); — Vu le sénatus-consulte du 3 mai 1854 (9). — Vu le décret du 25 août 1915 (10); — Décrète :

ART 1er. Sont rendues applicables aux colonies et pays de protectorat, autres que la Tunisie et le Maroc, les dispositions du décret du 25 août 1915, prohibant la sortie, ainsi que la réexportation sous un régime douanier quelconque, des monnaies d'argent.

Toutefois, des exceptions à ces dispositions pourront être autorisées, sous les conditions qui seront déterminées par le ministre des colonies.

2. Les ministres des colonies et des finances sont chargés, etc.

DOUANES, GUERRE FRANCO-ALLEMANDE, INTERDICTIONS DE SORTIE, DÉROGATIONS, ANGLETERRE. DOMINIONS, COLONIES ET PROTECTORATS BRITANNIQUES, BELGIQUE, JAPON, MONTENEGRO, RUSSIE, SERBIE, ETATS D'AMÉRIQUE, AMIANTE, DRILLES ET FILS DE COTON, SOIE TUSSAH.

ARRÊTÉ *relatif a des dérogations aux prohibitions de sortie.*

(3 septembre 1915). — (Publ. au *J. off.* du 4 sept.).

LE MINISTRE DES FINANCES; — Sur le rapport de la commission interministérielle des dérogations aux prohibitions de sortie, — Vu les décrets des 5 (11) et 20 août 1915 (12); — Arrête :

ART. 1er. Par dérogation aux prohibitions de sortie actuellement en vigueur, peuvent être exportés ou réexportes sans autorisation speciale, lorsque l'envoi a pour destination l'Angleterre, les Dominions, les pays de protectorat et colonies britanniques, la Belgique, le Japon, le Montenegro, la Russie (13), la Serbie (14) ou les Etats de l'Amérique, les produits désignés ci-après :

Amiante brut ou travaillé.

Drilles de coton.

Fils de coton.

Soie tussah, brute, tissée ou filée.

2. Le conseiller d'Etat directeur général des douanes, est chargé, etc.

DOUANES, GUERRE FRANCO-ALLEMANDE, INTERDICTION DE SORTIE, HOUILLE, COKE.

DÉCRET *prohibant la sortie de la houille crue ou carbonisée.*

---

(1) S et P. *Lois annotees* de 1894, p. 843; *Pand. pér.*, 1894.3.32.

(2) S. et P. *Lois annotées* de 1900, p. 966; *Pand. pér.*, 1899.3 6.

(3) S. et P. *Lois annotées* de 1898, p. 600.

(4) S. et P. *Lois annotees* de 1900, p. 1066; *Pand. pér.*, 1900 3.100.

(5) S. et P. *Lois annotées* de 1907, p. 560; *Pand. pér.* 1907.3.93.

(6) S. et P. *Lois annotées* de 1912, p 202; *Pand pér.*, *Lois annotees* de 1912, p. 202.

(7) *J off*, 31 dec 1912, p. 11081.

(8) S. 1er vol. des *Lois annotées*, p. 914.

(9) S. *Lois annotées* de 1854, p. 78. — P *Lois, décr.*, etc. de 1854, p. 137.

(10) 2e vol., p 299

(11-12) 2e vol., p. 274 et 293.

(13-14) Note du *J. off* — Sous réserve, en ce qui concerne la Russie et la Serbie, de la souscription d'un acquit-à-caution a décharger par la douane russe ou serbe.

(3 septembre 1915). — (Publ. au *J. off.* du 7 sept.).

Le Président de la République française; — Sur le rapport du ministre des travaux publics, du ministre de la guerre, du ministre des finances et du ministre du commerce, de l'industrie, des postes et des télégraphes; — Vu l'art. 34 de la loi du 17 déc. 1814 (1); — Décrète :

Art. **1er**. Sont prohibées, à dater du 7 sept. 1915, la sortie, ainsi que la réexportation en suite d'entrepôt, de dépôt, de transit et de transbordement, des produits énumérés ci-apres :

Houille crue.

Houille carbonisée (coke).

Toutefois, des exceptions à ces dispositions pourront être autorisées, sous les conditions qui seront déterminées par le ministre des finances

2. Les ministres des travaux publics, de la guerre, des finances, du commerce, de l'industrie, des postes et des télégraphes, sont chargés, etc.

Ministère de la guerre, Sous-secrétariat de l'artillerie et des munitions, Commission des contrats.

Arrêté *instituant auprès du sous-secrétaire d'Etat de l'artillerie et des munitions une commission des contrats.*

(3 septembre 1915). — (Publ au *J. off.* du 12 sept).

Le Ministre de la guerre; — Sur la proposition du sous-secrétaire d'Etat de l'artillerie et des munitions; — Arrête :

Art. **1er**. Il est institué auprès du sous-secrétariat d'Etat de l'artillerie et des munitions une commission des contrats, qui sera consultée sur les contrats à passer par cette administration. les prix et conditions de ses marchés, les participations diverses aux entreprises de fournitures pour ses services.

2. Cette commission sera composée de cinq membres, auxquels seront adjoints un nombre égal de secretaires rapporteurs, chargés de l'exposé oral des affaires, ayant voix délibérative pour toutes les affaires dont le rapport leur sera confié, et voix consultative dans tous les autres cas. Deux secrétaires seront, en outre, attachés à la commission.

3. Sont nommés :

(*Suivent au* J. off *les noms des membres de la commission*).

4. Le sous-secrétaire d'Etat de l'artillerie et des munitions est chargé, etc.

---

(1) S. 1er vol. des *Lois annotées*, p. 911.

(2) *Supra*, p. 5.

Armée, Guerre franco-allemande, Troupes coloniales, Engagements pour la durée de la guerre, Réformés, Exemptés, Hommes dégagés de toute obligation militaire.

Instruction *pour l'application du décret du 3 sept. 1915, relatif aux engagements spéciaux dans les troupes coloniales au titre d'un emploi déterminé.*

(4 septembre 1915) — (Publ. au *J. off.* du 11 sept).

Aux termes du décret du 3 sept. 1915 (2), les Français et naturalisés Français, dégagés de toute obligation militaire, soit par leur âge, soit par réforme ou par exemption, sont admis à contracter dans les troupes coloniales, pour la durée de la guerre, un engagement spécial pour remplir un emploi détermine.

Ces dispositions appellent les prescriptions suivantes :

I. — Les engagements spéciaux sont reçus jusqu'à concurrence des cadres et effectifs réglementaires, augmentés du dixième :

Dans les dépôts ou corps d'infanterie et d'artillerie coloniale ou indigène :

Au titre des emplois de militaires français existant réglementairement dans les petits états-majors, compagnies, sections ou pelotons hors rang, conformément aux tableaux d'effectif des dépôts mobilisés, ou, aux colonies, aux fixations des décrets du 19 sept 1903 (3), modifiées par les fixations budgétaires de l'année 1914;

Dans les dépôts et détachements (aux colonies) des sections annexes (sections de commis et ouvriers militaires d'administration et d'infirmiers coloniaux seulement) :

Au titre des emplois existant réglementairement, conformément aux tableaux d'effectif des dépôts mobilisés, ou, aux colonies, aux fixations des instructions du 4 déc. 1907, modifiées par les fixations budgétaires de l'année 1914.

II. — Les anciens gradés ne sont admis à s'engager que comme simples soldats. Toutefois, ils peuvent, par application du décret du 29 août 1914 (4), être remis en possession de leur ancien dernier grade, aussitôt arrivés au corps ou au dépôt, s'il existe une vacance de ce grade dans l'emploi au titre duquel ils sont engagés.

III — Le certificat d'aptitude professionnelle à l'emploi au titre duquel l'engagement est demandé est délivré à la diligence du commandant d'armes de la ville de garnison la plus rapprochée de la résidence du candidat. Il appartient au commandant d'armes de faire examiner à cet égard, d'une façon très approfondie, le postulant par des personnes compétentes (personnel mili-

---

(3) *J. off.*, 29 sept. 1903, p. 6025.

(4) 1er vol., p. 87

taire technique, personnel de l'intendance, chefs d'usine, etc.) Le certificat doit indiquer les noms et la qualité de ces personnes. L'engagement ne peut être reçu, si, faute de garanties suffisantes, le commandant d'armes refuse de délivrer le certificat.

Il est fait mention sur l'acte d'engagement (indépendamment des indications prévues à l'art 4 du décret) :

a) Que l'engagement est souscrit pour la durée de la guerre;

b) De l'emploi au titre duquel est reçu l'engagement.

IV. — Les dispositions des décrets des 16 janv. 1915 (guerre) (1) et 19 mai 1915 (colonies) (2) relatives au droit éventuel à la haute paye, sont applicables aux hommes engagés au titre d'un emploi déterminé.

V. — Les engagés ne peuvent servir aux armées que s'ils y consentent et s'ils sont reconnus physiquement aptes à y servir

VI. — Les engagés qui sont, à un moment donné, reconnus inaptes pour raison de santé à continuer leur service, sont présentés pour la réforme dans les mêmes conditions que les autres hommes de troupe des différentes réserves.

VII. — Les engagés en service aux colonies ne peuvent jouir, d'ailleurs exceptionnellement, de congés que dans le groupe de colonies où ils se sont engagés, ou dans lequel ils résidaient avant leur engagement. Toutefois, dans des cas absolument exceptionnels, dont le commandant supérieur des troupes reste juge, ils peuvent être rapatriés en France, pour raison de santé, aux frais de l'Etat, soit, par exemple, lorsqu'il y a danger pour leur existence, soit lorsque la maladie ou infirmité motivant le rapatriement est imputable au service militaire (à l'exclusion du séjour colonial proprement dit) et a été contractée au cours de l'engagement spécial.

DOUANES, GUERRE FRANCO-ALLEMANDE, INTERDICTIONS DE SORTIE, DÉROGATIONS, RETRAIT, GLYCÉRINE.

ARRÊTÉ *abrogeant, en ce qui concerne la glycérine, les dispositions de l'arrêté du 12 févr. 1915.*

(4 septembre 1915). — (Publ. au *J off.* du 5 sept).

LE MINISTRE DES FINANCES; — Sur le rapport de la commission interministérielle des dérogations aux prohibitions de sortie; — Vu le décret du 21 déc. 1914 (3) : — Vu l'arrêté ministériel du 12 févr. 1915 (4); — Arrête :

ART. 1er. Sont abrogées, en ce qui concerne la glycérine, les dispositions de l'arrêté du 12 févr. 1915, susvisé.

2. Le conseiller d'Etat, directeur général des douanes, est chargé, etc.

COLONIES, GUERRE FRANCO-ALLEMANDE, PRESCRIPTION, PÉREMPTION, DÉLAI, SUSPENSION, MANDATS-POSTE.

DÉCRET *maintenant, par exception, le régime de suspension des délais de péremption des mandats-poste dans les colonies françaises.*

(7 septembre 1915). — (Publ. au *J off* du 10 sept)

LE PRÉSIDENT DE LA RÉPUBLIQUE FRANÇAISE; — Sur le rapport du ministre du commerce, de l'industrie, des postes et des télégraphes et du ministre des colonies; — Vu l'art. 5 de la loi du 5 août 1914 (5), relative à la prorogation des échéances et des valeurs négociables; — Vu les décrets du 7 août 1914 (6), étendant ladite loi aux diverses colonies et possessions françaises; — Vu le décret du 16 août 1914, rendant applicable aux colonies le décret du 10 août 1914 (7), relatif à la suspension des prescriptions, péremptions et délais en matière civile, commerciale et pénale; — Vu le décret du 9 févr. 1915 (8), modifiant le décret du 10 août 1914; — Vu le décret du 18 mars 1915 (9), rendant applicable aux colonies le décret du 9 févr. 1915; — Vu le décret du 13 juin 1915 (10), relatif à la suspension des pres-

---

(1) 2e vol , p. 2.

(2) *J. off.*, 23 mai 1915, p. 3276.

(3) 1er vol , p. 268.

(4) 2e vol., p. 23.

(5-6-7) 1er vol., p 33, 36, 44.

(8 9) 2e vol., p. 23, 66.

(10) Ce décret, publié au *J. off.* du 18 juin 1915, est ainsi conçu :

LE PRÉSIDENT DE LA RÉPUBLIQUE FRANÇAISE; — Sur le rapport du garde des sceaux, ministre de la justice, et du ministre des colonies; — Vu l'art. 5 de la loi du 5 août 1914, relative à la prorogation des échéances et des valeurs négociables; — Vu les décrets du 7 août 1914, étendant ladite loi aux diverses colonies et possessions françaises; — Vu la législation métropolitaine relative au moratorium, et notamment le décret du 10 août 1914; — Décrète :

ART. 1er. Jusqu'à la cessation des hostilités, aucune instance, sauf l'exercice de l'action publique par le ministère public, ne pourra être engagée ou poursuivie, aucun acte d'exécution ne pourra être accompli, dans les colonies et possessions françaises, contre les citoyens ou sujets français présents sous les drapeaux.

2. Sont suspendus également à leur profit, à dater du jour de leur mobilisation jusqu'à la cessation des hostilités ou jusqu'à leur renvoi anticipé dans leurs foyers, toutes prescriptions et péremptions en matière civile, commerciale ou administrative, tous délais impartis pour signifier, exécuter ou attaquer les décisions des tribunaux judiciaires ou administratifs.

La suspension des prescriptions et péremptions s'applique aux inscriptions hypothécaires, à leur renouvellement, aux transcriptions, et généralement à tous les actes qui, d'après la loi, doivent être accomplis dans un délai déterminé.

3. Pendant le même temps, cesseront de produire effet

criptions, péremptions et délais en matière civile, commerciale et administrative au profit des mobilisés, et à l'extension de la disposition de l'art. 1244, § 2, du Code civil, au profit des non-mobilisés dans les colonies et possessions françaises autres que la Tunisie et le Maroc; — Décrète :

Art. 1er. Les dispositions de l'art. 7 du décret du 13 juin 1915, relatives aux péremptions et délais, pris en faveur des mobilisés coloniaux, ne sont pas applicables aux délais de péremptions en matière de mandats-poste.

2. Les dispositions du décret du 18 mars 1915, concernant les délais de péremptions en matière de mandats-poste, demeurent en vigueur.

3. Le ministre des colonies est chargé, etc.

Décorations, Guerre franco-allemande, Croix de guerre.

Modification *à l'instruction du 13 mai* 1915 (1) *pour l'application du décret du 23 avril* 1915 (2), *sur la Croix de guerre*

(7 septembre 1915). — (Publ. au *J. off.* du 10 sept.).

§ IV. — Militaires et civils ne rentrant dans aucune des catégories précédemment visées

2e alin., substituer le texte suivant au texte actuel;

« Pourront également recevoir des citations ouvrant droit à la Croix de guerre, en outre des militaires appartenant à des missions françaises près des armées alliées, les militaires français autorisés à servir dans une armée alliée et les unités constituées de l'armée française détachées, pour une mission tactique dans une armée alliée, qui seront cités à l'ordre d'une unité de cette armée (Le reste de l'alinéa sans changement) »

Hygiène et santé publiques, Vaccination ou revaccination antivariolique, Temps de guerre, Calamité publique, Epidémie, Loi du 15 févr. 1902, art. 6, Modification.

Loi *déterminant en quels cas la vaccination ou la revaccination antivariolique peut être rendue obligatoire à tous les âges.*

(7 septembre 1915). — (Publ. au *J. off.* du 8 sept.).

Article unique. L'art. 6 de la loi du 15 févr. 1902 (3), relative à la protection de la santé publique, est complété par l'addition, entre les §§ 2 et 3, du texte ci-dessous :

« En cas de guerre, de calamité publique, d'épidémie ou de menace d'épidémie, la vaccination ou la revaccination antivariolique peut être rendue obligatoire par décret ou par arrêtés préfectoraux, pour toute personne, quel que soit son âge, qui ne pourra justifier avoir été vaccinée ou revaccinée avec succès depuis moins de cinq ans ».

Trésoriers généraux, Receveurs des finances, Guerre franco-allemande, Concours pour l'emploi de commis, Candidats admis, Ajournés, Exemptés ou réformés, Nominations pour la durée de la guerre, Agents ayant atteint la limite d'âge, Maintien en fonctions.

Décret *relatif au personnel des trésoreries générales et des recettes des finances.*

(8 septembre 1915) — (Publ. au *J. off.* du 17 sept.).

Le Président de la République française; — Vu les décrets des 6 nov 1907 (4), 19 déc

---

les clauses des contrats qui stipulent une déchéance en cas d'inexécution dans un délai ou à une date préfixe, à condition que ces contrats aient été conclus avant la date de mobilisation des intéressés

4. A dater de la cessation des hostilités ou du renvoi anticipé des mobilisés dans leurs foyers, un nouveau délai, égal au délai ordinaire, courra pour les différents actes et recours devant les tribunaux judiciaires et administratifs

Quant aux autres actes, notamment ceux visés dans l'art. 3, il est accordé, à partir des mêmes dates, un délai égal à celui qui restait à courir au jour de la mobilisation de l'intéressé.

Un arrêté du gouverneur général dans les colonies groupées sous un gouvernement général, et du gouverneur dans les autres colonies, fera connaître la date de la cessation des hostilités

5. Les citoyens ou sujets français des colonies appelés sous les drapeaux pourront renoncer en tout ou partie au bénéfice des dispositions précédentes.

6. Jusqu'à la cessation des hostilités, la disposition de l'art. 1244, § 2, du Code civil est applicable aux poursuites et exécutions en toute matière. celles exercées en matière pénale demeurant exceptées.

A défaut de juridiction déjà saisie, les présidents des tribunaux civils ou les juges de paix à compétence étendue statueront par ordonnances de référé. Les décisions rendues seront exécutoires nonobstant appel et enregistrées gratis, lorsqu'elles se borneront à reconnaître aux intéressés le bénéfice de la disposition de l'art. 1244, § 2, du Code civil

7. Sont abrogées toutes les dispositions précédemment prises par application des deux décrets du 7 août 1914, et qui ont apporté, dans les colonies et possessions françaises, des dérogations à la législation en vigueur, à raison de l'existence des hostilités.

8. Le ministre des colonies et le garde des sceaux, ministre de la justice sont chargés, etc

(1) 2e vol., p. 154.

(2) 2e vol , p. 128.

(3) S. et P. *Lois annotées* de 1902, p. 315; *Pand pér.*, 1903.3.20.

(4) *Bull off.*, 12e série, 2912, n. 50235

1911 (1) et 9 mars 1914 (2); — Sur le rapport du ministre des finances; — Décrète :

ART. 1er. Les candidats qui ont été admis au concours pour l'emploi de commis du personnel des trésoreries générales et des recettes des finances, et qui, étant ajournés, exemptés ou réformés, ne sont pas sous les drapeaux, peuvent être nommés aux emplois vacants.

Ces nominations sont faites pour la durée de la guerre, et sous réserve de tous droits des candidats qui, par suite des événements, n'auront pas été appelés à bénéficier de leur tour de classement.

2. Pendant la durée de la guerre, les agents du personnel des trésoreries générales et des recettes des finances peuvent, sur la demande des trésoriers-payeurs généraux, être maintenus en fonctions au delà de la limite d'âge fixée par l'art. 31 du décret du 6 nov. 1907 pour la cessation des services d'activité.

3. Le ministre des finances est chargé, etc

ALGÉRIE, GUERRE FRANCO-ALLEMANDE, DOUANES, INTERDICTION DE SORTIE, TABACS.

DÉCRET *interdisant la sortie de l'Algérie, ainsi que la réexportation en suite d'entrepôt, de dépôt, de transit et de transbordement, des tabacs en feuilles ou en côtes.*

(10 septembre 1915) — (Publ au *J. off* du 12 sept.)

LE PRÉSIDENT DE LA RÉPUBLIQUE FRANÇAISE; — Sur le rapport du ministre des finances; — Vu l'art. 34 de la loi du 17 déc. 1814 (3); — Décrète :

ART. 1er. Sont prohibées, à dater du 15 sept. 1915, la sortie de l'Algérie, ainsi que la réexportation en suite d'entrepôt, de dépôt, de transit et de transbordement, des tabacs en feuilles ou en côtes.

Toutefois, des exceptions à ces dispositions pourront être autorisées, sous les conditions qui seront déterminées par le ministre des finances.

2. Le ministre des finances est chargé, etc

ARMÉE, GUERRE FRANCO-ALLEMANDE, ANCIENS MILITAIRES DE L'AFRIQUE DU NORD JOUISSANT D'UNE PENSION PROPORTIONNELLE, RAPPEL A L'ACTIVITÉ.

DÉCRET *autorisant le rappel sous les drapeaux des anciens militaires indigènes de l'Afrique du Nord, titulaires d'une pension proportionnelle de retraite, libérés du service actif en* 1905, 1906 *et* 1907

(10 septembre 1915). — (Publ. au *J. off.* du 14 sept.)

LE PRÉSIDENT DE LA RÉPUBLIQUE FRANÇAISE : — Sur le rapport du ministre de la guerre, du ministre des affaires étrangères et du ministre de l'intérieur; — Vu l'art. 92 de la loi du 21 mars 1905 (4), sur le recrutement de l'armée; — Vu l'art. 2 de la loi du 11 juill. 1903 (5), sur les pensions des militaires indigènes des régiments de tirailleurs et de spahis d'Algérie; — Vu l'art. 2 de la loi du 18 juill. 1913 (6), modifiant la loi du 11 juill 1903, sur les pensions des militaires indigènes de l'Algérie et de la Tunisie; — Vu le décret du 31 janv. 1912 (7), modifiant les conditions d'engagement et de rengagement des militaires indigènes d'Algérie : — Vu le décret du 26 janv. 1915 (8), autorisant l'appel sous les drapeaux, pendant la durée de la guerre, des anciens militaires indigènes de l'Afrique du Nord titulaires d'une pension proportionnelle de retraite; — Décrète :

ART. 1er. L'art. 1er du décret du 26 janv. 1915 est remplacé par le suivant :

« Les anciens militaires indigènes de l'Afrique du Nord, titulaires d'une pension proportionnelle de retraite, qui ont été libérés avec le bénéfice de la loi du 11 juill. 1903, peuvent être incorporés, en cas de mobilisation ou de guerre, dans les corps de l'armée active recevant des indigènes, s'ils ont quitté le service actif depuis moins de dix ans, et s'ils réunissent les conditions d'aptitude requises.

« Ceux qui ont été libérés avec le bénéfice de la loi du 18 juill. 1913 peuvent être incorporés dans les mêmes conditions au cours des six années qui suivent le jour où ils ont quitté le service actif ».

2. Le ministre de la guerre, le ministre des affaires étrangères et le ministre de l'intérieur sont chargés, etc.

ARMÉE, GUERRE FRANCO-ALLEMANDE, PERMISSIONS MILITAIRES, SURSIS D'APPEL, RAVITAILLEMENT EN BOIS.

ADDITIF *a l'instruction au sujet des permissions et*

---

(1) *Bull. off*, nouv. série, 72, n. 3420.

(2) *J. off*, 14 mars 1914, p. 2174.

(3) S 1er vol des *Lois annotées*, p. 914.

(4) S. et P. *Lois annotées* de 1906, p. 3; *Pand. pér.*, 1905.3.81.

(5) S et P. *Lois annotées* de 1904, p. 811, *Pand pér.*, 1903.3.140

(6) S. et P. *Lois annotées* de 1914, p. 581; *Pand. per. Lois annotées* de 1914, p 581.

(7) *J off.*, 7 févr. 1912, p. 1208.

(8) 2e vol., p. 8.

sursis d'appel à accorder pour le ravitaillement en bois des armées et de la population civile (1).

(Publ. sans date au *J. off.* du 10 sept. 1915)

A la 40e ligne de la 2e colonne, au lieu de :

« Toute demande de sursis devra parvenir au conservateur des eaux et forêts avant le 10 du mois qui précédera ceux pour lesquels le sursis est demandé ».

Lire :

« Toute demande de sursis devra parvenir au conservateur des eaux et forêts :

« 1° Avant le 10 du mois pour les sursis à accorder à partir du commencement du mois suivant ;

« Avant le 25 du mois, pour les sursis à accorder à partir du milieu du mois suivant »

COLONIES, PROTECTORAT (PAYS DE). GUERRE FRANCO-ALLEMANDE, INTERDICTIONS DE SORTIE, DÉCRET DU 20 AOUT 1915, APPLICATION.

DÉCRET *rendant applicable aux colonies et pays de protectorat autres que la Tunisie et le Maroc des dispositions du décret du 20 août 1915, prohibant la sortie, ainsi que la réexportation en suite d'entrepôt, de dépôt, de transit et de transbordement, de divers produits.*

(10 septembre 1915) — (Publ. au *J. off.* du 16 sept.).

LE PRÉSIDENT DE LA RÉPUBLIQUE FRANÇAISE, — Sur le rapport des ministres des colonies, de la guerre, des finances, du commerce, de l'industrie, des postes et des télégraphes et de l'agriculture ; — Vu l'art. 34 de la loi du 17 déc. 1814 (2) ; — Vu le sénatus-consulte du 3 mai 1854 (3) ; — Vu le décret du 20 août 1915 (4) ; — Décrete :

ART. **1er**. Sont rendues applicables aux colonies et pays de protectorat autres que la Tunisie et le Maroc les dispositions du décret du 20 août 1915, prohibant la sortie, ainsi que la réexportation en suite d'entrepôt, de dépôt, de transit et de transbordement, de divers produits

Toutefois, des exceptions à ces dispositions pourront être autorisées, sous les conditions qui seront déterminées par le ministre des colonies.

2. Les ministres des colonies, de la guerre, des finances, du commerce, de l'industrie, des postes et des télégraphes et de l'agriculture sont chargés, etc.

HARAS, GUERRE FRANCO-ALLEMANDE, JUMENTS MISES EN DÉPOT CHEZ LES ÉLEVEURS.

INSTRUCTION *concernant la prolongation de la mise en dépôt des juments pleines confiées aux éleveurs depuis la mobilisation* (Art 7 de l'instruction du 10 mai 1915)

(Publ sans date au *J. off.* du 10 sept. 1915).

ART. **1er**. Conformément aux dispositions de l'art. 2 de l'instruction du 10 mai 1915 (5), les commandants des dépôts de remonte rappelleront aux éleveurs, qui sont dépositaires de plusieurs juments, que, le contrat de mise en dépôt ne pouvant être prorogé que pour l'une d'elles, ils ont à indiquer l'animal qu'ils choisissent.

Les autres juments doivent être retirées apres le sevrage du poulain né en 1915, pour être attribuées à d'autres éleveurs, a raison de une par partie prenante.

2 Il y aura lieu de réintégrer dans les dépôts ou leurs annexes, avec les papiers d'origine, s'il en existe, les cartes de saillie, certificats de maladie ou d'absence d'étalon :

1° Les juments qui seront en surnombre du chiffre de une par éleveur ;

2° Les juments qui seraient retirées aux éleveurs pour cause d'inexécution des clauses du contrat ;

3° Les juments que les éleveurs ne désirent pas conserver une nouvelle annee ;

4° Les juments avortées en 1915 et non saillies à nouveau, à moins que les dépositaires ne demandent à les conserver, en établissant par certificat que le défaut de saillie ne leur est pas imputable. Ils devront alors se conformer expressément aux prescriptions des art. 3 et 4 de l'instruction du 10 mai 1915.

La réintégration devra être effectuée pour le 15 octobre prochain.

3 L'idee maîtresse de la mesure de prorogation étant d'augmenter l'effectif de la jumenterie, sans cependant négliger la qualité, les commandants de depôt procéderont tout d'abord à l'élimination des juments tarées ou d'un modèle défectueux, qui sont sans intérêt pour l'élevage.

Celles d'entre elles qui ont été saillies seront vendues avec les papiers de la saillie ; le montant de cette saillie sera remboursé à l'éleveur, et laissé définitivement à la charge de l'Etat par imputation au chapitre 29.

Les autres juments seront livrées, d'après leur modèle, dans un corps de troupe ou dans un service, si elles peuvent encore être utilisées ; dans

---

(1) 2e vol, p. 301.

(2) S. 1er vol. des *Lois annotées*, p 914.

(3) S. *Lois annotées* de 1854, p, 78 — P. *Lois, décr.*, etc. de 1854, p. 137.

(4) 2e vol, p. 295.

(5) 2e vol, p. 149

le cas contraire, elles seront réformées, et vendues dans les conditions de l'art. 5 de l'instruction du 10 mai 1915.

4. Les commandants des dépôts classeront toutes les juments admises comme poulinières, d'après les caractères d'affinité qu'elles présenteront avec les différentes races françaises. Ils se conformeront, pour la mise en dépôt sur leur territoire, ou l'envoi sur le pays d'origine présumé, aux indications du tableau joint à la présente instruction.

Les juments d'origine étrangère seront également classées, suivant leur modele, dans l'une des catégories de ce tableau.

5. Les dépôts de remonte se concerteront pour faire effectuer les mouvements résultant de cette classification, et opérer la mise en dépôt des juments aux éleveurs agréés par le service des remontes, à une date la plus rapprochée possible du 15 octobre Les papiers de saillie suivront, dans tous les cas, les juments poulinieres.

6. Le prix de la saillie sera remboursé à l'éleveur dépossédé par une avance sur les fonds dont dispose chaque établissement. Cette somme sera récupérée auprès de l'éleveur qui recevra la jument en dépôt.

Le prix de saillie des juments faisant mutation de dépôt à dépôt sera remboursé par l'établissement réceptionnaire, qui, à son tour, en récupérera le montant auprès de l'éleveur désigné comme dépositaire.

Les saillies dont le montant n'aura pas été remboursé (juments réformées ou mortes entre la reprise et la nouvelle mise en dépôt, etc.) seront definitivement laissees a la charge de l'Etat.

7. Les sanctions prévues par le contrat devront toujours être appliquées avec bienveillance, lorsque la bonne foi de l'eleveur, ou des circonstances particulierement difficiles, excuseront la non-exécution des engagements pris.

8. Les prescriptions de l'instruction du 28 févr. 1914, sur la remise à des éleveurs des juments pleines, continueront à être applicables, et notamment celles des art. 5, 6, 8 et 10, relatives au concours de la gendarmerie, auquel les commandants de depôt pourront faire appel pour être tenus au courant de l'état des juments et des soins dont elles sont l'objet.

9 Les documents visés par l'art. 6 de l'instruction précitée seront à tenir ou à établir pour l'administration de ces juments, qui devront figurer avec une mention spéciale sur la situation numérique des jeunes juments mises en dépôt (Modele n° 8 de l'annexe n° 4 du reglement du 27 oct. 1902, sur la remonte générale à l'intérieur).

INSTRUCTION PUBLIQUE, GUERRE FRANCO-ALLEMANDE, RENTRÉE SCOLAIRE.

CIRCULAIRE *relative à la prochaine rentrée scolaire.* **(10 septembre 1915).** — (Publ. au *J off.* du 11 sept.)

Le Ministre de l'instruction publique et des beaux-arts à MM. les recteurs des académies.

Au moment où s'apprête le labeur d'une deuxième année scolaire du temps de guerre, et après une année de contact quotidien avec l'Université française, je veux d'abord, une fois encore, lui exprimer la reconnaissance du pays pour l'immense effort accompli dans une tâche silencieuse et féconde. S'il est vrai, comme le prétend l'Allemagne, que la « guerre soit l'examen des peuples », cette premiere année d'examen de la « nation enseignante » aura donné à la France autant de juste fierté que l'admirable examen de la nation armée.

Ce sont toutes les leçons de l'experience universitaire en cette première période que je désirerais coordonner aujourd'hui, pour le profit de l'année qui va s'ouvrir. Vous avez tous compris que l'instruction publique avait une maniere éminente et personnelle de seconder la lutte de nos armes. Le rôle de l'Université, en effet, est de faire que le pays tout entier sache pourquoi il combat, pour quelle histoire et pour quel avenir, pour quels faits et quelles idées, et, en éclairant ainsi de sa science le sentiment national, comme en l'affermissant de son exemple, de l'entretenir et le fortifier dans une confiance inébranlable et une volonté de victoire totale

C'est pourquoi je voudrais que cette circulaire de rentrée, apres avoir été lue par tous les maîtres, parvînt aussi à tous les elèves que leur âge met à même d'en tirer profit, afin surtout d'atteindre par eux leurs familles, et d'établir ainsi un courant permanent d'idées entre l'Université et l'opinion nationale.

I. — ENSEIGNEMENT.

Pendant tout le cours de l'an dernier, la guerre a déjà tenu sa grande place à côté de l'enseignement. La lecture du *Bulletin des Armées de la République*, les communiqués officiels de la France et de ses alliés, les citations à l'ordre du jour, les récits d'actions d'éclat collectives ou d'actes de courage individuels, les conférences faites à l'occasion de certaines « journees », des extraits judicieusement choisis de correspondances avec les combattants, ont fourni à tous les maîtres l'occasion de fixer les esprits des élèves sur les phases quotidiennes de la guerre et d'élever leurs sentiments à la hauteur de l'heroisme deployé par nos soldats. Et comme, à ces impressions de classe, le voisinage fréquent des blessés et des éleves dans les mêmes locaux scolaires ajoutait des impressions directes et vécues, il n'est pas exagéré d'affirmer que l'image de la guerre a été sans cesse présente à l'école.

Mieux encore : c'est à l'enseignement lui-même que la guerre a été en quelque sorte incorporée. Et je n'aurai, à ce point de vue, qu'à rappeler et résumer tous les efforts accomplis un peu partout pour montrer comment la guerre actuelle peut devenir le centre d'interêt de tout l'enseignement national, dont elle renouvelle à la fois et enrichit toutes les matières.

Est-il, en effet, une leçon d'histoire, de l'histoire de France surtout, qui, à la lueur des événements présents, ne prenne enfin sa véritable portée? Transposant, en l'élargissant, le mot de l'historien allemand Ranke, qui disait en 1870 : « Nous faisons la guerre à Louis XIV », chaque maître français, au cours de sa leçon d'histoire, peut redresser dans l'ombre des siecles toutes les figures du passé, auxquelles, nous aussi, nous faisons aujourd'hui la guerre. Car ce que l'effroyable conflit, dont notre ennemi a volontairement déchaîné l'horreur, replace surtout en lumiere, c'est l'unité de notre tradition nationale, la vertu invariable du rôle historique de la France, qui ne cesse pas, à travers les âges, de défendre contre la violence, l'oppression et la barbarie les droits éternels de la liberté, de la justice et de la civilisation.

Quelle vie nouvelle, d'autre part, pour la géographie, non seulement du fait que la grande crise mondiale met en plein relief ses rapports avec l'histoire, mais encore parce que les régions etudiées y sont souvent des champs de bataille, et que, dans presque tous les pays du monde, l'etude des ressources du sol, de l'industrie et du commerce est devenue l'etude des chances de la victoire du droit sur la force !

Avec les langues vivantes, ce sont les âmes mêmes des nations diverses qui flottent dans les classes, et c'est ainsi le secret qui se révèle des incompatibilités foncières entre les civilisations qui s'affrontent.

Le conflit, enfin, de ces civilisations n'est si formidable et si tragique que parce qu'il emploie les méthodes les plus perfectionnées, comme les résultats les plus merveilleux, de toutes ces sciences que les maîtres étudiaient hier encore dans leurs leçons de classe comme des instruments de progrès, et qu'ils doivent bien maintenant etudier aussi comme des facteurs de destruction et de mort.

S'il est un maître dont je me refuse à concevoir un instant l'idée, ce serait l'éducateur français pour qui la guerre n'existerait pas, qui aurait continué à vivre de ses mêmes fiches et de ses mêmes cahiers, de ses mêmes leçons et de ses mêmes devoirs, et qui n'adresserait à ses éleves, en ces heures décisives, que des paroles inchangées

Mais je sais que tous ont su adapter leur enseignement à la guerre Qu'ils ne craignent pas, en agissant ainsi, que cette adaptation puisse être une trahison, et que, pour être dirigées vers un moment de l'histoire humaine, leurs leçons risquent d'être d'une exactitude moins générale. Au contraire; car de même que la crise actuelle a fait apparaître dans les individus l'âme permanente de la race, de même, dans le domaine des idées, elle fait apparaître les vérités éternelles.

Si toutes les matieres d'enseignement doivent subir l'influence de la guerre, il en est certaines à qui la guerre doit apporter en outre une recrudescence d'activité Et d'abord, l'étude de la langue et de la littérature françaises exige plus que jamais le dévouement des maîtres et l'application des élèves. Je ne redirai pas ici ce que j'ai dit dans la récente réunion du Conseil supérieur sur la nécessité de mobiliser les esprits autour de toutes les forces morales du pays, et par suite autour du français et de la pensée française. Je rappellerai seulement que, sur l'avis du Conseil supérieur, en sa session de juin dernier, l'importance du français a été augmentée dans les examens de l'enseignement primaire, et que, des l'an prochain, il sera fait de même dans les examens de l'enseignement secondaire, en attendant qu'une échéance ultérieure résolve la même question pour les examens de l'enseignement supérieur. Ces raisons, sans doute, jointes au sentiment patriotique, suffiront pour determiner tous les jeunes gens a consacrer de nouveaux efforts à leur formation fondamentale de Français.

La culture classique, d'autre part, doit rester l'objet d'une fervente étude, ne serait-ce que parce qu'elle a transmis à la pensée française la plupart des grandes idées pour lesquelles nous combattons. Et, dans cette culture classique, on continuera d'employer, avec un soin jaloux, les méthodes françaises, qui, apres avoir donné à l'étude des lettres antiques le fondement scientifique indispensable, en font ressortir davantage la valeur esthétique et la valeur morale. N'est-ce pas, d'ailleurs, parce que l'antiquité a toujours été en France, non point seulement un objet de seche érudition, comme de l'autre côté du Rhin, mais encore un sujet d'admiration et un guide de conduite, que la pensée antique a nourri l'âme française, et que le grand conflit actuel est devenu le conflit de deux cultures inconciliables ?

Quant à l'enseignement moral, il a désormais l'incomparable fortune de pouvoir être soutenu de la force des plus beaux exemples. Si la nation armee a manifesté tant d'héroïsme, et la population civile tant de haute discipline et d'abnégation, c'est sans doute que son moral avait été fortement préparé. La France a pu improviser des munitions; elle n'aurait pu improviser des âmes. La crise présente n'a pas prouvé seulement en faveur de l'éducation morale par l'école de la Republique; elle a vérifié ce principe, jusque-là contesté, qu'il existe un fonds d'idées morales sur lequel peut se réaliser l'unanimité d'une nation.

Ainsi l'union française passera du présent à l'avenir, comme elle est passée des tranchées à l'école.

Mais les esprits et les âmes ne sont pas seuls à préparer à l'effort nécessaire : il y a aussi les corps. D'où la nécessité d'un renouveau de l'éducation physique. Faut-il ici se borner à prévoir uniquement pour la jeunesse une préparation militaire, en vue d'une application prochaine? Tel est, sans doute, le devoir immédiat. Mais c'est aussi toute la race, des enfants aux adolescents, des jeunes gens aux jeunes filles, que les écoles devront préparer physiquement, avec un soin méthodique, pour des lendemains d'énergie.

Dans le même souci, à la fois du présent et de l'avenir, je souhaite que les enseignements de la grande période actuelle se précisent et se perpétuent par la constitution d'un fonds de livres consacrés à la guerre, dans les bibliothèques de tous les établissements d'instruction. Il est déjà des livres que nos fils doivent avoir lus, et que les élèves de demain devront lire, plus peut-être encore que les élèves d'aujourd'hui. Aussi les réunirez-vous dans vos bibliothèques, en leur faisant une place à part, bien en vue, avec cette mention spéciale, que me propose un de vos collègues : « On ne sera Français, vers 1920, que dans la mesure où l'on saura tout ce qui s'est passé cinq ans plus tôt ».

Ainsi, sans négliger aucune partie de vos programmes, mais en les suivant tous très exactement, vous saurez, pendant cette seconde année de guerre, comme vous l'avez fait pendant la première, maintenir, d'une part, le fonds essentiel des études, qui doit subsister et continuer, à l'exemple de la vie nationale elle-même, et, d'autre part, adapter votre enseignement à toutes les circonstances comme à tous les devoirs du présent. Qui sait, d'ailleurs, si, de toutes les adaptations imposées par des nécessités temporaires, ne naîtront pas un jour des améliorations durables? C'est pourquoi toutes les expériences pédagogiques instituées pendant cette période seront suivies avec une attention particulière, pour composer, en vue des progrès de l'avenir, le dossier des leçons de la guerre.

Sans prévoir dès aujourd'hui quelles rénovations la guerre pourra apporter à l'enseignement de demain, je me borne à dégager la puissance de votre enseignement d'aujourd'hui. Et il m'apparaît bien que lorsque, par l'instruction répandue sous la forme que je viens d'indiquer, vous aurez éclairé l'âme nationale, en l'aidant sans cesse à mieux prendre conscience d'elle-même, vous aurez déjà réalisé une grande partie de cette action morale et sociale de l'Université sur le pays, que l'expérience de la première année de guerre m'autorise encore à encourager et à définir.

II. — ACTION.

Ce sera l'honneur de l'Université française de ne s'être pas contentée, pendant la guerre, de répandre des connaissances exactes, mais d'avoir en outre secondé tous les efforts répondant aux nécessités vitales de la nation, et prodigué la vertu de son action morale et sociale sur le pays.

Lorsque sera écrite, un jour, l'histoire de la collaboration que, pendant le combat de leurs collègues aux tranchées, les universitaires non mobilisés ont apportée à toute l'œuvre patriotique, elle devra retracer aussi bien les études des corps savants et les travaux de laboratoire consacrés à la défense nationale que les humbles tâches des élèves des lycées ou des écoles, travaillant de leurs mains pour soulager les misères de l'intérieur ou pour vêtir les soldats du front. Et, pour mesurer l'action morale exercée sur la nation, il faudra aller des cours publics d'enseignement supérieur, qui, par les matières les plus étrangères en apparence au grand conflit actuel, comme l'histoire de l'art ou la philosophie, peuvent, en étudiant les « Villes martyres » ou les « Origines du pangermanisme », rallier à notre cause toutes les consciences éprises de beauté et de justice, jusqu'aux simples entretiens de la populaire école du soir. L'instituteur, en commentant les communiqués, en racontant des traits d'héroïsme, en exposant des vues de la guerre, a fait de l'école ce foyer de civisme et de patriotisme que le rapport annuel sur l'éducation populaire définissait récemment ainsi : « L'école et ses institutions annexes ont été comme une vaste usine de guerre, fortement outillée pour la défense intérieure, comme un immense atelier national, où l'on forgeait du bien-être et de la santé pour les soldats, du courage et de la persévérance pour la population civile ».

La plus minutieuse énumération ne saurait enfermer toutes les manifestations de l'action sociale de l'école pendant la guerre : Contributions volontaires des maîtres au Secours national par des retenues régulières sur leur traitement. — Souscriptions généreuses des élèves. — Participation à la collecte de l'or. — Envois de paquets aux soldats — Envois de livres aux enfants de l'Alsace reconquise. — Assistance aux orphelins adoptés par un établissement ou par une classe. — Travaux manuels pour les soldats du front, les blessés, les éclopés, les prisonniers. — Aide matérielle ou morale aux réfugiés. — Accueil de tous les enfants évacués, belges ou français, dans les familles des maîtres ou des amis de l'école. — Correspondance avec les soldats du front, les blessés ou les prisonniers. — Présence aux enterrements des soldats morts de leurs blessures. — Réception à l'école, au lycée, à la Faculté, des collègues, des anciens élèves, blessés, promus ou cités. — Parrainage des soldats sans famille. — Ouvroirs institués pour les travailleurs et les travailleuses en chômage. — Participation à la Journée belge, à la Journée serbe, à la Journée française, à la Journee du 75, à la Journee des orphelins, etc., — autant d'œuvres qui devront être continuées pendant la prochaine annee scolaire, parce que les besoins auxquels elles répondent n'auront pas disparu, et sans doute même, du moins pour quelques-unes d'entre elles, pendant les années qui, suivant immédiatement la guerre, réserveront encore à l'école un grand rôle de bienfaisance sociale.

Quant à l'action morale de l'Universite sur le pays, elle a d'abord pour intermédiaires essentiels et pour agents directs nos élèves eux-mêmes. Si, après avoir observé à l'intérieur de la classe une ferme discipline, plus nécessaire que jamais, l'eleve traduit ensuite à l'extérieur cette discipline sous la forme d'une tenue correcte et mâle, à la fois jeune et grave, — la tenue d'un jeune Français conscient à la fois des espoirs qui reposent sur lui et des sacrifices faits par la Patrie pour lui permettre de les réaliser, — soyons satisfaits, car l'action morale de l'ecole aura trouvé devant le pays son digne representant. Ce jeune Français agira tout naturellement autour de lui, d'abord, par l'exemple de son attitude, puis par le reflet et pour ainsi dire le rayonnement de l'enseignement qu'il rapporte de la classe. Si, comme j'en suis sûr, l'écho qu'il transmet à son foyer des paroles récentes du maître ne répète que des paroles de confiance raisonnée et de volonté indomptable, c'est tout le sens critique et toute la valeur morale de l'éducation universitaire qui passent ainsi de l'âme enfantine dans l'âme nationale.

Nulle influence plus salutaire, d'autre part, que celle des relations plus directes et plus étroites qui s'établissent entre les maîtres et les familles ! Sous les motifs les plus humbles, comme sous les plus touchants, qu'il s'agisse de l'instituteur assurant les correspondances des vieux parents avec les soldats mobilisés, ou des anciens maîtres ou maîtresses venant à la maison familiale consoler un noble deuil, panser une plaie, célébrer une gloire, cette association aux evénements douloureux ou glorieux qui émeuvent les foyers des éleves ou anciens éleves offre un bien beau rôle à tous les membres de l'Universite, en particulier aux femmes, maîtresses secondaires ou maîtresses primaires. L'ont-elles déjà compris et rempli ? Je n'en veux pour preuve qu'une lettre, reçue ces jours derniers, dans laquelle un temoin du dévouement de nos institutrices auprès de toutes les souffrances nees de la guerre les appelle éloquemment : « nos sœurs de solidarité nationale ».

Ainsi, dans toute la France, l'école sera le centre moral de la Patrie, et, bien que maintenus par l'âge loin des armées combattantes, les maîtres restés à leur poste auront été, eux aussi des « militants » de l'intérieur, à l'effort desquels, comme à celui de leurs freres des tranchées, le pays devra une particulière gratitude. Un jour viendra où les murs de chaque établissement scolaire devront porter ce double témoignage d'un côté, la liste glorieuse des morts, des blessés des promus, des cités au champ d'honneur ; de l'autre, le tableau des œuvres patriotiques et sociales entretenues par le dévouement des non-mobilisés et de leurs éleves.

III — ORGANISATION.

Mais cette action générale de l'école sur le pays a pour condition essentielle la bonne organisation de l'Université elle-même, malgré les obstacles que lui opposent les circonstances. Aussi voudrais-je passer rapidement en revue les difficultés d'organisation qui se présentent devant les divers enseignements, et examiner les meilleurs moyens d'y remédier.

I. — Fonctionnement.

Enseignement supérieur. — L'enseignement supérieur est sans doute celui de nos enseignements à qui la guerre a créé la situation la plus délicate. Ses élèves, en effet, pour la plupart, sont d'âge à porter les armes, et ont été, en grande majorité, appelés sous les drapeaux. En outre, la mobilisation de ses fonctionnaires a pu rendre fréquemment malaisé le maintien de certains enseignements. Mais c'est surtout le problème financier, qui, d'une manière pressante, s'impose à l'attention des Universités, car leurs ressources sont singulièrement amoindries par la diminution des inscriptions habituelles, et l'on ne saurait songer en ce moment à l'aide de l'Etat pour combler le deficit. Seul le désintéressement dont les professeurs ont toujours fait preuve aidera l'Administration à trouver les économies reconnues indispensables et ne présentant pas de graves inconvénients Là où des enseignements deviennent momentanément inutiles, là ou des matières à option ne sont pas choisies par un grand nombre d'éleves, il y aura lieu de suspendre les cours complémentaires ; mais, en ce qui touche aussi bien toutes les suppléances que toutes les nouvelles combinaisons rendues nécessaires, je compte sur la bonne volonté des professeurs pour assouplir leurs enseignements et leurs méthodes.

Il se peut qu'ils soient obliges, à la place d'un collègue mobilise, de donner aux étudiants venant à l'Universite des leçons plus directement utiles que celles que l'absence de leurs éleves ordinaires rend superflues. Leur culture générale est assez étendue pour qu'ils acceptent, sans scrupule, de se charger d'un enseignement qui n'est pas dans leur spécialité ou leurs habitudes. Au cours de la nouvelle année, ils recevront, sans doute, à des époques très variées, des jeunes gens réformés, qui auront le grand désir de recommencer immédiatement la préparation de divers examens. Il conviendra, malgré les difficultés certaines, de trouver une solution aussi satisfaisante que possible, de faire tous les efforts pour que ces étudiants, si dignes d'intérêt, puissent tirer profit des cours dont ils n'auront pas connu le commencement. Le problème se posera dans toute son ampleur après la guerre Il est utile que cette année, sur des cas isolés et spéciaux, une expérience s'institue, dont profitera, par la suite, la recherche des procédés généraux à employer et des mesures réparatrices a déterminer en faveur des étudiants qui viendront, après la guerre, reprendre le cours de leurs études.

Mais, quelles que soient les difficultés, il faut assurer, pendant cette année, non seulement la permanence, mais la vitalité de l'enseignement supérieur. Il le faut pour le pays lui-même, il le faut pour l'étranger, il le faut pour l'avenir.

Pour les étudiants ou les auditeurs qui n'ont pas l'âge ou les facultes physiques permettant d'aller au combat, pour les jeunes gens qui reviennent blessés de la bataille et veulent reprendre le livre après le fusil, pour les jeunes filles qui désirent s'initier aux méthodes de la haute science, et apporter, plus tard, le dévouement du concours féminin aux plus hautes tâches nationales, il faut que ne s'éteignent pas les foyers intellectuels de la patrie. Il le faut aussi pour nos hôtes étrangers, pour tous ces étudiants des pays neutres, qui viennent en pleine guerre rechercher notre culture, et que les sentiments provoqués dans le monde entier par les odieux exploits de la culture allemande amèneront plus nombreux autour de nos chaires. Il le faut, surtout, en prévision de l'effort capital que les Universités devront accomplir après la guerre pour faire des hautes sciences les guides de la renaissance de l'activité économique nationale, et prendre la direction du vaste mouvement de rénovation des industries chimiques et physiques qui suivra nécessairement la paix victorieuse.

Enseignement secondaire — L'enseignement secondaire a pu fonctionner aussi régulièrement que possible pendant toute l'année dernière. En dehors des régions envahies et des villes bombardées, un seul lycée avait dû être fermé; il rouvrira à la rentrée prochaine. Dans la zone des armées, douze collèges de garçons et sept collèges de jeunes filles n'avaient pu, à cause de la proximité de la ligne de feu, s'assurer qu'une existence intermittente Plusieurs de ces établissements pourront sans doute rouvrir, dès la rentrée, et l'enseignement secondaire continuera, par suite. dans tout le territoire, à maintenir pendant la durée de la guerre les traditions, plus chères que jamais, de la culture française

Là encore, je compte sur le dévouement de tous pour préciser et améliorer l'organisation si vaillamment improvisée l'an dernier. Si la nécessité a imposé des combinaisons nouvelles que l'expérience a condamnées, toutes ces combinaisons doivent disparaître. Partout, au contraire, où des expériences intéressantes ont été faites, dans le sens, par exemple, de l'établissement d'un professeur principal, du rapprochement de certains enseignements, des réunions de sections, etc., il importe de les maintenir. Je compte sur la collaboration affectueuse de l'administration et des professeurs pour que l'union soit de plus en plus étroite au lycée, et pour que les modifications de services qui pourraient être rendues indispensables soient acceptées, comme dans l'enseignement supérieur, avec la meilleure volonté. Tout le monde a compris que. les charges de l'Etat se prolongeant et augmentant, les dévouements sont de plus en plus nécessaires, et, comme le maintien de la vie scolaire est une nécessite patriotique plus impérieuse que jamais, je suis certain que les prodiges de travail et d'organisation, réalisés cette année dans l'enseignement secondaire, le seront encore l'année prochaine pour le bénéfice des élèves et de la patrie.

Enseignement primaire. — Mais, si tous les efforts accomplis sont égaux par leur valeur morale, aucun n'égale en étendue l'immense effort réalisé sur tout le territoire pour assurer le fonctionnement de l'enseignement primaire, malgré la mobilisation de près de trente mille instituteurs. De plus, dans la zone des armées, des difficultés particulières n'ont pas toujours permis d'avoir la libre disposition de l'école; et cependant, chaque fois que l'accord a pu s'établir avec l'autorité militaire, et qu'aucun danger n'est apparu, les classes ont suivi leur cours normal jusque sur le front.

Pour l'intérieur, je n'entrerai pas dans le détail des moyens par lesquels les inspecteurs d'académie ont réussi à assurer partout le grand service de l'éducation nationale. Ils ont eté, dans leur tâche, soutenus par la pensée qu'ils apportaient une sécurite toute particulière aux soldats du front. Il fallait que les pères de famille, dans les tranchées, eussent cette certitude et cette tranquillité que l'école primaire continuait, dans toute la France, à protéger le présent et à assurer l'avenir de leurs enfants. C'est cette certitude que je demande aux inspecteurs d'académie de donner plus fortement encore à tous, l'année prochaine, en améliorant partout, autant que possible, le fonctionnement de l'école primaire, élémentaire et supérieure.

Mais il est un point particulier, intéressant le recrutement du personnel enseignant après la guerre, sur lequel le labeur de l'an prochain doit porter un effort énergique et urgent : c'est la réorganisation des écoles normales. Si l'année dernière, dans quelques départements, les écoles normales ont dû rester fermées, il est impossible que se prolonge une situation qui compromettrait gravement le recrutement du personnel. Aussi, d'une manière ou d'une autre, toutes nos écoles normales doivent vivre en octobre prochain, et leur fonctionnement doit être complété et régularisé; toutes devront comporter cette fois au moins deux années d'études; elles devront s'attacher à éviter l'externement des normaliens et des normaliennes, rendu nécessaire la première année, et s'efforcer de revenir aux conditions ordinaires.

Ainsi, l'enseignement primaire pendant la guerre aura, non seulement préparé la génération présente, mais assuré à l'école de demain les maîtres qui prépareront les générations de l'avenir.

II. — Locaux.

Le fonctionnement régulier de l'enseignement secondaire et de l'enseignement primaire dépend en très grande partie de la question des locaux. Aussi m'a-t-il semblé, d'accord avec M. le ministre de la guerre et M le sous-secrétaire d'Etat du service de santé militaire, qu'il y avait un nouvel effort à tenter, avant la prochaine rentrée scolaire, pour rechercher, sans compromettre la défense nationale ou le salut des blessés, les moyens de libérer certains locaux réquisitionnés et de les rendre en octobre à leur destination normale.

Conformément aux instructions que mes collègues, MM Millerand et Godart, ont signées avec moi, et dont je vous ai fait part, les commissions militaires et universitaires instituées au chef-lieu de chaque région ont commencé de déterminer la liste des locaux scolaires qui pourraient être libérés de la réquisition et rendus à l'enseignement. J'ai lieu d'espérer que l'activité et le soin avec lesquels ce travail de revision est poursuivi restitueront à l'instruction publique un nombre d'établissements, grâce auquel, pendant la seconde année scolaire, un progrès sensible sera réalisé dans le fonctionnement de nos services d'éducation nationale.

Mais, à mesure que nos établissements scolaires voient revenir leurs élèves, une garantie essentielle doit être assurée aux familles : toutes les réparations effectuées, toutes les désinfections opérées pour que nos enfants trouvent dans des salles, naguère encore consacrées à des malades, les plus parfaites conditions d'hygiène et d'absolue sécurité. Aussi n'ai-je pas voulu me contenter des précautions ordinaires de désinfection ; j'ai demandé aux plus hautes autorités en la matière, à des membres de l'Académie de médecine, un avis éclairé, qui a été déjà adressé, sous forme d'instructions pratiques, à tous les directeurs d'établissements, et dont la mise en application garantira le parfait état sanitaire des locaux restitués à l'instruction publique

III. — Personnel.

La mobilisation, en absorbant une grande partie du personnel enseignant, a laissé, malgré toutes les suppléances qui ont pu être instituées, une tâche plus lourde à tous ceux qui restaient à l'arrière. Cette tâche a été acceptée vaillamment, et souvent même s'est volontairement accrue pendant tout le cours de l'année dernière. En constatant, dans les rapports que vous m'avez adressés, les mentions constamment faites du dévouement du personnel universitaire, il m'est apparu qu'il serait injuste de ne pas tenir compte dorénavant, dans l'Université, pour toutes les formes de récompenses qui doivent être accordées au personnel, à la fois du dévouement à la tâche universitaire dans l'intérieur, et du sacrifice à la tâche patriotique sur le front, en un mot, de la conduite pendant la guerre. Il faut que, dans tout dossier d'universitaire, il y ait une page qui soit sa page de guerre.

La première année scolaire me donne une pleine confiance dans le zèle de la seconde, encore que la mobilisation puisse accroître tous les jours les difficultés. On m'a demandé parfois d'intervenir pour soustraire certaines catégories de maîtres à leurs obligations militaires et les rendre à leur tâche d'éducateurs. Dès la première heure, j'ai déclaré, par la voie des réponses aux questions écrites du *Journal officiel*, « que le ministre de l'instruction publique s'efforçait d'assurer une marche de ses services aussi satisfaisante et aussi régulière que possible dans les circonstances actuelles, sans intervenir dans le fonctionnement normal de la mobilisation » (5 févr. 1915).

Cette doctrine n'a pas changé et ne changera pas. J'ai d'ailleurs eu la satisfaction de la voir confirmée par une motion de la Fédération des amicales des instituteurs, demandant qu'aucun de ses membres ne soit soustrait à aucune de ses obligations militaires Si l'on veut apprécier d'un seul coup l'absolue nécessité d'une pareille détermination, on n'a qu'à mesurer la différence qu'il y aurait entre l'Université telle qu'elle est, luttant ardemment sous toutes les formes pour la défense nationale, et une Université soustraite en partie à l'obligation de servir le pays sous la forme militaire. Il y a des devoirs auxquels, quand on est éducateur de la nation, il n'est pas possible de dérober une parcelle de sa personnalité.

Si des raisons nouvelles étaient nécessaires pour maintenir cette décision, il suffirait de voir quel zèle et quels efforts ont apportés à l'œuvre d'enseignement tous ceux et toutes celles qui sont venus remplacer le personnel mobilisé. Retraités reprenant du service, citoyens de professions diverses consacrant pour la première fois leur science à l'enseignement, professeurs d'une spécialité se chargeant d'une spécialité voisine, administrateurs ajoutant à leurs fonctions normales des heures d'enseignement, professeurs femmes ou institutrices remplaçant des collègues mobilisés, tous ont fait tout ce qu'ils ont pu, et, la plupart du temps, ils l'ont très bien fait. Mais si, malgré la meilleure volonté, quelques insuffisances se sont çà et là manifestées, si le personnel de fortune a été ou trop surchargé et surmené pour gravir dans de parfaites conditions la longue route de l'année scolaire, ou trop inexperimenté pour faire produire à l'enseignement tous ses bons résultats, il n'y a pas à hésiter un seul instant; il convient immédiatement de chercher un personnel de remplacement. Quelles que soient les demandes de personnel qui parviennent au ministère de l'instruction publique, le ministere tâchera d'y répondre, et je suis sûr qu'autour de moi on ne lassera aucun effort Chacun doit se persuader que, bien que l'enseignement soit un enseignement de guerre, il ne doit pas être un pis-aller. La guerre dure trop longtemps pour que nos enfants puissent se contenter sans danger d'un régime intellectuel ou moral qui ne donnerait pas toutes les garanties La France de l'intérieur serait indigne de l'effort que donnent ses armées, si elle se contentait, pour un de ses services, du plus haut intérêt national, d'un régime d'à peu près. Et c'est pourquoi toutes les ressources du ministère de l'instruction publique seront mises sans hésiter au service de tous les besoins.

IV. — Elèves

Les mêmes devoirs s'imposent aux élèves : pas de relâchement, pas d'énervement, pas de distraction sous le prétexte des graves événements extérieurs, au contraire ! Avec la même sincérité que, m'adressant à la veille des vacances aux elèves du lycée Louis-le-Grand, je disais à la jeunesse française : « Reposez-vous », je lui dis maintenant : « Au travail ! C'est ce qu'exigent vos peres, vos frères qui combattent dans les tranchées; c'est ce qu'exigent tous les amis connus et inconnus qui luttent et meurent pour vous; c'est ce qu'exige la patrie confiante en vos efforts pour assurer son avenir de grandeur. Vous l'avez compris l'an dernier, et, bien que ce fût une année de guerre, la moyenne du résultat des examens a été ou maintenue ou augmentée. Vous le comprendrez mieux encore cette année. Votre discipline et votre labeur devront faire le réconfort de vos meres et l'espoir de vos pères soldats. Et vous devrez, dans votre tâche quotidienne, vous inspirer du même sentiment qui fait dire à nos héros dans la lutte : « Jusqu'au bout ! » Telle doit être, en effet, la devise de tout effort à l'intérieur, comme c'est la devise du combattant sur le front ».

Puisse l'école travailler ainsi, l'année prochaine, pour la France, puisque, au surplus, l'école, c'est la France même. Toutes les vérités dont le pays a besoin dans le grand conflit ou il est engagé, c'est l'école qui, par son enseignement, contribuera à les lui distribuer. Toute l'energie qui lui est nécessaire pour réprimer tout geste de lassitude, c'est l'action morale de l'Université qui s'emploiera a la maintenir et à la développer Alors que chacun de nous est responsable de la moindre parole de défaillance, ou même de la moindre apparition de tristesse, ceux qui sont particulièrement responsables de la contagion de leur état d'âme, ce sont par excellence les éducateurs de la nation. A eux d'être pour le pays, pendant l'année scolaire qui va s'ouvrir, les lumieres de sa conscience et les soutiens de sa confiance, en poursuivant une tâche d'enseignement, qui, encore une fois, ne saurait, malgré la guerre, se contenter de moyens d'approximation, mais doit être, malgré les circonstances, un constant effort vers le mieux. De même que la guerre a exigé de la défense nationale une incessante création d'organismes nouveaux, de même, elle doit exiger de notre œuvre de défense intellectuelle un permanent effort de renouvellement et d'amélioration

---

MARINE, GUERRE FRANCO ALLEMANDE, MARINS MAINTENUS SOUS LES DRAPEAUX OU RAPPELÉS, SITUATION MILITAIRE.

CIRCULAIRE *relative a la situation, au point de vue de l'avancement, des hommes maintenus au service et des inscrits dispensés ou en congé illimité rappelés.*

(10 septembre 1915). — (Publ au *J off.* du 12 sept.)

Le Ministre de la marine à MM. les vice-amiraux commandant en chef, prefets maritimes, officiers généraux, supérieurs et autres commandant à la mer et à terre.

La question m'a eté posee de savoir si les hommes de l'armée de mer, maintenus sous les drapeaux par l'ordre de mobilisation générale, ou rappelés étant en position de dispense ou en congé illimité, qui ont aujourd'hui terminé les obligations d'activité auxquelles ils sont astreints par les lois des 24 dec. 1896 (1) 21 mars 1905 (2), et 7 (3) et 8 août 1913 (4), doivent, au point de vue de l'avancement, être considérés comme appartenant a l'armée active ou à la reserve.

(1) S. et P. *Lois annotées* de 1897, p. 209, *Pand pér.*, 1898.3 34.

(2) S. et P *Lois annotées* de 1906, p. 3; *Pand. pér.*, 1905 3.81.

(3) S et P. *Lois annotees* de 1914, p 561, *Pand pér.*, *Lois annotées* de 1914, p. 561

(4) S. et P. *Lois annotées* de 1914, p 640; *Pand. pér.*, *Lois annotées* de 1914, p. 640.

Cette question doit être résolue de la façon suivante :

1° Hommes qui étaient présents sous les drapeaux au moment de la mobilisation générale :

Jusqu'à la date de l'expiration de la période obligatoire de cinq années prévue par la loi du 24 déc. 1896, ou du service actif imposé ou consenti en vertu des lois de recrutement, ces hommes sont considérés, au point de vue de l'avancement, comme faisant partie de l'armée active.

2° Dispensés et marins en congé illimité rappelés au service :

Ne sont considérés, au même point de vue, comme faisant partie de l'armée active que ceux d'entre les dispensés, qui, au moment de leur rappel sous les drapeaux, n'avaient pas effectivement terminé la période de service actif exigée, avant la mobilisation, pour l'envoi en congé illimité, c'est-à-dire quarante-huit mois, et qui, en outre, depuis leur rappel, n'ont pas effectivement terminé la période obligatoire de cinq ans susvisée. Les autres sont considérés comme des réservistes, ainsi que tous les marins en congé illimité rappelés par la mobilisation, à moins, bien entendu, qu'ils ne contractent une réadmission.

RÉQUISITIONS MILITAIRES, MARINE, NAVIRES RÉQUISITIONNÉS, INDEMNITÉ DE PRIVATION DE JOUISSANCE.

CIRCULAIRE *relative à l'application de la circulaire du* 13 *mai* 1915 *dans certains cas spéciaux.*

(10 septembre 1915). — (Publ. au *J. off.* du 11 sept.).

Le Ministre de la marine à MM. les vice-amiraux commandant en chef, préfets maritimes, capitaine de vaisseau commandant la marine en Corse.

Mon attention a été appelée sur les difficultés qui peuvent se presenter dans l'application de la circulaire du 13 mai dernier (1), pour le décompte de l'indemnité de privation de jouissance des navires réquisitionnés, soit que la valeur initiale fasse défaut, soit que, depuis la construction, il y ait eu vente ou transformation du navire.

Vous trouverez ci-apres les instructions nécessaires suivant les éventualités qui peuvent se produire

La base du décompte de l'indemnité de privation de jouissance étant la valeur initiale du navire, il est nécessaire tout d'abord d'obtenir ce renseignement du propriétaire ou de l'armateur, si la commission d'évaluation n'a pas pu le fournir et si l'état descriptif n'en fait pas mention.

En le demandant au propriétaire ou à l'armateur, l'autorite maritime aura soin de lui rappeler que sa production ne peut retirer au prestataire de la réquisition le droit de refuser éventuellement l'indemnité qui lui sera proposee, et qu'elle ne préjuge en rien son acceptation du mode de calcul ni des éléments d'appréciation employes pour fixer cette indemnité.

Si le propriétaire ou l'armateur fait connaître la valeur initiale de son navire, sans pouvoir la justifier, cette valeur initiale pourra néanmoins être acceptée provisoirement pour le paiement des acomptes sur la privation de jouissance, à moins qu'elle ne soit manifestement exagérée.

Si le propriétaire ou l'armateur refuse de fournir les indications demandées ou s'abstient de répondre, il doit être avisé que le département se trouve dans l'obligation, à défaut de renseignements précis, de décliner toute responsabilité dans les erreurs ou retards qui pourraient survenir au cours de l'examen du dossier, et qu'il ne manquera pas d'opposer ce moyen de défense devant les tribunaux, au cas où il serait appelé à y discuter le chiffre de l'indemnité.

Enfin, dans le cas ou ni la commission d'évaluation ni l'autorité maritime n'auront pu obtenir de renseignements suffisants sur la valeur initiale du navire, à savoir le prix de revient à la construction, ou, tout au moins, si le navire a changé de propriétaire, le prix d'achat payé par le propriétaire actuel, il y aura lieu de faire déterminer la valeur actuelle du navire (coque et machines, d'une part, chaudières, de l'autre).

D'une manière générale, les valeurs initiale et actuelle des navires réquisitionnés doivent être estimées par les moyens suivants, et dans leur ordre de priorité :

1° Au moyen des chiffres fournis par les propriétaires et justifiés sur pieces probantes;

2° Au moyen des inscriptions des Administrations des douanes et de l'enregistrement;

3° Par expertise du bureau « Veritas », dans les ports où cette administration possede des inspecteurs ;

4° Par expertise des ingénieurs des constructions navales attachés au service de la surveillance ;

5° A défaut, par des constructeurs de navires, par des experts qualifiés ou par les inspecteurs de navigation.

Il convient de ne pas perdre de vue que l'expertise administrative, faite en vue de la fixation des indemnités de réquisition des navires, a pour but d'arriver à un accord entre les prestataires et l'Etat, en conformité de l'esprit même de la loi sur les requisitions, qui repose sur le principe de la conciliation.

Le décompte de l'indemnité de privation de

(1) 2° vol., p. 157.

jouissance sera calculé de la façon suivante, suivant les cas envisagés plus haut.

1° On connaît la valeur initiale, et le bâtiment n'a été ni vendu, ni transformé. — On appliquera les règles des circulaires des 24 février (1) et 13 mai.

2° Le navire a été acheté par le propriétaire actuel, et on connaît la valeur initiale et le prix d'achat. — On appliquera au prix d'achat les annuités d'amortissement revenant à la valeur initiale jusqu'à amortissement complet de ce prix d'achat. La valeur donnant droit à l'intérêt de 5 p. 100 se déduira du prix d'achat, mais son minimum sera toujours égal au quart de la valeur initiale pour la coque et au cinquième pour les chaudières.

3° Le propriétaire actuel a fait sur son navire des dépenses de transformation ou d'amélioration, et on en connaît le montant, ainsi que la valeur initiale du navire — Le montant des dépenses est ajouté à la valeur, à l'époque de l'exécution des travaux, de la partie non amortie du capital initial, et il forme, avec elle, un total qui est considéré comme un prix d'achat.

4° On n'a pas la valeur initiale, mais on a le prix d'achat payé par le propriétaire actuel. — On remontera du prix d'achat à la valeur initiale, en appliquant les règles d'amortissement de la marine.

Exemple : Navire construit en 1900 et vendu 480 000 fr. en 1908. La somme de 480 000 fr. est supposée être la valeur non encore amortie du navire après 8 ans d'amortissement sur 20. Elle est donc à amortir elle-même en 12 ans, c'est-à-dire par annuités de $\frac{480.000}{12}$: 40.000 fr. La valeur initiale correspondante est donc de 40.000 × 20 = 800.000 fr.

Si le navire avait au moins 15 ans révolus au moment de la vente, le prix d'achat serait supposé être le quart de la valeur initiale. Il en serait de même pour une embarcation automobile d'au moins 7 ans 1/2. De même aussi, une chaudière d'au moins 8 ans serait supposée avoir comme valeur le cinquième de son prix initial.

5° On n'a ni valeur initiale, ni prix d'achat, mais seulement la valeur actuelle exprimée par expertise. — On procédera comme s'il s'agissait d'un prix d'achat payé au moment de la réquisition.

Nota. — Dans les cas envisagés aux §§ 2° et 3° ci-dessus, il peut arriver que des navires de plus de vingt ans aient encore droit à des annuités d'amortissement. Ainsi, un navire à voiles construit pour 1 million de fr., et vendu 600.000 fr. à vingt et un ans d'âge, bénéficiera de 50 000 fr. d'amortissement annuel jusqu'à l'âge de trente-trois ans.

Sociétés d'épargne et de capitalisation, Sociétés françaises, Sociétés étrangères, Placements, Réglementation.

Décret *portant règlement d'administration publique pour l'exécution des alin. 1 et 2 de l'art* 12 *de la loi du 3 juill.* 1913, *relativement au placement de l'actif des sociétés d'épargne*

(10 septembre 1915). — (Publ au *J. off.* du 21 sept.).

Le Président de la République française ; — Sur le rapport du ministre du travail et de la prévoyance sociale et du ministre des finances ; — Vu la loi du 3 juill. 1913 (2), relative aux sociétés d'épargne ; — Vu spécialement les deux premiers alinéas de l'art. 12 ; — Le Conseil d'Etat entendu ; — Décrète :

Art. **1er**. L'actif des entreprises françaises et la portion d'actif des entreprises étrangères visées à l'art. 11 de la loi du 3 juill. 1913 doivent, sous réserve des dispositions de l'art. 5, § 9, et du deuxième alinéa de l'art. 12 de ladite loi, être employés dans les conditions fixées par l'art. 4 du décret du 9 juin 1906 (3), portant règlement d'administration publique pour l'exécution de l'art. 8 de la loi du 17 mars 1905 (4), relativement au placement de l'actif des entreprises d'assurances sur la vie

Toutefois, les sociétés visées au deuxième alinéa de l'art. 1er de la loi du 3 juill. 1913 peuvent en outre consentir à leurs adhérents : 1° des avances sur les contrats d'épargne souscrits par eux ; 2° des prêts hypothécaires sur immeubles situés en France ou en Algérie, à la condition que ces prêts, y compris les prêts antérieurement inscrits, ne dépassent point 50 p. 100 de la valeur des immeubles ; 3° des ouvertures de crédit hypothécaire en vue de l'acquisition ou de la construction d'immeubles, jusqu'à concurrence de 50 p 100 de la valeur du terrain et des constructions. Ces avances peuvent être portées jusqu'à 75 p. 100 de la valeur du terrain et des constructions, si le total des sommes versées par l'adhérent et portées à son compte atteignent au moins le quart de cette valeur.

2 Sont également étendues aux entreprises susvisées les prescriptions des art 3 et 5 du décret du 9 juin 1906, en ce qui concerne les dispositions qui leur sont applicables.

3 Le ministre du travail et de la prévoyance

(1) 2e vol, p. 40.

(2) S. et P. *Lois annotées* de 1913, p. 552 ; *Pand. pér.*, *Lois annotées* de 1913, p. 552

(3) S et P. *Lois annotees* de 1907, p. 394, *Pand. pér.* 1906.3.153.

(4) S. et P. *Lois annotées* de 1905, p. 1041 ; *Pand. pér.*, 1905 3.65.

sociale et le ministre des finances sont chargés, etc.

Réquisitions militaires, Marine, Navires et matériel flottant réquisitionnés, Notification des indemnités.

CIRCULAIRE *relative à la notification des indemnités de réquisitions de navires et de matériel flottant (complément à l'instruction du* 19 *août* 1914. — *Titre III*).

(12 septembre 1915). — (Publ. au *J. off.* du 13 sept.)

Le Ministre de la marine à MM. les vice-amiraux, commandant en chef, préfets maritimes, directeurs de l'inscription maritime dans les ports secondaires, contre-amiral commandant la marine en Algérie, capitaine de vaisseau commandant la marine en Corse, commandant de la marine à Dunkerque, Le Havre et Marseille.

I. — *De la notification des indemnités de réquisition de navires et de matériel flottant.*

Le montant de l'indemnité allouée à la suite d'une réquisition de navire ou de matériel flottant est porté, sous le timbre « Intendance-Approvisionnements », à la connaissance du port militaire chargé, conformément à la circulaire ministérielle du 2 oct. 1914 (1), de tenir le compte ouvert de la réquisition. Le dossier de la réquisition (Bordereau D) est annexé à la dépêche de règlement. Ce dossier contient, en principe, tous les documents qui ont servi d'éléments d'appréciation et conduit à la fixation de l'indemnité. Il appartient au directeur de l'intendance maritime du port intéressé de procéder lui-même, ou de faire procéder par l'autorité qui lui paraît la mieux placée à cet égard (chefs des services locaux de l'intendance maritime, administrateurs de l'inscription maritime, etc.), à la signification, « en la forme administrative » prévue par le règlement d'administration publique (2) Cette signification est adressée, en principe, conformément à l'art. 73 du décret (3), non seulement aux propriétaires, mais aussi à tous autres intéressés. C'est ainsi que, lorsque les éléments du dossier permettront de les connaître, la notification sera adressée, en cas d'achat du navire, aux créanciers privilégiés. La notification sera également adressée aux créanciers hypothécaires. L'agent qui effectue la notification fait connaître en même temps au prestataire qu'il doit lui adresser, dans un délai maximum de quinze jours et par écrit, son acceptation ou son refus de l'indemnité, en ajoutant que si, à l'expiration du délai, le chiffre n'est pas contesté, la direction de l'intendance procédera d'office et de suite à la liquidation et à l'émission du mandat de paiement. Dans ce dernier cas, et conformément à la circulaire ministérielle du 3 janv. 1915 (4), le dossier est retourné, après liquidation, au département, le bordereau D étant completé par l'indication de la date de l'ordonnancement et de celle du paiement, ou, à défaut de cette dernière, de la date d'émission du mandat de paiement. Le délai de quinze jours est egalement imparti aux tiers intéressés.

II — *Du cas de refus de l'indemnité. — De la consultation du département. — De la conciliation et de l'instance.*

Lorsque l'agent qui a procedé à la notification reçoit avis du refus par le prestataire de l'indemnité allouée, il en delivre à l'intéressé un accusé de réception constatant la date du refus, et l'avise qu'il lui appartient de saisir directement du litige le tribunal compétent. La lettre de refus est transmise immédiatement au directeur de l'intendance maritime. Ce dernier informe de suite le tribunal compétent (tribunal de 1re instance ou justice de paix du ressort dans lequel siège la commission mixte d'évaluation qui a connu de l'affaire), en ajoutant que le dossier de la réquisition sera tenu, sur sa demande, à la disposition du tribunal, si le prestataire intente une action.

En principe, la décision prise par le departement sur une affaire de réquisition de navire, apres avis de la commission mixte, de la commission centrale des réquisitions maritimes, du sous-secrétaire d'Etat de la marine marchande, n'est pas sujette à revision administrative. Aussi bien, d'ailleurs, le prestataire pourrait-il se refuser à cette revision, et en appeler immédiatement aux tribunaux. En conséquence, dans la majorité des cas, le département sera simplement informé du refus par l'envoi qui lui sera fait, sous le timbre « Intendance-Approvisionnements », d'une copie de la lettre de non-acceptation. Le dossier sera donc conserve par la direction de l'intendance. Il n'y aura pas lieu de solliciter des instructions complémentaires (5), la décision devant être défendue, devant les tribunaux, d'après les éléments du dossier, et en s'inspirant des principes généraux en matiere de réquisition.

---

(1) *J. off.*, 3 oct. 1914, p. 6174.

(2) S. *Lois annotées* de 1877, p. 255. — P. *Lois décr.*, etc. de 1877, p. 440.

(3-4) 1er vol., p. 1 et 293.

(5) Note du *J. off.* — Si, exceptionnellement, le refus du prestataire faisait apparaître des éléments nouveaux et certains d'appréciation, susceptibles de modifier la décision ministérielle, le directeur de l'intendance maritime en référerait au département dans le plus bref délai possible, sous le timbre « Intendance Approvisionnements », en formulant lui-même des propositions motivées, et en communiquant le dossier.

Les directeurs de l'intendance maritime ont une délégation entière du ministre pour soutenir, en son nom et pour son compte, tous les procès consécutifs aux réquisitions de navires et de matériel flottant. C'est donc à ces directeurs qu'il appartiendra de prendre, en pleine liberté, toutes les mesures utiles pour répondre à l'assignation des prestataires.

En ce qui concerne l'éventualité d'un appel en conciliation, la circulaire ministérielle du 8 déc. 1914 (1) remarquait déjà qu'en ce qui concerne les règlements des réquisitions de navires et de matériel embarqué, il ne semblait pas qu'il y eût à envisager cette formalité, non prévue à l'art. 78 du décret, et dont l'art. 49 du Code de procédure civile dispense, en général, les affaires intéressant l'Etat. Il peut se faire cependant que l'autorité maritime soit appelée en conciliation au sujet du règlement des réquisitions de l'espèce. Dans ce cas, le directeur de l'intendance maritime ou l'officier délégué par lui exposera au tribunal que les indemnités de réquisition de navires, fixées par le ministre lui-même avec toutes les garanties désirables, ne peuvent donner lieu à transaction de la part d'un représentant du département, et que le seul chiffre à admettre en conciliation est celui même de la décision ministérielle

III. — *Des jugements.* — *Des recours.*

Les directeurs de l'intendance maritime adresseront de suite au département (Intendance. — Approvisionnements), avec le dossier complet, une copie des jugements intervenus, en formulant, s'il y a lieu, leurs propositions en vue d'un appel des jugements rendus en premier ressort ou d'un recours en cassation Les instructions utiles seront alors données sous les timbres « Intendance. — Approvisionnements. — Cabinet du ministre — Contentieux. — Commission centrale des réquisitions maritimes ». Dans le cas où une procédure nouvelle serait engagée, le directeur de l'intendance maritime conserverait, bien entendu, la pleine délégation pour agir au nom du ministre

---

ARMÉE, GUERRE FRANCO-ALLEMANDE, CLASSE 1916, MILITAIRES NON TOUCHÉS PAR L'ORDRE D'APPEL, ORDRE DE ROUTE.

ARRÊTÉ *relatif aux jeunes soldats de la classe de 1916 qui n'ont pas été touchés par leur ordre d'appel*

(**13 septembre 1915**). — (Publ. au *J. off.* du 15 sept.).

LE MINISTRE DE LA GUERRE; — Vu l'art. 83 de la loi du 21 mars 1905 (2), sur le recrutement de l'armée; — Vu les art. 94 et 230 du Code de justice militaire; — Vu l'instruction du 20 mars 1906, sur l'insoumission; — Vu le décret du 1er août 1914 (3), prescrivant la mobilisation des armées de terre et de mer; — Vu les ordres donnés pour l'appel de la classe 1916; — Arrête :

ART. **1er**. Des ordres de route seront notifiés d'urgence aux jeunes soldats de la classe 1916 qui n'ont pas été touchés par leur ordre d'appel.

Ces ordres, conformes au modèle n° 6 annexé à l'instruction du 20 mars 1906, relative à l'insoumission, enjoindront aux intéressés de se mettre immédiatement en route à destination du dépôt de leurs corps d'affectation. L'emplacement actuel de ces dépôts sera indiqué d'une façon précise par les commandants de recrutement, qui fixeront, en outre, d'après la distance à parcourir et le temps nécessaire pour la notification de l'ordre de route, la date extrême à laquelle le jeune soldat devra avoir rejoint. A partir de cette date commenceront à courir les délais de grâce prévus par l'art. 83 de la loi du 21 mars 1905.

2 Dans le cas où l'intéressé serait absent de son domicile, l'ordre de route sera notifié au maire de la commune dans laquelle l'appelé a été inscrit sur le tableau de recensement.

3 Si, en raison de l'occupation par l'ennemi de la commune dans laquelle il a été inscrit sur le tableau de recensement, l'appelé ne peut recevoir notification de son ordre de route dans les conditions fixées par les art. 1er et 2 ci-dessus, il devra, dans un délai de dix jours, à partir de la publication du présent arrêté au *Journal officiel*, se présenter à l'autorité militaire (gendarmerie ou bureau de recrutement) la plus proche de sa résidence. Cette autorité adressera alors immédiatement tous renseignements utiles au bureau de recrutement auquel ressortit normalement l'appelé, dans les conditions fixées à l'art. 1er ci-dessus.

Pour les jeunes gens qui ne se seraient pas présentés à l'autorité militaire dans le délai de dix jours ci-dessus prévu, le délai de grâce à l'expiration duquel ils seront déclarés insoumis commencera à courir deux jours après l'expiration de cette période de dix jours.

4. Le présent arrêté sera publié au *Journal officiel* de la République française, et affiché sans délai, dans chaque commune, à la porte de la mairie.

---

(1) 1er vol., p. 242.

(2) S. et P. *Lois annotées* de 1906, p. 3, *Pand. pér.*, 1905 3 81.

(3) 1er vol., p. 9.

COLONIES, GUERRE FRANCO-ALLEMANDE, DOUANES, MARCHANDISES PROHIBÉES, MARCHANDISES DE PROVENANCE ALLEMANDE OU AUSTRO-HONGROISE, INTERDICTION DE SORTIE, SANCTIONS PÉNALES, LOIS DU 17 AOUT 1915, APPLICATION.

DÉCRET *portant application aux colonies et pays de protectorat, autres que la Tunisie et le Maroc, des dispositions des lois du* 17 *août* 1915

(**13 septembre 1915**). — (Publ. au *J. off.* du 14 sept.).

LE PRÉSIDENT DE LA RÉPUBLIQUE FRANÇAISE; — Sur le rapport des ministres des colonies, du commerce, de l'industrie, des postes et des télégraphes, et du ministre des finances; — Vu le sénatus-consulte du 3 mai 1854 (1); — Décrète :

ART **1er**. Sont rendues applicables aux colonies et pays de protectorat, autres que la Tunisie et le Maroc, les dispositions : 1° de la loi du 17 août 1915 (2), soumettant les marchandises d'origine ou de provenance allemande ou austro-hongroise aux dispositions des lois de douane concernant les marchandises prohibées; 2° de la loi du 17 août 1915 (3), relative à la répression des infractions aux dispositions réglementaires portant prohibition de sortie ou de reexportation en suite d'entrepôt, de dépôt, de transit, de transbordement ou d'admission temporaire de certains produits ou objets.

2 Les ministres des colonies, du commerce, de l'industrie, des postes et des télégraphes et des finances sont chargés, etc.

AGENT DE CHANGE, GUERRE FRANCO-ALLEMANDE, OPÉRATIONS DE BOURSE, MORATORIUM, LIQUIDATION, AJOURNEMENT, REPRISE, INTÉRÊTS MORATOIRES, POINT DE DÉPART, PAIEMENT DES DIFFERENCES, ECHELONNEMENT, DÉLAIS DE GRACE, EXCEPTIONS POUR LES DEBITEURS MOBILISÉS OU HABITANT LE TERRITOIRE ENVAHI, ACHATS ET VENTES ANTÉRIEURS, REPORT, DEMANDES EN PAIEMENT, SUSPENSION.

DÉCRET *relatif au paiement des sommes dues à raison des opérations à terme dans les bourses de valeurs* (4)

(**14 septembre 1915**). — (Publ au *J off* du 16 sept.).

LE PRÉSIDENT DE LA RÉPUBLIQUE FRANÇAISE; — Sur le rapport du ministre des finances et du garde des sceaux, ministre de la justice :

ART **1er**. Les intérêts moratoires dus à raison des opérations à terme effectuées dans les bourses de valeurs, et dont le règlement a été ajourné, seront exigibles à partir du 4 octobre prochain

2. Les différences dues à la suite de la liquidation qui aura lieu à la fin du présent mois seront payables, savoir :

10 p 100 le jour des règlements de ladite liquidation,

et 10 p 100 les jours des règlements des liquidations de fin octobre 1915 à fin juin 1916.

Quant aux differences qui seront dues à la suite des liquidations postérieures à celles de la fin de septembre, elles seront exigibles lors de ces liquidations, conformément aux règlements en vigueur.

3 Les debiteurs pourront, conformément a l'art. 1244, § 2, du Code civil, obtenir des délais supplémentaires. Le président du tribunal civil statuera par ordonnance de referé, exécutoire nonobstant appel

4. Les sommes dues de la fin d'octobre 1915 à la fin de juin 1916, ainsi que celles pour lesquelles des delais supplémentaires auront eté accordés par le président du tribunal civil, seront augmentées d'intérêts moratoires à raison de 6 p. 100 par an.

5. Les dispositions de l'art. 69 du décret du 7 oct. 1890 (5) seront applicables aux débiteurs qui n'auront pas rempli les obligations résultant des articles ci-dessus

6 Sont suspendues provisoirement toutes demandes en paiement à l'égard des débiteurs présents sous les drapeaux ou habitant des portions du territoire envahi.

7 Sous réserve des dispositions ci-dessus, concernant le paiement des intérêts moratoires et les

---

(1) S *Lois annotées* de 1854, p. 78. — P. *Lois, décr.*, etc de 1854. p. 137.

(2 3) 2e vol., p 289.

(4) Ce decret est precédé au *J. off.* d'un rapport ainsi conçu :

« La liquidation des engagements à terme dans les bourses de valeurs, restee en suspens depuis les derniers jours du mois de juill. 1914, va être opérée a la fin du présent mois

« Le moment est donc venu de modifier le decret du 27 sept. 1914, qui a provisoirement interdit toutes demandes en paiement et toutes actions judiciaires relatives aux ventes et achats à terme, antérieurs au 4 aout, de rentes, fonds d'Etat et autres valeurs mobilières, ainsi qu'aux opérations de report s'y rattachant.

« Si la situation actuelle ne permet pas d'imposer immediatement le remboursement des sommes employées en reports, il est possible, tout au moins, de demander aux acheteurs qui ne sont, ni mobilisés, ni habitants de regions envahies, de payer les intérêts moratoires mis a leur charge par le decret du 27 sept. 1914 (1er vol, p. 131) et de regler par acomptes successifs les differences resultant de la dépréciation des cours.

« Grace a ces mesures et à celles qu'ont prises les agents de change de Paris, d'accord avec le ministre des finances, pour rembourser les sommes employees en reports et faciliter aux parquets de province et aux banquiers du marche des valeurs le paiement des differences dont ils sont responsables, le marché va revenir peu à peu à une vie normale. et reprendre le rôle important qui lui est devolu dans la vie financière du pays ».

(5) S. et P. *Lois annotées* de 1891, p 113; *Pand. pér.*, 1890.3 82.

différences, demeurent provisoirement suspendues, sauf à l'égard des sujets des nations ennemies, toutes demandes en paiement et toutes actions judiciaires relatives aux ventes et achats antérieurs à la publication du présent décret, de rentes, fonds d'Etat et autres valeurs mobilières, ainsi qu'aux operations de report s'y rattachant.

3. Le garde des sceaux, ministre de la justice, et le ministre des finances sont charges, etc.

ANIMAUX NUISIBLES, GUERRE FRANCO-ALLEMANDE, DESTRUCTION.

CIRCULAIRE *relative à la protection de l'agriculture contre les animaux nuisibles et le gibier surabondant.*

(14 septembre 1915) — (Publ. au *J off.* du 22 sept.).

La chasse étant restée fermée l'an dernier, et les mesures de police consécutives à l'état de siege n'ayant permis qu'un emploi restreint du fusil pour la destruction des animaux nuisibles, le nombre de ces animaux s'est notablement accru, malgré les mesures prises pour les détruire.

En raison de la prolongation de la guerre, qui s'oppose à l'ouverture de la chasse, la situation va s'aggravant. La multiplication des animaux nuisibles et de certains gibiers est devenue sur beaucoup de points un grand danger pour l'agriculture, et il y a lieu de se préoccuper de prendre de nouvelles mesures pour y remédier

I. — ANIMAUX NUISIBLES

1° Dispositions légales

Il convient tout d'abord de rappeler les principales dispositions legales concernant la destruction des animaux nuisibles

Le droit de destruction de ces animaux se distingue à beaucoup d'égards du droit de chasse Tandis que la chasse est un attribut de la propriéte, le droit de destruction constitue un moyen de défense des personnes ou des produits de la terre Il en résulte des différences caractéristiques : d'abord, l'exercice de ces droits peut ne pas appartenir aux mêmes personnes ; ensuite, les animaux qu'il s'agit de détruire ne sont pas necessairement tous ceux qui rentrent dans la définition du gibier auquel s'applique la chasse ; enfin, beaucoup de moyens de destruction diffèrent de ceux qu'autorise la chasse proprement dite.

Comme conséquence, l'exercice du droit de destruction est soumis à des règles de police qui dérogent sur divers points aux dispositions légales ou réglementaires concernant la chasse.

Les mesures prévues par la loi pour l'exercice de ce droit de destruction peuvent être classées en deux catégories : les unes sont laissées à l'initiative individuelle des intéressés, agissant chacun sur son terrain, sans intervention de l'Administration ; les autres, au contraire, nécessitent une action administrative, ayant un caractere d'utilité publique, et peuvent, en conséquence, sous certaines reserves, s'etendre sur tous les terrains, à l'exception des propriétés closes.

Mesures individuelles

Les mesures individuelles sont de deux sortes :

A — Droit de repousser les fauves. — Par une extension du droit de légitime defense, le propriétaire ou fermier a le droit de repousser ou de détruire en tout temps, même avec des armes à feu et pendant la nuit, les bêtes fauves qui porteraient dommage à ses propriétés (art. 9 de la loi du 3 mai 1844) (1). Ce droit, qui, en temps normal, echappe à toute réglementation, est rappelé dans tous les arrêtés réglementaires des préfets sur la police de la chasse.

B. — Droit pour les propriétaires, possesseurs ou fermiers de détruire les animaux classés comme malfaisants ou nuisibles par les arrêtés pris par les préfets, sur l'avis des conseils généraux, en application de l'art. 9 de la loi de 1844, qui autorise les préfets à réglementer ce droit Les autorisations d'ordre individuel accordees par les préfets en vertu de ces arrêtés peuvent néanmoins donner lieu à des destructions collectives en battues.

Mesures administratives

Les mesures administratives se classent en trois groupes :

a) Battues administratives ordonnees par les prefets pour la destruction, dans l'interêt public, des animaux nuisibles vises par l'arrêté du 19 pluv an 5 (2) (sangliers, loups, renards, blaireaux)

Les battues administratives, qui ont lieu en tout temps et sur tous terrains, sont dirigées en principe par les lieutenants de louveterie, sous la surveillance des agents forestiers. En cas d'empêchement du lieutenant de louveterie, le préfet peut, dans son arrêté prescrivant une battue, motiver par un considérant spécial le remplacement accidentel de l'officier de louveterie par le maire ou par la gendarmerie des localités menacees par la présence des animaux dangereux (Circulaire du ministre de l'intérieur aux prefets, en date du 7 déc 1875).

b) Permissions spéciales accordées par les préfets pour détruire, sous la surveillance des agents forestiers, les animaux vises par l'arrêté du 19 pluv. an 5 aux personnes qui ont des équipages ou

---

(1) S 2e vol. des *Lois annotées*. p. 792.

(2) S. 1er vol. des *Lois annotees*, p. 110

autres moyens pour effectuer ces destructions.

c) Battues municipales organisées par les maires, qui peuvent, en vertu de l'art. 90, § 9, de la loi municipale du 5 avril 1884 (1) :

1° Prendre, de concert avec les propriétaires ou les détenteurs du droit de chasse dans les buissons, bois et forêts sis sur le territoire de leur commune, toutes les mesures nécessaires à la destruction des animaux nuisibles, classés comme tels à l'arrêté réglementaire permanent pris par le préfet;

2° Faire en temps de neige, à défaut des détenteurs du droit de chasse, à ce dûment invités, détruire les loups et sangliers remis sur leur territoire, et requérir, à l'effet de les détruire, les habitants, avec armes et chiens propres à la chasse de ces animaux.

2° Application des dispositions legales.

L'application de ces différentes dispositions donne lieu dans la pratique aux observations suivantes, d'ordre général, qui se rattachent naturellement à chacune des catégories de mesures énumérées ci-dessus.

Mesures individuelles.

Comme il est interdit, en raison de l'état de siege, de sortir muni d'une arme, les propriétaires, possesseurs ou fermiers ne peuvent actuellement utiliser le fusil, ni pour repousser ou détruire les fauves, ainsi que la loi leur en donne le droit, ni pour détruire les animaux nuisibles, même lorsque les arrêtés préfectoraux réglementant ces destructions prévoient l'emploi des armes à feu. Ils ont le droit, pour les fauves, de se servir de tous moyens autres que le fusil, et, pour les animaux nuisibles, des moyens autorisés par les arrêtés préfectoraux, exception faite egalement de l'emploi du fusil.

Il appartient aux préfets des départements pour lesquels les arrêtés reglementaires actuellement en vigueur ne prévoient pas de procedés suffisamment efficaces, eu egard aux degâts commis par certains animaux nuisibles, de modifier leurs arrêtés de maniere à permettre l'emploi de moyens plus énergiques, tels que, par exemple, pour les lapins, les bourses et furets, les panneaux, les trous à lapins, et, s'il y a lieu, les chiens (les lacets ou collets ne doivent en aucun cas être autorisés).

Si la gravité des dommages causés justifie l'emploi du fusil, soit pour repousser les fauves, soit pour détruire certaines especes d'animaux nuisibles, les préfets des départements situés en dehors de la zone des armées peuvent autoriser cet emploi, en vertu des pouvoirs conférés à cet effet en 1914 par le ministre de la guerre aux généraux commandant les régions, et placés actuellement entre les mains de l'autorité préfectorale (2).

Le ministre de la guerre a précisé à cette époque que l'usage du fusil n'aurait lieu, autant que possible, qu'à jours fixes, afin de faciliter la surveillance par les gendarmes et préposés forestiers Pour rendre cette surveillance plus efficace et éviter le danger de braconnage, il est bon de spécifier, dans les autorisations individuelles, que les destructions ne pourront être faites que collectivement, en battues avec rabatteurs ou avec chiens, le bénéficiaire de l'autorisation ayant le droit de se faire accompagner par un certain nombre de tireurs, variable suivant l'étendue de la propriété à défendre contre les animaux nuisibles. Les noms des tireurs figureront sur l'autorisation ou seront laissés au choix du permissionnaire. Dans ce dernier cas, il pourra être stipulé que les noms des tireurs devant prendre part aux destructions devront être remis avant chaque battue, à la mairie ou à la gendarmerie.

Ces autorisations sont données, en principe, aux propriétaires, possesseurs ou fermiers, pour leur permettre d'exercer le droit de destruction des animaux nuisibles qui leur est reconnu par la loi. Toutefois, les détenteurs du droit de chasse ont toujours été considérés comme pouvant bénéficier de ces autorisations, et les arrêtés réglementaires les visent spécialement. Au surplus, il y a intérêt à leur permettre de détruire les animaux susceptibles de causer des dommages aux cultures, afin de modifier le moins possible leur situation juridique en ce qui concerne la responsabilité des dégâts. Les préfets sont libres de fixer les conditions dans lesquelles ces autorisations seront délivrées. C'est ainsi qu'ils peuvent imposer l'obligation d'être muni d'un permis de chasse, comme le prévoient d'ailleurs leurs arrêtés réglementaires, même pour la période de clôture de la chasse. Il serait intéressant pour les finances de l'Etat et des communes d'exiger le permis, pour les détenteurs du droit de chasse, dans les départements où cette mesure ne serait pas de nature à entraver les destructions reconnues nécessaires. Au contraire, pour les propriétaires, possesseurs ou fermiers, qui exercent un droit attribué par la loi, aucune mesure ayant un caractère fiscal, telle que l'obligation du permis de chasse, ne saurait être imposée.

Il est bien entendu qu'aucune autorisation individuelle ne pourra être accordée à d'autres personnes qu'aux propriétaires, possesseurs ou fermiers ou à leurs délégués, et aux détenteurs du droit de chasse, ainsi qu'à leurs préposés.

Pour faciliter le contrôle et la surveillance, les

(1) S. *Lois annotées* de 1884, p. 533. — P. *Lois, décr.*, etc. de 1884, p. 894.

(2) Note du *J. off.* — Des instructions seront données ultérieurement pour l'emploi du fusil dans la zone des armées.

jours de destruction (un, deux ou trois par semaine) seront fixés par l'arrêté d'autorisation, et devront être les mêmes pour l'ensemble des communes de chaque arrondissement ou de chaque canton, ou même de tout le département, si aucune circonstance spéciale ne motive des destructions plus nombreuses dans certaines régions que dans d'autres Des exceptions pourront toutefois être faites, si elles sont reconnues nécessaires, pour la destruction des sangliers.

Enfin, les gardes particuliers assermentés seront utilement autorisés à detruire au fusil tous les animaux nuisibles, et les préfets pourront, s'ils le jugent convenable, prendre une mesure générale, à ce sujet.

Mesures administratives

Les arrêtés relatifs aux battues administratives devront mentionner le territoire des communes où elles auront lieu, le nombre des battues à effectuer, les especes d'animaux à détruire, et les moyens dont l'emploi est autorise (battues avec rabatteurs, avec chiens, etc). L'indication des noms des personnes chargées d'appliquer l'arrêté n'est pas indispensable ; il suffit d'indiquer leur qualité (lieutenant de louveterie ou son remplaçant : maire, brigadier de gendarmerie) La fixation du nombre des tireurs ou rabatteurs et l'indication des jours et heures paraissent devoir être laissées aux agents d'exécution : il a été constaté, en effet, que les battues ordonnees à jour fixe par les préfets étaient souvent inefficaces, les animaux à détruire, notamment les sangliers, qui sont nomades, ayant disparu de la région le jour indiqué pour la battue. L'arrêté préfectoral pourrait se borner à fixer le delai (un mois, par exemple) pendant lequel les battues ordonnées devront être effectuees

Les mêmes observations s'appliquent aux battues municipales, pour lesquelles des instructions spéciales ont été donnees aux préfets dans une circulaire du ministre de l'intérieur n° 526, en date du 4 déc. 1884, a laquelle il y a lieu de se reporter.

En raison de l'etat de siege, le maire devra, au préalable, obtenir de l'autorité préfectorale l'autorisation d'employer le fusil

Il va de soi que, pour ces battues effectuées par mesure administrative, le permis de chasse ne peut être exige des tireurs, qui doivent simplement être choisis par les organisateurs de ces destructions parmi les personnes présentant les garanties nécessaires.

En ce qui concerne les permissions spéciales prevues à l'art 5 de l'arrêté du 19 pluv. an 5, pour la destruction des sangliers, loups, renards et blaireaux, il est recommandé de n'en délivrer que sur les points où les détenteurs du droit de chasse auraient négligé de procéder aux destructions, malgré les reclamations des cultivateurs, et où l'étendue des massifs boises ne justifierait pas l'organisation d'une battue administrative.

Transport, colportage et vente.

Les animaux détruits par mesure administrative, ou en vertu, soit du droit de défense contre les fauves, soit d'autorisations individuelles données aux propriétaires et aux détenteurs du droit de chasse, sont la propriété de ceux qui les ont abattus, par application du principe général que le gibier et les animaux sauvages sont *res nullius*, et appartiennent au premier occupant.

Toutefois, leur vente et leur colportage demeurent interdits, à moins de stipulation contraire insérée dans les arrêtés réglementaires, comme cela existe en général pour le lapin, le sanglier, le cerf et la biche. En effet, à l'exception de quelques rares départements du Sud-Est, pour lesquels cette mesure n'a pas encore été adoptée, le transport et la vente des sangliers et des lapins de garenne morts sont libres en tout temps sur tout le territoire. Il est aussi prévu, dans beaucoup d'arrêtés préfectoraux des départements où les cerfs et biches sont classés comme nuisibles, que ces animaux, régulièrement détruits, pourront être transportes et vendus au vu d'un certificat d'origine délivré par le maire (ou le service forestier, dans le cas où la destruction a eu lieu dans une forêt domaniale).

Les facilités de transport rendent possible l'envoi des animaux tués aux hôpitaux, ambulances ou établissements de bienfaisance, et, dans les quelques départements où elles n'existeraient pas, il appartiendra aux préfets d'accorder les permis de transport nécessaires.

Il y a lieu de remarquer qu'on ne saurait imposer cet envoi aux hôpitaux, car, en dehors du droit des destructeurs sur les animaux tués par eux, il y a intérêt à leur permettre d'en tirer profit Si, en effet, on estime qu'il est indispensable d'encourager la destruction de certains animaux nuisibles, il est rationnel de ne pas apporter d'entraves indirectes à cette destruction. Il importe, en outre, en ce qui concerne les locataires du droit de chasse, de troubler le moins possible l'exercice des droits qu'ils détiennent de leurs baux, afin d'eviter de modifier leur situation juridique vis-à-vis de leurs bailleurs.

II. — GIBIER PROPREMENT DIT.

En dehors des animaux nuisibles, les faisans et les lièvres ont été signalés sur certains points comme ayant causé des dommages importants, et il est nécessaire de prévoir les moyens qui peuvent être employes pour les empêcher de pulluler.

1° Faisans.

A la différence des autres gibiers, le faisan est en France essentiellement un gibier d'élevage.

Tant en raison de ce caractère spécial que des facilités prévues par l'art. 9 de la loi du 3 mai 1844 pour favoriser le repeuplement des oiseaux, les préfets ont pu autoriser la reprise des faisans à la mue, soit dans un but d'élevage, soit sur les points où ils abondaient, en vue de leur lâcher ultérieur dans les contrees ou il était intéressant de les introduire En raison, d'autre part, de la non-ouverture de la chasse, les coqs sont restés beaucoup trop nombreux pour que la reproduction s'opère dans de bonnes conditions.

Il y aura donc lieu d'accorder des autorisations de reprise à la mue du 15 septembre au 31 décembre, et de faciliter dans toute la mesure du possible les envois de faisans vivants dans les régions où l'élevage de cet oiseau-gibier pourrait être tenté par des sociétés de chasse ou des particuliers. Mais, comme il est certain qu'en raison de la surabondance des faisans, la quantité des oiseaux à reprendre, notamment les coqs, dépassera les besoins de l'élevage, le transport des faisans aux fabriques de conserves sera autorisé dans les conditions déjà adoptées l'an dernier et rappelees ci-après.

Le colportage et la vente du faisan demeurent interdits, afin d'éviter de favoriser le braconnage; on tolèrera seulement le transport des faisans jusqu'à la gare la plus proche des centres d'élevage, et de là, par wagons ou paniers plombés (sans toutefois que chaque expédition soit inferieure à 100 kilogr.), aux usines de fabrication de conserves en boîtes soudées.

D'autre part, les reprises de faisans ne pourront être effectuées qu'à 150 mètres au moins des chasses voisines, et les autorisations de reprise ne devront être donnees, dans la forme indiquée l'an dernier, qu'à des personnes d'une parfaite honorabilité, et après enquête constatant qu'elles se livrent à l'élevage des faisans.

Au cas où les personnes ayant demandé à reprendre des faisans désireraient en offrir aux hôpitaux ou établissements de bienfaisance, il pourra être donné satisfaction à ces demandes, mais chaque envoi de faisans devra être accompagné d'un permis spécial mentionnant :

1° L'origine des faisans (propriétes et lieux de reprise) ;

2° La quantité de ces oiseaux dont le transport est autorisé ;

3° L'établissement destinataire.

Ces permis devront être retournés à la prefecture immédiatement après réception des faisans, et dûment vises par le directeur de l'etablissement bénéficiaire.

Les autorisations de transport de faisans vivants destinés au repeuplement seront, comme par le passé, délivrees par le préfet du departement intéressé, lorsque le transport aura lieu dans les limites du département, ou directement par le ministre de l'agriculture (direction générale des eaux et forêts), lorsqu'elles concerneront des transports à effectuer hors du département où les reprises auront été opérées

2° Lièvres

L'interdiction de la chasse pendant la saison 1914-1915 a permis aux lievres de se multiplier, et. sur le territoire de certaines communes, on signale d'importants dégâts commis par ces rongeurs.

Il conviendra, sur les points ou la gravité de ces dégâts aura été constatée par une enquête, d'autoriser des reprises de lievres à l'aide de panneaux en vue de l'envoi de ces animaux dans les régions où le repeuplement des chasses en lièvres pourra être effectué. Ces autorisations de reprise en vue du repeuplement devront être accordées avec les mêmes garanties que pour le faisan.

Il est bien entendu que, les présentes instructions s'appliquant à l'ensemble du territoire, vous n'aurez à retenir que les mesures dont la nécessité se fait sentir dans votre département.

Vous voudrez bien remarquer que, parmi les divers procédés prévus pour assurer la destruction des animaux nuisibles, il vous appartiendra de choisir ceux qui vous paraîtront les mieux appropriés au but poursuivi, étant donné les conditions dans lesquelles se trouve le département que vous administrez.

Je vous recommande, notamment, de n'autoriser le fusil que si les autres moyens de destruction sont insuffisants pour enrayer les dommages causés à l'agriculture. Si vous estimez que l'emploi du fusil s'impose pour éviter de graves dégâts, vous voudrez bien prendre toutes précautions pour que les dispositions arrêtées par vous ne soient pas détournées de leur but et ne favorisent pas les personnes qui chercheraient à se procurer indirectement le plaisir de la chasse.

Il importe, en effet, de ne pas perdre de vue qu'à défaut d'ouverture de la chasse, toute espece de « chasse » demeure interdite, qu'il s'agisse de gibier sédentaire ou de passage, et quel que soit le mode de chasse employé (a tir, a courre, au filet, au piège, etc.)

En conséquence, j'appelle tout particulièrement votre attention sur la nécessité d'assurer l'application des lois et reglements sur la police de la chasse, et de réprimer sévèrement le braconnage, ainsi que la vente illicite du gibier

Je vous serai obligé de me rendre compte des mesures que vous prendrez en execution des présentes instructions, et de me faire connaître, le cas échéant, les modifications que vous aurez cru devoir apporter à l'arrêté réglementaire permanent concernant votre département.

Si vous constatiez que les moyens mis à votre disposition ne sont pas suffisamment efficaces, ou si des situations particulières, notamment en ce qui concerne les oiseaux nuisibles, justifiaient l'emploi d'autres mesures, vous auriez à m'adresser des propositions spéciales en vue des dispositions à prendre.

BAIL A LOYER, GUERRE FRANCO-ALLEMANDE, MORATORIUM, PROROGATION DE DÉLAIS, MOBILISÉS, VEUVES OU FEMMES DE MILITAIRES MORTS OU DISPARUS, SOCIÉTÉS EN NOM COLLECTIF OU EN COMMANDITE, ASSOCIÉS OU GÉRANTS SOUS LES DRAPEAUX, LOCATAIRES NON MOBILISÉS, RÉGIONS ENVAHIES, PETITS LOYERS, PROPRIÉTAIRES, PREUVE CONTRAIRE, JUGE DE PAIX, AUTRES LOCATAIRES, DÉCLARATION, CONTESTATIONS, PREUVE PAR LE LOCATAIRE, CONGÉS, BAUX VENANT A EXPIRATION, HÉRITIERS D'UN MILITAIRE DÉCÉDÉ, RÉSILIATION, LOYERS PAYABLES D'AVANCE, LOGEMENTS GARNIS, COMPÉTENCE DU JUGE DE PAIX, RESSORTISSANTS DES PAYS ALLIÉS OU NEUTRES, ALSACIENS LORRAINS, POLONAIS, TCHÈQUES, PERMIS DE SÉJOUR, ALGÉRIE.

DÉCRET *relatif à la prorogation des délais en matière de loyers* (1)

(14 septembre 1915). — (Publ. au *J. off.* du 18 sept.).

LE PRÉSIDENT DE LA RÉPUBLIQUE FRANÇAISE; — Sur le rapport du président du conseil, des ministres du commerce, de l'industrie, des postes et des télégraphes, des affaires étrangères, de la justice, de l'intérieur, des finances, du travail et de la prévoyance sociale : — Vu la loi du 5 août 1914 (2) ; — Vu les décrets des 14 août (3), 1er (4) et 27 sept. (5), 27 oct. (6), 17 déc. 1914 (7), 7 janv (8), 13 févr. (9), 20 mars (10) et 17 juin 1915 (11), relatifs à la prorogation des délais en matière de loyers — Vu le décret du 14 octobre (12), portant application des décrets des 14 août, 1er et 27 sept 1914 à l'Algérie ; — Vu les décrets des 8 (13) et 16 oct. 1914 (14), étendant aux Alsaciens-Lorrains, aux Polonais et aux Tchèques ayant obtenu un permis de séjour en France le bénéfice des décrets ; — Le conseil des ministres entendu ; — Décrète :

ART **1er**. Il est accordé de plein droit, dans tous les départements, aux locataires présents sous les drapeaux, un délai de trois mois pour le paiement des termes de leur loyer, qui, soit par leur échéance normale, soit par leur échéance prorogée par les décrets des 14 août, 1er et 27 sept., 27 oct., 17 déc. 1914, 20 mars et 17 juin 1915, deviendront exigibles à dater du 1er oct. jusqu'au 31 déc. 1915 inclusivement.

Ces dispositions sont applicables aux veuves des militaires morts sous les drapeaux depuis le 1er août 1914, aux femmes des militaires disparus depuis la même date ou aux membres de leur famille qui habitaient antérieurement avec eux les lieux loués.

Sont également admises au bénéfice des dispositions prévues au premier alinéa du présent article les sociétés en nom collectif, dont tous les associés, et les sociétés en commandite dont tous les gérants sont présents sous les drapeaux.

2 Il est accordé aux locataires non présents sous les drapeaux un délai de même durée que celui prévu à l'art. 1er, et pour le paiement des mêmes termes, à la condition qu'ils rentrent dans les catégories ci-après :

1° Dans les portions de territoires énumérées au tableau annexé au présent décret, tous les locataires, quel que soit le montant de leur loyer ;

2° A Paris, dans les communes du département de la Seine et dans les communes de Saint-Cloud, Sèvres et Meudon (Seine-et-Oise), les locataires dont les loyers annuels rentrent dans les catégories suivantes :

a) Loyers annuels inférieurs ou égaux à 1.000 fr, que les locataires soit patentés ou non patentés :

b) Loyers annuels supérieurs a 1.000 fr, mais ne dépassant pas 2.500 fr, lorsque les locataires sont des industriels, commerçants ou autres patentés ;

3° Dans les villes de 100.000 habitants et au-dessus, les locataires dont le loyer annuel est inférieur ou égal à 600 fr. ;

4° Dans les villes de moins de 100.000 habitants et de plus de 5 000 habitants, les locataires dont le loyer annuel est inférieur ou égal à 300 fr. ;

5° Dans les autres communes, les locataires dont le loyer annuel est inférieur ou égal à 100 fr.

Toutefois, le propriétaire est admis à justifier,

---

(1) Ce décret est précédé au *J. off.* d'un rapport ainsi conçu

« Le décret du 17 juin dernier ayant prorogé pour une nouvelle période de trois mois, jusqu'au 30 septembre inclusivement, les mesures adoptées précédemment en faveur des locataires, il convient que, dès à présent, ceux ci puissent connaître les dispositions qui leur seront applicables à partir du 1er octobre prochain.

« Il nous paraît nécessaire de vous proposer de maintenir, sans modifications, les mesures prises par le décret du 17 juin dernier.

« Le gouvernement en effet, a déposé sur le bureau de la Chambre des députés deux projets de loi relatifs aux loyers . l'un concernant la résiliation, par suite de la guerre, des baux a loyers, et l'autre les loyers échus pendant les hostilités.

« Le Parlement étant saisi, et sa décision devant permettre vraisemblablement de mettre fin au moratorium, il serait inopportun de modifier actuellement le régime adopté pour les périodes antérieures. »

(2 à 8) 1er vol., p. 33, 51, 94, 126, 173. 263, 299.

(9-10-11) 2e vol., p. 24, 74 et 189.

(12) 1er vol, p. 158.

(13-14) 1er vol., p 116 et 160.

devant le juge de paix, que son locataire est en état de payer tout ou partie des termes ainsi prorogés. Cette faculté ainsi accordée au propriétaire n'est pas admise à l'encontre des locataires visés par le n. 2 du présent article, dont le loyer annuel est inférieur ou égal à 600 fr.

3. En ce qui concerne les locataires non présents sous les drapeaux et ne rentrant dans aucune des catégories visées à l'art. 2 ci-dessus, mais admis par les décrets antérieurs à bénéficier des prorogations de délai, savoir :

1° Les commerçants, industriels et autres patentés, ainsi que les non patentés, locataires dans les territoires énumérés dans la liste annexée au décret du 1er sept. 1914, mais ne figurant plus dans celle annexée au présent décret;

2° Les commerçants, industriels et autres patentés, locataires dans les territoires autres que ceux figurant dans la liste annexée au décret du 1er sept. 1914;

Le paiement des loyers est réglé de la façon suivante :

a) Pour les termes venant à échéance entre le 1er oct. et le 31 déc. 1915 inclusivement, une prorogation ne dépassant pas trois mois est accordée, sous réserve, par le locataire, de faire une déclaration qu'il est hors d'état de payer tout ou partie desdits termes.

Cette déclaration est faite au greffe de la justice de paix, où elle est consignée sur un registre, et il en est délivré récépissé

Elle doit être effectuée au plus tard la veille du jour où le paiement doit avoir lieu. Le propriétaire en est avisé, par les soins du greffier, au moyen d'une lettre recommandée avec avis de réception.

Au cas où le propriétaire veut contester cette déclaration, il cite le locataire devant le juge de paix. Le locataire doit présenter toutes preuves à l'appui de sa déclaration.

b) Pour les termes échus, qui, ayant bénéficié de prorogations, deviendront exigibles entre le 1er oct. et le 31 déc. 1915 inclusivement, il est accordé une nouvelle prorogation de trois mois

Toutefois, le propriétaire est admis à justifier, devant le juge de paix, que son locataire est en état de payer tout ou partie des termes ainsi prorogés

4 En ce qui concerne les locataires visés aux art. 1, 2 et 3 ci-dessus, les congés, les baux prenant fin sans congés, ainsi que les nouvelles locations, sont régis par les dispositions suivantes :

1° Est suspendu, pour une période de trois mois, sous les conditions et réserves déterminées par l'art. 3 du décret du 27 sept. 1914, l'effet des congés qui, normalement, ou par suite de prorogations résultant des décrets antérieurs, se produira entre le 1er oct et le 31 déc. 1915 inclusivement;

2° Sont prorogés, pour une période de trois mois, sous les conditions et réserves déterminées par l'art. 3 du décret du 27 sept. 1914, les baux prenant fin sans congé, qui, normalement, ou par suite de prorogations résultant des décrets antérieurs, viendront à expiration entre le 1er oct et le 31 déc. 1915 inclusivement;

3° Si les locaux ayant fait l'objet des suspensions de congé ou des prorogations de bail visées aux n. 1 et 2 ci-dessus sont ou demeurent reloués au profit d'un tiers, le point de départ de cette relocation est ajourné d'une période de trois mois, sauf accord contraire entre les parties;

4° Lorsqu'un locataire a conclu une nouvelle location, et s'il jouit, pour son ancienne location, de la suspension de congé prévue par le n. 1 ci-dessus, il ne peut être astreint au paiement de la nouvelle location tant que l'entrée en jouissance n'a pas lieu. Toutefois, le propriétaire a la faculté de demander au juge de paix la résiliation de la nouvelle location

5 En cas de mort sous les drapeaux d'un locataire, ses héritiers ou ayants droit peuvent, si le contrat contient une clause de résiliation en cas de décès ou ne stipule pas expressément la continuation du bail en cas de décès, être autorisés, par le juge de paix, à défaut d'accord avec le propriétaire, à sortir des lieux loués sans avoir à acquitter préalablement les termes, et, le cas échéant, les indemnités dues en vertu du contrat ou de l'usage des lieux. Ce magistrat fixe, dans sa sentence, les délais accordés pour le paiement des sommes ainsi dues au propriétaire.

6 En cas de loyer payable d'avance, le locataire, à défaut de paiement à l'époque fixée par le bail ou par l'usage des lieux, ne peut être cité par le propriétaire devant le juge de paix, comme il est dit aux articles ci-dessus, qu'après que les termes sont échus.

Si le locataire a versé au propriétaire, au début de la location, les derniers termes à échoir, il ne peut, jusqu'à concurrence des sommes ainsi payées d'avance, être cité à raison des termes échus.

Les dispositions du présent article sont applicables seulement dans les portions de territoires énumérées au tableau annexe au décret du 1er sept. 1914.

7. Les règles établies par les articles précédents s'appliquent, sous les mêmes conditions et réserves, aux locataires en garni.

8 Les contestations auxquelles peut donner lieu l'application du présent décret sont de la compétence du juge de paix du canton où est situé l'immeuble loué, et sont réglées par les dispositions de l'art. 6 du décret du 1er sept. 1914.

Ce magistrat entend les parties en son cabinet. A défaut de conciliation, il renvoie l'affaire en audience publique pour le prononcé de sa sentence.

En cas de refus des délais demandés par le locataire, si, à raison du prix annuel de la location dépassant 600 fr., le juge de paix n'est pas compétent, d'après la loi du 12 juill. 1905 (1), pour connaître de l'action en paiement des loyers, il renvoie le propriétaire à se pourvoir, pour ce paiement, par les voies de droit.

9. Sont admis à bénéficier du présent décret :

1° Les ressortissants des pays alliés et neutres ;

2° Les Alsaciens-Lorrains, les Polonais et les Tcheques sujets des empires d'Allemagne et d'Autriche-Hongrie, qui ont obtenu un permis de séjour en France

10. Les dispositions du présent décret sont applicables à l'Algérie.

11. Sont maintenues les dispositions des décrets anterieurs relatifs à la prorogation des délais en matiere de loyers, en ce qu'elles ne sont pas contraires au présent décret.

12. Le président du conseil, les ministres du commerce, de l'industrie, des postes et des telégraphes, des affaires étrangeres, de la justice, de l'intérieur, des finances, du travail et de la prévoyance sociale sont charges, etc.

TABLEAU DRESSÉ EN EXÉCUTION DE L'ART 2 DU DÉCRET DU 14 SEPT. 1915

Aisne.
Ardennes.
Marne.
Meurthe-et-Moselle.
Meuse.
Nord.
Oise (arrondissements de Compiègne et de Senlis).
Pas-de-Calais (arrondissements d'Arras Béthune et Saint-Pol)
Seine-et-Marne (arrondissements de Coulommiers, Meaux, Melun et Provins).
Somme (arrondissements d'Amiens, Doullens, Montdidier et Péronne).
Territoire de Belfort.
Vosges (arrondissements d'Epinal et de Saint-Dié)

MINISTERE DE LA GUERRE, GUERRE FRANCO-ALLEMANDE, SOUS-SECRÉTARIAT D'ETAT DE L'AÉRONAUTIQUE MILITAIRE.

DÉCRET *portant addition au décret du 18 juill. 1915, qui a fixé les attributions des sous-secrétaires d'Etat au ministère de la guerre*

(14 septembre 1915) — (Publ. au *J off.* du 15 sept.)

LE PRÉSIDENT DE LA RÉPUBLIQUE FRANÇAISE ; — Sur le rapport du ministre de la guerre; — Vu le décret du 18 juill. 1915 (2), fixant les attributions des sous-secrétaires d'Etat au ministère de la guerre; — Vu le decret, en date dece jour, nommant un sous-secrétaire d'Etat au ministere de la guerre, et le plaçant à la tête de la direction de l'aéronautique militaire; — Decrète :

ART. **1er**. Il est ajouté au décret susvisé du 18 juill. 1915 un article nouveau ainsi conçu :

« Art. 3 *bis*. Le sous-secrétaire d'Etat au ministere de la guerre placé à la tête de la 12e direction prend le titre de sous-secrétaire d'Etat de l'aéronautique militaire. En cette qualité, au nom et par délégation permanente du ministre, il dirige le service de l'aeronautique militaire.

« Il arrête et soumet au ministre toutes les propositions relatives au personnel et aux troupes de l'aéronautique qui relevent de son autorité ».

2. Le ministre de la guerre est chargé, etc.

MINISTERE DE LA GUERRE, GUERRE FRANCO-ALLEMANDE, SOUS-SECRÉTAIRE D'ETAT DE L'AÉRONAUTIQUE MILITAIRE, NOMINATION.

DÉCRET *portant nomination d'un sous-secretaire d'Etat au ministère de la guerre* (3).

(14 septembre 1915). — (Publ. au *J. off.* du 15 sept)

LE PRÉSIDENT DE LA RÉPUBLIQUE FRANÇAISE, — Sur le rapport du ministre de la guerre : — Décrete :

ART. **1er**. M. René Besnard, député, est nommé sous-secretaire d'Etat au ministère de la guerre.

Il est placé, en cette qualité, à la tête de la direction de l'aéronautique militaire.

2 Le ministre de la guerre est chargé, etc.

COLONIES, GUERRE FRANCO-ALLEMANDE, IN-

---

(1) S. et P. *Lois annotées* de 1905, p. 983 ; *Pand. pér* 1905 3.227.

(2) 2° vol., p. 237.

(3) Ce décret est précede au *J. off.* d'un rapport ainsi conçu

« Les besoins de l'aéronautique vont sans cesse en se developpant et en se transformant Le zèle et le dévouement du personnel, a tous les degrés, de la 12e direction du ministère de la guerre, ont permis d'améliorer dans des proportions remarquables la situation initiale.

« Les nécessités de la guerre révelent, cependant, chaque jour, l'utilité de modifier les programmes antérieurs et de créer pour des besoins nouveaux des instruments appropriés.

« Ces considérations ont amene le gouvernement a penser qu'il serait souhaitable d'adopter pour ce service une forme d'organisation dont l expérience a démontre ailleurs les avantages.

« M. Rene Besnard, depute, rapporteur du budget de la guerre, lui a paru pleinement qualifié pour en assumer la charge. Assiste, comme ses collegues, les sous-secrétaires d'Etat de l'artillerie et des munitions, du ravitaillement et de l'intendance, de conseils pris parmi les techniciens et les industriels, il sera assurément en mesure de rendre à l'aeronautique et a l'armee d'éminents services ».

TERDICTION DE SORTIE, DÉROGATION, RETRAIT, GLYCÉRINE.

ARRÊTÉ *abrogeant, en ce qui concerne la glycérine, les dispositions de l'arrêté du 24 févr.* 1915.

(15 septembre 1915). — (Publ. au *J. off.* du 17 sept.)

LE MINISTRE DES COLONIES ; — Sur le rapport de la commission interministérielle des dérogations aux prohibitions de sortie ; — Vu le décret du 2 janv. 1915 (1) ; — Vu l'arrêté du 24 févr. 1915 (2) ; — Vu l'arrêté du ministre des finances du 4 sept. 1915 (3) ; — Arrête :

ARTICLE UNIQUE. Sont abrogées, en ce qui concerne la glycérine, les dispositions de l'arrêté du 24 février susvisé.

COLONIES, GUERRE FRANCO-ALLEMANDE, OFFICIERS PUBLICS ET MINISTÉRIELS, SUPPLÉANCE, LOI DU 17 AOUT 1915, APPLICATION.

DÉCRET *portant extension aux colonies françaises et pays de protectorat, autres que la Tunisie et le Maroc, de la loi du 17 août 1915, modifiant la loi du 5 août 1914, relative à la suppléance des officiers publics ou ministériels en cas de guerre.*

(15 septembre 1915) — (Publ. au *J. off.* du 19 sept.).

LE PRÉSIDENT DE LA RÉPUBLIQUE FRANÇAISE ; — Sur le rapport du ministre des colonies ; — Vu les art. 8 et 18 du sénatus-consulte du 3 mai 1854 (4) ; — Décrète :

ART. **1er**. Les dispositions contenues dans la loi du 17 août 1915 (5), complétant la loi du 5 août 1914 (6), et le décret du 30 juin 1915 (7), qui a étendu la loi du 5 août 1914 aux colonies et pays de protectorat relevant du ministère des colonies, sont également rendues applicables dans les possessions françaises autres que la Tunisie et le Maroc.

2. Le ministre des colonies est chargé, etc

ARMÉE, GUERRE FRANCO-ALLEMANDE, DÉLÉGATIONS DE SOLDE, MODE DE PAIEMENT.

CIRCULAIRE *relative au paiement des délégations de solde aux bénéficiaires résidant en dehors du lieu de garnison du dépôt.*

(17 septembre 1915). — (Publ au *J. off.* du 20 sept.)

La circulaire du 16 nov 1914 (8), relative au mode de paiement des délégations de solde, a prescrit que l'envoi des fonds aux bénéficiaires résidant hors du lieu où se trouve la garnison du dépôt chargé d'assurer le paiement des délégations serait effectué à l'aide d'un mandat sur le Trésor, envoyé par le corps.

De ce mode de procéder, il est résulté, tant pour les dépôts des corps de troupe que pour l'administration des finances, de nombreuses difficultés provenant de la complexité des écritures, et aggravées par la réduction du personnel des trésoreries, et, pour les délégataires, des retards sérieux dans le paiement de leurs mensualites.

En dehors des réclamations nombreuses qui me sont parvenues des dépôts de corps de troupe et des délégataires, M. le ministre des finances m'a, de son côté, signalé les inconvénients du système, dont il a demandé l'abandon prochain et le remplacement par un autre mode de paiement plus pratique et plus rapide.

Dans le but de mettre fin à cette situation, j'ai décidé, d'accord avec M. le ministre du commerce, de l'industrie, des postes et télégraphes, qu'à l'avenir, l'envoi du montant des délégations aux bénéficiaires ne résidant pas au lieu de garnison du dépôt chargé du paiement serait effectué par les soins de l'Administration des postes, au moyen de mandats-cartes payables au domicile des bénéficiaires.

A cet effet, les dépôts intéressés établiront eux-mêmes les mandats-cartes (formule n 1406), libellés au profit des delégataires de solde, en même temps qu'un ou plusieurs bordereaux (modele 1406 *quater*) descriptifs de ces titres, et comportant des récépissés de dépôts remplis à l'avance, selon les regles en usage pour les dépôts de mandats en nombre, effectués par les particuliers. Les formules de mandats n. 1406 et des bordereaux n. 1406 *quater* seront fournies gratuitement aux corps de troupe, sur la demande qu'ils en feront au bureau de poste de leur garnison respective.

Dans les villes, sièges de dépôts importants, qui seront chargés d'assurer un nombre très considerable de delégations, il sera nécessaire que les dépôts se concertent avec le directeur départemental ou avec le receveur des postes, en vue des dispositions particulières à prendre pour éviter, autant que possible, l'encombrement des guichets d'émission au moment du dépôt des mandats de delégations.

En même temps que le montant des mandats à

---

(1) 1er vol., p. 291.

(2) 2e vol., p 39.

(3) *Supra*, p. 9.

(4) S. *Lois annotées* de 1854 p. 78. — P. *Lois, décr*, etc., de 1854, p. 137.

(5) 2e vol, p. 290

(6) 1er vol., p. 31.

(7) 2e vol., p. 215

(8) 1er vol, p. 202.

émettre, les corps de troupe verseront au bureau de la poste le droit de commission et la taxe de factage de 10 centimes applicables à chaque mandat, sauf en ce qui concerne les délégations de 50 fr. et au-dessous, qui seront exemptées du droit et de la taxe, en vertu du décret du 3 août 1914 (1), sur les franchises postales des militaires. Le montant des sommes ainsi déboursées, ne devant jamais être déduit du montant des délégations, restera à la charge de l'Etat, et devra, par suite, être immédiatement porté par le corps en dépense aux fonds divers. Les conditions dans lesquelles les corps seront remboursés de ces avances feront l'objet d'instructions ultérieures.

Dans le but d'éviter que des paiements soient faits à tort, et pour augmenter les garanties que présente le mode de procéder ci-dessus, il est prescrit aux dépôts :

1° De n'établir le mandat-carte qu'après réception, de la part du délégataire, d'un certificat de vie, établi sans frais à la fin de chaque mois par le maire du lieu de sa résidence;

2° De demander un accusé de réception de l'envoi;

3° Et, dans le cas où les bénéficiaires des délégations seraient des mineurs, d'établir le mandat au nom de ces mineurs, en faisant suivre l'indication du délégataire de la mention sur l'acquit de M.. (tuteur ou administrateur, suivant le cas).

A moins d'impossibilité, les dispositions qui précèdent devront être appliquées aux paiements de fin septembre

---

Colonies, Protectorat (pays de), Guerre franco-allemande, Douanes, Interdictions de sortie, Houille, Coke.

Décret *portant application aux colonies et pays de protectorat, autres que la Tunisie et le Maroc, des dispositions du décret du 3 sept. 1915, qui a prohibé à la sortie de la métropole la houille crue et la houille carbonisée.*

(18 septembre 1915). — (Publ. au *J. off.* du 22 sept.).

Le Président de la République française; — Sur le rapport du ministre des colonies, du ministre des travaux publics, du ministre de la guerre, du ministre des finances et du ministre du commerce, de l'industrie, des postes et des télégraphes; — Vu l'art. 34 de la loi du 17 déc. 1814 (2); — Vu le sénatus-consulte du 3 mai 1854 (3); — Vu le décret du 3 sept. 1915 (4); — Décrète :

Art. 1er. Sont déclarées applicables aux colonies et pays de protectorat, autres que la Tunisie et le Maroc, les dispositions du décret du 3 sept. 1915, qui a prohibé à la sortie de la métropole la houille crue et la houille carbonisée (coke).

Toutefois, des exceptions à ces dispositions pourront être autorisées, sous les conditions qui seront déterminées par le ministre des colonies.

2. Les ministres des colonies, des travaux publics, de la guerre, des finances, de l'industrie, et des postes et télégraphes, sont chargés, etc

---

Douanes, Guerre franco-allemande, Interdictions de sortie, Dérogation, Retrait, Légumes frais.

Arrêté *abrogeant, en ce qui concerne certains légumes, les dispositions de l'arrêté du 12 févr. 1915, relatif aux légumes frais.*

(18 septembre 1915). — (Publ. au *J. off.* du 19 sept.).

Le Ministre des finances; — Sur le rapport de la commission interministérielle des dérogations aux prohibitions de sortie; — Vu le décret du 4 févr. 1915 (5); — Vu l'arrêté ministériel du 12 févr. 1915 (6); — Arrête :

Art. 1er. Sont abrogées, en ce qui concerne les poireaux, choux, carottes, oignons, aulx, navets, les dispositions de l'arrêté du 12 févr. 1915, susvisé, relatives aux légumes frais.

2. Le conseiller d'Etat directeur des douanes est chargé, etc.

Armée, Guerre franco-allemande, Loi du 17 août 1915, Application, Usines et exploitations travaillant pour la défense nationale.

Instruction *pour l'application de l'art. 6 de la loi du 17 août 1915, en ce qui concerne les établissements, usines et exploitations de l'industrie privée travaillant pour la défense nationale, autres que les exploitations houillères*

(19 septembre 1915). — (Publ. au *J. off.* du 20 sept)

I

L'alin. 4 de l'art. 6 de la loi du 17 août 1915 (7) prévoit l'institution, dans chaque région, d'une commission, composée en nombre égal de membres patrons et de membres ouvriers, présidée par

(1) 1er vol., p. 21.

(2) S. 1er vol. des *Lois annotées*, p. 914.

(3) S. *Lois annotées* de 1854, p. 78. — P. *Lois, décr.*, etc. de 1854, p. 137.

(4) *Supra*, p. 7.

(5 6) 2e vol., p. 16 et 23.

(7) 2e vol., p. 287.

un délégué du ministre de la guerre ou du ministre de la marine, laquelle aura pour mission principale d'émettre un avis sur le maintien des hommes qui, sans satisfaire aux conditions déterminées par le § 1er dudit article : justification de l'exercice, pendant un an au moins, de leur profession dans les établissements auxquels ils sont affectés ou d'autres similaires, sont actuellement détachés dans les établissements, usines et exploitations travaillant pour la défense nationale

Il a paru opportun de prendre, comme bases de la circonscription des commissions mixtes, les subdivisions de chaque grande région de l'inspection des forges soumises au contrôle d'un officier du service, chef de détachement

L'adoption de cette circonscription a l'avantage de permettre d'utiliser un cadre administratif déjà existant, sans en créer un nouveau, de conserver à l'inspection des forges son rôle directeur dans ce nouveau contrôle de l'activité industrielle mise au service de la défense nationale, d'affecter à la présidence des commissions mixtes un délégué du ministre de la guerre tout désigné en la personne du chef de détachement, officier réunissant à la compétence technique l'autorité qu'il puise dans son grade, et de lui adjoindre, à titre consultatif, le contrôleur de la main-d'œuvre, spécialiste des questions ouvrières et industrielles, et dont l'intervention a d'ailleurs été prévue lors des débats du Sénat (J.-O -M , le sous-secrétaire d'Etat A. Thomas, p. 488)

En un mot, à chacun des chefs de détachement de l'inspection des forges, lequel a dans ses attributions principales le contrôle des fabrications de guerre dans les établissements, usines et exploitations travaillant à la production de matériel de guerre (artillerie), sera rattachée une commission mixte, composée de trois membres ouvriers et trois membres patrons.

Dans le but de conserver à ces commissions le caractère professionnel qu'elles doivent revêtir, — puisqu'elles ont essentiellement pour objet de déterminer l'utilité du maintien de certains hommes employés à la production de la guerre, — j'ai décidé que leurs membres seront choisis par moi sur des listes composées de membres d'institutions légales représentatives d'intérêts professionnels déjà existantes : chambres de commerce, conseils de prud'hommes, commissions départementales du travail, chambres syndicales, patronales et ouvrières Ces listes me seront présentées par le général commandant la région militaire, après entente avec le préfet du département le plus intéressé, c'est-à-dire celui dans lequel se trouvent situés les établissements employant le plus grand nombre d'ouvriers de la circonscription, et devront comporter un nombre de noms double de celui des membres de la commission ou des commissions de la région

Les conditions de validité des délibérations des commissions, la procédure d'enquête et de présentation des avis sont définies ci-après ; elles n'appellent pas d'explications particulières, et ne font que régler pratiquement les conditions d'application du texte législatif

II

§ 1er. Il sera institué, dans chacune des circonscriptions ressortissant au contrôle d'un chef de détachement du service de l'inspection des forges, une commission composée de trois membres patrons et de trois membres ouvriers, désignés par le ministre de la guerre, sur une liste de candidats qui lui sera présentée par le général commandant chaque région militaire, dans les conditions prescrites ci-après

§ 2 Les localités considérées comme chefs-lieux de circonscription, pour l'application de la présente instruction, sont les suivantes :

Dans l'inspection des forges de Paris : Paris, dix commissions. Auxerre, Toul, Dives, Le Havre Laigle, Rouen, Rugles, Saint-Dizier

Dans l'inspection de Lyon : Lyon, trois commissions, Allevard, Belfort, Bellegarde, Besançon Brioude, Clermont-Ferrand, Firminy, Grenoble, Le Chambon, Chalon-sur-Saône, Marseille, Montbard, Montbéliard, Montluçon, Morez, Nevers Pont-de-Chéruy, Pontarlier, Rive-de-Gier, Roanne, Saint-Chamond, Saint-Etienne, Ugine, Unieu Oyonnax

Dans l'inspection de Nantes : Nantes, Rennes Saint-Nazaire, Tours, Angers, Quimperlé, Châteauroux, Saintes, Port-Brillet.

Dans l'inspection de Toulouse : Toulouse, Alais Albi, Béziers, Bordeaux, Le Boucau, Castel-Sarrazin, Castres, Decazeville, Mont de-Marsan, Périgueux et Tarbes

§ 3 Pour chacune de ces circonscriptions, à Paris et à Lyon, le gouverneur militaire, et, dans chaque région, le général commandant, après entente avec le préfet du département comprenant cette circonscription ou les établissements de cette circonscription qui emploient le plus grand nombre d'ouvriers travaillant pour la défense nationale présenteront au ministre une liste de noms contenant un nombre égal au double de celui des membres devant former chacune des commissions Ces listes seront composées d'un nombre égal de noms d'ouvriers et de patrons représentant les industries principales de la région travaillant présentement pour la défense nationale (fabrication de matériel et de munitions d'artillerie, du génie, des poudres et de l'aéronautique), choisis parmi les membres élus des chambres de commerce, des conseils de prud'hommes et de la commission départementale du travail, et les administrateurs ou membres des chambres syndicales, patronales et ouvrières Les membres des commissions mixtes devront appartenir aux classes non mobilisables ou être dégagés de toute obligation militaire.

La nomination des membres des commissions mixtes sera faite sur ces listes de présentation par le ministre de la guerre

§ 4. Le chef du détachement de l'inspection des forges, ou, à son défaut, un officier désigné par l'inspecteur des forges, présidera la commission en qualité de délégué du ministre.

Le contrôleur de la main-d'œuvre lui sera adjoint comme rapporteur-enquêteur. Il instruira les affaires devant être soumises à l'examen de la commission, assistera aux séances avec voix consultative, et veillera à la transmission régulière des avis. La commission mixte se réunira au chef-lieu de la circonscription du chef de détachement, sur la convocation du président.

Dans les huit jours à dater de la notification de la présente instruction, le président de chaque commission procédera à sa convocation

§ 5 Les établissements, usines et exploitations travaillant pour la défense nationale (artillerie, génie, poudres et aéronautique), employant des hommes appartenant à l'une des classes mobilisées ou immobilisables, devront adresser immédiatement aux contrôleurs de la main-d'œuvre dont ils relèvent un état nominatif de ces hommes, en les répartissant en deux catégories : 1° ouvriers spécialistes ou manœuvres ayant déclaré exercer leur profession pendant au moins un an antérieurement à la mobilisation ; 2° hommes présentement détachés ou en sursis dans leurs établissements et n'entrant pas dans la catégorie précédente

Outre la liste nominative prévue à l'alinéa précédent, il sera établi une fiche individuelle pour chacun des hommes employés, avec mention de la spécialité, de la nature de l'emploi dans l'établissement, de la classe de recrutement et de la situation de famille Il sera joint à la fiche : 1° s'il y a lieu, une déclaration individuelle, signée de l'intéressé, certifiant qu'il a exercé, pendant un an au moins, sa profession, avec mention des établissements, usines et exploitations où il l'a exercée, et tous certificats et pièces propres à justifier l'exactitude de ladite déclaration ; 2° un certificat du maire de sa commune, constatant sa situation de famille et le nombre de ses enfants vivants

Il pourra être fait emploi des fiches individuelles déjà établies pour le recensement prescrit, à la condition d'y ajouter, s'il y a lieu, la déclaration individuelle signée de l'intéressé, dont il vient d'être fait mention

§ 6 La commission pourra valablement siéger au nombre de quatre membres, président et contrôleurs de la main-d'œuvre non compris, mais sous réserve de la présence d'un nombre égal de patrons et d'ouvriers

Elle procédera successivement à l'examen de la situation de chacune des deux catégories d'hommes employés dans les établissements, usines et exploitations. Pour les premiers, elle vérifiera les déclarations individuelles produites par les intéressés. Pour les seconds, elle procédera à une enquête sur la nature de leur emploi dans l'établissement A cet effet, elle pourra pénétrer dans les établissements pour procéder, après entente avec les chefs d'industrie et de service, à tous examens, interrogatoires et constatations qu'elle jugera utiles Les avis seront émis à la majorité des voix.

§ 7 A l'issue de chacune de ses séances, la commission dressera une liste des hommes, ne remplissant pas les conditions visées à l'art 6, alin. 1 et 2, de la loi du 17 août 1915, dont elle propose le maintien dans leur présent emploi

Les procès-verbaux des séances des commissions et les documents annexés devront parvenir aux contrôleurs régionaux de la main-d'œuvre par les soins de leur président. avant le délai de deux mois, comptés à dater du 19 août 1915, date de la publication de la loi au *Journal officiel.*

Armée, Guerre franco-allemande, Loi du 17 août 1915, Houillères, Application.

Instruction *pour l'application aux exploitations houillères de l'art 6 de la loi du* 17 *août* 1915.

(Publ. sans date au *J. off* du 19 septembre 1915).

Le Ministre de la guerre à M le général commandant en chef; à MM les généraux commandant les régions — Le Ministre des travaux publics à MM les préfets; à MM les ingénieurs en chef des mines.

Le § 1er de l'art. 6 de la loi du 17 août 1915 (1) autorise le ministre de la guerre à affecter aux exploitations houillères les hommes appartenant à l'une des classes mobilisées ou mobilisables qui justifient avoir exercé leur profession pendant six mois au moins dans lesdites exploitations ou dans les exploitations similaires

Les §§ 4, 5 et 6 du même article stipulent que les hommes qui, sans satisfaire aux conditions déterminées par le § 1er, sont présentement détachés dans les exploitations houillères, pourront y être maintenus, si, dans le délai de deux mois au plus, une commission désignée à cet effet a donné à ce maintien un avis favorable.

La commission doit être constituée au siège de chaque mine, présidée par l'ingénieur en chef des mines ou par son délégué ingénieur, et composée mi-partie de patrons, mi-partie d'ouvriers mineurs, le délégué mineur ou son suppléant en faisant partie de droit

Pour les mineurs des régions envahies, l'avis doit être émis par la commission militaire des mines, à laquelle sont adjoints, à cet effet, un membre ouvrier et un membre patron.

---

(1) 2e vol., p. 287.

Il y a lieu de faire appliquer dès à présent ces dispositions de la loi du 17 août 1915, et, pour cela, de constituer tout d'abord les commissions locales.

La commission qui doit être constituée au siege de chaque mine comprendra l'ingénieur en chef des mines ou son délégué ingénieur, président, deux membres patrons et deux membres ouvriers. Les membres patrons seront désignés pour chaque mine par l'exploitant. Des deux membres ouvriers, l'un est nécessairement le délégué mineur ou son suppléant; l'autre sera désigné par le préfet, qui s'entendra préalablement à cet effet avec les organisations syndicales de chaque mine. Si la mine comprend plusieurs circonscriptions de délégués mineurs, chaque délégué mineur interviendra dans la commission pour les hommes faisant partie de sa circonscription. Le personnel de la surface, qui ne dépend pas normalement d'une circonscription de délegué mineur, sera considéré comme rattaché à la circonscription la plus voisine du lieu où sont installés les services centraux de l'entreprise.

L'ingénieur en chef des mines convoquera la commission au moins huit jours à l'avance, en invitant tant les membres patrons que les membres ouvriers à établir, pour la soumettre à la commission, une liste des ouvriers qui, à leur connaissance, ne rempliraient pas la condition d'avoir exercé leur profession pendant six mois au moins. L'ingénieur en chef des mines invitera en même temps l'exploitant à afficher l'avis de la réunion de la commission instituée par l'art. 6 de la loi du 17 août 1915, aux lieux et places habituels d'affichage pour les communications à faire aux ouvriers.

Dans sa réunion, la commission donnera son avis sur le maintien à la mine de ceux des hommes, portés sur la liste qui lui aura étc soumise, qui ne seraient pas mineurs des régions envahies. Pour ceux qui seraient mineurs des régions envahies, l'ingénieur en chef des mineurs aura à transmettre leur nom, l'indication de leur situation militaire et tous les renseignements connus sur la durée de leurs services, à M. le ministre des travaux publics (commission mixte des mines).

L'ingénieur en chef des mines transmettra au général commandant la région l'avis des commissions locales. La commission chargée de se prononcer sur le cas des mineurs des régions envahies fera de même, de son côté, pour les cas qu'elle aura examinés.

Les commissions locales n'auront donc, en principe, et conformément à l'art. 6 de la loi du 17 août 1915, à connaître que du maintien des sursis déjà accordés. Toutefois, elles devront, en outre, fournir à la commission mixte des mines les renseignements et indications que celle-ci croira devoir leur demander, au sujet des sursis à accorder.

L'autorité militaire retirera les sursis d'appel des hommes pour lesquels l'avis émis par la commission compétente ne conclurait pas au maintien dans l'exploitation.

Budget, Guerre franco-allemande, Exercice 1915, Crédits provisoires, Repartition par chapitres, Modification.

Décret *modifiant la repartition par chapitre des credits provisoires applicables aux neuf premiers mois de l'annee* (1).

(19 septembre 1915) — (Publ. au *J. off.* du 24 sept.).

Le Président de la République française; — Sur le rapport du ministre des finances; — Vu les lois des 26 déc. 1914 (2) et 29 juin 1915 (3), qui ont ouvert aux ministres des crédits provisoires sur l'exercice 1915, pour les dépenses de leurs départements pendant les neuf premiers mois de 1915; — Vu les décrets des 26 déc 1914 (4) et 29 juin 1915 (5), qui ont réparti, par ministere et par chapitre, les crédits provisoires ouverts par les lois susvisées; — Decrete :

Art **1er**. La répartition, effectuée par les décrets des 26 déc 1914 et 29 juin 1915, des crédits provisoires ouverts aux ministres sur l'exercice 1915, par les lois des 26 déc. 1914 et 29 juin 1915, pour les dépenses du budget général, est modifiée, en ce qui concerne les départements des finances, de l'intérieur et de l'agriculture, conformément à l'état annexé au présent décret.

2. Les ministres des finances, de l'intérieur et de l'agriculture sont chargés, etc.

(*Suit au* J. off. *l'état annexé*).

---

(1) Ce décret est précédé au *J. off.* d'un rapport ainsi conçu :

« Certaines administrations ont dû recruter à titre temporaire des agents auxiliaires pour remplacer, dans la mesure indispensable, le personnel mobilisé, ou assurer le fonctionnement des services créés à l'occasion de la guerre.

« Pour répondre aux vues du Parlement et faciliter l'exercice de son droit de contrôle, il a paru opportun de prévoir l'inscription à des chapitres spéciaux des crédits nécessaires pour la rémunération de ces auxiliaires, lorsque les depenses se trouvaient devoir dépasser les dotations normales des chapitres de personnel.

« A cet effet, des ventilations ont été prévues lors de l'établissement du projet de loi portant ouverture de crédits provisoires applicables au quatrième trimestre de 1915, dans tous les cas ou le montant des crédits sollicités les a rendues possibles.

« J'ai l'honneur de soumettre à votre haute approbation le projet de décret ci-joint, qui a pour objet de réaliser les quelques ventilations qui n'ont pu être effectuées a l'occasion du projet de loi susmentionné ».

(2) 1er vol., p. 275.

(3) 2e vol., p. 212.

(4) 1er vol., p. 278.

(5) 2e vol., p. 214.

ALGÉRIE, GUERRE FRANCO-ALLEMANDE, JUSTICES DE PAIX, JUGES DE PAIX MOBILISÉS, DÉCÉDÉS, DÉMISSIONNAIRES OU RÉVOQUÉS, RÉUNION DE JUSTICES DE PAIX.

DÉCRET *relatif à la réunion temporaire de justices de paix en Algérie.*

(20 septembre 1915). — (Publ. au *J. off* du 23 sept)

LE PRÉSIDENT DE LA RÉPUBLIQUE FRANÇAISE; — Sur le rapport du garde des sceaux, ministre de la justice; — Vu l'ordonnance du 26 sept. 1842 (1), sur l'organisation de la justice en Algérie; — Vu le décret du 19 août 1854 (2), portant organisation de la justice en Algérie; — Vu le décret du 10 août 1875 (3), relatif à l'organisation judiciaire en Algérie; — Vu l'avis du procureur général de l'Algérie; — Le Conseil d'Etat entendu; — Décrète :

ART. **1er**. En Algérie, pendant la durée de la guerre, les justices de paix de deux cantons voisins pourront, en l'absence de l'un des juges de paix pour cause de mobilisation, ou en cas de vacance de l'un des sièges par suite de déces, de démission ou de révocation, être temporairement réunies par arrêté du garde des sceaux, ministre de la justice, sous la juridiction d'un seul magistrat, qui recevra pour frais de voyage, par kilomètre parcouru en allant et en revenant : 1° 20 centimes, si le voyage a été effectué en chemin de fer; 2° 40 centimes, si le voyage a lieu autrement; pour frais de séjour, 10 fr par jour.

2 Les suppléants non rétribués, appelés à remplacer les juges de paix d'Algérie mobilisés, pourront recevoir une rémunération, dont le taux et les conditions d'allocation seront déterminés par un arrêté du garde des sceaux, ministre de la justice, pris sur la proposition du gouvernement général de l'Algérie

3 Le garde des sceaux, ministre de la justice, est chargé, etc.

ARMÉE, GUERRE FRANCO-ALLEMANDE, CORPS DU CONTRÔLE, MISSIONS SPÉCIALES DANS LES RÉGIONS DE CORPS D'ARMÉE.

DÉCRET *fixant les attributions des fonctionnaires du contrôle en mission spéciale dans les régions de corps d'armée.*

(20 septembre 1915) — (Publ. au *J. off.* du 25 sept.).

LE PRÉSIDENT DE LA RÉPUBLIQUE FRANÇAISE; — Sur le rapport du ministre de la guerre; — Vu l'art 26 de la loi du 16 mars 1882 (4), sur l'administration de l'armée; — Vu le décret du 31 août 1914 (5), portant création dans chaque corps d'armée d'une direction des services du matériel; — Décrete :

ART. **1er**. Le ministre de la guerre peut désigner, pendant la durée de la guerre, un ou plusieurs fonctionnaires du contrôle pour être placés en mission spéciale dans chaque région de corps d'armée.

Ces fonctionnaires du contrôle sont à la disposition du général commandant la région, en qualité de conseillers administratifs, pour examiner les affaires que celui-ci jugera utile de leur confier et lui prêter leur concours dans l'exercice des attributions administratives qui lui sont conférées par les art. 9, 10 et 11 de la loi du 16 mars 1882.

2. Les fonctionnaires du contrôle en mission spéciale dans les régions provoquent ou étudient les améliorations à apporter dans le fonctionnement des divers services et les mesures à prendre pour exécuter, au mieux des besoins de l'armée ou des intérêts du Trésor, les instructions du ministre ou des généraux commandant les régions.

3. Ils inspectent les différents services et les corps de troupes au point de vue du matériel, de l'administration et de la comptabilité.

4. Ils rendent compte au général commandant la région du résultat de leurs inspections et lui proposent les mesures ou les sanctions qu'elles leur auront suggérées.

Les rapports à adresser au ministre doivent lui parvenir par l'intermédiaire du général commandant la région.

5. Indépendamment des attributions ainsi déterminées, les fonctionnaires du contrôle en mission spéciale dans les régions peuvent être chargés directement par le ministre d'études ou de missions particulières, notamment dans les établissements spéciaux : les rapports qu'ils établiront à ce sujet seront, sauf indication contraire, adressés directement au ministre

6. Le décret du 31 août 1914, portant création dans chaque région de corps d'armee d'une direction des services du matériel, est abrogé.

7. Le ministre de la guerre est chargé, etc.

DÉCORATIONS, GUERRE FRANCO-ALLEMANDE, CROIX DE GUERRE.

ADDITIF *à l'instruction du* 13 *mai* 1915 (6), *pour l'application du décret du* 23 *avril* 1915 (7), *sur la Croix de guerre*

---

(1) S. 2e vol. des *Lois annotées*, p. 731.

(2) S. *Lois annotées* de 1854, p. 150. — P. *Lois, decr.*, etc. de 1854, p. 260.

(3) S. *Lois annotées* de 1876, p. 125. — P. *Lois, decr.*, etc. de 1876, p. 215.

(4) S. *Lois annotees* de 1882, p. 348. — P. *Lois, decr.*, etc. de 1882, p. 566.

(5) *J. off.*, 1er sept. 1914, p. 7815.

(6) 2e vol., p. 154.

(7) 2e vol., p. 128.

(Publ. sans date au *J. off.* du 20 septembre 1915)

Chapitre III, corps expeditionnaire (2e alinéa), 2e phrase, remplacer le texte actuel par le texte suivant :

Les citations à l'ordre de la colonne sont accordees par le commandant de la colonne, s'il est officier supérieur (lieutenant-colonel ou colonel), et par l'autorité dont dépend le commandant de la colonne si celui-ci est d'un grade inférieur.

DOUANES. GUERRE FRANCO-ALLEMANDE, INTERDICTION DE SORTIE, DÉROGATIONS, ANGLETERRE, DOMINIONS, PAYS DE PROTECTORAT ET COLONIES BRITANNIQUES, BELGIQUE, JAPON, MONTENEGRO, RUSSIE, SERBIE, ETATS D'AMÉRIQUE, VINS, AMIANTE, DRILLES ET FILS DE COTON, SOIE TUSSAH.

ARRÊTÉS *portant dérogation à des prohibitions de sortie*

(20 septembre 1915). — (Publ. au *J. off.* du 21 sept.).

1er ARRÊTÉ

LE MINISTRE DES COLONIES ; — Sur le rapport de la commission interministerielle des dérogations aux prohibitions de sortie ; — Vu le décret du 10 sept 1915 (1), portant application aux colonies et pays de protectorat, autres que la Tunisie et le Maroc, des dispositions du decret du 20 août 1915 (2) ; — Vu l'arrêté du ministre des finances du 28 août 1915 (3) : — Arrête :

ARTICLE UNIQUE Par dérogation aux prohibitions de sortie actuellement en vigueur, les vins peuvent être exportés ou réexportés sans autorisation spéciale, lorsque l'envoi a pour destination l'Angleterre, les Dominions, les pays de protectorat et colonies britanniques, la Belgique, le Japon, le Montenegro, la Russie (4), la Serbie (5), ou les Etats de l'Amérique

2e ARRÊTÉ.

LE MINISTRE DES COLONIES ; — Sur le rapport de la commission interministérielle des dérogations aux prohibitions de sortie ; — Vu les decrets des 27 août (6) et 10 sept 1915 (7) ; — Vu l'arrête du ministre des finances du 3 sept. 1915 (8) : — Arrête :

ARTICLE UNIQUE. Par dérogation aux prohibitions de sortie actuellement en vigueur, peuvent être exportés ou réexportés sans autorisation speciale, lorsque l'envoi a pour destination l'Angleterre, les Dominions, les pays de protectorat et colonies britanniques, la Belgique, le Japon, le Montenegro, la Russie (9), la Serbie (10), ou les Etats de l'Amérique, les produits désignés ci-après

Amiante brut ou travaillé ;

Drilles de coton ;

Fils de coton ;

Soie tussah, brute, tissée ou filée

DOUANES, GUERRE FRANCO-ALLEMANDE, INTERDICTIONS DE SORTIE, VOLAILLES, RAISINS, FRUITS A NOYAUX, OS.

DÉCRET *relatif à des prohibitions de sortie.*

(21 septembre 1915) — (Publ au *J. off* du 22 sept)

LE PRÉSIDENT DE LA RÉPUBLIQUE FRANÇAISE, — Sur le rapport du ministre de l'agriculture, du ministre du commerce, de l'industrie, des postes et des telegraphes, du ministre de la guerre et du ministre des finances ; — Vu l'art. 34 de la loi du 17 déc 1814 (11) ; — Vu le décret du 31 juill 1914 (12) ; — Décrète :

ART. 1er. Sont prohibées, a dater du 22 sept 1915, la sortie ainsi que la réexportation en suite d'entrepôt, de dépôt, de transit, de transbordement et d'admission temporaire, des produits énumérés ci-apres :

Volailles vivantes ;

Raisins de vidange ;

Fruits à noyaux ;

Os

Toutefois, des exceptions à cette disposition pourront être autorisées, sous les conditions qui seront déterminees par le ministre des finances

2 Le ministre de l'agriculture, le ministre du commerce, de l'industrie, des postes et telégraphes, le ministre de la guerre, le ministre des finances sont chargés, etc

---

1° LÉGION D'HONNEUR, GUERRE FRANCO ALLEMANDE, DÉCORATION SANS TRAITEMENT, ADMISSION AU TRAITEMENT, MARINE. — 2° DÉCORATIONS, GUERRE FRANCO-ALLEMANDE, MÉDAILLE MILITAIRE, DÉCORATIONS SANS TRAITEMENT, ADMISSION AU TRAITEMENT, MARINE.

---

(1) *Supra*, p. 12.

(2-3) 2e vol., p. 295 et 303.

(4-5) Note du *J. off.* — Sous réserve, en ce qui concerne la Russie et la Serbie, de la souscription d'un acquit-à-caution à decharger par la douane russe ou serbe.

(6) 2e vol., p. 302.

(7) *Supra*, p. 12.

(8) *Supra*, p. 7.

(9-10) Note du *J. off.* — Sous réserve, en ce qui concerne la Russie et la Serbie, de la souscription d'un acquit-à-caution à decharger par la douane russe ou serbe.

(11) S. 1er vol. des *Lois annotées*, p. 914.

(12) 1er vol., p. 3.

Décret permettant aux légionnaires et médaillés militaires sans traitement d'être admis au traitement, lorsque, étant présents sous les drapeaux et prenant part à des opérations de guerre, ils ont accompli une action d'éclat ou rendu des services distingués.

(21 septembre 1914) — (Publ. au *J. off* du 24 sept.)

Le Président de la République française. — Vu la loi du 24 juill 1873 (1), art. 40; — Vu le décret organique de la Légion d'honneur du 16 mars 1852 (2); — Vu les décrets des 22 janv. (3) et 29 févr. 1852 (4); — Vu les décrets (guerre) des 8 nov 1913 (5) et 27 août 1915 (6); — Sur la proposition du grand chancelier de la Légion d'honneur et sur le rapport du ministre de la marine; — Le conseil de l'ordre entendu: — Décrete :

Art **1er**. Tout légionnaire ou médaillé militaire sans traitement pourra être, par décret, admis au traitement, lorsque, étant présent sous les drapeaux et prenant part à des opérations de guerre, il aura accompli une action d'éclat ou rendu des services distingues qui l'auraient fait proposer pour la croix de la Legion d'honneur ou la medaille militaire avec traitement, s'il n'avait déjà obtenu cette distinction à un autre titre

Ce décret sera rendu après avis du conseil de l'ordre national de la Légion d'honneur, dans les mêmes formes et les mêmes conditions que les décrets de promotions ou de nominations dans la Légion d'honneur ou de concessions de médaille militaire. Il indiquera le contingent sur lequel sera prélevée la croix ou la médaille militaire attribuee avec ce traitement La decoration devenue disponible fera retour à son contingent d'origine

2 Le ministre de la marine et le grand chancelier de l'ordre national de la Légion d'honneur sont chargés, etc.

Armée, Guerre franco allemande, Utilisation des officiers, sous-officiers et soldats inaptes au service armé.

Circulaire ministérielle relative à l'utilisation, pendant la durée de la guerre, des officiers, sous-officiers et hommes de troupe susceptibles d'être retraités ou reformés.

(23 septembre 1915) — (Publ au *J. off* du 25 sept.).

La question a été posée de savoir si les officiers, sous-officiers et hommes de troupe, inaptes à faire campagne, susceptibles d'être retraités ou réformes, soit pour ancienneté de services, soit pour blessures ou infirmites incurables, dans les conditions fixées par les art. 12, 13 et 14 de la loi du 11 avril 1831 (7), sur les pensions, peuvent être utilisés dans la zone de l'intérieur pendant la duree de la guerre

La question doit être résolue par l'affirmative et dans les conditions suivantes :

Les officiers inaptes à faire campagne et susceptibles d'être admis à la pension de retraite pour ancienneté de services seront admis à la retraite; seront nommés avec leur grade, dans la réserve, ceux qui auront été reconnus aptes à rendre des services dans la zone de l'interieur.

Les officiers dont les blessures ou infirmités sont incurables, et qui, par suite, remplissent les conditions fixées par les art 12, 13 et 14 de la loi du 11 avril 1831 pour être admis à la pension de retraite, seront proposés à cet effet, puis nommés egalement, avec leur grade, dans la réserve, s'ils y consentent, et s'ils sont, en outre, reconnus aptes physiquement et techniquement à rendre des services dans la zone de l'intérieur.

Les dispositions qui précèdent sont applicables aux sous-officiers susceptibles d'être mis à la retraite pour ancienneté ou pour blessures ou infirmites incurables.

Pour être réintégres dans la réserve, les officiers et sous-officiers dont il s'agit devront être examinés par la commission regionale chargée de la visite des officiers blessés, malades ou convalescents (Circulaire n° 16 690 c/7 du 13 mai 1915). qui établira un certificat de visite et contre-visite faisant nettement ressortir l'aptitude à un emploi d'instructeur ou à un service déterminé.

Le dossier de réintégration, comprenant : la demande de l'intéressé, annotée par les autorités militaires régionales; l'état signalétique et des services; le feuillet de campagne, ou, pour les sous-officiers, l'appréciation du chef de corps sur les services rendus en campagne; le certificat de visite et de contre-visite, sera adressé par le commandant de la région au ministre, pour décision, sous le timbre de la direction d'arme

Quant aux hommes de troupe blessés, non susceptibles d'être employes au front, ils pourront être provisoirement maintenus sous les drapeaux, sur leur demande, s'ils sont reconnus aptes a rendre de réels services, soit comme instructeurs de recrues, soit comme secretaires, soit comme ouvriers des spécialités (tailleurs, cordonniers, selliers, etc)

---

(1) S. *Lois annotees* de 1873, p. 438. — P. *Lois, décr.*, etc. de 1873, p. 751.

(2) S. *Lois annotees* de 1852 p. 76. — P. *Lois, décr.*, etc. de 1852, p. 132.

(3-4) S. *Lois annotées* de 1852, p. 18 et 63. — P. *Lois, décr.*, etc. de 1852, p. 34 et 110.

(5) *J. off.*, 11 nov. 1913, p. 9872.

(6) 2e vol., p. 303.

(7) S. 2e vol. des *Lois annotées*, p. 42.

Toute procédure de réforme sera suspendue à l'égard de ces hommes, qui pourront d'ailleurs accéder, selon leurs mérites, aux grades de caporal ou de sergent

---

CODE DU TRAVAIL ET DE LA PRÉVOYANCE SOCIALE, LIVRE Ier, TITRES III ET V, TRAVAIL A DOMICILE, OUVRIÈRES, TAUX DES SALAIRES, FIXATION, DÉCISIONS DES CONSEILS DU TRAVAIL, COMITÉS DÉPARTEMENTAUX DE SALAIRES ET COMITÉS PROFESSIONNELS D'EXPERTISE, PUBLICITÉ, COMMISSION CENTRALE, DÉSIGNATION DES MEMBRES, ELECTION, REMPLACEMENT, INSTRUCTION ET JUGEMENT DES RÉCLAMATIONS, NOTIFICATION DES DÉCISIONS, INDEMNITÉS DES MEMBRES DE LA COMMISSION.

DÉCRET *portant règlement d'administration publique pour l'exécution de l'art. 33 h du livre Ier du Code de travail et de la prévoyance sociale (salaires des ouvrières à domicile dans l'industrie du vêtement).*

(24 septembre 1915). — (Publ. au *J. off.* du 25 sept.).

LE PRÉSIDENT DE LA RÉPUBLIQUE FRANÇAISE; — Sur le rapport du ministre du travail et de la prévoyance sociale; — Vu la loi du 10 juill. 1915 (1), modifiant les titres III et V du livre Ier du Code du travail et de la prévoyance sociale, et notamment l'art. 33 *h*, dernier alinéa; — Le Conseil d'Etat entendu; — Décrète :

TITRE Ier

PUBLICITÉ DES DÉCISIONS DES CONSEILS DU TRAVAIL, COMITÉS DÉPARTEMENTAUX DE SALAIRES ET COMITÉS PROFESSIONNELS D'EXPERTISES.

ART. **1er**. Les avis insérés au *Recueil des actes administratifs du département*, en vertu du § 1er de l'art. 33 *h* du livre 1er du Code du travail et de la prévoyance sociale, doivent indiquer :

a) Pour le taux de salaire quotidien et les minima fixés en vertu des art. 23 *e* et 33 *f* :

1° La désignation du conseil du travail ou du comité departemental de salaires qui a procédé à la fixation;

2° La date à laquelle celle-ci a été faite;

3° La région et la profession auxquelles elle s'applique;

4° Le minimum du salaire quotidien pour une journée de dix heures de travail effectif, ou le minimum du salaire à l'heure.

---

(1) 2e vol., p. 223.

b) Pour les tarifs établis en vertu de l'art. 33 *g*

1° La désignation du conseil du travail ou du comité professionnel d'expertise qui a établi le tarif;

2° La date à laquelle ce tarif a été établi;

3° Les professions et les régions auxquelles il s'applique;

4° Pour chacun des articles fabriqués en série compris dans le tarif, et pour chaque catégorie d'ouvrières envisagée, le nombre d'heures et de fractions d'heures de travail nécessaires à l'exécution de cet article, le prix minimum du salaire à l'heure visé sous le § *a*, 4°, ci-dessus, et le minimum de salaires aux pièces applicable à l'article. résultant de la multiplication des deux nombres précédents

2. Les avis doivent être insérés au *Recueil des actes administratifs* dans le mois qui suit l'envoi au préfet des indications prévues à l'article précedent par le président du conseil du travail, du comité de salaires ou du comité professionnel d'expertise.

Un exemplaire du numéro est, dès sa publication, envoyé par le préfet à chacune des mairies et à chacun des secrétariats ou greffes des conseils de prud'hommes et des justices de paix de la région à laquelle s'applique l'avis; il est tenu sur place à la disposition du public. Deux exemplaires sont également adressés au ministre du travail. qui en tient registre et les communique sur place à toute personne qui en fait la demande.

Les feuillets du numéro ou un placard reproduisant le texte de l'avis sont, en outre, affichés dans les communes désignées à cet effet par le préfet, sur la proposition du conseil du travail, du comité de salaires ou du comité professionnel d'expertise

TITRE II

FONCTIONNEMENT DE LA COMMISSION CENTRALE

3 Le ministre du travail provoque, par l'intermédiaire du garde des sceaux, ministre de la justice, la désignation du membre de la Cour de cassation, président de droit de la commission centrale, et d'un membre de la même Cour, destiné à le suppléer en cas d'empêchement.

Il désigne par arrêté, pour trois années, l'enquêteur permanent de l'Office du travail qui doit remplir les fonctions de secrétaire.

Il fait en outre procéder à l'élection, pour la même durée, des deux membres prud'hommes de la commission, dans les conditions prévues par l'article ci-après.

La composition de la partie permanente de la commission est, par les soins du ministre du travail, publiée au *Journal officiel* et au *Bulletin* du ministère du travail.

4 Pour l'élection du prud'homme patron, comme

pour celle du prud'homme ouvrier, chaque conseil de prud'hommes n'a droit qu'à un suffrage.

Les conseils de prud'hommes sont invités à prendre part à l'élection par une lettre recommandée, adressée par le ministre du travail au président de chaque conseil, et fixant la date extrême à laquelle le vote des conseils doit parvenir au ministere du travail. Il doit s'écouler au moins un mois entre cette date et la date d'envoi de la lettre précitée.

Le président de chaque conseil convoque les membres en assemblée générale pour l'élection. Le prud'homme patron est désigné par les membres patrons, le prud'homme ouvrier par les membres ouvriers, l'un et l'autre au scrutin secret. La majorité relative est suffisante au deuxieme tour; à égalité de suffrages, le bénéfice de la désignation est acquis au candidat le plus âgé. Le procès-verbal de l'assemblée faisant connaître les deux votes du conseil est transmis au ministre du travail par le président.

Les votes des conseils de prud'hommes, envoyés au ministre du travail, sont dépouillés, en présence du président de la commission centrale, dans les dix jours qui suivent la date extrême prévue au § 2 du présent article.

Sont proclamés élus par le ministre le prud'homme patron et le prud'homme ouvrier qui ont réuni la majorité des suffrages exprimés par les conseils de prud'hommes: la majorité relative suffit dès le premier tour; à égalité de suffrages, est désigné le candidat le plus âgé.

Les résultats des élections sont publiés au *Journal officiel* et au *Bulletin* du ministère du travail.

5. Dans les deux mois qui précèdent l'expiration du mandat des membres de la commission centrale, il sera procédé au renouvellement de ce mandat

En cas de vacance par suite de décès, de démission ou de perte de la qualité de conseiller prud'homme, il sera procédé à une élection complémentaire dans le délai de deux mois, à moins qu'il n'y ait pas plus de trois mois à courir avant l'époque du prochain renouvellement triennal Si l'élection complémentaire ne porte que sur un des deux délégués, le membre élu dans ces conditions ne demeure en fonctions que pendant la durée du mandat qui avait été confié à son prédécesseur

6. Chaque année, le ministre du travail invite le préfet à convoquer le conseil du travail ou le comité départemental de salaires pour nommer les délégués prévus à l'art. 33 *h* de la loi. Les membres patrons, d'une part, les membres ouvriers, d'autre part, élisent respectivement, au scrutin secret, le délégué patron et le délégué ouvrier. L'élection a lieu au premier tour, à la majorité absolue, au second tour, à la majorité relative des suffrages exprimés Le président de chaque collège informe des résultats de l'élection le ministre du travail par l'intermédiaire du préfet Si, pour un délégué, l'élection ne donne pas de résultat, le ministre procède à la désignation d'office.

7. Un fonctionnaire du ministère du travail est chargé de la tenue des écritures et de la conservation des archives de la commission, en qualite de secrétaire.

Sur la demande du président, le ministre peut, en outre, pour une affaire déterminée, mettre à la disposition de la commission, en vue de procéder à toutes enquêtes et constatations, des inspecteurs du travail ou des enquêteurs de l'Office du travail

8. Les protestations élevées contre la decision d'un conseil du travail, d'un comité départemental de salaires ou d'un comité professionnel d'expertise, ainsi que toutes pieces justificatives produites à l'appui des protestations, sont transmises au président de la commission centrale par l'intermédiaire du ministre du travail, qui en délivre récépissé. Les pièces justificatives, que la protestation émane du gouvernement ou de tous autres intéressés, doivent être produites dans le delai de trois mois fixé par la loi pour le dépôt des protestations

Les protestations et pièces justificatives sont enregistrées, au fur et à mesure de leur transmission au président de la commission centrale, sur un registre spécial.

9 Pour chaque affaire, le ministre du travail notifie au président de la commission centrale les noms des délégués du conseil du travail ou du comité départemental de salaires, ainsi que les noms des deux représentants (patron et ouvrier) au conseil supérieur du travail de la profession intéressée.

10. Le président désigne pour chaque affaire le rapporteur, qui ne doit jamais être pris parmi les deux membres — patron et ouvrier — du conseil du travail ou du comité départemental de salaires qui a déterminé le salaire minimum.

Il fixe la date des réunions de la commission et la fait convoquer par le secrétaire.

11. Les séances de la commission ne sont pas publiques.

12. La procédure est exclusivement écrite.

La commission peut entendre toutes personnes qu'elle croit devoir appeler et ordonner toutes enquêtes, soit par un de ses membres, soit par un des inspecteurs du travail ou des enquêteurs de l'Office du travail mis à sa disposition en vertu de l'art. 7.

13. Les décisions de la commission sont prises à la majorité des voix; elles sont valables, lorsque la moitié au moins des membres dont elle se compose sont présents au moment où elles sont prises.

14. Chaque décision de la commission est portée sur un registre spécial, qui est tenu à la disposition de toute personne qui en fait la demande.

Copie de chaque décision est en outre transmise

dans les cinq jours au ministre du travail, qui la notifie en la forme administrative :

1° A l'auteur de la protestation;

2° Au président du conseil du travail, du comité départemental de salaires ou du comité professionnel d'expertise qui a rendu la décision attaquee :

3° Au préfet, qui fait procéder aux mêmes publications que celles qui ont été prescrites par l'art 2 ci-dessus

15 Un arrête ministériel fixe le règlement intérieur de la commission.

TITRE III

DISPOSITIONS FINANCIÈRES

16. Chaque année, le président soumet au ministre du travail ses propositions motivées pour la fixation du crédit nécessaire au fonctionnement de la commission centrale

17 Les delégués à la commission centrale : des conseils du travail, des comités départementaux de salaires, du conseil supérieur du travail, des conseils de prud'hommes, reçoivent, pour les réunions auxquelles ils prennent part, les indemnités ci-apres :

Ceux qui habitent le département de la Seine :

Une indemnité de 10 francs pour chaque journée ou ils assistent aux seances;

Ceux qui résident en dehors du département de la Seine .

1° Une indemnité de 15 francs par jour depuis la veille du jour où est appelee la premiere affaire jusqu'au lendemain du jour ou est appelée la derniere affaire dans laquelle ils doivent siéger; toute indemnité est suspendue pour la période pendant laquelle un membre n'a pas assisté aux seances, à moins qu'il n'en ait été empêché par la maladie;

2° Des frais de deplacement, s'elevant à 18 centimes par kilometre, de la distance par voie ferrée entre Paris et la gare la plus voisine de la résidence

18 Le ministre du travail et de la prévoyance sociale et le ministre des finances sont chargés, etc.

MARINE, GUERRE FRANCO-ALLEMANDE, QUARTIER DE ST-NAZAIRE, COMMANDANT DE LA MARINE, CAPITAINE DE VAISSEAU.

DÉCRET *creant, pour la duree de la guerre, un commandement de la marine à Saint-Nazaire*

(**24 septembre 1915**). — (Publ. au *J. off.* du 28 sept).

LE PRÉSIDENT DE LA RÉPUBLIQUE FRANÇAISE; — Vu l'ordonnance du 14 juin 1844 (1); — Vu le décret du 15 févr 1882 (2), portant fixation des limites des arrondissements, sous-arrondissements et quartiers du littoral; — Vu le décret du 18 déc 1909 (3), portant réorganisation des services administratifs de la marine, modifié le 29 sept 1913 (4): — Décrete :

ART **1er**. Le quartier de Saint-Nazaire est placé sous l'autorite d'un capitaine de vaisseau pendant la durée de la guerre

Cet officier supérieur prend le titre de commandant de la marine, et releve du vice-amiral, commandant en chef, préfet maritime du 3e arrondissement, pour toutes les questions militaires et administratives

Le commandant du front de mer de la Basse-Loire releve du commandant de la marine pour les questions pour lesquelles il relevait directement du préfet maritime.

2 L'administrateur de l'inscription maritime à Saint-Nazaire relève du commandant de la marine pour les questions prévues aux alin. *b*, *c*, *f* du § 2 de l'art 21 du décret du 18 déc. 1909, modifie le 29 sept. 1913; il continue à relever du directeur de l'inscription maritime à Nantes pour les autres questions

3 En cas d'absence ou d'empêchement, le commandant de la marine à Saint-Nazaire est remplacé provisoirement par l'officier de marine en service à Saint-Nazaire, le plus ancien dans le grade le plus élevé.

4. Le ministre de la marine est charge, etc.

ANIMAUX NUISIBLES, GUERRE FRANCO-ALLEMANDE, DESTRUCTION, ARMES A FEU, BATTUES, ZONE DES ARMÉES.

CIRCULAIRE *relative à l'emploi du fusil pour la destruction des animaux nuisibles*

(**25 septembre 1915**) — (Publ. au *J. off.* du 14 oct.).

Comme suite à ma circulaire du 14 septembre courant (5), relative à la protection de l'agriculture contre les animaux nuisibles et le gibier surabondant, insérée au *Journal officiel* du 22 du même mois, j'ai l'honneur de vous faire connaître que le général commandant en chef m'a informé que les autorisations de battues au fusil pour la destruction des animaux nuisibles dans la zone des armées seraient, à l'avenir, accordées, sur la demande des préfets, par les généraux commandants d'armee (ou de région pour les departements, ou partie de département, n'appartenant pas à des zones d'armees)

(1) *Bull. off.*, 9e série, 1154, n. 1187.
(2) *J. off.*, 23 fevr. 1882, p. 1001.
(3) *Bull. off.*, nouv. série, 24, n. 1031.
(4) *Bull. off.*, nouv. serie, 114, n. 6125.
(5) *Supra*, p. 25.

Aux termes des instructions qui ont dû vous être adressées directement par le major général des armées, à la date du 13 septembre courant, les généraux commandants d'armée ou de région détermineront, sur votre proposition, les conditions dans lesquelles devront être exécutées les battues

Il y a lieu de remarquer que les destructions collectives en battues peuvent être effectuées en vertu d'autorisations d'ordre individuel, ainsi qu'il est mentionné dans ma circulaire susvisée du 14 septembre courant, dont les dispositions s'appliquent à la zone des armées, sous réserve des conditions spéciales dans lesquelles sont données les autorisations d'emploi du fusil Il vous appartient de vous concerter avec les généraux commandants d'armée ou de région pour fixer ces conditions, en tenant compte, autant que possible, des indications de ma circulaire générale précitée

DÉCORATIONS, GUERRE FRANCO-ALLEMANDE, CROIX DE GUERRE.

ADDITION *à l'instruction du 13 mai* 1915 (1). *pour l'application du décret du* 23 *avril* 1915 (2), *sur la Croix de guerre*

(25 septembre 1915) — (Publ. au *J off* du 30 sept)

CHAPITRE IV — MILITAIRES ET CIVILS NE RENTRANT DANS AUCUNE DES CATÉGORIES PRÉCÉDEMMENT VISÉES

Ajouter les alinéas suivants

Ont qualité pour établir des propositions de citation en faveur des agents et sous-agents du service de la trésorerie et des postes aux armées :

1° Les généraux commandants de division, pour les bureaux du payeur de division;

2° Les généraux commandants des corps d'armée, pour les bureaux de payeur de corps d'armées;

3° Les généraux commandants d'armée, pour les bureaux du quartier général d'armée, 1er groupe;

4° Les généraux D. E. S., pour les bureaux de quartier général d'armée (2° groupe) et bureaux d'étapes;

5° Le directeur de l'arrière, pour les bureaux de gare régulatrice.

POSTES, GUERRE FRANCO-ALLEMANDE, FRANCHISE POSTALE, ROI DES BELGES, MINISTRES ET PRÉSIDENT DE LA CHAMBRE DES REPRÉSENTANTS DE BELGIQUE, COLONIES, PAYS DE PROTECTORAT.

DÉCRET *applicant aux colonies françaises et aux pays de protectorat, autres que la Tunisie et le Maroc, les dispositions des décrets des* 20 *nov* 1914 *et* 5 *janv* 1915, *accordant la franchise postale aux correspondances expédiées ou reçues, en France, par le roi des Belges, ses ministres et le président de la Chambre des représentants de Belgique.*

(25 septembre 1915) — (Publ au *J. off* du 2 oct).

LE PRÉSIDENT DE LA RÉPUBLIQUE FRANÇAISE; — Vu l'ordonnance du 17 nov 1844 (3), sur les franchises postales : — Vu le décret du 20 nov. 1914 (4), accordant la franchise postale en France a la correspondance en provenance ou à l'adresse du roi des Belges et des ministres belges; — Vu le décret du 5 janv 1915 (5), accordant la franchise postale, en France, a la correspondance expédiée ou reçue par le président de la Chambre des représentants de Belgique; — Sur le rapport des ministres du commerce, de l'industrie, des postes et des télégraphes et des colonies, et après avis favorable du ministre des finances : — Décrète :

ART. **1er**. Les dispositions des décrets des 20 nov. 1914 et 5 janv 1915 sont déclarées applicables aux correspondances échangées entre la métropole et les colonies françaises et pays de protectorat, autres que la Tunisie et le Maroc, et à l'adresse ou en provenance du roi des Belges des ministres belges et du président de la Chambre des représentants de Belgique

(1) 2e vol., p. 154.
(2) 2e vol., p. 128.
(3) 2e vol. des *Lois annotées*, p. 859.
(4) Ce décret, publié au *Bull. off.*, nouv. série, 142, n. 7927, est ainsi conçu :

LE PRÉSIDENT DE LA RÉPUBLIQUE FRANÇAISE; — Vu la loi du 25 frim. an 8; — Vu l'ordonnance du 17 nov. 1844, concernant les franchises postales; — Après avis favorable du ministre des finances et sur le rapport du ministre du commerce, de l'industrie, des postes et des télégraphes; — Décrète :

ART. 1er. Est admise à circuler en franchise par la poste, sous pli ouvert ou fermé, la correspondance en provenance ou à l'adresse du roi des Belges.

Le contreseing du roi s'exerce au moyen d'une griffe.

2. Est également admise à circuler en franchise par la poste, sous pli ouvert ou fermé, la correspondance de service en provenance ou à l'adresse des membres du gouvernement belge désignés ci après .

Le ministre des affaires étrangères ;
Le ministre de l'agriculture et des travaux publics;
Le ministre des colonies;
Le ministre des chemins de fer, marine, postes et télégraphes;
Le ministre des finances;
Le ministre de la guerre;
Le ministre de l'industrie et du travail;
Le ministre de l'intérieur ;
Le ministre de la justice;
Le ministre des sciences et des arts.

Le contreseing des ministres belges s'exerce au moyen d'une griffe, dans laquelle la désignation des fonctions de l'envoyeur est précédée des mots « gouvernement belge ».

3. Le ministre du commerce, de l'industrie, des postes et télégraphes est chargé, etc.

(5) 1er vol., p. 296.

2 Les ministres du commerce, de l'industrie, des postes et des télégraphes et des colonies sont chargés, etc

---

GREFFIERS, TRIBUNAUX DE PAIX, TRIBUNAUX DE SIMPLE POLICE, COMMIS GREFFIERS ASSERMENTÉS, AGE DE VINGT ET UN ANS.

LOI *relative aux commis greffiers des tribunaux de paix et de simple police.*

(26 septembre 1915) — (Publ. au *J. off.* du 2 oct.).

ARTICLE UNIQUE. Les greffiers des tribunaux de paix et de simple police sont autorisés à faire assermenter, comme commis greffiers, des jeunes gens âgés de vingt et un ans révolus, agréés par le procureur de la République.

JUSTICES DE PAIX, GUERRE FRANCO-ALLEMANDE, JUGES DE PAIX MOBILISÉS OU DÉCÉDÉS, RÉUNION DE JUSTICES DE PAIX.

DÉCRETS *portant réunion temporaire de justices de paix.*

(26 septembre 1915). — (Publ au *J. off.* du 1er oct.).

1er DÉCRET.

LE PRÉSIDENT DE LA RÉPUBLIQUE FRANÇAISE; — Sur le rapport du garde des sceaux, ministre de la justice; — Vu l'art 1er de la loi du 6 avril 1915 (1), concernant le fonctionnement des justices de paix pendant la guerre; — Vu l'absence pour cause de mobilisation des juges de paix d'Audruicq (Pas-de-Calais), de Chalabre (Aude); — Vu les propositions des premiers présidents des Cours d'appel d'Amiens, de Montpellier et des procureurs généraux près les mêmes Cours; — Décrète :

ART. 1er. Sont provisoirement réunies, tant que durera l'absence pour cause de mobilisation des juges de paix des cantons susvisés :

Les justices de paix d'Audruicq et d'Ardres (Pas-de-Calais), sous la juridiction du juge de paix d'Ardres.

Les justices de paix de Chalabre et d'Alaigne (Aude), sous la juridiction du juge de paix d'Alaigne.

2. Le garde des sceaux, ministre de la justice, est chargé, etc

2e DÉCRET.

LE PRÉSIDENT DE LA RÉPUBLIQUE FRANÇAISE; — Sur le rapport du garde des sceaux, ministre de la justice; — Vu l'art 1er de la loi du 6 avril 1915 (2), concernant le fonctionnement des justices de paix pendant la guerre; — Vu le décès du juge de paix du canton de Barneville (Manche); — Vu la proposition du premier président de la Cour d'appel de Caen et du procureur général près ladite Cour; — Décrete :

ART. 1er. Sont provisoirement réunies :

Les justices de paix de Barneville et de la Haye-du-Puits (Manche), sous la juridiction du juge de paix de la Haye-du-Puits.

2 Le garde des sceaux, ministre de la justice, est charge, etc

---

RÉQUISITIONS MILITAIRES, MARINE, NAVIRES RÉQUISITIONNÉS, ASSURANCE MARITIME.

CIRCULAIRE *relative à l'influence de la réquisition sur les contrats d'assurance.*

(26 septembre 1915). — (Publ. au *J. off* du 30 sept.)

Le Ministre de la marine à MM. les vice-amiraux commandant en chef, préfets maritimes, directeurs de l'inscription maritime dans les ports secondaires, contre-amiral commandant la marine en Algérie, capitaine de vaisseau commandant la marine en Corse.

Dans sa circulaire du 24 févr. 1915 (3), la marine s'etait réservé la faculté de continuer à son profit l'effet des polices d'assurance contractées antérieurement à la réquisition des navires par leurs propriétaires, moyennant remboursement à ces derniers des primes par eux acquittées.

Depuis cette époque, j'ai été amené à constater qu'un grand nombre de polices en cours au moment des réquisitions ont été immédiatement dénoncées, soit du fait des assureurs, qui invoquaient le changement des risques courus, l'affectation différente du navire, la modification du personnel, etc, soit du fait des armateurs, qui se refusaient à payer pour la marine des primes qui ne leur sont remboursées qu'ultérieurement.

D'autre part, les assurances non dénoncées ont donné lieu à divers incidents, se traduisant par le refus des assureurs d'assurer toute responsabilité dans les avaries éprouvées par les navires dont l'assurance avait été continuée.

Dans ces conditions, j'ai décidé que la marine cesserait, à l'avenir, de prendre la suite des contrats d'assurance passés par les propriétaires ou armateurs des navires réquisitionnés, et ne rembourserait plus à ces derniers le montant des primes d'assurances qu'ils auraient pu acquitter.

Cependant, comme, pour les navires réquisitionnés jusqu'à ce jour, les armateurs et les assureurs

---

(1-2) 2e vol., p. 104.

(3) 2e vol., p. 40.

ont pu croire de bonne foi que les contrats d'assurance maintenus par eux continuaient à valoir, vis-à-vis de la marine, j'ai décidé que les primes acquises jusqu'à la date de la présente circulaire seraient remboursées, comme il a été prévu aux circulaires des 24 févr. et 13 mai 1915 (1). Il sera naturellement fait exception pour les primes d'assurance des navires ayant effectivement couru des risques, que les assureurs ont refusé de prendre à leur charge dans les conditions de leurs contrats

Bien entendu également. il y a lieu de maintenir les assurances qui ont été contractées sur la demande expresse du département, et pour lesquelles la marine a été substituee au propriétaire pour la durée de la réquisition. Ces assurances ne devront pas être renouvelées à leur expiration.

Le service des approvisionnements de la flotte, lors de chaque nouvelle réquisition, et immédiatement pour les requisitions en cours, devra porter la presente circulaire à la connaissance des armateurs ou propriétaires des navires dont il tient le compte, afin que ces armateurs ou propriétaires puissent liquider leur situation vis-à-vis de leurs assureurs. Un certain nombre d'exemplaires de ladite circulaire vous sera adressé à cet effet.

RÉQUISITIONS MILITAIRES, MARINE, NAVIRES RÉQUISITIONNÉS, DÉPENSES D'ENTRETIEN ET DE RÉPARATIONS.

CIRCULAIRE *relative au remboursement des dépenses d'entretien des navires réquisitionnes.*

(26 septembre 1915) — (Publ au *J. off.* du 30 sept).

Le Ministre de la marine à MM. les vice-amiraux commandant en chef, préfets maritimes, directeurs de l'inscription maritime dans les ports secondaires, contre-amiral commandant la marine en Algérie, et capitaine de vaisseau commandant la marine en Corse.

Au cours de l'examen des dossiers de réquisition des navires qui lui sont soumis, la commission centrale a signalé au département que, dans les demandes des armateurs ou propriétaires, les dépenses d'entretien et de réparations (titre I, division de la circulaire du 24 févr. 1915) (2) sont souvent comprises en bloc dans un chiffre forfaitaire resultant de la moyenne des dépenses antérieures de l'espece, ou fondues dans une indemnité réclamee à titre de participation aux frais généraux d'administration et d'exploitation.

Je vous prie d'inviter les services de l'intendance maritime et de l'inscription maritime placés sous vos ordres à rappeler aux armateurs et propriétaires des navires réquisitionnès que les dépenses d'entretien et de réparations sont intégralement remboursées par l'Etat, conformément aux dispositions faisant l'objet de la présente circulaire :

1° La marine prend à sa charge les travaux d'entretien courants exécutés par le bord, soit par ses propres moyens, soit par l'intermédiaire de l'industrie privée. Ces travaux, qui n'immobilisent généralement pas le navire, sont payés sous forme de salaires de l'equipage on de remboursement des factures d'achats ou de travaux effectués au cours de la réquisition ;

2° La marine participe également aux dépenses de gros entretien (exemple : carénage) et aux réparations, quelle que soit leur importance (exemple : retubage partiel ou total des chaudières), même si elles ont été exécutees en fin de réquisition, pour éviter l'immobilisation du navire.

Cette participation n'a lieu qu'en proportion du temps de la réquisition, et, ainsi que l'a specifié déjà la circulaire du 11 avril 1915 (3) (*B. O*, p 587) pour les dépenses de carénage, dans la mesure où ces travaux ont été nécessites par l'usage du navire pendant la réquisition. On ne saurait, en tout cas, admettre que le departement prenne à sa charge une quote-part forfaitaire etablie d'apres une moyenne de dépenses antérieures qu'il n'a pas le moyen de contrôler.

En résumé, la marine étant tenue de supporter la part des travaux de toute nature qui lui revient du fait de la réquisition des navires, il appartient aux armateurs ou propriétaires d'en faire la demande en temps voulu, en l'appuyant des justifications utiles. Les demandes de l'espece seront instruites comme les demandes principales, et soumises comme elles à l'examen des commissions locale et centrale d'évaluation.

ARMÉE, COMPAGNIES SAHARIENNES, ADJUDANTS-CHEFS.

DÉCRET *complétant le décret du* 9 *août* 1910, *relatif à la réorganisation des compagnies sahariennes, et créant un emploi d'adjudant-chef dans chacune des trois compagnies.*

(27 septembre 1915). — (Publ. au *J. off.* du 30 sept.).

LE PRÉSIDENT DE LA RÉPUBLIQUE FRANÇAISE ; — Sur le rapport des ministres de la guerre, de l'intérieur et des finances ; — Vu la loi du 30 mars 1902 (4), portant organisation des troupes sahariennes ; — Vu la loi du 21 mars 1905 (5), sur le

---

(1) 2e vol, p. 157.

(2-3) 2e vol., p. 40 et 115.

(4) (S. et P. *Lois annotées* de 1902, p. 415.

(5) S. et P. *Lois annotées* de 1906, p. 3 ; *Par d. pér.* 1905.3.81.

recrutement de l'armée : — Vu le décret du 9 août 1910 (1), relatif à la reorganisation des compagnies sahariennes, modifié le 13 mai 1914 (2) et le 25 févr. 1915 (3), en ce qui concerne les tarifs de solde des sous-officiers à solde mensuelle ; — Vu la loi du 30 mars 1912 (4), autorisant la nomination d'un certain nombre d'adjudants-chefs dans les différentes armes et dans les services ; — Vu le décret du 23 mai 1912 (5), portant modifications a l'ordonnance du 16 mars 1838 (6), portant reglement, d'apres la hiérarchie militaire des grades et des fonctions, sur la progression de l'avancement et la nomination aux emplois dans l'armee en exécution de la loi du 14 avril 1832 (7) ; — Vu le decret du 11 janv. 1913, sur les tarifs de solde et allocations en deniers, régularisees sur revues, modifié par le decret du 21 sept. 1914 (8) ; — Vu l'art. 55 de la loi du 25 fevr. 1901 (9), portant fixation du budget général des dépenses et des recettes de l'exercice 1901 ; — Décrete :

Art. 1er. Il est ajoute, entre les art. 7 et 8 du décret du 9 août 1910, un art. 7 *bis*, ainsi conçu :

« Les dispositions génerales en vigueur, en ce qui concerne la nomination des adjudants-chefs dans les différentes armes et dans les services, sont applicables aux nominations d'adjudants-chefs dans les compagnies sahariennes.

« Ils sont choisis parmi les adjudants comptant au moins dix ans de services et deux ans de grade de sous-officier, dont un dans l'emploi d'adjudant

« Ils sont nommes par le général commandant le 19e corps d'armée ».

2 Les tableaux A et B, annexes au décret du 9 août 1910, sont completes, aux paragraphes « Troupe », ainsi qu'il suit :

(*Suit au* J. off. *le tableau annexé*).

Les totaux des effectifs sont modifiés en consequence

3. Le § A (Sous-officiers apres cinq ans de services, a solde mensuelle) du tableau C (Tarifs de solde), annexé au décret du 9 août 1910, modifié le 25 févr. 1915, est completé, ainsi qu'il suit :

(*Suit au* J. off. *le tableau annexé*).

4 Les dispositions qui precedent seront applicables à dater du 1er oct. 1915.

5. Le ministre de la guerre, le ministre de l'intérieur et le ministre des finances sont charges, etc.

Usines, Guerre franco-allemande, Tours a métaux, Presses hydrauliques et autres, Marteaux-pilons, Déclaration obligatoire, Infractions, Pénalités.

Loi *relative à la déclaration obligatoire des tours à métaux, presses hydrauliques, marteaux-pilons.*

(27 septembre 1915). — (Publ au *J off.* du 29 sept)

Art. 1er Est obligatoire la déclaration à l'autorité militaire des machines suivantes :

Tours à metaux de tous systemes ;

Presses hydrauliques ou autres ;

Marteaux-pilons (d'un poids supérieur à 2 tonnes).

Sont exceptées de la déclaration celles de ces machines qui se trouvent dans des établissements de l'Etat.

2. Cette déclaration est à la charge de la personne qui détient actuellement l'une de ces machines, à quelque titre que ce soit, fût-ce à titre de location, de gage, de depôt ou de séquestre, et même si les proprietaires ou detenteurs des machines ne sont pas présents, à la charge des propriétaires, séquestres ou gardiens des locaux où elles se trouvent ; ces derniers seront toutefois admis, en cas de poursuites par application de l'art 4, à prouver qu'ils ne connaissent pas l'existence desdites machines dans leurs locaux

3. Cette déclaration devra être faite à la mairie du lieu (à Paris et à Lyon, aux mairies des arrondissements), dans les dix jours de la publication du décret prevu à l'art. 5 ci-apres, sur formules qui seront mises dans chaque mairie à la disposition des personnes à qui incombe la déclaration Il sera délivré un récepissé de cette déclaration

4 Toute personne assujettie à la déclaration, qui ne se serait pas conformee aux prescriptions de la presente loi, sera passible d'une amende de cinquante à mille francs (50 a 1.000 fr.).

Celle qui aura fait sciemment une fausse déclaration sera frappée d'une amende de cinquante à deux mille francs (50 à 2 000 fr.).

5. Un decret rendu sur le rapport du ministre de la guerre determinera les conditions d'application de la présente loi.

Budget, Guerre franco-allemande, Crédits provisoires, Exercice 1915, Quatrième trimestre. — I. Budget général — 1° Crédits accordés. — Ouverture de

---

(1) *J. off.*, 14 août 1910, p. 7010.

(2) *J. off.*, 30 mai 1914, p. 4849.

(3) *J. off.*, 9 mars 1915, p. 1228.

(4) S. et P. *Lois annotées* de 1912, p. 503 ; *Pand. pér.*, *Lois annotées* de 1914, p. 303.

(5) *J. off.*, 25 mai 1912, p. 4742.

(6) S. 2e vol des *Lois annotées*, p. 407.

(7) S. 2e vol. des *Lois annotees*, p. 103.

(8) *J. off.*, 30 sept. 1914, p. 8106.

(9) S. et P *Lois annotées* de 1901, p. 140 ; *Pand. pér.*, 1902.3.33.

CRÉDITS, BUDGET GÉNÉRAL, BUDGETS ANNEXES, RÉPARTITION DES CRÉDITS (art. 1er à 3). — 2° IMPÔTS ET REVENUS AUTORISÉS. — COLONIES : CONTRIBUTION AUX DÉPENSES MILITAIRES (art. 4) ; CONTRIBUTION AUX DÉPENSES D'ENTRETIEN DE L'ECOLE COLONIALE (art. 5) ; AUTORISATION DE PERCEVOIR (art. 6). — 3° CHEMINS DE FER DE L'ETAT : EMISSION D'OBLIGATIONS (art. 7). — II. DISPOSITIONS SPÉCIALES. — PARIS (VILLE DE) : SUBVENTION DE L'ETAT POUR LES DÉPENSES DE LA POLICE MUNICIPALE (art. 8). — FOURNISSEURS MILITAIRES : AVANCES, INTÉRÊTS, GARANTIES HYPOTHÉCAIRES, NANTISSEMENT, REDEVANCE SPÉCIALE (art. 9). — III. MOYENS DE SERVICE ET DISPOSITIONS SPÉCIALES (art. 10 à 18).

1° LOI *portant : 1° ouverture sur l'exercice 1915 de crédits provisoires applicables au quatrième trimestre de 1915 ; 2° autorisation de percevoir pendant la même période les impôts et revenus publics.*

(28 septembre 1915). — (Publ. au *J. off.* du 29 sept.).

TITRE Ier

BUDGET GÉNÉRAL ET BUDGETS ANNEXES RATTACHÉS POUR ORDRE AU BUDGET GÉNÉRAL

§ 1er. — *Crédits accordés.*

ART **1er**. Il est ouvert aux ministres, au titre du budget général de l'exercice 1915, des crédits provisoires s'élevant à la somme totale de six milliards deux cent cinquante-quatre millions six cent trente-trois mille huit cent soixante et onze francs (6 milliards 254.633 871 fr.), et applicables au quatrième trimestre de 1915.

2 Il est ouvert aux ministres, au titre des budgets annexes rattachés pour ordre aux budgets de leurs départements respectifs, pour l'exercice 1915, des crédits provisoires s'élevant à la somme totale de 425 237.650 fr. et applicables au quatrième trimestre de 1915

3. Les crédits ouverts par les art. 1 et 2 ci-dessus seront répartis, par ministères et par chapitres, au moyen d'un décret du Président de la République

Ils s'ajouteront à ceux précédemment accordés par les lois des 26 déc. 1914 (1) et 29 juin 1915 (2).

§ 2. — *Impôts et revenus autorisés*

4 La contribution des colonies aux dépenses militaires qu'elles occasionnent à l'Etat est fixée, pour l'exercice 1915, à la somme de treize millions soixante-dix-sept mille trois cent seize fr. (13 077 316 fr.), ainsi répartie par colonie :

Indo-Chine.................. ...	11.477.316
Afrique occidentale.......... ..	900.000
Madagascar................ . .	700.000
Total égal........	13.077.316

5 La contribution des colonies aux dépenses d'entretien de l'Ecole coloniale est fixée, pour l'exercice 1915, à la somme de cent neuf mille francs (109 000 fr.), ainsi répartie par colonie :

Indo-Chine................... ...	80.000
Afrique occidentale...............	13.000
Madagascar..........	7.000
Afrique équatoriale...	9.000
Total égal.	109.000

6. La perception des impôts indirects et des produits et revenus publics continuera d'être opérée, pendant le quatrième trimestre de 1915, conformément aux lois en vigueur.

Continuera d'être faite pendant la même période la perception, conformément aux lois existantes, des divers droits, produits et revenus, au profit des départements, des communes, des établissements publics et des communautés d'habitants dûment autorisées.

Continuera également d'être faite pendant la même période la perception, conformément aux lois existantes, des divers produits et revenus affectés aux budgets annexes attachés pour ordre au budget général.

7 Le ministre des finances est autorisé, pour subvenir, pendant le quatrième trimestre de 1915, aux dépenses de la 2e section des budgets annexes des chemins de fer de l'Etat, à émettre, dans les conditions déterminées par l'art 44 de la loi de finances du 13 juill 1911 (3), des obligations amortissables, dont le montant ne pourra excéder la somme de 772.400 fr pour le réseau ancien des chemins de fer de l'Etat, et celle de 3 518 800 fr pour le réseau racheté de la compagnie de l'Ouest.

TITRE II

DISPOSITIONS SPÉCIALES

8 Le maximum de la subvention de l'Etat pour les dépenses de la police municipale de Paris est porté à la somme de 14.471.436 fr.

9 La délivrance exceptionnelle aux fournisseurs de l'Administration de la guerre des avances qui peuvent être nécessaires à la création et au développement de l'outillage indispensable à l'exécution des commandes faites à l'industrie nationale est subordonnée à l'introduction, dans le contrat, de clauses spécifiant, en faveur de l'Etat, un intérêt annuel, et disposant que l'exécution des obligations ainsi contractées par les industriels sera garantie par une inscription hypothécaire, et, s'il y a lieu, par un nantissement

(1) 1er vol., p. 275.
(2) 2e vol., p. 212.

(3) S. et P. *Lois annotées* de 1912, p. 202 ; *Pand. pér. Lois annotées* de 1912, p. 202.

Les contrats donnant lieu à avances devront, en outre, comporter le principe d'une redevance ultérieure, fondée sur la valeur d'utilisation des installations conservées par les industriels, redevance dont le taux et la durée seront fixés, soit à l'amiable, soit par voie d'arbitrage, dans l'année qui suivra la cessation des hostilités.

Il ne pourra être dérogé aux dispositions précédentes qu'en vertu d'un décret délibéré en conseil des ministres, et contresigné par le ministre des finances et le ministre de la guerre.

Un décret rendu en Conseil d'Etat déterminera la rédaction-type des clauses à insérer à cet effet dans les contrats.

TITRE III

MOYENS DE SERVICE ET DISPOSITIONS ANNUELLES

10. Il est ouvert au ministre de la guerre un crédit de 9 millions de francs pour l'inscription au Trésor public des pensions militaires de son département et des pensions militaires des troupes coloniales à liquider dans le courant du quatrième trimestre de 1915.

Ce crédit s'ajoutera à ceux précédemment accordés par les lois des 26 dec. 1914 et 29 juin 1915.

11. Il est ouvert au ministre de la marine un credit de 600 000 fr. pour l'inscription au Trésor public des pensions militaires de son département à liquider dans le courant du quatrieme trimestre de 1915.

Ce crédit s'ajoutera à ceux précédemment accordes par les lois des 26 déc. 1914 et 29 juin 1915.

12 Il est ouvert au ministre des colonies un crédit de 100.000 fr. pour l'inscription au Trésor public des pensions militaires de son département à liquider dans le courant du quatrieme trimestre de 1915.

Ce crédit s'ajoutera à ceux précédemment accordés par les lois des 26 déc. 1914 et 29 juin 1915.

13. Est fixé a cent millions de francs (100 000.000 fr.), pour le quatrieme trimestre de 1915, le maximum du compte courant à ouvrir au Tresor pour les sommes non employées appartenant aux caisses d'assurances régies par la loi du 5 avril 1910 (1), sur les retraites ouvrières et paysannes, et dont la gestion financière est confiée à la Caisse des dépôts et consignations, en vertu de l'art. 15 de ladite loi.

Le taux de l'intérêt servi par le Trésor sera le même que celui du compte courant de la Caisse des dépôts et consignations.

14. Le ministre de l'intérieur est autorisé à engager, pendant le quatrieme trimestre de 1915, dans les conditions déterminées par la loi du 12 mars 1880 (2) et par le décret du 10 avril 1914 (3), pour le programme vicinal de 1915, des subventions qui ne pourront excéder la somme de 2.500 000 fr., et qui seront imputables tant sur les crédits de l'exercice 1915 que sur les crédits à ouvrir ultérieurement.

Ces autorisations d'engagement s'ajouteront à celles précédemment accordées par les lois des 26 déc 1914 et 29 juin 1915.

15. La valeur du matériel à délivrer aux services d'exécution de la marine pour emploi, pendant le quatrieme trimestre de 1915 (crédits-matieres), est fixée par chapitre conformément à l'état annexé à la présente loi.

16. Les travaux à exécuter, pendant le quatrième trimestre de 1915, soit par les compagnies de chemins de fer, soit par l'Etat, pour la continuation des lignes nouvelles en construction des grands réseaux concedés, ne pourront excéder le maximum de 5.000.000 de francs.

Cette somme s'ajoutera à celles précédemment autorisées par les lois des 26 déc. 1914 et 29 juin 1915.

17. Le montant des travaux complémentaires de premier etablissement (c'est-à-dire de ceux qui deviennent nécessaires postérieurement à la mise en exploitation des lignes) à exécuter en 1915, et dont le ministre des travaux publics pourra autoriser l'imputation au compte de ces travaux, est fixé, pour le quatrième trimestre de 1915, non compris le matériel roulant, à la somme de 15.000.000 de francs, qui s'ajoutera à celles précédemment autorisées par les lois des 26 déc. 1914 et 29 juin 1915.

18. Toutes contributions directes et indirectes autres que celles qui sont autorisées par les lois de finances de l'exercice 1914, par les lois des 26 déc. 1914 et 29 juin 1915 et par la présente loi, à quelque titre ou sous quelque dénomination qu'elles se perçoivent, sont formellement interdites, à peine, contre les autorités qui les ordonneraient, contre les employés qui confectionneraient les rôles et tarifs et ceux qui en feraient le recouvrement, d'être poursuivis comme concussionnaires, sans préjudice de l'action en répétition pendant trois années contre tous receveurs, percepteurs ou individus qui en auraient fait la perception.

(*Suit au* J. off. *l'état annexe*).

2° DÉCRET *répartissant, par ministères et par chapitres, les crédits provisoires ouverts par la loi du* 28 *sept* 1915.

(28 septembre 1915). — (Publ au *J. off.* du 29 sept.).

LE PRÉSIDENT DE LA RÉPUBLIQUE FRANÇAISE;

---

(1) S. et P. *Lois annotées* de 1911, p. 1; *Pand. pér., Lois annotées* de 1911, p. 1.

(2) S. *Lois annotées* de 1881, p. 38. — P. *Lois, décr.*, etc. de 1881, p. 62.

(3) *J. off.*, 17 avril 1914, p. 3537.

— Vu la loi du 28 sept. 1915 (1), qui a ouvert aux ministres des crédits provisoires sur l'exercice 1915, pour les dépenses de leur département pendant le quatrième trimestre de 1915 ; — Sur la proposition du ministre des finances ; — Décrète :

ART. 1er. Le crédit provisoire montant à 6 254.633.871 fr., ouvert aux ministres sur l'exercice 1915 par l'art. 1er de la loi susvisée du 28 sept. 1915 pour les dépenses du budget général de leur département, est réparti, par ministeres et par chapitres, conformément à l'état A ci-annexé.

2 Le crédit provisoire montant à 425.237.650 fr., ouvert aux ministres par l'art. 2 de la loi précitée au titre des budgets annexes rattachés pour ordre au budget général de l'exercice 1915, est réparti, par ministeres et par chapitres, conformément à l'état B ci-annexé

3. Le ministre des finances et les ministres des autres départements sont chargés, etc.

(*Suivent au* J. off. *les etats annexés*).

CODE DU TRAVAIL ET DE LA PRÉVOYANCE SOCIALE, TRAVAIL A DOMICILE DES OUVRIÈRES DU VÊTEMENT, COMMISSION CENTRALE, ELECTIONS DES PRUD'HOMMES DÉLEGUÉS.

CIRCULAIRE *relative à l'élection des deux délégués des conseils de prud'hommes à la commission centrale du salaire des ouvrières à domicile.*

(29 septembre 1915) — (Publ. au *J. off.* du 1er oct.)

Le Ministre du travail et de la prévoyance sociale aux présidents des conseils de prud'hommes.

La loi du 10 juill. 1915 (2), portant modification des titres III et V du livre 1 du Code du travail et de la prévoyance sociale, apres avoir enuméré les organismes : conseils du travail, comités de salaires, comités professionnels d'expertise, qui sont chargés d'établir les salaires de base et les tarifs aux pièces pour le travail à domicile des ouvrieres du vêtement, a institué, pour statuer en dernier ressort sur les protestations élevées contre les décisions de ces conseils et comités, une commission centrale siégeant au ministere du travail.

Cette commission comprend (art. 33 *h* de la loi) ·

« Deux membres (un patron et un ouvrier) du conseil du travail ou du comité departemental qui a déterminé le salaire minimum ;

« Les deux représentants (patron et ouvrier) de la profession au Conseil supérieur du travail ;

« Deux prud'hommes (un patron et un ouvrier), élus pour trois ans par l'ensemble des conseils de prud'hommes ;

« Un enquêteur permanent de l'Office du travail, désigné par le ministre du travail et de la prévoyance sociale, et qui remplira les fonctions de secrétaire de la commission, avec voix délibérative ;

« Un membre de la Cour de cassation, désigné par celle-ci pour trois ans, qui sera de droit président de la commission centrale, et dont la voix sera prépondérante en cas de partage égal des votes ».

Ma circulaire du 24 juill. 1915 (3), commentant la loi du 10 juill 1915, qui vous a été envoyée avec le texte de cette loi, après avoir rappelé le rôle de la commission centrale, n'a pu analyser que sommairement son fonctionnement, car l'art 33 *h*, dans son dernier alinéa, avait remis à un reglement d'administration publique le soin de déterminer ce fonctionnement

Le reglement a paru ; il porte la date du 24 sept 1915, et a été inséré au *Journal officiel* du 26 (4)

Il y a lieu aujourd'hui de constituer la commission centrale, et, en premier lieu, de désigner les deux prud'hommes (un patron et un ouvrier), élus pour trois ans par l'ensemble des conseils de prud'hommes de France, suivant les termes formels de la loi

L'électeur est donc, pour cette designation, le conseil de prud'hommes. Il s'ensuit que l'élection des deux membres de la commission centrale comprend les deux operations suivantes :

1° Dans chaque conseil, désignation au scrutin secret du prud'homme patron et du prud'homme ouvrier pour lesquels vote le conseil ; ce patron et cet ouvrier sont choisis dans l'ensemble des conseillers prud'hommes de France ;

2° Dépouillement au ministere du travail des proces-verbaux de vote envoyés par chaque conseil.

L'art. 4 du décret du 24 sept. 1915 regle ainsi les opérations :

« Art. 4. Pour l'election du prud'homme patron, comme pour celle du prud'homme ouvrier, chaque conseil de prud'homme n'a droit qu'à un suffrage

« Les conseils de prud'hommes sont invités à prendre part à l'élection par une lettre recommandée, adressée par le ministre du travail au président de chaque conseil, et fixant la date extrême à laquelle le vote des conseils doit parvenir au ministere du travail. Il doit s'écouler au moins un mois entre cette date et la date d'envoi de la lettre précitée.

« Le président de chaque conseil convoque les membres en assemblée générale pour l'election. Le prud'homme patron est désigné par les membres patrons, le prud'homme ouvrier par les membres ouvriers, l'un et l'autre au scrutin secret La majorité relative est suffisante. Au 2e tour, à égalité de suffrages, le bénéfice de la désignation est acquis au candidat le plus âgé. Le proces-verbal de l'assemblée faisant connaître les deux

(1) C'est la loi qui précède.

(2-3) 2e vol., p. 223 et 250.

(4) *Supra*, p. 40.

votes du conseil est transmis au ministre du travail par le président.

« Les votes de conseils de prud'hommes, envoyés au ministre du travail, sont dépouillés en présence du président de la commission centrale, dans les dix jours qui suivent la date extrême prevue au § 2 du présent article.

« Sont proclamés élus par le ministre le prud'homme patron et le prud'homme ouvrier qui ont reuni la majorité des suffrages exprimes par les conseils de prud'hommes; la majorite relative suffit dès le premier tour; à égalité de suffrages, est designé le candidat le plus âgé.

« Les resultats des élections sont publiés au *Journal officiel* et au *Bulletin* du ministere du travail ».

La présente lettre a pour objet d'inviter le conseil des prud'hommes que vous présidez a procéder à ces deux votes dans les conditions déterminées par l'article précité. Je vous serais tres obligé de vouloir bien la communiquer aux membres de votre conseil et de prendre les mesures nécessaires pour les convoquer en assemblée générale. Afin de donner aux candidatures éventuelles le temps de se produire et aux électeurs celui d'en prendre connaissance et de les examiner, il y aura lieu de laisser un délai de trois semaines au moins entre la date de la convocation et celle de la réunion.

L'envoi des proces-verbaux de vote, qui bénéficie de la franchise postale, devra être fait de façon que ceux-ci parviennent au ministère du travail le 8 nov. 1915 au plus tard. L'enveloppe devra porter la suscription : « Monsieur le ministre du travail (élection à la commission centrale du salaire des ouvrieres à domicile), 127, rue de Grenelle, Paris ».

Je compte, monsieur le président, sur votre devouement pour veiller avec un soin tout particulier à la premiere application d'une réforme sociale à laquelle le Parlement et le Gouvernement, avec le monde du travail, attachent une grande importance.

JUSTICES DE PAIX, GUERRE FRANCO-ALLEMANDE, JUGES DE PAIX MOBILISÉS, RÉUNION DE JUSTICES DE PAIX.

DÉCRET *portant réunion temporaire de justices de paix*

(29 septembre 1915) — (Publ. au *J. off* du 4 oct.).

LE PRÉSIDENT DE LA RÉPUBLIQUE FRANÇAISE; — Sur le rapport du garde des sceaux, ministre de la justice; — Vu l'art. 1er de la loi du 6 avril 1915 (1), concernant le fonctionnement des justices de paix pendant la guerre; — Vu l'absence pour cause de mobilisation des juges de paix de Lugny (Saône-et-Loire) et du Faou (Finistère); — Vu les propositions des premiers présidents des Cours d'appel de Dijon et de Rennes et des procureurs generaux pres lesdites Cours; — Décrete

ART. 1er. Sont provisoirement réunies, tant que durera l'absence pour cause de mobilisation des juges de paix des cantons susvisés :

Les justices de paix de Lugny et de Tournus (Saône-et-Loire), sous la juridiction du juge de paix de Tournus;

Les justices de paix du Faou et de Châteaulin (Finistere), sous la juridiction du juge de paix de Châteaulin

2. Le garde des sceaux, ministre de la justice, est chargé, etc

(1) 2e vol., p. 104.

RÉQUISITIONS MILITAIRES, GUERRE FRANCO ALLEMANDE, MARINE, EQUIPAGE COMMERCIAL, OPTION POUR LE SALAIRE COMMERCIAL, SOLDE MILITAIRE.

CIRCULAIRE *relative aux variations de la solde des équipages des croiseurs et éclaireurs auxiliaires et des dragueurs et arraisonneurs*

(29 septembre 1915). — (Publ au *J. off* du 3 oct.)

Le Ministre de la marine à MM. les vice-amiraux commandant en chef, préfets maritimes, officiers généraux supérieurs et autres commandant à la mer

Les questions suivantes m'ont été posées au sujet de la solde des officiers et de l'équipage commercial des croiseurs auxiliaires :

1° Les officiers auxiliaires et l'équipage commercial requisitionné avec le bâtiment, ayant opté, au moment de la réquisition, pour le salaire commercial, peuvent-ils, en cours d'embarquement, demander à percevoir la solde militaire du grade temporaire dont ils sont pourvus, lorsque cette solde devient superieure au salaire commercial?

2° Cette catégorie de personnel est-elle susceptible d'acquerir des droits à des échelons de solde, en faisant état des services accomplis pendant la réquisition du bâtiment?

Aux termes de l'art 12, § 2, de la loi du 2 mai 1899 (2), sur les officiers auxiliaires des divers corps de la marine, les officiers auxiliaires « qui sont embarqués sur les bâtiments réquisitionnés pour le service auxiliaire de la flotte conservent la solde commerciale dont ils jouissaient au jour de la réquisition du navire, d'apres les stipulations inscrites au rôle d'équipage commercial, sauf le cas où cette solde est inférieure à la solde réglementaire de grade à l'Etat ».

D'autre part, l'art. 47 de l'instruction du 25 nov 1911 (confidentielle) précise que les hommes pro

(2) S. et P. *Lois annotees* de 1900, p. 1001.

venant de l'équipage commercial conservent leurs salaires du temps de paix comme solde à l'Etat, lorsque ces salaires sont supérieurs à la solde du grade dont ils étaient titulaires dans les équipages de la flotte ou à celle du grade temporaire dont ils sont pourvus

Enfin, l'art 52 de l'instruction précitée dispose que le temps d'embarquement effectué sur un navire réquisitionné compte comme service à l'Etat.

En presence de ces textes formels, il ne peut qu'être repondu affirmativement aux deux questions posées : les officiers et les marins qui ont opte pour la solde commerciale, au moment de la réquisition d'un croiseur auxiliaire, peuvent opter ensuite pour la solde militaire, si celle-ci devient plus avantageuse pour eux, par suite des services accomplis à bord du bâtiment réquisitionné, ou par suite encore du passage de la zone 1 dans la zone 2, etc...; la réciprocite doit d'ailleurs être admise, et ainsi les changements de solde peuvent se produire toutes les fois que les intéressés y trouvent leur avantage.

La même solution doit être appliquee aussi bien aux dragueurs et arraisonneurs qu'aux croiseurs et eclaireurs auxiliaires (Circulaire du 14 déc. 1914 (1)

ACTES DE L'ÉTAT CIVIL, GUERRE FRANCO-ALLEMANDE, MILITAIRES ET MARINS, ACTES DE DÉCES DRESSÉS AUX ARMÉES, RECTIFICATION ADMINISTRATIVE.

LOI *relative a la rectification administrative des actes de deces des militaires et marins dressés aux armees pendant la durée de la guerre*

(30 septembre 1915) — (Publ. au *J off* du 1er oct)

ART 1er. Les actes de décès des militaires et des marins, dresses jusqu'à la fin de la guerre, conformément à l'art 93 du Code civil, pourront être l'objet d'une rectification administrative dans les conditions suivantes :

Si lesdits actes présentent des lacunes ou des erreurs, sans que l'identite du décédé. ni le fait du déces soient douteux. le ministre de la guerre ou de la marine pourra, apres enquête, ajouter à l'expédition reçue par lui, en vertu de l'art 94 du Code civil, une mention complétant ou rectifiant l'acte, en vue d'y faire figurer les enonciations prescrites par l'art. 79 du Code civil. Il enverra sans retard l'expédition ainsi completee ou rectifiee, a fin de transcription. au maire du dernier domicile du défunt, conformement à l art. 94 du Code civil ; il en conservera copie, à l'effet de mentionner lesdites modifications en marge de l'acte original sur les registres, apres le dépôt prescrit par le § 4 de l'art 95 du Code civil.

2. Pour les actes de déces dresses depuis le 2 août 1914 et déja transcrits, le ministre compétent pourra, sur la requête, soit de l'officier de l'etat civil qui a procédé à la transcription, soit du procureur de la Republique de l'arrondissement, soit des parties interessees, soit d'office, opérer toutes adjonctions et rectifications utiles. conformement à l'article précédent ; il transmettra au procureur de la République une expedition de l'acte ainsi complétee et rectifiée ; ce magistrat en assurera la transcription dans les conditions prevues par l'art 101 du Code civil.

3. Les actes de deces des militaires ou marins dressés par les autorites ennemies, et transmis aux autorités françaises, pourront être modifies et transcrits dans les formes prevues par les articles ci-dessus, si l'identite du défunt ni le fait du décès ne sont douteux.

4. Les rectifications effectuées en vertu des précedents articles ne font pas obstacle, s'il y a lieu, à une rectification judiciaire poursuivie en vertu des art. 99 et 100 du Code civil, 855 et s. du Code de procédure civile.

ALGÉRIE, GUERRE FRANCO-ALLEMANDE, EXPROPRIATION POUR UTILITÉ PUBLIQUE, LOI DU 5 AOUT 1914, NON-APPLICATION.

LOI *concernant les moyens propres à permettre en Algérie l'expropriation pour cause d'utilité publique pendant la durée des hostilités.*

(30 septembre 1915). — (Publ. au *J. off.* du 2 oct).

ARTICLE UNIQUE. — L'art 4 de la loi du 5 août 1914 (2), relative à la prorogation des échéances negociables, ne s'appliquera pas en Algérie, en ce qui concerne la prise de possession des terrains expropries pour cause d'utilité publique,

---

COLONIES, GUERRE FRANCO-ALLEMANDE, DOMMAGES DE GUERRE, RÉPARATION.

DÉCRET *portant organisation de la procédure de constatation et d'evaluation des dommages causés par la guerre aux colonies.*

(30 septembre 1915). — (Publ. au *J. off.* du 4 oct.)

LE PRÉSIDENT DE LA RÉPUBLIQUE FRANÇAISE ; — Sur le rapport du president du conseil des ministres, du ministre des colonies, du ministre de l'intérieur, du ministre des finances, du ministre de

---

(1) 1er vol, p. 254.

(2) 1er vol., p. 33.

la justice et du ministre des travaux publics; — Vu l'art. 18 du sénatus-consulte du 3 mai 1854 (1); — Vu le décret du 30 août 1908 (2), abrogeant le décret du 17 sept. 1893, et portant que le régime des réquisitions militaires sera déterminé en Indo-Chine, en Afrique occidentale, à Madagascar et en Afrique équatoriale par des arrêtés du gouverneur général pris en conseil de gouvernement ou d'administration, apres avis du conseil de défense, et soumis à l'approbation du ministre des colonies; — Vu le décret du 20 juill. 1915 (3), relatif à la constatation et à l'évaluation des dommages causés en France par les faits de guerre; — Décrète :

ART. 1er. Dans toute l'étendue du territoire colonial de la France, dont les habitants auront, au cours de la guerre, souffert de dommages matériels résultant de faits de guerre, la constatation et l'évaluation de ces dommages auront lieu dans les conditions prévues au présent decret.

Ne sont pas compris dans les dommages visés au paragraphe précédent, les dégâts et dommages occasionnés par les troupes françaises ou alliées, dans le cas ou ils sont régis, en ce qui concerne leur constatation et leur réparation, par des dispositions spéciales de reglements en matière de réquisitions militaires, par application du décret du 30 août 1908.

2. Dans un delai de dix jours à compter de la promulgation du present decret dans la colonie, des arrêtés des gouverneurs généraux ou des gouverneurs fixeront, suivant les circonstances, la date à partir de laquelle les demandes pourront être déposées ou adressées au secrétaire general, au commandant de cercle ou à l'administrateur.

Il en sera délivré récépissé.

Le délai et les conditions dans lesquels ce dépôt devra être effectué seront fixés par les arrêtés précités des gouverneurs généraux ou des gouverneurs.

3. Les demandes seront rédigées sur papier libre, et accompagnées de toutes pieces propres à établir la réalité et à permettre l'évaluation du dommage.

4. Les intéressés, s'ils ont déjà reçu une indemnité, devront en declarer la cause et le montant, et, dans le cas contraire, déclarer qu'ils n'ont reçu aucune indemnité.

5. Les collectivités, sociétés, associations, établissements, autres que les établissements publics, sont admis, dans les mêmes conditions que les particuliers, à faire la demande ci-dessus prévue. Cette demande sera présentée en leur nom par leur représentant légal ou par toute autre personne dûment autorisée.

6. A l'expiration du délai prévu par l'art. 2, le secrétaire général, le commandant de cercle ou l'administrateur fera parvenir les demandes et les pieces annexes, accompagnées d'un rapport sur chacune des requêtes, au gouverneur général ou au gouverneur, qui les transmettra aussitôt à une commission dont l'organisation sera déterminée par des arrêtés des gouverneurs genéraux ou gouverneurs, pris en conseil de gouvernement ou d'administration, et dont les membres seront nommés par arrêtés des gouverneurs généraux ou gouverneurs. Ceux-ci pourront, le cas échéant, nommer des membres suppléants.

7. La commission ainsi constituée se réunira dans les dix jours qui suivront la réception des demandes par son président.

Avant de saisir la commission, le président examine si l'état des dossiers permet de délibérer utilement, et peut, au besoin, le faire compléter. Chacun des intéressés, s'il en fait la demande ou si la commission le juge utile, est entendu par elle au sujet de sa réclamation. La commission peut inviter le postulant à affirmer sous la foi du serment la réalité du dommage qui fait l'objet de cette réclamation.

En cas de fraude, le procès-verbal de la commission est transmis au procureur de la République pour qu'il soit procédé, s'il y a lieu, à des poursuites correctionnelles.

La commission peut entendre toutes les personnes susceptibles d'éclairer ses délibérations, soit comme témoins des faits ayant occasionné la demande, soit en raison de leur compétence spéciale

Elle ne peut délibérer que si tous ses membres sont présents ou représentés par leurs suppléants

En cas de partage, la voix du président est prépondérante

8 La commission constate la réalité des dommages, avec une évaluation distincte pour chacun de leurs eléments constitutifs. Elle fait connaître les procédés et les taux qu'elle a adoptés pour cette évaluation. Dans les éléments à évaluer, n'est pas compris le préjudice résultant de l'interruption d'un commerce ou d'une industrie. Elle dresse un état récapitulatif des demandes et des évaluations relatives à chaque circonscription.

Le président adresse immédiatement une copie de ces états au gouverneur général ou au gouverneur, qui fait parvenir aux commandants de cercle ou aux administrateurs des copies des états intéressant leurs circonscriptions. Les habitants de celles-ci sont avisés, conformément aux usages locaux, que cet etat est tenu à leur disposition au siege de leur circonscription.

9 Les intéressés, si les conclusions de la commission ne leur donnent pas satisfaction, et s'ils produisent de nouveaux éléments d'appréciation postérieurs à la premiere demande, dont la commission n'avait pas connaissance lors de son pre-

(1) S. *Lois annotées* de 1854, p. 78. — P. *Lois, décr.*, etc. de 1854, p. 137.

(2) *Bull. off.*, 12e série, 3033, n. 52285.
(3) 2e vol., p. 240.

m er examen, auront la faculté d'en demander un second

Ils devront apporter à l'appui de cette nouvelle requête la preuve des nouveaux éléments d'appréciation dont ils prétendent se prévaloir Ces demandes seront transmises et instruites dans les mêmes formes que les premieres.

10 Les évaluations des commissions locales seront revisées par la commission supérieure prévue par les art 13, 14, 15, 16 et 17 du decret du 20 juill. 1915.

11. Le ministre des colonies. le ministre des finances, le ministre de l'intérieur, le ministre de la justice et le ministre des travaux publics sont chargés, etc.

CONSERVATOIRE, RÉORGANISATION, ENSEIGNEMENT, CONSEIL SUPÉRIEUR D'ENSEIGNEMENT, JURY D'ADMISSION, CONCOURS, COMITÉS D'EXAMEN DES CLASSES.

1° DÉCRET *portant organisation du Conservatoire national de musique et de déclamation.*

(30 septembre 1915). — (Publ. au *J. off.* du 8 oct)

LE PRÉSIDENT DE LA RÉPUBLIQUE FRANÇAISE; — Sur le rapport du ministre de l'instruction publique et des beaux-arts; — Vu le décret du 8 oct 1905 (1), et l'arrêté de même date, portant reglement organique du Conservatoire national de musique et de déclamation: ensemble, les décrets et arrêtés intervenus depuis cette date, et modifiant lesdits reglements; — Décrète :

TITRE Ier

ORGANISATION GÉNÉRALE DU CONSERVATOIRE NATIONAL DE MUSIQUE ET DE DÉCLAMATION

ART. **1er**. Le Conservatoire national de musique et de déclamation est une école consacrée à l'enseignement gratuit de la composition, de la musique vocale et instrumentale et de la déclamation dramatique et lyrique

2 Cet enseignement se divise en neuf sections :

1° Solfege et theorie musicale;

2° Harmonie, orgue, contrepoint, fugue, composition;

3° Chant, déclamation lyrique.

4° Piano, harpe;

5° Instruments à archet;

6° Instruments à vent;

7° Classes d'ensemble;

8° Lecture à haute voix, diction et déclamation dramatique;

9° Histoire générale de la musique; histoire et littérature dramatiques

3. Il y a au Conservatoire :

1° Une bibliothèque composée d'œuvres musicales et dramatiques et de publications relatives à la musique et à l'art théâtral;

2° Un musée d'instruments de musique anciens et modernes, d'objets ayant un intérêt direct pour l'enseignement de la musique ou la facture instrumentale, et de dessins, peintures, gravures, médailles, meubles, moulages, etc. , ayant trait à l'art musical.

TITRE II

DU CONSEIL SUPÉRIEUR D'ENSEIGNEMENT, DES JURYS D'ADMISSION ET DE CONCOURS, DES COMITÉS D'EXAMENS DES CLASSES.

SECTION I

Conseil supérieur d'enseignement.

4. Il est institué un conseil supérieur d'enseignement, divise en deux sections : l'une pour les études musicales, l'autre pour les études dramatiques.

Les membres de ce conseil sont nommés par arrêtés ministériels

Le conseil est presidé par le ministre ou le sous-secrétaire d'Etat des beaux arts, et, en leur absence, par le directeur du Conservatoire

Les deux sections se réunissent en assemblée plenière toutes les fois qu'il s'agit de questions communes aux deux ordres d'enseignement et relatives à l'intérêt général du Conservatoire

5. Le conseil supérieur d'enseignement est composé de membres de droit, de membres nommés par le ministre et de membres elus.

Membres de droit des deux sections :

Le ministre;

Le sous-secretaire d'Etat des beaux-arts;

Le directeur du Conservatoire;

Le chef de la division de l'enseignement et des travaux d'art;

Le chef du bureau des théâtres.

Le secrétaire géneral remplit des fonctions de secretaire, avec voix délibérative

Section des études musicales :

Huit membres nommés par le ministre, et choisis en dehors du Conservatoire;

Trois professeurs titulaires du Conservatoire, nommés par le ministre ;

Trois professeurs titulaires du Conservatoire, élus par leurs collegues

Section des etudes dramatiques :

Six auteurs, critiques ou artistes dramatiques, nommés par le ministre, et choisis en dehors du Conservatoire;

Un professeur de déclamation, nommé par le ministre;

Un professeur de déclamation, elu par ses collegues

6. Les membres du conseil supérieur d'ensei-

---

(1) *J. off.*, 10 oct. 1905, p. 5998.

gnement sont nommés ou élus pour trois ans.

Les membres de droit de ce conseil font partie des jurys d'admission et des comités d'examen des classes

7. Le conseil supérieur d'enseignement se réunit sur la convocation du ministre. Il donne son avis sur toutes les questions qui lui sont soumises par le ministre ou le directeur du Conservatoire.

Les réunions ont lieu aussi souvent que les circonstances l'exigent, et une fois au moins tous les trois mois pendant la durée de l'année scolaire.

Pour délibérer, la moitié des membres du conseil est nécessaire.

8. Le conseil délègue, pour chaque section d'enseignement, trois ou quatre de ses membres, à l'effet de prendre part aux travaux des comités d'examen des classes

L'un d'eux, dans chaque section, est particulièrement chargé de lui présenter un rapport faisant ressortir les progrès ou les défectuosités de l'enseignement dans les différentes classes

Le conseil se réunit obligatoirement après les examens de janvier et de mai pour entendre ces rapports. Après leur lecture, le conseil vote des conclusions qui sont portées à la connaissance des professeurs intéressés par l'intermédiaire du directeur du Conservatoire

9. Après l'examen semestriel de janvier, la section des études musicales et celle des études dramatiques sont réunies séparement pour statuer sur l'attribution des encouragements d'études, attribués à ceux des élèves des classes de chant et de déclamation dramatique dont la situation de fortune nécessite une aide pécuniaire, et qui se sont particulièrement distingués par leur conduite, leur assiduité et les qualités artistiques dont ils ont fait preuve

10 Chaque année, à la reprise des études, le conseil supérieur d'enseignement entend un rapport présenté par le directeur sur la situation du Conservatoire Ce rapport contient des observations détaillées sur chaque ordre d'enseignement, sur la valeur personnelle des professeurs et les progrès réalisés dans chaque classe

SECTION II

Jurys des concours d'admission

11. Il y a deux jurys d'admission pour chaque section d'enseignement :

L'un d'élimination, chargé de dresser une liste d'aspirants admis à subir la deuxième épreuve du concours; cette liste comprend au maximum un nombre d'admissibles égal au triple des places vacantes; ceux-ci y sont classés par ordre de mérite;

L'autre d'admission définitive

12 Les jurys du premier degré pour la musique et la déclamation dramatique sont ainsi composés :

Le directeur du Conservatoire, ou son représentant, président;

Un délégué de l'Administration des beaux arts;

Les professeurs de la spécialité (seulement trois pour le chant, deux pour la comédie, deux pour le piano, deux pour le violon, un pour le violoncelle, choisis parmi les professeurs les plus récemment nommés);

Quatre membres choisis, soit parmi les autres professeurs de l'école, soit parmi les personnes étrangères au Conservatoire, mais n'exerçant pas le professorat de la spécialité

Les jurys du deuxième degré comprennent :

Pour la musique :

Les membres de droit du conseil supérieur d'enseignement;

Quatre membres du conseil supérieur d'enseignement désignés par leurs collègues:

Les professeurs de la spécialité (seulement quatre pour le chant, trois pour la comédie trois pour le piano, deux pour le violon, un pour le violoncelle choisis parmi les professeurs les plus anciens):

Quatre membres choisis, soit parmi les autres professeurs de l'école, soit parmi les personnes étrangères à l'école, mais n'exerçant pas le professorat de la spécialité;

Ces derniers ne peuvent faire partie, la même année, des jurys des premier et deuxième degrés,

Les directeurs de l'Opéra et de l'Opéra-Comique (pour les classes de chant).

Pour la déclamation dramatique :

Les membres de droit du conseil supérieur d'enseignement;

Les membres du conseil supérieur d'enseignement;

Les trois plus anciens professeurs de déclamation dramatique;

Quatre membres étrangers au Conservatoire nommés par le ministre, et choisis parmi les auteurs dramatiques, critiques, artistes dramatiques ou directeurs de théâtres non subventionnés;

L'administrateur général de la Comédie française et le directeur de l'Odéon;

Les jurys d'admission ne sont nommés que pour un an Ils sont présidés par le directeur du Conservatoire Le secrétaire général remplit les fonctions de secrétaire avec voix consultative

SECTION III

Comité d'examen des classes.

13 Il y a un comité d'examen des classes, nommé par le ministre, pour chaque section de l'enseignement Chaque comité est présidé par le directeur du Conservatoire. Le secrétaire général remplit les fonctions de secrétaire, avec voix consultative

Dans le cas où le sous-secrétaire d'Etat des

beaux-arts assiste à un comité d'examen, il en est de droit président

14 Chaque comité d'examen se compose :

Pour les études musicales :

Des membres de droit du conseil supérieur d'enseignement ;

De quatre membres du conseil supérieur d'enseignement désignés par leurs collègues ;

De six membres nommés par le ministre, choisis parmi les professeurs titulaires du Conservatoire, et, pour moitié au moins, parmi les artistes étrangers à l'école

Ces six membres sont renouvelables par tiers tous les deux ans.

Les professeurs du Conservatoire ne peuvent faire partie du comité appelé à examiner les élèves de leur classe ou les élèves des classes du même enseignement

Pour la déclamation dramatique :

Des membres de droit du conseil supérieur d'enseignement ;

Des membres du conseil supérieur d'enseignement, moins les professeurs, et de quatre membres nommés par le ministre.

SECTION IV

Des jurys de concours de fin d'année

15 Le jury de chaque concours se compose du directeur du Conservatoire, président; de huit membres au moins, ou dix au plus, nommés par le ministre, et choisis, pour la moitié au moins, parmi les personnes étrangères au Conservatoire. Le secrétaire général remplit les fonctions de secrétaire avec voix consultative

Dans le cas où le sous-secrétaire d'Etat des beaux-arts assiste aux jurys de concours, il en est de droit président.

SECTION V

Examens, concours, exercices des élèves

16 Les examens et les concours d'admission ont lieu tous les ans, dans la première quinzaine d'octobre et jusqu'à la fin de novembre.

17 Il y a pour les classes deux examens semestriels, l'un au mois de janvier, l'autre au mois de mai.

18 Il y a pour toutes les classes, à l'exception des classes d'ensemble, de maintien et d'escrime, des concours annuels qui ont lieu au mois de juillet.

19 Il est procédé chaque année à des exercices d'élèves dans des conditions arrêtées par le conseil supérieur d'enseignement.

20. Les membres des jurys d'admission, d'examen et de concours doivent être de nationalité française

TITRE III

DISPOSITIONS GÉNÉRALES

21. Un règlement organique, arrêté par le ministre de l'instruction publique et des beaux-arts, fixera les conditions particulières d'application du présent décret, ainsi que tous autres détails d'organisation et de fonctionnement du Conservatoire

22. Sont abrogées les dispositions des titres I et III du décret du 8 oct 1905 et toutes dispositions antérieures contraires à celles du présent décret

---

2° ARRÊTÉ *portant règlement du Conservatoire de musique et de déclamation.*

(30 septembre 1915). — (Publ au *J off* du 8 oct)

INSTRUCTION PUBLIQUE, ECOLES NORMALES PRIMAIRES, DÉPARTEMENT DE LA SEINE, ECONOMES, PROFESSEURS, MAÎTRES INTERNES, TRAITEMENT.

DÉCRET *portant modification du décret du 4 juin 1890, sur les conditions spéciales d'organisation du personnel des écoles normales de la Seine et sur la fixation des traitements.*

(30 septembre 1915). — (Publ. au *J. off.* du 19 oct).

LE PRÉSIDENT DE LA RÉPUBLIQUE FRANÇAISE ; — Sur le rapport du ministre de l'instruction publique et des beaux-arts, et du ministre des finances ; — Vu l'art. 48 de la loi du 19 juill. 1889 (1) ; — Vu le décret du 4 juin 1890 (2), modifié par le décret du 25 mai 1895, portant règlement d'administration publique sur les conditions spéciales d'organisation du personnel des écoles normales de la Seine et sur la fixation des traitements ; — Vu l'avis du conseil supérieur de l'instruction publique, en date du 2 juill. 1914 ; — Vu la loi de finances du 15 juill. 1914 (3) ; — Le Conseil d'Etat entendu ; — Décrète :

ART 1er. Les art. 2 et 3 du décret du 4 juin 1890 sont modifiés ainsi qu'il suit :

Art. 2. . . . .

Ecole normale d'instituteurs : économe, 4.500 à 6.500 fr.

Ecole normale d'institutrices : économe, 4.000 à 6.000 fr.

. . . .

Art. 3. . . . .

	Hommes.	Femmes.
1° Professeurs	5.500 à 7.500	5 000 à 7 000
2° Maîtres internes.	3 000 à 5.000	2.600 à 4 600

---

(1) S. *Lois annotées* de 1890, p. 739. — P. *Lois, décr.*, etc. de 1890, p. 1271.

(2) S *Lois annotées* de 1890, p. 761. — P *Lois, décr.*, etc. de 1890, p. 1314.

(3) *J. off*, 18 juill. 1914, p. 6448.

. . . .

2. Les traitements déterminés par l'article ci-dessus ne seront alloués qu'au fur et à mesure de l'inscription, au budget, des crédits nécessaires.

Les dispositions du présent décret seront applicables à partir du 1er janv. 1915

Le ministre de l'instruction publique et des beaux-arts et le ministre des finances sont chargés, etc.

MINISTÈRE DE LA GUERRE, GUERRE FRANCO-ALLEMANDE, ADMINISTRATION CENTRALE, SOUS-CHEFS DE BUREAU, CONCOURS, SUPPRESSION EN 1915, TABLEAU D'AVANCEMENT.

DÉCRET *modifiant le décret du 1er févr. 1909, portant organisation de l'Administration centrale du ministère de la guerre, en ce qui concerne le recrutement, l'avancement et la discipline.*

(30 septembre 1915). — (Publ. au *J. off.* du 3 oct.)

LE PRÉSIDENT DE LA RÉPUBLIQUE FRANÇAISE; — Sur le rapport du ministre de la guerre; — Vu les lois de finances des 29 déc 1882 (1), art. 16, et 13 avril 1900 (2), art 35; — Vu le décret du 1er févr 1909 (3), portant fixation des cadres et des traitements du personnel de l'Administration centrale du ministere de la guerre. modifié par les décrets des 17 mai 1911 (4), 19 janv. (5) et 8 mai 1912 (6), 9 août (7) et 9 déc. 1913 (8), 11 avril (9) et 29 août 1914 (10) et 19 avril 1915 (11); — Vu le décret du 1er fevr. 1909 (12), portant organisation de l'Administration centrale du ministere de la guerre, en ce qui concerne le recrutement du personnel, l'avancement et la discipline, modifié par les decrets des 1er févr 1910 (13), 17 mai 1911 (14), 19 janv (15) et 8 mai 1912 (16), 9 août 1913 (17), 15 avril (18) et 29 août 1914 (19), 6 (20) et 19 avril 1915 (21); — Le Conseil d'Etat entendu; — Décrète :

ART. **1er**. Le concours prévu pour le recrutement des sous-chefs de bureau à l'art. 13 du décret du 1er févr. 1909, portant organisation de l'Administration centrale du ministere de la guerre, en ce qui concerne le recrutement, l'avancement et la discipline, est supprimé provisoirement pendant la durée des hostilités, et jusqu'à une date qui sera fixée, par arrêté ministériel, après leur cessation, sans pouvoir dépasser une année. Les sous-chefs de bureau seront, durant ce laps de temps, choisis parmi les rédacteurs principaux ayant au moins cinq ans de services effectifs à l'Administration centrale de la guerre, et inscrits au tableau d'avancement pour cet emploi.

2. Le premier alinéa de l'art. 15 du décret du 1er févr. 1909, susvisé, modifié le 15 avril 1914, est remplacé par les dispositions suivantes :

« Art 15 Pour l'application des art. 12, 13 et 14, il est établi chaque année, au mois de décembre, par le conseil des directeurs, un tableau d'avancement aux divers emplois et classes Ce tableau est, dans chaque catégorie d'emploi, dressé sur l'ensemble du personnel; il comprend un nombre de candidats en rapport avec les besoins prévus pour une année »

. . . .

3 Le ministre de la guerre est chargé, etc.

RÉQUISITIONS MILITAIRES, MARINE, GUERRE FRANCO-ALLEMANDE, CROISEURS ET ÉCLAIREURS AUXILIAIRES, NAVIRES HÔPITAUX RÉQUISITIONNÉS, MARINS, GRADE, SOLDE.

CIRCULAIRE *rendant applicables à l'ensemble des bâtiments militarisés de la flotte auxiliaire les dispositions de la circulaire du 3 juill. 1915, sur les inscrits atteints par la levée permanente.*

(30 septembre 1915). — (Publ au *J. off.* du 2 oct)

Le Ministre de la marine à MM les vice-amiraux commandant en chef, préfets maritimes, officiers généraux, supérieurs et autres commandant à la mer.

La question m'a été posée de savoir s'il y avait lieu d'étendre aux inscrits faisant partie des équipages de tous les bâtiments militarisés de la flotte auxiliaire (croiseurs et eclaireurs auxiliaires, navires-hôpitaux, etc) les dispositions de la circulaire du 3 juill. 1915 (22), aux termes de laquelle

---

(1) S. *Lois annotées* de 1883, p. 425. — P. *Lois, décr.*, etc. de 1883, p. 699.
(2) S. et P. *Lois annotées* de 1900, p. 1066 ; *Pand. pér.*, 1900.3.100.
(3) *Bull. off.*, nouv. série, 3, n. 103.
(4) *Bull. off*, nouv. série, 58, n. 2735, 2736.
(5) *Bull. off.*, nouv. série, 74, n. 3605.
(6) *Bull. off.*, nouv. série, 81, n. 4055.
(7) *Bull. off.*, nouv. série, 111, n. 5922, 5921.
(8) *Bull. off.*, nouv. série, 119, n. 6382.
(9) *Bull. off.*, nouv. série, 127, n 6895.
(10) *Bull. off.*, nouv. serie, 136, n. 7605.
(11) *J. off.*, 22 avril 1914, p. 2466.
(12) *Bull. off*, nouv. série, 3, p. 103.
(13) *Bull. off.*, nouv. série, 27, n. 1184.
(14) *Bull. off.*, nouv. série, 58, n. 2736.
(15) *Bull. off.*, nouv. série, 74, n. 3606.
(16) *Bull. off.*, nouv. série, 81, n. 4054.
(17) *Bull. off.*, nouv. série, 111, n. 5923, 5924.
(18) *Bull. off.*, nouv. série, 127, n. 6911.
(19) *Bull. off.*, nouv. serie, 136, n. 7605.
(20) *Bull. off.*, nouv. série, 151, p. 8476.
(21) *J. off*, 22 avril 1915, p. 2467.
(22) 2e vol, p. 219.

les inscrits embarqués sur les dragueurs et arraisonneurs auxiliaires, qui sont atteints par la levée permanente, doivent être considérés comme accomplissant leur période de service actif, et recevoir, en conséquence, le grade de matelot de 3e classe sans spécialite et la solde militaire correspondante.

J'ai l'honneur de vous faire savoir que, la situation des intéressés étant identique, cette question doit être résolue par l'affirmative.

Toutefois, ceux d'entre eux qui remplissent des fonctions correspondant à une spécialité déterminée du corps des équipages peuvent être autorisés à subir immediatement les épreuves prévues pour l'obtention du brevet provisoire ou du brevet elémentaire, suivant le cas, par application des dispositions des circulaires des 6 janv. 1915 (1) et 26 mai 1915 (2).

1° Tribunaux de commerce, Guerre franco-allemande, Elections, Ajournement. — 2° Algérie, Guerre franco-allemande, Tribunaux de commerce, Elections, Ajournement.

Loi *régularisant : 1° le décret du 11 nov. 1914, relatif a l'ajournement, jusqu'après la cessation des hostilités, des élections des membres des tribunaux de commerce de France; 2° le décret du 9 janv. 1915, relatif à l'ajournement, jusqu'après la cessation des hostilités, des élections des membres des tribunaux de commerce d'Algérie.*

(30 septembre 1915). — (Publ. au *J. off.* du 2 oct.).

Article unique. Sont sanctionnés :

1° Le décret du 11 nov 1914 (3), relatif à l'ajournement, jusqu'apres la cessation des hostilités, des élections des membres des tribunaux de commerce;

2° Le décret du 9 janv. 1915 (4), relatif à l'ajournement, jusqu'apres la cessation des hostilites, des élections des membres des tribunaux de commerce d'Algérie.

Réquisitions militaires, Marine, Navires réquisitionnés, Matières consomptibles se trouvant a bord, Remboursement.

Circulaire *relative au remboursement a l'armateur des matieres consommables existant a bord des navires réquisitionnés et aux justifications à fournir.*

(1er octobre 1915). — (Publ au *J. off.* du 6 oct.).

Le Ministre de la marine à MM les vice-amiraux commandant en chef, préfets maritimes, capitaine de vaisseau commandant la marine en Corse.

Aux termes de la circulaire du 13 mai (5), le remboursement des matieres consommables existant à bord des navires réquisitionnés est effectué à l'armateur « au prix d'achat, augmenté, s'il y a lieu, des frais de mise à bord ».

La justification du prix d'achat et des frais accessoires a donné lieu à certaines difficultés, dans le cas où l'armateur s'est trouve dans l'impossibilité de produire des factures se rapportant exactement aux quantites dont le remboursement est demandé.

Il peut arriver, en effet, que les matières existant à bord ont été prelevées par fractions successives sur les approvisionnements entretenus à terre par l'armateur pour les besoins de l'ensemble de sa flotte. Il n'est pas possible, dans ce cas, de produire des factures d'achat correspondant aux quantités de matieres à rembourser.

Il convient d'observer, à cet égard, que la circulaire du 13 mai n'a pas précisé de façon exclusive la nature des pieces justificatives qui doivent être exigées des armateurs; elle laisse à l'administration locale le soin de s'entourer des garanties que celle-ci juge necessaires, pourvu qu'elle ne paye pas des prix supérieurs aux prix d'achat, la valeur définitive à assigner aux matieres requisitionnées devant être fixée au reglement definitif apres avis des commissions locale et centrale d'evaluation.

Dans le cas envisagé plus haut, en particulier, le chef du service des approvisionnements de la flotte, auquel l'armateur n'aura pu remettre une facture d'achat, se fera donner, pour chacun des articles requisitionnes, la certification de l'epoque de sa mise à bord et l'indication de son prix d'achat, d'apres le dernier marche qui a précédé cette mise à bord Il se fera communiquer, si possible, le marche en question; il annotera le certificat de la mention de l'examen auquel il s'est livré, et cette pièce servira de justification du remboursement dans le dossier de la requisition.

En un mot, il importe que, tout en s'entourant des garanties indispensables pour ne pas s'exposer à des trop payés, l'administration locale ne retarde pas le paiement d'acomptes mensuels par des exigences d'un formalisme étroit.

Armée, Guerre franco-allemande, Inspection générale de l'hygiene et de l'état

(1) *J. off.*, 9 janv. 1915, p. 152.

(2) *J. off.*, 27 mai 1915, p. 3349.

(3 4) 1er vol., p. 197 et 304.

(5) 2e vol., p. 157.

SANITAIRE DES TROUPES DE L'INTÉRIEUR, MÉDECIN INSPECTEUR GÉNÉRAL, CONSEILLERS TECHNIQUES.

ARRÊTÉ *portant organisation, pour la durée de la guerre, d'une inspection générale de l'hygiène et de l'état sanitaire des troupes stationnées à l'intérieur.*

(2 octobre 1915) — (Publ. au *J. off.* du 3 oct.)

LE MINISTRE DE LA GUERRE; — Sur la proposition du sous-secrétaire d'Etat du service de santé militaire; — Vu la loi du 16 mars 1882 (1), sur l'organisation de l'armée, modifiée par la loi du 1er juill. 1889 (2); — Arrête :

ART. 1er. Il sera procédé, pendant la durée de la guerre, à l'inspection générale de l'hygiène et de l'état sanitaire des troupes stationnées à l'intérieur.

2. Cette inspection est confiée à un médecin inspecteur général, qui relève directement du ministre.

Il a, dans ses attributions, sous l'autorité du sous-secrétaire d'Etat du service de santé militaire, l'étude ou l'examen sur place des questions intéressant l'hygiène et les conditions matérielles de la vie des troupes, leur état sanitaire, les mesures techniques destinées à prévenir ou enrayer le développement des maladies épidémiques dans le milieu militaire, et, corrélativement, dans la population civile.

Il est assisté par des conseillers techniques, qui sont chargés, à titre de mission, de la prophylaxie des maladies contagieuses sur le territoire (zone de l'intérieur).

Il adresse au ministre, par l'intermédiaire du sous-secrétaire d'Etat du service de santé militaire, tous rapports, comptes rendus et demandes, ainsi que les propositions de toute nature susceptibles de contribuer à l'amélioration de l'hygiène et de l'état sanitaire des troupes, et, en général, à la prophylaxie des maladies contagieuses.

Il peut, en outre, être chargé de toutes missions ayant trait aux objets ci-dessus définis.

CHEMINS DE FER, GUERRE FRANCO-ALLEMANDE, TRANSPORTS COMMERCIAUX, DÉLAIS, RESPONSABILITÉ, ARRÊTÉ DU 1er NOV. 1914, ABROGATION.

ARRÊTÉ *abrogeant l'arrêté du 1er nov. 1914, relatif aux conditions de délai et de responsabilité dans lesquelles sont effectués, en temps de guerre, les transports commerciaux.*

(2 octobre 1915). — (Publ. au *J. off.* du 12 oct.)

LE MINISTRE DE LA GUERRE; — Vu le décret du 29 oct. 1914 (3), sur la responsabilité des administrations de chemins de fer en matière de transports commerciaux; — Vu l'arrêté du ministre de la guerre en date du 1er nov. 1914 (4) relatif aux conditions de délai et de responsabilité dans lesquelles sont effectués, en temps de guerre, les transports commerciaux par chemins de fer; — Vu les arrêtés des ministres de la guerre et des travaux publics des 31 mars (5), 7 juin (6), 15 juill. (7) et 8 oct. 1915 (8), pris en exécution du décret précité du 29 oct. 1914; — Arrête :

L'arrêté ministériel du 1er nov. 1914, susvisé, relatif aux conditions de délai et de responsabilité dans lesquelles sont effectués, en temps de guerre, les transports commerciaux par chemins de fer, est abrogé à partir du 20 oct. 1915.

ARMÉE, GUERRE FRANCO-ALLEMANDE, OFFICIERS, SOUS-OFFICIERS, CAPORAUX ET ASSIMILÉS, SOLDE MENSUELLE, RÉSERVE DE L'ARMÉE ACTIVE, ARMÉE TERRITORIALE, INDEMNITÉ POUR CHARGES DE FAMILLE.

DÉCRET *modifiant le décret du 26 août 1914, portant création d'une indemnité pour charges de famille.*

(3 octobre 1915). — (Publ. au *J. off.* du 9 oct.)

LE PRÉSIDENT DE LA RÉPUBLIQUE FRANÇAISE; — Sur le rapport des ministres de la guerre et des finances; — Vu l'art. 2 de la loi du 30 déc. 1913 (9) portant ouverture de crédits supplémentaires sur l'exercice 1913, en vue de l'amélioration de la situation matérielle des officiers, des sous-officiers des armées de terre et de mer, et des militaires de la gendarmerie; — Vu le décret du 26 août 1914 (10), portant création d'une indemnité pour charges de famille; — Vu l'art. 35 de la loi

---

(1) S. *Lois annotées* de 1882, p. 348. — P. *Lois, décr.*, etc. de 1882, p. 566.

(2) S. *Lois annotées* de 1890, p. 640. — P. *Lois, décr.*, etc. de 1890, p. 1102; *Pand. pér.*, 1890.3.50.

(3-4) 1er vol., p. 179 et 181.

(5-6-7) 2e vol., p. 93, 183, 231.

(8) *Infra*, p. 62.

(9) S. et P. *Lois annotées* de 1915, p. 821; *Pand. pér.*, *Lois annotées* de 1915, p. 821.

(10) Ce décret, publié au *J. off.* du 5 sept. 1914, est ainsi conçu :

LE PRÉSIDENT DE LA RÉPUBLIQUE FRANÇAISE; — Sur le rapport des ministres de la guerre et des finances; — Vu l'art. 2 de la loi du 30 déc. 1913, créant une indemnité pour charges de famille, et notamment le dernier alinéa de cet article, ainsi conçu : « Un décret déterminera les conditions d'application du présent article »; — Vu l'art. 581 du Code de procédure civile; — Vu l'art. 55 de la loi du 25 févr. 1901, portant fixation du budget général des dépenses et des recettes de l'exercice 1901; — Décrète :

ART. 1er. Les officiers (jusqu'au grade de commandant inclus), les employés militaires, les sous-officiers, caporaux et soldats servant au delà de la durée légale, les militaires de la gendarmerie, ayant plus de deux enfants

du 24 juill 1873 (1), relative à l'organisation générale de l'armée; — Vu l'art 41 de la loi du 13 mars 1875 (2), relative à la constitution des cadres et des effectifs de l'armée active et de l'armee territoriale; — Vu la loi du 5 août 1914 (3), tendant à accorder pendant la durée de la guerre des allocations aux familles nécessiteuses des militaires sous les drapeaux; — Vu l'art. 55 de la loi du 25 févr 1901 (4), portant fixation du budget général des dépenses et des recettes de l'exercice 1901 : — Décrete :

Art 1er. L'art. 2 du decret du 26 août 1914 est complété comme suit :

« Toutefois. les militaires de la réserve ou de l'armee territoriale, rappelés à l'activité lors de la mobilisation, et pourvus d'une solde mensuelle, ont droit à l'indemnité pendant la durée de ce rappel »

2 Une instruction ministérielle determinera les details d'application de l'article qui précede, et notamment les regles de non-cumul de l'indemnite pour charges de familles avec les allocations dues au titre de la loi du 14 juill. 1913 (5) ou de la loi du 5 août 1914.

3 Le ministre de la guerre et le ministre des finances seront chargés, etc.

Armée, Guerre franco-allemande, Zone des armées, Officiers, Sous-officiers, Indemnité journalière, Réduction.

Décret *modifiant le décret du 13 nov. 1914, attribuant des allocations spéciales aux officiers et sous-officiers de la zone des opérations*

(3 octobre 1915) — (Publ au *J. off.* du 15 oct).

Le Président de la République française; — Sur le rapport des ministres de la guerre et des finances; — Vu les décrets des 3 janv 1903, 26 mai 1904 et 10 janv 1912, portant respectivement règlement sur la solde et les revues des corps de la gendarmerie, des troupes coloniales, et les troupes métropolitaines; — Vu le décret du 13 nov. 1914 (6), portant attribution d'allocations spéciales aux officiers et sous-officiers de la zone des opérations; — Vu l'art 55 de la loi du 25 fevr 1901 (7), portant fixation du budget général des depenses et des recettes de l'exercice 1901; — Décrete :

Art 1er. Les allocations journalieres supplémentaires prévues au décret du 13 nov. 1914 sont fixées comme suit :

Officiers de tous grades, 2 fr ;

Sous-officiers à solde mensuelle et adjudants à solde journalière, 1 fr ;

Sous-officiers à solde journalières autres que les adjudants, 75 centimes

2 Les ministres de la guerre et des finances sont charges, etc.

Armes, Guerre franco-allemande, Commerce des armes et munitions de guerre, Interdiction, Territoire français, Protectorat (Pays de).

Décret *portant interdiction du commerce des armes et munitions de guerre en territoire français ou de protectorat français.*

(3 octobre 1915). — (Publ. au *J. off.* du 8 oct).

Le Président de la République française; — Sur le rapport du ministre de la guerre; — Vu la loi du 14 juill 1860 (8), sur la fabrication et le commerce des armes de guerre; — Vu la loi du

---

legalement à leur charge, ont droit, pour chacun desdits enfants en sus du second, âges de moins de seize ans et legalement a leur charge, a une indemnité de 50 fr. par trimestre, dans les conditions ci-après ;

2. L'indemnité pour charges de famille est acquise, sous réserve des dispositions ci-dessous, aux militaires en activite et en non-activité dans toutes les positions de présence ou d'absence.

Elle n'est pas due .

Aux militaires de la réserve ou de l'armée territoriale;

Aux officiers en congé de longue durée sans solde;

Aux titulaires de solde de réforme ou de gratification de reforme.

3. Sont seuls considérés comme etant légalement à la charge du militaire les enfants auxquels il peut devoir des aliments d'apres les dispositions du Code civil.

4, Les enfants admis, sans avoir à payer pension, dans un etablissement de l'Etat, benéficiaires de bourses ou de tout autre avantage equivalent, ne sont pas considéres comme étant a la charge du militaire, et ne peuvent, par suite, ouvrir droit a l'allocation prévue par l'art. 1er.

Cette restriction ne s'applique pas aux enfants qui ne beneficient que d'une bourse d'externat.

5. L'indemnite pour charges de famille est exclusive de l'indemnité aux enfants de troupe laissés dans leur famille. Cette dernière indemnité cessera, par suite, d'être allouée pour les enfants donnant droit à l'allocation prevue au décret.

6 L'indemnité pour charges de famille est payee par trimestre et à terme échu, au 31 mars, 30 juin, 30 septembre et 31 decembre.

Elle est acquise en totalité pour chaque mois, du fait de l'existence, à un moment quelconque de ce mois, de la situation donnant droit à l'indemnité.

7. L'indemnité pour charges de famille est insaisissable.

(1) S. *Lois annotées* de 1873, p. 438. — P. *Lois, décr.*, etc de 1873, p. 751.

(2) S. *Lois annotées* de 1875, p. 694. — P. *Lois, décr.*, etc. de 1875, p. 1192.

(3) 1er vol., p. 28.

(4) S. et P. *Lois annotees* de 1901, p. 140; *Pand. pér.*, 1902.3.33.

(5) S. et P. *Lois annotées* de 1914, p. 614; *Pand. per.*, *Lois annotées* de 1914, p. 614.

(6) 1er vol., p. 200.

(7) S. et P. *Lois annotees* de 1901, p. 140; *Pand. pér.*, 1902.3.33.

(8) S. *Lois annotées* de 1860, p. 56. — P. *Lois. décr.*, etc. de 1860, p. 94.

14 août 1885 (1), modifiée par la loi du 13 avril 1895 (2), sur la fabrication et le commerce des armes et des munitions non chargées ; — Vu la décision du ministre de la guerre, en date du 2 oct. 1915, portant que, « jusqu'à la cessation des hostilités, les armes de toute nature, d'un calibre supérieur à 6 millimetres, et les munitions correspondantes, resteront classées dans la catégorie des armes réglementaires en France » ; — Décrete :

ART. 1er Sans préjudice des prohibitions d'exportation, tout commerce relatif aux armes et munitions de guerre de toute espèce est, jusqu'à la fin des hostilités, interdit en territoire français ou de protectorat français, à toute personne y résidant, avec toutes personnes, quelles qu'elles soient et en quelque lieu qu'elles résident, à moins d'une autorisation spéciale delivrée par le ministre de la guerre.

2 Une instruction ministérielle déterminera la forme dans laquelle les autorisations seront délivrées

3 Le ministre de la guerre est chargé, etc.

ARMÉE, GUERRE FRANCO-ALLEMANDE, COMMISSION DE LA MAIN-D'ŒUVRE MILITAIRE AGRICOLE, CRÉATION.

ARRÊTÉ *portant création d'une commission mixte de la main-d'œuvre agricole.*

(4 octobre 1915). — (Publ au *J. off.* du 7 oct)

LE MINISTRE DE LA GUERRE, LE MINISTRE DE L'AGRICULTURE ; — Considérant que la mobilisation générale a appelé sous les drapeaux un très grand nombre d'hommes exerçant des professions agricoles, et provoqué, par suite, une raréfaction sensible de la main-d'œuvre disponible dans les campagnes ; qu'il est dès lors absolument indispensable, pour l'exécution des principaux travaux agricoles, de faire appel, sous une forme ou sous une autre. a la main-d'œuvre militaire ; qu'en raison de la prolongation des hostilités, il convient de faciliter et d'accelérer, par la création d'un organe permanent, les rapports existant entre les departements de la guerre et de l'agriculture ; — Arrêtent :

ART. **1er**. Il est constitué, pendant la durée de la guerre, une commission mixte de la main-d'œuvre agricole, chargée d'etudier les questions se rattachant à l'emploi de la main-d'œuvre militaire pour les travaux de la terre, et, d'une maniere générale, au concours prêté à l'agriculture par les hommes présents sous les drapeaux.

2. Cette commission est composee comme suit :

Membre civil.

Le directeur de l'enseignement et des services agricoles ou son délégué (ministère de l'agriculture).

Membre militaire.

Un officier supérieur de l'etat-major de l'armée (ministere de la guerre).

DOUANES, GUERRE FRANCO-ALLEMANDE, INTERDICTIONS DE SORTIE, DÉROGATIONS, VOLAILLES, RAISINS DE VENDANGES, FRUITS A NOYAUX, OS.

ARRÊTÉ *relatif à des dérogations aux prohibitions de sortie.*

(4 octobre 1915). — (Publ. au *J. off* du 5 oct.)

LE MINISTRE DES FINANCES ; — Sur le rapport de la commission interministérielle des dérogations aux prohibitions de sortie ; — Vu le décret du 21 sept 1915 (3), — Arrête :

ART. **1er**. Par dérogation aux dispositions du décret du 21 sept. 1915, susvisé, peuvent être exportés ou réexportés sans autorisation spéciale les volailles vivantes, les raisins de vendange, les fruits à noyaux, les os, lorsque les envois ont pour destination l'Angleterre, les Dominions, les pays de protectorat et colonies britanniques, la Belgique, le Japon, le Monténégro, la Russie (4), la Serbie (5) ou les Etats de l'Amérique.

2. Le conseiller d'Etat, directeur général des douanes, est chargé, etc.

ARMÉE, GUERRE FRANCO-ALLEMANDE, OFFICIERS, SOUS-OFFICIERS, BRIGADIERS, CAPORAUX ET SOLDATS RENGAGÉS, GENDARMES, INDEMNITÉ POUR CHARGES DE FAMILLE, PAIEMENT A LA FEMME OU A LA PERSONNE AYANT LA CHARGE DES ENFANTS.

LOI *relative au paiement, pendant la durée des hostilités, de l'indemnité annuelle pour charges de famille, instituée par l'art. 2 de la loi du 30 déc.* 1913

(5 octobre 1915). — (Publ. au *J. off.* du 7 oct).

ART. **1er**. Pendant la durée des hostilités, les femmes, ou, s'il y a lieu, les personnes ayant la charge effective de l'entretien des enfants des

---

(1) S. *Lois annotées* de 1886, p. 5. — P. *Lois, décr.*, etc. de 1886, p. 8 ; *Pand. pér.*, 1886 3.22.

(2) S. et P. *Lois annotées* de 1895, p. 1071 ; *Pand. pér.*, 1896.3.27.

(3) *Supra*, p. 38.

(4-5) Note du *J off.* — Sous réserve, en ce qui concerne la Russie et la Serbie, de la souscription d'un acquit-à-caution à décharger par la douane russe ou serbe.

militaires énumérés à l'art. 2 de la loi du 30 déc. 1913 (1), pourront, sur leur demande, obtenir, par décision ministérielle, le payement, à leur profit, de l'indemnité annuelle instituée par ledit article de ladite loi.

Cette décision ministérielle sera notifiée, dans le plus bref délai possible, au militaire intéressé, qui ne pourra, en aucun cas, s'opposer au payement de l'indemnité susvisée entre les mains de sa femme ou de la personne ayant la charge effective de l'entretien des enfants.

2. Le payement de l'indemnité pour charges de famille aura lieu jusqu'à la cessation des hostilités, quel que soit le sort du militaire intéressé; toutefois, en cas de décès, si la veuve optait pour la pension, le payement cesserait à dater du point de départ de ladite pension.

3. Les femmes, ou, s'il y a lieu, les personnes ayant la charge effective de l'entretien des enfants des militaires visés à l'art. 1er, tués, disparus ou faits prisonniers antérieurement à la promulgation de la présente loi, pourront, sur leur demande, recevoir le payement de l'indemnité pour charges de famille dans les conditions prévues aux articles précédents.

COMMUNES, GUERRE FRANCO - ALLEMANDE, RECEVEURS MUNICIPAUX, RETENUES SUR LE TRAITEMENT DU REMPLAÇANT, INDEMNITÉ DU RECEVEUR MOBILISÉ, CUMUL AVEC LA SOLDE MILITAIRE, DÉLÉGATION EN CAS DE DÉCÈS A LA VEUVE OU AUX ORPHELINS.

DÉCRET *relatif à la rémunération des receveurs municipaux spéciaux mobilisés.*

(5 octobre 1915). — (Publ. au *J. off.* du 9 oct.).

LE PRÉSIDENT DE LA RÉPUBLIQUE FRANÇAISE; — Vu l'art. 88 de la loi de finances du 13 juill. 1911 (2); — Vu le décret du 11 juin 1912 (3) et notamment l'art. 29; — Vu le décret du 24 oct. 1914 (4); — Sur le rapport du ministre des finances; — Décrète :

ART. **1er**. Lorsqu'un receveur municipal spécial est mobilisé sans avoir constitué un fondé de pouvoir pour le suppléer, c'est le percepteur qui prend le service en conformité de la loi qui touche le traitement afférent à cet emploi, mais les remises du Trésor ne lui sont acquises que dans les limites et proportions fixées tant par l'art. 88 de la loi de finances du 13 juill. 1911 que par l'art. 29 du décret du 11 juin 1912.

Le montant de la retenue ainsi opérée, au lieu de bénéficier au Trésor, est attribué à la commune, lorsque celle-ci a décidé d'en faire profiter le receveur mobilisé.

Toutefois, la somme ainsi attribuée ne peut, en aucun cas, excéder les émoluments susceptibles d'être cumulés avec la solde militaire, par application de la loi du 5 août 1914 (5) et des règlements intervenus pour son exécution.

2. En cas de décès sous les drapeaux du receveur mobilisé, le montant de la retenue susvisée peut être également attribué à la commune, dans les limites et aux conditions fixées par le décret du 24 oct. 1914, pour être versé à la veuve ou aux orphelins.

3. Le ministre des finances est chargé, etc.

POSTES, GUERRE FRANCO-ALLEMANDE, ENVOIS POSTAUX AUX MOBILISÉS, GRATUITÉ, PUPILLES DE L'ASSISTANCE PUBLIQUE.

LOI *relative à l'extension, au profit des pupilles de l'Assistance publique, des dispositions de la loi du 22 juin 1915, sur la gratuité d'envoi des paquets postaux.*

(7 octobre 1915). — (Publ. au *J. off.* du 10 oct.).

ART. **1er**. Le bénéfice des dispositions de la loi du 22 juin 1915 (6) est étendu aux tuteurs ou anciens tuteurs légaux des pupilles ou anciens pupilles de l'Assistance publique.

Ces tuteurs ou anciens tuteurs auront la faculté d'exercer eux-mêmes leur droit à la franchise, ou de le déléguer, soit aux parents nourriciers ou anciens nourriciers, soit aux patrons ou aux anciens patrons des pupilles ou anciens pupilles.

2. Un décret déterminera les conditions d'application de la présente loi, qui devra être mise en vigueur dans le mois qui suivra sa promulgation.

1° BUREAU DE BIENFAISANCE, GUERRE FRANCO-ALLEMANDE, RECEVEUR SPÉCIAL MOBILISÉ, MOITIÉ DU TRAITEMENT, DÉCÈS SOUS LES DRAPEAUX, VEUVE, ORPHELINS. — 2° HOSPICES, GUERRE FRANCO ALLEMANDE, RECEVEUR SPÉCIAL MOBILISÉ, MOITIÉ DU TRAITEMENT, VEUVE, ORPHELINS.

DÉCRET *relatif à la rémunération des receveurs spéciaux d'établissements communaux de bienfaisance.*

---

(1) S. et P. *Lois annotées* de 1915, p. 821; *Pand. pér.*, *Lois annotées* de 1915, p. 821.

(2) S. et P. *Lois annotées* de 1912, p. 202; *Pand. pér.*, *Lois annotées* de 1912, p. 202.

(3) *J. off.*, 12 juin 1912, p. 5196.

(4) 1er vol., p. 171.

(5) 1er vol., p. 32.

(6) 2e vol., p. 204.

(8 octobre 1915). — (Publ. au *J. off.* du 14 déc.).

LE PRÉSIDENT DE LA RÉPUBLIQUE FRANÇAISE; — Sur le rapport des ministres des finances et de l'intérieur; — Vu les décrets des 27 juin 1876 (1) et 5 déc. 1908 (2), relatifs au traitement des receveurs des communes, des hospices et des bureaux de bienfaisance; — Vu le décret du 24 oct. 1914 (3), accordant aux veuves et, à défaut, aux orphelins des fonctionnaires de l'Etat décédés sous les drapeaux, la moitié du traitement pendant la durée de la guerre; — Décrète :

ART. 1er. Lorsque le service d'un receveur spécial mobilisé est, en conformité des dispositions réglementaires, remis à un autre receveur spécial de la même commune, le comptable mobilisé peut, en vertu d'une délibération de la commission administrative, conserver la moitié de son traitement brut.

Toutefois, la somme ainsi attribuée au comptable mobilisé ne peut, en aucun cas, excéder les émoluments susceptibles d'être cumulés avec la solde militaire, par application de la loi du 5 août 1914 (4) et des règlements intervenus pour son exécution.

Les émoluments dont ne profite pas le comptable mobilisé sont versés, à titre de traitement, au receveur spécial auquel a été remis le service

2. En cas de décès sous les drapeaux du receveur mobilisé, la commission administrative peut attribuer à la veuve ou aux orphelins, dans les conditions fixées par le décret du 24 oct. 1914, la moitié du traitement afférent à la recette spéciale, diminué du quart pour frais de bureau.

3. Les ministres de l'intérieur et des finances sont chargés, etc.

CHEMINS DE FER, GUERRE FRANCO-ALLEMANDE, DÉLAIS, RESPONSABILITÉ POUR PERTE, AVARIE ET RETARD, CHEMINS DE FER D'INTÉRÊT LOCAL, TRAMWAYS.

ARRÊTÉ *étendant à certains réseaux les dispositions de l'arrêté du 31 mars 1915, fixant les conditions de délai et de responsabilité des administrations de chemins de fer en matière de transports commerciaux*

(8 octobre 1915) — (Publ. au *J. off.* du 12 oct.).

LES MINISTRES DE LA GUERRE ET DES TRAVAUX PUBLICS; — Vu le décret du 29 oct 1914 (5), sur la responsabilité des administrations de chemins de fer en matière de transports commerciaux; — Vu l'arrêté interministériel du 31 mars 1915 (6), pris en exécution dudit décret; — Vu les propositions des commissions de réseau; — Arrêtent :

ART. 1er. Les dispositions de l'arrêté interministériel du 31 mars 1915, fixant les conditions de délai et de responsabilité des administrations de chemins de fer en matière de transports commerciaux, sont applicables aux réseaux suivants :

Compagnie des tramways de Saumur et extensions.

Compagnie des tramways de la Corrèze.

Société des tramways électriques de Loir-et-Cher.

Compagnies des voies ferrées économiques du Poitou.

Compagnie française des tramways électriques et omnibus de Bordeaux.

Compagnie des tramways de Tours.

Compagnie des chemins de fer départementaux de la Haute-Vienne.

Compagnie des chemins de fer à voie étroite de Châteaubriant à Erbray.

Compagnie des chemins de fer de la Drôme.

Chemins de fer de l'est de Lyon.

Tramway du pont de Beauvoisin

Compagnie des tramways de Nice et du littoral

Compagnie du chemin de fer d'intérêt local à crémaillère de la Turbie

Compagnie des chemins de fer du sud de la France.

Régie des tramways de la Savoie.

Société anonyme du tramway de la vallée d'Herimoncourt.

Compagnie du chemin de fer d'Amplepuis à Saint-Vincent-de-Reims (Rhône).

Compagnie du tramway d'Annecy à Thônes

Chemin de fer des Aiguilles-du-Cluzel à Roche-la-Molière

Tramway Sud de Seine-et-Marne

Chemin de fer de Taulignan à Grignan et à Chamaret.

Compagnie des chemins de fer du Doubs.

Compagnie du tramway de Pont-de-Vaux à Fleurville

Tramways électriques du Puy

Compagnie des tramways électriques de Vircelles-Chazelles à Saint-Symphorien-sur-Coise et extensions

Compagnie des chemins de fer de l'Hérault

2. Le présent arrêté entrera en vigueur à partir du 20 oct. 1915.

COLONIES, EXPROPRIATION POUR UTILITÉ PUBLIQUE, SÉNÉGAL.

---

(1) S. *Lois annotées* de 1876, p. 159. — P. *Lois, décr.*, etc. de 1876, p. 274.

(2) *Bull. off.*, 12e série, 3017 n. 52039.

(3) 1er vol., p. 171.

(4) 1er vol., p. 32.

(5) 1er vol., p. 179.

(6) 2e vol., p. 93

DÉCRET *portant modification du décret du 15 févr. 1889, réglementant l'expropriation pour cause d'utilité publique au Sénégal*

(8 octobre 1915) — (Publ au *J. off.* du 14 oct.).

LE PRÉSIDENT DE LA RÉPUBLIQUE FRANÇAISE; — Vu l'art 18 du senatus-consulte du 3 mai 1854 (1); — Vu le décret du 21 avril 1880 (2), déclarant applicable au Senégal le sénatus-consulte du 3 mai 1856 (3), sur l'expropriation pour cause d'utilité publique aux Antilles et à la Réunion; — Vu le decret du 15 févr. 1889 (4), réglementant l'expropriation pour cause d'utilité publique au Senégal; — Sur le rapport du ministre des colonies; — Decrete :

ART 1er. Sont modifies ainsi qu'il suit les art. 30, 31, 33, 35, 37, 38, 39 (Chap. II) du décret du 15 fevr 1889. sur l'expropriation pour cause d'utilité publique au Sénégal :

« Art 30 Chaque annee, dans le courant du mois de decembre, une commission presidée par le secrétaire général de la colonie, et composée de deux conseillers privés, titulaires ou suppléants, désignes par le lieutenant-gouverneur, et de deux membres de la chambre de commerce, nommés par cette chambre, dresse une liste de trente notables, ayant leur domicile réel dans la colonie, parmi lesquels sont choisis les membres du jury special, appele, le cas écheant, à régler les indemnites dues par suite d'expropriation pour cause d'utilité publique. Cette liste est publiée avant le 1er janvier au *Journal officiel* de la colonie

« En aucun cas, le nombre des propriétaires et patentes composant le jury spécial ne pourra dépasser le tiers du total des membres de ce jury

« Pourront être inscrits sur la liste des notables appelés à faire partie du jury les agents généraux des maisons de commerce n'étant pas propriétaires, les fonctionnaires ou employés des administrations publiques autres que l'administration municipale, l'administration des domaines et l'administration judiciaire, exception faite du magistrat directeur du jury

« Le nombre des fonctionnaires ou employés des administrations publiques appelés à faire partie eventuellement du jury ne pourra excéder le tiers des membres le composant

« Art. 31. Toutes les fois qu'il y a lieu de recourir à un jury special, la Cour d'appel, en chambre du conseil, designe le magistrat directeur du jury, et choisit, sur la liste dressée en vertu de l'article precédent, onze personnes, qui formeront le jury spécial chargé de fixer definitivement le montant de l'indemnité, et, en outre, deux jurés supplementaires.

« Art 33 Sont incapables d'être jurés :

« 1° Ceux à qui l'exercice de tout ou partie des droits civils et de famille a été interdit;

« 2° Les faillis non réhabilités;

« 3° Les interdits et ceux qui sont pourvus d'un conseil judiciaire;

« 4° Ceux qui ont été condamnés pour crime, ou pour delit de vol, escroquerie, abus de confiance, attentat aux mœurs, outrage aux bonnes mœurs.

« Art 34 La liste des onze jurés et des deux jurés supplementaires est transmise au lieutenant-gouverneur, qui, après s'être concerté avec le magistrat directeur du jury, convoque les jurés et les parties, en leur indiquant, au moins huit jours à l'avance, le jour et l'heure de la réunion

« Les notifications aux parties leur font connaître les noms des jurés.

« Art. 37. Ceux des jures qui se trouvent rayés par suite des empêchements, exclusions ou incompatibilités prevus aux articles précedents sont immédiatement remplacés par les jures supplementaires, que le magistrat directeur du jury appelle dans l'ordre de leur inscription En cas d'insuffisance, le magistrat directeur du jury choisit, sur la liste dressée en vertu de l'art 30, les personnes nécessaires pour compléter le nombre de onze jurés, en tenant compte des prescriptions des §§ 2 et 4 dudit article

« Art 38. Le magistrat directeur du jury est assiste aupres du jury spécial du greffier ou commis greffier, qui appelle successivement les causes sur lesquelles le jury doit statuer, et tient procès-verbal des deliberations

« Lors de l'appel, l'administration a le droit d'exercer deux recusations péremptoires; la partie adverse a le même droit

« Dans le cas où plusieurs parties intéressées figurent dans la même affaire, elles s'entendent pour l'exercice du droit de récusation, sinon, le sort designera celles qui doivent en user Si le droit de récusation n'est pas exercé, ou s'il ne l'est que partiellement, le magistrat directeur du jury procede à la réduction des jures au nombre de sept, en tenant compte des indications et des proportions fixées par l'art. 30

« Art. 39. Le jury spécial n'est constitué que lorsque les sept jurés sont presents ».

2 Le ministre des colonies est chargé, etc

DÉCORATIONS, GUERRE FRANCO-ALLEMANDE, REMISE AUX INTÉRESSÉS, CÉRÉMONIAL.

(1) S. *Lois annotées* de 1854, p. 78. — P. *Lois, décr.*, etc. de 1854, p. 137.

(2) *Bull. off.*, 12e série, 519, n. 9267.

(3) S. *Lois annotees* de 1856, p. 43. — P. *Lois, decr.* etc. de 1856, p. 73.

(4) S. et P. *Lois annotées* de 1891, p. 35.

CIRCULAIRE *relative au cérémonial à observer pour la remise des décorations.*

(8 octobre 1915). — (Publ. au *J. off.* du 13 oct.).

Il a été signalé au ministre que la remise des médailles militaires avait lieu fréquemment sans aucun cérémonial, notamment lorsqu'elles sont conférées à des soldats réformés rentrés dans leurs foyers, ou en traitement dans des hôpitaux ou formations sanitaires. Souvent aussi, cette remise est effectuée par des personnes non qualifiées pour y procéder.

Il est incontestable que les exigences du service, dans les circonstances actuelles, ne permettent pas toujours l'application du décret du 10 mai 1886 ; mais il importe néanmoins de s'efforcer d'en réaliser le but, c'est-à-dire « d'entourer la remise des décorations de tout l'éclat possible, afin d'en rehausser le prestige ».

A cet effet, le ministre a arrêté les dispositions suivantes :

Dans chaque ville de garnison, il sera procédé périodiquement, dans les conditions prévues par le décret du 10 mai 1886, à des prises d'armes pour la remise des décorations (Légion d'honneur, médaille militaire) aux militaires en service ou en résidence dans la garnison.

Les militaires dans leurs foyers, en dehors de la garnison, pour lesquels le commandant d'armes aurait reçu un insigne, seront convoqués à cette prise d'armes.

En ce qui concerne les militaires dans leurs foyers qui ne pourront se rendre à la prise d'armes, et pour ceux en traitement dans les formations sanitaires qui ne pourront se deplacer, leur décoration devra toujours leur être remise, pour les officiers généraux ou les officiers supérieurs, par un officier général ; pour les officiers, par un officier supérieur ; pour les sous-officiers et hommes de troupe, par un officier, chevalier de la Légion d'honneur ou médaillé militaire

Aucun cerémonial spécial n'est prévu pour les Croix de guerre, qui sont remises aux intéressés, sur leur demande, dans les conditions indiquées par l'instruction du 13 mai 1915 (1) ; mais, pour rehausser le prestige de cette décoration, les titulaires qui en exprimeront le désir devront avoir toute facilité de se faire remettre leur insigne à l'occasion d'une prise d'armes.

DETTE PUBLIQUE, GUERRE FRANCO-ALLEMANDE, EMPRUNT AUX ETATS-UNIS, AUTORISATION.

LOI *portant autorisation d'emprunt aux Etats-Unis.*

(8 octobre 1915). — (Publ. au *J. off.* du 9 oct.).

ARTICLE UNIQUE. Le gouvernement est autorisé à émettre aux Etats-Unis, conjointement et solidairement avec le gouvernement britannique, un ou plusieurs emprunts, dont le montant et les conditions seront fixés par lui au mieux des intérêts du Trésor.

Les titres de ces emprunts seront exempts de tous impôts présents et futurs.

ARMÉE, GUERRE FRANCO-ALLEMANDE, AÉRONAUTIQUE MILITAIRE, COMITÉ CONSULTATIF, CRÉATION.

ARRÊTÉ *portant création d'un comité consultatif de l'aéronautique militaire.*

(9 octobre 1915). — (Publ. au *J. off.* du 11 oct.).

LE MINISTRE DE LA GUERRE ; — Sur la proposition du sous-secrétaire d'Etat de l'aéronautique ; — Arrête :

ART. 1er. Il est institué, auprès du sous-secrétaire d'Etat de l'aéronautique militaire, un comité consultatif de l'aéronautique militaire.

2. Ce comité est constitué comme suit :

(*Suivent les noms au* J. off).

3 Le comité consultatif de l'aéronautique militaire se réunira, sur convocation du sous-secrétaire d'Etat, pour examiner les diverses questions qu'il lui soumettra et apporter sur elles des avis delibérés et motivés.

Seuls les membres auront voix délibérative, les secrétaires rapporteurs ayant voix consultative

Le comité consultatif pourra faire appel, pour l'examen des questions particulières, aux avis individuels qu'il jugera utile de provoquer

---

ARMÉE, GUERRE FRANCO-ALLEMANDE, TIRAILLEURS SÉNÉGALAIS, INDIGÈNES DE L'AFRIQUE OCCIDENTALE, ENGAGEMENTS POUR LA DURÉE DE LA GUERRE, PRIMES, HAUTES PAIES, ALLOCATIONS MENSUELLES AUX FAMILLES, PENSIONS DES VEUVES ET ORPHELINS.

DÉCRET *modifiant les conditions d'engagement des tirailleurs sénégalais, et accordant des allocations aux familles des militaires indigènes.*

(9 octobre 1915). — (Publ. au *J. off.* du 12 oct.).

LE PRÉSIDENT DE LA RÉPUBLIQUE FRANÇAISE ; — Sur le rapport des ministres de la guerre, des colonies et des finances ; — Vu la loi du 21 mars

(1) 2e vol., p. 154.

1905 (1), sur le recrutement de l'armée, modifiée le 7 août 1913 (2) ; — Vu les art. 16 et 18 de la loi du 7 juill. 1900 (3), portant organisation des troupes coloniales ; — Vu le décret du 7 févr 1912 (4), portant réorganisation du recrutement des troupes indigènes et de leurs réserves en Afrique occidentale française, modifié le 8 juin 1914 ; — Vu le décret du 10 oct. 1914 (5), relatif à l'engagement pour la durée de la guerre des anciens tirailleurs sénégalais non réservistes ; — Décrete :

ART. 1er. Les indigenes de l'Afrique occidentale française qui ne sont pas sous les drapeaux sont admis à contracter, à partir de l'âge de dix-huit ans, un engagement, pour la durée de la guerre, dans un corps de tirailleurs sénégalais.

Les indigenes engagés pour la durée de la guerre sont, en principe, appelés à servir hors du territoire de l'Afrique occidentale française.

2 Le temps passé sous les drapeaux par les indigenes engagés pour la durée de la guerre sera déduit des années de service actif dues par ces indigenes. dans les cas où ils seraient ultérieurement incorporés comme appelés

En raison des délais nécessaires au rapatriement des Senegalais apres la guerre, les indigènes engagés pour la durée de la guerre pourront, à partir de la date de la signature de la paix, être maintenus sous les drapeaux durant une période qui ne devra pas excéder six mois

3 L'engagement pour la durée de la guerre donne droit à une prime de 200 fr., payable au moment de la signature de l'acte Pour les anciens soldats, il donne droit, en outre, à la haute paye correspondant à leur ancienneté de service actif.

4 Il est accordé aux familles nécessiteuses des tirailleurs recrutés en vertu du présent décret, lorsqu'ils sont appelés à servir hors de leur colonie d'origine et qu'ils ne sont pas autorisés à se faire accompagner de leur famille, une allocation mensuelle, dont le taux est fixé par le gouverneur général, dans la limite d'un maximum de 15 fr

5 Les allocations spéciales prevues aux art 3 et 4 du présent décret seront imputables au budget général de l'Etat.

6 Les dispositions du présent decret sont étendues aux indigènes engagés sous le régime du decret du 10 oct 1914.

Ces militaires percevront, en conséquence, la difference entre la prime d'engagement prévue par l'art 3 et celle instituée par le decret du 10 oct 1914.

L'allocation mensuelle prévue par l'art. 4 sera, en ce qui les concerne, payée à partir du 1er. oct. 1915.

7. Il sera alloué une somme annuelle de 120 fr. aux familles (veuves ou orphelins) des tirailleurs recrutés en vertu du présent décret, qui auront eté tués à l'ennemi.

Cette somme sera précomptée sur les premiers arrerages de la pension qui viendrait à être concédée aux mêmes bénéficiaires, à raison du même fait.

8. Les ministres de la guerre, des colonies et des finances sont chargés, etc.

COLONIES, GUERRE FRANCO-ALLEMANDE, MADAGASCAR, OR, VENTE, INTERDICTION, INFRACTIONS.

DÉCRET *portant interdiction de la vente de l'or dans la colonie de Madagascar pendant la durée des hostilités.*

(9 octobre 1915). — (Publ. au *J. off.* du 15 oct.).

LE PRÉSIDENT DE LA RÉPUBLIQUE FRANÇAISE ; — Sur le rapport du ministre des colonies et du garde des sceaux, ministre de la justice ; — Vu le sénatus-consulte du 3 mai 1854 (6) ; — Vu la loi du 6 août 1896 (7) déclarant Madagascar et les îles qui en dépendent colonies françaises ; — Vu le décret du 23 mai 1907 (8), portant réglementation de la recherche et de l'exploitation de l'or, des métaux precieux et des pierres précieuses ; — Vu la loi du 25 juill. 1912 (9), déclarant les îles d'Anjouan, de Mohéli et de la Grande Comore colonies françaises, et rattachant ces îles et leurs dependances ainsi que celle de Mayotte au gouvernement général de Madagascar : — Vu le décret du 1er mai 1915 (10), prohibant l'exportation de l'or à la sortie des colonies ; — Décrete :

ART. 1er. Toute vente d'or dans la colonie de Madagascar, en dehors de celles faites aux commerçants en or patentes, est interdite pendant la durée des hostilités, sauf autorisation spéciale du gouverneur géneral ou de son delégué.

2. Le gouverneur général prendra tous les arrêtés nécessaires à l'application du présent décret.

3. Les infractions aux dispositions du présent décret seront passibles des peines prévues au décret du 23 mai 1907 (art 36).

4. Le ministre des colonies et le garde des sceaux, ministre de la justice, sont chargés, etc.

---

(1) S. et P. *Lois annotées* de 1906, p. 3 ; *Pand. pér.*, 1906.3.81.

(2) S. et P. *Lois annotées* de 1914, p. 561 ; *Pand. per.*, *Lois annotées* de 1914, p. 561.

(3) S. et P. *Lois annotées* de 1900, p. 1113 ; *Pand. pér.*, 1901.3.147.

(4) *J. off.*, 10 févr. 1912, p. 1346.

(5) 1er vol., p. 151.

(6) S. *Lois annotées* de 1854, p. 78. — P. *Lois, décr.*, etc. de 1854, p. 137.

(7) S. et P. *Lois annotées* de 1896, p. 178 ; *Pand. pér.*, 1897.3.44.

(8) *Bull. off.*, 12e serie, 2890, n. 49942.

(9) S et P. *Lois annotees* de 1913, p. 467 ; *Pand. pér.*, *Lois annotees* de 1913, p. 467.

(10) 2e vol., p. 140.

COLONIES, MADAGASCAR, CHANVRE A FUMER, FABRICATION, COLPORTAGE, VENTE, CONSOMMATION, INTERDICTION, INFRACTIONS.

DÉCRET *prohibant à Madagascar et dépendances la préparation, la vente et la consommation du chanvre à fumer dit Rongony.*

(9 octobre 1915). — (Publ au *J. off.* du 15 oct.).

LE PRÉSIDENT DE LA RÉPUBLIQUE FRANÇAISE; — Sur le rapport du ministre des colonies et du garde des sceaux, ministre de la justice; — Vu l'art. 16 du sénatus-consulte du 3 mai 1854 (1); — Vu la loi du 6 août 1896 (2), déclarant Madagascar et les îles qui en dépendent colonies françaises; — Vu la loi du 25 juill 1912 (3), déclarant les îles d'Anjouan, de Mohéli et de la Grande Comore colonies françaises et rattachant ces îles et leurs dépendances ainsi que celle de Mayotte au gouvernement général de Madagascar; — Décrete :

ART. 1er. La préparation, le colportage, la vente et la consommation du chanvre à fumer dit Rongony sont interdits dans la colonie de Madagascar et dépendances

2. Les infractions aux dispositions du présent décret seront punies d'une amende de 100 à 3.000 fr. et d'un emprisonnement de six jours à douze mois, ou de l'une de ces deux peines seulement, sauf application, s'il y a lieu, de l'art. 463 du Code pénal.

Dans tous les cas, les substances saisies seront confisquées et détruites.

3. Sont abrogées toutes dispositions contraires au présent décret.

4. Le ministre des colonies et le garde des sceaux, ministre de la justice, sont chargés, etc

---

MARINE, GUERRE FRANCO-ALLEMANDE, NAVIRES RÉQUISITIONNÉS, MARINS MOBILISÉS, FAMILLES, ALLOCATIONS JOURNALIÈRES, DÉLÉGATION DE SOLDE.

CIRCULAIRE *relative aux mesures prises en faveur des familles nécessiteuses des marins embarqués sur les bâtiments de commerce militarisés.*

(10 octobre 1915). — (Publ. au *J. off.* du 20 oct.)

Le Ministre de la marine à MM. les vice-amiraux commandant en chef, préfets maritimes, officiers généraux, supérieurs et autres commandant à la mer, commandants de la marine en Corse et en Algérie, directeurs de l'inscription maritime.

Le département est saisi fréquemment de réclamations émanant des familles de marins mobilisés sur des bâtiments réquisitionnés pour la flotte auxiliaire, qui ne reçoivent pas l'indemnité journalière, à titre de soutien de famille, prévue par la loi du 5 août 1914 (4).

Bien que la concession de ces indemnités ne soit pas du ressort du département, différentes mesures ont néanmoins été prises, soit pour éclairer les commissions appelées à prendre des décisions, soit pour soulager les familles nécessiteuses.

A plusieurs reprises, les indications ci-après ont été portées à la connaissance du ministre de l'intérieur, des préfets des départements et des autorités maritimes.

Si la concession de la solde commerciale aux marins mobilisés a eu pour effet de leur rendre des ressources sensiblement égales à celles qu'ils tiraient de l'industrie maritime en temps de paix, les familles ne peuvent prétendre à l'allocation journalière, mais, dans le cas contraire, il appartient aux administrateurs de l'inscription maritime de signaler la situation des pétitionnaires aux commissions cantonales ou à l'autorité préfectorale.

Si des familles se plaignent d'être sans ressources, des délégations d'office peuvent être imposées aussitôt après la vérification de leurs allégations

Les délégations volontaires souscrites par des marins à solde commerciale peuvent s'élever aux deux tiers de ladite solde.

Le fait pour un marin de recevoir une solde mensuelle au lieu d'une solde commerciale ne constitue pas, *a priori*, une raison suffisante pour refuser toute allocation à sa famille.

Les marins embarqués sur les bâtiments de commerce militarisés ont la faculté de modifier, en cours d'embarquement, leur option pour la solde militaire ou la solde commerciale, suivant le cas.

ARMÉE, OFFICIERS DE RÉSERVE, OFFICIERS DE L'ARMÉE TERRITORIALE, AVANCEMENT AU CHOIX.

DÉCRET *modifiant le décret du* 10 *déc.* 1907, *relatif à l'avancement des officiers de réserve et de l'armée territoriale* (5)

---

(1) S. *Lois annotées* de 1854, p. 78. — P. *Lois, décr.*, etc., de 1854, p. 137.

(2) S. et P. *Lois annotées* de 1896, p. 178; *Pand. pér.*, 1897.3.44.

(3) S. et P. *Lois annotées* de 1913, p. 467; *Pand. pér.*, *Lois annotées* de 1913, p 467.

(4) 1er vol., p. 28.

(5) Ce décret est précédé au *J. off.* d'un rapport ainsi conçu :

« Le décret du 10 déc. 1907, modifié les 6 mai 1911, 15 sept. 1912 et 8 juin 1914, relatif à l'avancement des officiers de réserve et des officiers de l'armée territoriale, détermine, dans chacun des grades, les conditions d'a-

(11 octobre 1915). — (Publ. au *J off.* du 14 oct.)

LE PRÉSIDENT DE LA RÉPUBLIQUE FRANÇAISE; — Sur le rapport du ministre de la guerre; — Vu les art 45 et 58 de la loi du 13 mars 1875 (1), relative à la constitution des cadres et des effectifs de l'armée active et de l'armée territoriale; — Vu le décret du 10 déc. 1907 (2), modifié les 6 mai 1911 (3), 15 sept. 1912 (4) et 8 juin 1914 (5), relatif à l'avancement des officiers de réserve et des officiers de l'armée territoriale; — Décrète :

ART. 1er. L'art 15 du décret du 10 déc. 1907 est abrogé et remplacé par le suivant :

« En temps de guerre, les officiers de réserve ou de l'armée territoriale peuvent obtenir l'avancement au choix, dans les mêmes conditions d'ancienneté que les officiers de l'armée active, mais au titre de la réserve ou de l'armée territoriale »

2. Le ministre de la guerre est chargé, etc.

CONSERVATOIRE, GUERRE FRANCO-ALLEMANDE, LIMITE D'AGE, ASPIRANTS MOBILISÉS, PROROGATION.

ARRÊTÉ *élevant d'une année la limite d'âge maximum pour les concours d'admission au Conservatoire national de musique et de déclamation.*

(13 octobre 1915). — (Publ. au *J. off.* du 19 oct.).

LE MINISTRE DES COLONIES, CHARGÉ DE L'INTÉRIM DU MINISTÈRE DE L'INSTRUCTION PUBLIQUE ET DES BEAUX-ARTS; — Vu la lettre, en date du 1er oct. 1915, du directeur du Conservatoire national de musique et de déclamation; — Arrête :

La limite d'âge maximum est élevée d'une année, dans toutes les branches d'enseignement du Conservatoire national de musique et de déclamation, pour les aspirants qui avaient atteint ce maximum en 1914, et n'ont pu, en raison de la guerre, se présenter aux concours d'admission.

DOUANES, GUERRE FRANCO-ALLEMANDE, INTERDICTION DE SORTIE, CARBONATE DE SOUDE, ACÉTATE OU PYROLIGNITE DE CHAUX.

DÉCRET *édictant des prohibitions de sortie.*

(13 octobre 1915). — (Publ. au *J. off.* du 19 oct.).

LE PRÉSIDENT DE LA RÉPUBLIQUE FRANÇAISE; — Sur le rapport du ministre de la guerre, du ministre des finances, du ministre du commerce, de l'industrie, des postes et des télégraphes; — Vu l'art 34 de la loi du 17 déc. 1814 (6); — Décrète :

---

ciennete minima exigees pour passer d'un grade à un autre en temps de paix.

« Les promotions ont d'ailleurs lieu toujours au choix, conformément a l'art. 41 de la loi du 15 mars 1875, sauf cependant en ce qui concerne le grade de lieutenant, auquel les officiers accèdent automatiquement à deux ou à quatre ans de grade, suivant leur origine.

« Pour le temps de guerre, l'art. 15 du décret du 10 dec. 1907 stipule simplement que « les officiers de réserve ou de l'armee territoriale peuvent obtenir de l'avancement dans les mêmes conditions que les officiers de l'armee active, mais au titre de la réserve ou de l'armée territoriale ».

« Cette disposition a toujours été interprétee, depuis le début des hostilités, comme signifiant que les conditions d'anciennete, fixées d'autre part par le décret du 10 dec. 1907 pour passer d'un grade à un autre, restaient en vigueur, mais que les règles générales fixées pour l'avancement en temps de guerre des officiers de l'armée active, c'est à dire les art. 18 et 19 de la loi du 14 avril 1832, devenaient applicables aux officiers de complément. En d'autres termes, le temps d'ancienneté exigé pour que les officiers de complement puissent passer d'un grade à un autre pouvait être, dans chaque grade, réduit de moitié, mais sauf le cas exceptionnel des sous-lieutenants compris dans la deuxième catégorie des art. 1er et 5 du décret du 10 dec. 1907, modifie le 8 juin 1914, il ne devenait jamais égal à celui qui est exigé pour les officiers de l'armée active, tel qu'il est fixé par les art. 5 et 6 de la loi du 14 avril 1832, combinés avec l'art. 18 de la présente loi.

« Cette différence de traitement pouvait se justifier dans une guerre de courte durée, alors que les officiers de complement ne comptaient, pour la plupart, dans leur grade, au moment où ils ont été mobilisés, que les quelques mois de service qu'ils avaient pu accomplir au cours de leurs périodes d'instruction. Mais, dans les circonstances actuelles, et si l'on considère que les officiers de complément participent, pour une grande part, au commandement des unités actives, il m'a paru équitable de rapprocher encore davantage les conditions d'avancement des officiers de complément de celles des officiers de l'armée active, en précisant que, dorénavant, l'avancement pourra avoir lieu, dans chaque grade, dans les conditions d'ancienneté qui sont fixées par la loi du 14 avril 1832.

« Il est bien entendu d'ailleurs qu'il s'agit uniquement de l'avancement au choix, seul possible, aux termes de la loi du 15 mars 1875, pour les officiers de complément à partir du grade de lieutenant. Les sous-lieutenants de réserve et de l'armée territoriale continueront a être promus automatiquement à l'ancienneté, dans les conditions prévues par le décret du 8 juin 1914.

« La combinaison de l'avancement à l'ancienneté à deux ans ou à quatre ans de grade, et de l'avancement au choix après un an de grade, permettra de distinguer nettement les mérites différents des sous-lieutenants de complément.

« En présentant à votre signature le texte ci-joint, j'ai eu en vue de donner à nos officiers de complément, ainsi qu'il est pleinement équitable, les mêmes avantages, pour leur promotion au choix, qu'aux officiers de l'armée active, dont ils partagent les dangers et les responsabilités, et j'ai l'honneur de vous demander de vouloir bien le revêtir de votre signature, si vous en approuvez les dispositions ».

(1) S. *Lois annotées* de 1875, p. 693. — P. *Lois, décr.*, etc. de 1875, p. 1192.

(2) *J. off.*, 13 déc. 1907, p. 8393.

(3) *Bull. off*, nouv. série, 57, n. 2705.

(4) *Bull. off.*, nouv. série, 89, n. 4607.

(5) *Bull. off.*, nouv. série, 131, n. 7138.

(6) S. 1er vol. des *Lois annotées*, p. 914.

Art. 1er. Sont prohibées la sortie, ainsi que la réexportation en suite d'entrepôt, de dépôt, de transit et de transbordement, des produits énumérés ci-apres :

Carbonate de soude ;

Acétate ou pyrolignite de chaux.

Toutefois, des exceptions pourront être autorisees, dans les conditions qui seront determinées par le ministre des finances.

2 Les ministres de la guerre, des finances, du commerce, de l'industrie, des postes et des télégraphes sont chargés, etc.

Agriculture, Guerre franco-allemande, Animaux destinés a la reproduction, Especes bovine, ovine et porcine, Interdiction d'abatage pour la boucherie, Exceptions, Animaux mal conformés ou victimes d'accidents, Arrêtés préfectoraux.

Décret *portant interdiction d'abattre certains animaux pour être livrés à la boucherie.*

(14 octobre 1915). — (Publ. au *J. off.* du 15 oct.).

Le Président de la République française ; — Vu la loi des 28 sept et 6 oct. 1791 (1), concernant les biens et usages ruraux, et la police rurale, et notamment le titre Ier, section IV, art. 20, relatif aux mesures à prendre pour assurer la multiplication des troupeaux ; — Considérant qu'il y a lieu, dans les circonstances actuelles, de prescrire des mesures générales sur l'ensemble du territoire pour sauvegarder l'avenir du troupeau national, et, dans ce but, d'assurer la reproduction et de faciliter l'elevage des animaux des espèces bovine, ovine et porcine ; — Vu l'avis du Conseil supérieur de l'agriculture, en date du 4 oct. 1915 ; — Décrète :

Art 1er. Il est interdit d'abattre, pour être livrés à la boucherie ;

1° Les femelles des espèces bovine, ovine et porcine en état de gestation manifeste ;

2° Les jeunes femelles de l'espece bovine âgées de moins de deux ans et demi, n'ayant pas encore quatre dents de remplacement apparentes (pinces et premieres mitoyennes) ;

3° Les agneaux mâles et femelles dont le poids vif est inférieur à 25 kilogr. ;

4° Les porcelets dont le poids vif est inférieur à 60 kilogr.

2 Toutefois, les animaux visés aux paragraphes précédents, mal conformés, atteints de tares ou victimes d'accidents, et, en général, tous animaux impropres à la reproduction, pourront être abattus, sur la production d'un certificat, contenant le signalement des animaux et le motif de l'autorisation d'abatage accordée. Ce certificat sera délivré, sur la demande écrite et motivée du propriétaire, soit par le maire de la commune, en cas d'accident nécessitant l'abatage immédiat, soit par le service vétérinaire et sanitaire, en tout autre cas.

L'autorité qui aura délivré le certificat autorisant l'abatage conservera la demande du propriétaire et la transmettra au préfet du département

Le certificat sera remis avant l'abatage à l'exploitant des abattoirs publics ou privés et des tueries particulières, qui, après y avoir certifié l'abatage, le déposera dans les trois jours à la mairie de la commune sur le territoire de laquelle est construit l'établissement Ce document sera transmis d'urgence par la voie administrative au préfet du département dont releve l'autorite signataire du certificat

3. Lorsque la situation économique de leur département l'exigera, les préfets soumettront, en projet, au ministre de l'agriculture, des arrêtés motivés ayant pour objet de restreindre ou d'étendre l'interdiction d'abatage portée à l'art. 1er du présent décret.

Ces arrêtés deviendront executoires après approbation du ministre.

4 Les contraventions aux dispositions des articles ci-dessus seront constatées par procès-verbaux, et poursuivies conformément aux lois en vigueur.

5. Le ministre de l'agriculture est chargé, etc

Colonies, Guerre franco-allemande, Afrique occidentale française, Tirailleurs indigènes, Engagements militaires, Collectivités indigènes, Secours proportionnels.

Décret *tendant à développer en Afrique occidentale française les engagements volontaires de tirailleurs indigènes.*

(14 octobre 1915) — (Publ. au *J. off.* du 19 oct.).

Le Président de la République française, — Vu la loi du 28 sept. 1915 (2), portant ouverture sur l'exercice 1915 des crédits provisoires applicables au 4e trimestre de 1915, et notamment l'art. 42 *ter* du budget du ministere des colonies, ouvrant un crédit de 45.881.226 fr pour le recrutement de tirailleurs en Afrique occidentale française ; — Vu le décret du 9 oct 1915 (3), réglant les conditions du recrutement par voie d'engagement volontaire de tirailleurs indigenes dans l'Afrique occidentale française ; — Vu le décret

(1) S. 1er vol. des *Lois annotées*, p. 169.

(2-3) *Supra*, p. 47 et 64.

du 17 juill. 1915 (1), investissant jusqu'à la fin des hostilités la commission permanente du conseil de gouvernement de l'Afrique occidentale française de toutes les attributions dudit conseil; — Sur le rapport du ministre des colonies et du ministre des finances; — Décrète :

ART 1er. Dans la limite de la somme forfaitaire de 500 000 fr, inscrite au budget général de l'Etat pour l'exercice 1915, le gouverneur général de l'Afrique occidentale française répartira entre les diverses colonies du groupe des secours pécuniaires destinés aux collectivités indigenes, proportionnellement au nombre des tirailleurs volontairement engagés dans chacune de ces colonies, conformément aux dispositions du décret du 9 oct. 1915.

Dans ce but, les lieutenants gouverneurs enverront au gouverneur général les états numériques des tirailleurs engagés dans les colonies placées sous leur direction.

Un arrêté du gouverneur général déterminera les conditions dans lesquelles, au prorata de ces engagements, les allocations prévues par le présent article seront versées aux représentants qualifiés des collectivites indigenes.

2 Le crédit de 1 million de francs, inscrit au budget général de l'Etat pour l'exercice 1915, et destiné a compenser, tant pour les budgets locaux que pour le budget général de l'Afrique occidentale, la moins-value de recettes résultant du départ des tirailleurs recrutés, sera réparti dans les proportions suivantes :

Budgets locaux....	75 p. 100
Budget général de l'Afrique occidentale française	25 p. 100

Le ministre des colonies deleguera le credit au gouverneur général de l'Afrique occidentale française par acomptes successifs, d'apres les resultats du recrutement.

Le gouverneur général de l'Afrique occidentale française réglera, en commission permanente du conseil de gouvernement, conformement au decret du 17 juill 1915, l'attribution de la somme accordée aux budgets locaux des colonies du groupe où le recrutement aura eté effectué, en tenant compte de l'importance régionale de ce recrutement.

3 Le ministre des colonies et le ministre des finances sont chargés, etc.

COLONIES, INDO-CHINE, RECEL EN MATIÈRE CRIMINELLE, LOI DU 22 MAI 1915, APPLICATION.

DÉCRET *rendant applicable à tous les justiciables des tribunaux français de l'Indo-Chine la loi du 22 mai 1915 sur le recel.*

(14 octobre 1915). — (Publ. au *J. off.* du 30 oct)

LE PRÉSIDENT DE LA RÉPUBLIQUE FRANÇAISE; — Sur le rapport du ministre des colonies et du garde des sceaux, ministre de la justice; — Vu l'art. 18 du sénatus-consulte du 3 mai 1854 (2); — Vu le décret du 1er déc 1858 (3); — Vu le décret du 31 déc. 1912 (4), déterminant les dispositions du Code pénal applicables par les juridictions françaises de l'Indo-Chine aux indigènes et asiatiques assimilés; — Décrete :

ART. 1er. Est déclarée applicable, en Indo-Chine, à tous les justiciables des tribunaux français, la loi du 22 mai 1915 (5), sur le recel.

2 Le ministre des colonies et le garde des sceaux, ministre de la justice, sont chargés, etc.

DÉCORATIONS, GUERRE FRANCO-ALLEMANDE, CROIX DE GUERRE.

ADDITION *à l'instruction du* 13 *mai* 1915 (6), *pour l'application du décret du* 23 *avril* 1915 (7), *sur la Croix de guerre.*

(Publ sans date au *J. off.* du 14 octobre 1915).

CHAPITRE V — *Dispositions particulieres*

Ajouter l'alinéa suivant :

e) *Citations pour services rendus en dehors de la zone des hostilités.* — Les citations pour services rendus aux armées, en dehors de la zone immédiate des hostilites, seront soumises, pour l'assimilation au fait de guerre exigé par la loi du 8 avril 1915 (8), et, par suite, pour l'attribution de la Croix de guerre, au général commandant en chef, s'il s'agit de citations à l'ordre de l'armée, au général commandant l'armée, dans les autres cas.

GUERRE, GUERRE FRANCO-ALLEMANDE, CONTREBANDE DE GUERRE, CONTREBANDE ABSOLUE, CONTREBANDE CONDITIONNELLE.

NOTIFICATION *relative a la contrebande de guerre.*

(Publ sans date au *J. off.* du 14 oct 1915)

Conformément à la disposition de l'art 2 du decret du 6 nov. 1914 (9), relatif à l'application au cours de la guerre actuelle, des règles de droit

---

(1) 2e vol, p. 234.

(2) S. *Lois annotées* de 1854, p. 78. — P. *Lois, décr.*, etc. de 1854, p 137.

(3) S. *Lois annotées* de 1859, p. 19. — P. *Lois, decr.*, etc. de 1859, p. 36.

(4) *Bull. off.*, nouv. série, 96, n. 4979.

(5) 2e vol., p. 162.

(6) 2e vol., p. 154.

(7) 2e vol., p. 128.

(8) 2e vol., p. 105.

(9) 1er vol., p. 186.

international maritime, il est notifié que les listes des articles de contrebande de guerre, publiées jusqu'à ce jour au *Journal officiel,* sont abrogées, et remplacees par les listes ci-après :

I. — *Contrebande absolue.*

1. — Les armes de toute nature, y compris les armes de chasse et de sport, ainsi que leurs pieces détachees

2 — Les instruments et appareils exclusivement propres à la fabrication des munitions de guerre ou à la fabrication ou à la réparation des armes ou du matériel de guerre, terrestre ou naval

3 — Les tours et autres machines ou machines-outils pouvant servir à la fabrication des munitions de guerre.

4 — L'émeri, le corindon naturel et artificiel (alundum) et carborundum sous toutes ses formes.

5. — Les projectiles, gargousses et cartouches de toute nature et leurs pièces detachées.

6 — La cire de paraffine.

7. — Les poudres et explosifs spécialement affectés à la guerre.

8. — Les matières employées à la confection des explosifs, y compris : l'acide nitrique et les nitrates de toute nature, l'acide sulfurique, l'acide sulfurique fumant (oléum), l'acide acétique et les acétates, le chlorate et le perchlorate de baryum, l'acétate, le nitrate et le carbure de calcium, les sels de potassium et la potasse caustique, les sels d'ammonium et l'ammoniaque (solution), la soude caustique, le chlorate et le perchlorate de sodium, le mercure, le benzol, le toluol, le xylol, le naphte (employé comme dissolvant), le phénol (acide phénique), le crésol, la naphtaline, ainsi que leurs mélanges et leurs derivés : l'aniline et ses dérivés, la glycérine, l'acétone, l'éther acétique, l'alcool éthylique ; l'alcool méthylique ; l'éther ; le soufre ; l'urée ; la cyanamide ; le celluloid.

9. — Le bioxyde de manganese ; l'acide chlorhydrique ; le brome ; le phosphore ; le sulfure de carbone ; l'arsenic et ses composés ; le chlore ; le phosgene (chlorure de carbonyle) ; l'anhydride sulfureux ; le prussiate de soude ; le cyanure de sodium ; l'iode et ses composés

10. — Le piment et le poivre.

11 — Les affûts, caissons, avant-trains, fourgons, forges de campagne et leurs pieces détachées ; le matériel de campement et ses pieces détachées.

12 — Les fils de fer barbelés et les instruments employés à les fixer ou à les couper.

13. — Les télémetres et leurs pieces détachées ; les projecteurs et leurs pieces détachées

14. — Les effets d'habillement et d'équipement ayant un caractere militaire

15. — Les animaux de selle, de trait et de bât, utilisables pour la guerre ou susceptibles de le devenir.

16. — Toutes espèces de harnachements ayant un caractère militaire.

17. — Les peaux de bétail, de buffles et de chevaux ; les peaux de veaux, de porcs, de moutons, de chevres et de daims ; ainsi que le cuir manufacturé ou non, propre à la sellerie, aux harnachements, chaussures ou effets militaires ; les courroies de cuir, les cuirs imperméables et les cuirs de pompe.

18. — Les matieres tannantes de toutes sortes, y compris le bois de québracho et les extraits servant au tannage.

19. — La laine, brute, peignée ou cardée ; les déchets de laine et résidus de toute nature ; les fils de laine ; les crins et poils d'animaux de toute espèce, ainsi que leurs filés et leurs déchets.

20. — Le coton brut, les linters, les déchets de coton, les filés de coton, les tissus de coton et autres produits tirés du coton susceptibles d'être employés à la fabrication des explosifs

21. — Le lin, le chanvre, la ramie, le kapok.

22 — Les bâtiments de guerre, y compris les embarcations et les pieces détachées ne pouvant être utilisees que sur un bâtiment de guerre

23. — Les appareils de signaux phoniques sous-marins.

24. — Les plaques de blindage.

25. — Les appareils aériens de toute espece y compris les aéroplanes, les aéronefs, les ballons et aérostats de toute nature, leurs pieces détachées, ainsi que les accessoires, objets et matériaux propres à servir à l'aérostation ou à l'aviation

26. — Les automobiles de toute nature et leurs pieces detachées

27. — Les pneumatiques et bandages pour automobiles et bicyclettes, ainsi que les articles ou matériaux propres à être employés pour leur fabrication ou leur réparation.

28. — Les huiles minérales, y compris la benzine et les essences à moteur.

29 — Les produits résineux, le camphre et la térébenthine (huile ou essence) ; les goudrons et l'essence de goudron de bois.

30. — Le caoutchouc (y compris le caoutchouc brut, usagé et récupéré, les solutions et pâtes contenant du caoutchouc et toutes autres préparations contenant du caoutchouc, le balata, la gutta-percha, ainsi que les variétés suivantes de caoutchouc, savoir : Bornéo, Guayule, Jelutong, Palembang, Pontianac et toutes autres substances contenant du caoutchouc), ainsi que les objets faits, en tout ou en partie, en caoutchouc.

31 — Le rotin

32. — Les matières lubréfiantes, et notamment l'huile de ricin

33. — Les métaux suivants : le tungstène, le molybdene, le vanadium, le sodium, le nickel, le selenium, le cobalt, la foute hématite, le manganese,

le fer électrolytique et l'acier contenant du tungstène ou du molybdène.

34 — L'amiante.

35 — L'aluminium, l'alumine et les sels d'aluminium.

36 — L'antimoine, ainsi que les sulfures et oxydes d'antimoine

37 — Le cuivre, non travaillé ou mi-ouvré, les fils de cuivre; les alliages ou composés de cuivre.

38 — Le plomb en lingots, en feuilles ou en tuyaux

39 — L'étain, le chlorure d'étain et le minerai d'étain

40. — Les alliages de fer, y compris le ferro-tungstène, le ferro-molybdène, le ferro-manganèse, le ferro-vanadium et le ferro-chrome.

41 — Les minerais suivants : la wolframite, la scheelite, la molybdénite, les minerais de manganèse, de nickel, de chrome, l'hématite, les pyrites de fer, les pyrites de cuivre et autres minerais de cuivre, les minerais de zinc, de plomb, d'arsenic, et la bauxite.

42 — Les cartes et plans de toute partie du territoire des pays belligérants ou de la zone des opérations militaires, à toute échelle plus grande que 1/250 000, ainsi que les reproductions, à toute échelle, de ces cartes ou plans, par la photographie ou tout autre procédé.

II — *Contrebande conditionnelle.*

1 — Les vivres.

2. — Les fourrages et matières propres à la nourriture des animaux.

3 — Les graines oléagineuses, noix et cosses

4 — Les huiles et graisses d'animaux, de poissons ou de végétaux, autres que celles susceptibles d'être employées comme lubréfiants et ne comprenant pas les huiles essentielles

5 — Les combustibles, autres que les huiles minérales

6 — Les poudres et explosifs qui ne sont pas spécialement préparés pour un usage de guerre.

7 — Les fers à cheval et les matériaux de maréchalerie

8 — Les harnachements et la sellerie

9 — Les articles suivants, s'ils sont utilisables pour la guerre : les vêtements, les articles fabriqués pour le vêtement, les peaux et fourrures, les chaussures et les bottes.

10 — Les véhicules de toute nature, autres que les automobiles, et pouvant servir à la guerre, ainsi que leurs pièces détachées

11. — Le matériel, fixe ou roulant, des chemins de fer, le matériel des télégraphes : radiotélégraphes et téléphones

12 — Les navires, bateaux et embarcations de tous genres; les docks flottants et leurs pièces détachées; les parties de bassins.

13. — Les jumelles, télescopes, chronomètres et toutes espèces d'instruments nautiques.

14. — L'or et l'argent monnayé et en lingots; les papiers représentatifs de la monnaie.

GUERRE, GUERRE FRANCO-ALLEMANDE, TOURS, PRESSES, MARTEAUX-PILONS, DÉCLARATION, FORMES, DÉLAI.

DÉCRET *relatif à la déclaration obligatoire des tours à métaux, presses hydrauliques et autres, et marteaux-pilons.*

(15 octobre 1915). — (Publ au *J. off.* du 17 oct.).

LE PRÉSIDENT DE LA RÉPUBLIQUE FRANÇAISE; — Sur le rapport du ministre de la guerre; — Vu la loi du 27 sept. 1915 (1), sur la déclaration obligatoire des tours à métaux, presses hydrauliques et marteaux-pilons; — Décrète :

ART **1er**. A la mairie de chaque commune (à Paris et à Lyon, à la mairie de chaque arrondissement), il sera procédé à la déclaration des tours, presses et marteaux-pilons, existant dans la commune (à Paris et à Lyon, dans l'arrondissement).

2. A cet effet, il sera mis à la disposition des déclarants des formules imprimées conformes aux modèles annexés au présent décret.

3. Seront tenus de remplir lesdites formules de déclaration :

1° Les propriétaires de tours à métaux, presses hydrauliques et marteaux-pilons ;

2° Les personnes détenant ces appareils, à un titre quelconque : locataires, créanciers-gagistes, dépositaires, agents, consignataires, commissionnaires ou représentants, séquestres et gardiens;

3° En l'absence des propriétaires ou détenteurs des appareils, à l'un des différents titres énumérés au paragraphe précédent, les propriétaires, locataires, séquestres ou gardiens, à un titre quelconque, des locaux où ils se trouvent placés.

4. Les déclarations seront remises à la mairie, dans le délai de dix jours à dater de la publication du présent décret au *Journal officiel*.

La déclaration indiquera à quel titre il fait sa déclaration; il lui en sera délivré récépissé.

Dans les cinq jours qui suivront l'expiration du délai fixé ci-dessus, le maire transmettra les formules de déclaration dûment remplies au bureau de gendarmerie d'où relève la commune; ce bureau les adressera, dans les cinq jours de leur réception, au général commandant la région.

5. A Paris et à Lyon, les déclarations faites aux mairies d'arrondissement seront, dans le délai fixé à l'art. 4 précédent, transmises directement au gouvernement militaire

---

(1) *Supra*, p. 46.

6. Dans les cinq jours qui suivront la remise des déclarations, les gouverneurs militaires et les généraux commandants de région feront parvenir les déclarations au ministre de la guerre (sous-secrétariat d'Etat de l'artillerie et des munitions).

7. Les mairies prendront toutes mesures utiles de publicité pour porter le présent décret à la connaissance des intéressés.

8. Le ministre de la guerre est chargé, etc.

(*Suivent au* J. off. *les modèles annexés*).

DOUANES, GUERRE FRANCO-ALLEMANDE, INTERDICTION DE SORTIE, DÉCRET DU 26 MAI 1915, RATIFICATION.

LOI *portant ratification du décret du* 26 *mai* 1915 *ayant pour objet d'etablir des prohibitions de sortie*

(16 octobre 1915). — (Publ au *J. off.* du 20 oct.).

ART. **1er**. Est ratifié et converti en loi :

Le decret du 26 mai 1915 (1), prohibant la sortie ainsi que la réexportation en suite d'entrepôt, de dépôt, de transit et de transbordement, des produits ci-après : caséine, graisses végetales alimentaires, oléine, rotins bruts et décortiqués

2 Le régime antérieur sera rétabli par décret rendu dans la même forme que celui dont la ratification est prononcée par la présente loi.

DOUANES, GUERRE FRANCO-ALLEMANDE, SUSPENSION DE DROITS, RÉTABLISSEMENT, FROMENT, EPEAUTRE, MÉTEIL, FARINES DE FROMENT, D'ÉPEAUTRE ET DE MÉTEIL, PAIN.

DÉCRET *portant rétablissement des droits d'entrée sur le froment, l'épeautre et le méteil, les farines de froment, d'épeautre et de méteil, et le pain.*

(16 octobre 1915). — (Publ. au *J off.* du 17 oct)

LE PRÉSIDENT DE LA RÉPUBLIQUE FRANÇAISE; — Vu les lois des 11 janv. 1892 (2), 27 févr. 1894 (3) et 29 mars 1910 (4), portant établissement du tarif des douanes ; — Vu les décrets du 31 juill. 1914 (5), portant suspension des droits d'entrée sur le froment, l'epeautre et le méteil (en grains), sur les farines de froment, d'épeautre et de méteil, ainsi que sur le pain; — Vu la loi du 16 avril 1915 (6), portant ratification des décrets susvisés, — Le conseil des ministres entendu; — Décrète :

ART. **1er**. A dater de la publication du présent décret, les droits de douane prévus à la loi du 29 mars 1910, et suspendus par les décrets du 31 juill. 1914, sont rétablis en totalité en ce qui concerne le froment, l'épeautre et le méteil, les farines de froment, d'épeautre et de méteil, et le pain.

2. Les marchandises en cours de route, qui seront justifiées avoir été expédiées directement pour la France avant la publication du présent décret au *Journal officiel*, resteront admissibles au bénéfice du régime anterieur.

3. Les ministres de l'agriculture, du commerce et de l'industrie, des postes et des télégraphes et des finances sont charges, etc

---

1° GUERRE, GUERRE FRANCO-ALLEMANDE, RAVITAILLEMENT DE LA POPULATION CIVILE, BLÉS, FARINES, RÉQUISITION (DROIT DE), PREFETS, INDEMNITÉS, MAXIMUM, ACHATS PAR LE MINISTRE DU COMMERCE, PRIX MAXIMUM DES FARINES, TAUX D'EXTRACTION, MEUNIERS, FABRICATION D'UNE SEULE SORTE DE FARINE, INFRACTIONS, PÉNALITÉS. — 2° BUDGET, GUERRE FRANCO-ALLEMANDE, EXERCICE 1915, CRÉDITS SUPPLÉMENTAIRES, RAVITAILLEMENT DE LA POPULATION CIVILE, ACHATS DE BLÉS ET FARINES.

LOI *portant ouverture au ministre du commerce, de l'industrie, des postes et des télégraphes, sur l'exercice* 1915, *de crédits additionnels aux crédits provisoires, pour procéder à des opérations d'achat et de vente de blé et de farine pour le ravitaillement de la population civile*

(16 octobre 1915). — (Publ. au *J. off* du 17 oct)

ART. **1er**. Pendant la durée de la guerre, il peut être pourvu, par voie de réquisition de blé et de farine, à l'approvisionnement de la population civile.

Le droit de réquisition est exercé, dans chaque département, par les préfets ou par leurs délégués, sous l'autorité du ministre du commerce, de l'industrie, des postes et des télégraphes, et dans les conditions prévues par la loi du 3 juill. 1877 (7), relative aux réquisitions militaires

2. Le ministre du commerce, de l'industrie, des postes et des télégraphes est chargé d'effectuer

---

(1) 2e vol, p. 163.

(2) S et P. *Lois annotées* de 1892, p. 344; *Pand. pér.*, 1892.3 81.

(3) S. et P. *Lois annotées* de 1894, p. 797; *Pand. pér.*, 1895.3 15.

(4) S. et P. *Lois annotées* de 1910, p. 1068; *Pand. pér.*, *Lois annotées* de 1910, p. 1068.

(5) 1er vol., p. 3.

(6) 2e vol., p. 120.

(7) S. *Lois annotées* de 1877, p. 249. — P. *Lois, décr.*, etc. de 1877, p. 428.

des achats de blés et farines à l'intérieur, aux colonies ou à l'étranger, de faire procéder, s'il y a lieu, aux réquisitions et de répartir les denrées, suivant les nécessités de la consommation, par voie de cessions.

En cas de réquisition, l'indemnité qui pourra être alloués, soit par l'autorité administrative, soit par les tribunaux, ne pourra être supérieure à trente francs (30 fr.) par 100 kilogr. pour les blés pesant 77 kilogr. à l'hectolitre, et ne contenant pas plus de 2 p 100 de corps étrangers.

Il y aura lieu à une augmentation ou à une réduction de 1 p. 100 sur le prix pour chaque kilogramme en plus ou en moins constaté à l'hectolitre, ainsi qu'à une réduction de 1 p. 100 sur le même prix pour chaque unité en plus de 2 p. 100 de corps étrangers.

3. Les opérations de recettes et de dépenses effectuées en conformité de l'article précédent sont constatées à un compte spécial, intitulé : « Alimentation en blé et en farine de la population civile » Il en est justifié à la Cour des comptes par un agent comptable, responsable desdites opérations

Sont portés au crédit de ce compte les crédits budgétaires ouverts au ministre du commerce, de l'industrie, des postes et des télégraphes, à titre de fonds de roulement, pour les acquisitions de blé et de farine, ainsi que le produit des cessions. Sont inscrits au débit le montant des achats amiables ou par réquisition, et les frais accessoires de transport, chargement, déchargement, réception, manutention, magasinage, conservation et répartition des denrées.

Une situation du compte est établie à la fin de chaque trimestre, et communiquée au ministre des finances Elle fait ressortir les bénéfices ou pertes résultant des opérations

4. Les dispositions législatives et réglementaires concernant le contrôle des dépenses engagées sont applicables aux dépenses à porter au compte spécial

5 Les acquisitions visées à l'art. 2 peuvent être effectuées sans marché ni adjudication, quel qu'en soit le montant.

Un comité consultatif donne son avis sur la fixation des prix d'achat et de cession sur les conditions générales des marchés

6 Il est ouvert au ministre du commerce, de l'industrie, des postes et des télégraphes, sur l'exercice 1915, en addition aux crédits provisoires accordés par les lois des 26 déc. 1914 (1) et 29 juin 1915 (2) et par des lois spéciales, des crédits s'élevant à la somme de cent vingt millions cinquante quatre mille francs (120.054 000 fr), applicables aux chapitres ci-après :

Chap 46. Service du ravitaillement pour l'alimentation de la population civile. — Personnel, 50.000 fr.

Chap. 47. Service du ravitaillement pour l'alimentation de la population civile. — Matériel, 4.000 fr.

Chap. 48 *bis* (nouveau). Fonds de roulement destiné aux acquisitions de blés et farines pour l'alimentation de la population civile, 120 millions.

7. Le total des engagements de dépenses pour les achats de blés et de farines à l'étranger, y compris les frais accessoires, ne pourra excéder deux cent neuf millions de francs (209 000.000 fr.).

8. A partir de la promulgation de la présente loi et pendant la durée de la guerre, des décrets rendus sur la proposition du ministre du commerce, de l'industrie, des postes et des télégraphes, après avis du ministre de l'agriculture, peuvent fixer le prix des farines, qui ne pourra, en aucun cas, dépasser celui qui résulterait d'une extraction à 74 p 100 du blé, tel qu'il est défini à l'art. 2. Des décrets rendus dans la même forme peuvent déléguer ce pouvoir aux préfets. Les meuniers ne pourront plus fabriquer qu'une seule sorte de farine, à savoir la farine entière, ne comprenant ni remoulages, ni sons.

En cas d'infraction aux dispositions du présent article, le tribunal pourra, en sus des peines inscrites aux art 479, 480 et 482 du Code pénal, ordonner que son jugement sera, intégralement ou par extraits, affiché dans les lieux qu'il fixera, et inséré dans les journaux qu'il désignera, le tout aux frais du condamné, sans que la dépense puisse dépasser cinq cents francs (500 fr).

9. Un décret, contresigné par le ministre du commerce, de l'industrie, des postes et des télégraphes et par le ministre des finances, déterminera les conditions d'exécution de la présente loi, notamment en ce qui concerne les personnes auxquelles le droit de réquisition pourra être délégué, les formes de cette délégation, la composition du comité consultatif prévu à l'art. 5, et le fonctionnement des opérations du ravitaillement

---

GUERRE, GUERRE FRANCO-ALLEMANDE, RAVITAILLEMENT DE LA POPULATION CIVILE, FARINES, FIXATION DU PRIX MAXIMUM, DÉLÉGATION AUX PRÉFETS, SAUF EN CE QUI CONCERNE LA SEINE ET LES COMMUNES DE SEINE-ET-OISE FAISANT PARTIE DU CAMP RETRANCHÉ DE PARIS.

DÉCRET *portant délégation aux préfets de fixer le prix des farines.*

(16 octobre 1915) — (Publ. au *J. off.* du 17 oct.).

LE PRÉSIDENT DE LA RÉPUBLIQUE FRANÇAISE;

---

(1) 1er vol, p. 275.

(2) 2e vol., p. 212.

— Vu l'art 8 de la loi du 16 oct. 1915 (1); — Vu l'avis du ministre de l'agriculture; — Sur le rapport du ministre du commerce, de l'industrie, des postes et des télégraphes; — Décrète :

Art 1er. Le pouvoir de fixer le prix des farines, qui ne pourra en aucun cas dépasser celui qui résulterait d'une extraction à 74 p. 100 du blé, tel qu'il est défini à l'art 2 de la loi du 16 oct. 1915, est délégué aux préfets. Il sera statué par un décret spécial en ce qui concerne le département de la Seine et les communes du département de Seine-et-Oise qui sont rattachées au camp retranché de Paris.

2 Le ministre du commerce, de l'industrie, des postes et des télégraphes est chargé, etc

---

GUERRE, GUERRE FRANCO-ALLEMANDE, RAVITAILLEMENT DE LA POPULATION CIVILE, ACHATS DE BLÉS ET FARINES, RÉQUISITIONS, PRIX.

INSTRUCTIONS *relatives à l'application de la loi concernant les opérations d'achat et de vente de blé et de farine pour le ravitaillement de la population civile*

(16 octobre 1915) — (Publ au *J. off.* du 17 oct.).

Le Ministre du commerce, de l'industrie, des postes et des télégraphes aux préfets

Les conditions dans lesquelles est appelé à s'effectuer le ravitaillement en blé et en farine de la population civile touchent de trop près aux intérêts du pays et de la défense nationale pour ne pas retenir particulièrement, dans les circonstances actuelles, l'attention des pouvoirs publics Le Gouvernement et le Parlement les ont longuement examinées, et c'est à la suite et comme conclusion à cette étude qu'a été votée la loi du 16 octobre (2), portant ouverture au ministre du commerce, sur l'exercice 1915, de crédits additionnels aux crédits provisoires, pour procéder à des opérations d'achat et de vente de blé et de farine pour le ravitaillement de la population civile.

Les dispositions essentielles de cette loi, qui est applicable pendant la durée de la guerre, sont relatives aux points suivants :

Les préfets ou leurs délégués peuvent pourvoir par voie de réquisition à l'alimentation de la population civile en blé et en farine; ces réquisitions sont effectuées sous l'autorité du ministre du commerce

Le prix des farines est fixé, soit par décrets, soit par arrêtés préfectoraux, lorsque ce droit a été délégué aux préfets

Enfin, le ministre du commerce est chargé d'effectuer des achats de blés et farines, et de les répartir suivant les nécessités de la consommation par voie de cession.

L'application de ces dispositions législatives, ainsi que des prescriptions du décret pris pour leur exécution nécessite des instructions, que j'ai l'honneur de porter à votre connaissance, et auxquelles les administrations préfectorales auront à se conformer.

I. — OBSERVATIONS GÉNÉRALES.

Les opérations de réquisitions doivent, aux termes de l'art. 1er, être faites sous l'autorité du ministre du commerce; vous ne devrez donc les effectuer que sur les instructions que le ministre vous aura données. En conséquence, si la situation des approvisionnements de votre département vous paraît réclamer une mesure de ce genre, vous aurez à m'en référer, en me faisant connaître les motifs qui seraient de nature à déterminer ma décision

Si, en règle générale, le droit de réquisition est exercé par les préfets, l'art 1er leur permet de déléguer ce pouvoir. En ce cas, ces délégués ne pourront être que les sous-préfets ou les présidents des commissions de réception. Cette délégation s'effectue par un arrêté spécial

Dans l'exercice de ce pouvoir de réquisition, il importe, tout en s'inspirant des conditions de la situation locale, que l'autorité préfectorale est mieux à même d'apprécier, de ne pas perdre de vue que les deux résultats à atteindre sont d'empêcher la spéculation et de maintenir à un taux normal le prix du pain.

D'autre part, il ne faut pas oublier que la réquisition n'est qu'une procédure extrême. Les lois et règlements militaires ont, en effet, prévu préalablement le recours aux achats à caisse ouverte, qui ne sont, en réalité, que des acquisitions amiables. A plus forte raison doit-il en être ainsi pour les opérations intéressant le ravitaillement civil, à l'occasion desquelles il convient soigneusement d'éviter de susciter des inquiétudes chez nos populations.

En vue de ces opérations, les préfets devront connaître exactement le stock existant dans leur département et en contrôler l'emploi pour l'alimentation publique. Dans les rapports qu'ils chercheront à établir entre les détenteurs de blé et de farine et les acquéreurs, ils s'attacheront à faciliter d'abord des opérations amiables conclues directement entre les intéressés, puis, avec la collaboration des commissions de réception du service de ravitaillement, à faire procéder à des achats à caisse ouverte; et c'est seulement si l'un et l'autre de ces procédés n'ont pas donné des résultats suffisants qu'il y aura lieu de recourir à la réquisition.

---

(1) C'est la loi qui précède.

(2) *Supra*, p. 72

Il convient de signaler, à ce point de vue, l'intérêt qu'il y a à ce que les préfets se fassent tenir au courant, par les administrations des chemins de fer, des expéditions de blé et de farine qui pourraient être faites hors du territoire de leur département Dans le cas où ces expéditions leur paraîtraient anormales, difficiles à expliquer par les besoins des régions où elles sont dirigées, ou de nature à compromettre le ravitaillement de leur département, ils devront réunir, par voie d'enquête, des renseignements, et en saisir, s'il y a lieu, l'administration centrale

II. — MARCHANDISES AUXQUELLES S'APPLIQUE LA RÉQUISITION.

En conférant le pouvoir de réquisition aux préfets, sous l'autorité du ministre du commerce, le législateur n'en limite pas l'application à telle ou telle catégorie de marchandises ; le droit de réquisition est général ; il s'applique donc à toute espèce de blé, qu'il ait été récolté sur le sol national ou qu'il provienne de pays étrangers. Il en est de même de la farine, qui pourra être réquisitionnée, qu'elle ait été ou non fabriquée dans nos minoteries.

La réquisition des blés ou des farines peut d'ailleurs être effectuée entre les mains de tout détenteur, récoltant, commerçant ou meunier, et nul ne saurait être exempté de cette charge.

Toutefois, il conviendra d'effectuer de préférence les opérations de réquisition sur les stocks déposés dans les magasins du commerce. A ce point de vue, je vous rappelle qu'en vertu de l'art. 59 de la loi du 3 juill 1877 (1) et de l'art 135 du décret du 2 août 1877 (2), qui a été pris pour son exécution, les blés qui seraient déposés dans les entrepôts de douane ou dans les magasins généraux peuvent être réquisitionnés directement L'ordre de réquisition est, en ce cas, adressé au gérant de l'établissement.

Mais il va de soi que cette règle comporte certaines exceptions

Il est évident, tout d'abord, que ne doivent pas être soumises à la réquisition, en quelques mains qu'elles se trouvent, les quantités de blé exotique qui ont pu être cédées par le gouvernement. Le but de la réquisition est, en effet, d'affecter les denrées réquisitionnées à l'alimentation publique ; par leur nature même, les blés ainsi cédés ont déjà reçu cette destination, et leur réquisition serait sans objet

Pour la même raison, les blés et farines acquis, au titre du ravitaillement civil, par les départements, les communes ou les chambres de commerce, doivent échapper à toute réquisition

Les blés destinés aux semailles d'automne et de printemps ne peuvent être réquisitionnés sous aucun prétexte

Dans un assez grand nombre de départements de régions agricoles, il est d'usage que les familles des cultivateurs conservent, sur la récolte, la quantité nécessaire à leur alimentation jusqu'à la prochaine campagne Ces blés sont remis, au fur et à mesure des besoins, au meunier voisin, qui les restitue sous forme de farine, laquelle est généralement boulangée dans la maison. Ces blés et ces farines échappent à toute procédure de réquisition. Il n'est pas douteux que le fait de faire disparaître des réserves de cette nature risquerait d'aller à l'encontre des intérêts des habitants de nos campagnes, puisqu'on serait conduit à leur rendre sous une autre forme, et à des prix plus élevés, les quantités de blé ainsi réquisitionnées

C'est en ce sens qu'il a été entendu, dans la séance de la Chambre des députés du 7 août 1915, que la question serait réglée.

La question se pose également de savoir si la réquisition peut s'appliquer aux blés et aux farines qui auraient fait l'objet de marchés en cours d'exécution Aucune disposition légale ou réglementaire ne soustrait ces blés ou ces farines à la réquisition Mais, s'il en est ainsi en droit, il ne saurait échapper qu'il convient d'apporter, sauf dans le cas d'urgence absolue, une certaine mesure dans l'application, afin de ne pas troubler des transactions régulières

En tout cas, si elle était consultée sur la valeur que laisse la réquisition à des marchés antérieurement passés pour des fournitures échelonnées sur une période plus ou moins longue, l'administration ne pourrait que répondre qu'une question de cette nature, étant relative à l'exécution d'une convention passée entre particuliers, ne relève que des tribunaux

Enfin, il a été nettement déclaré au cours des débats parlementaires, et notamment à la séance de la Chambre des députés du 15 oct. 1915, que la réquisition doit s'appliquer aux blés destinés à la panification, et non pas aux blés durs qui servent à la fabrication des pâtes alimentaires (semoules, vermicelles, etc) Ces blés demeureront donc placés sous le régime du droit commun.

III — CONSOMMATION QUI DOIT ÊTRE SATISFAITE SUR LES QUANTITÉS RÉQUISITIONNÉES.

Les quantités achetées ou réquisitionnées par les préfets ou leurs délégués sont destinées à faire face aux besoins de la consommation civile proprement dite. Cependant, il est d'usage que l'alimentation des dépôts de l'armée de terre et des effectifs de la marine dans les ports soit assurée sur les ressources du pays. En conséquence, une décision, concertée entre les ministres du commerce, de la guerre et de la marine, a disposé que, à défaut de marchés conclus, les quantités nécessaires à cette consom-

(1-2) S. *Lois annotées* de 1877, p. 249 et 255. — P. *Lois, décr.*, etc. de 1877, p. 428 et 440.

mation seraient prélevées sur les stocks achetés ou réquisitionnés par les préfets, avec qui les fonctionnaires de l'intendance et de la marine doivent s'entendre à cet effet.

Par suite de cette décision, les réquisitions de blé ou de farine ne peuvent être pratiquées que par vous ou vos délégués.

IV. — MODE DE PROCÉDER.

Si les préfets s'en tiennent à faciliter des ententes amiables entre les détenteurs de blé ou de farine et les acheteurs, la marche à suivre dans ces transactions est laissée à leur entière initiative.

En ce qui concerne les achats à caisse ouverte et les réquisitions, les règles à suivre sont celles prescrites par les dispositions de la loi du 3 juill. 1877, du décret du 2 août 1877, des règlements militaires, et du décret pris pour l'application de la loi du 16 oct. 1915 (1). Il y a lieu, notamment, d'utiliser les commissions de réception du service du ravitaillement, qui sont mises à votre disposition à cet effet L'instruction du 2 mai 1901, à l'usage de ces commissions, reste applicable à la matière

Il est apporté toutefois aux pratiques actuelles quelques simplifications, pour tenir compte de l'expérience et du but qui se trouve ici poursuivi C'est ainsi que, toutes les fois qu'il n'en résultera pas de complications pour les opérations analogues à effectuer pour l'administration militaire, il sera préférable de ne pas obliger les détenteurs de blé ou de farine à se rendre au centre du ravitaillement, lorsque les opérations pourront se faire au lieu où ces denrées seront détenues

Dans le cas d'achat à caisse ouverte, les paiements seront effectués immédiatement, conformément aux dispositions des règlements militaires. Dans le cas de réquisition, des instructions seront données par M. le ministre des finances pour que les paiements soient faits dans le moindre délai

Lorsque des blés ou des farines auront été réquisitionnés, il convient de n'avoir recours qu'en cas de nécessité à la mise en magasin. Une mesure de cette nature ne peut être, en effet, qu'une cause de complication, de frais et de pertes. Il y aura intérêt à ne prendre possession qu'au fur et à mesure des besoins des stocks nécessaires à l'alimentation des moulins ou des boulangeries.

Les opérations envisagées ayant pour but de mettre des blés à la disposition des minoteries, ou des farines a la disposition des boulangeries, il est naturel que les sacs soient fournis par les intéressés. Les préfets devront tenir la main à l'exécution de cette prescription pour éviter des dépenses inutiles.

Pour l'exécution de ces opérations, vous serez amenés à faire certaines dépenses : prix d'achat ou de réquisition, frais de magasinage. ou de sacs, frais et indemnités pour fonctionnement des commissions de réception Ces dépenses, qui ne devront pas excéder les limites nécessaires, seront imputées sur des sommes qui seront mises à votre disposition sur les crédits ouverts par la loi au chapitre 48 *bis* à titre de fonds de roulement destiné aux acquisitions de blés et farines pour l'alimentation de la population civile. Ce sont les trésoriers-payeurs généraux, les receveurs des finances et les percepteurs, qui effectueront les opérations de caisse et de comptabilité nécessaires. Ces comptables recevront, d'ailleurs, des instructions de M. le ministre des finances.

V. — PRIX DES BLÉS RÉQUISITIONNÉS.

L'art. 21 de la loi dispose que, dans le cas de réquisition, l'indemnite qui pourra être allouée, soit par l'autorité administrative, soit par les tribunaux, ne pourra être supérieure à 30 fr. par 100 kilogr. pour les blés pesant 77 kilogr. à l'hectolitre, et ne contenant pas plus de 2 p. 100 de corps étrangers. Il y aura lieu à une augmentation ou à une reduction de 1 p. 100 pour chaque kilogr en plus ou en moins constaté à l'hectolitre, ainsi qu'à une réduction de 1 p. 100 sur le même prix pour chaque unité en plus pour 100 de corps étrangers

Il ressort de ce texte que l'établissement d'un prix maximum n'est prévu que pour les blés réquisitionnés. Mais l'intention certaine du législateur a éte aussi d'éviter que les prix établis au cours des transactions privées s'écartent de la rémunération, qui paraît légitime, du travail et des frais de production de nos agriculteurs. L'attention de l'autorité préfectorale doit se porter spécialement sur ce point.

Il y a lieu de penser que la seule éventualité de la réquisition aux conditions légales suffira pour empêcher les prix fixés à l'amiable de dépasser les prix limite de réquisition, nul ne se souciant d'acheter à des cours supérieurs aux cours auxquels les quantités achetées pourraient être aussitôt réquisitionnées entre ses mains.

Dans le cas où il en serait autrement, il serait fait usage du droit de réquisition pour prendre possession des quantités qui auraient atteint des prix devant être considérés comme excessifs.

Le prix de 30 fr., fixé par la loi, s'applique aux blés du poids de 77 kilogr. à l'hectolitre, et ne contenant pas plus de 2 p. 100 de corps étrangers Dans le cas où le blé ne répondrait pas à ces conditions, il y a lieu à modification du prix en plus ou en moins, suivant les règles qui sont posées par la loi. Un barême annexé aux présentes instructions fait l'application de ces mouvements de prix dans les diverses hypothèses.

L'expression employée par la loi « corps étrangers » a une signification technique, à laquelle se conforme la pratique commerciale. Elle désigne tous les grains, graines ou autres objets qui ne sont pas du blé, mais les grains de blé maigres, durs demi-durs, cassés, etc.. n'entrent pas en ligne de compte pour les réfactions légales C'est ce qui

(1) C'est le décret qui précède.

a été affirmé nettement dans la discussion, à la séance du 15 oct. 1915 à la Chambre des députés.

Le prix fixé par la loi s'entend du blé pris chez le cultivateur.

Mais, à côté du blé réquisitionné en culture, on peut être amené à réquisitionner du blé chez des commerçants Dans ce cas, le prix de 30 fr., qu'il s'agisse de blé indigene ou de blé exotique, doit s'entendre du blé pris dans les magasins ou entrepôts, sans qu'il y ait lieu à aucune allocation supplémentaire pour le transport qui a dû être fait pour amener ce blé dans lesdits magasins ou entrepôts Par conséquent, le prix de réquisition ne peut être majoré que par les frais de transport apres réquisition.

VI — TAXATION DE LA FARINE.

Dans l'art. 8, la loi determine les règles d'après lesquelles sera fixé le prix de la farine. En vertu de cet article, un décret a été pris pour déleguer aux préfets les pouvoirs nécessaires pour taxer la farine.

Le prix de la farine s'établit, en effet, non seulement en fonction du prix du blé, mais en fonction d'autres élements souvent variables selon les régions et même les époques, prix des issues, outillage des moulins, nature de la force motrice, coût de la main-d'œuvre, etc. Il a paru que l'autorité préfectorale se trouvait mieux placée pour apprécier ces divers eléments et les rapports existant entre eux. En conséquence, je vous invite à prendre un arrêté de taxation de la farine, et je vous prie de le communiquer à l'administration centrale avant de le mettre à exécution.

D'après l'art. 8 de la loi, le prix auquel pourra être taxée la farine ne devra pas dépasser celui qui resulterait d'une extraction à un taux de 74 p 100.

Pour etablir ce prix, il y a lieu de tenir compte des divers elements suivants dont l'ensemble constitue le prix de revient :

Taux d'extraction de la farine et rendement;

Prix du blé rendu au moulin;

Prix de vente des issues;

Frais de mouture (y compris le bénéfice).

1° *Taux d'extraction de la farine et rendement.* — Le taux d'extraction doit s'entendre du pourcentage de farine qui est extraite d'un blé par le travail de mouture. En vertu de l'art 8, 74 kilogr de farine doivent être extraits d'un blé pesant 77 kilogr à l'hectolitre, et ne contenant pas plus de 2 p 100 de corps étrangers

Le rendement s'établira donc ainsi :

74 p 100 de farine entière;

21 p 100 d'issues;

2 p 100 de déchets perdus

2° *Prix du blé rendu au moulin.* — Le prix du blé, qui doit servir de base à l'établissement du prix de la farine, est celui fixé par la loi pour le blé pesant 77 kilogr. par hectolitre, et ne contenant pas plus de 2 p. 100 de corps étrangers, c'est-à-dire 30 fr. par 100 kilogr.

Si le blé est d'un poids inférieur à 77 kilogr. par hectolitre, ou s'il contient une proportion plus importante de corps étrangers, 100 kilogr. de ce blé ne vaudront pas le prix légal de 30 fr.; par conséquent, le meunier paiera moins cher le quintal de ce blé, ou, s'il verse cette même somme de 30 fr., il obtiendra une quantité supérieure à 100 kilogr.; mais dans les deux cas, les 74 kilogr. de farine qui seront extraits de ce blé de qualité inférieure ne pourront pas être évalués à un prix supérieur à celui qui correspondra à 100 kilogr. extraits d'un blé répondant à la définition légale.

Si, au contraire, le blé est d'un poids supérieur à 77 kilogr., ou s'il contient moins de corps étrangers, il faudra une quantité de ce blé inférieure à un quintal pour obtenir 74 kilogr. de farine, ou bien il sera extrait du quintal de ce blé une quantite de farines supérieure à 74 kilogr.; mais, comme dans l'hypothèse du blé de qualité inférieure, le prix de vente de la farine ne variera pas, quelle que soit la qualité du blé travaillé.

Le prix du blé indigène sera augmenté des frais de transport au moulin

3° *Prix de vente des issues.* — Pour connaître les prix de vente des issues, il suffira de se renseigner sur les prix pratiqués sur les marchés de la région.

4° *Frais de mouture.* — Les frais de mouture (y compris le bénéfice normal) constituent « l'écart de mouture ». Cet écart est essentiellement variable, suivant les régions, la situation des usines, leur importance, la force motrice dont elles disposent, le coût de la main-d'œuvre et les autres frais généraux.

Un procédé, fréquemment employé, consiste à abandonner les issues aux meuniers à titre de frais de mouture. Dans ce cas, le prix de la farine est obtenu en divisant le prix du blé rendu au moulin par 74.

Dans le cas où il n'est pas ainsi procédé, et les différents éléments du prix de revient étant définis comme plus haut, et en admettant que S est le prix du kilogramme d'issues, A le prix des 100 kilogr. de ble rendu au moulin, E les frais de mouture et X le prix de revient d'un kilogramme de farine, le prix de la farine peut être déterminé suivant la formule ci-apres :

$$74\,X + 24\,s = A + E$$

d'où

$$X = \frac{A + E - (24\,s)}{74}$$

Voici deux cas qui sont cités à titre d'exemple :

1° Prix des 100 kilogr. de blé rendu au moulin . 30 fr. 50.

Prix de vente des issues : 10 fr. le quintal

Frais de mouture : 1 fr. 75.

$$X = \frac{30,50 + 1,75 - (24 \times 0,10)}{74}$$

X = 0,4033

Le prix des 100 kilogr. de farine sera de 40 fr. 33.

2° Prix des 100 kilogr. de blé rendu au moulin : 30 fr. 50.

Prix de vente des issues : 10 fr.

Frais de mouture : 2 fr.

$$X = \frac{30,50 + 2 - (24 \times 0,10)}{74}$$

X = 0,4067.

Le prix des 100 kilogr. de farine sera de 40 fr. 67.

A ces prix, il y aura lieu, le cas échéant, d'ajouter les frais de transport et de vente en boulangerie.

Vous trouverez annexé aux présentes instructions un barême indiquant les prix de la farine pour les différents prix du blé et des issues.

Si le législateur a voulu que les meuniers tirent du blé toute la farine que contient le blé, il ne tient pas moins à ce que cette farine conserve les qualités qui donnent au pain son apparence et ses propriétés. C'est pour ce motif que l'art. 8 dispose que la farine entière ne doit comprendre ni remoulages ni sons

De même que l'art. 2 ne vise que les blés employés pour la panification, de même, la disposition de l'art. 8 ne s'applique qu'aux farines destinées à la panification ; elle ne régit donc pas les produits extraits des blés durs pour la fabrication des pâtes alimentaires Par suite, il n'y aura pas lieu à taxation de ces produits, et les meuniers qui travaillent les blés durs pour cette industrie continueront à suivre les pratiques actuelles

VII. — TAXATION DU PAIN

La loi ne contient aucune disposition nouvelle sur la taxe du pain, qui reste, par suite, soumise à la législation antérieure dont voici les textes ci-après :

1° Art. 30 de la loi des 19 et 22 juill. 1791 (1) : « La taxe des subsistances ne pourra provisoirement avoir lieu dans aucune ville ou domaine du royaume que sur le pain et la viande de boucherie, sans qu'il soit permis en aucun cas de l'étendre sur le vin, sur le blé, sur les autres grains ni autre espèce de denrées ; et ce, sous peine de destitution des officiers municipaux » ;

2° Art 479, C. pén. : « Seront punis d'une amende de 11 fr à 15 fr inclusivement . 6°. les boulangers et les bouchers qui vendront le pain ou la viande au delà du prix fixé par la taxe légalement faite et publiée » ;

3° Art 480, C pén. : « Pourra, selon les circonstances, être prononcée la peine d'emprisonnement pendant cinq jours au plus... 3° ... contre les boulangers et les bouchers, dans les cas prévus par le § 6 de l'article précédent » ;

4° Art. 482, C. pén. : « La peine d'emprisonnement pendant cinq jours aura toujours lieu pour récidive, contre les personnes et dans les cas mentionnés en l'art. 479 ».

VIII. — CIRCULATION DES BLÉS ET DES FARINES

La surveillance et le contrôle que doivent exercer les préfets sur les opérations concernant les blés et les farines doivent s'effectuer sans apporter aucune entrave au libre exercice de ce commerce, en dehors de l'usage du droit de réquisition. Je ne puis donc que renouveler sur ce point mes précédentes instructions.

Il en résulte notamment que les départements, qui ont l'habitude de se fournir en blé ou en farine dans un autre département, pourront continuer à effectuer leur ravitaillement comme antérieurement, et, dans les départements qui ont une minoterie dont la production est destinée, en partie, à des départements voisins, cette minoterie doit pouvoir continuer à fonctionner et à satisfaire aux commandes qui lui sont adressées

IX. — CESSIONS DE BLÉ

En vue de parer aux insuffisances en blé pour la consommation civile, la loi autorise le ministre du commerce à faire des cessions de blé ; c'est du reste le moyen auquel mon administration a déjà eu recours pour pourvoir aux besoins d'un très grand nombre de départements. Pour ceux qui ont surtout besoin de farine, les blés ont été livrés directement dans les minoteries désignées par les préfets intéressés comme devant faire la transformation pour le compte de ces départements.

Ainsi qu'il a été précédemment expliqué, les blés ainsi cédés ne sont pas susceptibles d'être réquisitionnés

Afin de préciser les divers éléments de ces opérations, qui apparaissent comme le complément des réquisitions et des achats à caisse ouverte dont vous êtes plus spécialement chargé, je crois devoir rappeler les règles essentielles qui s'appliquent à ces cessions, et que j'ai eu déjà l'occasion de faire connaître à la plupart d'entre vous :

1° Le blé est cédé aux départements, aux communes et aux chambres de commerce, qui s'engagent à le revendre pour satisfaire aux besoins de la consommation locale. Toutefois, les départements, les communes ou les chambres de commerce sont dispensés de l'obligation de revente du blé, lorsqu'ils ont fait des contrats de mouture avec les meuniers ; en ce cas, ils doivent vendre la farine aux boulangers Toutefois, des cessions peuvent être consenties directement à des particuliers, sur la demande des préfets, lorsque ni le département ni les communes ni les chambres de commerce ne sont en état d'assumer le rôle de partie prenante ;

2° Les demandes de blés et farines sont adressées aux préfets, qui en saisissent le service du ra-

(1) S. 1er vol. des *Lois annotées*, p. 129.

vitaillement civil Mon département statue sur ces demandes, et fait connaître aux préfets intéressés les quantités et qualités à livrer et les prix unitaires des denrées cédées, ainsi que le dépôt chargé d'en effectuer la livraison.

3° Ces cessions ayant pour objet d'assurer le maintien du prix du pain à un taux normal, il importe qu'aucune opération de spéculation ne puisse s'effectuer à leur sujet En conséquence, les communes, les départements ou les chambres de commerce doivent veiller à ce que les quantités de blé cédées soient bien réellement mises en œuvre par les meuniers auxquels on les aura revendues. Ils devront, en outre, s'assurer que les meuniers ont bien livré à un prix non supérieur à celui arrêté par eux les quantités correspondantes de farine.

Toute infraction entraînera, pour les intéressés, leur exclusion de la participation à des cessions qui pourraient être faites ultérieurement, et les exposera, le cas échéant, à la reprise des marchandises.

4° Le prix du blé est fixé par 100 kilogr. nets délivrés, c'est-à-dire sur wagon ou sur péniche, dans le port de débarquement Les frais de transport depuis le port jusqu'au lieu de destination restent à la charge des parties prenantes.

5° Les sacs sont prêtés et doivent être rendus en bon état dans le délai d'un mois Toutefois, les parties prenantes peuvent envoyer d'avance leurs sacs à remplir.

6° Le montant du prix à payer pour le blé cédé sera versé à la trésorerie générale du département ou à la recette des finances de l'arrondissement, dans les vingt jours qui suivront l'arrivée de la marchandise à destination, au vu d'ordres de versement délivrés par le ministre du commerce, et remis aux parties prenantes par l'intermédiaire des préfets. Le trésorier-payeur général intéressé est avisé par le service du ravitaillement de la délivrance des ordres de versement, au moyen d'un double du bordereau récapitulatif, accompagnant les ordres de versement adressés aux préfets;

7° Dans le cas de cession faite à un particulier, le paiement doit être effectué avant la livraison.

X. — SANCTIONS.

L'art 8 de la loi détermine les sanctions qui seront applicables au cas d'infraction, soit à la taxe établie sur les farines, soit à l'obligation pour les meuniers de ne fabriquer qu'une sorte de farine, à savoir la farine entière, ne comprenant ni remoulages ni sons

En dehors des peines prévues aux art 479, 480 et 482, C. pén., ci-dessus rappelés, qui sont celles applicables aux infractions à la taxe du pain, cet article prévoit une pénalité spéciale, consistant dans l'affichage et l'insertion dans les journaux du jugement de condamnation. L'intérêt et l'efficacité que peut présenter, dans les circonstances actuelles, et en cette matière, cet appel à l'opinion publique, ne sauraient vous échapper.

Telles sont, monsieur le préfet, les principales observations auxquelles donne lieu, dès maintenant, l'application du régime consacré par la loi du 16 oct. 1915. Sans doute, ces instructions ne sauraient répondre à l'avance à toutes les questions qui se poseront dans la pratique, mais elles serviront à guider l'autorité préfectorale dans la mise en œuvre de cette législation, qui est d'une importance majeure pour le bien de nos populations. Au surplus, mon administration reste à votre disposition pour vous renseigner et vous conseiller, et elle compte sur vous pour l'accomplissement d'une tâche dont elle n'ignore pas la difficulté, mais dont le succès est un des éléments de la résistance du pays.

Je vous prie de faire insérer la présente circulaire dans le *Bulletin des actes administratifs* de votre département, et de lui faire donner la publicité nécessaire, notamment dans les organes de la presse locale.

I

Barême des valeurs du blé, suivant le poids spécifique et la teneur en corps étrangers

POIDS SPÉCIFIQUE DU BLÉ A L'HECTOLITRE	TENEUR EN CORPS ÉTRANGERS				
	2 p. %	3 p. %	4 p. %	5 p. %	6 p. %
80 kilogrammes.	30 90	30 60	30 30	30 »	29 70
79 —	30 60	30 30	30 »	29 70	29 40
78 —	30 30	30 »	29 70	29 40	29 10
Base 77 —	**30 »**	29 70	29 40	29 10	28 80
76 —	29 70	29 40	29 10	28 80	28 50
75 —	29 40	29 10	28 80	28 50	28 20
74 —	29 10	28 80	28 50	28 20	27 90
73 —	28 80	28 50	28 20	27 90	27 60
72 —	28 50	28 20	27 90	27 60	27 30
71 —	28 20	27 90	27 60	27 30	27 »
70 —	27 90	27 60	27 30	27 »	26 70

II

Barème des prix de revient de la farine.

En tenant compte :
- Du prix du blé à 30 fr. les 100 kilogr.,
- Du prix de transport du blé au moulin par 100 kilogr. : 0f 25 / 0 50 / 0 75
- Du prix de vente des issues,
- Des frais de mouture par 100 kilogr. : 1.75 / 2 »

PRIX DES ISSUES	PRIX DU BLÉ ET DU TRANSPORT							
	30 fr. — Frais de mouture		30 25 — Frais de mouture		30 50 — Frais de mouture		30 75 — Frais de mouture	
	1 fr. 75	2 fr.	1 fr. 75	2 fr.	1 fr. 75	2 fr.	1 fr. 75	2 fr.
8 »	40 31	40 64	40 64	40 98	40 98	41 32	41 32	41 66
8 50	40 15	40 48	40 48	40 82	40 82	41 16	41 16	41 50
9 »	39 98	40 32	40 32	40 66	40 66	41 »	41 »	41 34
9 50	39 82	40 16	40 16	40 50	40 50	40 83	40 83	41 18
10 »	39 66	39 99	39 99	40 33	40 33	40 67	40 67	41 01
10 50	39 50	39 82	39 82	40 17	40 17	40 51	40 51	40 85
11 »	39 33	39 68	39 68	40 01	40 01	40 35	40 35	40 68
11 50	39 17	39 52	39 52	39 85	39 85	40 19	40 19	40 52
12 »	39 01	39 35	39 35	39 69	39 69	40 03	40 03	40 36
12 50.	38 85	39 19	39 19	39 53	39 53	39 86	39 86	40 20
13 » .	38 66	39 03	39 03	39 37	30 37	39 70	39 70	40 04
13 50	38 52	38 86	38 86	39 21	39 21	39 54	39 54	39 88
14 »	38 36	38 70	38 70	39 04	39 04	39 37	39 37	39 71

1° PROTÊTS, GUERRE FRANCO-ALLEMANDE, MORATORIUM, VALEURS NÉGOCIABLES, PROROGATION DE DÉLAIS, TIERS PORTEUR, AVIS AU DÉBITEUR, ACTION EN PAIEMENT, DÉCRET DU 27 OCT. 1914, ART. 2, §§ 2 ET 3, APPLICATION, SUSPENSION, ALGÉRIE. — 2° VENTE DE MARCHANDISES, GUERRE FRANCO-ALLEMANDE, MORATORIUM, PROROGATION DE DÉLAIS, ACTION EN PAIEMENT, DÉCRET DU 27 OCT. 1914, APPLICATION, SUSPENSION, ALGÉRIE. — 3° CRÉDIT (OUVERTURE DE), GUERRE FRANCO-ALLEMANDE, MORATORIUM, PROROGATION DE DÉLAIS, AVANCES SUR TITRES, ACTION EN PAIEMENT, DÉCRET DU 27 OCT. 1914, ART. 3, § 2, APPLICATION, SUSPENSION, ALGÉRIE. — 4° BANQUE-BANQUIER, GUERRE FRANCO-ALLEMANDE, MORATORIUM, PROROGATION DE DÉLAIS, DÉPÔTS, COMPTES COURANTS, RETRAITS, ALGÉRIE.

DÉCRET *relatif à la prorogation des échéances et au retrait des dépôts-espèces* (1).

(16 octobre 1915). — (Publ. au *J. off.* du 17 oct.).

LE PRÉSIDENT DE LA RÉPUBLIQUE FRANÇAISE, — Sur le rapport du président du conseil, des ministres du commerce, de l'industrie, des postes et des télégraphes, de la justice, des affaires étrangères, de l'intérieur, des finances, du travail et de la prévoyance sociale ; — Vu le Code de commerce, — Vu la loi du 5 août 1914 (2), relative à la prorogation des échéances des valeurs négociables ; — Vu les décrets des 31 juill (3), 1er (4), 4 (5), 9 (6) et 29 août (7), 27 sept (8), 27 oct. (9), 24 nov. (10), 15 déc 1914 (11),

(1) Ce décret est précédé au *J. off.* d'un rapport ainsi conçu :

« Les effets du décret du 24 juin 1915, qui a prorogé pour une période de quatre-vingt-dix jours francs les délais antérieurement accordés pour l'acquittement des valeurs négociables, prennent fin le 1er novembre prochain. Il convient donc de fixer, dès à présent, les intéressés sur la situation qui leur sera faite à partir de cette date.

« Un examen attentif des divers indices économiques permet de constater que le mouvement de reprise des affaires, signalé à l'occasion des prorogations antérieures, se développe dans des conditions satisfaisantes.

« C'est ainsi qu'au cours du dernier trimestre, il a été remboursé à la Banque de France pour une valeur de près de 400 millions de francs d'effets de commerce ayant antérieurement bénéficié des prorogations d'échéance.

« Sans aucun doute, il est encore impossible de songer à un retour au droit commun, beaucoup trop rigoureux dans les circonstances actuelles. Mais nous avons l'intention de vous soumettre prochainement un projet de décret substituant aux prorogations un régime, qui, avec les tempéraments nécessaires, fixerait le terme à partir duquel cesseront les prorogations d'échéances tout en sauvegardant entièrement les intérêts des débiteurs hors d'état de s'acquitter.

« Afin de ne pas reporter à une date trop éloignée le terme en question, le projet de décret ci-joint limite à soixante jours francs seulement (au lieu de quatre-vingt-dix jours francs, comme les décrets antérieurs), la durée de la nouvelle prorogation ».

(2) 1er vol, p. 33.

(3 à 11) 1er vol., p. 3, 8, 23, 40, 89, 128, 175, 219, 259.

25 févr. (1), 15 avril (2) et 24 juin 1915 (3); — Le conseil des ministres entendu; — Décrète :

ART. 1er. Les délais accordés par les art. 1, 2, 3 et 4 du décret du 29 août 1914, et prorogés par les art 1er des décrets des 27 sept., 27 oct., 15 déc. 1914, 25 févr., 15 avril et 24 juin 1915, sont prorogés, sous les mêmes conditions et réserves, pour une nouvelle période de soixante jours francs.

Le bénéfice en est étendu aux valeurs négociables qui viendront à échéance avant le 1er janv. 1916, a la condition qu'elles aient été souscrites antérieurement au 4 août 1914.

2 Le porteur d'un effet de commerce appelé à bénéficier pour la première fois d'une prorogation d'échéance, est tenu d'aviser le débiteur qu'il est en possession dudit effet, et que le payement peut en être effectué entre ses mains.

Cet avis pourra être constaté, soit par le visa signé et daté du debiteur sur l'effet de commerce, lors de la présentation, soit par une lettre recommandée.

Faute par le porteur d'accomplir ces formalités dans le délai d'un mois à dater de l'échéance normale de l'effet, les intérêts de 5 p. 100, institues à son profit par le décret du 29 août 1914, cesseront de courir à partir de l'expiration de ce delai.

Toutefois, ces formalités ne sont pas nécessaires, si le porteur peut prouver que le débiteur a été anterieurement avisé.

3 Sont maintenues toutes les dispositions des décrets des 29 août, 27 sept, 27 oct., 15 déc. 1914, 25 févr., 15 avril et 24 juin 1915, qui ne sont pas contraires au présent décret.

Toutefois, l'application des art. 2, §§ 2 et 3, et 3, § 2, du décret du 27 oct. 1914, concernant le recouvrement des valeurs négociables et des créances à raison de ventes commerciales ou d'avances sur titres, est suspendue jusqu'à l'expiration dudit délai de soixante jours.

4 Le présent décret est applicable à l'Algérie.

5. Les ministres du commerce, de l'industrie, des postes et des télégraphes, des finances, de la justice, de l'intérieur, des affaires étrangeres, du travail et de la prévoyance sociale sont chargés, etc.

REQUISITIONS MILITAIRES, MARINE, NAVIRES REQUISITIONNÉS, EQUIPAGE COMMERCIAL, SÉJOUR A L'HÔPITAL, BLESSURES DE GUERRE, SOLDE COMMERCIALE.

CIRCULAIRE *relative au bénéfice de la solde commerciale pour les marins des bâtiments militarisés de la flotte auxiliaire admis à l'hôpital pour blessure reçue en service commandé.*

(16 octobre 1915). — (Publ. au *J. off.* du 18 oct.).

Le Ministre de la marine à MM. les vice-amiraux commandant en chef, préfets maritimes, officiers généraux, supérieurs et autres commandant à la mer.

La circulaire du 3 janv. 1915 (4) prévoit que les marins faisant partie de l'équipage commercial des bâtiments réquisitionnés et militarisés, qui sont débarqués pour raisons de santé, ont droit uniquement, pendant leur séjour à l'hôpital et quel que soit le motif de leur admission, a la solde militaire afférente au grade dont ils sont pourvus à titre définitif ou temporaire.

Il m'a paru qu'il y avait lieu d'apporter certains tempéraments à cette regle. lorsque cette admission est prononcée à la suite de blessures reçues en service commandé. J'ai décidé, en conséquence, que, dans ce cas, les marins dont il s'agit conserveraient le bénéfice de leur solde commerciale pendant leur premiere hospitalisation.

Mention de la présente circulaire devra être portée en marge de la circulaire susvisée du 3 janv. 1915.

ARMÉE, GUERRE FRANCO-ALLEMANDE, TROUPES COLONIALES, NOMBRE DES UNITÉS INDIGÈNES, FIXATION, MINISTRE DE LA GUERRE, UNITÉS D'INFANTERIE COLONIALE, CRÉATION, ENCADREMENT DES FORMATIONS MIXTES DE MARCHE DES UNITÉS INDIGÈNES.

DÉCRET *relatif à la fixation du nombre d'unités indigènes et mixtes des troupes coloniales et à leur encadrement.*

(18 octobre 1915). — (Publ. au *J. off.* du 23 oct.).

LE PRÉSIDENT DE LA RÉPUBLIQUE FRANÇAISE; — Sur le rapport des ministres de la guerre et des colonies; — Vu la loi du 7 juill. 1900 (5), portant organisation des troupes coloniales, et notamment les art. 5 et 7; — Vu le décret du 19 sept. 1903 (6), portant reorganisation de l'infanterie coloniale, modifié les 29 mai 1909 (7), 24 juill 1906 (8), 19 janv. 1907 (9) et 11 nov. 1906 (10); — Vu le décret du 16 janv. 1915 (11), relatif à la fixation du nombre de bataillons de tirailleurs sénégalais du Maroc et à l'encadrement des unités senégalaises; — Décrète :

ART. 1er. A titre temporaire et pour la durée de la campagne. le nombre et l'encadrement des

---

(1-3) 2e vol., p. 43, 118 et 207.

(4) 1er vol., p. 292.

(5) S. et P. *Lois annotées* de 1900, p. 1113; *Pand. pér.*, 1901.3 147.

(6) *J. off.*, 29 sept. 1903, p. 6025; *Pand. pér.*, 1903 3. 716.

(7) *J. off.*, 8 juin 1906, p. 3379.

(8) *J. off.*, 28 juill. 1906, p. 5331.

(9) *J. off.*, 24 janv. 1907, p. 566.

(10) *Bull. off.*, nouv. série, 21, n. 933.

(11) 2e vol., p. 15.

unités indigènes des troupes coloniales seront fixés par le ministre de la guerre, après avis du ministre des colonies

2 Pourront également être créés et organisés, à titre temporaire et pour la durée de la campagne, par décision du ministre de la guerre, les états-majors, petits états-majors et les unités d'infanterie coloniale, nécessaires à l'organisation, en formations « mixtes » de marche, des unités indigènes envoyées des colonies en France, Algérie ou Tunisie

3 Les ministres de la guerre et des colonies sont chargés, etc.

BUDGET, BUDGET DE 1915, CRÉDITS SUPPLÉMENTAIRES, GUERRE FRANCO-ALLEMANDE, MILITAIRES EN INSTANCE DE RÉFORME OU RÉFORMÉS POUR TUBERCULOSE, SECOURS.

LOI *portant ouverture au ministre de l'intérieur d'un crédit d'assistance aux militaires en instance de réforme ou réformés pour tuberculose.*

(18 octobre 1915). — (Publ. au *J. off.* du 20 oct).

ARTICLE UNIQUE Il est ouvert au ministre de l'intérieur, en addition aux crédits provisoires alloués par les lois des 26 déc. 1914 (1) et 29 juin 1915 (2), et par des lois spéciales, pour les dépenses du budget général de l'exercice 1915, un crédit de deux millions de francs (2 millions).

Ce crédit sera inscrit à un chapitre 56 *bis*, ainsi libellé « Assistance pendant la durée de la guerre aux militaires en instance de réforme ou réformés pour tuberculose »

CODE CIVIL, GUERRE FRANCO-ALLEMANDE, ART. 8, § 3, MODIFICATION, NATIONALITÉ, NAISSANCE EN FRANCE DE PARENTS BELGES, OPTION POUR LA NATIONALITÉ BELGE, DÉCLARATION, DÉLAI.

LOI *modifiant l'application de l'art* 8, § 3, *du Code civil à l'égard des enfants nés en France de parents belges pendant la durée de la guerre et dans l'année qui suivra la cessation des hostilités.*

(18 octobre 1915). — (Publ au *J. off.* du 26 oct)

ARTICLE UNIQUE L'art. 8, § 3, du Code civil ne s'applique pas à l'enfant né en France, pendant la durée de la guerre ou dans l'année qui suivra la cessation des hostilités, de parents belges, pourvu que le représentant légal du mineur, tel qu'il est indiqué dans l'art. 9 du Code civil, déclare décliner pour celui-ci la qualité de Français, dans les formes prévues par l'art 6 du décret du 13 août 1889 (3)

Cette déclaration devra être souscrite pendant la durée de la guerre ou dans l'année qui suivra la cessation des hostilités.

Les pièces à produire et les exemplaires de la déclaration seront établis sur papier libre.

CONTRIBUTIONS DIRECTES, GUERRE FRANCO-ALLEMANDE, SURNUMÉRARIAT, SURNUMÉRAIRES A TITRE PROVISOIRE, CANDIDATS ACTUELLEMENT SOUS LES DRAPEAUX, CONCOURS SPÉCIAL.

DÉCRET *instituant un concours spécial d'admission au surnumérariat des contributions directes, exclusivement réservé aux anciens militaires réformés pour blessures ou infirmités occasionnées par la guerre.*

(18 octobre 1915). — (Publ. au *J. off* du 27 nov.).

LE PRÉSIDENT DE LA RÉPUBLIQUE FRANÇAISE, — Vu le décret du 29 déc. 1910 (4), portant organisation de l'administration départementale des contributions directes, complété par le décret du 19 déc 1911 (5) et modifié par les décrets des 6 août 1913 (6), 8 juill (7) et 11 août 1914 (8), — Sur le rapport du ministre des finances; — Décrète :

ART. **1er**. Par dérogation aux dispositions de l'art. 8 du décret du 29 déc 1910, il sera ouvert au début de l'année 1916, pour l'admission au surnumérariat des contributions directes, un concours spécial exclusivement réservé aux anciens militaires réformés, soit pour blessures de guerre, soit pour blessures reçues ou pour maladies contractées en service commandé postérieurement au 1er août 1914.

Pourront être admis à prendre part à ce concours, dont les conditions et le programme seront fixés par un arrêté ministériel, tous les anciens militaires visés au paragraphe précédent, qui, âgés de moins de vingt-huit ans au 1er janv. 1916, produiront les justifications d'instruction générale exigées par l'art 8 du décret du 29 déc. 1910, et posséderont en outre une aptitude physique suffisante pour répondre aux exigences du service actif des contributions directes.

---

(1) 1er vol., p. 275.

(2) 2e vol., p. 212.

(3) S. *Lois annotées* de 1889, p. 587. — P. *Lois, décr.*, etc. de 1889, p. 1009; *Pand. pér.*, 1889.3.53.

(4) *Bull. off.*, nouv. série, 48, n. 2302.

(5) *Bull. off.*, nouv. série, 72, n. 3422.

(6) *Bull. off.*, nouv. série, 111, n. 5892.

(7) *Bull. off.*, nouv. série, 133, n. 7282.

(8) *Bull. off.*, nouv. série, 135, n. 7489.

2. Sont dispensés de subir les épreuves de ce concours spécial, et peuvent être nommés directement surnuméraires, sous réserve de satisfaire aux conditions d'âge et d'aptitude physique indiquées à l'article précédent, les militaires réformés dont il est question audit article, qui sont pourvus d'un diplôme universitaire de docteur ou de licencié, ou qui justifieront avoir subi avec succes les épreuves du concours d'admission à l'Ecole polytechnique, à l'Ecole spéciale militaire, à l'Ecole navale, à l'Ecole nationale supérieure des mines (cours préparatoires), à l'Ecole nationale des ponts et chaussees (cours préparatoires), à l'Ecole centrale des arts et manufactures, à l'Ecole des mines de Saint-Etienne ou à l'Institut agronomique, ou avoir satisfait à l'examen de sortie de l'Ecole libre des sciences politiques.

Les postulants de cette catégorie devront formuler leur demande d'admission avant l'expiration du delai qui sera fixé, par un avis inséré au *Journal officiel*, pour la présentation des candidatures au concours institue par l'art. 1er. Leur admission sera prononcée après approbation du ministre.

3 Le ministre des finances est chargé, etc

Décorations, Guerre franco-allemande, Croix de guerre.

Addition *à l'instruction du 13 mai* 1915 (1) *pour l'application du décret du 23 avril* 1915 (2), *sur la Croix de guerre.*

(Publ. sans date au *J. off.* du 18 oct 1915)

CHAPITRE VI

Delivrance de la Croix de guerre

Ajouter ce qui suit à l'alin. 3 (dispositions applicables aux militaires, anciens militaires, en résidence à l'interieur et civils) :

« Les militaires décores de la Légion d'honneur ou de la médaille militaire avec attribution de la Croix de guerre, évacués dans la zone de l'intérieur avant d'avoir pu recevoir, dans la zone des armees, leur décoration et leur Croix de guerre, recevront des autorites militaires territoriales, en même temps que la décoration transmise par le général commandant en chef, la Croix de guerre avec palme.

« Dans le cas ou ils seraient déjà en possession de la Croix de guerre pour citation antérieure, il leur sera remis seulement une palme en même temps que la Légion d'honneur ou la médaille militaire.

---

(1) 2e vol, p 159.

(2) 2e vol, p. 128.

Guerre, Guerre franco-bulgare, Déclaration.

Notification *de l'état de guerre entre la France et la Bulgarie.*

(Publ. sans date au *J. off.* du 18 oct. 1915).

La Bulgarie étant entrée en action à côté des ennemis et contre un des allies de la France, le Gouvernement de la République constate que l'etat de guerre existe entre la France et la Bulgarie à partir du 16 oct 1915, six heures du matin, et du fait de la Bulgarie.

Guerre, Guerre franco-bulgare, Guerre maritime, Blocus des côtes de la Bulgarie.

Notification *de la déclaration de blocus des côtes de la Bulgarie.*

(Publ. sans date au *J off.* du 18 oct. 1915).

A la date du 16 oct. 1915, le commandant en chef de l'armee navale en Méditerranée, agissant en vertu des pouvoirs qui lui sont conférés par le Gouvernement de la République, a déclaré en etat de blocus les côtes de la Bulgarie sur la mer Egée, depuis la frontiere grecque jusqu'à la frontière turque

Le blocus est déclaré effectif à dater du 16 octobre, six heures du matin

Les navires amis ou neutres pourront, jusqu'au 18 oct. 1915, six heures, quitter les points bloqués

L'ordre a eté donné, en même temps, aux commandants des forces navales effectuant le blocus de procéder immédiatement aux notifications aux autorités locales.

Marine, Guerre franco-allemande, Arsenaux et établissements, Ouvriers immatriculés, Recrutement.

Décret *modifiant les conditions de recrutement des ouvriers immatriculés pendant ou à la suite des hostilites*

(18 octobre 1915) — (*J off.* du 21 oct).

Le Président de la République française; — Vu le décret du 12 mai 1912 (3), relatif aux conditions de travail, de recrutement, d'avancement et de discipline du personnel ouvrier immatriculé des arsenaux et établissements de la marine; — Vu le décret du 9 janv. 1914 (4), modi-

---

(3) *Bull. off.*, nouv. serie, 81, n 4081.

(4) *Bull. off.*, nouv. série, 121, n. 6501.

fiant le décret précité; — Sur le rapport du ministre de la marine, — Décrete :

ART 1er. Les anciens aides-ouvriers appelés sous les drapeaux comme faisant partie des classes 1911 et 1912, ainsi que ceux qui, engagés volontaires, ont terminé leur lien au service pendant la durée des hostilités, lorsqu'ils sont réintégrés dans les arsenaux ou établissements de la marine, sont réadmis en qualité d'ouvriers de 4e classe du jour de leur réintégration.

Toutefois, leur ancienneté de classe, pour l'avancement, compte du 1er oct. 1914 pour ceux de la classe 1911 appelés sous les drapeaux, du 1er oct. 1915 pour ceux de la classe 1912 également appelés, et, enfin, pour les engagés volontaires, du jour où leur engagement est arrivé à expiration.

2. Les aides-ouvriers réformés du service militaire appartenant aux classes 1911 et 1912, qui ont été maintenus ou réadmis dans les arsenaux, sont nommés ouvriers de 4e classe à compter du 1er oct. 1915.

Toutefois, l'ancienneté de classe, pour l'avancement de ceux faisant partie de la classe 1911, remontera au 1er oct. 1914.

3. Les anciens aides-ouvriers ou ouvriers immatricules qui avaient quitté le service des arsenaux, soit en ne demandant pas leur réadmission après libération du service militaire, soit parce qu'ils avaient été congédiés sur leur demande ou d'office, et qui ont été rappelés sous les drapeaux par la mobilisation, pourront être reintégrés en qualité d'ouvriers de 4e classe, sous les quatre conditions suivantes :

1° Qu'ils se présentent dans un délai de trois mois au plus après leur libération de l'armée;

2° Qu'ils soient reconnus posséder l'aptitude physique exigée pour le service des arsenaux :

3° Qu'ils aient eu sous les drapeaux une conduite satisfaisante;

4° Qu'ils puissent réunir, à cinquante-cinq ans d'âge, vingt-cinq années de services valables pour la retraite.

4. Les apprentis qui ont quitté les arsenaux pour servir sous les drapeaux pendant la durée de la guerre pourront être réintégrés dans les conditions fixées, pour la réadmission des anciens aides-ouvriers, par l'art 9 du décret du 12 mai 1912.

MARINE, GUERRE FRANCO-ALLEMANDE, OFFICIERS SERVANT DANS UNE FORMATION MILITAIRE DU DÉPARTEMENT DE LA GUERRE, DÉLÉGATIONS DE SOLDE.

CIRCULAIRE *concernant la délégation des officiers de la marine servant dans un des corps du département de la guerre.*

(18 octobre 1915) — (Publ. au *J. off* du 21 oct.)

Le Ministre de la marine à MM. les vice-amiraux commandant en chef, préfets maritimes.

Il m'a été demandé de préciser les conditions dans lesquelles pouvaient déléguer les officiers de la marine autorisés à servir dans un corps du département de la guerre, par application du décret du 30 oct. 1914 (1).

D'après les dispositions de ce décret, les officiers intéressés ont droit :

1° A la solde du grade temporaire qui leur est conferé par le ministre de la guerre;

2° A la différence entre la solde dont ils jouissaient dans l'armée de mer et celle afférente à leur grade temporaire dans l'armée de terre, si celle-ci est inférieure à la premiere.

La solde du grade temporaire dont ces officiers sont pourvus est et doit demeurer à la charge du budget de la guerre; ils sont, par suite, assujettis aux règlements de ce département en tout ce qui concerne le mode de paiement de cette solde, et, en particulier, ils peuvent déléguer dans les mêmes conditions que les officiers de l'armée de terre

La charge du paiement de ces délégations incombe à l'administration de la guerre, et la marine n'a pas à s'en préoccuper.

La différence entre la solde de leur grade dans la marine et la solde de leur grade temporaire dans l'armée de terre est, au contraire, à la charge du budget de la marine, d'après l'art. 3 du décret du 30 oct. 1914, précité.

Mais ce décret ne fixe pas les conditions dans lesquelles cette différence de solde doit être payée; une indication est seulement donnée à cet égard dans le rapport qui précede le décret

Ce rapport spécifie, en effet, que l'art 3 dudit décret a pour objet d'appliquer aux officiers en cause une mesure analogue à celle qui a été adoptée pour les fonctionnaires civils mobilisés.

Or, pour ces derniers, la différence entre leur traitement civil et leur solde militaire est payée, soit à eux-mêmes, soit à leurs délégataires, suivant les dispositions de la loi du 5 août 1914 (2), relative au cumul de la solde militaire avec les traitements civils, et des circulaires des 21 août (Finances) et 29 août (Marine, *B. O*, p. 445).

Ce sont ces mêmes dispositions qui doivent être appliquées pour le paiement et la délégation de la différence entre la solde de leur grade dans la marine et la solde de leur grade temporaire dans l'armée de terre qui est due, le cas échéant, aux officiers de la marine servant dans l'un des corps du département de la guerre.

Je vous prie de vouloir bien donner des ordres en conséquence.

---

(1) 1er vol., p. 181.

(2) 1er vol., p. 32.

ARMÉE, GUERRE FRANCO-ALLEMANDE, BRIGADIERS, CAPORAUX ET SOLDATS, RELÈVEMENT DE LA SOLDE.

LOI *portant ouverture au ministre de la guerre d'un crédit additionnel aux crédits provisoires de 1915, en vue du relèvement de la solde des brigadiers, caporaux et soldats.*

(19 octobre 1915). — (Publ. au *J. off.* du 21 oct.).

ARTICLE UNIQUE. Il est ouvert au ministre de la guerre, sur l'exercice 1915, en addition aux crédits provisoires ouverts par les lois des 26 déc. 1914 (1), 29 juin (2) et 28 sept. 1915 (3) et par des lois spéciales, un crédit total de soixante-dix millions de francs (70 millions), applicable au chapitre 7 (Solde de l'armée) de la 1re section du budget

---

COLONIES, SÉNÉGAL, COMMUNES DE PLEIN EXERCICE, SERVICE MILITAIRE DES INDIGÈNES, RECENSEMENT DES CONTINGENTS, REVISION.

LOI *soumettant aux obligations militaires prévues par les lois de 1905 et de 1913 les Sénégalais des communes de plein exercice de la colonie.*

(19 octobre 1915). — (Publ. au *J. off.* du 20 oct.).

ART. **1er**. Les originaires des communes de plein exercice du Sénégal doivent le service militaire dans les conditions prévues par la loi du 21 mars 1905 (4), modifiée par la loi du 7 août 1913 (5)

Les §§ 1, 2, 3 et 5 de l'art. 90 et l'art 91 de cette loi ne leur sont pas applicables.

Ils sont incorporés dans les troupes françaises, et soumis aux mêmes obligations et avantages Ils pourront éventuellement être constitués en formations spéciales.

2 Dès la promulgation de la présente loi, les contingents des originaires des communes de plein exercice du Sénégal des classes de 1889 à 1917 seront recensés et présentés aux conseils de revision réunis à cet effet. Ils seront immédiatement incorporés en commençant par les plus jeunes classes

Chacune de ces classes est et reste soumise aux obligations de la classe métropolitaine correspondante

---

(1) 1er vol., p. 275.

(2) 2e vol, p. 212.

(3) *Supra*, p. 46.

(4) S. et P. *Lois annotées* de 1906, p. 3; *Pand. pér.*, 1905.3.81.

(5) S et P. *Lois annotées* de 1914, p. 561; *Pand. pér.*, *Lois annotées* de 1914, p. 561.

ECOLE CENTRALE DES ARTS ET MANUFACTURES, GUERRE FRANCO-ALLEMANDE, CONCOURS DE 1915, EPREUVES ÉCRITES, EPREUVES NON ÉLIMINATOIRES.

DÉCRET *prescrivant que les épreuves écrites ne sont pas éliminatoires au concours d'admission à l'Ecole centrale des arts et manufactures de* 1915

(19 octobre 1915) — (Publ. au *J off.* du 26 oct).

LE PRÉSIDENT DE LA RÉPUBLIQUE FRANÇAISE; — Vu le § 3 de l'art. 9 du décret du 5 juill. 1907 (6), modifié par le décret du 3 mai 1913 (7), portant règlement de l'Ecole centrale des arts et manufactures; — Sur le rapport du ministre du commerce, de l'industrie, des postes et des télégraphes; — Décrète :

ART. **1er**. A titre exceptionnel et en raison des circonstances, les épreuves écrites du concours d'entrée en 1915 à l'Ecole centrale des arts et manufactures ne seront pas éliminatoires.

2. Le ministre du commerce, de l'industrie, des postes et des télégraphes est chargé, etc

---

POUDRES, POUDRE DE MINE DITE PULVÉRIN, ARTIFICIERS, PRIX DE VENTE.

DÉCRET *fixant le prix de vente de la poudre de mine, dite pulvérin, destinée exclusivement à la consommation des artificiers patentés.*

(19 octobre 1915). — (Publ. au *J. off.* du 30 oct.).

LE PRÉSIDENT DE LA RÉPUBLIQUE FRANÇAISE; — Vu l'art 13 de la loi de finances du 29 mars 1897 (8); — Vu le décret du 28 sept. 1886 (9); — Sur les rapports des ministres des finances et de la guerre; — Décrète :

ART. **1er**. Le prix de vente de la poudre de mine spéciale dite pulvérin, destinée exclusivement à la consommation des artificiers patentés, est fixé à 1 fr. 40 centimes le kilogramme.

2. Les ministres des finances et de la guerre sont chargés, etc.

RÉQUISITIONS MILITAIRES, MARINE, NAVIRES RÉQUISITIONNÉS, INDEMNITÉ, EVALUATION D'OFFICE.

CIRCULAIRE *relative à l'évaluation d'office des réquisitions de navires et de matériel flottant*

---

(6) *J. off.*, 17 juill. 1907, p. 4985.

(7) *Bull. off.*, nouv. série, 105, n. 5486.

(8) S. et P. *Lois annotées* de 1897, p. 318.

(9) S. *Lois annotées* de 1887, p. 218. — P. *Lois, décr*, etc. de 1887, p. 375.

(19 octobre 1915). — (Publ. au *J. off.* du 23 oct.).

Le Ministre de la marine à MM. les vice-amiraux commandant en chef, préfets maritimes, capitaine de vaisseau commandant la marine en Corse.

Une circulaire manuscrite récente a décidé que, pour toutes les réquisitions effectuées avant le 30 juin 1915, et qui n'étaient pas encore, — du fait de l'absence de demande d'indemnité, — en cours d'examen par les commissions compétentes, des dossiers seraient constitués, et la procédure d'évaluation ouverte d'office. Les armateurs, en ce cas, sont avisés, par les soins du port militaire comptable de la réquisition, et invités à entrer en pourparlers directs avec le président de la commission mixte saisie du dossier Le silence des intéressés n'empêcherait du reste pas la procédure d'évaluation de suivre son cours La commission mixte reçoit, par ailleurs, du port chef-lieu (direction de l'intendance maritime, service des approvisionnements de la flotte) des renseignements aussi détaillés que possible sur les conditions de la réquisition, le mode d'utilisation du navire, ainsi que le résumé des indications recueillies en vue des paiements d'acomptes.

A l'avenir, les commissions mixtes seront de même saisies d'office, par les soins du département, des réquisitions effectuées depuis deux mois au moins, et pour lesquelles des demandes d'indemnites n'auront pas encore été présentees. Les ports chefs-lieux seront avisés en temps utile.

De même encore, pour les réquisitions qui auront déjà fait l'objet d'un règlement, mais qui auront été maintenues au delà de la date de ce règlement, des dossiers de règlement définitif (indemnité de privation de jouissance pour la période complémentaire, remise en état, etc) seront ouverts d'office, s'il y a lieu, deux mois après la levée de la réquisition. Cette évaluation d'office aura lieu, alors même que l'indemnité de privation de jouissance, préalablement allouee pour la premiere période de réquisition, n'aura pas eté acceptée, et fera l'objet d'une instance devant les tribunaux. Mais, dans cette dernière hypothese, la nouvelle décision ministérielle n'interviendra, en ce qui concerne l'indemnité complémentaire de privation de jouissance, qu'après la decision judiciaire. Rien ne s'oppose d'ailleurs à ce que le département règle, entre temps, les indemnités accessoires de remise en état. etc, qui pourraient faire l'objet d'un dossier particulier (bordereau D, portant le même numéro que le dossier initial, mais muni d'un exposant)

En ce qui concerne les reglements trimestriels prévus par ma circulaire du 3 janvier dernier (1), vous remarquerez que, aux termes de l'art 73 du décret du 2 août 1877 (2), modifié le 31 juill 1914 (3), ils ne constituent pas une obligation pour la marine ; ils n'auront donc pas lieu d'office, mais seulement sur la production d'une demande écrite des intéressés. Cette demande sera provoquée par les autorités chargées de la notification des indemnités (Circulaire du 12 sept. 1915) (4), sur avis qui leur sera donné par la direction de l'intendance maritime (service des approvisionnements de la flotte) de la continuation de la réquisition.

Dans le cas où les intéressés auront refusé un reglement d'indemnité, le reglement trimestriel suivant sera, d'ailleurs, ajourné jusqu'à ce que la décision des tribunaux soit intervenue, les intéressés continuant, pendant ce temps, à recevoir les acomptes réglementaires prévus aux circulaires des 13 mai (5) et 1er juin (6) derniers.

DOUANES, GUERRE FRANCO-ALLEMANDE, CHEVAUX DE PUR SANG ANGLAIS, AUTORISATION D'EXPORTATION, PAYS ALLIÉS, COLONIES ANGLAISES, ETATS DE L'AMÉRIQUE.

ARRÊTÉ *autorisant l'exportation, pour les pays alliés, les colonies anglaises et les deux Amériques, des produits de pur sang anglais.*

(20 octobre 1915). — (Publ. au *J. off.* du 22 oct.).

LE MINISTRE DE L'AGRICULTURE ; — Vu le décret du 31 juill. 1914 (7) ; — Vu les vœux émis par divers groupements hippiques ; — Après avis du Conseil supérieur des haras ; — Sur la proposition du directeur des haras ; — Arrête :

ART 1er. L'exportation pourra être autorisée en 1915, pour les produits de pur sang anglais exclusivement nés en 1914 et 1915, et, en 1916, pour les produits de même espece nés en 1915 et 1916.

2. L'exportation pourra être autorisée pour les étalons de pur sang anglais, nes en 1907 ou antérieurement, à condition qu'ils aient fait la monte au moins pendant trois ans, avec l'attache officielle de l'approbation ou de l'autorisation, et qu'ils aient gagné en courses une somme d'au moins 30.000 fr

3. L'exportation ne pourra être autorisée que pour les pays alliés, les colonies anglaises et les deux Amériques.

4. Les propriétaires désirant exporter des animaux rentrant dans les catégories spécifiées aux

---

(1) 1er vol., p. 293.

(2) S. *Lois annotées* de 1877, p. 255. — P. *Lois, décr.*, etc. de 1877, p. 440.

(3) 1er vol., p. 4.

(4) *Supra*, p. 22.

(5-6) 2e vol., p. 157 et 174.

(7) 1er vol., p. 3.

art 1 et 2 devront faire parvenir, sous pli recommandé, au ministère de l'agriculture (direction des haras, 2e bureau, service du stud-book), les certificats d'origine de ces animaux, en indiquant les noms et adresses des acheteurs et les pays destinataires.

5. Apres avoir été visés au ministère de l'agriculture, ces certificats seront retournés aux propriétaires, sous pli recommandé (à cet effet, la somme nécessaire en timbres-poste devra être jointe à l'envoi).

6. Les propriétaires devront ensuite adresser directement une demande d'exportation au directeur général des douanes, président de la commission des dérogations aux prohibitions de sortie, au ministere des finances.

Cette demande devra être faite en quadruple expédition, d'apres un modele qui sera fourni par le ministère de l'agriculture.

7 Le directeur des haras est chargé, etc.

DOUANES, GUERRE FRANCO-ALLEMANDE, INTERDICTION DE SORTIE, DÉROGATIONS, JUMENTS DE PUR SANG ANGLAIS ENVOYÉES EN ANGLETERRE POUR ÊTRE SAILLIES, ENGAGEMENT DE RAPATRIEMENT, CAUTION.

DÉCISION *autorisant les propriétaires à envoyer en Angleterre des juments de pur sang anglais qui doivent y être saillies en* 1916.

(20 octobre 1915). — (Publ. au *J. off.* du 24 oct).

LE MINISTRE DE L'AGRICULTURE; — Vu le décret du 31 juill 1914 (1); — Vu le vœu du syndicat des eleveurs de chevaux de pur sang: — Sur la proposition du directeur des haras; — Décide :

ART. **1er** A dater de ce jour, les propriétaires pourront être autorisés à envoyer en Angleterre des juments de pur sang anglais qui doivent y être saillies en 1916.

2 Les propriétaires s'engageront par écrit à ne pas vendre leurs juments en Angleterre, à ne pas les y louer et à les ramener en France avant le 15 déc. 1916

3. Une somme de 1.000 fr. par jument sortant de France sera déposée à la caisse de la Société d'encouragement, 3, rue Scribe, à Paris.

4. L'autorisation de faire sortir une jument sera délivrée par la commission interministérielle des dérogations aux prohibitions de sortie, sur présentation d'un avis favorable donné par le ministre de l'agriculture

5. L'avis favorable sera donné par le ministre de l'agriculture sur présentation des pieces suivantes :

a) Reçu du dépôt de la somme de 1 000 fr ;

b) Certificat d'origine de la jument;

c) Engagement écrit et signé de ramener la jument en France avant le 15 déc. 1916, de ne pas la vendre ni la louer en Angleterre.

6. Les pieces désignées à l'art. 5 devront être déposées au ministere de l'agriculture (direction des haras, 2e bureau, service du stud-book), de dix heures à onze heures et demie, ou de quatorze heures à dix-sept heures, au moins quinze jours avant celui de la sortie.

7. Contre remise des pièces énumérées ci-dessus, le ministre de l'agriculture délivrera un certificat spécial, qui devra être présenté à M le directeur général des douanes, président de la commission des dérogations aux prohibitions de sortie, au ministère des finances, pour obtenir l'autorisation de faire sortir la jument.

8. Des la rentrée d'une jument en France, le propriétaire devra en faire la déclaration écrite, qu'il signera et déposera au ministère de l'agriculture En échange, il lui sera rendu les pièces (*a*) et (*b*) spécifiées à l'art 5.

9. Si une jument, sortie de France dans les conditions précitées, n'y est pas rentrée le 15 déc. 1916, le ministère de l'agriculture détruira son certificat d'origine, et la somme de 1.000 fr, déposée comme garantie, sera versée par moitié à la caisse de secours des entraîneurs, jockeys et hommes d'écurie de chevaux de courses plates, et à la caisse similaire des courses d'obstacles En outre, la jument sera rayée du stud-book comme poulinière, et aucun de ses produits à venir ne pourra y être inscrit

10. Le directeur des haras est chargé, etc.

MARINE, GUERRE FRANCO-ALLEMANDE, INSCRITS MARITIMES, INSCRITS DÉFINITIFS, NON-DISPONIBILITÉ, FONCTIONNAIRES ET AGENTS VISÉS A L'ART. 42 DE LA LOI DU 21 MARS 1905, FONCTIONNAIRES ET AGENTS DE LA MARINE, PRUD'HOMMES PÊCHEURS, GARDES JURÉS, PILOTES LAMANEURS, OFFICIERS ET MAITRES DE PORT, GARDIENS DE PHARE, PERSONNELS DU BALISAGE ET DE L'ÉCLAIRAGE DES CÔTES ET DU SERVICE SANITAIRE MARITIME, EQUIPAGES DES BATIMENTS AFFECTÉS A DES SERVICES D'INTÉRÊT PUBLIC MARITIME.

DÉCRET *modifiant l'art* 399 *du décret du* 17 *juill.* 1908, *définissant l'armée de mer, et portant reorganisation du corps des équipages de la flotte et du personnel des musiques de la flotte* (*refondu le* 15 *juill.* 1914) (2).

---

(1) 1er vol., p. 3.

(2) Ce décret est precedé au *J. off.* d'un rapport ainsi conçu :

(**20 octobre 1915**). — (Publ. au *J. off.* du 23 oct.)

LE PRÉSIDENT DE LA RÉPUBLIQUE FRANÇAISE; — Vu la loi du 24 déc. 1896 (1), sur l'inscription maritime; — Vu l'art. 42 de la loi du 21 mars 1905 (2), sur le recrutement de l'armée; — Sur le rapport du ministre de la marine; — Décrète :

ART. **1er**. L'art. 399 du décret du 17 juill. 1908 (3) est modifié ainsi qu'il suit :

1. — Par application de l'art. 47 de la loi du 24 déc 1896, sont classés dans la non-disponibilité les inscrits définitifs qui occupent l'un des emplois énumérés ci-après :

Fonctionnaires et agents figurant aux tableaux A, B et C annexés à la loi du 21 mars 1905, sous les conditions déterminées par l'art. 42 de ladite loi;

Fonctionnaires et agents de toutes catégories à la solde du département de la marine;

Prud'hommes pêcheurs;

Gardes jurés;

Pilotes lamaneurs et élèves pilotes lamaneurs;

Officiers et maîtres de port;

Gardiens de phare;

Personnels du service de balisage et de l'éclairage des côtes et du service sanitaire maritime;

Equipages des bâtiments affectés à des services d'intérêt public maritime, et, en particulier, aux services maritimes postaux subventionnés.

Les réservistes de l'armée de mer faisant partie de l'équipage des bâtiments visés à l'alinéa précédent sont placés en sursis d'appel de durée illimitée.

2 — Les inscrits non disponibles sont dispensés des périodes d'instruction prévues par l'art 24 de la loi du 21 déc. 1896

Ils sont rayés des matricules de l'inscription maritime d'office trois ans après la date de leur dernier débarquement, ou, sur leur demande, dans les conditions fixées par l'art. 15 de la loi du 24 déc 1896.

2. Le ministre de la marine est chargé, etc

ARMÉE, GUERRE FRANCO-ALLEMANDE, SERGENTS, MARÉCHAUX DES LOGIS, CAPORAUX, BRIGADIERS, SOLDATS, RELEVEMENT DE LA SOLDE, MILITAIRES FRANÇAIS ET ÉTRANGERS, TIRAILLEURS ALGÉRIENS, MILITAIRES FRANÇAIS ET ÉTRANGERS AU MAROC.

DÉCRETS *portant relèvement de la solde des hommes de troupe* (4).

(**21 octobre 1915**). — (Publ au *J off* du 25 oct).

1er DÉCRET.

LE PRÉSIDENT DE LA RÉPUBLIQUE FRANÇAISE; — Sur le rapport des ministres de la guerre et des finances; — Vu le décret du 11 janv. 1913 (5), sur les tarifs de solde et allocations individuelles en deniers régularisées sur revues; — Vu l'art. 55 de la loi du 25 févr. 1901 (6), portant fixation du budget général des dépenses et des recettes de l'exercice 1901; — Vu la loi du 19 oct 1915 (7), portant ouverture d'un crédit

---

« L'art. 1er de la loi du 24 déc. 1896 dispose que tout inscrit maritime, provisoire ou definitif, qui, hors d'un cas de force majeure, restera trois annees sans naviguer, sera rayé d'office des matricules de l'inscription maritime.

« D'autre part, l'art. 399 du décret du 17 juill. 1908, portant réorganisation du corps des équipages de la flotte, spécifie que doivent être considérés comme étant dans le cas de force majeure prevu à l'article susvisé de la loi du 24 déc. 1896, les inscrits maritimes classés dans la non-disponibilité, ainsi que le personnel des marins des directions de port et les guetteurs sémaphoriques.

« Ces dernières dispositions ont pour effet de maintenir indéfiniment sous le régime de l'inscription maritime des personnels variés qui ont abandonné volontairement la navigation d'une façon definitive.

« Elles sont. par suite, contraires au moins à l'esprit de la loi du 24 déc. 1914, sinon à sa lettre.

En second lieu, ces mêmes dispositions s'opposent à ce qu'il soit fait *de plano* application de l'art. 1er de la loi du 17 août 1915 à des fonctionnaires occupant des situations analogues à celles visées par l'art. 42 de la loi du 12 mars 1905, pour ce seul motif qu'à une époque souvent fort eloignée, ils ont pratiqué la navigation commerciale.

« Il y a, par conséquent, intérêt à modifier la réglementation actuelle, en vue de restreindre l'application de la loi sur l'inscription maritime aux véritables marins de profession, les seuls expressément vises par l'art. 1er de la loi du 24 déc. 1896 ».

(1) S. et P. *Lois annotées* de 1897, p. 209; *Pand. pér.*, 1898.3.34.

(2) S. et P. *Lois annotées* de 1906 p. 3; *Pand pér.* 1905.3.81.

(3) *Bull. off.*, 12e série, 3041, n. 52369.

(4) Ces décrets sont précédés au *J. off.* d'un rapport ainsi conçu :

« Le Parlement a accordé les crédits necessaires au relèvement, à partir du 1er oct. 1915 et jusqu'a la fin des hostilités, de la solde des hommes de troupe des troupes metropolitaines et coloniales, tant à l'interieur qu'aux armées, en Algérie, Tunisie et Maroc.

« Cette mesure n'avait éte primitivement envisagée que pour les caporaux et brigadiers-fourriers, les caporaux ou brigadiers et les soldats; mais, au cours des débats, la nécessite est apparue de l'étendre également aux sergents.

« Pour l'emploi des crédits votés, et conformément aux intentions du Parlement, nous avons l'honneur de vous proposer :

« 1° De relever de 20 centimes la solde des militaires susvisés (français et étrangers);

2° De relever de 3 centimes la solde des soldats indigènes des trois premiers régiments de tirailleurs algériens et assimilés, de façon à porter leur solde actuelle (22 centimes) au taux de la nouvelle solde du soldat français (25 centimes);

« 3° De relever de 5 centimes la solde des soldats français et étrangers au Maroc, de façon à porter au même taux leur solde actuelle de 20 centimes ».

(5) *J. off.*, 24 janv. 1913, p. 770.

(6) S. et P. *Lois annotées* de 1901, p. 140; *Pand. pér.*, 1902 3.33.

(7) *Supra*, p 85.

additionnel sur l'exercice 1915; — Décrète :

ART. 1er. Pendant la durée des hostilités, le tarif n. 4, annexé au décret du 11 janv. 1913, est modifié comme suit :

1° *Sous-officiers.*

CORPS DE TROUPES DE TOUTES ARMES	SOLDE JOURNALIÈRE des non-rengagés et des engagés ou rengagés jusqu'à la cinquième année de service inclusivement (y compris les militaires étrangers ou servant au titre étranger, et à l'exception des militaires indigènes des 3 premiers régiments de tirailleurs algériens et de spahis algériens)		OBSERVATIONS
	de présence.	d'absence.	
Maréchal des logis maître sellier.	0 94	0 78	
Sergent et sergent fourrier, maréchal des logis et maréchal des logis fourrier, maréchal des logis trompette, maréchal des logis mécanicien ou électricien, maréchal des logis de manège ou sous-maître ou sous-instructeur adjoint de manège, maréchal des logis armurier	0 92	0 78	

2° *Militaires des autres grades*

CORPS DE TROUPE DE TOUTES ARMES (Militaires indigènes des trois premiers régiments de tirailleurs algériens et des régiments de spahis algériens exceptés).	SOLDE par jour	OBSERVATIONS
Caporal fourrier, brigadier fourrier, brigadier armurier du train. . .	0 72	Sans changement.
Caporal, caporal tambour ou clairon, caporal sapeur, brigadier, brigadier trompette, musicien après 10 ans de fonctions . .	0 42	
Maître pointeur, maître ouvrier.	0 27	
Soldat, cavalier, canonnier, sapeur et conducteur des régiments du génie, ouvrier des batteries et des compagnies ou sections d'ouvriers, aide-maréchal ferrant, bourrelier, tambour, clairon, trompette, sapeur des corps d'infanterie, soldat et élève musicien, soldat des sections spéciales ou des unités en tenant lieu, enfant de troupe des écoles militaires préparatoires	0 25	

3° *Solde des indigènes des trois premiers régiments de tirailleurs algériens*

DÉSIGNATION DES GRADES	SOLDE par jour	OBSERVATIONS
Soldat	0 25	Sans changement.

2. Le ministre de la guerre et le ministre des finances sont chargés, etc

2° DÉCRET

LE PRÉSIDENT DE LA RÉPUBLIQUE FRANÇAISE; — Sur les rapports des ministres de la guerre et des finances; — Vu le décret du 26 mai 1904, portant règlement provisoire sur la solde et les revues des troupes coloniales stationnées dans la métropole; — Vu le décret du 20 sept 1900 (1).

(1) *J. off.*, 27 sept 1906, p. 6526.

modifiant le précédent; — Vu l'art 55 de la loi du 25 févr. 1901 (1), portant fixation du budget général des dépenses et recettes de l'exercice 1901; — Vu la loi du 19 oct 1915 (2), portant ouverture d'un crédit additionnel sur l'exercice 1915; — Décrète :

ART 1er. Pendant la durée des hostilités, le tarif n 5 annexé au décret du 26 mai 1904, modifié le 20 sept 1906, est modifié comme suit

1° Sous-officiers.

CORPS DE TROUPES DE TOUTES ARMES	SOLDE JOURNALIÈRE des non-rengagés, des engagés ou rengagés, jusqu'à la 5e année de service inclusivement		OBSERVATIONS
	de présence.	d'absence.	
.. ..	.. ..	.. . .	
Maréchal des logis maître sellier, sous-chef armurier des troupes coloniales, sergents et maréchaux des logis maîtres tailleurs et cordonniers, maréchal des logis premier maître maréchal.	0 94	0 78	
Sergent et sergent fourrier, maréchal des logis et maréchal des logis fourrier, maréchal des logis trompette, sergent clairon, sous-chef artificier	0 92	0 78	

2° Militaires des autres grades

CORPS DE TROUPES DE TOUTES ARMES	SOLDE journalière de présence.	OBSERVATIONS
Caporal fourrier, brigadier fourrier.	0 72	
Caporal, caporal tambour ou clairon, caporal sapeur, caporal armurier des troupes coloniales, brigadier, brigadier trompette, brigadier armurier des troupes coloniales, brigadier maître maréchal, musicien après 10 ans de fonctions	0 42	La solde de présence est allouée dans tous les cas où l'attribution de la solde d'absence est prévue par les règlements.
Artificier de batterie, maître pointeur, maître ouvrier, premier ouvrier, maître artificier, soldat armurier.	0 27	
Soldat, cavalier canonnier, ouvrier de batterie et des compagnies d'artificiers à fer et à bois, aide-maréchal ferrant, bourrelier, tambour, clairon, trompette, sapeur des corps d'infanterie et de génie, soldat et élève musicien, soldat des sections spéciales ou des unités en tenant lieu, enfants de troupe des écoles militaires préparatoires	0 25	Le reste, sans changement.

2 Le ministre de la guerre et le ministre des finances sont chargés, etc

3e DÉCRET

LE PRÉSIDENT DE LA RÉPUBLIQUE FRANÇAISE; — Sur le rapport du ministre de la guerre et du ministre des finances; — Vu le décret du 14 mai 1912 (3), fixant les allocations de solde et d'alimentation des troupes en opération au Maroc; — Vu les décrets du 11 sept 1912 (4) et du 31 mai 1914, modifiant le précédent; — Vu l'art 55 de la loi du 25 févr. 1901 (5), portant fixation du budget général des dépenses et des recettes de l'exercice 1901; — Vu la loi du 19 oct. 1915 (6), portant ouverture d'un crédit additionnel sur l'exercice 1915; — Décrète :

(1) S. et P. *Lois annotées* de 1901, p. 140; *Pand. pér.*, 1902.3.33.
(2) *Supra*, p. 85.
(3) *J. off.*, 16 mai 1912, p. 4497.
(4) *J. off.*, 12 sept. 1912, p. 8010.
(5) S. et P. *Lois annotées* de 1901, p. 140; *Pand. pér.*, 1902.3.33.
(6) *Supra*, p. 85.

ART 1er Pendant la durée des hostilités, le tableau A, faisant suite à l'art. 5 du décret du 14 mai 1912, modifié par décrets du 11 sept 1912 et du 31 mai 1914, est modifié comme suit :

GRADES	MILITAIRES FRANÇAIS et étrangers	
	Solde de présence	Solde d'absence
.	.. . .	. .. ...
	. . . ..	. . ...
Soldat.	0 25	0 31

2 Le ministre de la guerre et le ministre des finances sont chargés, etc.

MARINE, MARINS, COMMISSIONS DE RÉFORME, CLASSEMENT DANS LE SERVICE AUXILIAIRE, MARINS RENVOYÉS DANS LEURS FOYERS, REMISE A LA DISPOSITION DE L'AUTORITÉ MILITAIRE.

CIRCULAIRE *relative a l'application de la circulaire du 2 sept.* 1915 (*application de l'art.* 3 *de la loi du* 17 *août* 1915).

(21 octobre 1915) — (Publ. au *J. off.* du 23 oct.).

Le Ministre de la marine à MM. les vice-amiraux commandant en chef, préfets maritimes.

La circulaire du 2 sept. 1915 (1), ayant pour objet l'application de l'art. 3 de la loi du 17 août 1915 (2), prescrit la remise à la disposition de l'autorité militaire des marins qui, à la suite de l'examen des commissions de réforme, ont été reconnus aptes au service armé ou auxiliaire.

J'ai l'honneur de vous faire connaître que ces prescriptions ne sont applicables qu'aux marins actuellement renvoyés à titre définitif dans leurs foyers, les marins presents sous les drapeaux dans l'armée de mer ou en congé de réforme temporaire doivent être conservés dans les équipages de la flotte.

ARMÉE, CHASSEURS FORESTIERS, COMPAGNIES, CADRES. OFFICIERS, CAPORAUX, AVANCEMENT DES PRÉPOSÉS.

DÉCRET *relatif à l'accroissement des cadres des compagnies de chasseurs forestiers* (3).

(22 octobre 1915). — (Publ. au *J off* du 26 oct).

LE PRÉSIDENT DE LA RÉPUBLIQUE FRANÇAISE; — Sur le rapport des ministres de la guerre et de l'agriculture ; — Vu le décret du 18 nov. 1890 (4), réorganisant sur de nouvelles bases le corps des chasseurs forestiers, et determinant, en cas de mobilisation, les affectations des agents ou préposes de l'Administration des eaux et forêts, modifie par le decret du 21 janv. 1914 (5) ; — Décrète :

ART 1er. L'art. 4 du décret du 18 nov. 1890 susvisé est remplacé par les dispositions suivantes :

« Les cadres des compagnies, sections et detachements de chasseurs forestiers sont pris dans le personnel de l'Administration des eaux et forêts, et composés autant que possible de maniere que les préposés soient placés sous les ordres de leurs chefs du temps de paix

« Les cadres officiers d'une compagnie comprennent au plus :

« 1 capitaine commandant;

« 1 capitaine en second;

« 2 lieutenants (ou 1 lieutenant et 1 sous-lieutenant ou adjudant-chef)

« Ils peuvent être réduits à deux officiers

« Les cadres sous-officiers et caporaux d'une compagnie comprennent, au minimum :

« 1 adjudant;

« 1 sergent-major;

« 5 sergents, dont 1 fourrier;

« 1 caporal fourrier;

« 8 caporaux;

« Ils peuvent atteindre au maximum les fixations prévues pour l'encadrement de la compagnie d'infanterie mobilisee

(1) *Supra*, p. 4.

(2) 2e vol., p. 287.

(3) Ce decret est précedé au *J. off.* d'un rapport ainsi conçu

« Les compagnies de chasseurs forestiers ont un effectif assez variable, et qui, dans certains cas, peut atteindre celui qui est fixé pour la compagnie d'infanterie mobilisee (250 hommes).

« Or, si l'encadrement maximum de ces compagnies forestières en sous-officiers et caporaux, tel qu'il est défini par l'art. 4 du décret du 18 nov. 1890, peut être considéré comme suffisant pour un effectif de 120 hommes, il est par contre trop restreint pour répondre aux besoins en cadres de certaines de ces unités, qui disposent d'un effectif notoirement plus elevé.

« Il semble donc nécessaire de considérer cet encadrement comme un minimum, susceptible d'être augmente, dans chaque cas particulier, proportionnellement à l'effectif en excédent par rapport à l'effectif base de 120 hommes, cette augmentation ayant, d'autre part, comme limite supérieure, les fixations prévues pour l'encadrement de la compagnie d'infanterie mobilisée.

« D'un autre côté, l'art. 5 du même décret reserve les vacances de sous-officiers et de caporaux aux seuls brigadiers ou gardes forestiers de 1re classe.

« Il paraît équitable d'atténuer le caractère impératif de cette disposition, de maniere à en faire bénéficier éventuellement les préposés, qui, bien que non gradés dans la hiérarchie administrative, se seraient signalés par leurs services de guerre.

(4) S. et P. *Lois annotees* de 1892, p. 247.

(5) *Bull. off.*, nouv. série, 122, n. 6555.

« Entre ces deux limites, ils varient avec les effectifs à raison de :

« 1 sergent par 30 hommes ou fraction de 30 hommes, et 1 caporal par 15 hommes ou fraction de 15 hommes, au-dessus de 120 hommes.

« Les cadres d'une section ne peuvent dépasser un demi-cadre de compagnie. Ils peuvent être réduits à l'officier.

« Ceux d'un détachement ne peuvent dépasser un quart d'une compagnie. Ils peuvent ne pas comprendre d'officier.

« Les commandants de compagnie sont montés en cas d'appel à l'activité ».

2. Le 3e alin. de l'art. 5 du décret du 18 nov 1890 est complété par la disposition suivante :

« Toutefois, il peut être dérogé à cette règle en faveur des préposés qui, bien que non gradés dans la hiérarchie administrative, se seraient signalés par leurs services de guerre ».

3. Les ministres de la guerre et de l'agriculture sont chargés, etc.

ARMES, GUERRE FRANCO-ALLEMANDE, INTERDICTION DU COMMERCE DES ARMES ET MUNITIONS DE GUERRE.

INSTRUCTION *pour l'application du décret du 3 oct. 1915, portant interdiction du commerce des armes et munitions de guerre.*

(22 octobre 1915). — (Publ. au *J. off.* du 31 oct.).

L'interdiction du commerce des armes, pièces d'armes et munitions de guerre, édictée par le décret du 3 oct. 1915 (1), atteint toutes opérations d'offre, d'achat, de vente, et généralement les négociations quelconques relatives aux objets ou aux matières visés par le texte précité.

Il s'agit des armes de toutes espèces, pourvu qu'elles soient d'un calibre supérieur à 6 millimètres, armes portatives (pistolets, revolvers, fusils, etc), armes à affûts (canons, mitrailleuses, etc.), des pièces constitutives de ces armes, des munitions correspondantes (douilles de cartouches, projectiles, fusées, etc.) et des projectiles de toute nature (grenades à main, etc).

Les autorisations ou licences de pratiquer le commerce des armes et munitions de guerre sont délivrées par le ministre de la guerre, ou, par délégation, par le sous-secrétaire d'Etat à l'artillerie et aux munitions.

Ces autorisations sont accordées :

a) Pour une transaction spéciale ;

b) A titre permanent, pour un matériel déterminé ;

c) A titre permanent, pour du matériel de toute nature.

Les autorisations des types *a* et *b* ne sont susceptibles d'aucune extension ; toute entreprise en dépassant le cadre doit faire l'objet d'une demande et d'une autorisation nouvelle.

Les sous-traitants devront se pourvoir d'une autorisation avec le concours du traitant principal.

Les licences ne peuvent être transférées

Leurs bénéficiaires ne doivent être intéressés ni directement ni indirectement dans une transaction avec l'ennemi

Ils sont tenus d'avoir un registre, coté et paraphé à chaque feuille par le service qui délivre les autorisations, sur lequel sont inscrits jour par jour, dans des colonnes distinctes : l'espèce et le nombre des armes, pièces d'armes ou munitions dont ils font le commerce, avec indication de leur destination et des noms et domiciles des vendeurs ou acheteurs. Ce registre doit être tenu continuellement à la disposition des officiers contrôleurs du département de la guerre.

Les autorisations sont révocables à tout instant pour inobservation des conditions qui précèdent, ou des lois et règlements relatifs à la matière

Les demandes sont établies et les autorisations délivrées sur des formules conformes aux modèles n. D 1 et D 2 annexés à la présente instruction (*Suivent au* J. off *les modèles annexés*).

DOUANES, GUERRE FRANCO-ALLEMANDE, CONTRÔLEURS ADJOINTS, AGENTS ET PRÉPOSÉS, ADMISSION AU CONCOURS, INVALIDITÉ PAR SUITE DE BLESSURES OU INFIRMITÉS DE GUERRE, MAINTIEN.

DÉCRET *relatif au maintien, dans les cadres de l'Administration des douanes, des contrôleurs adjoints reconnus inaptes au service militaire à la suite de blessures de guerre*

(22 octobre 1915) — (Publ. au *J off* du 31 oct.).

LE PRÉSIDENT DE LA RÉPUBLIQUE FRANÇAISE, — Sur le rapport du ministre des finances ; — Vu les décrets des 2 févr. 1907 (2), 24 mai 1907 (3), 23 mai 1908 (4), 25 mai 1909 (5), 21 juin 1910 (6), 28 juill. 1911 (7), 19 déc. 1911 (8), 25 oct. 1913 (9), 20 janv. 1914 (10) et 5 déc. 1914 (11), relatifs a

---

(1) *Supra*, p. 59.

(2) *Bull. off.*, 12e série, 2824, n. 48911.

(3) *Bull. off.*, 12e série, 2861, n. 49495.

(4) *Bull. off.*, 12e série, 3030, p. 4042.

(5) *Bull. off.*, nouv. série, 10, n. 469.

(6) *Bull. off.*, nouv. série, 36, n. 1691.

(7) *Bull. off.*, nouv. série, 62, n. 2978.

(8) *Bull. off.*, nouv. série, 72, n. 3424.

(9) *Bull. off*, nouv. série, 116, n. 6226.

(10) *Bull. off*, nouv. série, 122, n. 6543.

(11) *Bull. off.*, nouv. série, 143, n. 7981.

l'organisation des services extérieurs de l'administration des douanes; — Décrète :

ART. 1er. Le § 3 de l'art. 4 du décret du 25 oct. 1913 est remplacé par les dispositions suivantes : « Les candidats reçus sont nommés aux emplois vacants suivant leur rang d'admission. Si, ultérieurement à leur admission au concours ou à leur nomination dans les cadres, ils sont déclarés impropres au service militaire armé, ils sont, suivant le cas, rayés de la liste des candidats ou licenciés. A titre exceptionnel, peuvent néanmoins être maintenus sur la liste d'admission ou dans les cadres, pourvu que leur aptitude physique au service des bureaux soit dûment établie, ceux qui, par suite de blessures de guerre ou d'infirmités résultant d'une campagne de guerre, auront été reconnus inaptes au service militaire armé ».

2 Le ministre des finances est chargé, etc.

ALGÉRIE, GUERRE FRANCO-ALLEMANDE, COMMUNES DE PLEIN EXERCICE, SURVEILLANCE ET POLICE DES INDIGÈNES, ADMINISTRATEURS DE COMMUNES MIXTES.

DÉCRET *ayant pour objet d'assurer, pendant la durée de la guerre, la surveillance et la police des populations indigènes dans les communes de plein exercice en Algérie.*

(23 octobre 1915). — (Publ. au *J. off.* du 26 oct.).

LE PRÉSIDENT DE LA RÉPUBLIQUE FRANÇAISE; — Sur le rapport du ministre de l'intérieur; — Vu le décret du 19 mai 1897 (1); — Vu les propositions du gouverneur général de l'Algérie; — Décrète :

ART. 1er. Pendant la durée de la guerre, la surveillance et la police des populations indigènes, dans les communes de plein exercice en Algérie, pourra être confiée, par décision du gouverneur général, et partout ou cela aura paru nécessaire, à des administrateurs ou administrateurs adjoints de communes mixtes désignés dans les conditions prévues par le décret du 19 mai 1897, et notamment à ceux de ces fonctionnaires détachés dans les préfectures, sous-préfectures, ou auprès des tribunaux répressifs comme officiers du ministère public

Les agents communaux de tous ordres seront tenus de signaler à ces fonctionnaires tous les faits intéressant la police et la surveillance des indigènes, et de se conformer aux ordres et réquisitions qui leur seront adressés par eux.

2 Le ministre de l'intérieur est chargé, etc.

ARMÉE, GUERRE FRANCO-ALLEMANDE, CONGÉS ET PERMISSIONS, ZONE DES ARMÉES, ZONE DE L'INTÉRIEUR, RÉGLEMENTATION.

CIRCULAIRE *relative à la délivrance des congés et permissions.*

(23 octobre 1915). — (Publ. au *J. off.* des 2-3 nov.).

En raison des modifications nombreuses apportées depuis sa publication à la circulaire du 15 mars 1915, n° 3056 K (2), réglant l'octroi des congés et permissions, j'ai jugé bon de codifier à nouveau, dans un texte unique, toutes les dispositions relatives à cette question.

Tel est l'objet de la présente circulaire.

I. — CONGÉS DE CONVALESCENCE

Tous les congés, autres que les congés de convalescence, sont supprimés pendant la durée de la guerre.

Les congés de convalescence, d'une durée variant de 1 à 3 mois (3), doivent être eux-mêmes considérés comme exceptionnels; ils sont délivrés dans les conditions qui seront ci-après spécifiées.

A ce point de vue, il importe de répartir les blessés ou malades du front en quatre catégories :

1° Malades ou blessés très graves intransportables. Ils sont soignés d'abord dans les formations sanitaires de leur armée, et, après un temps plus ou moins long, évacués sur l'intérieur, dès que le temps le permet.

2° Malades ou blessés graves transportables. Ils sont immédiatement évacués sur l'intérieur, après avoir reçu les premiers soins nécessaires

3° Hommes ayant reçu des blessures de guerre légères, ou ayant contracté des maladies susceptibles de guérir en quatre ou cinq semaines. Ces hommes sont conservés dans la zone des armées pour être traités dans des hôpitaux de blessés légers, choisis parmi les hôpitaux déjà existants ou créés en vue de cette destination spéciale.

4° Eclopés. Ce terme doit s'entendre des hommes momentanément indisponibles à la suite de fatigue, d'affection médicale peu grave ou de blessure légère de cause accidentelle; ils sont admis dans les dépôts d'éclopés de la zone des armées, dont le fonctionnement est prévu par l'instruction du 17 déc 1914.

Au point de vue de l'attribution des congés de convalescence ou des permissions d'une semaine, les malades ou blessés des deux premières catégories relèvent de la zone de l'intérieur, ceux de la troisième, de la zone des armées. Les éclopés, au contraire, n'ont droit à aucune permission ou congé,

(1) S. et P. *Lois annotées* de 1898, p. 402.
(2) 2e vol., p. 58.

(3) Note du *J. off.* — Cette disposition modifie la circulaire n° 11718, 1/11 du 15 octobre, § 5.

et, après guérison, sont dirigés directement sur leur corps en campagne.

A — Zone des armées.

Les blessés de guerre ou malades légers, susceptibles d'être guéris après un traitement de quatre à cinq semaines, sont, à leur sortie des hôpitaux de la zone des armées ou sont soignés les blessés ou malades de cette catégorie, directement envoyés, soit en congé de convalescence, dans les mêmes conditions que les blessés évacués dans la zone de l'intérieur, c'est-à-dire par les soins de la commission spéciale de la subdivision dont ils relèvent, mais sans passer par les hôpitaux-dépôts de convalescents, qui n'existent pas dans la zone des armées, soit en permission d'une semaine (voir ci-après au chapitre II. Permissions : A. — Zone des armées).

Les bénéficiaires d'un congé de convalescence délivré au sortir des hôpitaux de la zone des armées devront être dirigés, à l'expiration de ce congé, sur la gare régulatrice qui dessert leur unité

Ils y seront rééquipés et armés pour être envoyés de suite sur leur corps au front.

Les blessés ou malades intransportables, en traitement dans les formations sanitaires de la zone des armées, qui, exceptionnellement, n'auraient pas été évacués sur la zone de l'intérieur, proposés pour la réforme n° 1, et susceptibles, pour ce motif, d'être mis en congé de convalescence en attendant leur radiation définitive des contrôles, pourront obtenir sur place, du général commandant la subdivision de région de la zone des armées dont ils relèvent, des congés de cette nature (1).

B — Zone de l'intérieur.

Les congés de convalescence ne peuvent être accordés qu'aux militaires sortant des hôpitaux-dépôts de convalescents. Ces formations, prévues par la circulaire n° 11718, 1/11 du 10 novembre, et organisées exclusivement dans la zone de l'intérieur, sont essentiellement distinctes des autres formations sanitaires.

Il s'ensuit que le passage par les hôpitaux-dépôts de convalescents est obligatoire :

1° Pour les militaires sortant des hôpitaux militaires ou temporaires que leur état paraît rendre justiciables, soit d'un congé de convalescence (2), soit d'une réforme ou de la retraite.

2° Pour tous les militaires sortant de formations sanitaires, autres que les hôpitaux militaires ou temporaires.

Dispositions communes.

A. *Délivrance.* — Les congés sont délivrés par une commission spéciale, composée :

Du général commandant la subdivision ou son délégué ;

D'un officier ;

Du médecin-chef de la place.

B. *Destination.* — Les militaires bénéficiaires de congés de convalescence ne pourront recevoir que deux destinations :

1° Leur famille (celle avec laquelle ils vivaient avant la mobilisation, femme et enfants, ascendants, tuteur, etc.). Dans ce cas, la famille devra en faire la demande expresse, dûment certifiée par le maire ou le commissaire de police, sans être tenue de produire un certificat d'hébergement ;

2° Les établissements créés par l'œuvre d'assistance aux convalescents.

Les blessés ou malades titulaires d'un congé de convalescence, les mutilés, les militaires en instance de retraite pour infirmités, qui sont sans famille, ou dont la famille habite une région envahie, devront être dirigés par les soins de l'autorité militaire sur ces établissements ; la liste en est tenue, dans chaque région, par les soins du directeur du service de santé ; l'admission des malades et blessés est précédée, dans tous les cas, de la délivrance d'un congé de convalescence régulier.

C. *Mise en route* — Les militaires envoyés en congé de convalescence devront recevoir :

a) Un premier ordre de transport pour le trajet jusqu'au lieu de leur domicile ou résidence, ou d'un établissement de convalescents

b) Un deuxième ordre de transport pour le trajet du lieu de leur domicile ou résidence ou de l'établissement de convalescents :

1° Jusqu'à la gare régulatrice desservant leur unité, s'ils sont titulaires d'un congé délivré dans la zone des armées ;

2° Jusqu'au dépôt de leur corps, s'ils sont titulaires d'un congé délivré dans la zone de l'intérieur (3).

Ces ordres de transport seront délivrés, dans la zone des armées, d'après les instructions du général commandant en chef ; dans la zone de l'inté-

(1) Note du *J. off.* — A titre exceptionnel, le médecin-chef de l'hôpital de Bourbonne-les-Bains pourra également délivrer directement des congés de convalescence aux militaires sortant de cet établissement, après la cure thermale (Circulaire du 19 sept. 1915, n° 34609 C.).

(2) Note du *J. off.* — Les médecins-chefs des hôpitaux militaires ou temporaires dirigeront également sur les hôpitaux-dépôts de convalescents les blessés pour lesquels un doute subsisterait au sujet de la décision à prendre à leur égard.

(3) Note du *J. off.* — Toutefois, les permissionnaires du front, ayant été autorisés à prolonger pour raisons de santé leur séjour à l'intérieur, et qui auraient obtenu, à la suite de cette prolongation, un congé de convalescence, devront être dirigés, à l'expiration de ce congé, sur la gare régulatrice desservant leur unité comme les bénéficiaires des congés de convalescence dans la zone des armées (Voir ci-dessous, chapitre II. Permissions : A. — Zone des armées, *a*) Raison de santé. 3e alin.).

rieur, par le médecin-chef de l'hôpital-dépôt de convalescents.

Dans tous les cas, c'est-à-dire pour tous les déplacements visés ci-dessus, les militaires auront droit aux indemnités journalieres, même s'ils sont onstitués en détachement.

Disposition spéciale. — Les malades ou blessés originaires des régions envahies et admis à passer leur congé de convalescence dans l'un des établissements créés par l'œuvre d'assistance aux convalescents, auront droit, sur leur demande, à la gratuité du transport, lorsque, ayant retrouvé leur famille, ils sont autorisés à aller terminer auprès d'elle leur congé.

D *Prolongations* — Les prolongations de congés de convalescence ne peuvent être envisagées qu'en cas d'absolue nécessité ; elles sont accordées exclusivement par la commission spéciale de la subdivision de la résidence des intéressés. Ces derniers doivent se présenter en personne; dans le cas ou leur état de santé ne leur permet pas de se deplacer, ils doivent adresser une demande de prolongation au commandant de la subdivision de leur résidence, avec attestation d'un médecin et du maire constatant qu'ils ne peuvent se déplacer. La commission spéciale se fait, en outre, renseigner par la gendarmerie; elle peut donner l'ordre de transporter les militaires intéressés sur une formation sanitaire voisine, si leur état de santé le permet

Dispositions speciales aux militaires indigènes — Les congés et prolongations de congés de convalescence sont délivrés aux militaires indigenes dans les mêmes conditions qu'aux militaires français Toutefois, le conge initial ne peut être accordé que si la famille du militaire en fait la demande expresse, et donne la certitude qu'elle est en mesure d'assurer à l'intéressé les soins que nécessite son état ; il est donc indispensable que la demande de la famille soit revêtue de l'avis de l'autorité administrative dont elle releve (maire, administrateur, contrôleur civil ou chef de bureau des affaires indigenes). La demande de la famille ne sera pas exigée pour l'envoi en conge des officiers indigenes ou des militaires titulaires d'une pension.

En ce qui concerne les Marocains, cette demande ne pourra être accueillie que si elle est revêtue de l'avis favorable de l'autorité militaire territoriale du Maroc.

Dispositions concernant les infirmes et mutilés — Les infirmes ou mutilés, qui désirent beneficier d'une rééducation professionnelle dans les établissements speciaux créés à cet effet, et qui n'auraient pu obtenir, pour des raisons diverses, un congé de convalescence à leur sortie des hôpitaux-dépôts de convalescents, pourront, sur leur demande, bénéficier d'une permission de huit jours, avant leur admission dans les établissements de rééducation Cette permission leur sera délivrée, soit par le médecin-chef de l'hôpital-dépôt, soit par le directeur de l'établissement spécial

Le chapitre III de la présente circulaire expose dans quelles localités peuvent être autorisés à se rendre les militaires titulaires d'un congé de convalescence.

II. — PERMISSIONS.

A. — Zone des armées.

Les conditions dans lesquelles peuvent être attribuées, dans la zone des armées, les permissions pour événements de famille importants ou pour durée de séjour sur le front sont fixées par le général commandant en chef (1).

Les blessés de guerre ou malades legers traités dans les hôpitaux spéciaux de la zone des armées, qui auraient obtenu, à la sortie de ces formations sanitaires, une permission de sept jours, devront être diriges, à l'expiration de cette permission, non sur leur depot, comme les permissionnaires de l'interieur, mais sur la gare régulatrice qui dessert leur unité.

Ils y seront rééquipés et armés pour être dirigés de suite sur leur corps au front.

Les permissionnaires du front ne pourront être autorisés à prolonger leur sejour à l interieur qu'à titre absolument exceptionnel, pour raisons de sante ou de famille et dans les conditions ci-dessous exposees :

a) *Raisons de santé.* — Les permissionnaires du front, qui demanderaient une prolongation pour raisons de santé, seront soumis à une visite médicale; ceux dont l'état ne permettrait pas le retour aux armées rentreront dans une formation sanitaire de la localité ou de la localité la plus voisine, pour y être soignés pendant tout le temps nécessaire

Sur le bulletin d'admission à l'hôpital délivré par le médecin de la place, mention sera portée que ces militaires sont des permissionnaires venus du front.

Exceptionnellement, quand la gravité de la maladie paraît motiver un congé de convalescence, le militaire intéressé sera évacue, de l'hôpital où il aura été en traitement, sur un hôpital-dépôt, pour la décision à intervenir Lorsque le congé de convalescence sera accordé, le président de la commission spéciale adressera un compte rendu motivé au ministre sous le timbre de la presente dépêche et par l'intermediaire du général commandant la région

b) *Raisons de famille* — Les demandes de prolongation pour raisons de famille ne pourront être envisagées que pour des cas isoles et absolument exceptionnels; elles ne seront pas transmises sur le front aux chefs de corps qui ne

(1) Note du *J. off.* — Cette disposition modifie la circulaire n° 161, 1/11 du 4 janv. 1915 (§ 1er : Permissionnaires).

possèdent aucun élément d'appréciation, mais seront instruites par les généraux commandant les subdivisions de régions, qui statueront après enquête.

Les prolongations ne seront accordées que si la nécessité impérieuse d'une telle faveur est démontrée.

Disposition commune aux deux catégories ci-dessus.

Toute prolongation de séjour, à l'intérieur, d'un permissionnaire du front, soit pour raisons de santé, soit pour raisons de famille, donnera lieu à l'établissement immédiat d'un compte rendu motivé, qui sera adressé d'urgence et directement par le général commandant la subdivision de région au général commandant en chef, pour être transmis au corps intéressé.

Ce compte rendu est distinct du compte rendu adressé au ministre après l'octroi d'un congé de convalescence.

Au sortir de la formation sanitaire où ils auraient été hospitalisés, ou à l'expiration de leur congé de convalescence ou prolongation de permission, tous les militaires permissionnaires du front ayant, à titre exceptionnel, prolongé leur séjour dans la zone de l'intérieur, seront dirigés sur la gare régulatrice par laquelle ils sont arrivés, et non sur le dépôt de leur corps.

B. — Zone de l'intérieur.

Indépendamment des permissions pour faciliter la vie économique du pays, qui ne sont accordées que sur mes ordres, et à des époques déterminées, les permissions que peuvent obtenir les militaires dans la zone de l'intérieur rentrent dans l'une des cinq catégories suivantes :

a) Permissions de vingt-quatre heures accordées les dimanches et jours fériés, dans des proportions très restreintes, et à titre d'encouragement;

b) Permissions délivrées dans des cas tout à fait exceptionnels (événements de famille importants, obsèques, etc.), et pour une durée strictement limitée à la cause les ayant motivées ;

c) Permissions d'une durée variable déterminée par des instructions spéciales, pour certaines catégories d'hommes remplacés dans leur emploi et renvoyés à leurs dépôts (G. V. C., hommes des bataillons d'étapes et des compagnies de place, R. A. T. des classes anciennes renvoyées du front);

d) Permissions d'une semaine aux militaires évacués du front pour blessure ou maladie, à leur sortie, suivant le cas, soit des hôpitaux militaires ou temporaires, soit des hôpitaux-dépôts de convalescents (1), avant qu'ils ne rejoignent le dépôt de leur corps. Ces permissions, qui ne seront jamais prolongées ni renouvelées avant le départ de leurs bénéficiaires pour le front, devront être considérées comme un droit, sauf en cas de force majeure ou de punition grave.

Toutefois, aucune permission de cette nature ne peut être accordée aux militaires indigènes de l'Afrique du Nord, à leur sortie des hôpitaux militaires ou temporaires ou des hôpitaux-dépôts de convalescents; ces militaires doivent être dirigés sur le dépôt de passage de leur corps en France (Aix, Arles, Beaucaire et Tarascon) ; de là, ils peuvent être renvoyés dans leur pays d'origine dans les conditions qui ont fait l'objet d'instructions spéciales au général commandant la 15ᵉ région ; à leur arrivée à la portion centrale de leur corps en Afrique, ils bénéficient de la permission susvisée.

La durée des permissions prévues au paragraphe *d*, qui comprend le voyage aller et retour, sera prolongée d'un jour par 400 kilomètres de trajet (2).

Le titre de permission ainsi que les ordres de transport nécessaires :

1° Pour le trajet jusqu'au lieu de résidence de la famille ;

2° Pour le trajet du lieu de résidence de la famille au dépôt du corps sont délivrés aux intéressés, soit par le médecin-chef de l'hôpital militaire ou temporaire, soit par le médecin-chef de l'hôpital-dépôt de convalescents.

Les dispositions ci-dessus sont applicables aux militaires ne pouvant être reçus dans leur famille, qui seraient acceptés, pendant la durée de leur permission, soit dans une maison de convalescence, soit chez des particuliers; mais, dans ces deux cas, les intéressés devront présenter au médecin-chef de l'hôpital-dépôt de convalescents un bulletin d'acceptation visé par le commissaire de police ou le maire de la localité dans laquelle ils seraient appelés à jouir de leur permission (Décision du 22 avril 1915)

e) Permissions de quatre jours accordées, sur leur demande, aux militaires de la zone de l'intérieur et de l'Algérie-Tunisie, mobilisés depuis six mois au moins, et n'ayant bénéficié d'aucune permission d'une durée supérieure à vingt-quatre heures (3).

(1) Note du *J. off.* — Voir ci-dessus chapitre Iᵉʳ. (Congés de convalescence. — A. — Zone de l'intérieur). Contrairement aux dispositions antérieures, les médecins-chefs des hôpitaux militaires ou temporaires ont à mettre en route, sans les diriger sur les hôpitaux-dépôts, les blessés ou malades guéris, considérés comme ne devant jouir que d'une permission de sept jours, leurs blessures ou maladies n'ayant pas été assez graves pour justifier un congé de convalescence.

(2) Note du *J. off.* — Pour les militaires qui vont passer leur permission en Corse ou en Algérie-Tunisie-Maroc, la semaine comptera du jour exclu du débarquement en Corse ou en Afrique au jour exclu du rembarquement.

(3) Note du *J. off.* — Circulaire du 7 août 1915, n° 10950 K (*Supra*, p. 275).

Ces permissions seront accordées dans les conditions suivantes :

1° Le nombre des hommes absents simultanément à ce titre ne pourra dépasser 10 p. 100 de l'effectif des présents dans le corps, unité ou service.

2° Ces permissions seront accordées en commençant par les hommes qui n'ont pas revu leur famille depuis le temps le plus long, et, à temps égal, par les pères des familles les plus nombreuses.

3° Elles pourront toujours être refusées, si les nécessités du service l'exigent, ou encore en cas de punition grave ou de mauvaise conduite.

4° La durée de ces permissions, qui comprend le voyage aller et retour, sera prolongée d'un jour par 400 kilomètres de trajet.

5° Ces permissions ne pourront être prolongées ou renouvelées. Toutefois, dans des cas absolument exceptionnels (événements graves de famille, par exemple), une prolongation pourra être accordée par les généraux commandants de subdivision aux militaires qui en feraient la demande, à la condition qu'une enquête préalable en ait prouvé la nécessité absolue.

6° La gratuité du voyage en chemin de fer, et, le cas échéant, en paquebot, pour une destination unique, sera accordée à tout militaire qui en fera la demande; les frais de voyage seront payés par les dépôts comme en temps de paix, sans faire usage d'ordres de transport modèle A I (1).

Disposition spéciale — Le bénéfice de la permission de quatre jours visée au § *e*) du titre II, B, ci-dessus, pourra être accordé, sur leur demande

1° Aux militaires évacués à la suite de maladie ou blessure sur la zone de l'intérieur, et qui, étant originaires des régions du Nord et de l'Est, dont l'accès a été interdit aux permissionnaires jusqu'au 28 juill 1915, n'ont pu, de ce fait, jusqu'à cette date, se rendre dans leur famille au cours des permissions ou congés qui ont pu leur être accordés (2) ;

2° Aux militaires qui ont bénéficié d'une permission à titre exceptionnel (événements de famille importants, etc.), d'une durée au plus égale à quatre jours

Le nombre des permissions à accorder à ce titre n'entrera pas en ligne de compte dans le pourcentage de 10 p 100 prévu pour les permissionnaires visés au § *e*)

Pour le tour de départ, il sera d'abord donné satisfaction aux demandes des militaires originaires des régions du Nord et de l'Est.

Les autres dispositions indiquées aux alin. 2, 3, 4. 5 et 6 du § *e*) sont applicables à ces deux catégories de permissionnaires (3).

III. — LOCALITÉS OU PEUVENT ÊTRE PASSÉS LES CONGÉS DE CONVALESCENCE ET LES PERMISSIONS.

A. — Les permissionnaires de vingt-quatre heures (dimanches et jours fériés) ne peuvent jouir de leur permission que dans la zone de l'intérieur

B. — Les militaires qui ont obtenu :

1° Des congés de convalescence;

2° Des permissions de courte durée, pour événements de famille importants (§ *b*);

3° Des permissions de durée variable (§ *c*);

4° Des permissions d'une semaine, après blessure ou maladie (§ *d*);

5° Des permissions de quatre jours (§ *e*), peuvent en jouir dans toutes les localités du territoire français situées en deçà de la ligne indiquée au tableau annexé à la présente circulaire.

L'interdiction d'envoyer des militaires en congé de convalescence dans les localités situées au delà de cette limite ne s'applique pas, d'ailleurs, aux militaires proposés pour la réforme n° 1 par une commission spéciale de reforme, qui peuvent être mis en congé de convalescence, en attendant leur radiation définitive des contrôles

Exceptionnellement, les permissionnaires dont la famille réside au delà de cette limite peuvent également la franchir Mais, dans ce cas, le général commandant en chef a seul qualité pour accorder cette autorisation

C — Les permissions accordées dans des cas tout à fait exceptionnels (pour événements importants de famille), les permissions d'une semaine, après blessure ou maladie, les congés de convalescence et les permissions de quatre jours peuvent être accordés à destination de la Corse de l'Algérie, de la Tunisie et du Maroc (y compris Tanger)

Les militaires français et indigènes des corps d'Algérie-Tunisie-Maroc, en permission d'une semaine, après blessure ou maladie, ou en congé de convalescence dans la colonie ou le protectorat, rejoindront, à l'expiration de leur congé ou permission, les portions centrales de leur corps en Algérie, en Tunisie ou au Maroc, et non les dépôts de passage de France.

Les militaires français et indigènes des corps d'Algérie-Tunisie-Maroc, en permission à tout autre titre, dans la colonie ou le protectorat, rejoindront directement leur point de départ, à l'expiration de leur permission

(1) Note du *J off.* — Notification du 3 sept. 1915, n° 12.765 K, portant modification à la circulaire n° 10.950 K, du 7 août 1915.

(2) Note du *J. off.* — Circulaire du 1er sept. 1915, n° 12 611 K.

(3) Note du *J. off.* — Pour les permissions à accorder aux jeunes gens de la classe 1916, se référer aux dispositions contenues dans la circulaire du 16 sept. n. 13.632 K.

D. — Aucune permission, aucun congé de convalescence, ne peuvent être accordés à destination de l'etranger (1), des colonies ou des pays de protectorat (autres que la Tunisie et le Maroc).

E. — Tous les militaires, officiers aussi bien que soldats, titulaires d'un titre d'absence de plus de quarante-huit heures, devront soumettre, eux-mêmes, leur titre au visa du commandant d'armes ou à celui de la gendarmerie. Mention de cette obligation devra être portée sur les titres d'absence delivrés tant au front que dans la zone de l'intérieur, au lieu et place des anciennes dispositions (2)

La circulaire n° 3056 K du 15 mars 1915, modifiée les 14, 22 et 25 avril, 14 juin, 5, 13, 28 et 31 juillet, 7 août, 1er et 3 septembre, dont les dispositions sont reproduites ou modifiées par la présente circulaire, est abrogee

La presente circulaire devra être portée à la connaissance de tous les commandants d'armes, de tous les commandants de dépôt, et de tous les medecins-chefs des formations sanitaires

Les dispositions de la présente circulaire ne s'appliquent pas aux permissions agricoles qui sont regies par des dispositions spéciales

Ligne limite des localités du territoire français que ne peuvent dépasser les titulaires de congés de convalescence, ainsi que les titulaires des permissions visées aux paragraphes b, c, d, e, *du titre* 11.

Cette ligne est delimitee par la frontiere française jusqu'à la limite est du canton de Bailleul, la limite est de ce canton, des communes de Neuf-Berquin et Merville, du canton de Lillers, des communes de Chocques, la Beuviere, Lapugnoy, Marles, Bruay, Houdain, Ranchicourt, Cauchin-Legal, Gaucourt, Villerschatel, Aubigny, Tilloy-les-Hermaville, Izel-les-Haneau, limite est du canton d'Avesnes-le-Comte, des communes de Warlincourt-les-Pas, Pas-en-Artois, Louvencourt, Acheux, Varennes, Harponville, Warloy-Baillon, Baizieux, Ribemont-sur-l'Ancre, Sailly-le Sec, Sailly-Lorette, limite est des cantons de Corbie et de Moreuil, des communes de Boussicourt, Fignieres, Etelfay, Faverolles, Piennes, Rellot, Mortemer, Cuvilly, Cournay-sur-Abonde, Mouchy-Humieres, Baugy, limite nord du canton de Compiègne, des communes de Janville, Choisy-au-Bac, Rethondes, Trosly-Breuil, Cuise-la-Motte, Croutoy, Montigny-l'Encrain, Cutry, Missy-aux-Bois, Ploisy, limite-Nord du canton de Oulchy-le-Château, des communes de Cerseuil, Lime, Paars, Vauxcere, Planzy-les-Fismes, limite nord du canton de Fismes, de la commune de Guyancourt, puis du canton de Fismes, des communes de Muizon, Thillois, Ormes, Bezannes, Champfleury, Montbré, Ludes, Mailly-Champagne, Verzenay, Verzy, puis une ligne qui, rejoignant la voie ferrée Reims Verdun, à hauteur de Sept-Saulx, la suit jusqu'à Verdun ; la Meuse entre Verdun et la limite nord de l'arrondissement de Commercy, cette limite Nord, puis la ligne Courrouvre, Pierrefitte, Baudremont, Lignieres (ces localités incluses), la limite nord des cantons de Ligny et Commercy, la Meuse jusqu'à Commercy, la limite nord des communes d'Enville, Aulnois-sous-Vertuzey, Boucq, Sanzey, Royaumeix, Tremblecourt, Rogeville, Villers-en-Haye, la ligne Ville-au-Val, Jandelaincourt, Moivron, Champenoux, Hoeville, Serres, Valhey, Bauzemont, Crion, Sionviller, Croismare, Marainviller (ces localités incluses), le cours de la Verdurette jusqu'à Vacqueville, Raon-l'Etape, la Meurthe jusqu'à la frontiere, la frontiere jusqu'à la Suisse

---

DOUANES, GUERRE FRANCO-ALLEMANDE, INTERDICTIONS DE SORTIE, DÉROGATIONS, RETRAIT, PEAUX DE CHEVREAU.

ARRÊTÉ *abrogeant les dispositions de l'arrête du 16 avril* 1915, *en ce qui concerne les peaux brutes et préparées de chevreaux.*

(23 octobre 1915) — (Publ. au *J off* du 24 oct).

LE MINISTRE DES FINANCES ; — Sur le rapport de la commission interministérielle des dérogations aux prohibitions de sortie ; — Vu le décret du 3 avril 1915 (3) ; — Vu l'arrêté du 16 avril 1915 (4) ; — Arrête :

ART 1er. Sont abrogées, en ce qui concerne les peaux brutes et préparées de chevreaux, les dispositions de l'arrêté du 16 avril 1915, susvisé

2. Le conseiller d'Etat directeur général des douanes, est chargé, etc.

GUERRE, GUERRE FRANCO-ALLEMANDE, CONTREBANDE DE GUERRE, DÉCLARATION DE LONDRES DU 26 FÉVR. 1909, ART. 57, ALIN. 1er, APPLICATION, RESTRICTIONS, MARCHANDISES ALLIÉES OU NEUTRES SOUS PAVILLON ENNEMI, MARCHANDISES ENNEMIES SOUS PAVILLON ALLIÉ OU NEUTRE.

DÉCRET *concernant le caractère neutre ou ennemi*

---

(1) Note du *J. off.* — Non compris la principauté de Monaco, et, dans les conditions déterminées par des décisions spéciales, l'Angleterre et l'Italie (Circulaire confidentielle n° 10.346 K, du 28 juill. 1915).

(2) Note du *J. off.* — Circulaire du 12 sept. 1914 n° 2.964 D, et du 31 juill. 1915, n° 10.626 K.

(3-4) 2e vol., p. 97 et 119.

des navires (art. 57 de la déclaration de Londres du 26 févr. 1909).

(**23 octobre 1915**) — (Publ. au *J. off.* du 26 oct.).

LE PRÉSIDENT DE LA RÉPUBLIQUE FRANÇAISE; — Sur le rapport du président du conseil, ministre des affaires étrangères, et du ministre de la marine, — Vu le décret du 6 nov. 1914 (1); — Décrète :

ART. **1er**. La disposition de l'art. 57, alin. 1er, de la déclaration signée à Londres le 26 févr. 1909, relative à la guerre maritime, sera, durant la guerre actuelle, appliquée, sous réserve de la modification ci-après, savoir :

« S'il est établi que les intérêts dans la propriété d'un navire, battant pavillon ennemi, appartiennent en fait à des nationaux d'un pays neutre ou allié, ou, réciproquement, que les intérêts dans la propriété d'un navire battant pavillon neutre ou allié, appartiennent en fait à des nationaux d'un pays ennemi ou à des personnes résidant en pays ennemi, le navire sera en conséquence réputé neutre, allié ou ennemi ».

2. Le président du conseil, ministre des affaires étrangères, et le ministre de la marine, sont chargés, etc.

ARMÉE, GUERRE FRANCO-ALLEMANDE, CLASSE 1888, MAINTIEN SOUS LES DRAPEAUX.

LOI *maintenant à la disposition du ministre de la guerre, jusqu'à la cessation des hostilités, les hommes de la classe* 1888

(**24 octobre 1915**). — (Publ. au *J. off.* du 26 oct.).

ARTICLE UNIQUE. Les hommes de la classe 1888, qu'ils soient dans leurs foyers ou présents sous les drapeaux, demeureront à la disposition du ministre de la guerre jusqu'à la cessation des hostilités.

JUSTICES DE PAIX, GUERRE FRANCO-ALLEMANDE, JUGES DE PAIX MOBILISÉS OU DÉCÉDÉS, RÉUNION DE JUSTICES DE PAIX.

DÉCRET *portant réunion temporaire des justices de paix*

(**24 octobre 1915**). — (Publ. au *J. off.* du 27 oct.).

1er DÉCRET.

LE PRÉSIDENT DE LA RÉPUBLIQUE FRANÇAISE; — Sur le rapport du garde des sceaux, ministre de la justice; — Vu l'art. 1er de la loi du 6 avril 1915 (2), concernant le fonctionnement des justices de paix pendant la guerre; — Vu l'absence, pour cause de mobilisation, des juges de paix de Francescas (Lot-et-Garonne), Marseille (Bouches-du-Rhône), 6e canton, Melisey (Haute-Saône), Souilly (Meuse); — Vu les propositions des premiers présidents des Cours d'appel d'Agen, Aix, Besançon, Nancy, et des procureurs généraux près les mêmes Cours; — Décrète :

ART. **1er**. Sont provisoirement réunies, tant que durera l'absence, pour cause de mobilisation, des juges de paix des cantons susvisés :

Les justices de paix de Francescas et Nérac (Lot-et-Garonne), sous la juridiction du juge de paix de Nérac.

Les justices de paix des 6e et 8e cantons de Marseille (Bouches-du-Rhône), sous la juridiction du juge de paix du 8e canton.

Les justices de paix de Melisey et de Lure (Haute-Saône), sous la juridiction du juge de paix de Lure.

Les justices de paix de Souilly et de Verdun (Meuse), sous la juridiction du juge de paix de Verdun.

2. Le garde des sceaux, ministre de la justice, est chargé, etc.

2e DÉCRET.

LE PRÉSIDENT DE LA RÉPUBLIQUE FRANÇAISE; — Sur le rapport du garde des sceaux, ministre de la justice; — Vu l'art. 1er de la loi du 6 avril 1915 (3), concernant le fonctionnement des justices de paix pendant la guerre; — Vu le décès du juge de paix de Faucogney (Haute-Saône); — Vu la proposition du premier président de la Cour d'appel de Besançon et du procureur général près ladite Cour; — Décrète :

ART. **1er**. Sont provisoirement réunies :

Les justices de paix de Faucogney et de Luxeuil (Haute-Saône), sous la juridiction du juge de paix de Luxeuil.

2. Le garde des sceaux, ministre de la justice, est chargé, etc.

AGRICULTURE, GUERRE FRANCO-ALLEMANDE, TRAVAUX D'AUTOMNE, EMPLOI DES PERMISSIONNAIRES MILITAIRES.

CIRCULAIRE *aux préfets sur l'exécution des travaux d'automne.*

(**25 octobre 1915**) — (Publ. au *J. off.* du 27 oct.).

J'ai l'honneur de vous informer qu'à la date du

(1) 1er vol., p. 186.
(2) 2e vol., p. 104.
(3) 2e vol., p. 104.

22 octobre, M. le ministre de la guerre, donnant satisfaction, dans la limite des nécessités militaires, aux demandes que je lui avais adressées, en vue d'augmenter la main-d'œuvre mise à la disposition de l'agriculture, a rétabli les permissions temporairement suspendues pour les hommes mobilisables des dépôts communs d'infanterie, et a édicté en outre les mesures suivantes :

1° Les permissions agricoles pourront être accordées à tous les hommes de troupe agriculteurs, quelle que soit leur classe, en service dans les formations de toute nature de la zone de l'intérieur ou dans les dépôts de la zone des armées, à l'exception des hommes de l'active et de la réserve (classes 1902 à 1915 inclus) du service armé, aptes à faire campagne, ou susceptibles de le devenir avant un mois, appartenant à l'infanterie et au génie.

La classe 1916 n'étant pas encore considérée comme mobilisable, les cultivateurs de cette classe peuvent, jusqu'à nouvel ordre, être envoyés en permission agricole

2° Les commandants de dépôt et chefs de service pourront accorder des prolongations, à l'expiration des permissions de quinze jours, lorsque l'urgence en sera démontrée, notamment à la suite de mauvais temps

3° Les convalescents hospitalisés, soit dans les établissements de l'Œuvre de l'assistance aux convalescents, soit dans les hôpitaux-dépôts, pourront être envoyés en permission agricole, lorsque le médecin traitant émettra un avis favorable.

Par ailleurs, les équipes de travailleurs non professionnels, prévues par la circulaire du 29 août, devront être fournies très largement partout où elles seront demandées, en particulier pour l'arrachage des betteraves Pourront entrer dans la composition de ces équipes les hommes appartenant aux catégories visées au § 1er ci-dessus, exerçant ou non des professions agricoles

M le ministre de la guerre a invité expressément les généraux commandants de région à porter à son maximum, dès maintenant et jusqu'au 15 décembre, le concours prêté par l'armée à l'agriculture, en multipliant les permissions accordées aux agriculteurs de profession, en utilisant largement les non-spécialistes pour effectuer les besognes accessoires de la culture, ainsi que pour remplacer momentanément dans leurs emplois militaires les cultivateurs envoyés en permission, notamment ceux qui appartiennent au service auxiliaire et qui sont employés dans les établissements et services de toute nature ; enfin, en prêtant aux agriculteurs qui en feront la demande tous les animaux disponibles dans la zone de l'intérieur

De mon côté, et afin d'atteindre le but poursuivi, je vous prie de vouloir bien demander aux maires, si vous ne l'avez déjà fait, de vous indiquer d'urgence les besoins de leurs communes en main-d'œuvre et en attelages pour l'exécution des travaux d'automne, en appelant leur attention sur la nécessité de réduire leurs évaluations aux nombres d'hommes et d'animaux strictement indispensables

Ces renseignements, centralisés à la préfecture, et rapidement contrôlés par le directeur des services agricoles, serviront de base aux demandes que vous adresserez à l'autorité militaire, et vous permettront de répartir de la façon la plus judicieuse les éléments qui seront mis par elle à la disposition de l'agriculture. Vous voudrez bien m'adresser un état des renseignements que vous aurez ainsi recueillis.

Vous porterez votre attention en premier lieu sur les exploitations que la mobilisation a privées de leurs chefs Je n'ai pas besoin d'insister sur l'intérêt capital qui s'attache à ce que les familles des cultivateurs mobilisés se rendent compte que les pouvoirs publics s'efforcent, par tous les moyens, de leur venir en aide Les autorités locales doivent, non seulement leur fournir un concours matériel, mais encore leur apporter un réconfort moral. Cet appui leur est d'autant plus nécessaire que, par suite de l'appel des hommes sous les drapeaux, c'est aux femmes qu'incombe généralement, à l'heure actuelle, le soin d'organiser les travaux agricoles et d'en assurer l'exécution Cette tâche, qu'elles ont courageusement assumée depuis le début de la guerre, devient de jour en jour plus difficile, et peut souvent paraître au-dessus de leurs forces Vous saurez leur en faire saisir toute l'importance, leur montrer la grandeur de leur rôle et les déterminer à le remplir jusqu'au bout

---

GUERRE, GUERRE FRANCO-ALLEMANDE, RÉGIONS DE CORPS D'ARMÉE, COMITÉS CONSULTATIFS D'ACTION ÉCONOMIQUE, COMPOSITION, FONCTIONNEMENT.

DÉCRET *relatif à la création et au fonctionnement de comités consultatifs d'action économique*

(25 octobre 1915) — (Publ. au *J off* du 31 oct.).

LE PRÉSIDENT DE LA RÉPUBLIQUE FRANÇAISE ; — Sur le rapport du président du conseil des ministres et du ministre de la guerre ; — Décrète :

ART **1er**. Il est institué, pour la durée de la guerre, dans chaque région de corps d'armée de la zone de l'intérieur, un comité consultatif d'action économique

Le siège du comité est fixé au chef-lieu de la région Il peut exceptionnellement être transféré dans une autre ville par arrêté ministériel.

2. Le comité a pour mission de rechercher les mesures propres à maintenir et à développer l'activité agricole, industrielle et commerciale de la région, notamment par l'emploi rationnel de la main-d'œuvre civile et militaire, et par l'utilisation des ressources locales ; il provoque l'exécution de ces mesures. A cet effet, il soumet, le cas échéant, au ministre de la guerre (sous-secrétariat d'Etat du ravitaillement et de l'intendance) toutes propositions qui lui paraissent justifiées.

Toutes dispositions générales relatives à l'emploi de la main-d'œuvre des militaires mobilisés sont obligatoirement présentées à l'approbation du ministre

3. Le comité est composé ainsi qu'il suit :

1° Le prefet du département ou siège le comité, président ;

2° L'intendant militaire, directeur du service de l'intendance de la région ;

3° Un officier de l'état-major de la région, désigné par le général commandant la région ;

4° Un inspecteur départemental du travail ;

5° Le directeur des services agricoles du département où siege le comité ;

6° Un président de commission de ravitaillement ;

7° Le trésorier-payeur genéral du département ou siege le comite ;

8° Deux représentants du commerce, de l'industrie et de l'agriculture par département compris dans la région, et choisis parmi les membres des chambres de commerce, des chambres consultatives des arts et manufactures, des societés et associations d'agriculture et des syndicats professionnels ou agricoles ;

9° Un officier ou fonctionnaire désigne par le ministre de la guerre

Les membres du comité sont nommés par le ministre de la guerre, sur proposition du sous-secrétaire d'Etat du ravitaillement et de l'intendance militaire

4. L'officier ou fonctionnaire désigné par le ministre assure la liaison entre le comité et l'administration centrale de la guerre, ainsi qu'avec les diverses autorités intéressées ; il rend compte au ministre (sous-secrétariat d'Etat du ravitaillement et de l'intendance) de l'exécution des mesures prescrites à la suite des délibérations du comité.

5. Le comité fonctionne sous l'autorite directe du ministre (sous-secrétariat d'Etat du ravitaillement et de l'intendance militaire)

6 Une instruction du ministre de la guerre réglera les détails d'application du présent décret, et déterminera les conditions dans lesquelles pourront être éventuellement créés des sous-comités départementaux

7. Le président du conseil des ministres et le ministre de la guerre sont charges, etc

---

ARMÉE, GUERRE FRANCO-ALLEMANDE, TROUPES COLONIALES, TOUR DE SERVICE COLONIAL, SUSPENSION

DÉCRET *suspendant l'application du décret du 30 déc 1903, sur le tour de service colonial des militaires des troupes coloniales* (1).

(26 octobre 1915). — (Publ. au *J. off.* du 28 oct)

LE PRÉSIDENT DE LA RÉPUBLIQUE FRANÇAISE ; — Sur le rapport des ministres de la guerre et des colonies ; — Vu l'art 12 de la loi du 7 juill 1900 (2), portant organisation des troupes coloniales ; — Vu le décret du 30 dec 1903 (3), modifié les 12 déc 1905 (4), 26 août 1906 (5) et 22 févr. 1910 (6), reglant le tour de service colonial des militaires des troupes coloniales ; — Decrete :

ART. **1er**. L'application du decret du 30 dec 1903, modifie les 12 déc 1905, 26 août 1906 et 22 févr. 1910, réglant le tour de service colonial des militaires des troupes coloniales, est suspendue jusqu'a nouvel ordre

2 La releve des hommes et des cadres entre les troupes et services stationnés dans la metropole et ceux stationnés aux colonies est assurée, au mieux des interêts du service, par le ministre de la guerre, apres avis du ministre des colonies.

3 Les ministres de la guerre et des colonies sont chargés, etc

---

RÉQUISITIONS MILITAIRES, MARINE, NAVIRES RÉQUISITIONNÉS, MARINS DU COMMERCE, OPTION ENTRE LA SOLDE MILITAIRE ET LA SOLDE COMMERCIALE.

CIRCULAIRE *au sujet de l'option entre les soldes commerciale et militaire des marins embarqués sur les bâtiments de commerce mobilisés.*

---

(1) Ce decret est précédé au *J. off.* d'un rapport ainsi conçu :

« L'impérieuses nécessités d'ordre militaire ont, depuis le début de la guerre, porte obstacle a l'application régulière des dispositions du decret du 30 déc. 1903, reglant le tour de service colonial des militaires des troupes coloniales.

« En raison de la continuation des hostilités, il est devenu nécessaire de suspendre l'exécution intégrale de ce décret.

« Il sera, en outre, vraisemblablement opportun de maintenir, après la signature de la paix, le nouvel état de choses durant une certaine periode, de manière à permettre de ne pas compromettre l'organisation des troupes coloniales par une reprise hâtive et générale de la relève coloniale ».

(2) S. et P. *Lois annotées* de 1900, p. 1113 ; *Pand. per.*, 1901.3.147.

(3) *J. off.*, 7 janv. 1904, p. 226.

(4) *J. off.*, 17 dec 1905, p. 7337.

(5) *J. off.*, 29 août 1906, p. 5985.

(6) *J. off*, 2 mars 1910, p. 1746.

(26 octobre 1915). — (Publ. au *J. off* du 27 oct.).

Le Ministre de la marine à MM les vice-amiraux commandant en chef, préfets maritimes.

La question m'a été posée de savoir si le dernier paragraphe de la circulaire du 10 oct 1915 (1), qui autorise les marins embarqués, dans les conditions prévues par la loi du 2 mai 1899 (2), sur les bâtiments de commerce militarisés, à modifier, en cours de service, leur option pour la solde militaire, ou commerciale, pouvait être invoqué par un marin qui désirerait renoncer à la solde commerciale, plus élevée que la solde militaire.

Cette question doit être résolue par l'affirmative, car, bien que le département ait fait connaître au ministre de l'intérieur que la concession d'une solde commerciale à un mobilise n'était pas de nature a entraîner *ipso facto* le refus de l'allocation journaliere prévue par la loi du 5 août 1914 (3), certains marins croient a tort que le rejet de leur demande d'allocation découle uniquement du tarif qui leur est applicable.

D'ailleurs, si la solde militaire, augmentée de l'allocation et des majorations journalieres, depasse la solde commerciale, la différence ne peut être appréciable que pour les nombreuses familles qu'il importe de favoriser

Je vous prie de vouloir bien donner les ordres necessaires pour l'exécution de ces prescriptions, qui, comme celles des circulaires des 29 septembre dernier (4) et 10 octobre courant (5), sont applicables à tous les marins mobilisés dans les conditions de la loi du 2 mai 1899.

ALGÉRIE, GUERRE FRANCO-ALLEMANDE, EXPROPRIATION POUR UTILITÉ PUBLIQUE, URGENCE, PRISE DE POSSESSION, DÉLAIS.

DÉCRET *portant simplification des formalités relatives à l'expropriation d'urgence pour cause d'utilité publique en Algérie, pendant la durée de la guerre.*

(27 octobre 1915) — (Publ. au *J. off.* du 13 nov).

LE PRÉSIDENT DE LA RÉPUBLIQUE FRANÇAISE; — Sur le rapport du ministre de l'intérieur et du ministre des travaux publics; — Vu les propositions du gouverneur général de l'Algérie; — Vu la loi du 30 sept. 1915 (6), concernant les moyens propres à permettre en Algérie l'expropriation pour cause d'utilité publique pendant la durée des hostilités; — Vu l'ordonnance royale du 1er oct 1844 (7) et la loi du 16 juin 1851 (8), relatives au droit de propriété en Algérie; — Vu le décret du 11 juin 1858, modifié par celui du 8 sept. 1859 (9) déterminant les formes à suivre en Algérie en matiere d'expropriation d'urgence pour cause d'utilité publique; — Vu la loi du 5 août 1914 (10), relative à la prorogation des échéances et des valeurs négociables; ensemble, le décret du 10 août 1914 (11), rendu en application de cette loi, et suspendant les prescriptions, péremptions et delais en matière civile, commerciale et administrative pendant la durée des hostilités; — Vu le décret du 23 août 1898 (12), organisant le gouvernement et la haute administration de l'Algérie, ensemble, le décret du 18 août 1897 (13), spécial au service des travaux publics et des mines; — Le Conseil d'Etat entendu; — Décrète ·

ART. 1er. Pendant la durée des hostilités, les formalités relatives à l'expropriation d'urgence pour cause d'utilité publique, en Algérie, continueront à être accomplies jusqu'à la prise de possession inclusivement.

Toutefois, en cas d'absence des parties intéressées ou de leurs représentants légaux, les experts nommés par le président du tribunal civil déposeront leur rapport descriptif et estimatif des terrains à exproprier, nonobstant cette absence.

Les formalités postérieures à la prise de possession ne seront effectuées qu'après la cessation des hostilités Un arrêté ultérieur du gouverneur général fixera la date de la reprise d'instance.

2. En Algérie, le décret du 10 août 1914 ne s'appliquera pas aux délais des diverses formalités précédant l'execution du travail public

3. Les ministres de l'intérieur et des travaux publics sont chargés, etc.

CONTRIBUTIONS DIRECTES, GUERRE FRANCO-ALLEMANDE, MORATORIUM, PROROGATION DE DÉLAIS, ACTIONS EN JUSTICE, POURSUITES CONTRE LES CONTRIBUABLES NON MOBILISÉS NI DOMICILIÉS DANS LES RÉGIONS ENVAHIES, POURSUITES NOUVELLES, CONTINUATION DES POURSUITES ENGAGÉES, AUTORISATION DU VICE-PRÉSIDENT DU CONSEIL DE PRÉFECTURE.

---

(1) *Supra*, p. 66.
(2) S. et P *Lois annotées* de 1900. p. 1001.
(3) 1er vol, p. 28.
(4-5) *Supra*, p. 50 et 66.
(6) *Supra*, p. 31.
(7) S. 2e vol. des *Lois annotees*, p. 848.
(8) S. *Lois annotées* de 1851, p. 74. — P. *Lois, décr.*, etc. de 1851, p. 123.
(9) S. *Lois annotées* de 1859, p. 151, — P. *Lois, décr.*, etc. de 1859, p. 262.
(10) 1er vol., p. 33.
(11) 1er vol., p. 44.
(12) S. et P. *Lois annotées* de 1900, p. 1010; *Pand. pér*, 1899.3.74.
(13) S. et P. *Lois annotées* de 1898, p. 543; *Pand. pér.*, 1899.3.6.

DÉCRET *relatif à la continuation des instances en matière de réclamations sur contributions directes* (1).

(27 octobre 1915). — (Publ. au *J. off.* des 2-3 nov.).

LE PRÉSIDENT DE LA RÉPUBLIQUE FRANÇAISE; — Sur le rapport du ministre des finances, du garde des sceaux, ministre de la justice, du ministre de l'intérieur et du ministre du commerce, de l'industrie, des postes et des télégraphes; — Vu l'art 2 de la loi du 5 août 1914 (2), relative à la prorogation des échéances des valeurs négociables: — Vu les décrets des 10 août (3) et 15 déc. 1914 (4) et 11 mai 1915 (5), relatifs à la suspension des délais, prescriptions et péremptions; — Le conseil des ministres entendu: — Décrète:

ART. 1er. La suspension, prononcée par l'art. 1er du décret du 10 août 1914, des délais, prescriptions et péremptions, pourra, en matière de réclamations relatives à l'assiette des contributions directes ou taxes assimilées, être levée, selon les circonstances, par le président de la juridiction saisie, à l'égard des contribuables qui ne sont ni présents sous les drapeaux, ni domiciliés dans les circonscriptions judiciaires fixées par le décret du 21 déc. 1914 (6).

Le président statuera sans frais, soit sur la demande de l'Administration des contributions directes après que les intéressés auront été mis en demeure de produire leurs observations dans un délai de dix jours, soit sur celle des intéressés, après que ladite administration aura été appelée à formuler son avis.

La décision rendue par le président sera notifiée en la forme administrative.

Elle ne sera susceptible ni d'opposition ni d'appel.

S'il est fait droit à la demande, un nouveau délai, égal au délai ordinaire, courra, à dater de la notification de la décision du président.

2. La continuation jusqu'à décision définitive de toute instance engagée avant ou depuis la mobilisation pourra, selon les circonstances, et à l'égard des mêmes personnes, être autorisée par le président de la juridiction saisie, qui statuera dans les conditions prévues à l'article précédent.

Cette autorisation pourra, s'il y a lieu, être ultérieurement révoquée par la juridiction saisie.

3. Sont abrogées les dispositions contraires des décrets des 10 août et 15 déc. 1914 et 11 mai 1915.

4. Le ministre des finances, le garde des sceaux, ministre de la justice, le ministre de l'intérieur et le ministre du commerce, de l'industrie, des postes et des télégraphes sont chargés, etc.

GUERRE, GUERRE FRANCO-ALLEMANDE, BLÉS ET FARINES, RAVITAILLEMENT DE LA POPULATION CIVILE, SERVICE DU RAVITAILLEMENT, ORGANISATION, COMITÉ CONSULTATIF, DIRECTEUR DU SERVICE, COMPTABILITÉ, ACHATS ET CESSIONS A L'AMIABLE DE BLÉS ET FARINES, RÉQUISITIONS ET ACHATS DE BLÉS ET FARINES PAR LES PRÉFETS.

DÉCRET *relatif à l'organisation du service du ravitaillement pour l'alimentation de la population civile.*

(27 octobre 1915). — (Publ. au *J. off.* du 29 oct.)

LE PRÉSIDENT DE LA RÉPUBLIQUE FRANÇAISE; — Vu la loi du 16 oct. 1915 (7), portant ouverture au ministre du commerce, de l'industrie, des postes et des télégraphes, sur l'exercice 1915, des crédits additionnels aux crédits provisoires, pour procéder à des opérations d'achat et de vente de blé et de farine pour le ravitaillement de la population civile; — Vu le décret en date du 8 sept. 1914 (8), instituant le service du ravitaillement pour l'alimentation de la population civile; — Sur le rap-

---

(1) Ce décret est précédé au *J. off.* d'un rapport ainsi conçu:

« Le moratorium institué par le décret du 10 août 1914, qui est applicable en matière administrative, étend ses effets au contentieux spécial des contributions directes, et s'oppose à ce que les instances engagées par les contribuables suivent leur cours normal.

« Le nombre des demandes en décharge ou réduction d'impôts, dont la solution reste par suite en suspens, ne cesse de s'accroître, et cette situation présente de graves inconvénients pour les intéressés aussi bien que pour le Trésor.

« Le décret du 10 août 1914 laisse, il est vrai, au président du tribunal saisi, lequel est dans l'espèce le conseil de préfecture, le pouvoir d'ordonner la continuation des instances, mais seulement pour des motifs exceptionnels. Or, il importe, au contraire, qu'en règle générale, les réclamations introduites par les contribuables qui se prétendent surtaxés soient jugées dans le plus court délai possible.

« Le président du conseil de préfecture est d'ailleurs pleinement qualifié pour apprécier, selon les circonstances, l'opportunité de la continuation d'instances relatives à des questions d'ordre purement fiscal.

« Il paraît donc expédient de donner compétence à ce magistrat pour lever la suspension de tous délais applicables aux actes de procédure, de notification ou d'exécution, et, d'une manière générale, pour autoriser la poursuite des instances jusqu'à décision définitive, en ce qui a trait aux demandes en décharge ou réduction de contributions directes, réserve faite de celles qui intéressent des contribuables présents sous les drapeaux ou habitant des circonscriptions comprises dans la zone des opérations militaires.

« Les litiges concernant l'assiette des impôts directs pourront ainsi, en majeure partie, recevoir une solution sans de plus longs retards.

« Quant à ceux qui sont relatifs au recouvrement des mêmes impôts, ils relèvent des tribunaux judiciaires, et ils resteront, bien entendu, en dehors de la réglementation envisagée ».

(2-3-4) 1er vol., p. 33, 44, et 258.

(5) 2e vol., p. 150.

(6) 1er vol., p. 270.

(7) *Supra*, p. 72.

(8) 1er vol., p. 104.

port du ministre du commerce, de l'industrie, des postes et des télégraphes et du ministre des finances; — Décrète :

TITRE Ier

OPÉRATIONS DU SERVICE DU RAVITAILLEMENT. — COMITÉ CONSULTATIF. — ORGANISATION ADMINISTRATIVE ET FINANCIÈRE.

Art. 1er Le service du ravitaillement de la population civile, institue par le décret susvisé du 8 sept 1914, est chargé de préparer et de soumettre à l'approbation du ministre du commerce les marchés de fournitures, de transport et de manutention, et toutes les conventions concernant le déchargement dans les ports, la réception, l'expédition, la mise en dépôt et la livraison des bles et farines destinés à l'alimentation de la population civile; il transmet aux préfets toutes instructions relatives aux réquisitions et aux achats à caisse ouverte, ainsi qu'à la répartition de ces denrées par voie de cessions; il veille à la conservation et au renouvellement des stocks au fur et à mesure des besoins.

2. Le comité consultatif, institué par l'art 5 de la loi du 16 oct. 1915, est compose de 14 membres, dont un représentant des ministres des finances, de l'agriculture, de la guerre et de l'interieur.

Les membres du comité consultatif sont nommes par arrêté du ministre du commerce.

3. Indépendamment des attributions qui lui sont expressément conférées par le § 2 dudit art. 5, le comité donne son avis sur toutes les questions intéressant le service qui lui sont soumises par le ministre du commerce.

4. Les opérations de recettes et de dépenses, effectuées en conformite de la loi du 16 oct. 1915, sont constatees au compte spécial institué par l'art. 3 de ladite loi.

Les recettes comprennent :

1° La dotation budgétaire;

2° Le produit des cessions de blés et farines achetés à l'étranger, en conformité des dispositions du titre II du present décret;

3° Le produit des cessions de blés et farines achetés ou réquisitionnes à l'intérieur, en conformité des dispositions du titre III du présent décret;

4° Les recettes accessoires

Les depenses comprennent :

1° Le prix des achats de bles et farines effectués à l'étranger;

2° Le prix des achats et réquisitions de blés et farines effectués à l'intérieur;

3° Les frais de transport et de répartition;

4° Le prix d'achat et les frais d'entretien du matériel et de l'outillage;

5° Les frais de déchargement et de manutention;

6° Les frais de conservation et de magasinage (construction et aménagement, ou, le cas échéant, location de magasins et de dépôts, frais de magasinage dans les magasins généraux, etc.);

7° Les dépenses diverses.

Ces recettes et ces dépenses font l'objet d'états de prévision établis annuellement. Ces états de prévision et les modifications qui peuvent y être apportées sont arrêtées par le ministre du commerce, apres avis du comité consultatif.

5. Les dépenses font l'objet d'ordres de paiement signés par le ministre du commerce ou par son délégue. Les recettes sont encaissées en vertu des titres de perception délivres dans la même forme et transmis à l'agent comptable.

6. Le directeur du service du ravitaillement tient une comptabilité administrative des operations effectuées au titre du compte spécial

Cette comptabilite comprend tout ce qui concerne .

1° La constatation des droits et le recouvrement des produits;

2° La liquidation des dépenses, la délivrance des ordres de paiement et les paiements effectues

7. En fin d'année, un compte administratif des opérations effectuées est établi par le directeur du service du ravitaillement; il est soumis à l'examen du comité consultatif, et arrêté par le ministre du commerce

Il est annexé à ce compte un releve faisant ressortir les marchandises achetées, les marchandises cedees, le stock devant exister en magasin, le stock effectif et la valeur d'après le prix d'achat, augmenté des frais de transport de ce dernier stock.

Le compte administratif est produit à la Cour des comptes à l'appui du compte de l'agent comptable.

8. L'agent comptable chargé d'effectuer les opérations de recettes et de dépenses est nomme par décret, sur la proposition du ministre du commerce, avec l'agrément du ministre des finances.

Cet agent comptable est placé sous l'autorite du ministre du commerce

Sa gestion est soumise aux vérifications de l'inspection génerale des finances

9. L'agent comptable du service n'a aucun maniement de fonds. Les opérations matérielles de recettes et de dépenses sont effectuees pour son compte par les agents du Trésor ci-apres :

A Paris : le caissier payeur central du Tresor public;

Dans les départements : les tresoriers-payeurs généraux, et, pour leur compte, les receveurs particuliers des finances et les percepteurs.

Il lui est ouvert un compte courant dans les écritures du caissier payeur central du Tresor public.

Aucun ordre de paiement ne peut être délivre que dans les limites des disponibilités de ce compte courant.

10. Aucune dépense ne peut être acquittee par

les agents du Trésor que si elle a préalablement fait l'objet d'un ordre de paiement revêtu du visa de l'agent comptable, qui doit, en outre, aviser le comptable du Trésor désigné pour le paiement.

Toutefois, les achats à caisse ouverte et le paiement des réquisitions sont effectués avant la délivrance des ordres de paiement, sauf régularisation ultérieure.

L'agent comptable est responsable des justifications produites.

11. Toutes les pièces se référant aux recettes et aux dépenses effectuées par les agents du Trésor sont transmises à l'agent comptable.

Celui-ci centralise dans ses écritures, comme s'il les avait faites lui-même, les opérations dont il a reconnu la régularité. A cet effet, il débite le Trésor du montant des recettes et le crédite du montant des dépenses.

Il rejette les autres opérations et en provoque le redressement.

12. L'agent comptable est justiciable de la Cour des comptes, devant laquelle il prête serment, et à laquelle il est tenu de rendre compte de l'accomplissement de tous les faits de dépenses et de recettes dont il est chargé.

A cet effet, il forme le compte général de ses opérations annuelles à soumettre au jugement de la Cour.

13. L'agent comptable est assujetti à un cautionnement, qui est réalisé dans l'une des formes autorisées par les lois en vigueur pour les comptables des deniers publics, et dont le versement doit être préalable à l'installation.

Le montant de ce cautionnement est fixé à 15 000 fr.

Le remboursement en est autorisé dans les conditions déterminées pour les cautionnements des comptables des deniers publics.

14. Les oppositions sur les sommes payables en vertu des ordres de paiement prévus à l'art. 10 sont pratiquées entre les mains de l'agent comptable du service.

15. Les opérations effectuées par l'intermédiaire des préfets, en conformité du titre III du présent décret, sont rattachées à la comptabilité du service du ravitaillement, et l'agent comptable est tenu de s'assurer que, pour toutes les quantités achetées, les prix de cession ont été régulièrement encaissés ou que les marchandises ont été régulièrement prises en charge.

16. A la fin de chaque trimestre, le directeur du service du ravitaillement, d'une part, l'agent comptable, d'autre part, établissent la situation des opérations telle qu'elle résulte de leur comptabilité. Ces documents sont visés par le ministre du commerce et communiqués au ministre des finances.

La situation produite par le directeur fait ressortir le bénéfice ou la perte résultant des opérations. Le bénéfice ou la perte dont il est fait état ne comprend que la différence entre le prix d'achat augmenté des frais de transport et le prix de cession, et, s'il y a lieu, la valeur des excédents ou des manquants régulièrement constatés.

L'agent comptable certifie la concordance de cette situation avec ses écritures.

17. Les denrées qui ne sont pas expédiées directement aux parties prenantes sont entreposées dans les magasins généraux ou dans les dépôts organisés sous le contrôle du service du ravitaillement.

18. La gestion des dépôts est confiée, sous l'autorité du service et sous la responsabilité de l'agent comptable, à des garde-magasins, soumis à la vérification de l'inspection générale des finances. Une rémunération, s'il y a lieu, peut être attribuée aux garde-magasins par le ministre du commerce.

19. Il est adressé le 31 décembre, par une commission composée de trois membres désignés par le préfet, un inventaire en quantité des denrées existant dans chaque dépôt avec indication des dates d'entrée.

La comptabilité-matières des opérations est centralisée par l'agent comptable, seul chargé de présenter un compte-matières annuel à la Cour des comptes, qui exerce son contrôle suivant les formes déterminées par les art. 873, 875 et 876 du décret du 31 mai 1862 (1).

20. L'agent comptable est soumis pour tout ce qui n'est pas prévu au présent décret aux mêmes règles que les comptables du Trésor.

TITRE II

ACHATS ET CESSIONS DE BLÉS ET FARINES EFFECTUÉS PAR LE SERVICE DU RAVITAILLEMENT

21. Les achats de blés et farines pour le service du ravitaillement peuvent être effectués par l'intermédiaire de nos représentants à l'étranger ou d'agents spéciaux désignés par le ministre du commerce.

Dans ce cas, ainsi que pour les marchés ou conventions stipulant que les paiements auront lieu à l'étranger, les paiements sont opérés, soit au moyen de traites tirées par les consuls conformément aux règles ordinaires, et acceptées par le ministre du commerce et visées par l'agent comptable, soit dans les conditions qui seront arrêtées d'un commun accord entre le ministre du commerce et le ministre des finances.

22. Les cessions de blés et farines sont consenties aux départements, aux communes ou aux chambres de commerce.

Toutefois, elles peuvent être consenties direc-

---

(1) S. *Lois annotées* de 1862, p. 59. — P. *Lois, décr.*, etc. de 1862, p. 101.

tement à des particuliers, sur la demande des préfets, lorsque aucune des personnes morales visées au paragraphe précédent n'est en état d'assumer le rôle de partie prenante

23 Les demandes de blés et farines sont adressées aux préfets, qui en saisissent le service du ravitaillement.

Les cessions sont consenties par le ministre du commerce, qui notifie aux préfets les quantités et qualités à livrer et les prix unitaires des denrées cédées, ainsi que le dépôt chargé d'opérer la livraison

L'agent comptable est informé des cessions consenties au moyen de titres de perception signés par le ministre ou par son délégué. Il prend charge de ces titres de perception et les conserve pour être annexés à sa comptabilité

Le montant des cessions est encaissé au vu d'ordres de versement délivrés par le ministre du commerce et remis aux parties prenantes par l'intermédiaire des préfets. Le trésorier-payeur général intéressé est immédiatement avisé par le service du ravitaillement de la délivrance des ordres de versement, au moyen d'un double du bordereau récapitulatif accompagnant les ordres de versement adressés aux préfets

24 Le prix des cessions doit être versé par la partie prenante dans le délai et suivant les conditions fixées par le ministre du commerce. sauf dans le cas de cession à un particulier où le paiement doit être effectué avant la livraison

TITRE III

RÉQUISITIONS ET ACHATS DE BLÉS ET FARINES EFFECTUÉS PAR LES PRÉFETS.

25 Les conditions dans lesquelles les préfets ou leurs délégués exercent le droit de réquisition prévu par l'art 1er de la loi du 16 oct. 1915 sont déterminées par la loi du 3 juill 1877 (1), sur les réquisitions militaires, le décret du 2 août suivant (2), et par les dispositions du présent décret

26. A défaut d'entente amiable entre les détenteurs de blés ou de farines et les meuniers ou boulangers, les préfets peuvent procéder, sur l'instruction qui leur en est donnée par le ministre du commerce, à l'achat à caisse ouverte, et, en cas de nécessité, à la réquisition des blés et farines existant dans leur département

Le droit de réquisition peut être délégué par le préfet par un arrêté spécial, aux sous-préfets ou aux présidents des commissions de réception constituées en exécution de la loi du 3 juill 1877.

Ces mêmes délégués peuvent procéder à des achats à caisse ouverte.

27. Les achats à caisse ouverte sont réalisés conformément aux règles édictées par les règlements militaires en vigueur

28 Les blés et farines achetés à caisse ouverte doivent être de qualité loyale et marchande, et leur prix d'achat ne doit pas dépasser le prix fixé par les §§ 2 et 3 de l'art. 2 de la loi du 16 oct 1915

29. Les minotiers, boulangers, ou autres personnes auxquelles les blés ou farines doivent être vendus, sont convoqués par le préfet, et doivent se rendre au lieu de convocation, ou s'y faire représenter pour prendre livraison immédiate des denrées.

Le prix de vente est payable comptant Toutefois, à titre exceptionnel, il peut être accordé par le préfet ou son délégué un délai de vingt jours.

Dans ce dernier cas, l'acheteur remet au percepteur un reçu de la denrée, avec engagement d'en verser le prix dans le délai accordé

Le relevé détaillé de tous les reçus ainsi remis au percepteur dans une même journée est adressé directement par le préfet ou son délégué au trésorier général, en même temps que des ordres de versement au nom des différents acheteurs qui ont délivré des reçus.

S'il est procédé par voie de réquisition, le prix des denrées vendues comptant est versé immédiatement au percepteur, contre remise d'une quittance à souche. Les denrées ainsi payées font l'objet d'un état dressé en triple exemplaire par le président de la commission de réception; le premier exemplaire est remis au percepteur, le second est adressé au receveur des finances, le troisième est conservé par la commission

30. Si, exceptionnellement, l'acheteur ne s'est pas rendu au lieu de convocation, et ne s'y est pas fait représenter, la denrée lui est expédiée, sur sa demande, en port dû, et, s'il y a lieu, contre remboursement, à la gare la plus voisine de sa résidence, et le prix est payé immédiatement au vendeur, comme il est dit au § 4 de l'article précédent

En pareil cas, le préfet désigne un agent spécial, chargé de constater, contradictoirement avec le destinataire, l'état de la marchandise à l'arrivée Le destinataire remet à l'agent spécial une déclaration portant qu'il n'a aucune réclamation à formuler au sujet de la quantité ou de la qualité de la marchandise; sinon, il est sursis à tout enlèvement jusqu'à réception des ordres du préfet

31 Dans le cas exceptionnel où la marchandise achetée ou réquisitionnée n'est ni livrée ni expédiée à un acheteur, elle doit être, soit emmagasinée dans des locaux spéciaux, soit, exceptionnellement, laissée contre reçu à la garde du vendeur.

32 Des arrêtés concertés entre les ministres des

(1) S. *Lois annotées* de 1877, p 249. — P. *Lois, décr*. etc. de 1877, p. 428.

(2) S. *Lois annotées* de 1877, p. 255. — P. *Lois, décr*., etc. de 1877, p. 410.

finances et du commerce détermineront les conditions d'application du présent decret.

33. Le ministre du commerce, de l'industrie, des postes et des télégraphes, et le ministre des finances sont chargés, etc

---

POSTES, GUERRE FRANCO-ALLEMANDE, MOBILISÉS, PAQUETS POSTAUX, GRATUITÉ, PUPILLES DE L'ASSISTANCE PUBLIQUE, TUTEURS, DIRECTEUR DE L'ASSISTANCE PUBLIQUE A PARIS, PRÉFETS, INSPECTEURS DÉPARTEMENTAUX DE L'ASSISTANCE PUBLIQUE.

DÉCRET *étendant aux pupilles de l'Assistance publique le bénéfice de la loi sur l'envoi aux militaires de paquets postaux en franchise.*

(27 octobre 1915) — (Publ. au *J. off.* du 29 oct.).

LE PRÉSIDENT DE LA RÉPUBLIQUE FRANÇAISE; — Vu la loi du 22 juin 1915 (1), accordant la gratuité d'envois postaux aux bénéficiaires des allocations militaires, et le décret du 25 juin 1915 (2), qui en fixe les conditions d'application; — Vu la loi du 7 oct. 1915 (3), étendant au profit des pupilles de l'Assistance publique les dispositions de la loi du 22 juin 1915; — Sur le rapport du ministre du commerce, de l'industrie, des postes et des télégraphes et du ministre de l'intérieur; — Décrète :

ART. **1er**. Le droit à la franchise, pour l'envoi de paquets postaux militaires aux pupilles ou anciens pupilles de l'Assistance publique, accordé aux tuteurs ou anciens tuteurs légaux par la loi du 7 oct. 1915, est exercé :

1° Par le directeur de l'Assistance publique de Paris ou par ses agents de surveillance, s'il s'agit d'un pupille du département de la Seine;

2° Par les préfets ou leurs délégués, les inspecteurs départementaux, s'il s'agit d'un pupille des autres départements.

2 Soit qu'ils désirent exercer leur droit directement ou qu'ils consentent à le déléguer aux parents nourriciers ou anciens nourriciers, ou bien encore aux patrons ou anciens patrons de pupilles ou anciens pupilles mobilisés, les fonctionnaires désignés à l'article précédent adressent une demande au directeur des postes et des télégraphes du département de leur résidence.

Cette demande, dont il est pris note par le tuteur ou ancien tuteur légal au dossier du pupille ou ancien pupille, indique :

1° Le nom et l'adresse de la personne qui désire faire les envois, ainsi que sa situation à l'égard du pupille mobilisé;

2° Le nom de ce pupille et la formation militaire à laquelle il appartient;

3° La déclaration qu'aucun autre nourricier ou patron n'a déjà été autorisé à expédier un paquet gratuit au pupille désigné.

3. Lorsqu'un tuteur ou ancien tuteur de pupilles mobilisés est saisi simultanément de plusieurs demandes d'envois gratuits en faveur d'un même pupille, il délègue son droit de franchise au nourricier ou ancien nourricier, de préférence au patron ou ancien patron.

Il renvoie aux intéressés les demandes auxquelles il ne peut être donné suite. Il agit de même, lorsque l'envoi d'un paquet gratuit a déjà été autorisé au nom du pupille désigné.

4. Les directeurs des postes et des télégraphes examinent les demandes qui leur sont transmises par les tuteurs ou anciens tuteurs, et, s'il y a lieu, font délivrer une feuille d'expédition en franchise à la personne indiquée sur ces demandes. Il ne peut être délivré qu'une seule feuille pour un même pupille ou ancien pupille.

5. Les envois sont admis dans les conditions indiquées aux art. 5, 6, 7, 8 et 9 du décret du 25 juin 1915.

Les feuilles d'expédition égarées ou détruites sont remplacées comme il est dit à l'art. 10 du décret précité.

6. Les dispositions qui précèdent sont applicables à partir du 1er nov. 1915.

7. Le ministre du commerce, de l'industrie, des postes et des télégraphes et le ministre de l'intérieur sont chargés, etc.

RÉQUISITIONS MILITAIRES, MARINE, NAVIRES RÉQUISITIONNÉS, SERVICE D'ENTRETIEN.

CIRCULAIRE *relative à la centralisation des questions se rapportant a l'entretien des navires réquisitionnés non militarisés.*

(27 octobre 1915). — (Publ. au *J. off.* du 29 oct.).

Le Ministre de la marine à MM. les vice-amiraux commandant en chef, préfets maritimes, le contre-amiral commandant la marine en Algérie, le contre-amiral commandant la division navale des bases du corps expéditionnaire d'Orient, le capitaine de vaisseau commandant la marine en Corse, les consuls généraux et consuls de France dans les ports étrangers.

Comme suite à ma circulaire du 31 août dernier (4), organisant dans les ports un service d'entretien des bâtiments réquisitionnés non militarisés, je vous informe qu'à la date du 4 octobre courant, j'ai décidé que le service central de l'intendance maritime (bureau des approvisionnements de la flotte, etc.) centraliserait à Paris toutes les questions se rapportant à ce service. Il

(1 2) 2e vol, p. 204 et 208.
(3) *Supra*, p. 61.

(4) 2e vol., p. 311.

est indispensable, en effet, que celui-ci s'établisse et fonctionne dans des conditions uniformes, que les premières difficultés pratiques qui se présenteront soient rapidement aplanies, qu'enfin, les officiers chargés dans les ports des fonctions très particulières de capitaine d'armement puissent trouver conseils et solutions auprès d'un organe central.

Une section spécialement chargée de cette nouvelle branche du service va donc être installée auprès du bureau des approvisionnements de la flotte, sous la direction d'un spécialiste, qui traitera les affaires de l'espèce soumises au département, et qui, le cas échéant, pourra se rendre dans les ports, et jouer, auprès des capitaines d'armement ou des autorités en remplissant les fonctions, le rôle d'un conseiller technique.

Vous voudrez bien, en conséquence, me soumettre, sous le timbre « Service central de l'intendance, approvisionnements, etc... », toutes les questions intéressant le service des capitaines d'armement qui vous paraîtront nécessiter l'intervention ministérielle.

ARMÉE, GUERRE FRANCO-ALLEMANDE, TROUPES COLONIALES INDIGÈNES, FORMATIONS NOUVELLES, COMMANDEMENT, OFFICIERS, SOUS OFFICIERS, GRADES TEMPORAIRES.

DÉCRET *autorisant le ministre de la guerre à prononcer, dans les troupes coloniales, les nominations à titre temporaire nécessitées par l'organisation des formations indigènes et mixtes créées ou développées pendant la guerre* (1).

(28 octobre 1915). — (Publ. au *J. off* du 31 oct.).

LE PRÉSIDENT DE LA RÉPUBLIQUE FRANÇAISE; — Sur le rapport du ministre de la guerre; — Vu la loi du 14 avril 1832 (2), sur l'avancement dans l'armée; — Vu la loi du 7 juill. 1900, portant organisation des troupes coloniales; — Vu les art. 106 et 107 de l'ordonnance du 16 mars 1838 (4), portant règlement, d'après la hiérarchie militaire des grades et des fonctions, sur la progression de l'avancement et la nomination aux emplois dans l'armée, en exécution de la loi du 14 avril 1832; — Vu les art. 45 et 78 de la loi du 13 mars 1875 (5), relative à la constitution des cadres et effectifs de l'armée active et de l'armée territoriale, et le décret du 31 août 1878 (6), portant règlement sur l'état des officiers de réserve et des officiers de l'armée territoriale; — Vu le décret du 2 janv. 1915 (7), relatif à l'avancement dans l'armée pendant la durée de la guerre; — Décrète :

ART. 1er. Pendant la durée de la guerre, lorsque des formations nouvelles doivent être créées ou des formations déjà existantes être augmentées, en raison du développement du recrutement indigène des troupes coloniales, les officiers de tous grades de ces troupes peuvent être nommés au grade supérieur à titre temporaire, quelle que soit leur ancienneté de grade, pour commander, diriger ou encadrer ces formations; les sous-officiers peuvent être nommés officiers dans les mêmes conditions.

2. Les nominations à titre temporaire, visées à l'article précédent, sont prononcées par le ministre de la guerre.

3. Les officiers ainsi nommés par le ministre de la guerre ont droit, tant qu'ils restent investis du grade auquel ils ont été nommés à titre temporaire, aux rangs, prérogatives et avantages pécuniaires résultant du grade ou de l'emploi qui leur est conféré; le bénéfice leur en est acquis à partir de la date de la décision du ministre qui les a nommés, et leur ancienneté dans le grade est réglée par la date de cette décision; ils ont dans ce grade les mêmes droits à l'avancement que les officiers promus dans les conditions normales.

4. Les officiers nommés à titre temporaire peuvent recevoir, dans leur nouveau grade ou emploi, une lettre de service du ministre de la guerre (ou, s'ils servent aux armées, du commandant en chef), leur conférant, quelle que soit leur ancienneté, autorité sur les officiers du même grade. A dé-

---

(1) Ce décret est précédé au *J. off.* d'un rapport ainsi conçu :

« Le décret du 18 oct. 1915 a autorisé le ministre de la guerre à fixer, pendant la durée de la guerre, le nombre et l'encadrement des unités indigènes et mixtes des troupes coloniales.

« En raison du développement donné au recrutement indigène, les cadres des formations nouvelles ne pourront pas être entièrement prélevés sur les cadres réglementaires des troupes coloniales. Des créations dans les différents grades et emplois seront donc éventuellement nécessaires.

« L'importance de ces créations ne peut être déterminée qu'au moment même des besoins, puisqu'elle dépendra de l'effectif des indigènes recrutés. Ces besoins devront, en outre, être satisfaits sans le moindre retard, en raison des intérêts en cause et de l'éloignement de nos colonies.

« Il en résulte qu'il serait opportun d'attribuer au ministre de la guerre le pouvoir de prononcer d'urgence, et au fur et à mesure des besoins, les nominations à titre temporaire indispensables pour l'encadrement immédiat des formations à créer et des formations existantes à développer.

« C'est dans cette vue qu'a été préparé le présent décret, que j'ai l'honneur de présenter à votre approbation ».

(2) S. 2e vol. des *Lois annotées*, p. 103.

(3) S. et P. *Lois annotées* de 1900, p. 1113; *Pand. pér.*, 1901.3.147.

(4) S. 2e vol. des *Lois annotées*, p. 205.

(5) S. *Lois annotées* de 1875, p. 693. — P. *Lois décr.*, etc. de 1875, p. 1190.

(6) S. *Lois annotées* de 1879, p. 414. — P. *Lois, décr.*, etc. de 1879, p. 713.

(7) 1er vol., p. 290.

faut d'une semblable lettre, et sous réserve de l'application des art. 43 et 57 de la loi du 13 mars 1875 pour les officiers de l'armée active, les officiers nommés ou promus passent toujours, au point de vue du commandement, après les officiers du même grade nommés ou promus à titre définitif.

5. Pendant la durée de la campagne, le ministre de la guerre peut, par des décisions individuelles spéciales, suspendre l'effet des nominations à titre temporaire, lorsque cette mesure lui paraîtra nécessaire dans l'intérêt du service.

Ces décisions sont prises, suivant le cas, soit (pour les formations stationnées aux colonies) sur la proposition des commandants supérieurs des troupes, soit (pour les formations employées aux armées) sur la proposition des autorités indiquées à l'art. 5 du décret du 2 janv. 1915, soit (pour les formations stationnées à l'intérieur) sur la proposition du général commandant la région ou du général commandant supérieur des dépôts des troupes coloniales (en ce qui concerne les formations relevant de son autorité).

Autant que possible, ces avis sont communiqués aux intéressés, et ceux-ci appelés à présenter les observations qu'ils croient avoir à formuler.

6. A l'expiration de la campagne, les officiers nommés ou promus à titre temporaire seront obligatoirement soumis à une revision des grades, dans des conditions à déterminer.

7. Les dispositions qui précèdent, ne visant que des cas exceptionnels, n'empêchent pas le jeu normal de l'avancement, tel qu'il est prévu pour le temps de guerre par l'ordonnance du 16 mars 1838.

8. Le ministre de la guerre est chargé, etc.

COLONIES, GUERRE FRANCO-ALLEMANDE, SÉNÉGAL, COMMUNES DE PLEIN EXERCICE, INDIGÈNES, SOUMISSION AU SERVICE MILITAIRE, RECENSEMENT, REVISION, INCORPORATION.

DÉCRET *fixant, en application de la loi du 19 oct. 1915, les mesures relatives au recensement, à la revision et à l'appel sous les drapeaux des Sénégalais des communes de plein exercice.*

(28 octobre 1915) — (Publ. au *J off* du 31 oct.)

LE PRÉSIDENT DE LA RÉPUBLIQUE FRANÇAISE; — Sur le rapport des ministres de la guerre et des colonies: — Vu l'art. 18 du sénatus-consulte du 3 mai 1854 (1); — Vu la loi du 7 juill. 1900 (2), portant organisation des troupes coloniales; — Vu la loi du 21 mars 1905 (3), sur le recrutement de l'armée, modifiée le 7 août 1913 (4); — Vu la loi du 19 oct. 1915 (5), soumettant aux obligations militaires prévues par les lois de 1905 et de 1913 les Sénégalais des communes de plein exercice de la colonie; — Décrète :

ART. 1er. La loi du 21 mars 1905, sur le recrutement de l'armée, modifiée le 7 août 1913, est applicable, dans les conditions déterminées par la loi du 19 oct. 1915, aux originaires, autres que les Français d'origine et les sujets étrangers, des communes de plein exercice du Sénégal : Dakar, Saint-Louis, Rufisque et Gorée.

2. Dès la promulgation du présent décret, il sera procédé au recensement successif ou simultané des contingents, visés à l'article précédent, qui appartiennent aux classes incluses de 1889 à 1917.

Les tableaux de recensement seront publiés et affichés dans le plus bref délai possible. Il ne sera fait qu'une application unique.

Le délai d'un mois, prévu à l'art. 10 de la loi du 21 mars 1905, modifié par l'art 6 de la loi du 7 août 1913, est, par exception, réduit à dix jours.

Conformément au dernier alinéa de l'art. 21 de la loi du 21 mars 1905, modifié par l'art. 11 de la loi du 7 août 1913, il ne sera pas accordé de sursis d'incorporation.

3. Il pourra être constitué un conseil de revision distinct pour chaque commune de plein exercice.

Chaque conseil sera composé :

Du lieutenant gouverneur du Sénégal, du secrétaire général ou d'un administrateur en chef, président;

D'un conseiller privé du Sénégal;

De deux, ou, en cas d'impossibilité, d'un conseiller général du Sénégal;

D'un officier supérieur désigné par l'autorité militaire.

Le sous-intendant militaire et le commandant de recrutement adjoints au conseil pourront être remplacés, le premier, par un adjoint ou attaché à l'intendance, le second, par un capitaine.

4. Les commissions médicales militaires instituées par l'art. 10 de la loi du 7 août 1913, et la commission spéciale de réforme prévue par l'art 9 de la même loi, ne seront pas constituées.

5. L'incorporation du contingent des diverses classes aura lieu aux dates et dans les conditions fixées par le ministre de la guerre, et en commençant par les classes les plus jeunes.

Il pourra être simultanément incorporé plusieurs classes.

Ne seront incorporés que sur un ordre spécial du ministre de la guerre les hommes qui auront

(1) S *Lois annotées* de 1854, p. 78. — P. *Lois, décr.*, etc. de 1854, p. 137.

(2) S. et P. *Lois annotées* de 1900, p. 1113; *Pand. pér.*, 1901.3.147.

(3) S. et P. *Lois annotées* de 1906, p. 3; *Pand. pér.*, 1905.3.81.

(4) S. et P. *Lois annotées* de 1914, p. 561; *Pand. pér.*, *Lois annotées* de 1914, p. 561.

(5) *Supra*, p. 85.

été classés par les conseils de revision dans les services auxiliaires.

En vue de la formation rapide de gradés parmi les originaires des communes de plein exercice, les hommes de toutes les classes, qui parlent, lisent et écrivent le français, pourront, s'ils le demandent, être incorporés par devancement d'appel du 1er au 15 nov. 1915.

6. Un arrêté du gouverneur général de l'Afrique occidentale française, rendu sur la proposition du général commandant supérieur des troupes et du lieutenant gouverneur du Sénégal, fixera les détails d'application du présent décret. Cet arrêté réglera, suivant l'organisation spéciale à chaque commune, les conditions d'application de l'art. 22 de la loi du 21 mars 1905, modifié par l'art. 12 de la loi du 7 août 1913, et fixera, en se conformant autant que possible aux règles posées par cette dernière loi, la composition exacte des conseils chargés de statuer sur les demandes d'allocation.

7. Les ministres de la guerre et des colonies sont chargés, etc.

JUSTICES DE PAIX, GUERRE FRANCO-ALLEMANDE, JUGES DE PAIX DEMISSIONNAIRES, RÉUNION DE JUSTICES DE PAIX.

DÉCRET *portant réunion temporaire de justices de paix.*

(28 octobre 1915). — (Publ. au *J. off.* du 1er nov.)

LE PRÉSIDENT DE LA RÉPUBLIQUE FRANÇAISE; — Sur le rapport du garde des sceaux, ministre de la justice; — Vu l'art. 1er de la loi du 6 avril 1915 (1), concernant le fonctionnement des justices de paix pendant la guerre; — Vu la démission du juge de paix de Servian (Herault); — Vu la proposition du premier président de la Cour d'appel de Montpellier et du procureur général près ladite Cour; — Decrète :

ART. **1er**. Sont provisoirement réunies les justices de paix de Servian et du 1er canton de Béziers (Hérault), sous la juridiction du juge de paix du 1er canton de Béziers.

2. Le garde des sceaux, ministre de la justice, est chargé, etc.

TRAVAIL, GUERRE FRANCO-ALLEMANDE, CONSEIL SUPÉRIEUR DU TRAVAIL, DURÉE DU MANDAT, PROROGATION.

DÉCRET *concernant la prolongation du mandat des membres du Conseil supérieur du travail et la fixation de la date des sessions dudit Conseil pendant les hostilités.*

(28 octobre 1915). — (Publ. au *J. off.* du 31 oct.).

LE PRÉSIDENT DE LA RÉPUBLIQUE FRANÇAISE; — Vu le décret du 14 mars 1903 (2), modifie par les décrets des 27 janv. (3) et 4 août 1904 (4), 24 juin 1907 (5), 30 avril 1909 (6), 27 oct. 1911 (7) et 1er juill. 1913 (8), organisant le Conseil supérieur du travail; — Sur le rapport du ministre du travail et de la prevoyance sociale; — Décrète.

ART. **1er**. La durée du mandat des membres du Conseil supérieur du travail est prolongée jusqu'à la fin des hostilités. La date des élections pour chaque catégorie sera fixée par arrêté ministériel

2. Les sessions ordinaires ou extraordinaires du Conseil superieur du travail auront lieu aux dates qui seront fixées par arrêté ministériel

3. Le ministre du travail et de la prévoyance sociale est charge, etc

---

HARAS, GUERRE FRANCO-ALLEMANDE, DIRECTEURS, TABLEAU D'AVANCEMENT POUR LE GRADE D'INSPECTEUR GÉNÉRAL, LIMITE D'AGE, SUSPENSION.

DÉCRET *suspendant la limite d'âge prévue à l'art 7 du décret du 28 mai 1914 pour l'inscription au tableau d'avancement des directeurs proposés pour le grade d'inspecteur général.*

(29 octobre 1915). — (Publ. au *J. off.* du 9 nov.).

LE PRÉSIDENT DE LA RÉPUBLIQUE FRANÇAISE; — Vu le décret du 28 mai 1914 (9), relatif à l'avancement et à la discipline dans le personnel des haras; — Vu la situation présente de ce personnel, résultant de l'état de guerre; — Vu la nécessité, par suite de la mobilisation, de maintenir provisoirement en activité de service des fonctionnaires de tous grades, atteints par la limite d'âge; — Vu l'insuffisance actuelle des crédits disponibles pour les mises à la retraite; — Sur le rapport du ministre de l'agriculture; — Décrète :

ART. **1er**. La limite d'âge prévue à l'art. 7 du décret du 28 mai 1914, pour l'inscription au tableau d'avancement des directeurs proposés pour le grade d'inspecteur général, est momentanément suspendue.

---

(1) 2e vol., p. 104.

(2) S et P. *Lois annotées* de 1905, p. 879.

(3-4) S et P. *Lois annotées* de 1905, p. 887 et 888; *Pand. pér.*, 1904.3.34.

(5) S. et P. *Lois annotées* de 1909, p. 905; *Pand. pér.*, *Lois annotées* de 1909, p. 905.

(6) S. et P. *Lois annotées* de 1909, p. 906; *Pand. pér.*, *Lois annotées* de 1909, p. 906.

(7) *J. off.*, 1er nov. 1911, p. 8790.

(8) *J. off.*, 2 juill. 1913, p. 5698.

(9) *Bull. off.*, nouv. série, 130, n. 7091.

2. Pour tous les grades, le temps passé sous les drapeaux pendant la guerre comptera comme service actif, en vue de l'avancement de classe et de grade.

3. Le ministre de l'agriculture est chargé, etc

BUDGET, FONDS DE SUBVENTION AUX DÉPARTEMENTS, RÉPARTITION, EXERCICE 1916.

LOI *portant répartition du fonds de subvention destiné à venir en aide aux departements (exercice 1916).*

(30 octobre **1915**). — (Publ. au *J. off.* des 2-3 nov.)

ARTICLE UNIQUE. La répartition du fonds de subvention, affecté, par l'art. 58, § 9, de la loi du 10 août 1871 (1), modifié par la loi du 30 juin 1907 (2), aux dépenses des departements, qui, à raison de leur situation financière, doivent recevoir une allocation sur les fonds généraux du budget, est fixée, pour l'année 1916, conformément à l'état annexé à la présente loi.

(*Suit au* J. off. *l'etat annexé*).

RÉQUISITIONS MILITAIRES, MARINE, NAVIRES RÉQUISITIONNÉS, MATÉRIEL DÉBARQUÉ.

CIRCULAIRE *relative au débarquement du matériel appartenant aux navires réquisitionnés.*

(30 octobre **1915**). — (Publ. au *J. off.* du 4 nov.).

Le Ministre de la marine à MM. les vice-amiraux commandant en chef, préfets maritimes, officiers généraux supérieurs et autres commandant à la mer, contre-amiral commandant la marine au Havre, contre-amiral commandant la marine en Algerie, contre-amiral commandant la marine à Marseille, capitaine de vaisseau commandant la marine à Saint-Nazaire, capitaine de vaisseau commandant la marine à Dunkerque, capitaine de vaisseau commandant la marine en Corse, capitaine de frégate commandant la marine à Dakar, directeurs de l'inscription maritime dans les six ports secondaires.

J'ai été consulté sur la question de savoir quelle destination il convient de donner au matériel des navires réquisitionnés qui n'appartient pas à la marine, et que l'autorité est amenée à faire mettre à terre, soit parce qu'il est hors de service, soit pour tout autre motif.

Vous trouverez ci-après les instructions qui doivent vous guider en cette matière.

Le matériel d'un navire réquisitionné, de même que le navire lui-même, ne devient la propriété de la marine que s'il est conservé définitivement par elle et payé par elle. C'est le cas pour les matières consommables remboursées au début de la réquisition.

Si, pour une raison quelconque, il est nécessaire de débarquer certains objets non remboursés, la marine, représentée par le service des approvisionnements de la flotte du port comptable de la réquisition, en reste dépositaire vis-à-vis du propriétaire du navire, et ils doivent être confiés à la garde d'un agent, qui en sera responsable vis-à-vis du service des approvisionnements de la flotte.

La mise en dépôt aura lieu après constatation du nombre et de l'état actuel des objets, et, si possible, évaluation provisoire de la dépréciation subie à bord. Il en sera dressé un procès-verbal, dont une expédition sera remise au service des approvisionnements de la flotte, et une autre versée au dossier de la réquisition. Quand il s'agit d'un matériel important, il y a intérêt à ce que le propriétaire soit représenté à la visite; une expédition du procès-verbal lui sera remise dans ce cas.

Si le matériel mis à terre risque de dépérir, s'il est trop encombrant, ou s'il nécessite des frais de garde et d'entretien hors de proportion avec sa valeur, il appartiendra au service des approvisionnements de la flotte, soit de le faire reprendre par le propriétaire, s'il y consent, en procédant comme il a été dit à la circulaire du 11 mars 1915 (*B. O.*, p. 253) pour le matériel de pêche des chalutiers, soit de demander sa prise en charge par les magasins de la marine, au compte du chapitre 19 et dans les conditions de la circulaire du 4 août 1914 (*B. O.*, p. 239), en vue d'en faire prononcer ensuite la condamnation, la transformation ou la vente.

Le règlement de l'indemnité du matériel ainsi pris en charge a lieu en même temps que celui de la réquisition du navire. Cependant, s'il s'agit d'un matériel important, comme le materiel de pêche d'un chalutier, un poste de T. S. F., etc., le propriétaire sera invité à formuler une demande spéciale d'indemnité, qui sera transmise au département (Approvisionnements-Intendance) pour être soumise à la procédure réglementaire.

1° SOCIÉTÉS D'ASSURANCES, GUERRE FRANCO-ALLEMANDE, MORATORIUM, PROROGATION DE DÉLAI, REMBOURSEMENTS, MAXIMUM, ALGÉRIE. — 2° SOCIÉTÉS D'ÉPARGNE ET DE CAPITALISATION, GUERRE FRANCO-ALLEMANDE, MORATORIUM, PROROGATION DE DÉLAIS, REMBOURSEMENTS, MAXIMUM, ALGÉRIE.

---

(1) S. *Lois annotées* de 1871, p. 63. — P. *Lois, decr.*, etc. de 1871, p. 107.

(2) S. et P. *Lois annotées* de 1908, p. 605; *Pand. pér.*, *Lois annotées* de 1908, p. 602.

DÉCRET *portant prorogation des contrats d'assurance, de capitalisation et d'épargne.*

(30 octobre 1915). — (Publ. au *J. off.* des 2-3 nov.).

LE PRÉSIDENT DE LA RÉPUBLIQUE FRANÇAISE; — Sur le rapport des ministres du travail et de la prévoyance sociale, de la justice, de l'intérieur, de l'agriculture, du commerce, de l'industrie, des postes et des télégraphes; — Vu la loi du 5 août 1914 (1), relative à la prorogation des échéances des valeurs négociables; — Vu le décret du 29 août 1914 (2), relatif à la prorogation des échéances; — Vu les décrets des 27 sept. (3), 27 oct. (4), 29 déc 1914 (5), 23 févr. (6), 24 avril (7), 26 juin (8) et 28 août 1915 (9), relatifs aux contrats d'assurance, de capitalisation et d'épargne; — Le conseil des ministres entendu; — Décrète :

ART. **1er.** Les délais accordés par les art. 1er et 5 du décret du 27 sept. 1914, pour le paiement des sommes dues par les entreprises d'assurance, de capitalisation et d'épargne, et prorogés par l'art. 1er des décrets des 27 oct., 29 déc. 1914, 23 févr., 24 avril, 26 juin et 28 août 1915, sont prorogés pour une nouvelle période de trente jours francs, sous les mêmes conditions et réserves que celles edictées par le décret du 28 août 1915.

Toutefois, pendant la durée de cette prorogation, les entreprises de capitalisation seront tenues de payer l'intégralité du capital des bons ou titres venus à échéance

Le bénéfice de cette prorogation est étendu aux contrats à échoir avant le 1er déc. 1915, pourvu qu'ils aient été conclus antérieurement au 4 août 1914.

2. Les dispositions du présent décret sont applicables à l'Algérie.

3. Les ministres du travail et de la prévoyance sociale, de la justice, de l'intérieur, de l'agriculture, du commerce, de l'industrie, des postes et des télégraphes sont chargés, etc.

PENSIONS, GUERRE FRANCO-ALLEMANDE, PENSIONS MILITAIRES, LIQUIDATION, CONSEIL D'ETAT, AVIS DE LA SECTION DES FINANCES, CONTRÔLE AU MINISTÈRE DES FINANCES PAR DES MEMBRES DU CONSEIL D'ETAT, VISA DES ÉTATS DE PROPOSITIONS.

DÉCRET *portant règlement d'administration publique en ce qui concerne la procedure de liquidation des pensions militaires.*

(31 octobre 1915). — (Publ. au *J. off.* du 13 nov.).

LE PRÉSIDENT DE LA RÉPUBLIQUE FRANÇAISE; — Sur le rapport du garde des sceaux, ministre de la justice, et des ministres de la guerre, de la marine et des finances; — Vu l'art. 3 de l'ordonnance du 20 juin 1817 (10), réglant le mode d'exécution du titre IV de la loi de finances du 25 mars 1817 (11), concernant les pensions; — Vu le décret du 8 juin 1852 (12), relatif à la revision des pensions liquidées par les ministres de la guerre et de la marine; — Vu l'art. 18 du décret du 17 nov 1885 (13), portant règlement du mode de paiement des pensions de la marine; — Vu la loi du 24 mai 1872 (14), portant réorganisation du Conseil d'Etat, et notamment les art. 8 et 10; — Le Conseil d'Etat entendu; — Décrète :

ART. **1er.** Pendant la durée de la guerre, et, après la cessation des hostilités, jusqu'à une date qui sera ultérieurement fixée par un décret, les pensions militaires de la guerre et de la marine, par dérogation à l'art. 3 de l'ordonnance du 20 juin 1817, ne seront soumises à l'examen de la section des finances du Conseil d'Etat que dans les cas suivants : 1° lorsqu'il y aura désaccord entre le ministre de la guerre ou le ministre de la marine et le ministre des finances; 2° lorsque le renvoi sera demandé par l'un des ministres intéressés; 3° lorsque le renvoi sera requis par l'un des membres du Conseil d'Etat, dont la mission est définie dans les articles suivants.

2. Des membres du Conseil d'Etat seront chargés, auprès du ministre des finances, d'exercer un contrôle sur les liquidations de pensions militaires proposées par les ministres de la guerre et de la marine; ils seront désignés par un arrêté du garde des sceaux, ministre de la justice, après avis du vice-président du Conseil d'Etat, délibérant avec les présidents de section.

3. Tous les états de propositions de pensions, après examen par le service compétent du ministère des finances des projets de liquidations, seront soumis, pour visa, à l'un des membres du Conseil d'Etat chargés du contrôle, et les affaires auxquelles le visa aura été refusé par le contrôleur seront renvoyées, pour avis, à la section des finances du Conseil d'Etat.

4. Le présent décret aura effet à partir de la date qui sera fixée, de concert, par les ministres intéressés; jusqu'à cette date, les affaires de pensions de la guerre et de la marine continueront à être soumises à la section des finances du Conseil d'Etat.

(1 à 5) 1er vol., p. 33, 89, 129, 175, 284.
(6 à 9) 2e vol., p. 38, 137, 209 et 304.
(10) S. 1er vol. des *Lois annotées*, p. 982.
(11) S. 1er vol. des *Lois annotées*, p. 975.
(12) S. *Lois annotées* de 1852, p. 138. — P. *Lois, décr.*, etc. de 1852, p. 237.
(13) S. *Lois annotées* de 1886, p. 61. — P. *Lois, décr.*, etc. de 1886, p. 105.
(14) S. *Lois annotées* de 1872, p. 210. — P. *Lois, décr.*, etc. de 1872, p. 359.

5 Le garde des sceaux, ministre de la justice, et les ministres de la guerre, de la marine et des finances sont chargés, etc.

MARINE, GUERRE FRANCO-ALLEMANDE, SERVICE DE SANTÉ, MÉDECINS OU PHARMACIENS AUXILIAIRES.

DÉCRET *relatif aux conditions a remplir pour les nominations aux emplois de médecin et de pharmacien de 3e classe auxiliaires et de médecin auxiliaire* (1)

(1er novembre 1915). — (Publ. au *J. off.* du 7 nov.).

LE PRÉSIDENT DE LA RÉPUBLIQUE FRANÇAISE; — Vu le décret du 6 mai 1904, relatif à la situation des élèves de l'Ecole de Bordeaux, en cas de mobilisation; — Vu les décrets des 28 oct. 1914 (2), 7 janv. (3) et 29 mai 1915 (4), fixant les conditions à remplir pour les nominations aux emplois de medecin et de pharmacien auxiliaires de la marine; — Sur le rapport du ministre de la marine; — Décrete :

ART. 1er. Pendant la durée de la guerre, les étudiants en médecine, qui, à la mobilisation, possedaient huit inscriptions, et les étudiants en pharmacie, qui, à la même date, étaient titulaires de quatre inscriptions validées (ancien régime d'études) ou de huit inscriptions validées (nouveau régime d'études), qui servent en qualité de médecin ou de pharmacien auxiliaires, à la mer, dans les établissements hospitaliers ou dans les formations sanitaires de campagne, peuvent être nommés aux emplois de médecin ou de pharmacien de 3e classe auxiliaires de la marine.

2 Pendant la durée de la guerre, les étudiants en médecine, qui, à la mobilisation, étaient titulaires de quatre inscriptions valables pour le doctorat, peuvent être nommés à l'emploi de médecin auxiliaire, après accomplissement d'une année de service en qualité de matelot infirmier.

3. Les directeurs du service de santé et les médecins-chefs des bâtiments-hôpitaux et des formations sanitaires de campagne établissent la liste des étudiants en médecine et en pharmacie réunissant les conditions de scolarité et de service exigées par les art. 1 et 2 ci-dessus, pour être nommés aux emplois de médecin ou de pharmacien de 3e classe auxiliaires, et de médecin auxiliaire.

Ils fournissent des appréciations sur la valeur professionnelle et la manière de servir de chacun d'eux. Les nominations sont faites par le ministre au fur et à mesure des besoins du service.

4. Les dispositions des décrets des 28 oct. 1914, 7 janv. et 29 mai 1915, sont abrogées en ce qu'elles ont de contraire au présent décret.

5 Le ministre de la marine est chargé, etc.

MINISTERE DE LA GUERRE, GUERRE FRANCO-ALLEMANDE, SOUS-SECRÉTARIAT DE L'ARTILLERIE ET DES MUNITIONS, DIRECTION GÉNÉRALE DES FABRICATIONS

ARRÊTÉ *portant création d'une direction générale des fabrications au sous-secrétariat d'Etat de l'artillerie et des munitions.*

---

(1) Ce decret est précédé au *J. off* d'un rapport ainsi conçu

« Un decret du 6 mai 1904 stipule, en son art. 1er, que, dès le premier jour de la mobilisation, les élèves de l'Ecole de Bordeaux, destinés au corps de santé de la marine, et possédant douze inscriptions pour la ligne medicale et huit inscriptions pour la ligne pharmaceutique sont commissionnés en qualité de medecin ou de pharmacien de 3e classe auxiliaires de la marine.

« L'art. 3 dudit décret dispose que les élèves de cette école, non commissionnés et destinés à la marine, sont répartis entre les ports de Brest, Rochefort et Toulon, pour y servir dans les hôpitaux maritimes, en conservant leur qualité d'élèves du service de santé.

« Les dispositions qui précèdent ont été appliquées dès l'ouverture des hostilités.

« Depuis, est intervenu le décret du 29 mai 1915, aux termes duquel les étudiants en medecine titulaires de huit inscriptions, et les étudiants en pharmacie possedant quatre inscriptions validées, qui sont élèves de l'Ecole de Bordeaux ou qui servent en qualité de matelots infirmiers, peuvent être nommés aux emplois de médecin et de pharmacien auxiliaires (adjudant ou premier maître), pour la durée de la guerre.

« Mais il est à remarquer que ces étudiants en medecine et en pharmacie etaient titulaires de huit ou quatre inscriptions, dès la mobilisation. Par suite, si les conditions étaient demeurées normales, ils possederaient, à l'heure actuelle, respectivement douze et huit inscriptions, c'est-à-dire la scolarité exigée des élèves de Bordeaux par le décret du 6 mai 1904, précité, pour être commissionnés en qualité de medecin et de pharmacien de 3e classe auxiliaires de la marine.

« De même, les jeunes gens qui, à l'ouverture des hostilités, avaient pris quatre inscriptions valables pour le doctorat en médecine, en posséderaient huit aujourd'hui, minimum prévu pour les nominations à l'emploi de médecin auxiliaire, par le décret du 29 mai 1915.

« Dès lors, tenant compte à la fois des considérations qui précèdent, des besoins impérieux qui incombent au service de santé de la marine, et aussi de ce fait que l'année de service que ces jeunes gens viennent d'accomplir dans les formations sanitaires, à terre et à la mer, a été pour chacun d'eux des plus instructives, et peut être considérée comme remplaçant l'année d'études qu'ils auraient passée soit à l'Ecole de Bordeaux, soit dans les Facultés, il me paraît qu'il serait rationnel et equitable de permettre aux intéressés de prétendre aux emplois de médecin et de pharmacien de 3e classe commissionnés, ou de medecin auxiliaire, suivant qu'ils possédaient, à la mobilisation, respectivement, huit inscriptions de médecine ou de pharmacie, ou quatre inscriptions de pharmacie (ancien regime), ou seulement quatre inscriptions pour le doctorat.

« Les nominations aux emplois de l'espèce ne seraient toutefois prononcées qu'au fur et à mesure des besoins de la marine, sur propositions spécialement motivées de leurs chefs de service, établissant que les candidats présentent toutes garanties, tant au point de vue de leur valeur professionnelle que de leur manière de servir ».

(2) *J. off.*, 31 oct. 1914, p. 8499.

(3) 1er vol., p. 300.

(4) 2e vol., p. 169.

(3 novembre 1915). — (Publ. au *J off.* du 11 nov.).

Le Ministre de la guerre; — Sur le rapport du sous-secrétaire d'Etat de l'artillerie et des munitions; — Vu l'art. 14 de la loi du 24 juill. 1873 (1), sur l'organisation générale de l'armée; — Vu les art. 7 et 8 de la loi du 16 mars 1882 (2), sur l'administration de l'armée; — Vu le décret du 3 juill. 1883, sur le classement des établissements et services spéciaux destinés à assurer la défense générale du pays et à pourvoir aux besoins généraux de l'armée; — Vu le décret du 16 févr. 1910 (3), relatif à l'ordonnancement des dépenses du service des forges de l'artillerie; — Vu le décret du 16 déc. 1897 (4), portant création d'une inspection permanente des fabrications de l'artillerie; — Vu le règlement du 3 avril 1869, sur la comptabilité des dépenses du département de la guerre; — Arrête :

Art. **1er**. Pour la durée de la guerre, les services des fabrications d'artillerie (inspection permanente des fabrications de l'artillerie, services des forges, etc.) sont réunis en une direction générale des fabrications au sous-secrétariat de l'artillerie et des munitions.

2. Cette direction constitue un service extérieur relevant directement du ministre (sous-secrétariat d'Etat de l'artillerie et des munitions).

3. Sous l'autorité du sous-secrétaire d'Etat, le directeur général des fabrications a dans ses attributions : l'organisation et la conduite générale des fabrications d'artillerie tant dans les établissements du ministère de la guerre que dans l'industrie privée; l'achat et la constitution des approvisionnements qu'elles comportent; la passation et le contrôle d'exécution des marchés y relatifs.

Il reçoit délégation du sous-secrétaire d'Etat pour la signature de ces marchés, sous réserve des prescriptions contenues dans les lois et règlements en vigueur.

4. Une instruction du sous-secrétaire d'Etat déterminera l'organisation intérieure des services réunis dans cette direction et leurs rapports avec l'administration centrale et les autres services du sous-secrétariat d'Etat.

5. Le sous-secrétaire d'Etat de l'artillerie et des munitions est chargé, etc.

Ministère de l'instruction publique, Sous-secrétaire d'Etat des beaux-arts, Ordonnancement, Délégation de signature.

Décret *déléguant d'une manière permanente au sous-secrétaire d'Etat des beaux-arts la signature du ministre de l'instruction publique et des beaux-arts pour la délivrance des ordonnances de paiement et de délégation concernant la 2e section de son département.*

(3 novembre 1915). — (Publ. au *J off* du 19 nov.)

Le Président de la République française; — Sur le rapport du ministre de l'instruction publique, des beaux-arts et des inventions intéressant la défense nationale; — Vu le décret en date du 16 nov. 1910 (5), qui charge spécialement le sous-secrétaire d'Etat des beaux-arts de l'administration des services des beaux-arts; — Vu l'art. 84 du décret du 31 mai 1862 (6), sur la comptabilité publique; — Décrète :

Art **1er**. Le sous-secrétaire d'Etat des beaux-arts a la délégation permanente de la signature du ministre de l'instruction publique et des beaux-arts pour la délivrance des ordonnances de payement et de délégation concernant la 2e section de son département.

2 Le ministre de l'instruction publique, des beaux-arts et des inventions intéressant la défense nationale, et le ministre des finances sont chargés, etc.

Travail, Femmes, Travail a domicile, Salaires minima, Commission centrale, Règlement intérieur.

Arrêté *fixant le reglement intérieur de la commission centrale des salaires du travail à domicile.*

(3 novembre 1915). — (Publ au *J off.* du 13 nov).

Le Ministre du travail et de la prévoyance sociale; — Vu la loi du 10 juill 1915 (7), portant modification des titres III et V du livre 1er du Code du travail et de la prévoyance sociale (salaire des ouvrières à domicile dans l'industrie du vêtement); — Vu l'art. 15 du décret du 24 sept. 1915 (8), prescrivant qu'un arrêté ministériel fixera le reglement intérieur de la commission centrale des salaires du travail à domicile; — Sur la proposition du conseiller d'Etat directeur du travail : — Arrête :

Art. **1er**. Le récépissé des protestations élevées contre la décision d'un conseil du travail, d'un comité départemental de salaires ou d'un comité professionnel d'expertise, est adressé à l'auteur de

---

(1) S. *Lois annotees* de 1873, p. 438. — P. *Lois, décr.*, etc. de 1873, p. 751.

(2) S. *Lois annotées* de 1882, p. 348. — P. *Lois, decr.*, etc. de 1882, p. 556.

(3) *Bull. off.*, nouv. serie, 28, n. 1240.

(4) S. et P. *Lois annotées* de 1899, p. 902.

(5) *Bull off*, nouv. serie, 46, n. 2139.

(6) S. *Lois annotées* de 1862, p. 59. — P. *Lois, décr*, etc. de 1862, p. 101

(7) 2e vol., p. 223.

(8) *Supra*, p. 40.

la protestation par lettre recommandée, avec avis de réception, qui sera joint au dossier. Ce récépissé rappelle expressément que les pièces justificatives à l'appui de la protestation doivent être adressées au ministère du travail dans le délai de trois mois à partir de la publication du minimum de salaire ou du tarif contesté, conformément à l'art. 33 *h*, § 2, du livre 1er du Code du travail et à l'art. 8, § 1er, du décret du 24 sept. 1915.

Avis de la protestation est donné, en même temps et par le même procédé, au conseil du travail, au comité départemental de salaires ou au comité professionnel d'expertise qui a fixé le minimum de salaires, avec avertissement que des pièces justificatives à l'appui de la décision peuvent être produites dans le même délai.

2. Après l'expiration de ce délai, le dossier est transmis au président de la commission centrale par l'intermédiaire du ministre du travail.

3 Le président vérifie si l'affaire a été régulièrement mise en état. L'affaire est réputée en état, lorsque les pièces justificatives ont été produites ou que le delai pour les produire est expiré.

4 Si l'affaire est reconnue en état, elle est distribuée par le président, en conformité de l'art. 10 du décret du 24 sept. 1915, à l'un des membres de la commission qui doit en faire le rapport.

5. Le rapporteur est tenu de remettre les pièces au secrétariat, avec son rapport écrit et un projet de décision motivé, dans le mois à dater du jour de la distribution. Ce délai ne pourra, en aucun cas, être prolongé pour attendre les productions qui n'auraient pas été faites en temps utile.

6. A l'expiration du délai fixé par l'article précedent, si le rapporteur n'a pas déposé son rapport au secrétariat, il fera connaître les motifs du retard au président, qui pourra fixer un nouveau délai. Si le second délai prend fin, sans que le rapport ait été déposé, l'affaire sera immédiatement distribuée à un autre rapporteur.

7. Apres la remise qui lui est faite du dossier complété par le rapport et le projet de décision, le président convoque la commission centrale, par les soins du secrétaire, et avec un délai qui ne peut être inférieur à huit jours.

8. Les affaires sont appelées suivant le rang de leur inscription au registre prévu par l'art. 8, § 2, du décret du 24 sept. 1915. Toutefois, le président a la faculté de grouper les affaires relatives à un même comité de salaires. Le président peut également, sur l'avis du ministre du travail, accorder la priorité aux affaires dont il est nécessaire de hâter la solution.

9 Le rapport est fait en séance.

Apres l'avoir entendu, la commission peut recourir à tous les modes d'information déterminés par l'art. 12, § 2, du décret du 24 sept. 1915.

10. Les membres de la commission ne prennent la parole dans ses délibérations qu'apres l'avoir obtenue du président. Nul ne peut interrompre l'opinant. Néanmoins, le président peut rappeler à la question ceux qui s'en écartent.

11 Les opinions sont recueillies dans l'ordre suivant : le rapporteur opine toujours le premier ; en second lieu, les deux membres du conseil départemental qui a déterminé le salaire minimum ; en troisième lieu, les deux représentants de la profession au Conseil supérieur du travail ; en quatrième lieu, les deux représentants des conseils des prud'hommes ; en cinquième lieu, l'enquêteur permanent de l'Office du travail. Le président opine toujours le dernier.

12. Dans la huitaine, le rapporteur remet au secrétariat la rédaction des motifs et du dispositif de la décision rendue sur son rapport. La minute est signée par le rapporteur, le président et le secrétaire.

MARINE MARCHANDE, GUERRE FRANCO-ALLEMANDE, BELGES, EMBARQUEMENT COMME OFFICIERS SUR LES NAVIRES DE COMMERCE FRANÇAIS, AUTORISATION.

DÉCRET *permettant, sous certaines restrictions, aux capitaines de la marine marchande belge d'embarquer comme officiers sur les navires de commerce français.*

(5 novembre 1915). — (Publ. au *J. off.* du 15 nov.).

LE PRÉSIDENT DE LA RÉPUBLIQUE FRANÇAISE ; — Vu l'acte de navigation du 21 sept. 1793 (1) ; — Sur le rapport du ministre de la marine ; — Décrète :

ART. 1er. En raison de l'état de guerre et pour la durée des hostilités, le ministre de la marine pourra accorder aux étrangers appartenant à la nation belge l'autorisation d'embarquer, en qualité d'officiers, sur les navires de commerce français, sous réserve qu'ils justifieront tant de leur nationalité que de la possession du brevet de capitaine de la marine marchande belge.

Toutefois, la nationalité française continuera à être exigée pour le commandement de tout navire.

2 Le ministre de la marine est chargé, etc.

COLONIES, GUERRE FRANCO-ALLEMANDE, DOUANES, INTERDICTION DE SORTIE, FRUITS A NOYAUX, OS, CARBONATE DE SOUDE, ACÉTATE ET PYROLIGNITE DE CHAUX

DÉCRET *prohibant divers produits à la sortie des colonies et pays de protectorat autres que la Tunisie et le Maroc.*

---

(1) S. 1er vol. des *Lois annotées*, p. 260.

(6 novembre 1915). — (Publ au *J. off.* du 12 nov.).

LE PRÉSIDENT DE LA RÉPUBLIQUE FRANÇAISE; — Sur le rapport des ministres des colonies, des finances, du commerce, de l'industrie, des postes et des télégraphes; — Vu l'art 34 de la loi du 17 déc. 1814 (1), — Vu le sénatus-consulte du 3 mai 1854 (2); — Vu le décret du 21 sept. 1915 (3), prohibant la sortie de la métropole des volailles vivantes, des raisins de vendanges, des fruits à noyaux et des os; — Vu le décret du 13 oct. 1915 (4), prohibant la sortie de la métropole du carbonate de soude, de l'acétate ou pyrolignite de chaux; — Décrète :

ART. 1er. Sont prohibées, à dater de la promulgation du présent décret, la sortie des colonies et pays de protectorat autres que la Tunisie et le Maroc, ainsi que la réexportation en suite d'entrepôt, de dépôt, de transit et de transbordement, des divers produits énumérés ci-après :

Fruits à noyaux,

Os,

Carbonate de soude,

Acétate ou pyrolignite de chaux

Toutefois, des exceptions à ces dispositions pourront être autorisées, sous les conditions qui seront determinées par le ministre des colonies.

2. Les ministres des colonies, des finances, du commerce, de l'industrie, des postes et des télégraphes sont chargés, etc

---

DÉCORATIONS, GUERRE FRANCO-ALLEMANDE, CROIX DE GUERRE.

ADDITION *à l'instruction du 13 mai 1915 (5), pour l'application du décret du 28 avril 1915 (6), sur la Croix de guerre.*

(6 novembre 1915). — (Publ au *J. off.* du 8 nov.)

Chap 1er. Groupe des armées du Nord-Est, citations assimilables aux citations à l'ordre du régiment. Ajouter ce qui suit à la rubrique « artillerie » :

Artillerie à grande puissance : commandant de l'artillerie lourde à grande puissance.

MARINE, GUERRE FRANCO-ALLEMANDE, SECONDS MAITRES NON BREVETÉS SUPÉRIEURS, AVANCEMENT.

CIRCULAIRE *fixant les dispositions concernant l'application de la circulaire du 16 août 1915, relative à l'avancement des seconds maîtres non titulaires du brevet supérieur.*

(6 novembre 1915). — (Publ. au *J. off.* du 8 nov.)

Le Ministre de la marine à MM. les vice-amiraux commandant en chef, préfets maritimes, officiers généraux, supérieurs et autres commandant à la mer et à terre.

Aux termes du § 1er de la circulaire du 16 août 1915 (7), les conseils d'avancement seront autorisés, sous certaines réserves, à partir du 1er janv 1916, à examiner, au point de vue de l'aptitude au grade supérieur, lors de chaque promotion trimestrielle, les seconds maîtres des diverses spécialités possédant le nombre de points exigés pour être compris dans ladite promotion, et qui s'en trouveraient écartés du seul fait de la non-possession du brevet supérieur.

J'ai l'honneur de vous faire connaître qu'en ce qui concerne les spécialités dans lesquelles il est établi deux listes par ordre de mérite, suivant que les candidats sont ou non titulaires du brevet supérieur, il doit être bien entendu que le nombre de points à réunir pour pouvoir invoquer le bénéfice des dispositions ci-dessus rappelées sera celui exigé des candidats non brevetés supérieurs.

Par contre, les seconds maîtres se trouvant dans les cas prévus aux §§ 2° et 3° de la circulaire précitée du 16 août 1915 seront classés sur les mêmes listes par ordre de mérite que les brevetés supérieurs.

MINISTÈRE DE LA GUERRE, SOUS SECRÉTAIRE D'ETAT DE L'ARTILLERIE ET DES MUNITIONS, ATTRIBUTIONS.

DÉCRET *fixant les attributions du sous-secrétaire d'Etat de l'artillerie et des munitions* (8)

(6 novembre 1915). — (Publ. au *J. off* du 8 nov).

LE PRÉSIDENT DE LA RÉPUBLIQUE FRANÇAISE; — Sur le rapport du ministre de la guerre; — Vu le décret du 29 oct. 1915 (9), portant nomi-

(1) S. 1er vol. des *Lois annotées*, p. 914.

(2) S. *Lois annotées* de 1854, p. 78. — P. *Lois, décr.* etc. de 1854, p. 137.

(3) *Supra*, p. 38.

(4) *Supra*, p. 67.

(5) 2e vol., p. 154.

(6) 2e vol, p. 128.

(7) 2e vol., p. 285.

(8) Le sous-secrétariat de l'artillerie et des munitions a été créé par un décret du 18 mai 1915 (2e vol, p. 161), le titulaire a été maintenu dans ses fonctions, lorsque le ministère Briand a succédé, le 29 oct. 1915 (*J. off.* 30 oct.), au ministère Viviani.

(9) *J. off.*, 30 oct. 1915, p. 7813.

nation du sous-secrétaire d'Etat de l'artillerie et des munitions; — Décrète :

ART. 1er. Le sous-secrétaire d'Etat de l'artillerie et des munitions dirige, au nom et par délégation permanente du ministre de la guerre, les services de l'artillerie et des équipages militaires et les services des poudres; il est en outre chargé d'assurer la production des armes et munitions, propres aux services du génie et à ceux de l'aéronautique.

2. Avec les crédits accordés à cet effet, et à l'aide des personnels techniques et administratifs mis à sa disposition, le sous-secrétaire d'Etat est chargé de pourvoir, d'après les prévisions arrêtées, sur sa proposition, par le ministre, à tous les besoins des armées et du territoire en matériel et approvisionnements ressortissant à ses attributions, soit par des achats, soit par des fabrications dans les établissements de l'Etat ou usines requises, soit en ayant recours à l'industrie privée.

A cet effet, il passe tous les marchés nécessaires et il en suit l'exécution; pour ceux qui concernent les services de l'artillerie et ceux des poudres, il procède à la liquidation et à la vérification des dépenses et fait établir les comptes, deniers et matières y afférentes. Il prescrit toutes mesures utiles pour assurer, le cas échéant, aux industriels, les moyens d'action nécessaires tant en personnel qu'en matériel.

Le sous-secrétaire d'Etat se conforme aux dispositions du décret du 14 mars 1893 (1), en ce qui concerne l'engagement des dépenses, et à la réglementation générale en ce qui concerne la passation des marchés, ainsi que la liquidation et la vérification des dépenses.

Le sous-secrétaire d'Etat adresse copie au ministre de toutes les décisions d'ordre général qu'il a prises; il lui fournit périodiquement la situation des fabrications, des confections et des achats en cours, ainsi que celles des approvisionnements.

3 Le ministre de la guerre est chargé, etc.

RÉQUISITIONS MILITAIRES, MARINE, NAVIRES RÉQUISITIONNÉS, AVANCES AUX CAPITAINES, REGLEMENTATION.

CIRCULAIRE *concernant les dispositions relatives au paiement et à la régularisation des avances de fonds aux capitaines gérants des navires réquisitionnés.*

(6 novembre 1915) — (Publ. au *J. off.* du 7 nov.).

Le Ministre de la marine à MM. les vice-amiraux commandant en chef, préfets maritimes, officiers généraux, supérieurs ou autres commandants à la mer, commandants de la marine en France, en Algérie et aux colonies, gouverneurs généraux, gouverneurs et lieutenants gouverneurs des colonies, agents diplomatiques et consuls à l'étranger.

Par circulaire du 31 août 1915 (2), j'ai décidé que les capitaines des navires réquisitionnés non militarisés, à l'exception de quelques-uns pour lesquels l'armement a souscrit un contrat de gérance, seraient constitués gérants de leurs navires vis-à-vis du département de la marine, sous la surveillance du chef du service des approvisionnements de la flotte du port, charge de suivre la requisition. Une disposition de cette circulaire prévoit que les capitaines gérants seront comptables des deniers à eux confiés pour les besoins du navire et justifieront de l'emploi régulier de ces deniers; d'autre part, que les capitaines d'armement, ou les autorités en tenant lieu, prendront ou proposeront à qui de droit les mesures nécessaires pour la constitution ou la reconstitution des avances de fonds confiés aux capitaines.

Il me paraît nécessaire de préciser les règles suivant lesquelles ces avances de fonds seront payées, justifiées ou régularisées et la comptabilité tenue.

J'ai l'honneur de vous notifier ci-après les mesures que j'ai adoptées à cet égard.

Payement des avances.

Les payements d'avances sont effectués, en France, en Algérie, en Tunisie et dans les colonies, par l'autorité maritime ou coloniale du port de relâche; à l'étranger, par l'autorité consulaire ou par les bâtiments de l'Etat

Dans les ports où un capitaine d'armement est en fonctions, les avances sont payées sur la proposition de ce dernier.

Une nouvelle avance ne peut être concédée, en principe, que si la totalite ou la plus grande partie de la précédente a été épuisée.

L'autorité qui a procédé à un payement d'avances en signale immédiatement le montant au port comptable de la réquisition. Les avances faites par les autorités consulaires et par les bâtiments de l'Etat sont en outre signalées au port comptable par le département dès que celui-ci en a connaissance.

Production des mémoires justificatifs de l'emploi des avances.

Les capitaines gérants produisent les justifications de tout ou partie des avances reçues, au moment où ils demandent le payement d'une nouvelle avance. Les mémoires justificatifs, appuyés des pièces de dépenses, sont remis par eux

(1) S. et P. *Lois annotées* de 1894, p. 843; *Pand. pér.*, 1895 3.91.

(2) 2e vol., p. 311.

au capitaine d'armement ou à l'autorité en tenant lieu, qui, après apposition d'un visa de vérification, les transmet, avec les pièces à l'appui, au port comptable de la réquisition. Les capitaines d'armement effectuent ces transmissions sous le couvert de l'autorité dont ils dépendent.

Livre de caisse destiné à l'inscription du montant des avances et des justifications produites.

Chaque capitaine est muni d'un livre de caisse destiné à recevoir l'inscription, par « doit » et « avoir », et distinctement par année, du montant des avances faites, ainsi que du montant des sommes dépensées dont il justifie l'emploi.

Sur la page « Doit », l'autorité qui effectue le payement d'une avance en inscrit le montant en toutes lettres, qui est ensuite répété en chiffres dans la colonne *ad hoc*, puis date, signe et appose son cachet.

Sur la page « Avoir », le capitaine gérant apostille ses factures acquittées, ses etats de payement et les relevés fin de mois ou fin d'escale de ses achats de vivres frais.

Au départ de chaque escale, il remet les factures et états de payement au capitaine d'armement ou à l'autorité qui en tient lieu, et il lui fait verifier et signer son livre de caisse, après y avoir inscrit à la page « Doit » la somme (en toutes lettres) dont il reste comptable.

Les reversements de fonds effectués éventuellement au Trésor sont inscrits au livre de caisse dans les mêmes conditions par l'autorité qui les a ordonnés. Leur montant figure sur la page « Avoir ».

Lors des mutations de capitaine, le capitaine d'armement ou l'autorité en tenant lieu arrête le « Doit » et « Avoir » au livre de caisse, et fait ressortir en toutes lettres le montant de la somme dont le capitaine entrant doit prendre charge. Cet arrêté est suivi de la déclaration de prise en charge du capitaine entrant, visée par le capitaine sortant Il est établi un extrait de cet arrêté en deux expéditions, signées pour copie conforme par le capitaine d'armement ou l'autorité en tenant lieu. Une expédition est remise au capitaine sortant, l'autre est adressée au service des approvisionnements de la flotte du port comptable.

En fin de réquisition, le carnet des avances est remis, avec les autres documents de comptabilité du navire, au service des approvisionnements de la flotte du port comptable.

Inscription des avances et de leurs justifications au compte ouvert des navires réquisitionnés.

Sur le compte ouvert des navires réquisitionnés, tenu conformément aux circulaires des 2 oct. 1914 (1) et 2 juill. 1915 (2), le service des approvisionnements de la flotte du port comptable de la réquisition réserve, au compte particulier de chaque navire, une partie spéciale, destinée à recevoir l'inscription des avances de fonds, ainsi que des sommes dont les capitaines justifient successivement l'emploi.

Au débit du compte, sont inscrits :

1re catégorie : *a*) Les payements faits directement par le port comptable; *b*) les payements signalés par les quartiers d'inscription maritime, dont le montant fera ultérieurement l'objet de mandats de remboursement à la Caisse des invalides.

2e catégorie : les payements signalés par les ports militaires.

3e catégorie : les payements signalés par les colonies, les consulats et les bâtiments de l'Etat, avec annotation ultérieure de la date des dépêches ministérielles confirmant lesdits payements. Ces dépêches indiqueront le compte du Trésor, au titre duquel les avances signalées devront être reprises, « Compte agent comptable des traites de la marine » ou « Compte reversements de fonds sur les dépenses des ministeres », suivant le cas.

Au crédit du compte des avances, le chef du service des approvisionnements de la flotte du port comptable apostille le montant des justifications produites par les capitaines, au fur et à mesure que celles-ci lui parviennent, et après vérification de leur régularité.

Régularisation des avances

Les dispositions à prendre pour assurer la régularisation des avances intéressent exclusivement les ports comptables des réquisitions. Des instructions seront adressées aux ports militaires, sur ce point spécial par voie de circulaire manuscrite.

ARMÉE, GUERRE FRANCO-ALLEMANDE, PÈRES DE CINQ ENFANTS, VEUFS PÈRES DE QUATRE ENFANTS, AFFECTATION.

CIRCULAIRE *relative à l'affectation des peres de cinq enfants vivants et veufs peres de quatre enfants vivants.*

(7 novembre 1915). — (Publ. au *J. off.* du 12 nov).

La Chambre des deputés a adopté, le 21 octobre dernier, une proposition de resolution visant l'envoi, dans les services de l'arrière ou de l'intérieur, des hommes mobilisés peres d'au moins quatre enfants vivants ou veufs peres d'au moins trois enfants vivants, en commençant par ceux qui ont le plus grand nombre d'enfants.

I

L'application de cette disposition ne peut être que progressive.

---

(1) *J. off.*, 3 oct. 1914, p. 6174.

(2) *J. off*, 7 juill. 1915, p. 4612.

Afin d'en réaliser dès maintenant une première étape, j'ai décidé que les *pères de cinq enfants vivants* et les *veufs pères de quatre enfants vivants* ne pourront plus être envoyés en renforts que dans les *services et formations de l'arrière* (1).

Cette prescription entrera immédiatement en vigueur.

Elle ne s'applique pas aux sous-officiers rengagés.

EMPLOI DANS L'INTÉRIEUR DES PÈRES DE CINQ ENFANTS ET VEUFS PÈRES DE QUATRE ENFANTS.

Des indications sont données ci-après sur leur utilisation, qui sera basée sur les trois principes suivants :

1° La proposition de résolution dont il s'agit ne modifie, bien entendu, en rien les prescriptions relatives à l'application de l'art 5 de la loi Dalbiez (L 17 août 1915) (2), qui restent *entièrement en vigueur*.

2° Toute nouvelle affectation d'un père de cinq enfants ou veuf père de quatre enfants à une situation quelconque ne peut être faite qu'en remplacement d'un *homme du service armé*, et doit avoir pour effet de remettre *dans le rang un homme du service armé*.

3° Les pères de cinq enfants sont affectés les premiers, en commençant par les classes les plus anciennes, puis, dans le même ordre d'ancienneté, les veufs pères de quatre enfants.

Les hommes ainsi remplacés et remis dans le rang (3) seront choisis en commençant par ceux des *classes les plus jeunes*; en cas de doute sur les règles à suivre pour ces désignations, on se conformera aux principes fixés pour le tour de départ.

A. — *Affectations de pères de cinq enfants et veufs pères de quatre enfants à des emplois sédentaires.*

Le principe posé par la loi Dalbiez subsiste, à savoir que les emplois sédentaires ne peuvent être attribués à des hommes du service armé de classes anciennes qu'*à défaut d'auxiliaires*.

Dans le cas où la relève d'un employé du *service armé* (spécialiste ou non) ne pourrait avoir lieu, *faute d'auxiliaires présents, et dans ce cas seulement*, il pourra être fait appel aux pères de cinq enfants et veufs pères de quatre enfants, afin de rendre *au rang un homme du service arme*.

B. — *Pères de cinq enfants et veufs pères de quatre enfants appartenant aux services* (sections de commis et ouvriers militaires d'administration, sections d'infirmiers, service aeronautique, service automobile, etc.).

Ces hommes restent dans le service auquel ils sont affectés.

C. — *Hommes appartenant à l'infanterie, la cavalerie, l'artillerie et le train, le génie.*

Un certain nombre d'affectations peuvent leur être données, tout en se conformant aux principes ci-dessus, par exemple :

Emplois d'instructeurs.

Dresseurs de chevaux (armes montées).

Affectations à des unités de l'arrière, maintenues provisoirement dans l'intérieur (équipages de pont d'armée, parcs de siege du génie, C. V. A. X., etc.), aux établissements du génie qui possèdent normalement des hommes du service armé (circulaire n° 4957 3/4 du 17 sept. 1915, au sujet de l'application de l'art. 5 de la loi Dalbiez), etc.

Dans *chaque region* et dans l'*intérieur de chaque arme*, les gradés et hommes peres de cinq enfants et veufs pères de quatre enfants, qui présenteraient les *aptitudes nécessaires*, recevront, dès maintenant, des affectations de ce genre

Les gradés et hommes du service armé ainsi remplacés numériquement seront versés à un dépôt de leur arme, s'ils n'y sont déjà, et remis dans le rang.

Les commandants de région prononceront, s'il y a lieu, les changements de corps nécessaires.

D — *Affectations aux sections de commis ouvriers militaires d'administration des pères de cinq enfants appartenant à l'infanterie et à la cavalerie.*

Les établissements et organes du service de l'intendance, stations-magasins, entrepôts d'effets, services du territoire (manutentions, parcs à fourrage, magasins d'habillement, etc.), comprennent un nombre assez important de commis et ouvriers militaires d'administration du service armé, A. T. et R. A T., maintenus dans les sections, parce que leur emploi exige des connaissances spéciales ou des efforts physiques qu'on ne peut demander aux hommes du service auxiliaire (Dépêche n° 18689 7/5 du 27 sept. 1915, au sujet de l'application de l'art. 5 de la loi Dalbiez).

Apres qu'il aura été pourvu aux affectations prévues aux paragraphes A et C ci-dessus les commandants de région affecteront également à ces services et établissements de l'intendance fonctionnant dans leur région des pères de cinq enfants et veufs pères de quatre enfants, de l'infanterie et de la cavalerie, présentant les *aptitudes physiques* ou les *connaissances spéciales* nécessaires (4).

(1) Note du *J. off.* — Des instructions ultérieures préciseront les conditions de fonctionnement de ce ravitaillement.

(2) 2e vol, p. 287.

(3) Note du *J. off.* — On ne relèvera pas les hommes de la classe 1889.

(4) Note du *J. off.* — En particulier les boulangers C. O. A. ne pourront être remplacés que par des boulangers de profession.

Les commis et ouvriers militaires d'administration ainsi relevés devront être *aptes physiquement au service de l'infanterie* (1).

Ils seront versés dans les dépôts de cette arme.

Ces mutations donneront lieu à des *changements d'arme* prononcés par les commandants de région.

E. — *Pères de cinq enfants et veufs pères de quatre enfants de l'infanterie, cavalerie, artillerie et train, génie, non utilisés.*

Des dispositions seront prises ulterieurement par mes soins pour l'utilisation des pères de cinq enfants et veufs pères de quatre enfants, autres que ceux des services, qui n'auront pas reçu une des affectations prévues ci-dessus.

II

PÈRES DE QUATRE ENFANTS ET VEUFS PÈRES DE TROIS ENFANTS VIVANTS

Rien n'est changé jusqu'à nouvel ordre aux prescriptions en vigueur, et notamment aux règles du tour de départ, en ce qui concerne les pères de quatre enfants et veufs peres de trois enfants (Cette prescription ne modifie en rien les dispositions de l'instruction n° 16688 1/11 du 4 nov. 1915, qui exclut ces hommes des renforts destinés à l'armée d'Orient).

J'attire votre attention sur la nécessité de vous conformer très exactement aux prescriptions ci-dessus.

Il convient notamment de proscrire rigoureusement toute création d'un *emploi nouveau* pour des pères de familles nombreuses; en aucun cas, ces hommes ne devront être *reversés* dans les emplois accessoires, qui doivent être tenus par des auxiliaires : services généraux, corvées, garde d'écuries, service de places, etc.

Vous voudrez bien me fournir, après exécution des prescriptions des §§ A, B, C, D, et pour le 25 nov. 1915, deux états des modeles ci-joints, faisant ressortir le nombre des peres de familles nombreuses en question.

Ces états seront établis sur les déclarations des intéressés; les peres de quatre enfants vivants et veufs pères de trois enfants seront mis en garde contre toute fausse interprétation de cette enquête, qui n'a d'autre but pour le moment, en ce qui les concerne, que l'établissement d'une statistique.

Il sera rappelé à ce sujet que les mesures prévues pour les pères de familles nombreuses ne créent en aucun cas un *droit individuel* pour ces hommes, et qu'en particulier, les affectations données à l'intérieur à des pères de cinq enfants et veufs pères de quatre enfants n'empêchent nullement leur envoi ultérieur aux armées dans une formation ou un service de l'arrière

L'établissement des renseignements ci-dessus ne dispense pas, bien entendu les peres de cinq enfants et les veufs peres de quatre enfants de l'obligation d'établir leur situation par la production des extraits de naissance de leurs enfants et d'un certificat du maire constatant que ces enfants sont vivants.

(*Suivent au* J. off. *les modèles d'états annexes*)

GUERRE, GUERRE FRANCO-ALLEMANDE, ZONE DES ARMÉES, GARE RÉGULATRICE DE BESANÇON, COMMANDEMENT D'ÉTAPES.

ARRÊTÉ *spécifiant que le territoire du commandement d'etapes de la gare régulatrice de Besançon forme enclave de la zone des armées dans la zone de l'intérieur.*

(7 novembre 1915) — (Publ. au *J off.* du 8 nov.).

LE MINISTRE DE LA GUERRE; — Vu l'art 2 du décret du 2 déc. 1913, sur le service en campagne; — Vu le décret du 1er août 1914 (2), prescrivant la mobilisation des armées de terre et de mer; — Vu l'arrêté du 1er sept. 1914 (3), relatif à la fixation de la zone des armées du Nord-Est, modifié et complété par les arrêtés des 17 (4), 19 (5) et 24 nov. 1914 (6), 4 janv. (7), 13 févr. (8) et 5 juin 1915 (9); — Arrête :

Le territoire du commandement d'étapes de la gare régulatrice de Besançon forme enclave de la zone des armées dans la zone de l'interieur.

GUERRE, GUERRE FRANCO-BULGARE, INTERDICTION DE COMMERCE AVEC LES SUJETS BULGARES.

DÉCRET *portant interdiction d'entretenir des relations d'ordre économique avec les sujets de la Bulgarie ou les personnes y résidant* (10).

(7 novembre 1915). — (Publ. au *J. off.* du 8 nov.).

LE PRÉSIDENT DE LA RÉPUBLIQUE FRANÇAISE;

---

(1) Note du *J. off.* — Ils seront soumis à une visite médicale avant d'être l'objet d'une mutation.

(2 à 7) 1er vol., p. 9, 95, 205, 209, 217, 294.

(8-9) 2e vol., p. 26 et 180.

(10) Ce décret est précédé au *J. off.* d'un rapport ainsi conçu :

« Le *Journal officiel* du 18 oct. 1915 (*Supra*, p. 83) a fait connaître que, la Bulgarie étant entrée en action, à côté des ennemis, contre un des alliés de la France, le Gouvernement de la Republique constate que l'état de guerre existe entre la France et la Bulgarie, a partir du 16 oct. 1915 et du fait de la Bulgarie.

« Il paraît y avoir lieu, dans ces conditions, d'étendre aux operations commerciales avec les sujets de la Bulgarie les interdictions qui ont fait l'objet du décret du 27 sept 1914, et qui ont trouvé leur sanction dans la loi du 4 avril 1915 ».

— Sur le rapport du président du conseil, ministre des affaires étrangères, des ministres du commerce, de l'industrie, des postes et des télégraphes, de la justice, de l'intérieur, des finances et des colonies ; — Vu la loi du 5 août 1914 (1), relative à l'état de siège ; — Vu la loi du 4 avril 1915 (2), ayant pour objet de donner des sanctions pénales à l'interdiction faite aux Français d'entretenir des relations d'ordre économique avec des sujets d'une puissance ennemie ; — Vu le décret du 27 sept. 1914 (3), relatif à l'interdiction des relations commerciales avec les sujets des empires d'Allemagne et d'Autriche-Hongrie ; — Le conseil des ministres entendu ; — Décrète :

Art. 1er. A raison de l'état de guerre et dans l'intérêt de la défense nationale, les dispositions, interdictions et prohibitions figurant au décret du 27 sept. 1914 sont applicables aux opérations commerciales faites avec les sujets de la Bulgarie ou les personnes y résidant.

2. Le président du conseil, ministre des affaires étrangeres, les ministres du commerce, de l'industrie, des postes et des télégraphes, de la justice, de l'intérieur, des finances et des colonies sont chargés, etc.

DANUBE, COMMISSION EUROPÉENNE, AVANCE REMBOURSABLE.

Loi *autorisant le ministre des finances à faire une avance remboursable de 400.000 fr. à la Commission européenne du Danube.*

(9 novembre 1915). — (Publ. au *J. off.* du 11 nov.).

Article unique. Le ministre des finances est autorisé à faire à la Commission européenne du Danube une avance de quatre cent mille francs (400.000 fr.), productive d'un intérêt de cinq pour cent (5 p. 100) l'an ; cette avance sera constatée au débit d'un compte à ouvrir parmi les services speciaux du Trésor sous le titre : « Avance à la Commission européenne du Danube ».

DÉBITS DE BOISSONS, RÉGLEMENTATION. — I. DISPOSITIONS GÉNÉRALES. — OUVERTURE, MUTATION DE PROPRIÉTAIRE OU DE GÉRANT, TRANSLATION DANS UN AUTRE LIEU, DECLARATION A LA MAIRIE, TRANSMISSION AU PROCUREUR DE LA RÉPUBLIQUE, INCAPACITÉS, CONDAMNATIONS POUR CRIMES OU DÉLITS, INTERDICTION D'EXPLOITER UN DÉBIT, INFRACTIONS, PÉNALITÉS, FOIRES, VENTES, FÊTES PUBLIQUES, AUTORISATION MUNICIPALE, INTERDICTION DE VENDRE DES ALCOOLS ET SPIRITUEUX. — II. DÉBITS DE SPIRITUEUX, LIQUEURS ALCOOLIQUES ET APÉRITIFS A CONSOMMER SUR PLACE. — INTERDICTION DE NOUVEAUX DÉBITS, TRANSLATION DANS UN RAYON DE 150 MÈTRES, INTERDICTION D'EXPLOITER PLUSIEURS DÉBITS, CESSATION DE COMMERCE PENDANT UN AN, SUPPRESSION DU DÉBIT, FAILLITE, LIQUIDATION JUDICIAIRE, FERMETURE POUR ÉVÉNEMENTS DE GUERRE, PROROGATION DE DÉLAI, MARCHANDS AMBULANTS, INTERDICTION DE LA VENTE DES ALCOOLS, LIQUEURS ALCOOLIQUES ET APÉRITIFS, INFRACTIONS, PÉNALITÉS, FERMETURE DU DÉBIT, SYNDICATS POUR LA DÉFENSE DU COMMERCE DES BOISSONS, ASSOCIATIONS ANTI-ALCOOLIQUES RECONNUES, ACTION CIVILE.

Loi *relative à la réglementation de l'ouverture de nouveaux débits de boissons.*

(9 novembre 1915). — (Publ. au *J. off.* du 11 nov.).

TITRE Ier

DISPOSITIONS APPLICABLES AUX DÉBITS DE BOISSONS DE TOUTE NATURE A CONSOMMER SUR PLACE.

Art. 1er. Toute personne qui veut ouvrir un café, cabaret ou autre débit de boissons à consommer sur place est tenue de faire, quinze jours au moins à l'avance et par écrit, une déclaration indiquant :

1° Ses nom, prénoms, lieu de naissance, profession et domicile ;

2° La situation du débit ;

3° A quel titre elle doit gérer le débit, et les nom, prénoms, profession et domicile du propriétaire, s'il y a lieu ;

4° Si elle prend l'engagement de ne pas vendre des spiritueux, des liqueurs alcooliques ou des apéritifs autres que ceux à base de vin titrant moins de 23 degrés.

A Paris, la déclaration est faite à la préfecture de police, et, dans les autres communes, à la mairie ; il en est donné immédiatement récépissé.

Le declarant devra justifier qu'il est Français ou qu'il réside en France, ou dans les colonies, ou dans les pays de protectorat, depuis cinq ans au moins.

Dans les trois jours de la déclaration, le maire de la commune où elle aura été faite en transmettra copie intégrale au procureur de la République de l'arrondissement.

2. Toute mutation dans la personne du propriétaire ou du gérant devra, dans les quinze

(1) 1er vol., p. 30.
(2) 2e vol., p. 98.
(3) 1er vol., p. 127.

jours qui suivent, être déclarée dans les mêmes conditions. La translation d'un lieu à un autre devra être déclarée huit jours au moins à l'avance. La transmission de ces déclarations devra être faite aussi au procureur de la République de l'arrondissement, conformément aux dispositions édictées dans le précédent article.

3. Les mineurs non émancipés et les interdits ne peuvent exercer par eux-mêmes la profession de débitants de boissons.

4. Ne peuvent exploiter des débits de boissons à consommer sur place :

1° Les individus condamnés pour crime de droit commun ;

2° Ceux qui auront été condamnés à l'emprisonnement d'un mois au moins pour vol, recel, escroquerie, filouterie, abus de confiance, recel de malfaiteurs, outrage public à la pudeur, excitation de mineurs à la débauche, tenue d'une maison de jeu, vente de marchandises falsifiées ou nuisibles à la santé, ou pour récidive de coups et blessures et d'ivresse publique.

L'incapacité sera perpétuelle à l'égard de tous les individus condamnés pour crimes. Elle cessera cinq ans après leur peine à l'égard des condamnés pour délits, si, pendant ces cinq années, ils n'ont encouru aucune condamnation correctionnelle à l'emprisonnement. L'incapacité cessera en cas de réhabilitation.

5. Les mêmes condamnations, lorsqu'elles seront prononcées contre un débitant de boissons à consommer sur place, entraîneront de plein droit contre lui, et pendant le même délai, l'interdiction d'exploiter un débit, à partir du jour où lesdites condamnations seront devenues définitives. Ce débitant ne pourra être employé, à quelque titre que ce soit, dans l'établissement qu'il exploitait, comme au service de celui auquel il aurait vendu ou loué, ou par qui il ferait gérer ledit établissement, ni dans l'établissement qui serait exploité par son conjoint, même séparé.

6. L'infraction aux dispositions des art. 1er et 2 sera punie d'une amende de seize à cent francs (16 à 100 fr.).

Toute infraction aux dispositions des art. 3, 4 ou 5 sera punie d'une amende de seize à deux cents francs (16 à 200 fr.), et la fermeture du débit sera ordonnée par le jugement. En cas de récidive, l'amende pourra être portée jusqu'au double et le coupable pourra, en outre, être condamné à un emprisonnement de six jours à un mois.

7 Les individus qui, à l'occasion d'une foire, d'une vente ou d'une fête publique, établiraient des cafés ou debits de boissons ne seront pas tenus à la déclaration prescrite par l'art. 1er, mais ils devront obtenir l'autorisation de l'autorité municipale, et ne pourront vendre ni spiritueux, ni liqueurs alcooliques ou apéritifs, autres que ceux à base de vin, titrant moins de 23 degrés.

En cas d'infraction à la présente disposition, le débit sera immédiatement fermé, et le contrevenant puni d'une amende de seize à cent francs (16 à 100 fr).

8. L'art. 463 du Code pénal sera applicable à tous les délits et contraventions prévus par les articles ci-dessus.

9. Est abrogée la loi du 17 juill. 1880 (1), à l'exception des art. 1er et 9.

TITRE II

DISPOSITIONS APPLICABLES AUX DÉBITS DE SPIRITUEUX, LIQUEURS ALCOOLIQUES OU APÉRITIFS A CONSOMMER SUR PLACE.

10. Nul ne pourra ouvrir un cafe, un cabaret ou un débit de boissons pour y vendre à consommer sur place des spiritueux, des liqueurs alcooliques ou des apéritifs autres que ceux à base de vin titrant moins de 23 degrés.

L'interdiction n'est pas applicable aux hôtels, restaurants et auberges, lorsque les boissons n'y seront offertes qu'à l'occasion et comme accessoire de la nourriture

Est considéré comme ouverture d'un nouveau débit de spiritueux le fait de vendre l'une quelconque des boissons visées au § 1er du présent article dans un établissement dont le tenancier aura fait la déclaration prévue par l'art. 36 de la loi de finances du 15 juill. 1914 (2), en vue d'être exonéré du payement du droit de licence

N'est pas considérée comme ouverture d'un nouveau débit la translation d'un débit déjà existant, si elle est effectuée par le proprietaire du fonds de commerce ou ses ayants droit dans un rayon de 150 metres, à condition que cette translation ne soit pas opérée dans une zone établie par application des dispositions de l'art 9 de la loi du 17 juill. 1880 ou de l'art. 46 de la loi de finances du 30 juill. 1913 (3).

Aucune personne, aucune société ne pourra, à l'avenir, sous réserve des droits acquis, posséder ni exploiter, directement ou indirectement, ou par commandite, plus d'un débit de boissons titrant plus de 23 degrés d'alcool.

11. Tout débit qui a cessé d'exister depuis plus d'un an est considéré comme supprimé et ne peut plus être transmis

Toutefois, en cas de faillite ou de liquidation judiciaire, le délai d'un an est étendu, s'il y a lieu, jusqu'à la clôture des opérations.

Si le debit a été détruit par des événements de guerre, il pourra être réouvert ou transféré sur

(1) S. *Lois annotées* de 1880, p. 641. — P. *Lois, décr.*, etc. de 1880, p. 1104.
(2) *J. off.*, 18 juill. 1914, p. 6448.

(3) S. et P. *Lois annotées* de 1914, p. 687 ; *Pand. pér.*, *Lois annotées* de 1914, p. 687.

tout le territoire de la commune, sous la réserve des zones protégées, au plus tard dans les deux ans de la cessation des hostilités.

Si l'établissement a été fermé par suite de la mobilisation de son propriétaire, il pourra être réouvert au plus tard dans le délai de six mois après sa libération.

12 L'ouverture d'un débit de spiritueux, en dehors des conditions ci-dessus indiquées, sera punie d'une amende de cent à deux mille francs (100 à 2 000 fr), sans préjudice des pénalités fiscales actuellement en vigueur. La fermeture du débit sera prononcee par le jugement.

13. Il est interdit aux marchands ambulants de vendre en détail, soit pour consommer sur place, soit pour emporter, les boissons désignées à l'art 10.

Toute infraction à la disposition précédente sera punie d'une amende de cent à deux mille francs (100 à 2.000 fr), sans préjudice des pénalités fiscales actuellement en vigueur.

14. Les syndicats formés, conformément à la loi du 21 mars 1884 (1), pour la défense des intérêts généraux du commerce des boissons, ainsi que les associations constituées pour la lutte contre l'alcoolisme ayant obtenu la reconnaissance d'utilité publique, pourront exercer, sur tout le territoire de la France et des colonies, les droits reconnus à la partie civile par les art. 182, 63, 64, 66, 67 et 78 du Code d'instruction criminelle, relativement aux faits contraires aux prescriptions de la présente loi, ou recourir, s'ils préfèrent, à l'action ordinaire devant le tribunal civil, en vertu des art. 1382 et suivants du Code civil.

DOUANES, GUERRE FRANCO-ALLEMANDE, SUPPRESSION DE DROITS D'ENTRÉE, BEURRE, OEUFS.

DÉCRET *supprimant les droits d'entrée sur les œufs de volailles et le beurre frais, fondu ou salé.*

(9 novembre 1915). — (Publ. au *J. off.* du 12 nov.).

LE PRÉSIDENT DE LA RÉPUBLIQUE FRANÇAISE; — Vu l'art. 3, § 8, de la loi du 29 mars 1910 (2); — Vu les lois des 11 janv. 1892 (3) et 29 mars 1910; — Vu le décret du 1er août 1914 (4), ordonnant la mobilisation totale de l'armée; — Le conseil des ministres entendu; — Décrète :

ART **1er**. A partir de la publication du present décret, sont suspendus les droits d'entrée sur les produits désignés ci-apres : œufs de volailles, beurre frais, fondu ou salé.

2. Lesdites taxes seront rétablies par un decret rendu dans la même forme que le présent acte.

Dans ce cas, les chargements, qu'on justifiera avoir été expédiés directement pour la France avant la publication au *Journal officiel* du décret de rétablissement, resteront admissibles au bénéfice du tarif antérieur

3 Le ministre de l'agriculture, le ministre du commerce, de l'industrie, des postes et des télégraphes et le ministre des finances sont chargés, etc.

MINISTÈRE DE L'AGRICULTURE, COMITÉ CONSULTATIF PERMANENT POUR L'ÉTUDE DES QUESTIONS D'AGRICULTURE ET DE DÉFENSE NATIONALE.

DÉCRET *instituant auprès du ministre de l'agriculture un comite consultatif permanent, chargé de l'examen des questions intéressant l'agriculture et la défense nationale, et nommant les membres de ce comité.*

(9 novembre 1915). — (Publ. au *J. off.* du 11 nov)

LE PRÉSIDENT DE LA RÉPUBLIQUE FRANÇAISE; — Décrete :

ART **1er**. Il est institué auprès du ministre de l'agriculture un comité consultatif permanent, chargé de l'examen des questions intéressant l'agriculture et la défense nationale.

2. Sont nommés membres de ce comité :

(*Suivent les noms au* J. off.)

MINISTERE DE LA GUERRE, GUERRE FRANCO-ALLEMANDE, SOUS-SECRÉTARIAT DE L'ARTILLERIE ET DES MUNITIONS, SERVICE DES POUDRES, INSPECTION GÉNÉRALE DES ÉTUDES ET EXPÉRIENCES TECHNIQUES, DIRECTION GÉNÉRALE DES FABRICATIONS.

ARRÊTÉ *modifiant l'organisation du service des poudres.*

(9 novembre 1915). — (Publ au *J. off* du 11 nov.)

LE MINISTRE DE LA GUERRE; — Sur le rapport du sous-secrétaire d'Etat de l'artillerie et des munitions; — Vu l'art. 14 de la loi du 24 juill. 1873 (5), sur l'organisation générale de l'armée;

---

(1) S *Lois annotées* de 1884, p. 684. — P. *Lois, décr.*, etc de 1884, p. 1065.

(2) S. et P. *Lois annotees* de 1910, p. 1068; *Pand. pér.*, *Lois annotées* de 1910, p. 1068.

(3) S. et P. *Lois annotées* de 1892, p. 344; *Pand. pér.*, 1892.3.81.

(4) 1er vol, p. 9.

(5) S *Lois annotées* de 1873, p. 438. — P. *Lois, décr.* etc. de 1873, p. 751.

— Vu les art. 7 et 8 de la loi du 16 mars 1882 (1), sur l'administration de l'armée; — Vu le décret du 3 juill. 1883, sur le classement des établissements et services spéciaux destinés à assurer la défense générale du pays et à pourvoir aux besoins généraux de l'armée; — Vu le décret du 26 juin 1908 (2), portant organisation du service des poudres et salpêtres; — Vu la loi du 25 mars 1914 (3), relative à la création d'un corps d'ingénieurs militaires et de corps d'agents et de sous-agents militaires des poudres; — Vu le décret du 3 avril 1869, sur la comptabilité des dépenses du département de la guerre; — Vu le décret du 6 nov. 1915 (4), fixant les attributions du sous-secrétaire d'Etat de l'artillerie et des munitions; — Arrête :

ART. 1er. Pour la durée de la guerre, l'organisation des services des poudres, dirigés par le sous-secrétaire d'Etat de l'artillerie et des munitions, au nom et par délégation permanente du ministre de la guerre, est modifiée conformément aux dispositions ci-après :

2. A l'administration centrale, l'emploi de directeur des poudres est supprimé. Un ingénieur en chef ou principal des poudres, un officier général ou supérieur ou un contrôleur de l'administration de l'armée est adjoint au sous-secrétaire d'Etat pour les poudres et explosifs.

3. Il est institué une inspection générale des études et expériences techniques sur les poudres et les explosifs. Cette inspection constitue un service extérieur dont relève directement le laboratoire central des poudres.

4. Il est institué une direction générale des fabrications de poudres et explosifs. Cette direction constitue un service extérieur relevant directement du ministre (sous-secrétaire d'Etat de l'artillerie).

Sous l'autorité du sous-secrétaire d'Etat, le directeur général des fabrications a dans ses attributions : l'organisation et la conduite générale des fabrications des poudres et explosifs tant dans les établissements dépendant de la direction des poudres et salpêtres que dans l'industrie privée, l'achat et la constitution des approvisionnements qu'elles comportent; la passation et le contrôle d'exécution des marchés y relatifs.

Il reçoit délégation du sous-secrétaire d'Etat pour la signature de ces marchés, sous réserve des prescriptions contenues dans les lois et règlements en vigueur.

5. Une instruction du sous-secrétaire d'Etat déterminera l'organisation intérieure de ces divers services et leurs rapports avec les autres services du sous-secrétariat d'Etat.

6. Le sous-secrétaire d'Etat de l'artillerie et des munitions est chargé, etc.

---

(1) S. *Lois annotées* de 1882, p. 348. — P. *Lois, décr*, etc. de 1882, p. 556.

(2) *J. off.*, 30 juin 1908, p. 4380.

ARMÉE, DÉCENTRALISATION ET SIMPLIFICATION DES SERVICES.

CIRCULAIRE *ministérielle relative aux dispositions à prendre pour simplifier et accélérer le fonctionnement des divers services de l'armée.*

(**10 novembre 1915**). — (Publ. au *J. off.* du 11 nov.).

Le Ministre de la guerre à MM. les sous-secrétaires d'Etat et directeurs de l'administration centrale, à MM. les généraux commandant les régions de corps d'armée.

J'ai l'honneur d'appeler votre attention sur la nécessité, qui s'impose chaque jour plus impérieuse, d'apporter, dans l'exécution du service, toute la rapidité de décision qui seule est compatible avec l'état de guerre. Le pays est un vaste réservoir où s'alimentent incessamment les armées en hommes, chevaux, munitions, vivres, matériel et approvisionnements de toute nature, et cette reconstitution continuelle des forces vives du front est subordonnée à la mise en œuvre de tous les moyens d'action de l'intérieur du territoire.

Or, pour être efficace, il faut que cette réfection puisse être réalisée le plus promptement possible, poussée avec vigueur et énergie, ce qui exige que, sur le territoire, on ne s'attarde pas, dans sa préparation et son exécution, à certaines méthodes surannées et lentes du temps de paix. Qui dit guerre, dit action et mouvement.

Ce résultat ne peut être atteint tout d'abord que par la réduction au strict minimum du nombre des organes chargés de l'étude et de la préparation des affaires. Il est indispensable, en outre, de renoncer à une centralisation excessive, qui, de l'échelon inférieur montant jusqu'au ministre, absorbe sans profit les facultés des chefs successifs. Ceux-ci accumulent rapports, avis et transmissions; le ministre seul décide; la solution intervient ainsi dans beaucoup de cas trop tardivement.

A l'avenir, toutes les questions qui ne mettent pas en jeu directement la responsabilité ministérielle, ou qu'aucun texte de loi, décret ou règlement n'impose expressément de soumettre à ma signature, devront être réglées sans mon intervention. Afin de lever toute incertitude à ce sujet, et pour assurer l'unité de vues et de doctrine dans les directions de l'administration centrale et dans les régions de corps d'armée, les unes et les autres me soumettront, le 1er déc. 1915 au plus tard, un programme de décentralisation et de simplifications. On y précisera la suppression de tous les transmissions et comptes rendus jugés inutiles, en

---

(3) S. et P. *Lois annotées* de 1915, p. 862; *Pand. pér., Lois annotées* de 1915, p. 862.

(4) *Supra*, p. 116.

indiquant les catégories d'affaires pour lesquelles les directeurs et les généraux demandent à exercer, en mon nom et par délégation, et sous leur responsabilité, un pouvoir propre de décision. Dans l'intérieur des régions. les généraux procéderont de même vis-à-vis des autorités sous leurs ordres.

La plus grande initiative étant ainsi laissée à chacun, il ne faut maintenir au service que ceux-là seuls qui sont capables de l'exercer. On écartera sans faiblesse comme sans parti pris les officiers, fonctionnaires ou employés, qui, par leur manque d'activité, de zele et de moyens, restent coutumiers du moindre effort et du rendement minimum Ils ne sauraient être tolérés dans cette période de guerre, alors qu'il faut demander à tous le maximum d'énergie et de productivité.

J'entends que ces prescriptions ne restent pas lettre morte. En procédant à des enquêtes et des vérifications inopinées, ainsi qu'à un contrôle attentif des dépenses du personnel, il est facile de constater si ces prescriptions sont appliquées partout et pour tous. Je n'hésiterai pas, le cas échéant, à punir sévèrement quiconque aura, par ignorance ou par nonchalance, toléré des « inutilités »

En ce qui concerne l'exécution matérielle du service dans les bureaux, il est urgent de moderniser dans la plus large mesure possible les moyens dont chacun est pourvu. L'usage du téléphone et du message téléphoné est à recommander pour éviter les pertes de temps qui résultent des transmissions toujours trop lentes qu'échangent entre eux, quelquefois par simple bordereau ou par lettre, les organes de l'administration centrale, les services et les régions. L'emploi de la machine à écrire avec papier au carbone, des presses lithographiques, des polycopies. etc., permet de multiplier les exemplaires de documents originaux et d'économiser à la fois le temps et la main-d'œuvre.

Allant plus loin dans cette voie, à l'exemple de l'industrie, du commerce et de certaines administrations de l'Etat, il convient de chercher à remplacer ceux des militaires et des employés civils du département de la guerre, uniquement occupés à des travaux de copie, par un personnel féminin de dactylographes et de sténographes, généralement plus aptes à cette tâche que ne le sont des hommes, devenus, par occasion, secrétaires ou copistes. Ce personnel feminin devra être choisi de préférence parmi les femmes, mères, filles ou sœurs des militaires tués ou blessés à la guerre. Mais il doit bien être entendu que l'emploi de cette main-d'œuvre féminine supplémentaire devra avoir comme conséquence une réduction corrélative d'un nombre au moins egal des personnels militaires ou civils. L'exécution de cette mesure, comportant dépense, sera subordonnée à mon autorisation. Toutes propositions détaillées faisant connaître l'objet précis de cette substitution, ainsi que le montant des frais qu'elle occasionnera, devront m'être soumises par les directeurs de l'administration centrale et les généraux commandant les régions, pour le 1er déc 1915 au plus tard.

Je suis certain que, se pénétrant des nécessités de l'heure actuelle, à quelque échelon de la hiérarchie qu'il appartienne, chacun apportera sans mesure, et jusqu'à l'extrême limite de ses facultés et de ses moyens, toute l'activité et toute l'énergie dont il est capable. Je compte sur l'esprit de dévouement et de sacrifice de tous pour préparer activement à l'intérieur la tâche lourde et glorieuse de ceux qui, aux armées, luttent et lutteront sans trêve et sans répit, jusqu'à l'heure definitive de la victoire finale.

DOUANES, GUERRE FRANCO-ALLEMANDE, INTERDICTIONS DE SORTIE, POIVRE, EMERI, CORINDON, CARBORANDUM.

DÉCRET *prohibant la sortie de certaines marchandises.*

(11 novembre 1915) — (Publ au *J. off.* du 13 nov).

LE PRÉSIDENT DE LA RÉPUBLIQUE FRANÇAISE; — Sur le rapport du ministre du commerce, de l'industrie, des postes et des télégraphes, du ministre de la guerre et du ministre des finances; — Vu l'art. 34 de la loi du 17 déc. 1814 (1); — Décrete :

ART **1er**. Sont prohibées la sortie, ainsi que la réexportation en suite d'entrepôt, de dépôt, de transit et de transbordement, des produits énumérés ci-après :

Poivre.

Emeris pulvérisés.

Corindon naturel en grains ou en poudre, corindon artificiel ou alundum (alumine fondue).

Carborandum (siliciure de carbone).

Emeris appliqués sur papiers et sur tissus, agglomerés en meules, pierres ou toutes autres formes quelconques (y compris carborandum, corindon et alundum).

Toutefois, des exceptions à cette disposition pourront être autorisées, sous les conditions qui seront déterminées par le ministre des finances.

2. Les ministres du commerce, de l'industrie, des postes et des télégraphes, de la guerre et des finances sont chargés, chacun en ce qui le concerne, de l'exécution du présent décret, qui aura son effet à dater du 13 nov. 1915.

NAVIRES, GUERRE FRANCO-ALLEMANDE, VENTE

(1) S. 1er vol des *Lois annotées*, p. 914.

A DES ÉTRANGERS, INTERDICTION, NULLITÉ, PÉNALITÉS, CIRCONSTANCES ATTÉNUANTES.

LOI *concernant la vente des navires de mer pendant la durée des hostilités.*

(11 novembre 1915). — (Publ. au *J. off.* du 14 nov.).

ART. **1**er. Pendant la durée de la guerre et jusqu'à l'expiration d'un délai de six mois suivant la fin des hostilités, la vente volontaire d'un navire de mer français à un étranger, soit en France, soit à l'étranger, est interdite.

Toutefois, des exceptions à cette prohibition pourront être autorisées, sous les conditions qui seront déterminées par le ministre de la marine.

2. Tout acte fait en fraude de la disposition qui précède est nul, et rend le vendeur passible d'un emprisonnement de un à six mois et d'une amende de seize à cinq cents francs (16 à 500 fr.), ou de l'une de ces deux peines seulement. En outre, le navire sera confisqué; s'il n'a pu être saisi, le tribunal prononcera, pour tenir lieu de la confiscation, la condamnation au paiement d'une amende supplémentaire égale à la valeur du navire, telle qu'elle sera fixée par le tribunal

L'art. 463 du Code pénal, sur les circonstances atténuantes, pourra être appliqué, même en ce qui concerne la confiscation, qui pourra être remplacée par une amende inférieure à la valeur du navire.

MINISTÈRE DE L'INSTRUCTION PUBLIQUE, GUERRE FRANCO-ALLEMANDE, DIRECTION DES INVENTIONS INTÉRESSANT LA DÉFENSE NATIONALE, CRÉATION

DÉCRET *portant création au ministère de l'instruction publique et des beaux-arts d'une direction des inventions intéressant la défense nationale.*

(13 novembre 1915). — (Publ. au *J. off* du 14 nov.).

LE PRÉSIDENT DE LA RÉPUBLIQUE FRANÇAISE: — Sur le rapport des ministres de l'instruction publique et des beaux-arts, de la guerre et de la marine; — Décrète :

ART. **1**er. Il est créé au ministère de l'instruction publique et des beaux-arts, pendant la durée de la guerre, une direction des inventions intéressant la défense nationale.

Cette direction est chargée d'examiner les propositions des inventeurs et de les faire étudier par tous moyens appropriés Elle est chargée également d'entreprendre toutes recherches scientifiques qui lui seront demandées par les ministères de la guerre et de la marine.

2. Les essais de mise au point des inventions retenues comme susceptibles d'applications militaires seront suivis par des représentants de la direction des inventions, de concert avec les services techniques des ministères de défense nationale.

Des officiers et des fonctionnaires de ces départements pourront être détachés à la direction des inventions.

3. La commission supérieure des inventions, instituée par le décret du 11 août 1914 (1), est rattachée à la direction des inventions.

4. Un arrêté ministériel déterminera ultérieurement l'organisation de cette direction.

5. Le ministre de l'instruction publique et des beaux-arts, le ministre de la guerre et le ministre de la marine sont chargés, etc.

ALLUMETTES CHIMIQUES, GUERRE FRANCO-ALLEMANDE, PATES PHOSPHORÉES, LIVRAISON AUX INDUSTRIELS TRAVAILLANT POUR LA DÉFENSE NATIONALE, PRIX.

DÉCRET *relatif à la vente des pâtes pour allumettes aux industriels travaillant pour la défense nationale.*

(15 novembre 1915). — (Publ. au *J. off.* du 21 nov.).

LE PRÉSIDENT DE LA RÉPUBLIQUE FRANÇAISE, — Vu les lois des 4 sept. 1871 (2), 2 août 1872 (3) et 15 mars 1873 (4); — Vu le décret du 30 déc. 1889 (5); — Sur le rapport du ministre des finances; — Décrète :

ART. **1**er. L'Administration des manufactures de l'Etat est autorisée à livrer aux industriels, qui en feront la demande, et qui travaillent pour les besoins de la défense nationale, des pâtes semblables aux pâtes servant à la fabrication des allumettes, au phosphore amorphe ou au sesquisulfure de phosphore, au prix de 4 fr. par kilogr.

2. Les livraisons auront lieu en manufacture; les frais d'emballage seront à la charge des acheteurs

3. Le ministre des finances est chargé, etc

DOUANES, GUERRE FRANCO-ALLEMANDE, AGENTS DES DOUANES, CITATION A L'ORDRE

---

(1) *Bull. off.*, nouv. série, 135, n. 7492.

(2) S. *Lois annotées* de 1871, p. 107. — P. *Lois, décr.*, etc. de 1871, p 184.

(3) S. *Lois annotées* de 1872, p. 295. — P. *Lois, decr.*, etc. de 1872. p. 505.

(4) S. *Lois annotées* de 1873, p. 338. — P. *Lois, décr.*, etc. de 1873, p. 580.

(5) S. *Lois annotées* de 1890, p. 790. — P *Lois, décr.*, etc. de 1890, p. 1357.

DU JOUR, PROMOTION EXCEPTIONNELLE POUR FAITS DE GUERRE, AVANTAGES CONCÉDÉS.

DÉCRET *accordant des bonifications d'ancienneté aux agents des douanes qui ont obtenu une citation à l'ordre de l'armée, et autorisant des promotions exceptionnelles au grade de capitaine des douanes.*

(15 novembre 1915). — (Publ. au *J. off.* du 23 nov.).

LE PRÉSIDENT DE LA RÉPUBLIQUE FRANÇAISE; — Sur le rapport du ministre des finances; — Vu le décret du 25 oct. 1913 (1), portant organisation des services extérieurs de l'Administration des douanes; — Vu le décret du 22 sept. 1882 (2), sur l'organisation militaire des brigades de douanes: — Décrète :

ART. 1er. Les agents des services extérieurs de l'Administration des douanes (bureaux et brigades), cités à l'ordre de l'armée, bénéficieront, lors de leur prochain avancement de classe ou de grade, d'une rétroactivité d'ancienneté d'un an, avec rappel de solde.

2. Les agents des brigades, mobilisés dans des unités douanières appelées à l'activité ou dans des corps de troupes, qui auront obtenu pour faits de guerre un grade militaire à titre définitif, pourront être pourvus directement du grade administratif assimilé (art. 5 du décret du 22 sept. 1882) après avoir satisfait aux épreuves professionnelles du concours institué pour ce grade.

3. Pourront être promus exceptionnellement au grade de capitaine les lieutenants affectés à des corps de troupes, qui auront été l'objet de propositions pour ce grade à titre définitif, de la part de leurs chefs militaires.

4. Le ministre des finances est chargé, etc.

1° DOUANES, GUERRE FRANCO-ALLEMANDE, INTERDICTIONS DE SORTIE, DÉCRETS, RATIFICATION. — 2° ALGÉRIE, GUERRE FRANCO-ALLEMANDE, DOUANES, INTERDICTION DE SORTIE, COKE, DÉCRET, RATIFICATION.

LOI *portant ratification de décrets ayant pour objet d'édicter diverses prohibitions de sortie*

(15 novembre 1915). — (Publ. au *J. off.* du 17 nov.).

ART. 1er. Sont ratifiés et convertis en loi :

Le décret du 1er avril 1915 (3), prohibant la sortie et la réexportation des monnaies de nickel, de cuivre et de billon;

Le décret du 23 juin 1915 (4), prohibant la sortie de l'Algérie de la houille crue et de la houille carbonisée (coke);

Le décret du 3 juill. 1915 (5), prohibant la sortie de l'or brut en masses, lingots, barres, poudre, objets détruits, ainsi que la monnaie d'or;

Le décret du 3 juill. 1915 (6), prohibant la sortie de l'acide chlorhydrique, du sulfure de carbone, du sulfure de sodium, des produits phosphorés de toute nature, de l'arsenic et de ses sels;

Le décret du 22 juill. 1915 (7), prohibant la sortie des machines-outils et de leurs pièces détachées :

Le décret du 31 juill. 1915 (8), prohibant la sortie des racines de chicorée, vertes ou sèches;

Le décret du 5 août 1915 (9), prohibant la sortie de l'amiante brut ou travaillé;

Le décret du 25 août 1915 (10), prohibant la sortie et la réexportation des monnaies d'argent.

2. Le régime antérieur sera rétabli par les décrets rendus dans la même forme que ceux dont la ratification est prononcée par la présente loi.

JUSTICES DE PAIX, GUERRE FRANCO-ALLEMANDE, JUGES DE PAIX DÉCÉDÉS, RÉUNION DE JUSTICES DE PAIX.

DÉCRET *portant réunion temporaire de justices de paix.*

(15 novembre 1915) — (Publ. au *J. off.* du 19 nov.)

LE PRÉSIDENT DE LA RÉPUBLIQUE FRANÇAISE; — Sur le rapport du garde des sceaux, ministre de la justice; — Vu l'art. 1er de la loi du 6 avril 1915 (11); — Vu les décès des juges de paix de Mouthe (Doubs) et Labastide-Clairence (Basses-Pyrénées); — Vu les propositions des premiers présidents des Cours d'appel de Besançon et de Pau et des procureurs généraux près lesdites Cours; — Décrète :

ART. 1er. Sont provisoirement réunies :

Les justices de paix de Mouthe et de Pontarlier (Doubs), sous la juridiction du juge de paix de Pontarlier;

Les justices de paix de Labastide-Clairence et d'Hasparren (Basses-Pyrénées), sous la juridiction du juge de paix de Hasparren.

2. Le garde des sceaux, ministre de la justice, est chargé, etc.

MINISTÈRE DE L'INSTRUCTION PUBLIQUE, GUERRE FRANCO-ALLEMANDE, MODIFICATION DU TITRE.

---

(1) *Bull. off.*, nouv. série, 116, n. 6226.

(2) S. *Lois annotées* de 1883, p. 436. — P. *Lois, décr.*, etc. de 1883, p. 716.

(3 à 10) 2e vol., p. 96, 205, 218, 219, 249, 271, 274, 299.

(11) 2e vol., p. 104.

DÉCRET *complétant le titre du ministère de l'instruction publique et des beaux-arts.*

(15 novembre 1915) — (Publ au *J. off.* du 16 nov).

LE PRÉSIDENT DE LA RÉPUBLIQUE FRANÇAISE ; — Vu le rapport du président du conseil, ministre des affaires étrangères; — Vu le décret du 13 nov. 1915 (1), créant au ministère de l'instruction publique et des beaux-arts, pendant la durée de la guerre, une direction des inventions intéressant la défense nationale; — Décrète :

ART. **1er**. Le ministère de l'instruction publique et des beaux-arts portera, pendant la durée d'application du décret susvisé, le titre de « Ministère de l'instruction publique, des beaux-arts et des inventions intéressant la défense nationale ».

2. Le président du conseil, ministre des affaires étrangères, est chargé, etc

---

TIMBRE, GUERRE FRANCO-ALLEMANDE, ATELIER GÉNÉRAL DU TIMBRE, PERSONNEL FÉMININ, RECRUTEMENT PENDANT LES HOSTILITÉS, FEMMES, SŒURS, FILLES OU VEUVES DE MILITAIRES TUÉS A L'ENNEMI OU DÉCÉDÉS DE BLESSURES OU MALADIES, OU DE MILITAIRES RÉFORMÉS.

DÉCRET *relatif au recrutement du personnel féminin de l'atelier général du timbre.*

(15 novembre 1915). — (Publ. au *J. off.* du 4 déc.).

LE PRÉSIDENT DE LA RÉPUBLIQUE FRANÇAISE ; — Vu les décrets des 6 juin 1912 (2) et 28 sept. 1913 (3), relatifs à l'organisation du personnel ouvrier de l'atelier général du timbre ; — Vu le décret du 30 janv. 1914 (4), concernant le régime des retraites applicable aux ouvriers et ouvrieres de l'atelier général du timbre; — Sur le rapport du ministre des finances ; — Décrète :

ART. **1er**. Pendant la durée de la guerre et pendant la période d'un an qui suivra la fin des hostilités, le recrutement du personnel féminin de l'atelier général du timbre s'effectuera exclusivement parmi les candidates admissibles qui seront apparentées, aux degrés indiqués ci-après, à des militaires tués à l'ennemi ou décédés depuis le début des hostilités des suites de blessures reçues ou de maladies contractées pendant leur présence sous les drapeaux, savoir :

Femmes non remariées;

Orphelines de mères célibataires ou veuves;

Filles célibataires ou veuves.

Les postulantes remplissant les conditions réglementaires d'aptitude seront classées dans l'ordre spécifié ci-dessus, et, dans chaque groupe, d'après leurs charges de famille et en tenant compte de leurs ressources personnelles.

2. En cas d'insuffisance des candidates désignées à l'art. 1er, les emplois à attribuer seront réservés aux femmes, orphelines de mères célibataires ou veuves, filles célibataires ou veuves, de militaires réformés n° 1, leur classement étant effectué dans cet ordre, en tenant compte, dans chaque groupe, de leurs charges de famille, de leurs ressources personnelles, et de l'importance de la pension de réforme concédée au mari ou père.

3. En tête de chacune des deux listes prévues (parentes de militaires décédés, parentes de militaires réformés n° 1), figureront les candidates remplissant les conditions définies aux deux articles précédents, et dont le mari ou le pere (décédé ou réformé n° 1) faisait partie du personnel de l'atelier général du timbre.

4. L'admission d'une parente d'un militaire décédé ou réformé n° 1 privera une autre parente, se réclamant du même militaire, du droit d'être nommée, pendant la période envisagée, à moins qu'une première satisfaction n'ait été donnée à toutes les familles portées sur les listes d'inscription.

5. Par dérogation à l'art 10, alin. 2, du décret du 6 juin 1912, les postulantes appartenant aux catégories énumérées ci-dessus, qui seraient âgées de plus de trente ans ou de moins de vingt et un ans, pourront néanmoins être admises exceptionnellement, pendant la période envisagée à l'art 1er du présent décret, mais celles qui seront âgées de plus de trente ans ne seront employées, en principe, qu'à titre purement provisoire, et en qualite d'ouvrières temporaires.

Celles d'entre elles que les besoins du service permettront de conserver à titre définitif feront l'objet d'un arrêté spécial de nomination, à l'expiration de l'année qui suivra la fin des hostilités.

Les ouvrieres employées à titre purement temporaire ne seront pas soumises obligatoirement aux dispositions du décret du 30 janv. 1914, sur les retraites ; mais elles auront la faculté d'en réclamer le bénéfice ; à défaut d'option en ce sens, elles seront assujetties aux dispositions de la loi du 5 avril 1910 (5), sur les retraites ouvrières.

6. A l'expiration de la période d'un an qui suivra la fin des hostilités, les règles de recrutement fixées par les décrets des 6 juin 1912 et 28 sept. 1913 seront remises en vigueur.

Toutefois, la proportion des emplois réservés, par le troisième alinéa de l'art. 9 du décret du 6 juin 1912, aux veuves, filles et sœurs d'agents

(1) *Supra*, p. 126.

(2) *Bull. off.*, nouv. série, 83, n. 4179.

(3) *Bull. off.*, nouv. série, 114, n. 6120.

(4) *Bull. off.*, nouv. série, 122, n. 6587.

(5) S. et P. *Lois annotées* de 1911, p. 1; *Pand. per.*, *Lois annotées* de 1911, p. 1.

et sous-agents de l'Administration de l'enregistrement sera portée de la moitié aux trois quarts des postes vacants, jusqu'à ce que tous ceux qui auraient dû leur échoir normalement leur aient été attribués.

Jusqu'à la même époque, la limite d'âge sera prorogée, pour les parentes du personnel, d'une durée égale à celle des hostilités.

7. Le ministre des finances est chargé, etc.

RENTES SUR L'ÉTAT, GUERRE FRANCO ALLEMANDE, RENTES 5 P. 100, ÉMISSION, IMMUNITÉS, EXEMPTION D'IMPÔTS, QUITTANCES, EXEMPTION DU TIMBRE, CAISSES D'ÉPARGNE, RETRAITS, LIBÉRATION EN RENTE 3 P. 100, BONS DE LA DÉFENSE NATIONALE.

1° LOI *autorisant l'émission d'un emprunt de rentes 5 p. 100.*

(16 novembre 1915). — (Publ. au *J. off.* du 17 nov.).

ART. 1er. Le ministre des finances est autorisé à aliéner en 1915, au mieux des intérêts du Trésor, des rentes 5 p. 100, et à les inscrire à une section spéciale du Grand-Livre de la dette publique.

Ces rentes jouissent des privilèges et immunités attachés aux rentes perpétuelles 3 p. 100.

Elles sont exemptes d'impôts.

A partir du 1er janv. 1931, elles pourront être remboursées en totalité ou par séries, conformément à l'art. 11 de la loi du 9 juill. 1902 (1).

2 Le taux et la date ou période d'émission, les époques de versement, les époques du paiement des arrérages, et généralement toutes autres conditions de l'emprunt, seront fixés par décret.

Un état détaillé des dépenses d'émission sera publié au *Journal officiel* le 31 déc. 1916 au plus tard. Ces dépenses seront prélevées sur le produit de l'emprunt.

3. Sont exempts du droit de timbre spécial des quittances, établi par les art. 18 de la loi du 23 août 1871 (2) et 28 de la loi du 15 juill. 1914 (3), les quittances, reçus ou décharges de sommes ou de titres, exclusivement relatifs aux opérations d'émission de l'emprunt autorisé par la présente loi.

4 Pendant la période d'émission de l'emprunt, les retraits de fonds effectués en vue de la souscription aux guichets des caisses d'épargne ordinaires et de la Caisse nationale d'epargne pourront excéder, dans des conditions à déterminer par un décret spécial, le maximum fixé par application des art. 3 et 25 de la loi du 20 juill. 1895 (4). A titre exceptionnel, le remboursement par la Caiss nationale d'épargne pourra être effectué par le receveur des postes ou le facteur receveur, sans autorisation préalable du service détenteur du compte courant.

5. Les souscriptions pourront être libérées pour un tiers par la remise de titres de rentes 3 p. 100 perpétuelles, qui seront annulés jusqu'à due concurrence. Les conditions dans lesquelles se fera cette remise et le taux d'évaluation des rentes seront déterminés par le décret prévu à l'art. 2.

En ce qui concerne les propriétaires de rentes qui n'ont pas la libre et complète administration de leurs biens, l'application des rentes 3 p. 100 à la souscription sera assimilée à un acte de simple administration, et sera dispensee d'autorisation spéciale, ainsi que de toute autre formalité judiciaire.

6. Les commissions allouées aux comptables du Trésor qui participeront aux opérations dudit emprunt resteront en dehors des limitations prévues par les lois et règlements en vigueur.

7. Le ministre des finances rendra compte des opérations autorisées par la présente loi au moyen d'un rapport adressé au Président de la République, et distribué au Sénat et à la Chambre des députes.

2° DÉCRETS *fixant les conditions de la souscription à l'emprunt en rentes 5 p. 100.*

(16 novembre 1915). — (Publ au *J. off.* du 17 nov.).

1er DÉCRET.

LE PRÉSIDENT DE LA RÉPUBLIQUE FRANÇAISE; — Vu la loi du 16 nov. 1915 (5); — Sur le rapport du ministre des finances; — Décrète :

ART. 1er. Le ministre des finances est autorisé à procéder par voie de souscription publique à l'émission de rentes 5 p. 100 prévue par la loi du 16 nov. 1915.

2. Lesdites rentes seront émises au taux de 88 fr. par 5 fr. de rente.

3. Il ne sera pas inscrit de rente 5 p. 100 pour une somme inférieure à 5 fr. de rente.

4. Ces rentes porteront jouissance à partir du 16 nov. 1915, et les arrérages en seront payables aux époques des 16 février, 16 mai, 16 août et 16 novembre de chaque annee.

5. Est fixé à la somme de 22 fr. par franc de rente, coupon du 1er janv. 1916 détaché, le taux

---

(1) S et P. *Lois annotées* de 1903, p. 521; *Pand. pér.*, 1904.3.2.

(2) S. *Lois annotées* de 1871, p. 122. — P. *Lois, décr*, etc. de 1871, p. 209.

(3) *J. off.*, 18 juill. 1914, p. 6448.

(4) S. et P. *Lois annotées* de 1895. p. 1153; *Pand. pér.*, 1897.3.1.

(5) C'est la loi qui précede.

d'évaluation des rentes 3 p. 100 perpétuelles qui sont admises pour la libération du tiers au maximum des souscriptions.

La remise matérielle des titres de rente 3 p. 100 aura lieu à une date qui sera fixée par arrêté du ministre des finances.

6. Les titres de rente 5 p. 100 seront, au gré des souscripteurs, au porteur, nominatifs ou mixtes.

7. Le ministre des finances est chargé de déterminer les autres conditions de l'émission et d'assurer l'exécution du présent décret.

2e Décret.

Le Président de la République française; — Vu la loi du 16 nov. 1915 (1); — Vu les décrets des 13 sept. 1914 (2) et 13 févr. 1915 (3); — Sur le rapport du ministre des finances; — Décrète :

Art. **1er.** Par dérogation à l'art. 1er du décret du 13 sept. 1915, les bons de la défense nationale de 100 fr. et au-dessus ne seront admis, pour la libération des souscriptions à l'emprunt autorisé par la loi du 14 nov. 1915, que s'ils ont été souscrits avant le 20 nov. 1915.

2. L'émission des obligations de la défense nationale sera suspendue à partir de la même date.

3. Le ministre des finances est chargé, etc.

3e Décret.

Le Président de la République française; — Vu la loi du 20 juill. 1895 (4), sur les caisses d'épargne; — Vu le décret du 30 juill. 1914 (5); — Vu l'art. 4 de la loi du 16 nov. 1915 (6); — Sur le rapport du ministre des finances, du ministre du travail et de la prévoyance sociale et du ministre du commerce, de l'industrie, des postes et des télégraphes; — Décrète :

Art. **1er.** Les souscriptions à l'emprunt autorisé par la loi du 16 nov. 1915, qui seront faites aux guichets des caisses d'épargne ou de la poste, pourront, par application de l'art 4 de ladite loi, être réalisées en partie au moyen d'un prélèvement opéré sur le montant de l'avoir du déposant à la caisse d'épargne ordinaire ou à la Caisse nationale d'épargne.

Ce prélèvement ne pourra excéder la moitié du prix des rentes souscrites.

2. Le ministre des finances, le ministre du travail et de la prévoyance sociale et le ministre du commerce, de l'industrie, des postes et des télégraphes, sont chargés, etc.

(1) *Supra*, p. 129.
(2) 1er vol., p. 112.
(3) 2e vol., p. 25.
(4) S. et P. *Lois annotées* de 1895, p. 1153 ; *Pand. pér.*, 1897.3.1.
(5) 1er vol., p. 1.
(6) *Supra*, p. 129.

3° Arrêté *fixant les conditions de la souscription à l'emprunt en rentes 5 p.* 100.

(16 novembre 1915). — (Publ. au *J. off.*, du 17 nov).

Le Ministre des finances; — Vu les décrets du 16 nov. 1915 (7); — Arrête :

Art. **1er.** Une souscription publique sera ouverte le 25 nov. 1915 pour l'émission de rentes 5 p. 100 autorisée par la loi du 16 nov. 1915 (8).

Un arrêté ultérieur fixera la date de clôture qui ne pourra dépasser le 15 déc. 1915.

2 Les souscriptions pourront être acquittées :

En numéraire (espèces, billets de la Banque de France ou de la Banque de l'Algérie, mandats de virement, chèques adressés à la caisse centrale),

En bons de la défense nationale souscrits ou renouvelés avant le 20 nov. 1915 ;

En obligations de la défense nationale ;

En titres de rentes 3 1/2 amortissables libérés avant le 31 janv. 1915, ou admis au bénéfice de l'art. 12 de la loi du 31 mars 1915 (9) ;

Enfin, dans les limites fixées par l'art. 5 de la loi du 16 nov. 1915, en titres de rentes 3 p. 100 perpétuelles.

Dans les colonies et en pays étrangers, les monnaies legales seront reçues, compte tenu ;

Dans les colonies, d'une taxe de change égale à la taxe sur les mandats-poste ;

Et à l'étranger, du cours du change du jour.

3. Les bons et les obligations de la défense nationale ou les titres de rentes 3 1/2 p. 100 amortissables seront repris avec valeur du 15 déc. 1915 le prix en sera calculé conformément aux dispositions respectives des décrets des 13 sept. 1914 (10) et 10 août 1915 (11), 13 févr. 1915 (12) et 11 sept 1914 (13).

La portion acquise de la prime d'amortissement des obligations de la défense nationale est fixée à 25 centimes par 100 fr. de capital nominal.

Le nombre de jours pour lesquels les intérêts se déduisent du capital nominal des bons de la défense nationale de 100 fr. et au-dessus est ramené, s'il n'est pas un multiple de 10, au multiple de 10 immédiatement inférieur.

4 Les souscriptions seront reçues, quels que soient les modes de paiement (numéraire, bons ou obligations de la defense nationale, titres de rentes 3 1/2 amortissables ou titres de rentes 3 p. 100 (à remettre ultérieurement) :

1° A Paris et dans le département de la Seine

A la caisse centrale du Trésor public, au pavillon de Flore ;

(7) Ce sont les décrets qui précèdent.
(8) *Supra*, p. 129.
(9) 2e vol., p. 93.
(10) 1er vol. p. 112.
(11) 2e vol., p. 278.
(12) 2e vol., p. 25.
(13) 1er vol., p. 111.

A la recette centrale de la Seine, place Vendôme, 16 ;

A la Caisse des dépôts et consignations, rue de Lille, 56 ;

A la Banque de France, rue Croix-des-Petits-Champs, et à ses bureaux auxiliaires ;

A la caisse du receveur municipal de la ville de Paris, à l'Hôtel de ville ;

A la caisse des receveurs-percepteurs de Paris,

A la caisse des percepteurs des arrondissements de Saint-Denis et de Sceaux ;

2° Dans les autres départements :

A la caisse des trésoriers-payeurs généraux et des receveurs particuliers des finances ;

A la caisse des percepteurs ;

Aux succursales et bureaux auxiliaires de la Banque de France.

3° En Algérie :

A la caisse du trésorier général et des payeurs principaux ;

A la caisse des payeurs particuliers ;

Aux succursales et bureaux auxiliaires de la Banque de l'Algérie ;

4° A Tunis : à la caisse du receveur général des finances tunisiennes ;

5° Au Maroc : aux caisses des comptables du Trésor français ;

6° Aux colonies · aux caisses des comptables du Trésor ;

7° Aux armées : aux bureaux des préposés payeurs.

5 Les souscriptions seront en outre reçues :

En numéraire, en bons de la défense nationale ou en titres de rentes 3 p. 100 (à remettre ultérieurement), quel que soit le montant de la souscription :

Dans les recettes composées des postes et dans les recettes simples situées dans les chefs-lieux d'arrondissement où il n'y a pas de recette composée ;

Aux guichets des caisses d'épargne ordinaires ;

En numéraire ou en titres de rentes 3 p. 100 (à remettre ultérieurement), et à la condition que les souscriptions n'excèdent pas 50 fr. de rente :

Dans les recettes simples des postes autres que celles visées ci-dessus et dans les établissements de facteur-receveur

6. Les souscriptions faites par les déposants des caisses d'épargne ordinaires et de la Caisse nationale d'épargne, qui voudront bénéficier de l'art. 4 de la loi du 16 nov. 1915 et de l'art. 1er du décret du même jour, rendu pour son application, ne seront admises qu'au lieu même du retrait

7. Les souscriptions faites exclusivement en numéraire seront reçues pour 5 fr. de rente et les multiples de 5 fr.

Les souscriptions en numéraire reçues aux armées, aux guichets des caisses d'épargne, aux colonies ou à l'étranger, devront être libérées immédiatement. Les souscriptions reçues aux autres guichets pourront être libérées en quatre termes, à savoir par 5 fr. de rentes :

Premier terme : le jour de la souscription	10 fr.
Deuxième terme : lors de la délivrance des certificats provisoires à partir du 15 janv. 1916	26 »
Troisième terme : le 15 févr. 1916	26 »
Quatrième terme : le 15 mars 1916	26 »
Total du prix d'émission	88 fr.

8. Les versements des 2e, 3e et 4e termes seront reçus dans un délai de quinzaine après leur échéance, c'est-à-dire au plus tard les 31 janv, 29 févr, et 31 mars 1916.

Ils se feront chacun en une seule fois.

Les versements des 3e et 4e termes sont constatés sur les certificats provisoires visés à l'art. 16 ci-après.

9. En cas de retard, le débiteur sera passible de plein droit d'intérêts envers le Trésor, à raison de 6 p. 100 l'an à partir de l'échéance effective de chacun de ces termes (15 janv., 15 févr. et 15 mars 1916).

Le ministre peut en outre déclarer le porteur déchu de ses droits, et faire effectuer, sans mise en demeure préalable, la vente des rentes représentées par les certificats pour couvrir le Trésor des sommes qui lui seraient dues.

10. Les versements par anticipation faits au moment de la souscription ne seront reçus que pour l'intégralité du capital. Ils donneront droit à une bonification, à titre d'escompte, de 15 centimes par franc de rente.

Après la souscription, les versements anticipés seront reçus, soit pour l'intégralité d'un ou plusieurs termes, soit pour la libération du certificat d'emprunt. Ils ne donneront pas droit à une bonification.

11. Les souscriptions faites en bons de la défense nationale, obligations de la défense nationale ou titres de rentes 3 1/2 p. 100 amortissables, devront être immédiatement libérées pour le tout.

Elles bénéficieront de la bonification prévue à l'article précédent.

12. En aucun cas, il n'y aura lieu au paiement d'une soulte par le Trésor. Lorsque la valeur de reprise des titres remis en paiement ne correspondra pas exactement à un nombre entier de francs de rente 5 p. 100, la souscription, à moins que le souscripteur ne réclame une promesse de rente correspondant à la fraction, sera portée au nombre entier immédiatement supérieur, et la soulte à la charge du souscripteur sera aussitôt acquittée.

13. Les souscriptions qui comportent à la fois

la remise de bons ou obligations de la défense nationale ou de rentes 3 1/2 amortissables, et le versement, outre la soulte prévue à l'article précédent, d'une somme en numéraire, et qui ne seront pas libérées sur-le-champ, seront considérées comme formant deux souscriptions, l'une faite en titres et régie par les art. 11 et 12 ci-dessus. et l'autre faite en numéraire, et régie par l'art. 7.

Dans ce cas, si la valeur des titres remis ne correspond pas à un multiple entier de 5 fr. de rente, la souscription en titres sera portée au multiple de 5 fr. de rente immédiatement supérieur, et la soulte sera aussitôt acquittée; seule, la partie restante de la souscription pourra être payée par termes échelonnés.

Les souscriptions faites à la fois en titres et en numéraire ne seront reçues que par multiples de 5 fr. de rente.

14. Les souscripteurs qui voudront user de la faculté de s'acquitter d'un tiers de leur souscription par la remise de titres de rentes 3 p. 100 perpétuelles ne pourront souscrire que pour un multiple de 5 fr. de rente.

Ils devront, au moment de la souscription, verser, soit en numéraire, soit en bons ou obligations de la défense nationale, soit en titres de rentes 3 1/2 p. 100 amortissables, une provision égale à la moitié au moins du prix des rentes souscrites.

La remise au Trésor des titres de rentes 3 p. 100 perpétuelles, ainsi que le versement complémentaire en numéraire, s'il y a lieu, pour libérer intégralement la souscription, se feront aux caisses qui seront désignées, et à la date qui sera fixée par un arrêté du ministre des finances.

15. Un arrêté du ministre des finances déterminera les conditions dans lesquelles il y aura lieu au versement d'une soulte par le souscripteur ou à la remise à ce dernier d'une promesse de rente, toutes les fois que la valeur de reprise des titres de rente 3 p. 100 perpétuelles remises en paiement ne correspondra pas à un nombre entier de francs de rente.

16. A partir du 15 janvier, et contre paiement, s'il y a lieu, du deuxième terme, il sera délivré aux souscripteurs des certificats provisoires munis de coupons trimestriels aux échéances des 16 février, 16 mai, 16 août, et qui seront échangés après la libération complète contre des titres définitifs.

RÉQUISITIONS MILITAIRES, GUERRE FRANCO-ALLEMANDE, MARINE, NAVIRES RÉQUISITIONNÉS, ACOMPTES POUR PRIVATION DE JOUISSANCE.

CIRCULAIRE *modifiant le texte de la circulaire du 13 mai 1915, relative aux acomptes mensuels payés sur l'indemnité de privation de jouissance des navires réquisitionnés de plus de 20 ans.*

(16 novembre 1915). — (Publ. au *J. off* du 21 nov.).

Le Ministre de la marine à MM. les vice-amiraux commandant en chef, préfets maritimes, capitaine de vaisseau commandant la marine en Corse.

L'attention du département a été appelée sur l'extrême modicité des acomptes mensuels payés sur l'indemnité de privation de jouissance des navires réquisitionnés de plus de vingt ans. Ces acomptes, d'après la circulaire du 13 mai 1915 (1), sont fixés au vingtième de l'intérêt à 5 p. 100 attribué au quart de la valeur initiale de la coque et des machines et au cinquième de la valeur initiale des chaudières.

Dans l'évaluation de l'indemnité définitive de ces navires, les commissions locales et centrales et le département ont bien la faculté d'ajouter un amortissement en rapport avec leur âge; mais la circulaire du 13 mai n'a pas laissé la même latitude au service des approvisionnements de la flotte chargé du paiement des acomptes.

D'autre part, mon prédécesseur avait reconnu déjà que les acomptes mensuels sur l'indemnité de privation de jouissance peuvent, sans inconvénient, être augmentés, et portés de 1/20 à 1/15 de l'indemnité théorique annuelle.

En conséquence, j'ai décidé de modifier ainsi qu'il suit le texte de la circulaire du 13 mai :

1er alin., § *b* :

Au lieu de : « Tous les mois et à terme échu, un acompte égal à un vingtième de l'indemnité annuelle... »,

Lire : « Tous les mois et à terme échu, un acompte égal à un quinzième de l'indemnité annuelle... ».

3e alin., deux dernières phrases :

Au lieu de : « J'admets d'ailleurs que, pour les vieilles unités et les vieilles chaudières, la valeur sur laquelle on calculera l'intérêt à 5 p. 100 sera toujours au moins égal au quart de la valeur initiale pour le navire, au cinquième de cette valeur pour les chaudières. Enfin, pour les paquebots postaux..., l'acompte du vingtième portera... »,

Lire : « J'admets d'ailleurs que : 1° la valeur sur laquelle on calculera l'intérêt à 5 p. 100 des coques et des machines sera toujours au moins égale au quart de la valeur initiale pour le navire, au cinquième de cette valeur pour les chaudières; 2° pour les embarcations de plus de dix ans et les navires de toutes catégories de plus de vingt ans, le service des approvisionnements de la flotte pourra, s'il le juge équitable, compter un amortissement annuel calculé sur la valeur initiale du navire, chaudières comprises, à raison de 5 p. 100 pour les embarcations de dix à vingt ans,

(1) 2e vol, p. 157.

de 4 p. 100 pour les navires de toutes catégories de vingt à vingt-cinq ans, de 3 p. 100 pour les navires de vingt-cinq à trente-trois ans, et de 2 p. 100 pour les navires de trente-trois à cinquante ans.

« Enfin, pour les paquebots postaux . . . . . . l'acompte d'un quinzième portera. . . . . ».

Vous voudrez bien faire prendre note de cette décision en marge de la circulaire du 13 mai, et en assurer l'application pour tous les navires en cours de réquisition à compter du jour de leur réquisition.

Pour les chalands, gabares et mahonnes, je vous autorise, à titre exceptionnel, à calculer les acomptes mensuels sur la base de cinq centimes par tonne de port en lourd et par jour.

ARMÉE. GUERRE FRANCO-ALLEMANDE, ARMÉE D'ORIENT, COMMANDANT EN CHEF, GRADES TEMPORAIRES.

DÉCRET *fixant les pouvoirs du général commandant en chef l'armée d'Orient en matière de nominations au grade supérieur à titre temporaire.*

(17 novembre 1915). — (Publ. au *J. off.* du 24 nov.).

LE PRÉSIDENT DE LA RÉPUBLIQUE FRANÇAISE; — Sur le rapport du ministre de la guerre; — Vu la loi du 14 avril 1832 (1), sur l'avancement dans l'armée; — Vu les art. 106 et 107 de l'ordonnance du 16 mars 1838 (2), portant règlement, d'après la hiérarchie militaire des grades et des fonctions, sur la progression de l'avancement et la nomination aux emplois dans l'armée, en exécution de la loi du 14 avril 1832; — Vu les art. 45 et 58 de la loi du 13 mars 1875 (3) et le décret du 31 août 1878 (4); — Vu le décret du 2 janv. 1915 (5), relatif à l'avancement dans l'armée pendant la durée de la guerre: — Décrète :

ART. **1er**. Le général commandant en chef l'armée d'Orient jouira, en ce qui concerne les nominations à titre temporaire nécessaires pour pourvoir à l'encadrement des troupes et services placés sous ses ordres, jusqu'au grade inclus de lieutenant-colonel ou assimilé, des pouvoirs attribués au général commandant en chef les armées du Nord-Est par le décret du 2 janv. 1915, susvisé.

En conséquence, les dispositions de ce décret sont applicables à ces troupes et services.

2 Le ministre de la guerre est chargé, etc.

CONTRIBUTIONS DIRECTES, GUERRE FRANCO-ALLEMANDE, SURNUMÉRARIAT, SURNUMÉRAIRES A TITRE PROVISOIRE, CANDIDATS ACTUELLEMENT SOUS LES DRAPEAUX, CONCOURS POSTÉRIEURS A LA GUERRE.

DÉCRET *fixant les conditions d'admission aux fonctions de surnuméraire à titre provisoire dans l'Administration des contributions directes.*

(17 novembre 1915). — (Publ. au *J. off.* du 27 nov.).

LE PRÉSIDENT DE LA RÉPUBLIQUE FRANÇAISE; — Vu le décret du 29 déc. 1910 (6), portant organisation de l'administration départementale des contributions directes, complété par le décret du 19 déc. 1911 (7), et modifié par les décrets des 6 août 1913 (8), 8 juill. (9) et 11 août 1914 (10); — Vu le décret du 18 oct. 1915 (11); — Vu, d'une part, l'impossibilité d'interrompre le recrutement des surnuméraires des contributions directes, et, d'autre part, la nécessité de sauvegarder les droits éventuels des candidats éventuellement sous les drapeaux; — Sur le rapport du ministre des finances; — Décrète :

ART. **1er**. Indépendamment des mesures spéciales édictées par le décret du 18 oct. 1915 en faveur des anciens militaires réformés à la suite de blessures ou infirmités occasionnées par la guerre, les dérogations ci-après seront apportées, pendant la durée des hostilités, aux règles tracées par le décret du 29 déc. 1910 pour le recrutement des surnuméraires des contributions directes.

Les candidats reconnus aptes à ces fonctions seront nommés surnuméraires à titre provisoire, mais ils ne seront définitivement admis en qualité de surnuméraires qu'autant qu'ils auront justifié de capacités suffisantes.

Ceux qui ne justifieront pas de ces capacités seront éliminés de plein droit. Ils auront toutefois la faculté de se présenter à l'un des concours ouverts ultérieurement pour l'admission au surnumérariat, pourvu qu'ils remplissent encore les conditions d'âge et d'aptitude physique exigées des candidats.

Les dispositions prévues par l'art. 8 du décret du 29 déc. 1910 sont applicables pour le recrutement des surnuméraires à titre provisoire, sauf en ce qui concerne le point de départ des limites d'âge, qui est reporté du 1er janvier au 1er juillet de l'année des épreuves.

Les conditions à remplir, par les candidats, pour être nommés surnuméraires à titre provisoire, et, par les surnuméraires provisoires, pour être admis définitivement, seront fixées par un arrêté du mi-

(1-2) S. 2e vol. des *Lois annotées*, p. 103 et 407.
(3) S. *Lois annotées* de 1875, p. 693. — P. *Lois, décr.*, etc. de 1875, p. 1192.
(4) S. *Lois annotées* de 1879, p. 414. — P. *Lois, décr.*, etc de 1879, p. 713.
(5) 1er vol., p. 290.
(6) *Bull. off.*, nouv. série, 48, n. 2302.
(7) *Bull. off.*, nouv. série, 72, n. 3422.
(8) *Bull. off.*, nouv. série, 111, n. 5892.
(9) *Bull. off.*, nouv. série, 133, n. 7282
(10) *Bull. off.*, nouv. série, 135, n. 7489.
(11) *Supra*, p. 82.

nistre des finances, qui déterminera également le mode de classement des surnuméraires recrutés en exécution du présent décret.

2. Tous les mobilisés remplissant actuellement les conditions d'âge et d'instruction générale requises pour l'admission au surnumérariat des contributions directes seront admis à poser leur candidature dans les six mois de leur libération, et, en outre du rappel d'ancienneté auquel ils ont droit, par application de l'art. 5 de la loi du 7 août 1913 (1), à raison de la durée de leurs services militaires, ils bénéficieront de l'avantage de n'être soumis, pour leur admission, qu'à des épreuves limitées au programme restreint prévu pour le concours spécial institué par le décret du 18 oct. 1915.

3. Le ministre des finances est chargé, etc.

ARMÉE, GUERRE FRANCO-ALLEMANDE, OFFICIERS EN RÉSERVE SPÉCIALE, MISE HORS CADRES POUR RAISONS DE SANTÉ.

DÉCRET *modifiant le décret du 12 sept 1911, portant règlement d'administration publique pour l'application de la loi du 11 avril 1911* (2).

(18 novembre 1915). — (Publ. au *J. off* du 23 nov).

LE PRÉSIDENT DE LA RÉPUBLIQUE FRANÇAISE; — Sur le rapport du ministre de la guerre; — Vu la loi du 11 avril 1911 (3), créant, pour les officiers, la position dite « en réserve spéciale »; — Vu le décret du 12 sept. 1911 (4), portant règlement d'administration publique pour l'application de la loi du 11 avril 1911; — Vu le décret du 31 août 1878 (5), portant règlement sur l'état des officiers de réserve et des officiers de l'armée territoriale; — Le Conseil d'Etat entendu; — Décrète :

ART. **1er**. Le deuxième alinéa de l'art. 4 du décret du 12 sept. 1911, susvisé, est remplacé par le suivant :

« Les officiers en réserve spéciale ne peuvent être ni rayés des cadres, pour expiration du temps de service exigé par la loi sur le recrutement, ni, en temps de paix, placés hors cadres. En temps de guerre, ils peuvent être placés hors cadres, pour raison de santé, dans les conditions prévues par le § 2 de l'art. 11 du décret du 31 août 1878.

2 Le ministre de la guerre est chargé, etc.

DOUANES, GUERRE FRANCO-ALLEMANDE, INTERDICTIONS DE SORTIE, ARGENT EN LINGOTS, EN BARRES, EN POUDRE.

DÉCRET *prohibant la sortie de l'argent brut, en masse, lingots, barres, poudre, objets détruits*

(18 novembre 1915). — (Publ. au *J. off.* du 21 nov.)

LE PRÉSIDENT DE LA RÉPUBLIQUE FRANÇAISE, — Sur le rapport du ministre des finances; — Vu l'art. 34 de la loi du 17 déc. 1814 (6); — Décrete

ART **1er**. Sont prohibées la sortie, ainsi que la réexportation, sous un régime douanier quelconque, de l'argent brut, en masses, lingots, barres, poudre, objets detruits.

2. Le ministre des finances est chargé, etc.

SUCRES, GUERRE FRANCO-ALLEMANDE, DÉNATURATION, FABRICATION DE L'ALCOOL.

DÉCRET *relatif aux sucres cristallisés employés en franchise dans l'industrie.*

(18 novembre 1915). — (Pub. au *J. off.* du 21 nov.).

LE PRÉSIDENT DE LA RÉPUBLIQUE FRANÇAISE; — Vu l'art. 40, § 3, de la loi de finances du 8 avril 1910 (7); — Vu le décret du 5 avril 1911 (8);—

---

(1) S. et P. *Lois annotées* de 1914, p. 561; *Pand. pér., Lois annotées* de 1914, p. 561.

(2) Ce décret est précédé au *J. off.* d'un rapport ainsi conçu :

« Au cours des hostilités actuelles, un certain nombre d'officiers, dans la position dite « en réserve speciale », m'ont eté signalés comme se trouvant dans un état de santé qui, bien que ne justifiant pas leur radiation des cadres, les met dans l'impossibilité de satisfaire aux obligations du service pour une durée de six mois au moins. Ils seraient, par conséquent, susceptibles d'être places hors cadres.

« Or, le décret du 12 sept. 1911, portant règlement d'administration publique pour l'application de la loi du 11 avril 1911, créant pour les officiers la position dite « en réserve spéciale », specifie, en son art. 4, que ces officiers ne peuvent être placés hors cadres pour raison de santé.

« D'autre part, les officiers en réserve speciale ne peuvent etre traités comme les officiers de l'armee active; par suite, les mesures prevues par la loi du 19 mai 1834, et, en particulier, la mise en non-activité pour infirmités temporaires, ne leur sont pas applicables.

« Les dispositions du décret précité du 12 sept. 1911 ne présentent pas de difficultés d'application en temps de paix, attendu que, conformément a l'art. 8, § 2, de la loi du 11 avril 1911, « en cas de maladie dûment constatee, la période d'instruction (que les officiers en réserve spéciale doivent accomplir tous les deux ans) peut être reportée à l'année suivante, par décision du ministre de la guerre ».

« Mais, en temps de guerre, la question s'est posée de savoir quelles mesures il convient de prendre a l'égard des officiers de cette categorie reconnus inaptes à servir pendant six mois au moins, par suite de maladies ou d'infirmites non contractées en service.

« En vue de combler la lacune existant dans le décret précité, il conviendrait de stipuler que les officiers en réserve spéciale peuvent être mis hors cadres pour raison de sante, en temps de guerre, dans les mêmes conditions que les autres officiers de reserve ».

(3) S. et P. *Lois annotées* de 1911, p. 131; *Pand pér., Lois annotées* de 1911, p. 131.

(4) *Bull. off.*, nouv. série, 65, n. 3122.

(5) S. *Lois annotées* de 1879, p. 414. — P. *Lois, décr.*, etc. de 1879, p. 713.

(6) S. 1er vol. des *Lois annotées*, p 914.

(7) S. et P. *Lois annotées* de 1910, p. 1140; *Pand. pér., Lois annotées* de 1910, p. 1140.

(8) *Bull. off.*, nouv. série, 55, n. 2609.

Vu l'avis du comité consultatif des arts et manufactures en date du 10 août 1911 ; — Sur le rapport du ministre des finances ; — Décrète :

ART 1er. Le tableau annexé au décret du 5 avril 1911 est complété comme suit :

Numéro d'ordre	Désignation des industries	Mesures de garantie destinées à suppléer à la dénaturation préalable
		Sucres cristallisés.
7	Fabrication de l'alcool.	Mise en œuvre en présence du service.

2. Les dispositions du présent décret ne sont applicables que pendant la durée de la guerre.

3. Le ministre des finances est chargé, etc.

SOCIÉTÉS DE SECOURS MUTUELS, GUERRE FRANCO-ALLEMANDE, CONSEIL SUPÉRIEUR, ELECTIONS, AJOURNEMENT.

LOI *portant prorogation des pouvoirs des membres du Conseil supérieur des sociétés de secours mutuels.*

(19 novembre 1915) — (Publ. au *J. off.* du 21 nov.).

ARTICLE UNIQUE. Les élections auxquelles, en exécution de la loi du 1er avril 1898 (1), il devrait être procédé pour renouveler ou compléter le Conseil supérieur des sociétés de secours mutuels, sont ajournées à une date qui sera fixée par décret après la cessation des hostilités.

Les membres du Conseil supérieur actuellement en exercice conserveront leurs fonctions jusqu'à la désignation de leurs successeurs.

COLONIES, GUERRE FRANCO-ALLEMANDE, DOUANES, INTERDICTIONS DE SORTIE, DEROGATIONS, OS, FRUITS A NOYAUX, ANGLETERRE, DOMINIONS, COLONIES ET PROTECTORATS BRITANNIQUES, BELGIQUE, JAPON, MONTÉNÉGRO, RUSSIE, SERBIE, ETATS-D'AMÉRIQUE.

ARRÊTÉ *portant dérogation aux dispositions du décret du 6 nov 1915, portant prohibition de sortie.*

(20 novembre 1915) — (Publ. au *J. off* du 24 nov.).

LE MINISTRE DES COLONIES ; — Vu le décret du 6 nov 1915 (2), portant prohibition de sortie ; — Vu l'arrêté du ministre des finances du 4 oct. 1915 (3) ; — Arrête :

ARTICLE UNIQUE. Par dérogation aux dispositions du décret du 6 novembre, susvisé, peuvent être exportés ou réexportés, sans autorisation spéciale, les fruits à noyaux et les os, lorsque les envois ont pour destination l'Angleterre, les Dominions, les pays de protectorat et les colonies britanniques, la Belgique, le Japon, le Monténégro, la Russie (4), la Serbie (5) ou les Etats de l'Amérique

---

DÉCORATIONS, GUERRE FRANCO-ALLEMANDE, DECORATIONS ÉTRANGERES, MILITAIRES, PORT DES DÉCORATIONS, DROITS DE CHANCELLERIE, EXEMPTION.

DÉCRET *exonérant du droit de chancellerie les officiers et assimilés qui auraient reçu pour faits de guerre, pendant la durée des hostilités, des décorations étrangères de nations alliées*

(20 novembre 1915). — (Publ. au *J. off.* du 2 dec.).

LE PRÉSIDENT DE LA RÉPUBLIQUE FRANÇAISE ; — Sur le rapport du garde des sceaux, ministre de la justice, et du ministre de la guerre ; — Sur la proposition du grand chancelier de la Légion d'honneur ; — Vu les art 50 et 52, §§ 3 et 4, du décret organique de la Legion d'honneur, en date du 16 mars 1852 (6) ; — Vu le décret du 10 juin 1853 (7), relatif aux décorations étrangeres, et de la décision impériale du même jour ; — Vu le decret du 22 mars 1875 (8), relatif aux droits de chancellerie en ce qui concerne la Legion d'honneur et les ordres étrangers ; — Vu le décret du 8 nov. 1883, relatif aux droits de chancellerie à payer pour le port d'une décoration etrangère pour les officiers en activite de service jusques et y compris le grade de capitaine dans l'armée de terre et de lieutenant de vaisseau dans l'armée de mer : — Vu le décret du 13 août 1914 (9), instituant un contingent spécial de décorations (Legion d'honneur et medaille militaire), en faveur des militaires, marins et fonctionnaires mobilisés, notamment l'art. 2, d'après lequel les intéressés pourront porter leur décoration à partir du jour où elle leur sera attribuée : — Le Conseil de l'ordre entendu ; — Décrete :

ART 1er. Les militaires de tous grades, à qui, pendant le cours de la campagne actuelle, des décorations ont été, sont ou seront conférées par les gouvernements de toutes les nations alliées, en

(1) S. et P. *Lois annotées* de 1899, p. 729 ; *Pand. pér.* 1900.3.17.

(2) *Supra*, p. 115.

(3) *Supra*, p. 60.

(4-5) Note du *J. off.* — Sous reserve, en ce qui concerne la Russie et la Serbie, de la souscription d'un acquit-à-caution à décharger par la douane russe ou serbe.

(6) S. *Lois annotées* de 1852, p. 76. — P. *Lois, décr.*, etc. de 1852, p. 132.

(7) S. *Lois annotées* de 1853, p. 98. — P. *Lois, décr*, etc de 1853, p. 170.

(8) S. *Lois annotées* de 1875, p. 658. — P. *Lois, décr.*, etc. de 1875, p. 1133.

(9) 1er vol., p. 52.

récompense de leur bravoure, de leur valeur, ou pour des faits de guerre ayant contribué au succes des opérations. ont l'autorisation de porter leurs décorations à partir du jour ou elles leur sont remises, en se conformant bien entendu aux dispositions du § 3 de la décision du 10 juin 1853. Les officiers et assimiles sont exempts de tous droits de chancellerie

2. L'autorisation ainsi donnée n'est valable que pendant la durée de la guerre, et devra, à la cessation des hostilités, être rendue definitive par un décret de régularisation, en conformite avec les regles édictées par le décret du 10 juin 1853, mais sans que les intéressés aient à acquitter les droits de chancellerie fixés par les decrets des 22 mars 1875 et 8 nov 1883

3 Le ministre de la guerre communique au grand chancelier de la Legion d'honneur les noms des militaires ayant obtenu des décorations étrangeres dans les conditions ci-dessus énoncées, avec indication des grades ou classes dans les ordres conferés et des circonstances qui ont motive la collation de ces ordres

4. Apres la cessation des hostilités. des brevets d'autorisation gratuits seront établis par la grande chancellerie et délivres aux militaires à qui le present décret est applicable.

5 Le garde des sceaux, ministre de la justice, le ministre de la guerre et le grand chancelier de la Légion d'honneur sont chargés. etc

---

Rentes sur l'État, Guerre franco-allemande, Rentes 5 p. 100, Émission, Souscription a bord des navires de guerre.

Circulaire *relative à la souscription à l'emprunt 1915 a bord des bâtiments de guerre naviguant ou stationnant à l'étranger.*

(20 novembre 1915). — (Publ. au *J. off* du 22 nov)

Le Ministre de la marine à MM. les vice-amiraux commandant en chef, prefets maritimes, officiers généraux, superieurs et autres commandant à la mer, commandants de la marine en Corse, en Algérie et aux colonies.

Le *Journal officiel* du 17 novembre dernier a publié la loi du 16 du même mois (1), autorisant l'émission d'un emprunt de rente 5 p 100, suivie de trois décrets et d'un arrête du ministre des finances de même date, fixant les conditions d'émission et de taux. ainsi que les dates et delais de souscriptions

J'ai pensé que des mesures devaient être prises pour permettre aux états-majors et équipages des navires de guerre naviguant ou séjournant à l'étranger de concourir à cet emprunt, dans les limites compatibles avec l'organisation administrative et financière de nos bâtiments

Je vous notifie, ci-après, les dispositions que j'ai adoptées à cet égard, après entente avec le ministere du commerce, des postes et des télégraphes.

A — *Réception à bord des souscriptions*

Seront reçues, à bord des bâtiments ci-dessus déterminés, les souscriptions acquittées exclusivement :

1° En especes pour la totalité;

2° Pour partie, au moyen d'un prélevement sur un livret de la Caisse nationale d'épargne, et pour le reste, par un versement en espèces, d'importance au moins egale au prélevement sur le livret

Les souscriptions devront être libérées immediatement, c'est-à-dire que la somme correspondant au chiffre de rente demandé devra être versée intégralement le jour même de la souscription, cette somme pouvant être obtenue par l'un des deux modes de paiement prévus ci-dessus.

Les rentes 5 p 100 prévues par la loi du 5 nov 1915 sont émises au taux de 88 fr par 5 fr de rente

Il ne sera reçu de souscriptions que pour les chiffres de rente ci-apres : 5 fr (minimum), 10 fr, 20 fr, 25 fr, 30 fr, 40 fr.; puis de 10 fr. en 10 fr jusqu'à 500 fr. de rente; au delà de 500 fr., la progression sera par 100 fr jusqu'à 1.000 fr ; au delà de 1.000 fr, la progression sera par 200 fr

Les souscriptions reçues à bord, étant libérées immédiatement, donneront droit à une bonification, à titre d'escompte, de 15 centimes par fr. de rente (art 10 de l'arrêté des finances du 16 nov 1915) (2) *Mais les bâtiments n'ont pas a s'occuper de cette bonification, en ce sens que le montant ne devra pas en être deduit de celui de la souscription*

B — *Comptabilité des souscriptions*

Il sera ouvert un carnet, dit des souscriptions à l'emprunt 1915, conforme au modele n° 1 annexé à la présente circulaire.

Ce carnet sera tenu et arrête dans les conditions indiquées par le modele

Le total des sommes versées en espèces et inscrites audit carnet sera arrêté à la fin de chaque journee, et reporté au livre-journal de la caisse, dans la colonne « recettes » du compte des « fonds privés ».

Le commissaire ou le commandant chargé de l'administration donnera reçu aux souscripteurs du montant des sommes versées en especes. Ce reçu (modele n° 2, ci-annexe) mentionnera en outre la nature du titre (au porteur ou nominatif) demandé par le souscripteur, et, s'il y a lieu, le montant du prélevement à opérer sur son livret de caisse d'épargne

C. — *Ouverture et clôture des souscriptions*

La souscription sera ouverte le 25 novembre

(1-2) *Supra*, p. 129 et 130.

prochain, et, en cas de réception, postérieurement à cette date, de la présente circulaire, vingt-quatre heures après sa réception.

Elle restera ouverte pendant le temps strictement jugé nécessaire par le commandant pour permettre aux membres de l'équipage d'y prendre part. Elle sera close, en tout cas, *le 4 décembre au soir, au plus tard.*

D. — *Pièces à établir.*

Dès le lendemain de la clôture des souscriptions, fixée comme il vient d'être dit, le conseil d'administration ou le commandant chargé de l'administration procédera comme suit :

a) Il établira, à l'aide du carnet n° 1, une liste nominative des demandes de titres au porteur (1), et une liste nominative des demandes de titres nominatifs.

Ces listes (2) seront adressées en deux expéditions chacune, et leur contexture devra être conforme à celle du carnet, dont elles reproduiront toutes les indications, la dernière colonne étant toutefois laissée en blanc. Après avoir été arrêtées au montant total des souscriptions reçues, lesdites listes seront datées et signées par le conseil d'administration ou le commandant chargé de l'administration.

b) On emploiera immédiatement et intégralement aux dépenses du bord le montant des versements en espèces (3) (total des deux listes). Si cet emploi immédiat et intégral n'est pas possible, le montant en sera encaissé au titre des « Fonds de prévoyance ». Dans les deux cas, la somme recueillie fera l'objet d'une traite émise à l'ordre du caissier-payeur central du Trésor public à Paris.

c) Ainsi qu'il a été dit au § B, les bâtiments n'ont pas à réduire le versement en espèces du montant de la bonification. Il en sera tenu compte aux souscripteurs par un envoi de mandats-cartes postaux, qui sera effectué directement à eux-mêmes par le service de la solde du port comptable.

Néanmoins, en vue de faciliter les opérations de ce service, le commissaire ou le commandant chargé de l'administration devra préparer une formule de mandat-carte postal pour chacun des souscripteurs. Il y inscrira toutes les mentions utiles, à l'exception toutefois de la somme revenant à l'ayant droit, dont le montant sera calculé et inscrit par le chef du service de la solde ou son délégué.

Il sera dressé, en outre, en double expédition, un état récapitulatif des mandats ainsi préparés, lequel mentionnera, dans des colonnes distinctes, tous les renseignements figurant sur lesdits mandats. La colonne « montant » sera laissée en blanc.

Ledit état récapitulatif devra porter procuration autorisant le chef du service de la solde du port comptable à donner quittance de la bonification. Il comportera, en conséquence, une colonne spéciale pour recevoir la signature des souscripteurs en regard de leur nom. La formule dont le libellé suit sera apposée en tête de cette colonne et à chaque page : « Les soussignés déclarent donner procuration au commissaire chef du service de la solde du port de... pour donner quittance de la bonification de 15 centimes par franc de rente qui leur reviendra ».

Les membres du conseil d'administration ou le commandant chargé de l'administration signeront cet état « pour légalisation de la signature des souscripteurs », et apposeront le timbre du bâtiment.

E. — *Destination à donner aux pièces.*

Toutes les pièces prévues au paragraphe précédent (alin. *a*, *b* et *c*), soit les deux expéditions des listes nominatives de demande de titres, la traite, les mandats-cartes et les deux expéditions de l'état récapitulatif de ces mandats, seront adressées par le plus prochain courrier au chef du service de la solde du port comptable du bâtiment. On joindra à cet envoi :

1° (4) Les livrets de caisse d'épargne des souscripteurs qui auront demandé à acquitter en partie leur souscription par un prélèvement sur leur avoir à la caisse d'épargne.

Il paraît utile d'indiquer à ce propos que les dispositions du décret du 30 juill. 1914 (5), pris en exécution de l'art. 3 de la loi du 20 juill. 1895 (6), et limitant les remboursements de caisse d'épargne au maximum de 50 fr. par quinzaine, ne sont pas applicables aux prélèvements faits sur les livrets en vue de la souscription à l'emprunt.

D'autre part, les conditions auxquelles sont soumis les prélèvements peuvent se résumer ainsi :

La souscription comportera obligatoirement un

(1) Note du *J. off.* — En raison des formalités nombreuses que la délivrance à des mineurs de titres « nominatifs » nécessiterait, ceux-ci ne pourront souscrire que pour des titres « au porteur ».

(2) Note du *J. off.* — Les listes indiqueront le nom patronymique en premier, puis les prénoms dans l'ordre où ils figurent sur les actes de naissance, et enfin le domicile.

(3) Note du *J. off.* — Les monnaies étrangères versées par les souscripteurs seront acceptées par le commissaire ou le commandant chargé de l'administration au taux du change auquel ces monnaies ont été prises en charge dans les écritures du bâtiment. S'il n'existait pas en caisse de monnaies étrangères de même nature que les monnaies versées par les souscripteurs, ces dernières seraient acceptées au dernier cours du change connu, et appliquées ensuite à ce même taux aux dépenses du bord.

(4) Note du *J. off.* — L'envoi des livrets de caisse d'épargne au port comptable pour communication au receveur des postes aura comme conséquence d'empêcher les titulaires d'effectuer des opérations de caisse d'épargne. Cet inconvénient n'a pu être évité, le prélèvement sur les livrets ne pouvant être opéré que par le receveur des postes.

(5) 1er vol., p. 1.

(6) S. et P. *Lois annotées* de 1895, p. 1153; *Pand. pér.* 1897.3.1.

versement effectif en espèces au moins égal au prélèvement à faire sur le livret

Ce prélèvement ne comportera pas de fractions de franc, et son montant sera obligatoirement inférieur de 1 fr. au montant de l'avoir net.

Ces règles posées, le commissaire ou le commandant chargé de l'administration aura soin, avant de transmettre les livrets au service de la solde du port comptable, comme il est dit ci-dessus, de certifier l'avoir net. S'il se trouvait qu'une somme quelconque dût être réservée en vue d'une opération en cours (achat de rentes, remboursement par mandats-poste, etc...), on ne manquerait pas de le mentionner dans l'arrêté, en la forme prescrite par l'art. 166 de l'instruction du 27 juill 1912, sur les succursales navales de la caisse d'épargne. La certification sera suivie d'une mention à l'encre rouge, indiquant que l'arrêté de l'avoir net a été opéré en vue d'un prélèvement demandé pour souscrire à l'emprunt 1915. Le commissaire ou le commandant chargé de l'administration délivrera aux intéressés un reçu des livrets expédiés au service de la solde dans les conditions qui viennent d'être décrites. Ce reçu sera annulé lors du retour des livrets à bord.

2° Les procurations signées des intéressés, autorisant le commissaire chef du service de la solde à donner quittance des sommes prélevées sur l'avoir net des livrets.

Ces procurations, établies sur papier libre, mentionneront les nom, prénoms, etc, de l'intéressé, le numéro du livret et le montant de la somme dont le prélèvement est demandé pour souscription à l'emprunt Elles seront visées, avec apposition du cachet du bâtiment, par le commissaire ou le commandant chargé de l'administration, pour certification de l'identité du titulaire et de l'exactitude matérielle de sa signature.

Le dossier à transmettre comprendra, en définitive :

1° Les deux listes nominatives, en deux expéditions, des demandes de titres (§ D, alin. *a*);

2° La traite à l'ordre du caissier-payeur central (§ D, alin *b*) ;

3° Les mandats-cartes et les deux expéditions de l'état récapitulatif de ces mandats (§ D, alin. *c*) ;

4° Les livrets de caisse d'épargne (§ E) :

5° Les procurations (§ E).

Ce dossier sera transmis au service de la solde du port comptable, sous bordereau (n° 3906 de la nomenclature des imprimés) dressé en deux expéditions. Ce bordereau portera en tête à l'encre rouge la mention : « Emprunt ».

A la suite de la liste des pièces et documents, on indiquera sur ledit bordereau, sous forme de tableau récapitulatif, et en distinguant les versements en espèces des prélèvements sur les livrets :

1° Le montant en valeur des demandes de titres « au porteur » ;

2° Le montant en valeur des demandes de titres « nominatifs » ;

3° Le montant total de ces deux listes, lequel représentera le chiffre global des souscriptions du bâtiment.

Le paquet renfermant les pièces et documents ci-dessus sera scellé et expédié, autant que possible, sous pli recommandé. La mention « Emprunt » sera également apposée à l'encre rouge en caractères très apparents, sur son enveloppe

L'une des expéditions du bordereau n° 3906 sera envoyée au bâtiment, revêtue de l accusé de réception du service de la solde.

De leur côté, les bâtiments auront soin d'accuser réception au service de la solde des pièces et documents que ce service leur renverra ou leur transmettra

F. — *Réception à bord des certificats provisoires*

Dès la réception des certificats provisoires, qui seront adressés au bâtiment par le chef du service de la solde, le commissaire ou le commandant chargé de l'administration en effectuera sans retard la remise aux intéressés, en échange du reçu (modèle n° 2) délivré à ces derniers, conformément aux dispositions du § B. Ce reçu sera revêtu, à ce moment, au verso, d'une déclaration de réception du certificat provisoire, datée et signée par le titulaire dudit certificat.

Les certificats des officiers et marins débarqués seront transmis, sous plis scellés et recommandés, aux bâtiments ou services auxquels ces officiers et marins auront été destinés. Il sera pris note de ces transmissions au carnet modèle n° 1. Les bâtiments ou services destinataires opéreront la délivrance des certificats aux ayants droit, en échange des reçus (modèle n° 2) dont ces derniers seront porteurs Lesdits reçus, revêtus de la déclaration de réception par les titulaires des certificats, seront adressés, également sous plis scellés et recommandés, aux bâtiments de provenance

Le commissaire ou le commandant chargé de l'administration annexera tous les reçus au carnet des souscriptions modèle n° 1.

Les écritures relatives à l'emprunt ne devront être considérées comme closes par les bâtiments qu'après la réception à bord des certificats provisoires et leur délivrance aux intéressés, que cette délivrance ait été effectuée directement ou par l'intermédiaire d'autres bâtiments ou services.

A ce moment, le carnet n° 1 et les reçus annexés seront expédiés au service de la solde du port comptable, pour être conservés dans les archives de ce service avec les autres documents relatifs à l'emprunt

G. — *Obligations du chef du service de la solde du port comptable.*

Au fur et à mesure qu'il recevra des bâtiments les pièces et documents dont il a été question aux

§§ D et E, le chef du service de la solde en vérifiera l'exactitude et la régularité à tous les points de vue. Il transmettra, avec toute la diligence nécessaire, contre reçu, ces pieces et documents, y compris les traites, au receveur des postes et télégraphes du port, en conservant toutefois une expédition des listes nominatives des demandes de titres et de l'état récapitulatif des mandats-cartes

Le receveur des postes et des télégraphes accomplira, suivant les instructions qui lui auront été donnees par son département, les opérations relatives à la reception des souscriptions recueillies à bord des bâtiments Il liquidera la bonification revenant à chaque souscripteur. Le montant en sera inscrit sur les formules de mandats-cartes adressées, toutes préparées, par les bâtiments, de telle sorte que les sommes payées par le receveur des postes à ce titre se trouvent immediatement transformées en valeurs postales destinées aux ayants droit. Le chef du service de la solde donnera les quittances et décharges nécessaire

Il est rappele que l'expédition des mandats-cartes s'effectue sans frais.

Les reçus de dépôt des mandats seront annexés par le service de la solde à l'expéditition de l'état recapitulatif adressé par le bâtiment

Le receveur des postes restituera d'urgence au service de la solde les livrets de caisse d'épargne, des qu'il y aura mentionne les prélevements demandés. Ces documents seront transmis à chaque bâtiment intéressé par les soins du chef du service de la solde, qui annotera en consequence l'expédition des listes nominatives conservée dans ses bureaux.

Le chef du service de la solde conservera avec soin les récépissés qui lui seront remis par le receveur des postes, en représentation des souscriptions, jusqu'au moment où il les échangera contre les certificats provisoires

Quand il aura pris possession des certificats, il les adressera à chaque bâtiment, après avoir annote de cet envoi l'expédition susmentionnée des listes nominatives de demandes de titres

Il sera tenu. dans les bureaux du service de la solde, un enregistrement spécial des réceptions et des transmissions de toutes les pieces relatives aux souscriptions à l'emprunt 1915, de manière à permettre à ce service de repondre aux demandes de renseignements et aux réclamations qui pourraient lui être adressées.

Les états récapitulatifs des mandats-cartes et les reçus de depôt de ces mandats devront être conservés avec le plus grand soin. Toute transmission aux bâtiments de pieces ou documents concernant l'emprunt sera faite sous pli scellé et recommande.

OBSERVATIONS.

Les dispositions qui precedent ne s'appliquent qu'aux bâtiments naviguant ou stationnant à l'étranger, et appartenant aux forces navales suivantes : armée navale, division de l'Extrême-Orient détachée en Egypte, 3e division légère et division navale du Maroc.

Le personnel faisant partie des unités présentes dans un port de France, d'Algérie, de Tunisie et des colonies effectuera individuellement les souscriptions à l'emprunt, suivant les conditions prévues pour les particuliers

Les souscripteurs qui désireront acquitter en partie le montant de leur souscription par un prelevement sur leur livret de succursale navale de caisse d'épargne présenteront leur livret à la recette des postes et télégraphes de la localité (1) Prealablement à cette opération, le commissaire ou le commandant chargé de l'administration certifiera l'avoir net du livret dans les mêmes conditions qu'il a été prévu ci-dessus en ce qui concerne les souscriptions reçues à bord des navires naviguant à l'étranger.

Des la réception de la présente circulaire, les commissaires chefs du service de la solde voudront bien se mettre en relations avec le receveur principal des postes de leur résidence Ils conviendront à l'avance avec ce fonctionnaire de toutes les mesures d'application qui seront propres à faciliter, pour la marine comme pour le service des postes, l'exécution des dispositions qui précedent

(*Suivent au J. off. les modèles annexés*)

1° Sociétés d'assurances, Guerre franco-allemande, Moratorium, Prorogation de délais, Remboursements, Maximum, Primes d'assurances, Non-paiement, Assurés non mobilisés ni domiciliés dans les régions envahies, ni retenus en territoire ennemi, ni résidant hors de France et d'Algérie pour un emploi public, Lettre recommandée, Réduction de l'assurance, Algérie. — 2° Sociétés d'épargne et de capitalisation, Moratorium, Prorogation de délais, Remboursements, Maximum, Algérie.

Décret *relatif à la prorogation des contrats d'assurance, de capitalisation et d'épargne* (2)

---

(1) Note du *J. off.* — Les opérations sur les livrets de caisse d'epargne, en vue de l'emprunt, ne peuvent être effectuées, en dehors de la métropole et de la Corse, *qu'en Algérie et en Tunisie*, a l'exclusion du Maroc et des colonies.

(2) Ce décret est précédé au *J. off.* d'un rapport ainsi conçu :

« Le projet de décret que nous avons l'honneur de vous soumettre proroge pour une nouvelle période de soixante jours francs les délais précedemment accordés pour l'ac-

(20 novembre 1915). — (Publ. au *J. off.* du 29 nov.).

LE PRÉSIDENT DE LA RÉPUBLIQUE FRANÇAISE; — Sur le rapport des ministres du travail et de la prévoyance sociale, de la justice, de l'intérieur, de l'agriculture, du commerce, de l'industrie, des postes et des télégraphes; — Vu la loi du 5 août 1914 (1), relative à la prorogation des échéances des valeurs négociables; — Vu le décret du 29 août 1914 (2), relatif à la prorogation des échéances: — Vu les décrets des 27 sept (3), 27 oct. (4), 29 déc. 1914 (5), 23 févr. (6), 24 avril (7), 26 juin (8), 28 août (9) et 30 oct. 1915 (10), relatifs aux contrats d'assurance, de capitalisation et d'épargne, — Le Conseil des ministres entendu; — Décrète :

ART. 1er. Les délais accordés par les art. 1er et 5 du décret du 27 sept. 1914 pour le paiement des sommes dues par les entreprises d'assurance, de capitalisation et d'épargne, et prorogés par l'art 1er des décrets des 27 oct., 29 déc 1914, 23 févr., 24 avril, 26 juin, 28 août et 30 oct. 1915, sont prorogés pour une nouvelle période de soixante jours francs, sous les mêmes conditions et réserves que celles édictées par le décret du 30 oct 1915, le bénéfice de cette prorogation étant étendu aux contrats à échoir avant le 1er févr. 1916, pourvu qu'ils aient été conclus antérieurement au 4 août 1914

Toutefois, en matière d'assurance sur la vie, l'assureur, un mois après l'envoi d'une lettre recommandée restée sans effet, reproduisant le texte du présent décret, et invitant l'assuré à acquitter les primes arrivées à échéance, ou à prendre l'engagement de les acquitter, en une ou plusieurs fois à son gré, dans le délai de deux années après la cessation des hostilités, ne sera responsable, en cas de décès de l'assuré, que jusqu'à concurrence de la valeur acquise à la police conformément aux conditions du contrat La présente disposition ne vaudra pas à l'égard des assurés présents sous les drapeaux, ou domiciliés dans les régions envahies, ou retenus en territoire ennemi, ou se trouvant hors de France ou d'Algérie pour service public

2 Sont abrogées toutes dispositions contraires au présent décret

3 Les dispositions du présent décret sont applicables à l'Algérie.

4. Les ministres du travail et de la prévoyance sociale, de la justice, de l'intérieur, de l'agriculture, du commerce, de l'industrie, des postes et des télégraphes sont chargés. etc.

ARMÉE, GUERRE FRANCO-ALLEMANDE, SÉNÉGAL, ORIGINAIRES DES COMMUNES DE PLEIN EXERCICE, INCORPORATION, INFANTERIE COLONIALE, BATAILLONS D'INFANTERIE DU SÉNÉGAL.

DÉCRET *relatif à l'incorporation des originaires des communes de plein exercice du Sénégal appelés sous les drapeaux en exécution de la loi du 19 oct 1915.*

(21 novembre 1915). — (Publ. au *J. off.* du 25 nov.)

LE PRÉSIDENT DE LA RÉPUBLIQUE FRANÇAISE, — Sur le rapport des ministres de la guerre, des colonies et des finances; — Vu la loi du 7 juill 1900 (11), portant organisation des troupes coloniales; — Vu la loi du 21 mars 1905 (12), sur le recrutement de l'armée, modifiée le 7 août 1913 (13); — Vu la loi du 19 oct. 1915 (14), soumettant aux obligations militaires prévues par les lois de 1905 et de 1913 les Sénégalais des communes de plein exercice de la colonie: — Vu le décret du 19 sept. 1903 (15), portant réorganisation de l'infanterie coloniale, modifié les 29 mai 1906 (16) et 11 nov. 1909 (17); — Vu le décret du 28 oct 1915 (18), relatif au recensement et à la revision des originaires des communes de plein exercice du Sénégal: — Décrète :

ART. 1er. Les originaires des communes de plein exercice du Sénégal, qui sont appelés sous les drapeaux en vertu de la loi du 19 oct. 1915 et du

---

quittement des sommes dues par les entreprises d'assurance, de capitalisation et d'épargne, en maintenant aux mêmes taux les paiements provisoirement exigibles desdites entreprises.

« En ce qui concerne les compagnies d'assurances sur la vie, il nous a paru que la situation, qu'on avait pu espérer de courte durée, dans laquelle les a placées vis à-vis de leurs assurés l'art. 5 du décret du 10 août 1914, ne saurait se prolonger, et qu'elles ne pouvaient être plus longtemps astreintes à couvrir le risque dans des conditions aussi aléatoires.

« L'art. 1er, alin. 2, du projet de décret ci-annexé a donc pour objet de préciser les conditions dans lesquelles ces compagnies pourront obtenir des assurés l'exécution de leurs obligations, cette disposition ne valant d'ailleurs pas à l'égard de ceux de ces assurés qui sont présents sous les drapeaux, ou domiciliés dans les régions envahies, ou qui se trouvent hors de France ou d'Algérie pour une cause légitime.

« D'autre part, il sera loisible aux assurés auxquels s'appliquera le texte nouveau, et qui. tout en désirant continuer leur contrat, ne pourraient pas en acquitter immédiatement les primes, de prendre l'engagement de les payer en une ou plusieurs fois, à leur gré, dans le délai de deux années après la cessation des hostilités ».

(1 à 5) 1er vol., p. 33, 89, 128, 175, 284.

(6 à 9) 2e vol., p. 38, 137, 210 et 304.

(10) *Supra*, p. 111.

(11) S. et P. *Lois annotées* de 1900, p. 1113; *Pand. pér.*, 1901.3.147.

(12) S. et P. *Lois annotées* de 1906, p. 3; *Pand pér.* 1905.3 81.

(13) S. et P. *Lois annotées* de 1914, p 561; *Pand. pér.* *Lois annotées* de 1914, p. 561.

(14) *Supra*, p 85.

(15) *J. off.*, 20 sept. 1903, p. 6026.

(16) *J. off.*, 3 juin 1906, p. 3879.

(17) *Bull. off*, nouv. série, 21, n. 933.

(18) *Supra*, p. 109.

décret du 28 oct 1915, rendu en application de cette loi, ou qui ont contracte un engagement pour la durée de la guerre, dans les conditions fixees par l'art 52 de la loi du 21 mars 1905, sur le recrutement de l'armée, modifiée par la loi du 7 août 1913, sont incorporés, durant la periode nécessaire a leur instruction militaire :

1° Au bataillon d'infanterie coloniale de l'Afrique occidentale française, s'ils appartiennent aux plus jeunes classes; ils forment dans ce bataillon des unites séparees;

2° Dans des bataillons d'instruction formant corps, dénommés « bataillons d'infanterie du Sénégal », s'ils appartiennent aux autres classes. Un ou plusieurs de ces bataillons d'instruction reçoivent le personnel qui appartient aux classes incorporées, en France, dans les formations de l'armée territoriale ou de sa réserve.

2. Les bataillons d'infanterie du Senégal font partie de l'infanterie coloniale et sont stationnes au Sénégal Leur nombre, leur organisation et leur encadrement sont déterminés par le ministre de la guerre, apres avis du ministre des colonies.

3 Les originaires des communes de plein exercice dont l'instruction est terminee sont utilisés, au mieux des intérêts de la défense nationale, dans les corps fixés par le ministre de la guerre Les compagnies composées du personnel appartenant aux classes incorporées en France dans les formations de l'armée territoriale ou de sa reserve sont affectees aux régiments d'infanterie territoriale Les autres compagnies restent affectées aux troupes coloniales.

4 Les contingents d'originaires des communes de plein exercice sont intégralement soumis à la réglementation régissant le personnel français de leur arme, de leur grade et de leur catégorie.

Les militaires parlant, lisant et écrivant couramment le français usuel peuvent seuls. sauf en cas de services exceptionnels, être promus au grade de sous-officier.

5 Les originaires des communes de plein exercice peuvent, par décision du ministre de la guerre, être admis, dans les conditions réglementaires, a passer des unités qui leur sont speciales dans les unites proprement dites d'infanterie coloniale, ou, suivant le cas, d'infanterie territoriale

6 Les originaires des communes de plein exercice, actuellement incorporés dans un corps indigene, seront, s'ils le demandent, verses avec leur grade et leur ancienneté de grade dans les unités visées à l'art 1er du présent décret Les sous-officiers ne seront toutefois admis avec leur grade que lorsqu'ils satisferont aux conditions indiquées au deuxieme alinéa de l'art. 4

7. Les ministres de la guerre, des colonies et des finances sont chargés, etc

---

(1) *Bull. off.*, nouv. série, 30, n. 1344.

MARINE, GUERRE FRANCO-ALLEMANDE, ECOLE NAVALE, CONCOURS, ENGAGEMENTS DANS LA MARINE.

1° DÉCRET *autorisant l'ouverture des concours d'admission a l'Ecole navale.*

(21 novembre 1915) — (Publ au *J. off* du 24 nov.).

LE PRÉSIDENT DE LA RÉPUBLIQUE FRANÇAISE; — Vu le décret du 20 mars 1910 (1), portant organisation de l'Ecole navale; — Sur le rapport du ministre de la marine; — Décrete ·

ART. **1er** Pour remplacer le concours d'admission à l'Ecole navale en 1915, le ministre de la marine est autorisé à ouvrir un concours, dont il déterminera les formes. entre les candidats des classes 1915, 1916 et 1917 qui seront presents sous les drapeaux au 1er janv 1916.

2 Indépendamment du concours ci-dessus, un concours sera ouvert en 1916, dans les conditions ordinaires, pour les candidats des classes 1918 et 1919

Pourront également y prendre part :

1° Les candidats des classes 1916 et 1917, qui, n'ayant pas eté reconnus aptes au service avant le 1er janv 1916, seraient reconnus alors posséder l'aptitude physique requise pour le service de la flotte;

2° Les candidats des classes 1915. 1916 et 1917. qui, pour des raisons de force majeure découlant de leurs obligations militaires. n'auraient pas pu se presenter au concours prevu à l'art. 1er.

3 La limite d'âge superieure pour l'admission à l'Ecole navale, fixée à vingt ans au 1er janvier de l'année du concours pour les années 1914, 1915 et 1916, est maintenue à vingt ans pour les concours de 1917 et 1918, sans préjudice des mesures qui pourront être prises après la guerre à l'egard des candidats dont les études auront été interrompues

4. Le ministre de la marine est chargé, etc

2° CIRCULAIRE *relative a la reprise des concours d'admission à l'Ecole navale.*

(21 novembre 1915). — (Publ. au *J. off* du 24 nov.)

Le concours d'admission à l'Ecole navale n'ayant pas eu lieu en 1915, j'ai decidé, en execution du decret du 21 nov. 1915 (2), de le remplacer dans les conditions suivantes :

Les candidats appartenant aux classes 1915, 1916 et 1917, présents sous les drapeaux, seront réunis dans un port le 1er janv. 1916, pour y effectuer pendant trois mois une revision du programme d'admission à l'Ecole navale et être classés.

---

(2) C'est le decret qui precède.

Les candidats appartenant à ces classes, et qui ne sont pas actuellement au service, sont autorisés à s'engager immédiatement dans les équipages de la flotte.

Pendant ces trois mois d'instruction, les candidats recevront des notes sur les matières qu'on leur fera reviser; à la fin de chaque mois, ceux qui seront jugés manifestement insuffisants seront éliminés et remis au service général, dans la marine ou dans l'armée de terre, suivant leur provenance.

A la fin du troisième mois, les candidats restants subiront des épreuves écrites et orales, dont les notes, combinées avec celles qui auront été obtenues en cours d'instruction, serviront à établir un classement.

Des majorations de points, proportionnées à la durée et à la valeur des services accomplis, interviendront en faveur des candidats qui se trouvent actuellement sous les drapeaux.

Les 120 premiers du classement, s'ils sont reconnus posséder l'instruction nécessaire, seront nommés élèves de l'École navale, et envoyés immédiatement à Brest pour y suivre pendant environ cinq mois les cours de la première année d'études.

Les autres retourneront au service dans l'armée de terre ou l'armée de mer, mais on ne fera plus état de leur qualité de candidat, et ils seront mis au service général. Ceux qui, à ce moment, demanderaient à passer dans l'armée de terre pourront y être autorisés. Ceux qui resteront dans l'armée de mer conservent la possibilité de se présenter plus tard à l'École des élèves-officiers.

Concours de 1916

Un concours d'admission à l'École navale sera ouvert en 1916, dans les conditions ordinaires, pour les candidats des classes 1918 et 1919

Pourront également y prendre part :

1° Les candidats des classes 1916 et 1917, qui, n'ayant pas été reconnus aptes au service avant le 1er juin 1916, seraient alors reconnus posséder l'aptitude physique requise pour le service de la flotte.

2° Les candidats des classes 1915, 1916 et 1917, qui, pour des raisons de force majeure découlant de leurs obligations militaires, n'auraient pas pu se présenter au concours organisé pour les candidats présents sous les drapeaux.

Le nombre maximum des places mises à ce concours sera de 40

Limite d'âge.

Pour tenir compte des modifications apportées au concours du fait de la guerre, la limite d'âge supérieure pour l'admission à l'École navale, fixée à vingt ans au 1er janvier de l'année du concours pour les années 1914-1915 et 1916, sera maintenue à vingt ans pour les concours de 1917 et 1918, sans préjudice des mesures qui pourront être prises après la guerre en faveur des candidats dont les études auront été interrompues.

PÊCHE MARITIME. GUERRE FRANCO-ALLEMANDE, AFRIQUE ÉQUATORIALE FRANÇAISE, PÊCHE A LA BALEINE, UTILISATION INDUSTRIELLE DES RÉSIDUS, DÉLAI, PROLONGATION.

DÉCRET *ajournant en 1916 pour l'Afrique équatoriale française l'application de l'art. 13 du décret du 12 avril 1914, portant réglementation de la pêche et l'exploitation industrielle de la baleine en Afrique équatoriale française.*

(21 novembre 1915) — (Publ. au *J. off.* du [30] nov.).

LE PRÉSIDENT DE LA RÉPUBLIQUE FRANÇAISE; — Vu le décret du 12 avril 1914 (1), portant réglementation de la pêche à la baleine et de l'exploitation industrielle de la baleine dans les colonies françaises; — Vu le décret du 27 mai 1915 (2), ajournant, pour la campagne de pêche 1915, la mise à exécution en Afrique équatoriale française des dispositions de l'art. 13 du décret du 12 avril 1914; — Sur le rapport du ministre des colonies, — Décrète :

ART. 1er Est ajournée, pour la campagne de pêche de 1916, la mise à exécution en Afrique équatoriale française des dispositions de l'art 13 du décret du 12 avril 1914, aux termes desquelles tout concessionnaire de pêche à la baleine devra utiliser industriellement, dès la seconde année d'exploitation, la totalité (squelette, chair, viscères, peau, etc.) des corps des animaux capturés, soit dans une usine lui appartenant en propre, soit dans une usine commune à plusieurs concessionnaires.

2 Le ministre des colonies est chargé, etc

DOUANES, GUERRE FRANCO-ALLEMANDE, INTERDICTIONS DE SORTIE, DÉROGATIONS, RETRAIT, VIEUX OUVRAGES DE CUIVRE, DE ZINC ET D'ÉTAIN.

ARRÊTÉ *abrogeant les dispositions de l'arrêté du 12 févr. 1915, en ce qui concerne les limailles et débris de vieux ouvrages de cuivre, d'étain, de zinc, purs ou alliés*

(22 novembre 1915). — (Publ au *J. off.* du 23 nov.)

LE MINISTRE DES FINANCES; — Vu les décrets des 14 oct (3) et 21 déc. 1914 (4); — Vu l'arrêté

---

(1) *J. off.* 8 avril 1914, p. 3374.
(2) 2e vol. p. 166.

(3-4) 1er vol. p. 139 et 218.

ministériel du 12 févr. 1915 (1); — Sur le rapport de la commission interministérielle des dérogations aux prohibitions de sortie; — Arrête :

ART. 1er. Sont abrogées, en ce qui concerne les limailles et débris de vieux ouvrages de cuivre, d'étain, de zinc, purs ou alliés, les dispositions de l'arrêté du 12 févr. 1915.

2. Le conseiller d'État, directeur général des douanes, est chargé, etc.

DOUANES, GUERRE FRANCO-ALLEMANDE, INTERDICTIONS DE SORTIE, MARCS DE RAISIN, NOIX, NOISETTES, AMANDES, NOYAUX, GOMMES-LAQUES, MICA, VASELINE, SACS.

DÉCRET *portant prohibition de sortie, et de réexportation en suite d'entrepôt, de dépôt, de transit, de transbordement temporaire de divers produits*

(22 novembre 1915). — (Publ. au *J. off.* du 25 nov.).

LE PRÉSIDENT DE LA RÉPUBLIQUE FRANÇAISE, — Sur le rapport du ministre du commerce, de l'industrie, des postes et des télégraphes, du ministre de l'agriculture, du ministre de la guerre et du ministre des finances; — Vu l'art. 34 de la loi du 17 déc. 1814 (2); — Décrète :

ART. 1er. Sont prohibées la sortie, ainsi que la réexportation en suite d'entrepôt, de dépôt, de transit, de transbordement et d'admission temporaire les produits énumérés ci-après :

Marcs de raisins
Noix, noisettes et amandes
Noyaux de fruits
Gommes-laques
Mica en feuilles ou plaques et micanite.
Vaseline
Sacs de tous genres.

Toutefois, des exceptions à cette disposition pourront être autorisées, dans les conditions qui seront déterminées par le ministre des finances.

2. Les ministres du commerce, de l'industrie, des postes et des télégraphes, de l'agriculture, de la guerre et des finances sont chargés, etc.

RENTES SUR L'ÉTAT, GUERRE FRANCO-ALLEMANDE, RENTES 5 P. 100, ÉMISSION, MILITAIRES, ZONE DE L'INTÉRIEUR, SOUSCRIPTION.

CIRCULAIRE *relative aux facilités à donner aux militaires de la zone de l'intérieur désireux de souscrire à l'emprunt*

(22 novembre 1915). — (Publ. au *J. off.* du 24 nov.).

Le Ministre de la guerre à MM. les gouverneurs militaires de Paris et de Lyon, les généraux commandant les régions, le général commandant en chef les forces de terre et de mer de l'Afrique du Nord, le général commissaire résident général de la République française au Maroc.

M. le ministre des finances me signale qu'une des mesures les plus propres à assurer le succès de l'emprunt qui va être émis consisterait à accorder des facilités particulières aux militaires de la zone de l'intérieur désireux de souscrire. Beaucoup d'entre eux, en effet, sont des chefs de famille, titulaires de dépôts en banque, et il est à désirer qu'ils puissent disposer d'un instant de liberté aux heures où les caisses publiques et celles des établissements de crédit sont ouvertes.

M'associant entièrement aux vœux de M. Ribot, j'attache le plus grand prix à ce que les militaires placés sous votre commandement reçoivent, pour participer au grand effort que représente l'emprunt national en voie d'émission, toutes les facilités compatibles avec les exigences du service. Je vous prie, en conséquence, de vouloir bien, sans aucun retard, prendre à cet effet les mesures nécessaires.

RENTES SUR L'ÉTAT, GUERRE FRANCO-ALLEMANDE, RENTE 5 P. 100, ÉMISSION, TITULAIRES DE CAUTIONNEMENTS, RENTES 3 ET 3 1/2 P. 100, BONS ET OBLIGATIONS DE LA DÉFENSE NATIONALE CONSIGNÉS A LA CAISSE DES DÉPÔTS ET CONSIGNATIONS, SOUSCRIPTION.

DÉCRET *autorisant les titulaires de cautionnements en rentes, bons ou obligations de la défense nationale à prendre part à l'emprunt 5 p. 100 1915.*

(22 novembre 1915). — (Publ. au *J. off.* du 24 nov.).

LE PRÉSIDENT DE LA RÉPUBLIQUE FRANÇAISE; — Vu la loi du 16 nov. 1915 (3); — Vu le décret et l'arrêté ministériel du même jour (4); — Sur le rapport du ministre des finances; — Décrète :

ART. 1er. Les titulaires de rentes 3 p. 100 perpétuelles, de bons et obligations de la défense nationale, de rentes 3 1/2 p. 100 amortissables, affectés à des cautionnements fournis à l'État, aux départements, aux communes et aux établissements publics et d'utilité publique, peuvent les comprendre pour la libération de leur souscription à l'emprunt 5 p. 100 (1915), suivant les règles générales édictées pour l'émission de cet emprunt, et sous réserve des dispositions spéciales ci-après.

Les rentes 5 p. 100, acquises au moyen de rentes 3 p. 100 perpétuelles, de bons ou obligations de la défense nationale, de rentes 3 1/2 p. 100 amortissables, doivent toujours former un multiple

(1) 2e vol., p. 23.
(2) 5. 1er vol. des *Lois annotées*, p. 914.

(3-4) *Supra*, p. 126 et 130.

de 5 fr, sauf au souscripteur à fournir l'appoint

La bonification pour liberation immediate n'est pas versée au souscripteur; elle vient en déduction de la somme à prelever sur le cautionnement

Il ne peut être prelevé sur les rentes 3 p. 100 perpetuelles que la somme nécessaire pour libérer un tiers au maximum du montant de la souscription.

2 Les rentes 3 p. 100 perpétuelles, les bons et obligations de la défense nationale, les rentes 3 1/2 p 100 amortissables, consignés à la Caisse des depôts et consignations, ne peuvent être admis que pour les souscriptions faites à la caisse du comptable qui a reçu la consignation du cautionnement

Les rentes 3 p 100 perpetuelles au porteur consignées seront représentées par un certificat delivré par la Caisse des dépôts au comptable qui recevra la souscription

3. Les rentes 5 p. 100, delivrees en échange des rentes et valeurs précédemment affectees aux cautionnements, recevront d'office la même affectation. sous réserve de revision ultérieure des cautionnements dont les arrerages seuls sont affectés, vis-à-vis du service public, au paiement des créances garanties par le titulaire.

4 Les dispositions des art 1 et 3 sont applicables aux cautionnements en rentes constitués par les conservateurs des hypotheques et les receveurs principaux des douanes pour la garantie des tiers

5. Par derogation aux dispositions de l'art. 1er, les rentes 3 p 100 perpetuelles, les obligations de la défense nationale et les rentes 3 1/2 p 100 amortissables affectees à des cautionnements pour valeurs du Trésor adirées ne sont pas admises pour les souscriptions aux rentes 5 p. 100.

6. Le ministre des finances est chargé, etc.

Trésoriers généraux, Receveurs des finances, Guerre franco allemande, Contributions directes et taxes assimilées, Sommes non recouvrées ni admises en non-valeurs, Exercice 1914, Versement au Trésor, Sursis.

Décret *relatif au solde des rôles des contributions directes pour l'année* 1914 (1).

(22 novembre 1915). — (Publ au *J off.* du 26 nov.).

Le Président de la République française, — Sur le rapport du ministre des finances; — Vu l'ordonnance du 8 déc 1832 (2), art. 14; — Vu le décret du 31 mai 1862 (3), art. 324; — Décrete :

Art. **1er**. Les trésoriers generaux et les receveurs des finances sont dispensés, jusqu'à une date qui sera ultérieurement fixée, de faire au Tresor l'avance des sommes qui n'auraient pas ete recouvrées ou admises en non-valeurs sur les rôles des contributions directes et taxes assimilées de l'année 1914.

2 Le ministre des finances est chargé, etc

Rentes sur l'Etat, Guerre franco-allemande, Rentes 5 p. 100, Emission, Propriétaires de rentes 3 p. 100, 3 1/2 p. 100, et de bons de la défense nationale dépossédés par faits de guerre dans les régions occupées par l'ennemi, Souscription.

Arrêté *relatif a l'emission des rentes 5 p.* 100 *en ce qui concerne les territoires envahis*

(23 novembre 1915). — (Publ. au *J. off.* du 24 nov.).

Le Ministre des finances; — Vu la loi du 16 nov. 1915 (4); — Vu les décret et arrêté du même jour (5); — Arrête :

Article unique. Les proprietaires de bons de la défense nationale, de rentes 3 1/2 p. 100 amortissables ou de rentes 3 p. 100 perpétuelles, dépossédés de ces titres à la suite de faits de guerre dans des territoires occupés par l'ennemi, pourront, sous réserve des dispositions de l'art. 5 de la

---

(1) Ce decret est precédé au *J. off.* d'un rapport ainsi conçu :

« Par divers décrets, en date des 25 nov. 1914, 26 mars et 25 juin 1915, le gouvernement a prorogé de dix mois les délais accordes aux trésoriers généraux et aux receveurs des finances pour solder de leurs deniers personnels les rôles des contributions directes et taxes assimilées de l'année 1913.

« Une nouvelle dérogation aux prescriptions de l'art 324 du décret du 31 mai 1862 me paraît s'imposer en ce qui concerne les restes de l'annee 1914, dont l'avance devrait être faite le 30 novembre prochain. Ces restes, par suite des circonstances difficiles dans lesquelles les percepteurs procèdent au recouvrement de l'impôt, atteignent une somme trop élevée pour qu'il soit possible d'en imposer le versement aux receveurs des finances. D'ailleurs, le retard dans la rentrée des contributions directes ne provient pas de leur fait.

« Legalement, les percepteurs ne peuvent contraindre au paiement de leur dette envers le Tresor les contribuables mobilisés; l'art. 4 de la loi du 5 août 1914 interdit, en effet, tout acte d'exécution pendant la durée de la guerre contre les citoyens sous les drapeaux. D'autre part, ils doivent observer les plus grands ménagements a l'égard des retardataires dont les revenus se trouvent amoindris par la durée des hostilités. On ne saurait donc equitablement obliger les chefs de service a faire l'avance des cotes que la loi et les circonstances ne leur ont pas permis de percevoir.

« Je vous proposerai, en conséquence, de décider que, jusqu'à nouvel ordre, les receveurs des finances seront dispensés de solder les rôles des contributions directes et des taxes assimilées de l'année 1914 ».

(2) S. 2e vol. des *Lois annotées*, p. 149.

(3) S. *Lois annotées* de 1862, p. 59. — P. *Lois, decr*, etc. de 1862, p. 101.

(4-5) *Supra*, p. 129 et 130.

loi du 16 nov 1915, faire entrer ces valeurs dans le décompte de leur souscription à l'emprunt en rentes 5 p. 100

Ils devront prendre par écrit l'engagement de régulariser leur souscription dans les six mois qui suivront la fin des hostilités, en rapportant ces titres, avec les coupons échus postérieurement au 1er janv. 1916, et, s'il y a lieu, en complétant en numéraire le prix d'acquisition des rentes 5 p. 100 Les titres de rente 5 p. 100 ne leur seront délivres qu'après libération complete, avec jouissance du 16 nov. 1915, sauf paiement des intérêts de retard, dans les conditions prévues par l'art 9 de l'arrêté du 16 nov 1915 pour la portion définitivement acquittee en numéraire.

BAIL A FERME, MÉTAYAGE, GUERRE FRANCO-ALLEMANDE, MORATORIUM, PROROGATION DES BAUX DES FERMIERS ET MÉTAYERS MOBILISÉS.

DÉCRET *relatif a la prorogation et a la suspension des baux des fermiers et métayers qui ont été mobilisés* (1).

(24 novembre 1915). — (Publ. au *J off* du 28 nov)

LE PRÉSIDENT DE LA RÉPUBLIQUE FRANÇAISE; — Sur le rapport des ministres de l'agriculture, de la justice et de l'intérieur; — Vu l'art 2 de la loi du 5 août 1914 (2), sur la prorogation des échéances; — Vu les décrets des 19 (3) et 29 sept. 1914 (4), 19 (5) et 22 oct 1914 (6), 11 déc. 1914 (7), 11 mars 1915 (8) et 3 juill 1915 (9); — Le conseil des ministres entendu; — Décrète :

ART **1er** Les dispositions des décrets des 19 sept, 19 oct, 11 dec 1914 et 3 juill. 1915, relatifs à la prorogation et a la suspension des baux des fermiers et métayers qui ont été mobilisés, seront applicables aux baux qui doivent prendre fin ou commencer à courir dans la période du 1er déc. 1915 au 31 mars 1916, soit en vertu de la convention des parties, soit par suite d'une précédente prorogation ou suspension.

2 Le présent décret est applicable à l'Algérie.

3 Les ministres de l'agriculture, de la justice et de l'intérieur sont chargés, etc

---

COLONIES, GUERRE FRANCO-ALLEMANDE, DOUANES, INTERDICTIONS DE SORTIE, POIVRE, EMERI, CORINDON, CARBORANDUM.

DÉCRET *portant prohibition de certains produits à la sortie des colonies et pays de protectorat autres que la Tunisie et le Maroc.*

(24 novembre 1915). — (Publ. au *J off.* du 1er dec).

LE PRÉSIDENT DE LA RÉPUBLIQUE FRANÇAISE; — Sur le rapport des ministres des colonies, des finances, du commerce, de l'industrie, des postes et des télégraphes: — Vu l'art 34 de la loi du 17 déc. 1814 (10); — Vu le sénatus-consulte du 3 mai 1854 (11); — Vu le décret du 11 nov. 1915 (12), prohibant divers produits à la sortie de la métropole; — Décrète.

ART. **1er** Sont prohibées la sortie des colonies et pays de protectorat autres que la Tunisie et le Maroc, ainsi que la réexportation en suite d'entrepôt, de depôt, de transit et de transbordement, des produits énumérés ci-après :

Poivre.

Emeris pulvérisés.

Corindon naturel en grains ou en poudre, corindon artificiel ou alundum (alumine fondue).

Carborandum (siliciure de carbone).

Emeris appliqués sur papiers et sur tissus, agglomérés en meules, pierres ou toutes autres formes quelconques (y compris carborandum, corindon et alundum)

Toutefois, les exceptions à cette disposition pourront être autorisées, sous les conditions qui seront déterminées par le ministre des colonies.

2 Les ministres des colonies, des finances, du commerce, de l'industrie, des postes et des télégraphes sont chargés, etc

---

(1) Ce décret est précédé au *J. off.* d'un rapport ainsi conçu

« Des décrets pris, en exécution de l'art. 2 de la loi du 5 août 1914, les 19 sept., 19 oct., 11 déc. 1914, 11 mars et 3 juill. 1915, ont retardé d'un an, pour les fermiers mobilisés, la date d'expiration du bail, aussi bien que la date d'entrée en jouissance, pour tous les baux qui sont arrivés ou doivent arriver a échéance et pour ceux qui ont commencé ou commenceront de courir avant le 30 novembre prochain.

« Pour bénéficier de ces dispositions, le fermier mobilisé, ou, à son défaut, l'un des membres de sa famille participant à l'exploitation, doit faire une déclaration, quinze jours au moins avant l'expiration du bail : 1° au propriétaire, par lettre recommandée, avec avis de réception; 2° au greffe de la justice de paix, où elle est consignée sur un registre.

« Les colons partiaires peuvent également bénéficier de ces dispositions, qui ont été, d'autre part, appliquées à l'Algérie.

« Les raisons qui ont conduit le Gouvernement a prendre ces mesures gardent toute leur force; il est donc nécessaire d'en prolonger la durée d'application, et de les étendre aux baux qui doivent prendre fin ou commencer a courir avant le 1er avril 1916 ».

(2 à 7) 1er vol., p. 33, 116, 132, 164, 168, 251.

(8-9) 2e vol., p. 53 et 218.

(10) S. 1er vol. des *Lois annotées*, p. 914.

(11) S. *Lois annotées* de 1854, p. 78. — P. *Lois, décr.*, etc. de 1854, p. 137.

(12) *Supra*, p. 125.

ARMÉE, ÉCOLES D'AVIATION MILITAIRE, ÉCOLE DE TIR AÉRIEN, RÉGLEMENTATION.

ARRÊTÉ *portant règlement sur l'organisation des écoles d'aviation militaire et de l'école de tir aérien.*

(25 novembre 1915). — (Publ. au *J. off.* du 2 déc.).

ARTICLE 1er

DÉFINITION DES ÉCOLES.

Les écoles militaires d'aviation et l'école de tir aérien constituent des établissements spéciaux, relevant directement du sous-secrétaire d'Etat de l'aéronautique militaire, au point de vue du personnel, de l'instruction militaire et technique et de l'administration.

Les généraux gouverneurs militaires ou commandants de corps d'armée, sur le territoire desquels sont situées les écoles, exercent, sur ces établissements, une surveillance permanente, dans les conditions déterminées par l'art. 9 de l'instruction sur le service courant.

ARTICLE II

BUT DES ÉCOLES

Les écoles ont pour but de former des pilotes aviateurs ou des spécialistes possédant à la fois une instruction aéronautique et une instruction militaire générale leur permettant d'assurer le service dans les formations de l'aviation.

ARTICLE III

ENSEIGNEMENT

Les programmes et matières d'enseignement, ainsi que les exercices pratiques, sont fixées par le sous-secrétaire d'Etat de l'aéronautique militaire dans une instruction spéciale.

ARTICLE IV

PERSONNEL DES ÉCOLES

Le personnel des écoles comprend :

a) Le cadre constitutif de l'école.

b) Une section d'ouvriers d'aviation ou un détachement des troupes d'aviation.

c) Les élèves pilotes.

ARTICLE V

PERSONNEL DU CADRE CONSTITUTIF

Le cadre constitutif d'une école est composé comme il suit :

a) Un officier commandant l'école.

b) Un officier adjoint.

c) Des officiers et des hommes de troupe chefs pilotes et pilotes moniteurs.

d) Des officiers chargés des ateliers (officiers techniciens ou officiers d'administration contrôleurs de matériel).

e) Un officier d'administration pour la comptabilité-finances, et un officier d'administration pour la comptabilité-matières.

f) Un médecin militaire.

g) Des ouvriers d'Etat et des sous-officiers mécaniciens.

h) Des adjudants d'administration ou gardiens de batteries, ou, à défaut, des sous-officiers en faisant fonctions, employés aux travaux d'écriture, ou garde-magasins.

i) S'il y a lieu, des agents de maîtrise employés de bureau et ouvriers civils.

Le personnel militaire du cadre constitutif est administré par la section ou le détachement d'ouvriers d'aviation, à l'exception des officiers d'administration et des employés militaires, qui sont administrés par le sous-intendant militaire dans la circonscription duquel est stationnée l'école conformément aux règles édictées par l'instruction du 10 janv. 1912, notamment par les art. 37 à 41 et suivants.

ARTICLE VI

PERSONNEL DE LA SECTION OU DU DÉTACHEMENT D'OUVRIERS D'AVIATION

La section d'ouvriers d'aviation ou le détachement des troupes d'aviation, qui est commandé par un officier, relève du commandant du groupe d'aviation auquel elle est rattachée, pour tout ce qui concerne l'administration.

Elle est mise, pour le service de l'école, à la disposition du commandant de l'école, qui a, vis-à-vis d'elle, en ce qui concerne la discipline, les attributions d'un chef de corps.

ARTICLE VII

PERSONNEL ÉLÈVES-PILOTES

Les élèves-pilotes (officiers, sous-officiers et hommes de troupe) sont placés, pour la discipline et l'instruction, sous les ordres du commandant de l'école, qui a, vis-à-vis d'eux, les attributions d'un chef de corps.

Les officiers élèves-pilotes sont administrés, pour la solde et les accessoires de solde, par la section d'ouvriers d'aviation ou le détachement des troupes d'aviation, qui a également l'administration des chevaux.

Les hommes de troupe, élèves-pilotes, à solde mensuelle ou à solde journalière (sous-officiers, caporaux ou brigadiers et soldats) sont placés en subsistance à la section d'ouvriers d'aviation ou au détachement des troupes d'aviation.

ARTICLE VIII

NOMINATION AUX DIVERS EMPLOIS

Les emplois du personnel militaire du cadre

constitutif des écoles sont remplis par des officiers, sous-officiers et employés militaires. Les désignations à ces emplois sont faites par le sous-secrétaire d'Etat de l'aéronautique militaire.

ARTICLE IX

ATTRIBUTIONS

L'autorité du commandant d'une école d'aviation militaire et de l'école de tir aérien s'étend sur toutes les parties du service de l'enseignement et de l'administration de ces établissements.

Il est sous les ordres immédiats du sous-secrétaire d'Etat de l'aéronautique militaire, avec lequel il correspond directement pour toutes les questions d'ordre administratif intéressant l'école considérée comme établissement régi par économie.

Au contraire, en ce qui concerne l'école considérée comme corps de troupe, la surveillance de l'administration est exercée par les généraux commandants de corps d'armée sur les territoires desquels sont situées les écoles; ces officiers généraux ont d'ailleurs la faculté de déléguer leur pouvoir de surveillance aux sous-intendants militaires chargés de la surveillance des comptes.

Pour tout ce qui concerne l'instruction, les questions techniques et celles qui intéressent la constitution du personnel et du matériel affecté à l'école, le commandant d'une école d'aviation ou le commandant de l'école de tir aérien correspond avec le ministre, par l'intermédiaire de l'officier supérieur, inspecteur des écoles et des dépôts de l'aviation militaire.

Le commandant de l'école est ordonnateur secondaire pour les dépenses de matériel de l'aviation.

L'officier adjoint seconde le commandant de l'école dans toutes ses attributions, et est plus particulièrement chargé des questions relatives à la surveillance de l'administration et la comptabilité de l'école, considérée comme établissement régi par économie.

Il tient les registres du personnel et reçoit les notes de tous les élèves-pilotes.

Des instructions ministérielles détermineront les attributions des autres officiers visés à l'art. 5, et régleront le service intérieur des écoles d'aviation militaire et de l'école de tir aérien.

ARTICLE X

TENUE

Le personnel du cadre constitutif des écoles porte la tenue et les insignes du personnel des autres établissements de l'aviation.

Les officiers, sous-officiers et hommes de troupes élèves-pilotes conservent la tenue et les insignes de leur corps ou service d'origine.

CHEMINS DE FER, GUERRE FRANCO-ALLEMANDE, RÉSEAUX SECONDAIRES D'INTÉRÊT GÉNÉRAL, CHEMINS DE FER D'INTÉRÊT LOCAL, EMPLOI DES MACHINES, VOITURES ET WAGONS PAR LA DIRECTION MILITAIRE DES CHEMINS DE FER DE CAMPAGNE, INDEMNITÉ DE LOCATION.

DÉCRET *fixant le tarif d'après lequel doit être réglée l'indemnité de location, pour l'emploi des machines, voitures et wagons provenant des réseaux secondaires réquisitionnés par l'autorité militaire* (1).

(25 novembre 1915). — (Publ. au *J. off.* du 29 nov.)

LE PRÉSIDENT DE LA RÉPUBLIQUE FRANÇAISE; — Sur le rapport du ministre de la guerre; — Vu la loi du 3 juill. 1877 (2), sur les réquisitions militaires, et notamment l'art. 32 de ladite loi; — Vu l'art. 62 du décret du 2 août 1877 (3), portant règlement d'administration publique pour l'exécution de la loi susvisée; — Le Conseil d'Etat entendu; — Décrète :

ART. 1er. L'indemnité de location à laquelle donne lieu l'emploi, par la direction militaire des chemins de fer de campagne, des machines, voitures et wagons provenant des réseaux secondaires de chemins de fer d'intérêt général et des voies ferrées d'intérêt local, est fixée comme suit :

1° pour les machines, d'après le poids à vide de chaque unité, y compris l'outillage : 8 centimes 1/2 par jour et par quintal ou fraction de quintal;

2° Pour les voitures, fourgons et wagons, avec leurs rechanges, d'après un prix forfaitaire de :

a) Pour les fourgons et wagons, 1 fr. 40 par jour.

b) Pour les voitures à 2 essieux, 2 fr. 50 par jour;

---

(1) Ce décret est précédé au *J. off.* d'un rapport ainsi conçu :

« L'indemnité de location prévue par l'art. 61 du décret du 2 août 1877, pour « l'emploi des machines, voitures et wagons provenant des compagnies dont la direction des chemins de fer peut avoir besoin », doit être réglée conformément à un tarif établi par un décret rendu en Conseil d'Etat.

« La question a déjà été résolue, en ce qui concerne les grands réseaux, par les arrangements intervenus le 8 août 1912 entre le département de la guerre et les compagnies et administrations de chemins de fer. Rien n'a été décidé, au contraire, pour les compagnies secondaires, et le projet de décret ci-joint a pour but de combler cette lacune.

« Ce projet de décret a été soumis au Conseil d'Etat, qui en a délibéré, et l'a adopté dans sa séance du 4 nov. 1915. »

(2-3) S. *Lois annotées* de 1877, p. 249 et 255. — P. *Lois, décr.*, etc. de 1877, p. 428 et 440.

c) Pour les voitures à boggies, 4 fr 50 par jour.

2 Pour les lignes à traction électrique, la rémunération est calculée sur les prix d'etablissement, à raison de :

1° 4 centimes et demi par jour et par 100 fr, pour les automotrices;

2° 4 centimes par jour et par 100 fr, pour les voitures de remorque:

3° 2 centimes par jour et par 100 fr, pour les installations fixes d'équipement électrique

3. Les frais d'entretien de ce matériel sont à la charge de l'Administration de la guerre, soit qu'elle execute elle-même les reparations courantes, soit qu'elle demande aux reseaux de les effectuer

4 S'il est survenu au matériel, par suite d'accident ou de mauvais entretien, des détériorations graves qui ne resultent pas de l'usure normale, les dépenses de remise en état apres restitution seront à la charge de l'Administration de la guerre, à la double condition que cette administration n'ait formulé aucune réserve sur l'état du matériel lorsqu'elle en a pris possession, et que la compagnie de chemins de fer ait fait constater ces détériorations par un proces-verbal au moment de la restitution

Sera considérée comme usure normale :

a) Pour les machines a vapeur, celle qui intéresse l'epaisseur des foyers, tubes, bandages, coussinets, etc..

b) Pour les voitures ou wagons, y compris les voitures de remorque, celle qui intéresse les organes de roulement, bandages, coussinets, sabots de frein, ainsi que la détorioration normale des appareils d'éclairage, de la peinture et des garnitures, etc.

c) Pour les automotrices, outre celle qui est définie au § b ci-dessus, l'usure des moteurs, contrôleurs, organes de prise de courant, etc..

d) Pour les installations fixes d'équipement électrique, l'usure correspondant à celle qui est spécialement définie au § c ci-dessus pour les automotrices.

Seront, au contraire, considérées comme avaries provenant du fait d'accidents ou de mauvais entretien :

a) Pour les machines à vapeur, les ruptures de pieces, explosions de chaudieres ou de foyers, coups de feu, méplats ou décalages des bandages, chauffage ou bris de pieces provenant du manque de graissage, etc.;

b) Pour les voitures ou wagons, y compris les voitures de remorque, les ruptures de pieces, chauffage de boîtes résultant du manque de graissage, percement de cloisons, dégradations de garnitures, bris de vitres, glaces et appareils d'éclairage, soustractions d'objets de toute nature, etc ;

c) Pour les automotrices, outre les détériorations qui sont définies au § b ci-dessus, les ruptures de pieces, degâts ou incendies occasionnés par les courts-circuits et coups de foudre, mauvais entretien des pieces de moteur et des freins, mauvais isolement des couplages et prises de courant, méplats ou decalage des bandages, etc ;

d) Pour les installations fixes d'équipement électrique, les détériorations correspondant à celles qui sont spécialement définies au § c ci-dessus pour les automotrices.

5. Le ministre de la guerre est chargé, etc

DOUANES, TUNISIE, PRODUITS TUNISIENS, ADMISSION EN FRANCE, REGIME DE FAVEUR, LOI DU 19 JUILL. 1890, art. 5, APPLICATION, ORANGES, MANDARINES, CITRONS, CÉDRATS, AMANDES, DATTES, CAROUBES, BANANES, RAISINS MUSCATS, POMMES DE TERRE, CERTIFICATS D'ORIGINE, OFFICIERS DU SERVICE DES AFFAIRES INDIGENES, TERRITOIRES DU SUD.

LOI *étendant le régime de la loi du 19 juill 1890 aux fruits et legumes d'origine et de provenance tunisiennes, et habilitant les officiers du service des affaires indigènes en Tunisie à délivrer les certificats d'origine dans les territoires du Sud ou ils font l'office des contrôleurs civils.*

(25 novembre 1915). — (Publ. au *J off.* du 27 nov)

ART **1er** Les dispositions de l'art. 1er et de l'art. 5 de la loi du 19 juill 1890 (1) sont etendues aux produits d'origine et de provenance tunisiennes ci-apres : oranges, mandarines, citrons, cédrats et leurs variétés non dénommées, amandes, dattes, caroubes, bananes, raisins muscats et pommes de terre

2 Toutefois, ceux de ces produits dont la nomenclature suit ne seront admis en franchise dans la métropole qu'au cours des périodes suivantes, savoir .

Raisins muscats du 1er novembre au 15 septembre inclus;

Pommes de terre, du 1er novembre au 15 mai inclus.

3. Dans les ports de l'extrême Sud de la régence, habilités à l'exportation des produits tunisiens, les chefs de bureau et d'annexe du service des affaires indigenes remplissent les attributions devolues par l'art 5, § c, de la loi du 19 juill 1890 aux contrôleurs civils.

MINISTÈRE DE LA GUERRE, GUERRE FRANCO ALLEMANDE, SOUS-SECRÉTAIRE D'ETAT DE

(1) S. et P. *Lois annotées* de 1891, p. 206; *Pand. pér.*, 1891.3.26.

L'AÉRONAUTIQUE MILITAIRE, COMMISSION DES CONTRATS, CRÉATION.

ARRÊTÉ *relatif à la création d'une commission des contrats de l'aéronautique militaire.*

(25 novembre 1915). — (Publ. au *J. off* du 28 nov.).

LE MINISTRE DE LA GUERRE; — Sur le rapport du sous-secrétaire d'Etat de l'aéronautique militaire; — Vu l'arrêté ministériel du 3 sept. 1915 (1), créant une commission des contrats auprès du sous-secrétariat d'Etat de l'artillerie et des munitions; — Arrête :

ART **1er** Il est institué, pour le sous-secrétariat d'Etat de l'aéronautique militaire, une commission des contrats, qui sera consultée sur les contrats à passer par ce service, les prix et conditions de ces marchés, les participations diverses aux entreprises de fournitures pour l'aéronautique.

2 Cette commission comprend un président et deux membres, auxquels sont adjoints deux secrétaires rapporteurs, chargés de l'exposé oral des affaires, ayant voix délibérative pour toutes les affaires dont le rapport leur sera confié, et voix consultative dans tous les autres cas

3 Elle est constituée comme suit :

Président : le président de la commission des contrats du sous-secrétariat d'Etat de l'artillerie et des munitions.

Membres : un membre de la commission des contrats du sous-secrétariat d'Etat de l'artillerie et des munitions, et un membre designé par le sous-secrétaire d'Etat de l'aéronautique.

Secrétaires rapporteurs : un secrétaire rapporteur de la commission des contrats du sous-secrétariat d'Etat de l'artillerie et des munitions, et un secrétaire rapporteur designé par le sous-secrétaire d'Etat de l'aéronautique.

4 Une décision du sous-secrétaire d'Etat de l'aéronautique militaire fixera les conditions de fonctionnement de la commission

5 Le sous-secrétaire d'Etat de l'aéronautique militaire et le sous-secrétaire d'Etat de l'artillerie et des munitions sont chargés, etc.

BUDGET, BUDGET DE 1914, CRÉDITS ADDITIONNELS, BUDGET GÉNÉRAL, MINISTÈRE DE LA GUERRE, ALGÉRIE, TUNISIE, BUDGETS ANNEXES, POUDRES ET SALPÊTRES, SERVICES SPÉCIAUX DU TRÉSOR, MAROC, MARINE, MATÉRIEL A DÉLIVRER AUX SERVICES D'EXÉCUTION.

LOI *portant ouverture, sur l'exercice* 1914, *de crédits applicables aux services de la guerre et de la marine.*

(26 novembre 1915). — (Publ. au *J off.* du 28 nov.).

TITRE Ier

BUDGET GÉNÉRAL

ART **1er** Il est ouvert au ministre de la guerre, en addition aux crédits alloués par la loi de finances du 15 juill. 1914 (2) et par des lois spéciales, pour les dépenses du budget général de l'exercice 1914, des crédits supplémentaires s'élevant à la somme totale de 118 508.990 fr, et applicables aux chapitres ci-après :

Intérieur

Chap 27 — Frais de déplacements et transports....	18.646 350
Chap 35 — Service militaire des chemins de fer..	4 214 000
Chap. 57. — Couchage et ameublement	1 963.420
Chap 62. — Allocations aux militaires soutiens de famille et gratifications de réforme....	92.750.000

Algérie-Tunisie

Chap. 73 — Service de santé...	23.620
Chap 84. — Service du recrutement	850.000
Chap 107 — Subventions aux territoires du sud de l'Algérie....	61 600
Total égal	118.508 990

Il sera pourvu aux crédits ci-dessus au moyen des ressources générales du budget de l'exercice 1914.

TITRE II

BUDGETS ANNEXES RATTACHÉS POUR ORDRE AU BUDGET GÉNÉRAL

Service des poudres et salpêtres.

2. Il est ouvert au ministre de la guerre, au titre du budget annexe du service des poudres et salpêtres, sur l'exercice 1914, en addition aux crédits alloués par la loi de finances du 15 juill. 1914 et par des lois spéciales, un crédit supplémentaire de 12 448 fr, applicable au chapitre 3 : « Personnel du cadre du service des poudres et salpêtres »

Il sera pourvu à ce crédit au moyen des ressources propres audit budget annexe.

TITRE III

SERVICES SPÉCIAUX DU TRÉSOR

Occupation militaire du Maroc.

3 Il est ouvert au ministre de la guerre, au titre du compte spécial : « Occupation militaire du Maroc », prévu par l'art 48 de la loi de finances

---

(1) *Supra*, p. 8.

(2) *J. off.*, 18 juill. 1914, p. 6448.

du 15 juill. 1914, en addition aux crédits alloués par ladite loi et par des lois spéciales pour l'exercice 1914, un crédit supplementaire de 3 002 250 fr, applicable au chapitre 25 : « Ordinaires de la troupe ».

TITRE IV

DISPOSITION SPÉCIALE

4. La valeur du matériel à delivrer aux services d'exécution du département de la marine en 1914 (crédits-matieres), en conformité de la loi de finances du 15 juill 1914, est augmentée d'une somme totale de 15 millions de francs, ainsi répartie :

Chap. 1er — Service des subsistances. — Matieres ...	1 500.000
Chap. 2. — Service de l'habillement et du casernement. — Matieres ...	2 000.000
Chap 3. — Service des approvisionnements de la flotte — Matieres ...	10 000.000
Chap 5. — Service de santé — Matieres ...	1 500.000
Total egal ...	15 000.000

CONTRIBUTIONS DIRECTES, GUERRE FRANCO-ALLEMANDE, IMPOT FONCIER, PROPRIÉTÉS NON BATIES, ANNÉE 1915, EVALUATIONS (DÉFAUT D'), RÉPARTITION ENTRE LES CONTRIBUABLES, REVENU CADASTRAL.

LOI *autorisant l'application de mesures exceptionnelles, en 1915, dans certaines communes, pour l'etablissement de la contribution fonciere des propriétés non bâties*

(26 novembre 1915). — (Publ au *J. off.* du 28 nov.)

ARTICLE UNIQUE. Dans les communes ou, faute des documents presentant les resultats détaillés de la derniere evaluation des propriétés non bâties, il ne peut être fait état de ces résultats pour le calcul des cotisations individuelles à comprendre dans les rôles de la contribution fonciere (propriétés non bâties) de l'année 1915, le montant de ladite contribution, déterminé pour l'ensemble de chaque commune conformément à la loi du 29 mars 1914 (1), d'apres les renseignements généraux que possede le ministere de finances, sera reparti entre les contribuables au prorata des revenus cadastraux antérieurement assignés a leurs propriétés

---

(1) S. et P. *Lois annotées* de 1915, p. 867, *Pand pér*, *Lois annotées* de 1915, p. 867.

MARINE, GUERRE FRANCO-ALLEMANDE, MARINS PÈRES DE CINQ ENFANTS OU VEUFS PÈRES DE QUATRE ENFANTS, EMPLOIS DE LA MARINE A TERRE.

CIRCULAIRE *relative aux mesures à prendre en faveur des pères de cinq enfants vivants et des veufs pères de quatre enfants vivants*

(26 novembre 1915). — (Publ. au *J. off* du 28 nov.).

Le Ministre de la marine à MM les vice-amiraux commandant en chef, préfets maritimes, officiers géneraux, supérieurs et autres, commandant à la mer et à terre

J'ai décidé de prendre, à l'egard des marins peres de cinq enfants vivants ou veufs pères de quatre enfants vivants, des mesures analogues à celles adoptees par le ministre de la guerre, par decision du 7 novembre courant

Ces mesures ne s'appliqueront qu'aux marins des équipages de la flotte rappelés au service par la mobilisation, et qui en feront la demande, à l'exclusion des marins qui ont contracté l'engagement volontaire special prévu par la loi du 2 mai 1899 (2).

Les peres de cinq enfants vivants ou veufs peres de quatre enfants vivants ne devront être employés que dans les différents services de la marine à terre, en France, en Corse, en Algérie ou en Tunisie

Ceux d'entre eux qui sont actuellement embarqués ou affectés à des services autres que ceux désignés ci-dessus seront, dans un delai maximum de deux mois, renvoyes en France, et remplaces par les soins des dépôts, auxquels il conviendra d'adresser les demandes réglementaires.

1° MINISTÈRE DES FINANCES, CRÉATION D'EMPLOIS, SOUS-DIRECTEUR, CHEF DE BUREAU — 2° BUDGET, BUDGET DE 1915, CRÉDITS SUPPLÉMENTAIRES, MINISTÈRE DES FINANCES, EMISSIONS DE LA DÉFENSE NATIONALE

LOI *relative a la création d'emplois et à l'ouverture de crédits additionnels sur l'exercice 1915, au titre du budget général, en vue de l'institution d'un service des émissions de la defense nationale.*

(26 novembre 1915) — (Publ au *J. off* du 28 nov.)

ART. 1er. Est autorisee, pour une durée de trois ans, la creation à l'administration centrale du ministere des finances d'un emploi de sous-directeur et d'un emploi de chef de bureau

2 Il est ouvert au ministre des finances, sur

---

(2) S et P. *Lois annotées* de 1900, p. 1001.

l'exercice 1915, en addition aux crédits provisoires alloués par les lois des 26 déc. 1914 (1), 29 juin (2) et 28 sept. 1915 (3) et par des lois spéciales, des crédits s'élevant à la somme totale de cinq mille cinq cents francs (5 500 fr.), applicables au chapitre 44 (traitement du ministre et personnel de l'administration centrale du ministère)

RENTES SUR L'ETAT, GUERRE FRANCO-ALLEMANDE, RENTES 5 P. 100, PLACEMENTS, ENTREPRISES D'ASSURANCE, DE CAPITALISATION ET D'ÉPARGNE.

LOI *affectant les rentes sur l'Etat français 5 p. 100 nouvelles aux mêmes placements que les rentes 3 p. 100 perpétuelles, en ce qui concerne les entreprises d'assurances de toute nature, de capitalisation et d'épargne*

(26 novembre 1915) — (Publ. au *J. off.* du 28 nov.).

ARTICLE UNIQUE Les rentes sur l'Etat français 5 p. 100 nouvelles peuvent être affectées aux mêmes placements que les rentes 3 p. 100 perpétuelles, en ce qui concerne les entreprises d'assurances de toute nature, de capitalisation et d'épargne

---

ALGÉRIE. GUERRE FRANCO-ALLEMANDE, BANQUE DE L'ALGÉRIE, BILLETS DE BANQUE, EMISSION, AUGMENTATION.

DÉCRET *portant à 500 millions le chiffre des émissions des billets de la Banque d'Algérie et de ses succursales*

(27 novembre 1915). — (Publ. au *J. off.* du 1er déc.).

LE PRÉSIDENT DE LA RÉPUBLIQUE FRANÇAISE; — Sur le rapport du ministre des finances; — Vu l'art. 2 de la loi du 5 août 1914 (4), — Vu le décret rendu en Conseil d'Etat le 26 sept. 1914 (5) : — Le Conseil d'Etat entendu. — Décrète :

ART. 1er. Le chiffre des émissions de la Banque de l'Algérie et de ses succursales, élevé provisoirement à quatre cent cinquante millions par l'art. 1er du décret du 26 sept. 1914, est porté à cinq cents millions.

2. Le ministre des finances est chargé. etc

ALGÉRIE. OCTROI DE MER, ABSINTHE, LIQUEURS SIMILAIRES, DÉBITANTS, MARCHANDS EN GROS, RESTITUTION DES DROITS

DÉCRET *autorisant le remboursement des droits d'octroi de mer perçus en Algérie sur les absinthes et liqueurs similaires.*

(27 novembre 1915) — (Publ. au *J. off.* du 4 févr. 1916).

LE PRÉSIDENT DE LA RÉPUBLIQUE FRANÇAISE; — Sur le rapport du ministre de l'intérieur et du ministre des finances; — Vu l'ordonn. du 21 déc. 1844 (6), instituant en Algérie un octroi municipal de mer; les décrets des 26 déc. 1884 (7) et 27 juin 1887 (8); la loi du 16 mars 1915 (9), interdisant la fabrication, la vente en gros et au détail, ainsi que la circulation de l'absinthe et des liqueurs similaires; l'avis du conseil de gouvernement, en date du 7 sept. 1915; les propositions du gouverneur général de l'Algérie; — Décrète :

ART. 1er Est autorisé le remboursement des droits d'octroi de mer perçus sur les absinthes ou liqueurs similaires d'absinthe se trouvant actuellement chez les débitants et chez les marchands en gros non entrepositaires.

Ce remboursement aura lieu à charge de mise en entrepôt ou d'envoi à la rectification

2. Le ministre de l'intérieur et le ministre des finances sont chargés. etc

---

ARMÉE, GUERRE FRANCO-ALLEMANDE, SERVICE DE SANTÉ MILITAIRE, MÉDECINS AUXILIAIRES, ETUDIANTS EN MÉDECINE A 4 INSCRIPTIONS.

DÉCRET *portant nomination au grade de médecin auxiliaire, pendant la durée de la guerre, des étudiants en médecine possesseurs à la mobilisation de quatre inscriptions de doctorat*

(27 novembre 1915). — (Publ. au *J. off.* du 30 nov.)

LE PRÉSIDENT DE LA RÉPUBLIQUE FRANÇAISE; — Sur le rapport du ministre de la guerre; — Vu le décret du 3 mars 1902, réglant l'organisation d'un cadre de médecins auxiliaires pour le cas de mobilisation; — Vu la loi du 7 août 1913 (10), modifiant les lois des cadres de l'infanterie, de la cavalerie, de l'artillerie et du génie, en ce qui concerne l'effectif des unités, fixant les conditions du recrutement de l'armée active et la durée du service dans l'armée active et ses réserves; — Vu

---

(1) 1er vol., p. 275.
(2) 2e vol., p. 212.
(3) Supra, p. 46.
(4-5) 1er vol., p. 29 et 124.
(6) S. 2e vol. des *Lois annotées*, p. 883.
(7-8) S. *Lois annotées* de 1888, p. 320. — P. *Lois, décr.*, etc. de 1888, p. 552 et 553.
(9) 2e vol., p. 62.
(10) S. et P. *Lois annotées* de 1914, p. 561, *Pand. pér.*, *Lois annotées* de 1914, p. 561.

le décret du 10 mai 1915 (1), réduisant, pendant la durée de la guerre, de douze à huit le nombre d'inscriptions exigé pour la nomination au grade de médecin auxiliaire ; — Décrète :

Art 1er. Pendant la durée de la guerre, les étudiants en médecine possesseurs à la mobilisation de quatre inscriptions valables pour le doctorat pourront être nommés à l'emploi de médecin auxiliaire, après l'accomplissement d'un an de service aux armées, depuis le commencement de la guerre, comme infirmier régimentaire ou comme homme de troupe d'une section d'infirmiers.

2 Les nominations à l'emploi de médecin auxiliaire dans les conditions prévues à l'article précédent seront faites aux armées et à l'intérieur par les directeurs du service de santé, après constatation de l'aptitude professionnelle des intéressés, et au fur et à mesure des besoins du service.

3. Le ministre de la guerre est chargé, etc

Colonies, Guerre franco-allemande, Douanes, Interdiction de sortie, Dérogations, Retrait, Vieux ouvrages, Débris et limailles de cuivre, de zinc et d'étain

Arrêté *abrogeant certaines dispositions de l'arrêté du 24 févr.* 1915 (*prohibition de divers produits à la sortie des colonies*).

(27 novembre 1915). — (Publ au *J off.* du 28 nov.).

Le Ministre des colonies ; — Vu le décret du 20 juin 1915 (2), prohibant divers produits à la sortie des colonies et pays de protectorat autres que la Tunisie et le Maroc ; — Vu l'arrêté ministériel du 24 févr 1915 (3) ; — Vu l'arrêté du ministre des finances du 22 nov. 1915 (4) ; — Arrête :

Article unique Sont abrogées, en ce qui concerne les limailles et débris de vieux ouvrages de cuivre, d'étain, de zinc purs ou alliés, les dispositions de l'arrêté du 24 févr 1915.

Ministère des travaux publics, Guerre franco-allemande, Comités d'avancement, Conseil d'enquête, Représentants du personnel, Pouvoirs, Prorogation.

Arrêté *prorogeant les pouvoirs des fonctionnaires désignés comme représentants du personnel des travaux publics auprès des comités d'avancement et du conseil d'enquête.*

(27 novembre 1915). — (Publ. au *J off* du 30 nov).

Le Ministre des travaux publics, — Sur la proposition du directeur du personnel et de la comptabilité ; — Arrête :

Par dérogation aux dispositions de l'art 3 de l'arrêté du 31 déc. 1911 (5), déterminant le mode d'élection des représentants du personnel de l'Administration des travaux publics auprès des comités d'avancement et du conseil d'enquête, et de l'art 3 de l'arrêté du 31 déc 1911, portant réorganisation du conseil d'enquête, les pouvoirs des fonctionnaires et agents désignés, à la suite des élections du 16 nov. 1913, comme représentants du personnel des travaux publics, pour les années 1914 et 1915, auprès des comités d'avancement et du conseil d'enquête, sont prorogés jusqu'à la fin des hostilités.

Réquisitions militaires, Marine, Navires réquisitionnés, Marins, Solde.

(28 novembre 1915). — (Publ au *J. off.* du 30 nov)

Circulaire *prescrivant que les circulaires attribuant une solde militaire de matelot ou d'apprenti marin aux marins embarqués sur les navires militarisés, atteints par la levée ou l'appel de leur classe, ne doivent pas avoir d'effet rétroactif.*

Le Ministre de la marine à MM. les vice-amiraux commandant en chef, préfets maritimes, officiers généraux, supérieurs et autres commandant à la mer.

L'attention du département a été appelée sur le cas des marins embarqués sur des bâtiments de commerce militarisés, qui, avant que les circulaires des 3 juill. (6), 30 sept. (7), 6 (8) et 18 nov 1915 aient précisé leur situation au point de vue de la solde, ont perçu une solde commerciale plus élevée que la solde militaire qui aurait dû leur être attribuée suivant les dispositions de ces circulaires.

Si la nouvelle réglementation était appliquée rétroactivement aux intéressés, un certain nombre d'entre eux devraient reverser des sommes importantes, qu'ils ont employées à leurs dépenses courantes, et dont le recouvrement ne pourrait, par suite, être effectué qu'au moyen de retenues opérées pendant de longs mois sur leur solde de matelot

J'ai décidé, en conséquence, qu'aucune répétition de solde ne serait exercée contre les marins dont il s'agit pour des sommes perçues contraire-

---

(1) 2e vol., p. 148.
(2) 2e vol., p. 195.
(2) 2e vol., p. 39.
(4) *Supra*, p. 142.

(5) *J. off.*, 4 janv. 1912, p. 137.
(6) 2e vol., p. 219.
(7-8) *Supra*, p. 56 et 117.

ment aux dispositions des circulaires susvisées et antérieurement à la notification de celles-ci à leurs bâtiments

---

ARMÉE, GUERRE FRANCO-ALLEMANDE, CANTONNEMENT DES TROUPES, CAMPS D'INSTRUCTION, RÉGLEMENTATION.

CIRCULAIRE *précisant les conditions d'installation et de salubrité des cantonnements et camps d'instruction occupés pendant l'hiver.*

(29 novembre 1915). — (Publ au *J. off* du 5 déc).

Le maintien durant la période d'hiver des troupes de diverses classes dans les camps et centres d'instruction a été spécifié par la circulaire du 24 juill 1915 (état-major de l'armée, 3e bureau), et vous avez été invité :

1° A determiner, parmi les centres d'instruction ou camps actuellement occupés, ceux qui, en raison de leur situation, devront être évacués pendant l'hiver, et de rechercher, s'il y a lieu, d'autres centres ou camps pour les remplacer;

2° A prévoir et réaliser en temps utile toutes les ameliorations reconnues necessaires dans les camps et centres d'instruction maintenus, ainsi que dans ceux à creer, en vue d'assurer pour la saison d'hiver la stricte execution des prescriptions hygiéniques contenues dans les circulaires anterieures.

A cet égard, il sera tenu compte des observations suivantes, faites au cours des inspections ou des missions techniques dans les camps ou centres d'instruction, auxquelles il a eté procéde à la suite de la circulaire susvisee du 24 juill 1915.

1° Des fractions importantes occupent des locaux qui, en raison de leurs vastes dimensions dans tous les sens et de leurs dispositions, des defectuosités de leur protection contre les intempéries (halles, magasins, usines, entrepôts, etc), ne pourront être suffisamment chauffés en hiver Certains sont obscurs, humides, sans aeration, et les hommes y sont accumules en telle densite que les couchettes, parfois disposées sur plusieurs rangs, sont à peine écartees de 20 centimetres, ou arrivent presque en contact; cette situation est toleree sous prétexte que le cube d'air est suffisant De tels abris ne peuvent être que préjudiciables à la santé des troupes pendant l'hiver; ils doivent être abandonnés, si leur amélioration n'est pas realisable.

Des écuries, en partie utilisées pour les animaux, des réduits obscurs difficiles à aérer, des locaux à toiture délabrée et où la lumiere ne trouve acces que par la porte ouverte, ont été attribués au logement des hommes; ces errements sont fâcheux.

D'une maniere générale, pour mieux assurer la surveillance disciplinaire et ne pas etendre le cantonnement, on a tendance a resserrer les hommes outre mesure La salubrité du logement en subit dommage, et la densite excessive des occupants realise au plus haut degre les conditions favorables à la propagation des maladies transmissibles qui regnent d'habitude en hiver. Toutes mesures doivent être prescrites pour assurer aux hommes le cube d'air suffisant, l'ecartement necessaire entre les couchettes (0m50), l'acces de la lumiere du jour dans les locaux qu'ils occupent et leur aeration convenable.

Il est rappelé que tous les hommes doivent être pourvus d'isolateurs en bois, et que ces isolateurs doivent être placés a 30 centimetres au-dessus du sol; cette prescription a éte souvent omise.

2° On a fréquemment constaté l'absence de bains-douches et même de lavabos improvisés; parfois ceux-ci sont aménages en dehors des bâtiments importants, et à de telles distances que, pendant l'hiver, les hommes éviteront de s'y rendre pour leur toilette du matin. Les soins de proprete corporelle les plus indispensables deviennent des lors impossibles Il y a lieu de remedier a cette situation. La pénurie d'eau dans les cantonnements a pu parfois porter obstacle a l'établissement de bains-douches et de lavabos. L'alimentation en eau peut être augmentee par les mêmes moyens qui ont permis d'approvisionner les troupes du front dans des circonstances plus difficiles : forages de puits en des points favorables : il y aura lieu d'y recourir quand la nécessite s'en produira

3° L'utilisation des puits particuliers peut comporter des inconvenients et des dangers, lorsque le puits est alimente par une nappe contaminable ou n'a pas ete depuis longtemps nettoye Une surveillance attentive doit s'exercer sur la valeur hygienique de toutes ces eaux Si elles sont suspectes, des mesures seront prises, de concert avec les autorites civiles compétentes, apres avis, s'il y a lieu, du conseil départemental d'hygiene, pour leur assurer la salubrite nécessaire Le curage des puits malpropres et leur meilleur amenagement pourront être effectués par le service du génie. La purification des eaux douteuses par les hypochlorites ou le permanganate reste un préservatif qui ne doit jamais être negligé

4° La propreté exterieure des cantonnements laisse souvent à désirer On y tolere des amas d'immondices et la dispersion d'ordures ménageres ou autres, qui deviennent des foyers d'infection Les eaux grasses ou de toilette, les detritus de toutes sortes, des restes d'aliments sont projetes et abandonnés au voisinage des logements des hommes

Les cuisines et les réfectoires voisinent fréquemment avec des amas d'immondices, des fumiers et des latrines

Les incinérateurs d'ordures ou de debris, dont l'établissement a été prescrit, font défaut dans bien des cantonnements, ou sont négligés quand ils existent.

Il importe que les autorités militaires, à tous les degrés de la hiérarchie, ne négligent aucune disposition pour remédier à un tel état de choses, et s'assurent par un contrôle soutenu qu'elles sont rigoureusement appliquées

5° Latrines. — Il a déjà été spécifié (Circ. du 18 juin 1915) que les feuillées devaient être considérées comme un expédient provisoire au début de l'occupation des cantonnements, et ne sauraient être conservées pour une occupation prolongée. Les feuillées n'en persistent pas moins dans nombre de cantonnements, malgré les inconvénients de tous ordres qu'elles peuvent présenter au milieu ou en contiguïté des habitations. Il doit leur être substitué des tinettes ou des récipients métalliques, installés sous des abris en planches comportant un siège, et d'un maniement facile pour l'enlèvement journalier. Si le service de ces tinettes ne peut être assuré par un entrepreneur, le déversement du contenu en sera fait dans des fosses creusées sur un emplacement désigné. Après chaque apport nouveau de matières, celles-ci seront recouvertes régulièrement d'une couche de terre que l'on arrosera ensuite d'un lait de chaux, et ainsi de suite jusqu'à ce que la fosse soit comblée. Les tinettes vidées seront nettoyées, lavées au lait de chaux avant leur mise en place, et fréquemment saupoudrées de chlorure de chaux On veillera à la propreté rigoureuse des abords de l'édicule qui les abrite.

6° L'entretien journalier de la propreté et de la salubrité du cantonnement sera assuré par une équipe sanitaire, choisie parmi les hommes du service auxiliaire ou les inaptes dont l'instruction devra être faite à ce sujet

Il ne sera pas oublié que, si la salubrité des cantonnements, dans la partie occupée par la troupe, peut réagir défavorablement sur l'état sanitaire de la population civile, inversement, les causes d'insalubrité inhérentes à la localité elle-même auront aussi leur répercussion sur la santé des troupes. Le commandement local et les municipalités devront donc se prêter un mutuel et constant appui pour satisfaire l'intérêt général, c'est-à-dire l'assainissement et la propreté du milieu commun. Il devra être fait appel, s'il y a lieu, à l'intervention du préfet et du conseil départemental d'hygiène, en ce qui concerne les défectuosités reconnues de l'hygiène locale

7° Certaines infirmeries de centres d'instruction sont mal installées ou insuffisantes; il convient de les améliorer sans retard, au besoin par un aménagement sous baraque Des contagieux sont traités à l'infirmerie, et quelquefois dans les chambres de cantonnement Ces errements ne peuvent être tolérés, en raison de leurs conséquences sur la propagation des maladies

Le transport des malades contagieux à l'hôpital qui dessert un centre d'instruction n'est pas toujours réglementé ni assuré d'une manière opportune : il a été constaté que des scarlatineux, des diphtériques étaient évacués par chemin de fer sans que les précautions fussent demandées ou prises à l'arrivée pour assurer la désinfection du compartiment occupé par le malade. Cet oubli regrettable est de nature à porter préjudice à la santé publique Il appartient au service de santé de préciser le mode et les règles techniques de ces évacuations, qui gagneront toujours à être effectuées au moyen de voitures automobiles.

8° La nécessité a pu déjà se poser ou se posera à l'avenir de prévoir de nouveaux cantonnements pour centres d'instruction. Leur choix est évidemment subordonné à des considérations militaires qu'il importe de satisfaire, mais dont l'ensemble des conditions hygiéniques ne saurait être exclu

Dans cet ordre d'idées, vous avez été invité à faire examiner d'avance, par une commission militaire comprenant au moins un de vos représentants et un représentant du service de santé, les logements à occuper dans les cantonnements ou camps. Cette commission devait éliminer les locaux qui ne lui paraîtraient pas présenter toutes les garanties d'hygiène désirables

Certaines commissions ne paraissent pas avoir apporté à cette étude préalable tout le soin désirable, omettant du moins de signaler les améliorations nécessaires pour rendre aussi hygiénique que possible l'occupation des locaux admis J'attache le plus grand prix à l'examen attentif de toutes les parties du cantonnement projeté, et à la réalisation, avant son occupation, des réfections améliorations et tous travaux destinés à en assurer la salubrité Dans ce but, un officier du génie sera joint à la commission militaire précitée En outre, je verrais avantage, afin de mieux concilier ou sauvegarder tous les intérêts en jeu, à ce que, dans les circonstances où de nouveaux cantonnements seraient à prévoir, il soit fait appel à l'autorité préfectorale pour qu'un délégué du conseil départemental d'hygiène participe à la visite des localités et à l'appréciation de leur salubrité Vous ne manquerez pas de trouver alors auprès des autorités civiles un concours empressé, et souvent le plus utile pour aboutir à la meilleure installation des troupes.

9° Le cantonnement des troupes en contact étroit et permanent avec la population civile crée entre les deux groupements une solidarité non moins étroite et permanente, au point de vue des maladies transmissibles Des exemples récents montrent que des affections graves se propagent des troupes aux habitants et inversement L'armée et la population civile se doivent donc protection mutuelle, et il importe, dans l'intérêt général, qu'avis soit donné de ce qui atteint l'une et peut menacer l'autre Dans tout cantonnement de troupes où se produiront des maladies susceptibles de se propager aux habitants, il appartiendra au commandement d'en informer aussitôt le maire de la localité et le préfet, sans préjudice des mesures militaires qu'il jugera opportun de prendre pour prévenir autant que possible cette propagation Par réciprocité, l'autorité municipale et le préfet devront aviser sans retard le commandement de tout cas de maladie contagieuse survenant parmi les habitants de la localité ou cantonnent les troupes Les mesures concertées permettront d'assurer une protection plus efficace de la santé des troupes et de la population civile

10° La prophylaxie des maladies vénériennes sera l'objet d'une surveillance attentive Par voie de concert avec l'autorité municipale, toutes mesures utiles seront prises pour assurer l'application de la réglementation antivénérienne

---

BUDGET, GUERRE FRANCO-ALLEMANDE, EXERCICE 1915, RÉQUISITIONS MILITAIRES, DÉPENSES DE L'EXERCICE 1914 NON ACQUITTÉES.

LOI *portant autorisation d'acquitter, sur les crédits de l'exercice courant, les dépenses de réquisitions militaires afférentes à l'exercice* 1914. *qui n'ont pu être payées avant la clôture dudit exercice*

(29 novembre 1915) — (Publ au *J off* du 1er déc).

ARTICLE UNIQUE. L'art 9 de la loi du 29 juin 1915 (1) est complété comme suit :

« Les dépenses faites. en vertu de réquisitions militaires, au titre de l'exercice 1914, pourront être acquittées dans les conditions prévues au § 1er du présent article, quelle que soit la cause pour laquelle elles n'ont pu être liquidées, ordonnancées ou payées avant la clôture dudit exercice »

COLONIES, GUERRE FRANCO-ALLEMANDE, DOUANES, INTERDICTIONS DE SORTIE, RATIFICATION DE DÉCRETS.

LOI *portant ratification de divers décrets prohibant certains produits à la sortie des colonies et protectorats autres que la Tunisie et le Maroc.*

(29 novembre 1915). — (Publ au *J off* du 2 déc)

ARTICLE UNIQUE Sont ratifiés et convertis en lois :

Le décret du 9 mars 1915 (2), rendant applicables aux colonies et pays de protectorat autres que la Tunisie et le Maroc les décrets des 9 janv (3) et 4 févr. 1915 (4), prohibant divers produits à la sortie de la métropole;

Le décret du 13 mars 1915 (5), rendant applicable aux colonies et pays de protectorat autres que la Tunisie et le Maroc le décret du 6 mars 1915 (6), prohibant divers produits à la sortie de la métropole;

Le décret du 10 avril 1915 (7), rendant applicables aux colonies et pays de protectorat autres que la Tunisie et le Maroc les décrets des 30 mars (8) et 3 avril 1915 (9).

Le décret du 1er mai 1915 (10), prohibant la sortie de l'or des colonies et pays de protectorat autres que la Tunisie et le Maroc;

Le décret du 1er mai 1915 (11), autorisant les gouverneurs généraux et gouverneurs des colonies et pays de protectorat, autres que la Tunisie et le Maroc, à prohiber, s'ils le jugent opportun, la sortie des monnaies de cuivre, de nickel et de billon

---

DOUANES, GUERRE FRANCO-ALLEMANDE, INTERDICTION DE SORTIE, VOLAILLES.

DÉCRET *relatif à la prohibition de sortie des volailles mortes.*

(29 novembre 1916) — (Publ au *J off.* du 2 déc).

LE PRÉSIDENT DE LA RÉPUBLIQUE FRANÇAISE; — Sur le rapport du ministre de l'agriculture, du ministre du commerce, de l'industrie, des postes et des télégraphes et du ministre des finances; — Vu l'art 34 de la loi du 17 déc 1814 (12): — Vu les décrets du 31 juill 1914 (13) et du 21 sept 1915 (14); — Décrète :

ART 1er Sont prohibées, à dater du jour de la promulgation du présent décret, la sortie, ainsi que la réexportation en suite d'entrepôt, de dépôt, de transit, de transbordement et d'admission temporaire, des volailles mortes, soit à l'état frais, soit conservées par un procédé quelconque.

Toutefois, des exceptions à cette disposition pourront être autorisées, sous les conditions qui seront déterminées par le ministre des finances

2. Le ministre de l'agriculture, le ministre du commerce, de l'industrie, des postes et télégraphes et le ministre des finances sont chargés, etc

---

MARINE, GUERRE FRANCO-ALLEMANDE, MA-

(1) 2e vol., p. 212.
(2) 2e vol., p. 52.
(3) 1er vol., p. 304.
(4 5) 2e vol, p. 16, 55.
(6-7) 2e vol., p. 51, 114.
(8 à 10) 2e vol., p. 91, 97, 140.
(11) 2e vol., p. 140.
(12) S. 1er vol. des *Lois annotées*, p. 914.
(13) 1er vol., p. 3.
(14) *Supra*, p. 38.

RINS, PERMISSIONS, INDEMNITÉ DE ROUTE.

CIRCULAIRE *relative à la concession de frais de route aux marins permissionnaires*

(29 novembre 1915). — (Publ au *J. off.* du 2 déc)

Le Ministre de la marine à MM les vice-amiraux commandant en chef, préfets maritimes, officiers généraux, supérieurs et autres commandant à la mer et à terre.

Je vous informe que j'ai décidé, le 16 novembre courant, que des frais de déplacement, limites aux indemnités kilometriques aller et retour, seront alloués, pendant la durée des hostilités, aux officiers et aux equipages présents depuis six mois au moins dans les formations à terre prenant part aux operations de guerre ou a bord des bâtiments dépendant de l'armée navale, de la 3e division légère, des flottilles de torpilleurs et de chalutiers, c'est-à-dire aux états-majors et aux équipages des navires effectuant une navigation active, ainsi qu'aux officiers et marins de la métropole en service depuis plus de 6 mois en Corse, en Algérie et en Tunisie, lorsque les circonstances permettront leur envoi en permission. La même faveur est egalement accordée, lors de leur retour en France, aux officiers et marins de tous grades rapatriés des colonies apres un sejour d'au moins 6 mois, et envoyés en permission

Cette allocation doit être, bien entendu, suivie de la concession de passages gratuits avec vivres, si une partie du voyage est effectuée par mer.

POUDRES ET EXPLOSIFS, GUERRE FRANCO ALLEMANDE, GAZ D'ÉCLAIRAGE, EXTRACTION DES PRODUITS NÉCESSAIRES A LA FABRICATION DES EXPLOSIFS, CONCESSIONNAIRES ET EXPLOITANTS, RÉQUISITION, CONSOMMATEURS DE GAZ, INDEMNITÉ (ABSENCE D'), QUALITÉS SPÉCIFIQUES DU GAZ, DÉROGATION.

LOI *relative au traitement du gaz d'éclairage, en vue d'extraire les produits nécessaires à la fabrication des explosifs*

(29 novembre 1915) — (Publ au *J off.* du 1er déc)

ART **1er** Le ministre de la guerre est autorisé à effectuer, dans toutes les exploitations gazières du territoire national, le traitement des gaz d'eclairage produits par des sociétés concessionnaires, régies municipales directes ou intéressées, sociétés fermieres, particuliers ou tous autres se livrant a la fabrication et à la distribution du gaz d'eclairage, en vue d'en extraire tous produits nécessaires à la fabrication des matieres explosibles.

Les exploitants seront tenus de proceder à toutes operations de production et de traitement des gaz nécessaires aux fins indiquées ci-dessus, dans les conditions fixées par le ministre de la guerre, et suivant les clauses générales déterminées au titre XII (art. 129 à 134) du décret du 2 aout 1877 (1), portant reglement d'administration publique pour l'exécution de la loi sur les réquisitions militaires, modifié par les décrets du 13 nov 1907 (2) et du 2 août 1914 (3), étant entendu qu'en aucun cas, ces opérations de production et de traitement ne sauraient constituer une source de bénéfices pour les sociétés gazieres

2. Le gaz ainsi modifie sera livré aux consommateurs au lieu et place du gaz tel qu il etait defini dans les actes de concession, contrats, cahiers des charges et toutes autres conventions, dont les spécifications relatives au pouvoir éclairant et au pouvoir calorifique resteront suspendues, de plein droit et sans indemnite, pendant toute la periode ou le ministre de la guerre fera application de la faculté à lui donnée par l'art 1er

3. Pendant toute la période d'application de la loi à chaque exploitation, les qualites spécifiques du gaz et autres conditions de livraison, tant pour les services publics que pour les particuliers, resteront celles définies par les cahiers des charges, sans aucune autre modification que celles qui resulteront directement des traitements autorisés par l'art 1er de la presente loi; la duree des contrats passes, tant avec les municipalités qu'avec des particuliers ou tous autres consommateurs, n'en sera pas modifiee, non plus que les dates de denonciation ou d'expiration desdits contrats

4 Un arrêté du ministre de la guerre déterminera, pour chaque exploitation, la date initiale des opérations prévues à l'art. 1er, à partir de laquelle les dispositions de la présente loi seront applicables

La fin de ces mêmes operations sera déterminée par un nouvel arrêté du ministre de la guerre

---

RENTES SUR L'ETAT, GUERRE FRANCO-ALLEMANDE, RENTES 5 P. 100, EMISSION, SOUSCRIPTION EN OBLIGATIONS DE LA DÉFENSE NATIONALE, BUREAUX DE POSTE.

ARRÊTÉ *relatif à l'émission de l'emprunt en rentes* 5 *p* 100

(1) S. *Lois annotées* de 1877, p. 255. — P. *Lois, décr.*, etc. de 1877, p. 440.

(2) S. et P. *Lois annotées* de 1912, p. 329; *Pand. pér.*, *Lois annotées* de 1912, p. 329.

(3) 1er vol., p. 16.

(29 novembre 1915) — (Publ au *J. off.* du 30 nov.)

Le Ministre des finances; — Vu le décret du 16 nov 1915 (1) : — Vu l'arrêté du même jour (2); — Arrête :

Art **1er** Les souscriptions en obligations de la défense nationale seront reçues dans les recettes composées des postes et dans les recettes simples situées dans les chefs-lieux d'arrondissements où il n'y a pas de recette composée, ainsi qu'aux guichets des caisses d'epargne ordinaires

2 Le maximum des souscriptions dans les recettes simples des postes et dans les etablissements de facteur-receveur, fixe à 50 fr de rente par l'art 5 de l'arrêté du 16 nov 1915, est élevé à 200 fr de rente

---

Algérie, Guerre franco-allemande, Banque de l'Algérie, Convention avec l'État, Approbation.

Loi *ratifiant la convention passée entre le ministre des finances et le directeur général de la Banque d'Algérie.*

(30 novembre 1915) — (Publ. au *J off* du 4 déc.)

Article unique. Est sanctionnée la convention passee le 6 sept 1915 entre le ministre des finances et le directeur general de la Banque de l'Algerie

Ladite convention est dispensée de timbre et d'enregistrement

---

Budget, Guerre franco-allemande, Crédits supplémentaires et extraordinaires, Loi du 5 avril 1915, Abrogation.

Loi *tendant a l'abrogation de la loi du 5 août 1914, qui complète celle du 14 déc 1879, sur les crédits supplementaires et extraordinaires*

(30 novembre 1915) — (Publ au *J. off.* du 8 déc).

Article unique Est abrogée la loi du 5 août 1914 (3), qui complete celle du 14 déc. 1879 (4), sur les crédits supplémentaires et extraordinaires.

Douanes, Guerre franco-allemande, Interdictions de sortie, Dérogations, Noix, Noisettes, Amandes, Marc de raisin, Mica, Noyaux de fruits.

Arrêté *autorisant l'exportation à destination de certains pays des noix, noisettes, amandes, marc de raisins, mica en feuilles ou plaques et micanites, noyaux de fruits.*

(30 novembre 1915). — (Publ au *J. off.* du 1er dec)

Le Ministre des finances; — Sur le rapport de la commission interministérielle des derogations aux prohibitions de sortie; — Vu le décret du 22 nov. 1915 (5); — Arrête :

Art **1er**. Par derogation aux prohibitions de sortie actuellement en vigueur, peuvent être exportés ou réexportés sans autorisation spéciale, lorsque l'envoi a pour destination l'Angleterre, les Dominions, les pays de protectorat et colonies britanniques, la Belgique, le Japon, le Monténégro, la Russie (6), la Serbie (7), ou les Etats de l'Amérique, les produits et objets enumérés ci-apres :

Noix. noisettes et amandes ;
Marcs de raisins ;
Mica en feuilles ou plaques et micanite ;
Noyaux de fruits.

2. Le conseiller d'Etat, directeur général des douanes, est chargé, etc

---

Douanes, Guerre franco-allemande, Interdictions de sortie, Dérogation, Retrait, Aluminium.

Arrêté *rapportant, en ce qui concerne l'aluminium, metal pur ou allié, les dispositions de l'arrêté du 12 févr. 1915.*

(30 novembre 1915). — (Publ au *J. off.* du 1er déc.)

Le Ministre des finances; — Sur le rapport de la commission interministerielle des dérogations aux prohibitions de sortie; — Vu les décrets des 14 oct (8) et 21 déc. 1914 (9); — Vu l'arrêté du 12 févr. 1915 (10); — Arrête :

Art. **1er** Sont rapportées, en ce qui concerne l'aluminium métal pur ou allié, les dispositions de l'arrêté du 12 févr. 1915 susvisé.

2. Le conseiller d'Etat, directeur général des douanes, est chargé, etc

---

Hygiène et santé publiques, Guerre

(1-2) *Supra*, p. 129 et 130.

(3) 1er vol., p. 29.

(4) S. *Lois annotées* de 1880, p. 503. — P. *Lois, décr.*, etc. de 1880, p. 1021.

(5) *Supra*, p. 143.

(6-7) Note du *J. off.* — Sous réserve, en ce qui concerne la Russie et la Serbie, de la souscription d'un acquit-à-caution à decharger par la douane russe ou serbe.

(8-9) 1er vol., p. 159 et 268.

(10) 2e vol., p. 23.

FRANCO-ALLEMANDE, LIQUIDATION DES DÉPENSES, DÉLAIS, PROROGATION.

LOI *prorogeant exceptionnellement les delais fixés pour la liquidation et l'imputation des dépenses de la santé publique par la loi du 22 juin 1906.*

(30 novembre 1915). — (Publ au *J. off.* du 2 dec).

ARTICLE UNIQUE. Sont proroges exceptionnellement d'une année, pour les dépenses de l'exercice 1914, les délais de liquidation et d'imputation éventuelle au compte des départements, fixes par les §§ 1er et 2 de l'article unique de la loi du 22 juin 1906 (1), portant modification de l'art. 26 de la loi du 15 fevr. 1902 (2) relative à la protection de la santé publique

MINISTÈRE DU COMMERCE, DE L'INDUSTRIE, DES POSTES ET DES TÉLEGRAPHES, GUERRE FRANCO-ALLEMANDE, CONSEIL CENTRAL DE DISCIPLINE, COMMISSION D'AVANCEMENT, REPRÉSENTANTS DU PERSONNEL, POUVOIRS. PROROGATION.

DÉCRET *prorogeant le mandat des representants du personnel des postes et des télégraphes auprès du conseil d'administration siégeant en commission centrale d'avancement, et auprès du conseil central de discipline.*

(30 novembre 1915). — (Publ au *J. off.* du 8 déc)

LE PRÉSIDENT DE LA RÉPUBLIQUE FRANÇAISE : — Vu les décrets du 9 juin 1906 (3) et décrets modificatifs subséquents, notamment les décrets du 20 août 1911 (4) ; — Vu les arrêtes des 4 sept et 6 nov 1911 ; — Sur le rapport du ministre du commerce, de l'industrie, des postes et des télégraphes, — Décrete

ART **1er**. Le mandat des représentants du personnel aupres du conseil d'administration siégeant en commission centrale d'avancement et aupres du conseil central de discipline, dont la duree a ete fixée à deux ans par les décrets du 20 août 1911. et qui arrive à expiration le 1er janv. 1916, est prorogé jusqu'à l'époque ou il sera possible de proceder à de nouvelles élections.

2. Le ministre du commerce, de l'industrie. des postes et des télégraphes est charge, etc

RÉQUISITIONS MILITAIRES, MARINE, NAVIRES REQUISITIONNÉS ET NON MILITARISÉS, GÉRANCE.

INSTRUCTIONS *pour la gerance de navires réquisitionnés et non mobilisés.*

(1er décembre 1915). — (Publ au *J. off* du 5 déc.).

Le Ministre de la marine à MM les vice amiraux commandant en chef, prefets maritimes, officiers généraux, supérieurs et autres commandant à la mer, commandants de la marine à terre

Suivant la circulaire du 31 août 1915 (5), les capitaines des navires réquisitionnés non militarisés et non gérés par leurs armateurs sont constitués gerants de leurs navires vis-à-vis du département de la marine, sous la surveillance des capitaines d'armement ou des autorités en tenant lieu Ils sont comptables des deniers à eux confies pour les besoins du navire, et ils en rendent compte au chef du service des approvisionnements du port comptable de la réquisition.

Pour la mise en pratique de cette circulaire, les capitaines gerants et les capitaines d'armement ou les autorités en tenant lieu devront se conformer aux dispositions qui suivent

AVANCES. — COMPTABILITÉ FINANCIÈRE

Conformement à la circulaire du 6 nov 1915 (6), les avances de fonds sont demandées, suivant le lieu. à l'intendance maritime, à l'inscription maritime, à l'autorite consulaire ou, à défaut, au commandant supérieur des bâtiments de guerre presents sur rade. Dans les ports ou il existe un capitaine d'armement. elles sont toujours demandées par son intermédiaire

En principe, il n'est pas concédé de nouvelles avances, tant que la totalite ou la plus grande partie de la précédente n'a pas été épuisée

Comme dans les armements commerciaux, le capitaine gérant tient un « livre de caisse », indiquant par « doit » et « avoir » tous les mouvements de fonds effectues par son navire

Sur la page « doit », l'autorité qui effectue le paiement d'une avance (commissaire chef du service des approvisionnements, administrateur de l'inscription maritime, consul ou commissaire de bâtiment de l'Etat) en inscrit le montant en toutes lettres et en chiffres, puis date, signe et appose son cachet.

Sur la page « avoir », le capitaine gérant apostille ses factures acquittees (achats de materiel, de matieres consommables ou de vivres, d'approvisionnement, travaux, dépenses diverses, etc.), ses états de paiement de solde et les relevés fin de mois ou fin d'escale de ses achats de vivres frais

Au départ de chaque escale, le capitaine gérant

(1) S. et P. *Lois annotées* de 1907, p. 422 ; *Pand. pér.*, 1906.3.166.

(2) S. et P. *Lois annotées* de 1902 p. 345; *Pand. pér.*, 1903.2.20.

(3) *J. off.*, 11 juin 1906, p. 3950.

(4) *Bull. off.*, nouv. serie, 64, n. 3060, 3061 et 3062.

(5) 2e vol., p. 311.

(6) *Supra*, p. 117.

lement les factures et état de paiement au capitaine d'armement ou à l'autorité en tenant lieu, et lui fait viser son livre de caisse, après avoir inscrit à nouveau, en toutes lettres, la somme dont il reste comptable. Le livre de caisse doit à ce moment porter à l' « avoir » toutes les dépenses que le capitaine a faites pendant l'escale, et qui ont dû être, autorisées ou approuvées par le capitaine d'armement.

Le capitaine gérant arrête également son livre de caisse en fin de mois, et en dresse, pour le mois écoulé, une copie *in extenso* en deux exemplaires, qui sont remis au capitaine d'armement, et transmis par lui, après vérification et visa, l'un au port comptable de la réquisition, l'autre au ministère (Service central de l'intendance maritime — Approvisionnements).

Les achats journaliers de vivres frais sont inscrits sur un carnet spécial, dont les totaux sont reportes sur le livre de caisse en fin de mois et en fin d'escale.

ÉQUIPAGE ET ÉTAT-MAJOR

Les équipages des navires réquisitionnés étant eux-mêmes réquisitionnés, il ne doit être procédé au débarquement des officiers, maîtres ou matelots que sur la demande expresse de leur chef de service et pour cause de maladie ou d'incapacité ou pour tout autre motif grave.

Ils doivent être, autant que possible, remplacés par des officiers ou marins du commerce choisis par le capitaine gérant ou le capitaine d'armement. A défaut d'officiers ou marins du commerce, le capitaine d'armement signalera au département (Intendance — Approvisionnements) le nombre d'hommes manquant par spécialité, en indiquant le degré d'urgence de leur remplacement.

En attendant la décision du ministre, le préfet maritime ou le commandant de la force navale fournit provisoirement le complément qu'il jugera indispensable.

Le capitaine gérant assure le paiement des salaires de l'état-major et de l'équipage, ainsi que celui des majorations de salaires. Chaque paiement donne lieu à l'établissement d'un état destiné à servir de justification au capitaine gérant (modèle n° 1, fourni par le service central).

Une circulaire spéciale fera connaître le mode d'envoi aux familles des sommes qui leur sont déléguées par les marins embarqués.

SERVICE DES VIVRES

Le capitaine gérant devra nourrir l'équipage en maintenant ses dépenses moyennes par homme et par jour dans les limites ci-après :

DÉSIGNATION	SUR LES CÔTES de France, d'Algérie ou de Tunisie.		DANS LES PORTS anglais ou dans la Méditerranée orientale.		OBSERVATIONS
Officiers	4f »	à 5f »	5f »	à 6f »	Suivant le nombre d'individus à nourrir.
Maîtres	3 50	3 75	3 75	4 »	
Équipage	2 »	2 50	2 50	3 »	

Le capitaine d'armement devra s'assurer que les hommes sont convenablement nourris.

Quand les dépenses de nourriture dépasseront dans leur ensemble les limites fixées plus haut, le capitaine d'armement devra en faire l'observation au capitaine gérant et le signaler au département.

Le capitaine tient ou fait tenir une feuille des consommations des vivres en approvisionnement, modèle n° 2.

Ces feuilles, arrêtées en fin de mois, sont soumises au visa du capitaine d'armement au premier port de relâche.

Pour les paquebots et les navires spécialement affectés au transport du personnel, il y a intérêt à assurer le service de la nourriture des passagers, en même temps que celui de l'équipage, par un contrat à passer de préférence avec les armateurs du navire.

APPROVISIONNEMENTS - CONSOMMATIONS

Comme sur les bâtiments de commerce, le capitaine gérant et le chef mécanicien tiennent « des feuilles de consommation », établies sur les formules délivrées par le service central (modèle n° 3 pour le pont, nos 4 et 4 *bis* pour la machine).

Ces feuilles sont conservées à bord. Elles sont visées par le capitaine d'armement à la fin de chaque voyage, et un double lui en est remis en même temps pour être transmis au service central.

Les demandes d'approvisionnements de matières consommables, établies sur les formules délivrées par le service central (modèle n° 5), sont remises au capitaine d'armement, qui les vérifie avec les feuilles de consommation, et qui prend les mesures nécessaires pour y donner satisfaction.

Dans les ports où l'armateur du navire a une agence organisée, le capitaine d'armement devra traiter de préférence avec cette agence pour les fournitures et travaux à faire audit navire.

ÉCRITURES RELATIVES AU MATÉRIEL

Le capitaine gérant doit avoir à bord une copie de « l'inventaire » dressé au moment de la réquisition du navire Il doit le tenir à jour ou le faire tenir à jour par son second

Les capitaines d'armement doivent contrôler, toutes les fois qu'ils le peuvent, tout ou partie de l'inventaire Ils portent leurs observations à la suite de l'inventaire même, en indiquant les parties sur lesquelles a porté plus spécialement leur inspection

Le capitaine gérant inscrit les pertes et avaries de matériel sur un « livre de procès-verbaux », en indiquant les circonstances où elles se sont produites. Le livre est présenté au visa du capitaine d'armement, quand il y a lieu de remplacer les objets perdus ou avariés.

A l'arrivée dans les ports, le capitaine gérant remet au capitaine d'armement les feuilles de « demande de remplacement de matériel ou de réparations ». Les formules (modèle n° 6) en sont fournies par l'Administration Le capitaine d'armement ne donne suite aux demandes qu'après s'être assuré qu'elles sont justifiées

ENTRETIEN DU NAVIRE. — VISITE. — AVARIES

Dès l'arrivée au port. le capitaine gérant remet au capitaine d'armement un extrait de « son rapport de mer »

Le capitaine d'armement veille à ce que « les visites de la machine et des chaudières » se fassent régulièrement et avec soin Il les provoque au besoin

La réquisition ne doit pas empêcher les inspecteurs de la navigation de procéder « aux visites de sécurité » prévues par la loi du 17 avril 1907 (1) Les observations des inspecteurs seront transmises au capitaine d'armement, qui fera le nécessaire pour y donner satisfaction. à moins qu'il ne croie devoir en référer à l'autorité supérieure

Quand un navire réquisitionné est coté à l'un des « registres du bureau Veritas ou du Lloyd ». il est important de lui maintenir sa cote et de le soumettre aux visites exigées par les règlements Les capitaines d'armement veilleront à ce que ces visites soient régulièrement passées, en prenant cependant avis du service central, au cas où elles seraient susceptibles d'entraîner un retard dans l'expédition du navire

En règle générale, la marine reste son propre assureur pour les navires qu'elle réquisitionne. Les contrats d'assurance ont cependant été continués sur quelques navires. Pour ceux-ci, les capitaines d'armement auront, en cas d'avaries, à faire établir un rapport d'experts pour être présenté aux assureurs lors du règlement à intervenir.

(1) S. et P. *Lois annotées* de 1907, p. 526; *Pand. per.*, 1907.3.177.

GESTION DES CAPITAINES GÉRANTS

Tous les navires réquisitionnés concourant à la défense nationale, leurs capitaines, officiers et hommes d'équipage doivent s'efforcer de les entretenir le mieux possible pour leur faire rendre des services durables et intensifs La façon dont ils sont entretenus et administrés par les capitaines gérants et leur personnel sera soigneusement notée par les capitaines d'armement, et portée par eux à la connaissance du département, qui sera juge des récompenses à attribuer aux plus méritants à la fin des hostilités.

Le service chargé de la centralisation des questions relatives à l'entretien des navires réquisitionnés non militarisés (circulaire du 27 oct 1915) (2) pourra envoyer sur place des délégués, avec mission de visiter les capitaines d'armement et d'inspecter les navires de passage Ces délégués pourront même être appelés à effectuer de courtes traversées en qualité de subrécargues, soit sur la demande des capitaines d'armement, soit sur l'ordre direct du ministre

DISPOSITIONS SPÉCIALES

1° Navires gérés par leurs armateurs moyennant l'acompte du 1er juin — Les capitaines des navires qui sont gérés par leurs armateurs moyennant l'acompte prévu à la circulaire du 1er juin 1915 (3) se conforment aux instructions desdits armateurs pour tout ce qui concerne l'administration de leurs navires

Cependant, ils ne devront engager aucune dépense, soit de réparations, soit de remplacement de matériel ou de matières consommables, sans faire viser et approuver leur demande par le capitaine d'armement, avant et après exécution, par leurs armateurs

Plus tard, cette demande, ainsi visée, sera à joindre par les armateurs aux factures destinées au remboursement de leurs avances.

2° Navires militarisés dans les conditions des dépêches ministérielles des 22 oct. et 24 nov 1915 — Les commandants des transports et ravitailleurs réquisitionnés et militarisés dans les conditions des dépêches ministérielles des 22 et 24 nov 1915 reçoivent les instructions du conseil d'administration dont ils relèvent, pour tout ce qui concerne la solde de l'état-major et de l'équipage et leur propre traitement de table.

Pour les services des vivres et du matériel, ils sont gérants de leur navire, soit pour le compte de la marine, soit pour le compte de leurs armateurs, et ils se conforment aux dispositions qui font l'objet de la présente circulaire

(2) *Supra*, p. 107.
(3) 2e vol. p. 174.

ARMÉE, GUERRE FRANCO-ALLEMANDE, COMMANDANT EN CHEF LES ARMÉES.

1° DÉCRET *confiant à un général de division le commandement des armées françaises* (1).

(**2 décembre 1915**). — (Publ. au *J. off.* du 3 déc.).

LE PRÉSIDENT DE LA RÉPUBLIQUE FRANÇAISE; — Vu la loi du 16 mars 1882 (2), sur l'administration de l'armée; — Vu le décret du 20 janv. 1892, portant organisation du haut commandement et de l'état-major de l'armée; — Vu le décret du 28 oct. 1913, portant règlement sur la conduite des grandes unités; — Vu le décret du 2 déc 1913, portant règlement sur le service en campagne; — Décrète :

ART. **1er**. Le commandement des armées nationales, exception faite des forces en action sur les théâtres d'opérations relevant du ministere des colonies, du général commandant en chef les forces de terre et de mer de l'Afrique du Nord et du général résident général commissaire du gouvernement de la République au Maroc, est confié à un général de division, qui porte le titre de « commandant en chef des armées françaises ».

2 Des décrets et instructions ultérieurs régleront les conditions d'application du présent décret.

2° DÉCRET *nommant le commandant en chef des armées françaises.*

(**2 décembre 1915**) — (Publ. au *J. off.* du 3 déc.).

LE PRÉSIDENT DE LA RÉPUBLIQUE FRANÇAISE; — Vu le décret du 2 déc. 1915 (3), instituant un commandant en chef des armées françaises; — Décrete :

ARTICLE UNIQUE Le général Joffre, commandant en chef les armées du Nord-Est, est nommé commandant en chef des armées françaises.

COLONIES, GUERRE FRANCO-ALLEMANDE, ADMINISTRATION PÉNITENTIAIRE, TABLEAU D'AVANCEMENT DE 1916, COMMISSION DE CLASSEMENT.

DÉCRET *portant modification de l'art.* 14 *du décret du* 7 *févr.* 1912, *relatif à la composition de la commission de classement du personnel civil de l'Administration pénitentiaire coloniale.*

(**2 décembre 1915**) — (Publ. au *J. off.* du 9 déc).

LE PRÉSIDENT DE LA RÉPUBLIQUE FRANÇAISE; — Vu le decret du 7 févr. 1912 (4), déterminant les attributions, le mode de recrutement du personnel civil de l'Administration pénitentiaire coloniale, ainsi que les mesures disciplinaires qui lui sont applicables; — Vu le décret du 30 nov. 1914 (5), portant, à titre exceptionnel, modification à la composition de la commission de classement dudit personnel; — Sur le rapport du ministre des colonies; — Décrète :

ART. **1er**. A titre exceptionnel, le corps de l'inspection des colonies ne sera pas représenté, pour la formation du tableau d'avancement de 1916, au sein de la commission de classement prévue à l'art. 14 du décret susvisé du 7 févr. 1912.

2. Le ministre des colonies est chargé, etc

DÉCORATIONS, GUERRE FRANCO-ALLEMANDE, CROIX DE GUERRE.

ADDITION *à l'instruction du* 13 *mai* 1915 (6) *pour l'application du décret du* 23 *avril* 1915 (7), *sur la Croix de guerre.*

(**2 décembre 1915**). — (Publ. au *J off.* du 4 déc).

CHAPITRE VI

DÉLIVRANCE DE LA CROIX DE GUERRE

5° *Dispositions spéciales à la remise de la Croix de guerre aux parents des militaires décédés.*

Ajouter : « Les parents qualifiés pour recevoir la Croix de guerre des militaires décédés, disparus ou prisonniers, seront autorisés, sur leur demande,

---

(1) Ce decret est précédé au *J. off.* d'un rapport ainsi conçu :

« L'art. 1er du décret du 28 oct. 1913 dispose que « le gouvernement, qui assume la charge des intérêts vitaux du pays a seul qualité pour fixer le but politique de la guerre Si la lutte s'étend à plusieurs frontières, il désigne l'adversaire principal contre lequel doit être dirigée la plus grande partie des forces nationales. Il répartit en conséquence les moyens d'action et les ressources de toute nature, et les met à l'entière disposition des généraux chargés du commandement en chef sur les divers théâtres d'opérations.

« Or, l'experience des faits actuels, qui se déroulent sur plusieurs théâtres d'opérations, prouve que l'unité de direction indispensable à la conduite de la guerre ne peut être assurée que par la présence, à la tête de toutes nos armées, d'un seul chef, responsable des opérations militaires proprement dites.

« C'est dans cette vue que je soumets à votre haute approbation les projets de décrets ci-joints ».

(2) S. *Lois annotées* de 1882, p. 348. — P. *Lois, decr.*, etc. de 1882, p. 566.

(3) C'est le decret qui précède.

(4) *Bull. off.*, nouv. série, 75, n. 3678.

(5) 1er vol., p. 222.

(6) 2e vol., p. 154.

(7) 2e vol., p. 128.

à venir la recevoir au cours de cérémonies prévues à cet effet ».

DÉPARTEMENT DE LA SEINE, GUERRE FRANCO-ALLEMANDE, EMPRUNT, PRÉLÈVEMENT EN VUE DES DÉPENSES D'ASSISTANCE DES COMMUNES PENDANT LES HOSTILITÉS.

LOI *approuvant la désaffectation d'une partie des fonds provenant d'un emprunt de* 200 *millions du département de la Seine, autorisé par la loi du* 12 *févr.* 1904.

(2 décembre 1915). — (Publ au *J. off.* du 4 déc.)

ARTICLE UNIQUE. Le departement de la Seine est autorisé à affecter aux depenses d'assistance des communes de la Seine, pendant la durée des hostilités, une somme de six millions cent cinquante mille francs (6.150.000 fr.), à prélever sur les fonds de l'emprunt de 200 millions de francs autorisé par la loi du 12 févr. 1904 (1). En conséquence, sont et demeurent approuvées les modifications du budget départemental de la Seine, pour l'exercice 1914, qui ont fait l'objet du décret du 25 août 1914.

ACTES DE L'ÉTAT CIVIL, GUERRE FRANCO-ALLEMANDE, ACTES DE DÉCÈS, PERSONNES DISPARUES AU COURS DES HOSTILITÉS.

LOI *relative aux actes de décès des personnes présumées victimes d'opérations de guerre.*

(3 décembre 1915). — (Publ au *J. off* du 5 déc).

ARTICLE UNIQUE. Les art. 89, 90. 91 et 92 du Code civil sont applicables au cas de toutes personnes décédées victimes des opérations de guerre postérieurement au 2 août 1914, quand il n'aura pas été dressé d'acte régulier de déces.

Les ministres compétents pour declarer la présomption de deces sont : le ministre de la guerre, pour les militaires et assimilés; le ministre de la marine, pour les marins et assimilés : et le ministre de l'intérieur, pour toutes les autres personnes.

ARMÉE, GUERRE FRANCO-ALLEMANDE, CLASSE 1917, INCORPORATION, MESURES D'HYGIÈNE, MODE D'INSTRUCTION ET D'ENTRAÎNEMENT.

INSTRUCTION *sur les mesures à prendre à l'occasion de la classe* 1917.

(3 décembre 1915). — (Publ. au *J. off.* du 5 déc).

En raison du jeune âge des soldats de la classe 1917 et de la saison d'hiver pendant laquelle ils sont appelés sous les drapeaux, il y a lieu d'apporter une attention toute particulière à leur installation, à leur couchage, à leur habillement, à leur alimentation, à la salubrité du milieu où ils seront réunis, à la progression prudente de leur instruction militaire et de leur entraînement

A

INSTALLATION DES RECRUES

Les casernes des garnisons, et, de préférence, les casernes neuves ou les meilleures, seront réservées aux jeunes soldats du contingent de 1917 Elles devront être évacuees quinze jours au moins avant leur nouvelle occupation, afin d'en permettre l'appropriation hygiénique.

1° *Nettoyage des locaux.*

Avant leur occupation, les chambres et les réfectoires seront nettoyes à fond et rigoureusement désinfectes : blanchiment à la chaux des murs, nettoyage des planchers à la brosse avec une solution antiseptique. Les locaux ne seront occupés qu'apres disparition de l'humidité.

On s'assurera que les dispositifs de ventilation sont entretenus en parfait fonctionnement

2° *Occupation des locaux.*

Les chambres seront occupées à la contenance minima, de maniere à assurer 17 metres cubes par homme, et, entre les lits, l'écartement réglementaire de 50 centimetres, qu'il conviendra même de porter le plus possible à 60 centimetres. En outre des réfectoires, il sera prévu, dans chaque casernement, des locaux à laisser disponibles pour l'isolement des suspects, si des maladies transmissibles venaient à exiger cette mesure.

3° *Couchage*

Chaque jeune soldat sera pourvu d'une fourniture complète de couchage réglementaire, avec le nombre suffisant de couvertures pour la protection contre les refroidissements nocturnes. La fourniture devra être placée sur un châlit à tréteaux avec planches, ou sommier metallique, ou sur une couchette.

Les paillasses seront pourvues de paille fraîche et bien seche, pour éviter que les moisissures ne s'y développent. On pourra avoir recours, suivant les disponibilités locales, aux pailles de seigle, de blé ou de maïs L'emplissage doit toujours être suffisant et renouvelé au moins tous les quatre mois.

4° *Chauffage.*

Suivant les régions et les périodes de la saison froide, le combustible devra être distribué en quantité suffisante pour réaliser une température modérée dans les chambres et réfectoires, aux heures d'occupation.

---

(1) *J. off.*, 21 févr. 1904, p. 1173.

Au cas où les allocations actuelles de chauffage pour l'hiver seront reconnues insuffisantes, des appendices aux procès-verbaux faisant ressortir les besoins supplémentaires seront établis.

Les appareils de chauffage et leurs tuyaux seront soigneusement vérifiés et fréquemment surveillés au point de vue de leur bon état et de leur bon fonctionnement. L'agencement défectueux des tuyaux donne trop souvent lieu, dans les chambrées, à des dégagements de fumée ou de gaz de la combustion, dont les effets peuvent être nocifs.

5° *Habillement.*

Les recrues recevront, dès leur arrivée, deux « collections » d'intérieur, deux paires de brodequins en bon état, deux bourgerons, deux pantalons de treillis et une paire de sabots-galoches avec chaussons.

En outre, les effets de linge de corps et les sous-vêtements chauds (jerseys, tricots ou chandails et chaussettes) seront distribués en quantité suffisante.

Il sera attribué trois chemises à chaque homme.

A moins d'impossibilité absolue, le nettoyage du linge de corps devra être obtenu par le lessivage.

Il importe au plus haut point qu'à la rentrée des exercices extérieurs par mauvais temps, les hommes ne conservent jamais sur eux des vêtements mouillés ou des chaussures imprégnées d'humidité. Les gradés veilleront à ce que les hommes utilisent alors les rechanges dont ils disposent.

Interdiction formelle sera faite de laisser sécher dans les chambrées les vêtements ou linges mouillés ; l'humidité résultant de cette pratique deviendrait une cause d'angines et de bronchites.

Des séchoirs chauffés pour les effets et chaussures devront donc être organisés dans toutes les casernes.

Dans les armes montées, l'obligation de ne pas avoir les mouvements gênés à cheval ou pendant le pansage entraîne souvent les hommes à ne garder sur eux que des vêtements trop légers. L'attention des gradés se portera sur ce point, de manière à éviter une cause de refroidissement.

6° *Bains-douches.*

Les installations de bains-douches existantes seront mises en bon état d'utilisation, et, là où elles font encore défaut, il en sera créé de provisoires, de façon que chaque soldat puisse prendre une douche par semaine. Le chauffage du déshabilloir devra être suffisant pour que les hommes n'éprouvent aucune appréhension de cette pratique corporelle, dont il faut leur inculquer le goût et le besoin. La propreté du corps, en effet, n'est pas seulement un élément général de santé, mais encore, en cas de blessure, elle peut devenir une sauvegarde contre certaines infections des plaies par les souillures que la peau malpropre y introduirait.

En outre, toutes facilités devront être données pour le lavage et l'entretien des pieds entre les séances de bains-douches ; de l'eau chaude sera mise à la disposition des hommes en hiver. Les blessures du pied empruntent souvent un élément de gravité à la malpropreté.

7° *Lavabos*

Pendant la saison froide, les lavabos seront chauffés après le réveil, et durant un laps de temps suffisant pour que les hommes n'hésitent jamais à procéder régulièrement aux ablutions matinales, qu'ils sont portés à négliger par les températures rigoureuses.

La matinée du jeudi sera exclusivement réservée aux divers soins de propreté corporelle ou autre.

B

SALUBRITÉ DU CASERNEMENT

Un casernement propre et bien tenu est un casernement salubre, et devient aussi pour les occupants un exemple que, par l'habitude acquise, ils seront incités à réaliser plus tard dans les cantonnements.

L'entretien et l'assainissement journalier du casernement, surtout des latrines de jour et de nuit, des abords des cuisines, etc., devront être effectués par une équipe sanitaire, instruite à cet effet par le médecin, et composée d'hommes du service auxiliaire ou d'inaptes que dirigera un gradé responsable.

Si des latrines de nuit n'existent pas à l'intérieur des bâtiments, il sera créé tout près de ceux-ci un dispositif sur sol cimenté, clos et éclairé, permettant aux hommes de satisfaire leurs besoins nocturnes sans traverser les cours. Ces latrines, improvisées et fermées de jour, seront l'objet d'un nettoyage quotidien, pour qu'elles ne deviennent pas une cause d'insalubrité ou de mauvaise odeur.

Dans les villes de garnison où l'enlèvement journalier des immondices et déchets ménagers n'est pas régulièrement assuré par un entrepreneur, on en pratiquera l'incinération à la caserne même, ou à proximité, conformément aux prescriptions de l'art. 67 du règlement sur le service en campagne.

L'eau potable sera l'objet d'une surveillance attentive et continue, au point de vue de ses qualités hygiéniques.

Dans tous les cas où la qualité de l'eau apparaîtra douteuse, il sera procédé à sa purification par des moyens efficaces, soit par les hypochlorites, soit au moyen du permanganate avec filtre à grand débit.

Un exemplaire des instructions *ad hoc* devra être remis aux corps de troupes. Cette purification sera journellement dirigée par un médecin du corps, qui en aura la responsabilité effective.

La propreté des cuisines et de leurs abords, des ustensiles culinaires, sera l'objet d'un soigneux entretien. Tout déversement ou projection d'eau grasse, de résidus alimentaires, en dehors des récipients destinés à les contenir, doit être rigoureusement interdit; l'enlevement de ces récipients aura lieu chaque jour.

C

ALIMENTATION

L'alimentation des jeunes gens de la classe 1917 devra être l'objet d'un soin particulier.

Les jeunes soldats de toutes armes percevront la ration de viande de 400 grammes; on ne tolérera aucune dérogation au taux de cette ration; des allocations en conséquence seront attribuées à chaque région. L'emploi plus généralisé de la viande frigorifiée, dont l'excellente qualité est reconnue, permettra de satisfaire à cette prescription sans exagérer la dépense.

Il a éte fréquemment constaté que la ration de pain devenait insuffisante aux jeunes soldats de la classe 1916, au début de l'incorporation comme dans la période active de l'entraînement. Ce même appétit du pain, aliment si nécessaire au soldat français, se retrouvera parmi les appelés de la classe 1917; il importe de le satisfaire en raison de la valeur nutritive de l'aliment. La mise du pain en commun, sa distribution aux repas en portions découpées par avance permettent d'éviter le gaspillage, et de satisfaire ainsi à tous les appétits. Cette pratique devra être appliquée dans toutes les unités. Si elle ne suffisait pas à faire face aux besoins individuels, un supplément de 30 à 50 grammes par rationnaire pourra être accordé aux corps de troupe sur leur demande.

Un quart de vin sera alloué au repas du matin.

Dès le début de l'instruction, et avant l'exercice du matin, il sera distribué, en outre du café, un petit repas froid ou chaud, dont la nature pourra varier au cours de la semaine; en hiver, ce repas comportera de préférence une soupe chaude.

De plus, des boissons chaudes seront distribuées dans la journée au retour des exercices, toutes les fois que les rigueurs de la température ou les intempéries rendront cette mesure opportune.

Non seulement le taux de l'alimentation doit toujours satisfaire aux besoins organiques, mais il importe en outre de varier le plus possible les éléments et les modes de préparation

L'installation actuelle des cuisines dans les casernes permettra toujours de diversifier les préparations culinaires Mais la variété doit aussi porter, s'il est possible, sur la nature des viandes ou denrées entrant dans l'alimentation. A cet égard, toute initiative est laissée aux commandants de compagnie, escadron ou batterie, pour introduire dans les menus d'autres viandes que celle de bœuf.

Il est recommandé de rechercher les cuisiniers professionnels pour en pourvoir chaque cuisine S'il y a pénurie de cuisiniers professionnels, on devra prévoir l'instruction par ces derniers de certains hommes de profession similaire, appartenant au service auxiliaire ou à la categorie des inaptes

La surveillance des denrées fournies à l'ordinaire sera exercée conformément aux prescriptions réglementaires.

D

INSTRUCTION ET ENTRAINEMENT

La majeure partie des cadres qui ont fait l'instruction de la classe 1916 devant quitter le dépôt avec cette classe, beaucoup des instructeurs du contingent de 1917 seront nouveaux dans leur emploi. En conséquence, les généraux commandant les dépôts des différentes armes et les commandants de ces dépôts devront donner toutes les indications utiles et suivre de près la marche de l'instruction et de l'entraînement, de manière à faire profiter ces cadres nouveaux de l'expérience acquise au cours de l'instruction du contingent de 1916, d'écarter tout danger de surmenage et d'exposition intempestive aux intempéries

L'instruction sera conduite très prudemment, suivant une marche sagement progressive, adaptée aux conditions atmosphériques et aux résistances individuelles.

On tiendra le plus grand compte des différences de vigueur physique, d'aptitudes et d'entraînement des jeunes soldats.

Dans ce but, les commandants de compagnie, escadron ou batterie, devront tout d'abord sélectionner les recrues à leur arrivée, de façon à constituer differentes catégories, suivant l'aptitude physique et le degre d'entraînement. Chaque catégorie formera ensuite une unité ou un groupe d'instruction ayant ses cadres spéciaux; une progression particulière sera établie pour chacun de ces groupes.

La durée totale de l'instruction des jeunes soldats ne sera donc pas nécessairement uniforme, et les dates auxquelles les différentes catégories seront aptes à être mobilisées, pourront être échelonnées sur un certain nombre de semaines.

Dans les premières semaines qui suivent l'incorporation, les jeunes soldats se trouvent en état de moindre résistance, par suite du changement brusque de milieu, d'aptitudes et de genre de vie C'est aussi le moment où se pratiquent les vaccinations (anti-variolique, anti-typhoïdique). Pendant cette période, parfois critique, on devra se borner à initier les recrues à la vie et à la discipline militaires, à asseoir leur instruction théorique, sans chercher à les entraîner.

C'est seulement au bout d'un mois environ que l'entraînement pourra commencer utilement, et il devra être poursuivi, dès lors, très progressivement.

Le port du sac, avec chargement progressif, sera l'objet de recommandations spéciales inspirées par la prudence. Des tempéraments et graduations devront être introduits, suivant les catégories

Enfin, on devra, au cours de cette instruction, appliquer strictement les dispositions réglementaires sur les pesées périodiques, de manière à suivre le développement physique des recrues, et à puiser, dans l'étude de ce développement, notamment de la courbe des poids, des indications utiles pour la progression à donner à leur entraînement. Les médecins du corps assisteront à ces pesées périodiques, qui leur fourniront une occasion de visite de santé et d'examen plus approfondi.

Pour tout ce qui touche à l'hygiène, à l'alimentation et à l'entraînement, les commandants des unités de recrues devront faire appel à la collaboration étroite et constante des médecins des dépôts; ils soumettront d'office à l'examen de ces derniers les jeunes soldats, qui, sans se plaindre, et à leur insu, présenteront les apparences d'un fléchissement physique ou des signes de fatigue au cours de l'entraînement

E

OBSERVATIONS GÉNÉRALES SUR LA PRÉVENTION DES MALADIES TRANSMISSIBLES

Au moment où sera appelé le contingent de 1917, des manifestations plus ou moins denses de maladies transmissibles peuvent être observées dans certaines garnisons. La grande réceptivité que les jeunes soldats présentent à ces maladies les expose, plus que d'autres, aux effets de la contagion, et impose des mesures pour les en préserver.

Dans les garnisons où sont actuellement observés des cas de diphtérie, de méningite cérébro-spinale ou de toute autre maladie se transmettant par contagion, des mesures devront être immédiatement prévues pour qu'aucun mélange ou contact ne puisse se produire dans les casernes entre les groupes contaminés et les jeunes soldats de la classe 1917. A cet effet, ceux-ci occuperont seuls la caserne, à l'exclusion de toute unité contaminée, laquelle devra être déplacée. Les précautions seront prises pour que le personnel du cadre d'instruction ne devienne pas un intermédiaire de contagion d'un groupe à l'autre, et que soit aussi évité tout autre mode de transmission.

Il sera rappelé que la mise en œuvre des mesures propres à prévenir l'invasion ou à arrêter la propagation des maladies contagieuses parmi les soldats doit être une des premières et plus constantes préoccupations du médecin chargé du service médical d'un dépôt. L'instruction du 27 nov. 1914, sur la prophylaxie des principales maladies contagieuses dans les dépôts des corps de troupes, celles du 29 sept. 1915, sur la diphtérie, et du 9 janv. 1914, sur la méningite cérébro-spinale, lui serviront de guide dans la conduite à tenir. Les précautions contre la contagion ont d'autant plus de chances de devenir efficaces qu'elles sont appliquées d'une manière plus précoce. Aussi importe-t-il que les médecins des corps de troupes soient immédiatement et directement avisés par les divers hôpitaux des cas confirmés de maladies transmissibles qui se produiront sur les militaires de leur unité. La nature exacte de ces maladies peut, en effet, rester imprécise ou ignorée à leur début, c'est-à-dire au moment de l'envoi du malade dans une formation sanitaire; et il a été fréquemment constaté que le médecin chargé du service médical d'un dépôt n'en était pas ultérieurement informé, ou n'en recevait qu'un avis trop tardif. Des ordres devront être donnés en conséquence

Maladies vénériennes.

Il est à craindre que l'inexpérience de la vie, et les entraînements auxquels leur âge les expose de la part des proxénètes qui abondent dans les centres de garnison, ne favorisent les périls vénériens parmi les jeunes soldats de la classe 1917. Outre les dangers sociaux qui résulteraient de ce fait pour l'avenir de la race, le dommage individuel ne serait pas moins grave en ce qui concerne la valeur physique, présente ou future, du contaminé et le développement de son instruction militaire. Tous les moyens d'avertissement, de propagande morale, doivent être mis en œuvre pour prémunir les jeunes soldats contre le péril vénérien qui les menace. Il appartiendra, d'autre part, au commandement de prendre, de concert avec les autorités compétentes, toutes mesures opportunes pour la surveillance et la répression de la prostitution clandestine autour des casernes, ainsi que dans les établissements, cafés ou débits où l'emploi de femmes de mauvaises mœurs peut être donné comme attrait au consommateur. Ces établissements suspects et dangereux devront être consignés à la troupe.

F

ALCOOLISME

La fréquentation des cabarets et l'abus des boissons alcooliques serait particulièrement funeste à des jeunes gens de dix-huit ans. Il conviendrait donc de réglementer leur accès dans les établissements, et de veiller rigoureusement à la stricte application des dispositions concernant la répression de l'ivresse et la vente des spiritueux.

Le commandement, tuteur moral de la jeune classe que la nation lui confie pour sa défense, redoublera de sollicitude, afin de la maintenir saine de corps et d'esprit, valide et vigoureuse, jusqu'à l'heure où ses destinées s'accompliront

Dans cet ordre d'idées, il conviendra d'encourager, de provoquer au besoin, la création, en dehors de la caserne, de foyers, d'abris du soldat ou toute autre organisation similaire, où le jeune soldat pourrait trouver, à ses heures de loisir, un lieu de réunion confortable, agréable, une atmosphère morale et patriotique qui le protégerait contre la tentation du cabaret et les attirances fâcheuses.

COLONIES, GUERRE FRANCO-ALLEMANDE, INTERDICTIONS DE SORTIE, ARGENT.

DÉCRET *prohibant la sortie de l'argent brut des colonies et pays de protectorat autres que la Tunisie et le Maroc.*

(3 décembre 1915). — (Publ. au *J. off* du 9 déc.).

LE PRÉSIDENT DE LA RÉPUBLIQUE FRANÇAISE; — Sur le rapport des ministres des colonies, des finances, du commerce, de l'industrie, des postes et des télégraphes; — Vu l'art. 34 de la loi du 17 déc 1814 (1); — Vu le sénatus-consulte du 3 mai 1854 (2); — Vu le décret du 18 nov. 1915 (3): — Décrete :

ART. **1er** Sont prohibées la sortie des colonies et pays de protectorat autres que la Tunisie et le Maroc, ainsi que la réexportation, sous un régime douanier quelconque, de l'argent brut en masses, lingots, barres, poudres, objets détruits.

Toutefois, des exceptions à cette disposition pourront être autorisées, sous des conditions fixées par le ministre des colonies

2. Le ministre des colonies, le ministre des finances, le ministre du commerce, de l'industrie, des postes et des télégraphes, sont chargés, etc.

GUERRE, GUERRE FRANCO-ALLEMANDE, COMITÉS CONSULTATIFS D'ACTION ÉCONOMIQUE, ORGANISATION ET FONCTIONNEMENT.

INSTRUCTION *générale portant organisation et fonctionnement des comités consultatifs d'action économique.*

(3 décembre 1915) — (Publ. au *J. off.* du 5 déc.).

CHAPITRE Ier

OBSERVATIONS GÉNÉRALES

L'état de guerre et l'occupation par l'ennemi de la région la plus industrielle de la France ont pour conséquence de modifier les manifestations de la vie économique du pays

La premiere des préoccupations doit être de fournir à la nation armée les moyens d'action qui lui sont nécessaires, de constituer et d'entretenir les approvisionnements de toute nature indispensables à la satisfaction de ses besoins

L'Administration de la guerre est devenue le principal consommateur des produits et denrées nationaux. Non seulement elle absorbe la production normale de certaines industries, comme l'industrie métallurgique, celle des tissus et des cuirs, mais encore elle a dû intensifier cette production, pour répondre a des nécessités sans cesse croissantes Sous son action, d'autres industries, comme l'industrie chimique, ont pris un développement qu'elles n'avaient pas encore atteint. Seules, les industries ne travaillant pas pour la guerre sont totalement ou partiellement paralysées

En même temps, le département de la guerre doit garder la haute main sur les transports par chemins de fer et sur le mouvement des ports, si intéressants pour le commerce, par suite de l'obligation de faire face avant tout aux nécessités d'ordre militaire. La préoccupation de conserver sur le territoire les ressources destinées aux armées et d'empêcher l'approvisionnement de l'ennemi amene également son intervention prépondérante dans toutes les questions d'exportation.

Il en résulte qu'aucun des problemes d'ordre économique qui se posent à l'heure actuelle n'est indifférent au département de la guerre, et que seuls pourraient être résolus sans son intervention les problèmes intéressant les industries ne travaillant pas pour la guerre.

D'un autre côté, la mobilisation générale a incorporé dans l'armée toutes les forces vives de la nation, enlevées ainsi à leurs travaux habituels S'il est indispensable que ces forces soient avant tout appliquées à la défense militaire, il n'est pas moins essentiel que celles qui se trouvent momentanément disponibles soient employées aux tâches qui intéressent la résistance du pays. L'autorité militaire peut, seule, prendre à cet effet les mesures nécessaires.

Indépendamment des ouvriers non mobilisés ou des réfugiés, qui devront être utilisés; de la main-d'œuvre féminine, qui devra, partout où cela sera possible, être employée; de la main-d'œuvre étrangere ou coloniale, qui devra être importée, l'utilisation plus intensive de la main-d'œuvre fournie par les hommes des dépôts, à titre temporaire, s'il s'agit d'hommes du service armé destinés à retourner au front, à plus longue échéance, s'il s'agit d'auxiliaires, peut et doit être pratiquée

Toutefois, ces résultats ne peuvent être atteints que par une coopération étroite des différents départements ministériels, qui seuls peuvent prendre en parfaite connaissance de cause les décisions d'ordre général. D'autre part, l'examen des

(1) S. 1er vol. des *Lois annotées*, p. 914.

(2) S. *Lois annotées* de 1854, p. 78. — P. *Lois, décr.*, etc. de 1854, p. 137.

(3) *Supra*, p. 134.

moyens les plus propres à maintenir et à stimuler la production nationale, comme à lui fournir en matières premières, en outillage et en main-d'œuvre, les moyens d'action qui lui manquent, ne peut être centralisé.

Les organismes locaux, au courant des besoins comme des capacités de production des circonscriptions régionales auxquelles ils seraient rattachés, peuvent utilement rechercher, et, le cas échéant, proposer aux pouvoirs publics les mesures nécessaires

Ce triple rôle d'information, de coordination, et, le cas échéant, de mise en œuvre de toutes les forces économiques de la nation, sera rempli par les comités consultatifs d'action économique créés par le décret du 25 oct. 1915 (1)

Leur rôle est nettement défini par le décret luimême; ils ont pour mission de rechercher les mesures propres à maintenir et à développer l'activité agricole, industrielle et commerciale de la région; ils soumettent, à cet effet, au ministre de la guerre toutes propositions qui leur paraissent justifiées

Plus spécialement :

1° En se plaçant à un point de vue général, les questions de transport, d'importation, d'exportation devront retenir l'attention des comités; c'est à eux de signaler toutes les facilités quelconques qui peuvent être données au commerce, à l'industrie et à l'agriculture. Ils auront, notamment, à se préoccuper des dispositions à prendre pour relever la production française à un niveau normal

2° Au point de vue local, ils examineront également les diverses branches de l'industrie de la région, ils rechercheront les causes qui modifient leur fonctionnement normal, et indiqueront les mesures qu'il y aurait lieu d'adopter pour remettre en activité les usines en chômage, ou intensifier la production de celles qui sont ouvertes

De même, ils devront, au point de vue agricole, s'assurer que les terres sont cultivées, et préconiser toutes les mesures à prendre pour assurer les divers travaux agricoles en temps utile.

3° Les comités devront rechercher également si, par une meilleure répartition des sursis d'appel accordés dans la région, il ne serait pas possible d'obtenir une production économique plus intense.

L'utilisation rationnelle des ressources locales devra être envisagée, ainsi que celle des matières premières qui se trouvent dans la région.

Les comités devront également préconiser toutes les mesures à prendre pour parer à l'augmentation du prix des denrées, et pour concilier les intérêts du producteur et du consommateur.

4° Enfin, les comités consultatifs devront renseigner l'Administration de la guerre sur les ressources de toute nature des régions correspondantes, et chercher à faciliter ainsi le ravitaillement des armées

(1) *Supra*, p. 100.

Il va de soi que ces diverses fonctions, exceptionnellement dévolues par l'état des hostilités au département de la guerre, ne seront pas exercées sans une entente continue avec les départements de l'agriculture, du commerce et du travail.

Le sous-secrétaire d'Etat de l'intendance restera donc constamment en liaison avec ces trois départements, ceux-ci pouvant saisir directement les comités, et être saisis directement par eux des questions les intéressant spécialement.

Enfin, le sous-secrétaire d'Etat de l'intendance, ne voulant pas s'arroger, au point de vue agricole, commercial ou du travail, d'autres attributions que celles que l'état de guerre lui impose provisoirement et jusqu'à la paix, tiendra la main à ce que les comités régionaux ne se saisissent que des questions économiques qui se trouvent ressortir momentanément du département de la guerre, en même temps que des trois départements ministériels précités De plus, tous pouvoirs sont conférés aux préfets présidents pour délimiter ainsi la fonction des comités régionaux.

CHAPITRE II

DES COMITÉS CONSULTATIFS D'ACTION ÉCONOMIQUE

ART. 1er Les comités consultatifs d'action économique recherchent toutes les mesures d'intérêt général, ainsi que celles qui intéressent l'ensemble de la région, et qui sont de nature à développer l'activité agricole, industrielle et commerciale de la région.

2. Chaque comité se réunit sur la convocation de son président; celui-ci le convoque toutes les fois qu'il le juge utile. Il nomme un vice-président et un secrétaire.

3. Le comité délibère sur toutes les questions qui lui sont soumises :

1° Par le ministre de la guerre (sous-secrétaire d'Etat du ravitaillement et de l'intendance);

2° Les ministres du commerce, de l'industrie, des postes et des télégraphes, de l'agriculture et du travail, qui saisissent le comité par l'intermédiaire, soit du sous-secrétaire d'Etat du ravitaillement et de l'intendance, soit du préfet, son président;

3° Par son président;

4° Par les sous-comités départementaux;

5° Par l'un quelconque de ses membres

Toutefois, le président aura le droit de s'opposer à la discussion de toute question qui lui paraîtrait porter sur un objet étranger aux attributions du comité, ou aller au delà des interventions nécessaires du département de la guerre dans les éléments de la vie civile qui lui sont momentanément subordonnés.

4 Les propositions du comité sont transmises au ministre de la guerre (sous-secrétariat d'Etat du ravitaillement et de l'intendance).

Toutefois, en ce qui concerne les questions d'intérêt régional, si le préfet, l'intendant militaire, l'officier d'état-major ou les fonctionnaires appelés à faire partie du comité estiment, chacun en ce qui le concerne, qu'ils peuvent pourvoir à l'exécution des délibérations du comité, ils doivent prendre personnellement ou provoquer de la part de l'autorité dont ils relèvent les mesures d'exécution.

Il en est rendu compte au ministre.

5. En cas d'urgence, le bureau du comite peut délibérer valablement, à charge d'en rendre compte au comité dans sa plus prochaine séance. Le bureau peut appeler à délibérer avec lui les fonctionnaires prévus à l'art. 3 du décret du 25 oct. 1915, dont la présence lui paraîtrait utile.

Dispositions spéciales.

6. Le comité consultatif de l'intendance, créé par le décret du 17 juill. 1915 (1), joue, à l'égard du camp retranché de Paris, le rôle de comité consultatif d'action économique.

7. Lorsqu'un département se trouve partagé entre deux régions de corps d'armée, un arrêté du ministre de la guerre le rattache à l'une de ces régions. En ce cas, le commandant de la région de rattachement s'entend directement avec le commandant de l'autre région pour assurer, de concert avec lui, l'exécution des mesures d'ordre militaire.

CHAPITRE III

DES SOUS-COMITÉS DÉPARTEMENTAUX

8 Il est constitué, au chef-lieu de chaque département, un sous-comité départemental, ayant dans ses attributions les questions qui intéressent plus spécialement ce département.

9. Le sous-comité est composé ainsi qu'il suit :

Le préfet du département, président ;

Le président du conseil général ;

Le directeur des services agricoles du département ;

Les six représentants de l'industrie, du commerce et de l'agriculture du département ;

L'officier ou fonctionnaire, désigné par le ministre de la guerre, chargé d'assurer la liaison entre le comité et l'Administration centrale de la guerre (art. 4 du décret du 25 oct. 1915), qui fait partie de tous les sous-comités départementaux de la région.

Le président peut appeler à siéger au sous-comité les fonctionnaires ou toutes personnalités du département dont la présence lui paraît nécessaire, à raison de leur compétence pour l'examen de questions déterminées.

10. Toutes les règles relatives au fonctionnement des comités régionaux sont applicables aux sous-comités départementaux.

11. Les sous-comités départementaux correspondent avec le comité consultatif d'action économique de leur région.

---

(1) 2e vol., p. 236.

CODE DU TRAVAIL ET DE LA PRÉVOYANCE SOCIALE, LIVRE II, RÈGLEMENT D'ADMINISTRATION PUBLIQUE, ETABLISSEMENTS INDUSTRIELS, VOIES FERRÉES, PROTECTION DES TRAVAILLEURS, MESURES DE SÉCURITÉ, AFFICHAGE, MISE EN DEMEURE, DÉLAI D'EXÉCUTION.

DÉCRET *portant règlement d'administration publique au sujet des mesures à prendre pour assurer la sécurité des travailleurs sur les voies ferrées des établissements visés par l'art. 65 du livre II du Code du travail et de la prévoyance sociale*

(4 décembre 1915). — (Publ. au *J. off.* du 20 déc.).

LE PRÉSIDENT DE LA RÉPUBLIQUE FRANÇAISE, — Sur le rapport du ministre du travail et de la prévoyance sociale ; — Vu les art. 67, 68 et 69 du livre II du Code du travail et de la prévoyance sociale ; — Vu l'avis du comité consultatif des arts et manufactures ; — Le Conseil d'Etat entendu ; — Décrete :

ART. **1er**. Dans les établissements ou il est fait usage de voies ferrées pour le transport des matières destinées à être mises en œuvre ou des marchandises, les chefs d'établissement, directeurs ou gérants sont tenus, indépendamment des mesures générales prescrites par le décret du 10 juill 1913 (2), de prendre les mesures particulières de protection énoncées aux articles suivants.

TITRE Ier

VOIES FERRÉES EXPLOITÉES AU MOYEN DE LOCOMOTIVES A VAPEUR OU AUTRES TRACTEURS MÉCANIQUES AUTOMOTEURS.

2 Lorsque deux voies sont adjacentes, la largeur de l'entrevoie doit être telle qu'entre les parties les plus saillantes de deux véhicules circulant sur ces voies, il y ait un intervalle libre d'au moins 70 centimetres. La largeur de l'intervalle libre peut être réduite à 50 centimetres, quand les voies adjacentes servent exclusivement au garage du matériel roulant.

3. Lorsqu'une voie servant à la circulation normale est établie le long d'un mur ou de tout autre obstacle fixe et continu, il doit être ménagé un intervalle libre d'au moins 70 centimètres entre cet obstacle et les parties les plus saillantes du matériel roulant.

Un intervalle libre d'au moins 50 centimètres doit être ménagé entre les obstacles isolés, tels que piliers des portes, poteaux, etc, et les parties les plus saillantes du matériel roulant.

Les dispositions des paragraphes qui précèdent ne sont toutefois applicables ni aux quais de

---

(2) S. et P. *Lois annotées* de 1913, p. 527 ; *Pand. pér., Lois annotées* de 1913, p. 527.

chargement ou de déchargement, ni aux dépôts de combustibles ou de toute autre matière, établis d'une manière permanente et limités par des clôtures fixes.

4. Tout dépôt provisoire de matières ou de marchandises quelconques, effectué à proximité des voies, doit être placé de telle manière qu'il subsiste, entre les parties les plus saillantes du matériel roulant et ce dépôt, un intervalle libre d'au moins 70 centimètres.

5. Tout véhicule stationnant sur une voie à proximité d'un point de croisement ou de raccordement doit être protégé par des signaux, si l'intervalle libre entre les saillies extrêmes de ce véhicule et celles du matériel roulant circulant sur l'autre voie est inférieur à 70 centimètres.

6 Les leviers des aiguilles doivent être disposés de telle manière que l'intervalle demeurant libre entre l'ouvrier ou l'employé chargé de les manœuvrer et les saillies extrêmes du matériel roulant soit au moins de 70 centimètres.

7 Pour la détermination des intervalles libres mentionnés aux art 2, 3, 4, 5 et 6 du présent décret, les distances sont mesurées horizontalement, et en tenant compte des chargements placés sur les véhicules

8. Les tiges des aiguilles, les fils de signaux et tous autres appareils formant saillie sur le sol doivent être protégés par une enveloppe rigide ou peints de telle sorte qu'ils soient parfaitement visibles.

9 Toute machine ou toute rame de wagons, circulant la nuit, doit porter à l'avant un fanal allumé.

10 Un signal d'arrêt ou de ralentissement doit être placé en avant de toutes les parties de voies sur lesquelles la circulation du matériel est interdite ou n'est autorisée qu'à allure réduite.

11 Lorsque des travaux ou des opérations quelconques doivent être effectués sur les voies ou dans leur voisinage immédiat, toutes les dispositions utiles doivent être prises pour garantir la sécurité du personnel chargé de ces travaux ou opérations; un ouvrier ou employé doit, dans tous les cas, être spécialement désigné pour prévenir le personnel de l'approche des trains et veiller aux signaux faits par les agents conduisant ces trains; un signal de protection est, en outre, etabli, si les dispositions locales l'exigent.

12 Tout train, ou toute partie de train, refoulé par une machine, doit être précédé d'un pilote chargé de faire les signaux nécessaires, tant aux mécaniciens qu'aux personnes pouvant se trouver sur la voie.

13 Lorsque l'organisation du travail comporte la traversée habituelle des voies, à des heures et en des points déterminés, par des ouvriers ou employés circulant en groupe, notamment à l'entrée ou à la sortie des ateliers ou magasins, les mesures nécessaires doivent être prises pour que le passage des trains soit interrompu en ces points au moment utile

14. Lorsque des wagons ou rames de wagons stationnent sur une voie, toutes les dispositions utiles doivent être prises pour qu'ils ne puissent se mettre en marche accidentellement; les freins, s'il en existe, doivent être serrés

15. Les dispositions des art. 4, 10 et 11 ne sont pas applicables aux parties de voies placées à l'intérieur des ateliers, magasins ou bâtiments quelconques.

Le règlement prévu par l'art. 20 du présent décret fixe les mesures particulières de protection applicables à ces parties de voies.

TITRE II

VOIES FERRÉES SUR LESQUELLES LES MANŒUVRES SE FONT A BRAS D'HOMME, PAR TRACTION ANIMALE OU AU MOYEN DE CABESTANS OU D'ENGINS DE LEVAGE AUTOMOTEURS.

16. L'établissement et l'usage des voies faisant l'objet du présent titre sont soumis aux dispositions des art. 6 et 14 qui précedent.

17. Les chefs d'établissement, directeurs ou préposés sont tenus de veiller à ce que, dans les manœuvres au cabestan :

a) Aucun ouvrier ou employé ne se trouve placé entre le cabestan et le véhicule en mouvement;

b) Aucun obstacle ne gêne le passage de la chaîne ou du câble de traction;

c) L'accrochage et le décrochage de la chaîne ou du câble ne soient effectués que lorsque le véhicule est arrêté;

d) Le cabestan ne soit mis en mouvement qu'après que l'agent chargé de sa manœuvre s'est concerté, à cet effet, avec l'agent préposé à la manœuvre de la chaîne ou du câble.

18. Les chefs d'établisssement, directeurs ou préposés sont également tenus de veiller à ce que les véhicules circulant sur les voies soient toujours accompagnes par des ouvriers ou employés en nombre suffisant pour que l'arrêt puisse être obtenu aussi rapidement que la nécessité l'exigerait

19. Lorsque les dimensions du véhicule ou de son chargement ne permettent pas aux ouvriers ou employés qui le manœuvrent de surveiller efficacement la voie, en avant de ce véhicule, un ouvrier ou employé doit être spécialement chargé de précéder le véhicule, de donner au personnel préposé à la manœuvre les indications nécessaires à la sécurité, et de prévenir toute personne pouvant se trouver sur la partie de voie à parcourir ou dans ses abords immédiats.

TITRE III

DISPOSITIONS GÉNÉRALES

20. Les chefs d'établissement, directeurs ou gérants, sont tenus de faire apposer dans un endroit apparent des locaux de travail :

1° Le texte du présent décret ;

2° Un règlement prescrivant les mesures prévues au 2ᵉ alin. de l'art. 15 ci-dessus, et imposant au personnel de l'établissement l'observation des prescriptions ci-après spécifiées :

a) Il est interdit de passer entre les véhicules d'un train ou d'une rame en marche, et de s'introduire entre deux véhicules pour les décrocher avant leur arrêt complet.

Aucune manœuvre d'accrochage ne doit être effectuée que lorsqu'un des deux véhicules à accoupler est complètement arrêté ; l'agent chargé de l'opération doit se placer entre les deux véhicules, lorsqu'ils sont encore distants l'un de l'autre de trois mètres au moins ; le mouvement de refoulement nécessaire pour assurer l'accrochage doit être effectué avec précaution ; il doit être arrêté aussitôt après l'accrochage, afin de permettre à l'agent préposé à la manœuvre de se dégager.

Il est interdit d'accoupler des véhicules au moyen d'appareils autres que ceux qui sont spécialement destinés à cet usage.

b) Il est interdit de traverser la voie devant un véhicule ou une machine en mouvement.

c) Il est interdit de monter sur les tampons ou sur les attelages d'un véhicule ou d'une machine en mouvement.

d) Aucune machine ne doit être mise en marche avant qu'un avertissement ait été donné par l'agent chargé de sa conduite.

e) Les ouvriers ou employés qui travaillent sur les voies ou dans leur voisinage immédiat doivent veiller aux signaux faits par les agents conduisant les trains, ainsi qu'aux indications données par l'agent spécialement désigné ainsi qu'il est dit à l'art. 11 ; ils sont tenus de s'y conformer.

f) La vitesse de marche des trains remorqués par des locomotives à vapeur ou par tout autre tracteur mécanique automoteur ne peut dépasser dix kilomètres à l'heure, excepté sur les voies affectées aux essais de machines ; cette vitesse doit toujours être telle que le train puisse être arrêté dans la partie de voie libre visible pour l'agent chargé de la conduite du train.

g) La vitesse des véhicules manœuvrés à bras d'homme, par traction animale, ou au moyen de cabestans ou d'engins de levage automoteurs, ne peut dépasser six kilomètres à l'heure.

21. Le délai minimum prévu à l'art 69 du livre II du Code du travail et de la prévoyance sociale, pour l'exécution des mises en demeure, est fixé à quatre jours pour toutes les mises en demeure fondées sur le présent décret ; toutefois, ce délai minimum sera porté à un mois, lorsque l'exécution de ces mises en demeure comportera la création d'installations nouvelles, et non pas seulement l'utilisation d'installations existantes.

22. Le délai d'exécution des travaux de transformation qu'implique le présent règlement sera de six mois à partir d'une date qui sera fixée par arrêté du ministre du travail.

Toutefois, le ministre du travail et de la prévoyance sociale peut, par arrêté pris sur le rapport des inspecteurs du travail, et après avis du comité consultatif des arts et manufactures, accorder dispense, pour un délai de cinq ans, de tout ou partie des prescriptions du présent décret aux établissements existant avant sa publication, lorsque la sécurité du personnel est assurée dans des conditions satisfaisantes, et que l'application immédiate de ces prescriptions présenterait des difficultés exceptionnelles.

Ce délai peut être prorogé dans les mêmes conditions.

En aucun cas, il ne peut être prescrit de démolir, pour l'exécution du présent décret, une construction existant avant sa publication.

23. Le ministre du travail et de la prévoyance sociale est chargé, etc.

GUERRE, GUERRE FRANCO-ALLEMANDE, COMITÉS CONSULTATIFS D'ACTION ÉCONOMIQUE, SOUS-COMITÉS DÉPARTEMENTAUX.

CIRCULAIRE *relative à la transformation des commissions mixtes pour la reprise du travail en sous-comités départementaux d'action économique.*

(4 décembre 1915). — (Publ au *J. off.* du 7 déc.).

Le Ministre du travail et de la prévoyance sociale, le sous-secrétaire d'État du ravitaillement et de l'intendance militaire, à MM les préfets des départements de la zone de l'intérieur.

Le décret du 25 oct 1915 (1), portant création des comités consultatifs d'action économique, prévoit, dans son art 6, la création de sous-comités départementaux.

Il ne vous échappera pas que la mission dévolue à ces sous-comités est identique à celle qui avait été attribuée aux commissions mixtes créées par la circulaire du ministre du travail du 5 févr 1915 (2).

Afin de ne pas multiplier les organes consultatifs ayant des attributions identiques, il y aura lieu de fusionner ces deux institutions, en considérant les commissions mixtes, là où elles existent, comme les sous-comités départementaux prévus par l'art. 6 du décret du 25 oct. 1915, et en les complétant par l'adjonction des représentants du département au comité régional qui n'en feraient pas encore partie.

---

(1) *Supra*, p. 100.

(2) *J. off.*, 7 févr. 1915, p. 638.

MARINE MARCHANDE, NAVIRES, PRIMES A LA CONSTRUCTION, LOI DU 19 AVRIL 1906, PROROGATION.

LOI *prorogeant les dispositions de la loi du* 19 *avril* 1906, *sur la marine marchande, en ce qui concerne les primes à la construction des navires.*

(4 décembre 1915). — (Publ au *J off* du 5 déc.).

ART. 1er. Les taux des primes à la construction des navires, tels qu'ils résultent des art 1 et 2 de la loi du 19 avril 1906 (1), pour la neuvieme année apres la promulgation de la loi (22 avril 1914 au 21 avril 1915), seront maintenus pour une période de temps égale à celle qui s'étendra entre le jour de la déclaration de guerre et celui de la signature du traité de paix, augmentée de six mois

2 Les taux des primes afférents à la dixieme année entreront en vigueur à l'expiration de la période indiquée à l'art 1er ci-dessus, et seront appliqués pendant un an à partir de cette date.

Les derniers taux seront appliqués ensuite jusqu'à l'expiration de la loi du 19 avril 1906.

ARMÉE, GUERRE FRANCO-ALLEMANDE, ARMÉE COLONIALE, INDO-CHINE, CRÉATION, SUPPRESSION ET TRANSFORMATION D'UNITÉS, RATIFICATION, AUTORISATION A TITRE PROVISOIRE.

DÉCRET *portant suppressions, créations et transformations provisoires de corps et unités des troupes stationnées en Indo-Chine*

(5 décembre 1915). — (Publ. au *J. off.* du 13 déc).

LE PRÉSIDENT DE LA RÉPUBLIQUE FRANÇAISE; — Sur le rapport des ministres de la guerre et des colonies; — Vu la loi du 7 juill. 1900 (2), portant organisation des troupes coloniales; — Vu le décret du 19 sept 1903 (3), portant réorganisation de l'infanterie coloniale; — Vu le décret du 19 sept. 1903 (4), portant réorganisation de l'artillerie coloniale, — Vu le décret du 24 mars 1905 (5), sur l'organisation de la légion étrangere en Indo-Chine; — Vu le decret du 9 sept 1905 (6), portant création de quatre batteries montées en Indo-Chine; — Vu le decret du 20 mars 1906, portant reglement sur l'administration et la comptabilité des corps de troupe; — Vu le décret du 18 oct. 1915 (7), relatif à la fixation du nombre d'unités indigenes et mixtes des troupes coloniales et leur encadrement; — Décrete :

ART. 1er. Les suppressions, créations et transformations de corps et unités des troupes stationnées en Indo-Chine, prononcées, à titre provisoire, par le gouverneur général de cette colonie, depuis le 2 août 1914, sont approuvées.

2. Jusqu'à la fin des hostilités, le gouverneur général de l'Indo-Chine, sur la proposition du général commandant supérieur des troupes, et par delégation permanente des ministres de la guerre et des colonies, pourra procéder a titre provisoire, aux suppressions, créations et transformations de corps et unités nécessitées par les besoins du service, à charge d'en rendre compte dans le plus bref délai.

3 Les reconstitutions de corps et unités prevus par les dispositions en vigueur le 1er août 1914 seront effectuées automatiquement, des que les disponibilités en officiers et hommes de troupe le permettront.

4. Les ministres de la guerre et des colonies sont chargés, etc

---

MARINE MARCHANDE, NAVIRES, PRIMES A LA CONSTRUCTION, LOI DU 4 DÉC. 1915, APPLICATION.

CIRCULAIRE *relative à l'exécution de la loi du 4 déc.* 1915, *prorogeant les dispositions de la loi du* 19 *avril* 1906, *en ce qui concerne les primes à la construction.*

(6 décembre 1915). — (Publ. au *J. off.* du 7 déc)

Le Sous-secrétaire d'Etat de la marine à MM. les directeurs et administrateurs de l'inscription maritime.

Aux termes de l'art 1er de la loi du 4 déc. 1915 (8), les taux des primes à la construction des navires, tels qu'ils résultent des art. 1er et 2 de la loi du 19 avril 1906 (9), pour la neuvieme année apres la promulgation de la loi (22 avril 1914 et 21 avril 1915), seront maintenus pour une période de temps égale à celle qui s'étendra entre le jour de la déclaration de guerre et celui de la signature du traité de paix, augmentée de six mois.

Les projets de liquidation des primes acquises

---

(1) S. et P. *Lois annotées* de 1907, p. 439; *Pand. pér.*, 1906.3.216.

(2) S et P. *Lois annotées* de 1900, p. 1113; *Pand. pér.*, 1901.3.147.

(3) *J. off.*, 29 sept. 1903, p. 6025; *Pand. pér.*, 1903.3.176.

(4) *J. off.*, 29 sept. 1903, p. 6025; *Pand. pér.*, 1903.3.176.

(5) *J. off.*, 26 mars 1905, p. 1941.

(6) *J. off.*, 17 sept. 1905, p. 5582.

(7) *Supra*, p. 81.

(8) *Supra*, p. 171.

(9) S. et P. *Lois annotées* de 1907, p. 439; *Pand. pér.*, 1906.3.216.

depuis le 22 avril 1915 devront, en conséquence, et jusqu'à l'expiration de la période envisagée par la loi, être établis sur les taux afférents à la période du 22 avril 1914 au 21 avril 1915, c'est-à-dire, pour les coques neuves et accroissements de tonnage, 109 fr. par tonneau, pour les bâtiments de mer à vapeur, en fer ou en acier, et 71 fr. par tonneau, pour les bâtiments de mer à voiles, en fer ou en acier; pour les machines motrices, chaudières et appareils auxiliaires de première installation, 21 fr. 50 par 100 kilogr.

ARMES, MUNITIONS DE GUERRE, GUERRE FRANCO-ALLEMANDE, MACHINES-OUTILS, INTERDICTION DE LA FABRICATION, AUTORISATION DU MINISTRE DE LA GUERRE.

DÉCRET *portant interdiction de la fabrication des armes et munitions de guerre et de la fabrication et du commerce des machines-outils destinées à la fabrication des armes et munitions de guerre.*

(7 décembre 1915). — (Publ. au *J off* du 9 déc.).

LE PRÉSIDENT DE LA RÉPUBLIQUE FRANÇAISE; — Sur le rapport du ministre de la guerre; — Vu la loi du 14 juill. 1860 (1), sur la fabrication et le commerce des armes de guerre; — Vu la loi du 14 août 1885 (2), modifiée par la loi du 13 avril 1895 (3), sur la fabrication et le commerce des armes et des munitions, non chargées; — Vu la décision du ministre de la guerre, en date du 2 oct 1915, portant que, « jusqu'à la cessation des hostilités, les armes de toute nature, d'un calibre supérieur à 6 millimetres, les pièces d'armes et les munitions correspondantes, resteront classées dans la catégorie des armes réglementaires en France »; — Vu le décret du 3 oct. 1915 (4), portant interdiction du commerce des armes et munitions de guerre; — Décrete :

ART. 1er. La fabrication des armes et munitions de guerre de toute espèce est, jusqu'à la cessation des hostilités, interdite en territoire français, à moins d'une autorisation spéciale délivrée par le ministre de la guerre

2. La fabrication et le commerce des machines-outils destinées à la fabrication des armes et munitions de guerre est, jusqu'à la cessation des hostilites, interdite en territoire français, à moins d'une autorisation spéciale délivrée par le ministre de la guerre.

3. Une instruction ministérielle déterminera la forme dans laquelle les autorisations seront délivrées.

4. Le ministre de la guerre est chargé, etc

---

(1) S. *Lois annotées* de 1860, p. 56. — P. *Lois, décr.*, etc. de 1860, p. 94.

(2) S. *Lois annotées* de 1886, p. 5. — P. *Lois, décr*, etc. de 1886, p. 8; *Pand. pér*, 1886.3.22.

ARMÉE, GUERRE FRANCO-ALLEMANDE, AVIATION MILITAIRE, HOMMES DE TROUPE DÉTACHÉS COMME PILOTES.

CIRCULAIRE *relative à la situation des hommes de troupe détachés dans l'aviation militaire comme élèves pilotes ou pilotes.*

(7 décembre 1915). — (Publ. au *J off.* du 10 déc).

La question s'est posée de savoir si les militaires, hommes de troupe, détachés dans l'aéronautique militaire comme élèves pilotes aviateurs, devaient être affectés aux troupes de l'aéronautique, ou devaient continuer à appartenir à leur corps d'origine.

Cette question doit être solutionnée comme il suit :

Les hommes de troupe (sous-officiers, caporaux, brigadiers et soldats), désignés comme élèves pilotes aviateurs, sont seulement détachés dans les troupes de l'aviation, et continuent à figurer sur les contrôles du corps de troupe auquel ils appartenaient au moment de leur désignation.

Ces militaires, lorsqu'ils sont détenteurs du brevet de pilote aviateur militaire, concourent, pour les grades de caporaux, brigadiers ou sous-officiers, dans les conditions déterminées par la circulaire du 11 oct. 1913 (*B. O.*, P. P, p. 1221).

Toutefois, les nominations aux grades de caporaux et de sous-officiers, du personnel navigant des formations de la zone des armées, sont réservées au général commandant en chef.

En outre, les hommes de troupe visés ci-dessus concourent, pour l'avancement, au grade de sous lieutenant ou assimilé, dans leur arme ou service d'origine, c'est-à-dire dans l'arme ou le service auxquels ils appartenaient, au moment ou ils ont été désignés comme élèves pilotes.

DOUANES, GUERRE FRANCO-ALLEMANDE, INTERDICTIONS D'EXPORTATION.

DÉCRET *concernant des prohibitions de sortie*

(7 décembre 1915). — (Publ. au *J. off* du 14 déc).

LE PRÉSIDENT DE LA RÉPUBLIQUE FRANÇAISE; — Sur le rapport du ministre du commerce, de l'industrie, des postes et des télégraphes, du ministre de l'agriculture, du ministre de la guerre du ministre de la marine, du ministre des travaux publics et du ministre des finances; — Vu

---

(3) S. et P. *Lois annotées* de 1895, p. 1071; *Pand. pér*, 1896.3.27.

(4) *Supra*, p. 60.

l'art. 34 de la loi du 17 déc. 1814 (1) ; — Décrete :

ART 1er. Sont prohibées, à dater du 14 déc. 1915, la sortie, ainsi que la réexportation en suite d'entrepôt, de dépôt, de transit, de transbordement et d'admission temporaire, des produits enumerés ci-apres :

Accumulateurs et plaques d'accumulateurs.
Acétyl-cellulose.
Acétates.
Acide bromhydrique.
Acide stéarique.
Acide tartrique et tartrates alcalins.
Aconit (préparations et alcaloides)
Aiguilles à tricoter.
Alcaloides végétaux.
Aluminium pur ou allie, sous toutes ses formes, et oxydes.
Aluns
Anti-friction (metal).
Armes à feu autres que de guerre, pieces détachées et munitions.
Armes blanches et pieces detachées.
Bâches.
Belladone et ses préparations ou alcaloides
Bichromate de soude.
Bicyclettes et pièces détachées.
Boîtes métalliques en fer pour l'emballage des conserves alimentaires.
Cantharides et leurs préparations
Caoutchouc (ouvrages en).
Caroubes.
Cellulose
Cérésine
Chandelles.
Charcuterie fabriquée.
Charcuterie (vessies, enveloppes et membranes pour).
Châtaignes, marrons, millet et leurs farines
Chaussures (fournitures et outillage pour la fabrication des) (Voir aussi : Fournitures et outillages)
Chiffons de tout genre.
Chloramide et préparations à base de chloral.
Chlore liquéfié
Chlorures d'étain, de magnésium, de zinc
Chrome sous toutes ses formes.
Ciment
Cobalt sous toutes ses formes
Coca et préparations.
Confections en tissus de coton.
Conserves de tomates et autres conserves alimentaires (Voir aussi : Extraits de viandes et soupes comprimés).
Cordages, filets et autres ouvrages de cordes.
Corne et autres matières analogues brutes.
Crin et poils.
Cuir (ouvrages en).
Cuivre pur ou allié sous toutes ses formes.
Cyanures, ferri-cyanures et ferro-cyanures de potassium et de sodium.
Diamants bruts utilisables dans un but industriel.
Drap.
Electrodes, piles et leurs éléments.
Engrais chimiques.
Ergot de seigle.
Etain pur ou allié sous toutes ses formes.
Eucaine (hydrochlorure).
Extraits de viande et toutes autres conserves alimentaires (Voir aussi : Conserves alimentaires)
Farineux alimentaires ci-apres désignés : châtaignes. marrons, millet et leurs farines.
Ferri-cyanures et ferro-cyanures de potassium et de sodium.
Feuilles de caoutchouc vulcanisé.
Ficelles de chanvre
Figues seches.
Fils d'alpaga, de mohair et de poils
Fils de ramie
Forges portatives.
Fournitures pour la fabrication des chaussures. telles que rivets en cuivre, boutons, agrafes, chevilles à talons, clous ou rivets pour pose mécanique ou à la main.
Fromages
Garnitures de machines et de chaudieres, y compris la laine de laitier.
Gaz asphyxiants (produits pour la fabrication des).
Gentiane et ses préparations
Glands.
Gommes de tous genres.
Goudron végétal et huile de goudron végétal.
Houes (Voir aussi : Outils pour pionniers).
Indigo naturel.
Ipécacuanha (racine d').
Jusquiame et ses préparations.
Laines d'effilochage et rognures de chiffons neufs.
Lapins.
Liege brut ou ouvré
Magnétos (machines).
Manches ou poignées d'outils
Manganese (metal), sous toutes ses formes
Marc d'olives
Marrons (Voir aussi : Farineux alimentaires)
Matériel sanitaire.
Matières lubrifiantes.
Mèches de mineurs.
Médicaments.
Mercure (composés et préparations de)
Metal antifriction (V. Antifriction)
Meules.
Mica travaillé
Millet (Voir aussi : Farineux alimentaires)
Molybdène (métal, minerai et sels de).
Novocaine.
Nickel pur ou allié, sous toutes ses formes.

(1) S. 1er vol. des *Lois annotées*, p. 914.

Noix vomique et ses alcaloïdes ou préparations.

Outillage pour la fabrication des chaussures.

Outils pour maréchaux ferrants, charpentiers, charrons et selliers.

Outils et appareils pour pionniers leurs manches ou poignées détachées.

Pansement (objets de).

Paraldéhyde.

Peaux brutes et préparées d'agneau

Peptone.

Peroxydes métalliques.

Piles électriques (Voir aussi : Electrodes)

Platine (métal, minerai et sels).

Poissons frais ou en saumure, secs, salés ou conservés.

Pommes de terre de toutes sortes.

Produits chimiques pour usage pharmaceutique.

Protargol

Pulvérisateurs autres que pour la toilette, la médecine et les usages domestiques.

Ramie

Résines.

Rogues de morue et de maquereau.

Saccharine et produits assimilés

Salicylate de soude et méthylsalicylate

Salvarsan et néo-salvarsan (chlorhydrate de dioxydiamidoarsénobenzol).

Santonine et ses préparations

Savons

Sels de cuivre, de chrome, d'étain et de mercure

Sélénium

Serums.

Silicium

Son et autres issues de mouture

Soude (hyposulfite de).

Soupes comprimées et desséchees.

Sulfate de soude

Sulfate de zinc.

Tapiocas.

Tartre.

Teintures dérivées du goudron de houille.

Thymol et ses préparations.

Tissus de chanvre

Tissus de coton confectionnés ou non (V. Confections).

Tissus de jute.

Tissus de laine

Tissus de lin.

Tissus de ramie.

Titane (métal, minerai et sels).

Tourbe.

Tourteaux et autres produits propres à la nourriture du bétail.

Trional

Tungstene (metal et minerai [wolfram] sous toutes ses formes).

Urée et ses composés.

Urotropine (hexaméthylène tétramine) et ses préparations.

Vaccins

Vanadium (métal, minerai et sels de)

Véronal (acide diethylbarbiturique) et véronal sodique.

Vessies, enveloppes et membranes pour charcuteries.

Viandes fumées

Zinc (metal pur ou allié) sous toutes ses formes.

Toutefois, des exceptions à cette disposition pourront être autorisées, dans les conditions qui seront déterminées par le ministre des finances

2. Le ministre du commerce, de l'industrie, des postes et des télégraphes, le ministre de l'agriculture, le ministre de la guerre, le ministre de la marine, le ministre des travaux publics et le ministre des finances sont chargés, etc

---

DOUANES, GUERRE FRANCO-ALLEMANDE, INTERDICTION DE SORTIE, DÉROGATION, VOLAILLES MORTES, ANGLETERRE, DOMINIONS, COLONIES ET PROTECTORATS BRITANNIQUES, BELGIQUE, JAPON, MONTÉNEGRO, SERBIE, RUSSIE, ETATS D'AMÉRIQUE

ARRÊTÉ *portant dérogation à des prohibitions de sortie des volailles mortes à destination de certains pays.*

(7 décembre 1915) — (Publ au *J. off* du 8 déc).

LE MINISTRE DES FINANCES ; — Sur le rapport de la commission interministérielle des dérogations aux prohibitions de sortie ; — Vu le décret du 29 nov. 1915 (1) ; — Arrête :

ART. **1**er. Par dérogation aux prohibitions de sortie actuellement en vigueur, peuvent être exportees ou réexportées sans autorisation spéciale, lorsque l'envoi a pour destination l'Angleterre, les Dominions, les pays de protectorat et colonies britanniques, la Belgique, le Japon, le Monténégro, la Russie (2), la Serbie (3), ou les Etats de l'Amérique, les volailles mortes à l'état frais ou conservées par un procédé quelconque

2 Le conseiller d'Etat, directeur général des douanes, est chargé, etc.

MARINE, GUERRE FRANCO-ALLEMANDE, PAIEMENTS A FAIRE PAR LA CAISSE DES INVALIDES DE LA MARINE, PROCURATION, MARINS, PRISONNIERS DE GUERRE.

CIRCULAIRE *concernant la procedure de procura-*

---

(1) *Supra*, p. 155.

(2-3) Note du *J. off.* — Sous reserve, en ce qui concerne la Russie et la Serbie, de la souscription d'un acquit-à-caution à decharger par la douane russe ou serbe

tions pour les marins présents sous les drapeaux ou prisonniers de guerre.

(**7 décembre 1915**) — (Publ. au *J. off.* du 11 déc.).

Le Sous-secrétaire d'Etat à la marine à MM. les directeurs et administrateurs de l'inscription maritime, le trésorier général et les trésoriers particuliers des invalides de la marine.

Aux termes de l'art. 110 de l'instruction générale du 19 déc. 1859, les déclarations tenant lieu de procurations, en vue de paiements à faire par l'Etablissement des invalides, sont valablement reçues par les conseils d'administration des différents corps militaires.

Or, il arrive fréquemment, dans les circonstances actuelles, que les marins servant à terre ne peuvent se présenter devant ces conseils, et se font délivrer les pièces dont il s'agit par les officiers sous les ordres desquels ils se trouvent.

J'ai été consulté sur la validité des déclarations ainsi dressées.

En temps de guerre ou pendant une expédition, aux termes de la loi du 8 juin 1893 (1), les actes de procuration peuvent être dressés, à défaut de notaire, par l'officier commandant un detachement isolé pour toutes les personnes soumises à son commandement.

Il peut en être de même, *a fortiori*, lorsqu'il s'agit de simples déclarations tenant lieu des procurations prévues à l'art. 110, précité

J'ai décidé, en conséquence, que, pour les paiements à faire par l'Etablissement des invalides, il y aura lieu d'admettre, pendant toute la durée des hostilités, les déclarations tenant lieu de procurations, reçues par un officier commandant une unité ou un detachement isolé pour toutes les personnes soumises à son commandement.

Par analogie avec les dispositions de l'art. 4, § 2, de la loi du 8 juin 1893, la signature de l'officier instrumentaire devra être légalisée, soit par un fonctionnaire de l'intendance, soit par l'officier chargé des détails, si ces déclarations ont eté dressées dans un corps de troupe, soit par le médecin-chef, si elles l'ont été dans un hôpital ou une formation sanitaire militaire.

La légalisation des procurations sous seing privé, visées à l'art. 108 de l'instruction de 1859, pourra être assurée dans les mêmes conditions

Enfin, devront également être admises les procurations ou déclarations en tenant lieu, souscrites par les prisonniers de guerre, alors même qu'elles ne seraient pas rédigées dans la forme rigoureusement exigée par les règlements, mais à condition que la signature soit certifiée par une autorité militaire du camp, et qu'aucun doute ne puisse s'élever sur l'authenticité de la pièce et la volonté du mandant.

En cas d'incertitude, il devra m'en être référé.

Les art. 108, 110 et 115 de l'instruction de 1859 devront être annotés conformément aux dispositions ci-dessus.

MARINE, GUERRE FRANCO-ALLEMANDE, ARSENAUX, MARINS EMPLOYÉS AUX TRAVAUX, INDEMNITÉS.

CIRCULAIRE *relative à la solde à allouer aux marins mis à la disposition des directions de l'arsenal, à l'indemnité de travail ou gratification à attribuer éventuellement à ces marins, ainsi qu'à ceux des ateliers centraux de la flotte et des ateliers des flottilles.*

(**8 décembre 1915**). — (Publ. au *J. off.* du 11 déc.).

Le Ministre de la marine à MM. les vice-amiraux, commandant en chef, préfets maritimes

Conformément aux dispositions de l'art. 256, décret du 17 juill. 1908 (2), portant réorganisation du corps des équipages de la flotte, une circulaire du 5 déc. 1914 (3) (B. O., p. 955) a déterminé le taux maximum des indemnités horaires qui peuvent être allouées pendant la durée des hostilités, aux marins mis à la disposition des directions de l'arsenal pour la fabrication du matériel de guerre, et fixé ce taux à 0 fr. 10 pour toute heure de travail fournie pendant la journée normale de 8 heures, et à 0 fr 15 pour toute heure supplémentaire fournie en dehors des huit heures.

L'application des dispositions de cette circulaire a fait ressortir que l'attribution d'une indemnité aussi élevée aux marins dont il s'agit avait pour conséquence anormale d'assurer à des hommes qui ne sont pas exposés aux risques de guerre un traitement généralement supérieur à celui des marins des formations de combat, et des bâtiments armés, qui sont cependant soumis à un service plus pénible et plus dangereux.

D'autre part, la concession des indemnités de travail, dans les conditions actuelles, a l'inconvénient d'entraîner des différences de rémunération injustifiées, suivant que les marins travaillent pour le compte des directions de l'arsenal, dans des locaux appartenant à ces directions, ou qu'ils exécutent le même travail dans des organismes militaires de la flotte (ateliers centraux de la flotte, par exemple).

Pour remédier, dans la mesure du possible, à ce dernier inconvénient, et à la suite de demandes pressantes formulées par les autorités maritimes de certains ports militaires, une circulaire du

---

(1) S et P. *Lois annotées* de 1893, p. 565; *Pand. pér.*, 1894.3.57.

(2) *Bull. off.*, 12e série, 3041, n. 52369.
(3) 1er vol., p. 233.

12 oct. 1915 a, il est vrai, accordé la prime spéciale des ateliers centraux de la flotte à tout le personnel employé dans ces ateliers à la fabrication du matériel de guerre.

Mais, si cette mesure a fait disparaître, sinon en totalité, du moins en partie, l'inégalité de traitement qui existait jusqu'alors entre le personnel de deux organismes différents, elle a créé, par contre, une inégalité de même ordre dans les ateliers centraux de la flotte, en retribuant différemment les hommes d'un même service, suivant qu'ils confectionnent du matériel de guerre ou qu'ils effectuent des travaux de réparation ou d'entretien.

Les mesures en vigueur concernant la rémunération des marins employés aux fabrications de matériel de guerre donnent lieu, en definitive, à des critiques, justifiées, et sont la source de réclamations répétées, auxquelles il importe de mettre fin par l'adoption d'une réglementation plus simple et plus équitable.

J'ai, en conséquence, arrêté les dispositions suivantes, qui seront applicables pendant toute la durée des hostilités :

A. — *Marins mis à la disposition des directions de l'arsenal.*

Les marins de tous grades (surveillants compris) mis à la disposition des directions de l'arsenal pour participer à des travaux exécutés, soit concurremment avec du personnel ouvrier de l'arsenal, soit sous le contrôle de ce personnel, reçoivent la solde n° 2, à moins que, détachés d'un bâtiment ou service, ils aient déjà droit à une solde supérieure, auquel cas ils conservent cette solde.

Ces marins peuvent recevoir, en outre, mais seulement pour du travail fourni en dehors de la journée normale de huit heures, une indemnité de travail imputée sur les fonds généraux attribués au paiement des salaires d'ouvriers.

La concession et la détermination du montant de cette indemnité sont laissées à l'appréciation des commandants en chef, sous la reserve que son taux ne pourra dépasser, en aucun cas, 15 centimes par heure.

B. — *Marins des ateliers centraux de la flotte.*

Les marins permanents ou subsistants des ateliers centraux de la flotte sont traités, au point de vue de la solde, suivant les dispositions du décret du 11 juill 1908 (1).

Lorsque, par suite des nécessités du service, ils sont appelés d'une manière courante à effectuer des heures supplémentaires de travail, ces marins, qu'ils perçoivent ou non la prime spéciale d'atelier, par application du décret précité, et quel que soit leur grade, peuvent bénéficier d'une indemnité, dans les conditions et limites indiquées ci-dessus pour les hommes mis à la disposition des directions de l'arsenal.

C. — *Marins des ateliers des centres de flottilles.*

Considérant que les marins des flottilles de torpilleurs et de sous-marins ont droit à la solde n° 3, ceux de ces marins utilisés éventuellement dans les ateliers des centres de flottilles ne sauraient bénéficier d'une indemnité de travail, même pour les travaux de nuit.

Il appartient aux commandants des flottilles de récompenser ces derniers, en leur attribuant, en fin de mois, des gratifications sur l'allocation normale revenant au service, par application de l'art 60 du décret du 11 juill. 1908, sur la solde des équipages de la flotte.

Par ailleurs, usant de la latitude ouverte par les dispositions de l'art. 20 du decret precité, j'ai décidé que les marins placés en subsistance aux flottilles de torpilleurs et de sous-marins, pour y être employés à la confection de materiel pour le compte des directions de travaux, recevraient dans tous les cas la solde n° 3, de manière à être placés dans la même situation pécuniaire que les marins de l'effectif permanent de ces services.

La présente circulaire aura son effet à dater du 15 déc. 1915 ; elle modifie provisoirement, jusqu'à la fin des hostilités, les dispositions de l'art. 73 de l'arrêté du 19 sept. 1913, et abroge les dispositions des circulaires des 12 oct. 1915 et 5 déc 1914.

Toutefois, cette dernière circulaire, complétée par celle du 22 janv. 1915, continuera à être appliquée aux marins employés aux manutentions de charbons, avec cette modification que les officiers mariniers surveillants participeront, au même titre que les quartiers-maîtres et les matelots, à l'allocation des indemnités de travail.

POSTES, GUERRE FRANCO-ALLEMANDE, CARTES POSTALES MILITAIRES, RÉDUCTION DE PRIX.

DÉCRET *portant réduction de 25 centimes à 15 centimes du prix de vente de la dizaine de cartes postales militaires employées par le public pour la correspondance avec les militaires et marins en campagne.*

(**8 décembre 1915**). — (Publ. au *J off* du 19 déc.).

LE PRÉSIDENT DE LA RÉPUBLIQUE ; — Vu la loi du 20 avril 1882 (2), autorisant le Gouvernement à mettre en vente des enveloppes et des bandes timbrées, et à déterminer, par décret, le prix à percevoir pour la valeur du papier entrant dans leur fabrication ; — Vu le décret du 3 août

---

(1) *Bull. off.*, 12e série, 3040, n. 52368.

(2) S. *Lois annotées* de 1882, p. 345. — P. *Lois, décr.* etc. de 1882, p. 561.

1914 (1), portant concession de la franchise postale à la correspondance en provenance ou à l'adresse des militaires et marins des armées de terre et de mer mobilisés; — Vu le décret du 19 août 1914 (2), autorisant l'Administration des postes à faire fabriquer des cartes postales destinées à la correspondance en provenance ou à l'adresse des militaires et marins; — Sur le rapport du ministre du commerce, de l'industrie, des postes et des télégraphes, du ministre des finances et du ministre de la guerre; — Décrète :

ART 1er. Le prix de vente des cartes postales militaires du modèle B, à l'usage des particuliers pour la correspondance avec les militaires et marins, est fixé à 15 centimes les 10 à partir du 20 déc 1915

2. Sont abrogées les dispositions contraires du décret du 19 août 1914.

3. Le ministre du commerce, de l'industrie, des postes et des télégraphes, le ministre des finances sont chargés, etc.

COLONIES, GUERRE FRANCO-ALLEMANDE, DOUANES, INTERDICTION DE SORTIE, NOIX, NOYAUX, GOMMES-LAQUES, MICA, VASELINE, SACS.

DÉCRET *prohibant divers produits à la sortie des colonies et pays de protectorat autres que la Tunisie et le Maroc.*

(9 décembre 1915). — (Publ. au *J off.* du 14 déc.).

LE PRÉSIDENT DE LA RÉPUBLIQUE FRANÇAISE; — Sur le rapport des ministres des colonies, des finances, du commerce, de l'industrie, des postes et des télégraphes; — Vu l'art. 34 de la loi du 17 déc 1814 (3); — Vu le sénatus-consulte du 3 mai 1854 (4); — Vu le décret du 22 nov. 1915 (5), prohibant divers produits à la sortie de la métropole; — Décrète :

ART 1er Sont prohibées la sortie des colonies et pays de protectorat autres que la Tunisie et le Maroc, ainsi que la réexportation en suite d'entrepôt, de dépôt, de transit, de transbordement et d'admission temporaire, des produits énumérés ci-après :

Noix, noisettes et amandes
Noyaux de fruits.
Gommes-laques
Mica en feuilles ou plaques et micanite
Vaseline
Sacs de tous genres.

Toutefois des exceptions à cette disposition pourront être autorisées, dans les conditions qui seront déterminées par le ministre des colonies

2. Les ministres des colonies, des finances, du commerce, de l'industrie, des postes et des télégraphes sont chargés, etc.

DOUANES, GUERRE FRANCO-ALLEMANDE, INTERDICTIONS D'EXPORTATION, DÉROGATIONS, ANGLETERRE, DOMINIONS, COLONIES ET PROTECTORATS BRITANNIQUES, JAPON, MONTÉNÉGRO, RUSSIE, SERBIE, ETATS D'AMÉRIQUE.

ARRÊTÉ *portant dérogation aux prohibitions de sortie, lorsque l'envoi a pour destination certains pays.*

(10 décembre 1915). — (Publ au *J. off* du 14 déc.).

LE MINISTRE DES FINANCES; — Sur le rapport de la commission interministérielle des dérogations aux prohibitions de sortie; — Vu le décret du 7 déc 1915 (6); — Arrête :

ART. 1er. Par dérogation aux prohibitions de sortie actuellement en vigueur, peuvent être exportés ou réexportés sans autorisation spéciale, lorsque l'envoi a pour destination l'Angleterre, les Dominions, les pays de protectorat et colonies britanniques, la Belgique, le Japon, le Monténégro, la Russie (7), la Serbie (8) ou les Etats de l'Amérique, les produits et objets énumérés ci-après :

Accumulateurs et plaques d'accumulateurs
Acétyl-cellulose.
Acetates autres que l'acétate ou pyrolignite de chaux et que les acetates médicamenteux
Acide bromhydrique.
Acide stearique
Acide tartrique et tartrates alcalins autres que le tartrate de potasse.
Aconit, preparations et alcaloïdes.
Aiguilles à tricoter.
Alcaloïdes végétaux, autres que ceux dénommes aux décrets des 21 déc. 1914 (9) et 4 févr. 1915 (10)
Aluminium (ouvrages et oxydes)
Aluns.
Métal antifriction.
Armes à feu de tout genre (autres que de guerre) et pièces détachées.

(1-2) 1er vol., p. 21 et 65.

(3) S. 1er vol. des *Lois annotées*, p. 914.

(4) S. *Lois annotées* de 1854, p. 78. — P. *Lois, décr.*, etc. de 1854, p. 137.

(5) *Supra*, p. 143.

(6) *Supra*, p. 172.

(7-8) Note du *J. off.* — Sous réserve, en ce qui concerne la Russie et la Serbie, de la souscription d'un acquit à caution à décharger par la douane russe ou serbe.

(9) 1er vol., p. 268.

(10) 2e vol., p. 16.

Bâches.
Belladone et ses préparations ou alcaloïdes
Bichromate de soude
Bicyclettes et pieces détachées.
Bonneterie de laine (ganterie, tissús en pièce, articles brodés ou ornés) et articles autres que pour hommes
Vessies, enveloppes et membranes pour charcuterie.
Cantharides et leurs préparations.
Ouvrages en caoutchouc, à l'exception des feuilles vulcanisées.
Caroubes.
Cellulose.
Cérésine
Chandelles
Charcuterie fabriquée.
Chiffons de tout genre.
Chloramide et preparations à base de chloral
Chlorures d'étain, de magnésium, de zinc.
Chrome sous toutes ses formes.
Ciment.
Cobalt sous toutes ses formes.
Coca et ses préparations
Conserves de tomates
Extraits de viande et conserves alimentaires à base de viande, autres que celles prohibees par decret du 21 dec. 1914
Cordages, filets et autres ouvrages de cordes
Corne et autres matieres analogues brutes
Crin et poils.
Ouvrages en cuir, autres que les articles d'habillement, de campement, d'équipement et de harnachement militaires.
Cuivre pur ou allie sous toutes ses formes
Diamants bruts utilisables dans un but industriel
Electrodes, piles et leurs eléments
Engrais chimiques.
Ergot de seigle
Etain pur ou allié sous toutes ses formes
Eucaine (hydrochlorure)
Millet, marrons, châtaignes et leurs farines
Boites en fer-blanc pour l'emballage des denrées alimentaires
Ficelles de chanvre
Fils d'alpaga. de mohair et de poils
Fils de ramie
Forges portatives
Fournitures pour la fabrication des chaussures, telles que rivets en cuivre, boutons, agrafes, chevilles à talons. clous ou rivets pour pose mécanique ou à la main
Fromages
Garnitures de machines et de chaudieres, y compris la laine de laitier.
Gentiane et ses préparations.
Glands.
Gommes de tous genres, à l'exception de la gomme-laque.
Goudron de bois et huile de goudron de bois
Houes.
Indigo naturel
Ipécacuanha (racine)
Jusquiame et ses préparations.
Laines d'effilochage et rognures de chiffons neufs.
Lapins.
Liege brut ou ouvré
Manganèse (métal) sous toutes ses formes.
Marc d'olives.
Materiel sanitaire, non compris les appareils et instruments de chirurgie
Matieres lubrifiantes autres qu'à base d'huile minérale.
Meches de mineurs.
Médicaments (à l'exception de ceux nommément frappés de prohibition)
Mercure (composés et préparations de)
Meules autres qu'en émeri
Mica travaillé
Novocaine.
Molybdene (sels de)
Nickel pur ou allie sous toutes ses formes
Noix vomique et ses alcaloïdes ou préparations.
Objets de pansement.
Outils pour marechaux-ferrants et charpentier, charrons et selliers
Outils et appareils pour pionniers
Manches ou poignées d'outils
Outillage pour la fabrication des chaussures, à l'exception des machines-outils
Paraldéhyde.
Peptone
Peroxydes métalliques autres que le peroxyde de sodium
Produits chimiques pour usage pharmaceutique, à l'exception de ceux nommement frappés de prohibition.
Protargol.
Ramie.
Résines autres que de pin ou de sapin
Saccharine et produits assimilés
Salycilate de soude
Salvarsan et neosalvarsan (chlorydrate de dioxydiamidoarseno-benzol
Santonine et ses préparations
Savons
Sels de cuivre, de chrome, d'étain et de mercure
Sélénium
Serums.
Silicium.
Soude (hyposulfite de)
Soupes comprimées ou dessechées
Sulfate de soude.
Sulfate de zinc
Tapiocas.
Thymol et ses préparations

Tissus de chanvre (à l'exception de ceux écrus ou blanchis, armure toile, pesant plus de 27 kilogr. 500 les 100 m q.).

Tissus de coton (à l'exception de ceux écrus ou blanchis, armure toile, pesant plus de 22 kilogr les 100 m q.), confectionnés ou non.

Tissus de jute (à l'exception de ceux écrus, armure toile, pesant plus du 30 kilogr. les 100 m. q, et des sacs de jute)

Tissus de laine (à l'exception de ceux pour habillement, pesant 400 grammes et plus le m q, de couleur uniforme).

Tissus de lin (à l'exception de ceux écrus ou blanchis, armure toile, pesant plus de 27 kilogr 500 les 100 m q).

Tissus de ramie

Titane (sels de).

Tourbe.

Trional.

Tungstene (métal) sous toutes ses formes

Urée et ses composes

Urotropine (hexamethylene tétramine) et ses preparations

Vaccins

Vanadium (sels de)

Véronal, y compris le véronal sodique.

Zinc (ouvrages en)

2. Le conseiller d'Etat, directeur general des douanes, est chargé, etc

---

MARINE, GUERRE FRANCO-ALLEMANDE, OFFICIERS MARINIERS, QUARTIERS-MAITRES, MARINS, PÉRIODE RÉGLEMENTAIRE, AFFECTATION A DES POSTES A TERRE OU D'EMBARQUEMENT SUR DES BATIMENTS STATIONNAIRES, REMISE AU DISPONIBLE, PÉRIODE REGLEMENTAIRE D'EMBARQUEMENT, DÉBARQUEMENT.

CIRCULAIRE *relative à la reprise partielle des mutations parmi les marins de tous grades qui ont terminé leur période réglementaire d'affectation ou d'embarquement.*

(10 décembre 1915). — (Publ. au *J off* du 11 déc.)

Le Ministre de la marine à MM les vice amiraux commandant en chef, préfets maritimes, officiers généraux, supérieurs et autres commandant à la mer et à terre

Depuis l'ouverture des hostilites, les officiers mariniers, quartiers-maitres et matelots ont été, en principe, maintenus dans les emplois qu'ils occupaient à cette époque, et les mutations ont été suspendues, sauf celles résultant de promotions ou de remplacement apres débarquement pour cause de maladie

En raison de la prolongation de l'etat de guerre, sans revenir entièrement aux prescriptions du temps de paix, j'ai décidé de prendre les mesures suivantes :

1° Tous les officiers mariniers, quartiers-maîtres et matelots, qui ont terminé la période réglementaire pour l'affectation à des postes à terre ou l'embarquement sur des bâtiments stationnaires, seront remis au disponible; ils seront remplacés uniquement par des marins revenus du front, de campagne ou debarqués des escadres pour cause de maladie, sous réserve qu'ils aient accompli au minimum six mois de présence dans la zone des armées, à bord d'un bâtiment ou dans une colonie Aucun marin remis au disponible, en exécution de la mesure envisagée ci dessus, ne pourra. par suite, être remplace dans son emploi par un de ses camarades provenant d'un service à terre du port ou d'un autre port Les officiers mariniers, quartiers-maîtres et matelots ayant termine leur periode réglementaire d'affectation, et qui, faute de candidats réunissant les conditions requises, ne pourront pas être immediatement remplacés, seront néanmoins remis au disponible, inscrits sur les listes de désignations, et maintenus dans leurs emplois jusqu'au jour ou leur tour les appellera a recevoir une destination.

La duree réglementaire de la période d'affectation est celle fixee par les art 364, 365 et 366 de l'arrêté du 30 juill. 1910, sans tenir compte de la date d'envoi en disponibilité ou en conge administratif

2° Les commandants des bâtiments faisant partie des escadres, des divisions légeres. des flottilles de torpilleurs, de sous-marins, etc., pourront demander le remplacement des officiers mariniers, quartiers-maîtres et matelots ayant terminé leur période réglementaire d'embarquement, et dont l'état de santé, sans nécessiter la concession d'un congé de convalescence, rend préférable de ne pas prolonger la durée de leurs services a la mer

Il demeure entendu que ce personnel ne pourra être utilise dans les services des ports que dans la limite des emplois disponibles; ceux qui n'auront pas trouvé place dans les services à terre pourront être ultérieurement désignés pour les bâtiments armés, lorsque, apres visite médicale, ils seront reconnus susceptibles de recevoir toute destination

Enfin, j'ai decidé que, sauf le cas de necessite absolue, les marins de tous grades faisant partie des formations militaires mises a la disposition du departement de la guerre, ou embarques dans les escadres, seront distraits de la liste de départ colonial pendant la durée de leur affectation ou de leur embarquement; en outre, lors de la remise au disponible de ceux dont la durée de presence au front ou à bord des navires des escadres aura été d'au moins six mois, leur distraction de la liste des départs en campagne sera prolongee pendant six mois, comptés du jour de leur depart de la zone des armées ou de leur debarquement. Les prescriptions de ce dernier paragraphe ne seront pas applicables aux marins qui permuteront pour avancer leur tour de départ, ni à ceux qui demanderont, par écrit, à suivre leur destination, lorsque leur tour les appellera à servir aux colonies.

OCTROI, PARIS (VILLE DE), POISSONS, TARIF.

DÉCRET *fixant la perception des droits sur certains objets à l'octroi de Paris.*

(11 décembre 1915). — (Publ. au *J. off.* du 17 déc.).

LE PRÉSIDENT DE LA RÉPUBLIQUE FRANÇAISE; — Sur le rapport du ministre des finances; — Vu la délibération du conseil municipal de Paris, en date du 5 juill. 1915, relative à l'octroi de cette ville; — Vu les observations du ministre de l'intérieur; — Vu la loi du 27 vend. an 7 (1) et les ordonnances des 9 (2) et 23 déc. 1814 (3); — Vu les lois du 11 juin 1842 (4) et du 24 juill 1867 (5); — Vu la loi du 13 août 1913 (6); — Le Conseil d'Etat entendu; — Décrète :

ART. 1er. A partir du 1er janv. 1916 et jusqu'au 31 déc. 1916 inclusivement, la perception sur les objets ci-apres désignés sera opérée à l'octroi de Paris, conformément aux dispositions suivantes :

NUMÉROS des articles	DÉSIGNATION DES OBJETS ASSUJETTIS	UNITÉ sur laquelle portent les droits	DROITS	DISPOSITIONS RÉGLEMENTAIRES
		kilogr.	fr. c.	
35	Poissons d'eau douce, 1re categorie : saumons, truites de toute espèce, ombres-chevaliers, féras, écrevisses (Disposition réglementaire n° 24 *ter*.).	100	40 20	
35 *bis.*	Poissons de mer, 1re catégorie : homards. langoustes, crevettes dites « bouquet », esturgeons. turbots, bars, barbues, soles, surmulets ou rougets-barbets, mulets (Disposition réglementaire n° 24 *ter*). .	100	30 »	
36	Poissons d'eau douce, 2e catégorie : sterlets, lamproies, anguilles, brochets, carpes et carpeaux, perches et goujons (Dispositions réglementaires 24 *bis* et 24 *ter*)	100	21 60	

2. Les taxes autorisées par l'art. 1er du présent décret ne supportent aucun décime additionnel.

3. Le ministre des finances est chargé, etc

TUNISIE, GUERRE FRANCO-ALLEMANDE, PRODUITS TUNISIENS, IMPORTATION EN FRANCE ET EN ALGÉRIE, CERTIFICAT D'ORIGINE, NAVIRES ALLIÉS OU NEUTRES.

DÉCRET *relatif à l'importation en France, pendant la durée des hostilités, des produits tunisiens admis au bénéfice de leur origine.*

(11 décembre 1915). — (Publ. au *J. off.* du 12 dec.).

LE PRÉSIDENT DE LA RÉPUBLIQUE FRANÇAISE; — Vu la loi du 22 juill. 1909 (7); — Vu les lois des 19 juill. 1890 (8), 19 juill. 1904 (9) et 25 nov. 1915 (10); — Vu le décret du 29 mai 1915 (11) — Le conseil des ministres entendu; — Décrète

ART. 1er. Pendant la durée des hostilités, seront admis exceptionnellement au bénéfice de leur origine les produits tunisiens, qui, par suite de l'interruption des relations normales, seront importés en France et en Algérie par navires alliés ou neutres, sous les conditions fixées par les art. 5 de la loi du 19 juill 1890, §§ A, B, C et D, et 3 de la loi du 25 nov. 1915, susvisées

Le retour au régime normal sera prononcé par un décret rendu dans la même forme que le présent acte.

Resteront admises au bénéfice de leur origine les marchandises qu'on justifiera avoir été expédiées avant la publication dudit décret au *Journal officiel*.

(1) S. 1er vol. des *Lois annotees*, p. 454.
(2) S. 1er vol. des *Lois annotées*, p. 911.
(3) *Bull. off.*, 5e série. 66, n. 561.
(4) S. 2e vol. des *Lois annotées*, p. 721.
(5) S. *Lois annotées* de 1867, p. 169. — P. *Lois, décr.*, etc. de 1867, p. 285.
(6) S. et P. *Lois annotées* de 1915, p. 813; *Pand. pér.*, *Lois annotees* de 1915, p. 513.
(7) S. et P. *Lois annotées* de 1910, p. 986; *Pand. pér.*, *Lois annotées* de 1910, p. 986.
(8) S. et P. *Lois annotées* de 1891, p. 206; *Pand. per.*, 1891.3.26.
(9) *Bull. off*, 12e série, 2570, n. 44993.
(10) *Supra*, p. 148.
(11) 2e vol., p. 170.

2 Les ministres des affaires étrangères, de l'intérieur, de la marine, des finances, du commerce, de l'industrie, des postes et des telegraphes sont chargés, etc.

ARMÉE, GUERRE FRANCO-ALLEMANDE, ENGAGEMENTS POUR LA DURÉE DE LA GUERRE, INDIGENES, ALLOCATIONS AUX FAMILLES, INDO-CHINE, MADAGASCAR, AFRIQUE ÉQUATORIALE, CÔTE DES SOMALIS, NOUVELLE-CALÉDONIE.

DÉCRET *fixant les conditions d'engagement pour la durée de la guerre des indigènes de l'Indo-Chine, de Madagascar, de l'Afrique équatoriale française, de la Côte des Somalis, de la Nouvelle-Calédonie et des Etablissements français de l'Océanie, et accordant des allocations aux familles des militaires indigènes.*

(**12 décembre 1915**). — (Publ au *J off.* du 18 déc.)

LE PRÉSIDENT DE LA RÉPUBLIQUE FRANÇAISE; — Sur le rapport des ministres de la guerre, des colonies, et des finances ; — Vu la loi du 7 juill. 1900 (1), portant organisation des troupes coloniales, et notamment l'art. 16 de cette loi; — Vu l'art. 92 de la loi du 21 mars 1905 (2), sur le recrutement de l'armee, modifié le 7 août 1913 (3); — Vu le décret du 24 sept. 1903, portant organisation des réserves indigènes à Madagascar; — Vu le décret du 1er nov. 1904 (4), portant constitution des réserves indigènes en Indo-Chine, modifie le 21 juin 1906 (5); — Vu le décret du 1er nov. 1904 (6), portant organisation du recrutement des indigenes de race annamite au Tonkin et en Annam, modifié les 14 mai 1905 (7) et 7 mai 1913 (8); — Vu le décret du 19 mai 1908 (9), relatif au recrutement indigene à Madagascar, modifié le 22 juin 1912 (10); — Vu le décret du 28 août 1908 (11), fixant le mode de recrutement des militaires indigènes de Cochinchine; — Vu le décret du 9 oct. 1915 (12), modifiant les conditions d'engagement des tirailleurs sénégalais, et accordant des allocations aux familles des militaires indigènes; — Décrete :

ART. 1er. Les indigènes de l'Indo-Chine française, de Madagascar, de l'Afrique équatoriale française, de la Côte des Somalis, de la Nouvelle-Calédonie et des Établissements français de l'Océanie, qui ne sont pas sous les drapeaux, et qui appartiennent aux populations désignées par le gouverneur général ou le gouverneur, sont admis à contracter, à partir de l'âge de dix-huit ans, un engagement pour la durée de la guerre dans un corps de troupe déterminé par le ministre de la guerre.

Les indigènes engagés pour la durée de la guerre sont, en principe, appeles à servir hors du territoire de leur colonie ou de leur groupe de colonies d'origine.

2. Les engagements pour la durée de la guerre sont reçus, après visite médicale approfondie, dans les formes fixées :

1° En Indo-Chine, par les décrets des 1er nov. 1904 (modifié les 14 mai 1905 et 7 mai 1913) et 28 août 1908;

2° A Madagascar, par le décret du 19 mai 1908, modifié le 22 juin 1912;

3° A la Côte des Somalis, par un arrêté du gouverneur, rendu sur la proposition de l'officier le plus élevé en grade des corps de troupes stationnés dans la colonie;

4° En Afrique équatoriale, par un arrêté du gouverneur général, rendu sur la proposition du commandant supérieur des troupes;

5° En Nouvelle-Calédonie et dans les Établissements français de l'Océanie, par arrêtés des gouverneurs de ces possessions, rendus sur la proposition du commandant supérieur des troupes du Pacifique.

Les militaires engagés pour la durée de la guerre ne peuvent être dirigés sur la métropole qu'apres avoir été reconnus, par une commission médicale, aptes à un service de guerre et au port habituel des éléments essentiels du chargement du soldat en campagne

3. Le temps passe sous les drapeaux par les indigènes engagés pour la durée de la guerre sera déduit des années de service actif dues par ces indigènes, dans les cas ou ils seraient ultérieurement incorporés comme appelés

En raison des délais nécessaires à leur rapatriement apres la guerre, les indigènes engagés pour la durée de la guerre pourront, à partir de la date de la signature de la paix, être maintenus sous les drapeaux durant une periode qui ne devra pas excéder six mois.

4 L'engagement pour la durée de la guerre donne droit à une prime de 200 fr, payable au

---

(1) S. et P. *Lois annotées* de 1900, p. 1113; *Pand. pér*, 1901.3.147.

(2) S. et P. *Lois annotées* de 1906, p. 3; *Pand. pér.*, 1905.3.81.

(3) S. et P. *Lois annotées* de 1914, p. 561; *Pand. pér.*, *Lois annotées* de 1914, p. 561.

(4) *J. off.*, 6 nov. 1904, p. 6575.

(5) *J off.*, 27 juin 1906, p. 4373.

(6) *J. off.*, 8 nov. 1904, p. 6606.

(7) *J. off.*, 19 mai 1905, p. 3218.

(8) *J. off.*, 15 mai 1913, p. 4158

(9) *J. off.*, 27 mai 1908, p. 3670.

(10) *J. off.*, 30 juin 1912, p. 5757.

(11) *J. off.*, 4 sept. 1908, p. 6201.

(12) *Supra*, p. 64.

moment de la signature de l'acte Pour les anciens soldats, il donne droit, en outre, à la haute paye correspondant à leur ancienneté de service actif

5. Il est accordé aux familles nécessiteuses des tirailleurs, recrutés en vertu du présent décret, lorsqu'ils sont appelés à servir hors de leur colonie d'origine et qu'ils ne sont pas autorisés à se faire accompagner de leur famille, une allocation mensuelle, dont le taux est fixé par le gouverneur général ou gouverneur, dans la limite d'un maximum de 15 fr.

6. Les allocations spéciales prévues par les art. 4 et 5 du présent décret seront imputables au budget général de l'Etat.

7. Il sera alloué une somme annuelle de 120 fr aux familles (veuves ou orphelins) des tirailleurs recrutés en vertu du présent décret, qui auront été tués à l'ennemi, ou qui seront morts des suites de leurs blessures ou de maladies contractées en service

Cette somme sera précomptée sur les premiers arrérages de la pension qui viendrait à être concédée aux mêmes bénéficiaires, à raison du même fait.

8. Les ministres de la guerre, des colonies et des finances sont chargés, etc.

ARMÉE, GUERRE FRANCO-ALLEMANDE, INDO-CHINE, MADAGASCAR, INDIGÈNES, ENGAGEMENT POUR LA DURÉE DE LA GUERRE, INFIRMIERS MILITAIRES, COMMIS ET OUVRIERS D'ADMINISTRATION, ALLOCATIONS AUX FAMILLES.

DÉCRET *fixant les conditions d'engagement pour la durée de la guerre des indigènes de l'Indo-Chine et de Madagascar, dans les sections d'infirmiers militaires et de commis et ouvriers d'administration des troupes coloniales, et accordant des allocations aux familles de ces militaires indigènes.*

(12 décembre 1915) — (Publ. au *J. off.* du 18 déc.).

LE PRÉSIDENT DE LA RÉPUBLIQUE FRANÇAISE; — Sur les rapports des ministres de la guerre, des colonies et des finances; — Vu la loi du 7 juill 1900 (1), portant organisation des troupes coloniales, et notamment l'art. 16 de cette loi; — Vu l'art. 92 de la loi du 21 mars 1905 (2), sur le recrutement de l'armée, modifié le 7 août 1913 (3); — Vu le décret du 24 sept. 1903, portant organisation des réserves indigènes à Madagascar; — Vu le décret du 1er nov. 1904 (4), portant constitution des réserves indigènes en Indo Chine, modifié le 21 juin 1906 (5); — Vu le décret du 1er nov 1904 (6), portant organisation du recrutement des indigènes de race annamite au Tonkin et en Annam, modifié les 14 mai 1905 (7) et 7 mai 1913 (8); — Vu le décret du 19 mai 1908 (9), relatif au recrutement indigène à Madagascar, modifié le 22 juin 1912 (10); — Vu le décret du 23 août 1908 (11), fixant le mode de recrutement des militaires indigènes en Cochinchine; — Vu le décret du 9 oct. 1915 (12), modifiant les conditions d'engagement des tirailleurs sénégalais, et accordant des allocations aux familles des militaires indigènes; — Vu le décret du 11 juin 1901 (13), portant règlement d'administration des troupes coloniales, modifié par les décrets des 4 juill. 1901, 6 mai 1904 (14) et 21 juin 1906 (15); — Vu le décret du 21 juin 1906 (16), portant règlement d'administration publique sur l'organisation du corps de l'intendance militaire des troupes coloniales et particulièrement son art. 16; — Vu le décret du 21 juin 1906 (17), portant règlement d'administration publique sur l'organisation du corps de santé des troupes coloniales, et en particulier son art 8; — Vu le décret du 12 déc. 1915 (18), fixant les conditions d'engagement pour la durée de la guerre des indigènes de l'Indo-Chine, de Madagascar et de la Côte des Somalis, et accordant des allocations aux familles des militaires indigènes; — Décrète :

ART 1er. Les indigènes de l'Indo-Chine française et de Madagascar, qui ne sont pas sous les drapeaux, sont admis à contracter, à partir de l'âge de dix-huit ans, un engagement pour la durée de la guerre, dans les sections d'infirmiers militaires et les sections de commis et ouvriers d'administration des troupes coloniales.

Les indigènes engagés pour la durée de la guerre sont en principe appelés à servir hors du territoire de leur colonie ou de leur groupe de colonies d'origine.

2 Les engagements pour la durée de la guerre

---

(1) S. et P. *Lois annotées* de 1900, p. 1113; *Pand. pér.*, 1901.3 147.

(2) S. et P. *Lois annotées* de 1906, p. 3; *Pand. pér.*, 1905.3.81.

(3) S. et P. *Lois annotées* de 1914, p. 561; *Pand. pér.*, *Lois annotées* de 1914, p. 561.

(4) *J. off.*, 6 nov. 1904, p. 6575.

(5) *J. off.*, 27 juin 1906, p. 4373.

(6) *J. off.*, 8 nov. 1904, p. 6606.

(7) *J. off.*, 19 mai 1905, p. 3218.

(8) *J. off.*, 15 mai 1913, p. 4158.

(9) *J. off.*, 27 mai 1908, p. 3670.

(10) *J. off.*, 30 juin 1912, p. 5757.

(11) *J. off.*, 4 sept. 1908, p. 6201.

(12) *Supra*, p. 61

(13) *J. off.*, 13 juin 1901, p. 3632.

(14) *J. off*, 15 mai 1904, p. 2966.

(15) *J. off.*, 26 juin 1906, p. 4330.

(16) *J. off.*, 26 juin 1906, p. 4331.

(17) *J. off.*, 26 juin 1906, p. 4333.

(18) C'est le décret qui précède.

sont reçus, après une visite médicale constatant l'aptitude des intéressés à servir en France ou en Orient, dans les formes fixées :

1° En Indo-Chine, par les décrets des 1er nov. 1904 (modifié les 14 mai 1905 et 7 mai 1912) et 28 août 1908.

2° A Madagascar, par le décret du 19 mai 1908, modifié le 22 juin 1912.

3 Le temps passé sous les drapeaux par les indigènes engagés pour la durée de la guerre sera réduit des années de service actif dues par ces indigènes, dans le cas où ils seraient ultérieurement incorporés comme appelés.

En raison des délais nécessaires à leur rapatriement après la guerre, les indigènes engagés pour la durée de la guerre pourront, à partir de la date de la signature de la paix, être maintenus sous les drapeaux durant une période qui ne devra pas excéder six mois.

4 L'engagement pour la durée de la guerre donne droit à une prime de 40 fr., payable au moment de la signature de l'acte. Les indigènes recrutés percevront la solde journalière de 75 centimes, et auront droit, en outre, aux prestations en nature ou aux indemnités représentatives correspondantes allouées aux militaires européens des mêmes formations.

Les anciens soldats auront, en outre, droit à la haute paye correspondant à leur ancienneté de service actif.

5 Il est accordé aux familles nécessiteuses des tirailleurs recrutés en vertu du présent décret, lorsqu'ils sont appelés à servir hors de leur colonie d'origine et qu'ils ne sont pas autorisés à se faire accompagner de leur famille, une allocation mensuelle, dont le taux est fixé par le gouverneur général ou gouverneur, dans la limite d'un maximum de 15 fr.

6 Les allocations spéciales prévues aux art. 4 et 5 du présent décret seront imputables au budget général de l'Etat.

7 Il sera alloué une somme annuelle de 120 fr. aux familles (veuves ou orphelins) des tirailleurs recrutés en vertu du présent décret, qui auront été tués à l'ennemi, ou qui seront morts des suites de leurs blessures ou de maladies contractées en service.

Cette somme sera précomptée sur les premiers arrérages de la pension qui viendrait à être concédée aux mêmes bénéficiaires, à raison du même fait.

8. Les ministres de la guerre, des colonies et des finances sont chargés, etc.

(1) S. *Lois annotées* de 1854, p. 78. — P. *Lois, décr.*, etc. de 1854, p. 137.

(2) S. et P. *Lois annotées* de 1896, p. 178, *Pand. pér.*, 1897.3.44.

(3) S. et P. *Lois annotées* de 1913, p. 467 ; *Pand. pér.*, *Lois annotées* de 1913, p. 467.

(4) *J. off.*, 26 févr. 1914, p. 1807.

COLONIES, GUERRE FRANCO-ALLEMANDE, CONSERVES ÉTRANGÈRES DE POISSON, MADAGASCAR, LOI DU 28 JUIN 1913, APPLICATION.

DÉCRET *portant application à Madagascar de la loi du 28 juin 1913, sur la protection des conserves de poisson.*

(12 décembre 1915) — (Publ. au *J. off.* du 18 déc.).

LE PRÉSIDENT DE LA RÉPUBLIQUE FRANÇAISE ; — Sur le rapport du ministre des colonies ; — Vu l'art. 18 du sénatus-consulte du 3 mai 1854 (1) ; — Vu la loi du 6 août 1896 (2), déclarant colonie française l'île de Madagascar et ses dépendances ; — Vu la loi du 25 juill. 1912 (3), déclarant les îles d'Anjouan, de Mohéli et de la Grande-Comore colonies françaises ; — Vu le décret du 23 févr. 1914 (4), portant règlement d'administration publique pour l'exécution de l'art. 2 de la loi susvisée du 25 juill. 1912 ; — Vu les décrets des 11 déc. 1895 (5) et 30 juill. 1897 (6), fixant les pouvoirs du gouverneur général de Madagascar et dépendances ; — Vu la loi du 11 juill. 1906 (7), promulguée à Madagascar par arrêté du 22 août 1906, relative à la protection des conserves de légumes et de prunes contre la fraude étrangère ; — Vu la loi du 28 juin 1913 (8), rendant les dispositions de la loi du 11 juill. 1906 applicables à toutes les conserves étrangères de poisson ; — Décrète :

ART. **1er**. La loi du 28 juin 1913, étendant les dispositions de la loi du 11 juill. 1906 à toutes les conserves étrangères de poisson, est rendue applicable à la colonie de Madagascar et dépendances.

2. Le ministre des colonies est chargé, etc.

COLONIES, GUERRE FRANCO-ALLEMANDE, NAVIRES, VENTE, LOI DU 11 NOV. 1915, APPLICATION.

DÉCRET *rendant applicable, dans les colonies, la loi du 11 nov. 1915, relative à la vente des navires de mer pendant la guerre.*

(12 décembre 1915). — (Publ. au *J. off.* du 16 déc.).

LE PRÉSIDENT DE LA RÉPUBLIQUE FRANÇAISE ; — Sur le rapport du ministre des colonies, du ministre de la marine et du garde des sceaux, minis-

(5) S. et P. *Lois annotées* de 1896, p. 13-14 ; *Pand. pér.* 1897.3.23.

(6) S. et P. *Lois annotées* de 1899, p. 727.

(7) S. et P. *Lois annotées* de 1907, p. 459 ; *Pand. pér.*, 1906.3.277.

(8) S. et P. *Lois annotées* de 1913, p. 549 ; *Pand. pér.*, *Lois annotées* de 1913, p. 549.

tre de la justice; — Vu le sénatus-consulte du 3 mai 1854 (1); — Vu la loi du 11 nov. 1915 (2), concernant la vente des navires de mer pendant les hostilités; — Décrete :

Art. 1er. La loi du 11 nov. 1915, concernant la vente des navires de mer pendant les hostilités, est rendue applicable aux colonies.

2. Le ministre des colonies, le ministre de la marine et le garde des sceaux, ministre de la justice, sont chargés, etc.

Établissements dangereux, insalubres ou incommodes, Guerre franco-allemande, Établissements travaillant pour la défense nationale.

Décret *relatif à la surveillance des établissements dangereux ou insalubres qui travaillent pour la défense nationale.*

(12 décembre 1915). — (Publ. au *J. off.* du 19 déc.).

Le Président de la République française; — Vu le décret du 15 oct. 1810 (3), relatif aux manufactures et ateliers qui répandent une odeur insalubre et incommode; — Vu l'ordonnance du 14 janv. 1815 (4), contenant règlement sur les manufactures, établissements et ateliers qui répandent une odeur insalubre ou incommode; — Vu le décret du 3 mai 1886 (5), qui fixe la nomenclature des établissements dangereux, insalubres ou incommodes, ensemble les décrets qui ont complété ou modifié cette nomenclature; — Sur le rapport du ministre de la guerre et du ministre du commerce, de l'industrie, des postes et des télégraphes; — Décrete :

Art. 1er. Pendant la durée des hostilités, les usines, manufactures et ateliers, développés ou créés pour exécuter des commandes pour la défense nationale, soit directement, soit indirectement, et soumis en raison de la nature de leur fabrication à la législation sur les établissements dangereux ou insalubres, sont régis par les dispositions suivantes :

La permission nécessaire pour la création ou pour l'agrandissement d'un établissement de cette espèce est accordée, à titre provisoire, par l'Administration de la guerre, après une instruction sommaire faite par un officier, un ingénieur ou un fonctionnaire désigné à cet effet par le service intéressé.

Cette autorisation provisoire pourra être retirée, si l'établissement cesse de travailler pour les besoins des armées, ou si l'exploitant refuse de se conformer aux mesures prescrites dans l'intérêt de la salubrité publique ou de la sécurité des ouvriers et des voisins. En tout cas, elle sera valable seulement pendant la durée de la guerre, et ne conférera aucun droit à l'exploitant, qui devra, s'il désire continuer sa fabrication, se mettre en instance, apres la cessation des hostilités, pour obtenir une autorisation régulière, après l'accomplissement des formalités réglementaires.

Les établissements ouverts en vertu d'une autorisation provisoire sont soumis à la surveillance de l'Administration de la guerre. Cette surveillance est exercée au moyen d'officiers, d'ingénieurs ou de fonctionnaires désignés à cet effet par le service pour lequel travaille l'établissement, et a pour objet de constater si toutes les prescriptions relatives à l'hygiène et à la sécurité sont observees et de rechercher toutes les améliorations compatibles avec la bonne marche des fabrications

2. Le ministre de la guerre et le ministre du commerce, de l'industrie, des postes et des télégraphes sont chargés, etc

---

Marine, Guerre franco-allemande, Gendarmerie maritime, Limite d'age, Suspension.

Circulaire *relative a l'application à la gendarmerie maritime du décret (guerre) du 4 août 1915, sur le maintien en activité au delà de la limite d'âge.*

(12 décembre 1915). — (Publ. au *J off.* du 15 déc.).

Le Ministre de la marine à MM. les vice-amiraux commandant en chef, préfets maritimes

En vertu de la disposition contenue dans l'art. 3 (§ 2) du décret du 15 juill. 1858, portant reglement du service spécial de la gendarmerie maritime, j'ai décidé de rendre applicable à ce corps le décret (guerre) du 4 août 1915 (6), qui permet de maintenir en activité, pendant la durée de la guerre, les sous-officiers, brigadiers et gendarmes atteints par la limite d'âge de cinquante-cinq ans

---

Colonies, Guerre franco-allemande, Douanes, Interdiction de sortie, Dérogation, Retrait, Aluminium.

Arrêté *rapportant, en ce qui concerne l'aluminium, métal pur ou allie, les dispositions de l'arrêté du*

---

(1) S. *Lois annotées* de 1854, p. 78. — P. *Lois, décr.*, etc. de 1854, p. 137.

(2) *Supra*, p. 125.

(3) S. 1er vol. des *Lois annotées*, p. 834.

(4) S. 1er vol. des *Lois annotées*, p. 918.

(5) S. *Lois annotées* de 1886, p. 74. — P. *Lois, décr.*, etc. de 1886, p. 127.

(6) 2e vol., p. 273.

24 *févr.* 1915, *qui porte dérogation aux prohibitions de sortie.*

(14 décembre 1915). — (Publ. au *J. off.* du 15 déc.).

Le Ministre des colonies; — Vu le décret du 2 janv. 1915 (1), portant prohibition de sortie aux colonies et pays de protectorat autres que la Tunisie et le Maroc; — Vu l'arrêté du 24 févr. 1915 (2), portant dérogation aux prohibitions de sortie; — Vu l'arrêté du ministre des finances du 30 nov 1915 (3); — Arrête :

Article unique. Sont rapportées, en ce qui concerne l'aluminium, métal pur ou allié, les dispositions de l'arrêté du 24 févr. 1915, susvisé.

Enregistrement, Bureaux, Suppression, Agents auxiliaires, Receveurs des postes et télégraphes.

Décret *relatif à la suppression de bureaux d'enregistrement.*

(15 décembre 1915). — (Publ. au *J. off.* du 19 déc.).

Le Président de la République française; — Sur le rapport du ministre des finances et du ministre du commerce, de l'industrie, des postes et des télégraphes; — Décrete :

Art. 1er. Les bureaux de l'enregistrement, des domaines et du timbre établis dans les localités désignées au tableau annexé au présent décret sont supprimés, et leurs attributions sont transférées aux bureaux indiqués dans le même tableau, sous réserve des dispositions ci-après.

2 Dans les localités où se trouvaient les bureaux supprimés, ainsi que dans tous les chefs-lieux de canton où il n'existe pas actuellement de receveur de l'enregistrement, le directeur général de l'enregistrement, des domaines et du timbre commissionne, en qualité d'agents auxiliaires, les receveurs, titulaires ou intérimaires, des postes et des télégraphes, à l'effet de :

1° Recevoir et transmettre, dans les formes ci-après indiquées, au receveur du bureau de l'enregistrement auquel est rattaché le bureau supprimé, les actes, déclarations et documents quelconques présentés à la formalité de l'enregistrement ou du timbre par les particuliers et les officiers publics ou ministériels, et remettre ensuite lesdits actes et documents aux déposants;

2° Encaisser pour le compte du même receveur les sommes versées par les particuliers et les officiers publics ou ministériels pour l'enregistrement des actes et déclarations, ainsi que toutes autres sommes payables à la caisse dudit comptable;

3° Acquitter, pour le compte du même receveur, et dans les conditions prévues par le décret du 18 juin 1811 (4), les taxes accordées aux témoins par le juge de paix ou de simple police;

4° Assurer la débite du timbre et la vente des formules de déclaration de succession

3. Au moment du dépôt des actes ou documents entre les mains du receveur des postes et des télégraphes, le déposant doit verser le montant des droits présumés exigibles.

4. Les actes, déclarations ou documents quelconques sont énumérés par le déposant sur deux bordereaux fournis par l'Administration, portant un même numéro d'ordre, revêtus tous deux, au moment de leur emploi, du timbre à date du bureau de poste, et indiquant le montant de la somme versée, ainsi que l'heure à laquelle a été effectué le dépôt des documents et des fonds.

L'un des bordereaux est joint aux pièces déposées, et transmis avec elles au receveur de l'enregistrement chargé de donner la formalité.

Quant à l'autre formule, elle contient récépissé tant des sommes déposées que des documents énumérés. Elle est remise au déposant.

5. Le receveur des postes et des télégraphes place, en présence du déposant, les documents déposés et le bordereau joint dans une enveloppe, qu'il scelle et adresse comme pli chargé au receveur de l'enregistrement, des domaines et du timbre, par le premier courrier qui suit le dépôt.

6. Sous la double condition que la somme versée soit suffisante et que les actes ou déclarations contiennent toutes les indications nécessaires pour la liquidation régulière de l'impôt, le receveur de l'enregistrement, des domaines et du timbre doit enregistrer les documents contenus dans le pli à la date du premier jour non férié qui suit celui où ils ont été déposés au bureau de poste expéditeur, d'après les indications de la formule. Puis il indique sur le registre de formalité, et dans la mention d'enregistrement ou sur la quittance, la date et l'heure du dépôt des pièces et du versement des droits au bureau de poste, et renvoie à ce bureau les actes, documents ou quittances, le lendemain au plus tard du jour de l'enregistrement.

Ce renvoi a lieu sous pli chargé, déposé au bureau de poste de la résidence du receveur de l'enregistrement, des domaines et du timbre.

Il est accompagné. dans le cas où les droits perçus sont inférieurs à la somme déposée, d'un bulletin, adressé sous pli distinct, et également chargé, au receveur du bureau de poste expéditeur, et présentant le détail de la somme à restituer au déposant lors du retrait des actes ou de la quittance correspondant à la déclaration.

Dès la réception du pli, le receveur des postes et des télégraphes convoque l'intéressé à son bureau, où le retrait des documents et la restitution

(1) 1er vol., p. 291.

(2) 2e vol., p. 39.

(3) *Supra*, p. 157.

(4) S. 1er vol. des *Lois annotées*, p. 859.

de l'excédent de la somme déposée sont effectués contre remise par le déposant du bordereau qui lui a été délivré conformément à l'art. 2, et sur lequel il donne décharge tant des documents enregistrés que de la somme remboursée.

7. Lorsque la somme est insuffisante, et que les actes ou déclarations ne renferment pas les indications ou ne sont pas accompagnés des justifications nécessaires pour la liquidation régulière de l'impôt, le receveur de l'enregistrement, des domaines et du timbre diffère l'enregistrement des documents contenus dans le pli.

En cas d'insuffisance de la consignation des droits, il se borne à inviter le déposant à verser le complément exigible.

Lorsque les actes ou déclarations ne renferment pas les indications ou ne sont pas accompagnes des justifications nécessaires pour la liquidation régulière de l'impôt, le receveur de l'enregistrement les renvoie aussitôt au bureau de poste expéditeur sous pli chargé, déposé au bureau de poste de sa résidence.

En même temps, il adresse :

1° au receveur des postes et des télégraphes expediteur, un avis l'informant du refus de l'enregistrement, et l'autorisant à restituer, sur la demande de l'intéressé, la somme deposée et les documents, contre remise du bordereau délivré au déposant conformément à l'art. 2 ;

2° Au déposant, un avis lui faisant connaître le renvoi des actes ou déclarations, et lui indiquant les évaluations et autres rectifications que comportent les documents.

8. Tout dépôt effectué au bureau de poste le jour de l'expiration des délais impartis pour l'enregistrement des actes ou declarations équivaut au dépôt des pièces au bureau même d'enregistrement, pourvu que ce dépôt ait été fait avant seize heures (quatre heures du soir), et qu'en outre, il remplisse les deux conditions spécifiées au premier alinéa de l'art. 6.

9. La correspondance de toute nature échangée entre le receveur des postes et des télégraphes et le receveur de l'enregistrement, des domaines et du timbre visé à l'art 2, pour l'exécution des dispositions qui précèdent, a lieu en franchise.

La fermeture et l'ouverture des plis chargés, contenant des pieces transmises ou renvoyées, ne peuvent être effectuées par le receveur des postes et des télégraphes qu'en présence des déposants.

10. Il est alloué, à titre de rémunération, aux receveurs des postes et des télégraphes, un pour cent du prix de la débite du timbre et vingt centimes pour cent francs des autres recettes, déduction faite des sommes restituées.

11. Le ministre des finances et le ministre du commerce, des postes et des télégraphes arrêteront de concert les mesures nécessaires pour l'exécution du présent décret, etc

---

TRAITÉ INTERNATIONAL, GUERRE FRANCO-ALLEMANDE, DÉCLARATION FRANCO-BRITANNIQUE, COMPÉTENCE EN MATIÈRE PÉNALE, MILITAIRES FAISANT PARTIE DES ARMÉES D'OPÉRATIONS, PERSONNES ÉTRANGÈRES A L'ARMÉE.

DÉCLARATION *franco-britannique relative à la compétence pénale militaire.*

(Publ. sans date au *J. off.* du 15 déc 1915).

Le gouvernement de la République française et le gouvernement de Sa Majesté le Roi de Grande-Bretagne et d'Irlande sont d'accord pour reconnaître, pendant la présente guerre, la compétence exclusive des tribunaux de leurs armées d'opérations respectives à l'égard des personnes appartenant à ces armees, quels que soient le territoire où elles se trouvent et la nationalité des inculpés Dans le cas d'infractions commises conjointement ou de complicite par des individus faisant partie de ces deux armées, les auteurs et complices français sont déferés à la juridiction militaire française, et les auteurs et complices britanniques sont déférés à la juridiction militaire britannique.

Les deux gouvernements sont aussi d'accord pour reconnaître, pendant la présente guerre, la compétence exclusive en territoire français de la justice française à l'égard des personnes etrangeres à l'armée britannique qui commettraient des actes préjudiciables à cette armée, et la compétence exclusive en territoire britannique de la justice britannique à l'égard des personnes étrangeres à l'armée française qui commettraient des actes préjudiciables à ladite armée.

PILOTAGE, NAVIRES DE GUERRE, NAVIRES FRANÇAIS ET ANGLAIS.

CIRCULAIRE *relative au règlement des frais de pilotage, de remorquage et lamanage des navires de guerre.*

(16 décembre 1915). — (Publ au *J. off* du 17 déc.)

Le Ministre de la marine à MM. les vice-amiraux, commandant en chef, préfets maritimes; officiers généraux et autres commandant à la mer, commandants de la marine ; gouverneurs généraux, gouverneurs, lieutenants gouverneurs et administrateurs des colonies ; agents diplomatiques et consulaires à l'étranger.

J'ai l'honneur de vous notifier ci-après les regles convenues avec le gouvernement britannique pour le paiement des droits de pilotage, remorquage et lamanage, dans les ports français et anglais, des navires de guerre proprement dits, ainsi que des navires de commerce affrétés ou réquisitionnés par les deux gouvernements.

I. — Dans tous les ports, non qualifiés de ports de guerre, chaque nation supporte les frais de pilotage, remorquage et lamanage dus par ses propres navires, quelle qu'en soit la nature, y compris les navires de guerre.

II — Dans les ports de guerre seuls, les navires de guerre des deux nations ne supportent aucuns frais pour les opérations de l'espece.

III — Au point de vue de l'application des mesures qui précedent, il y a lieu de considérer :

A. — COMME NAVIRES DE GUERRE

1° En ce qui concerne la marine française (au point de vue spécial envisagé), les navires qui sont portés sur la liste de la flotte au 1er janv. 1914, ainsi que les croiseurs auxiliaires et les navires-hôpitaux militaires

2° En ce qui concerne la marine britannique :

a) Les navires dont les noms figurent dans le corps du « Navy List » et dans les listes qui suivent immédiatement, comprenant les navires des marines coloniales, et les navires marchands commissionnes comme navires de guerre.

b) Les navires-hôpitaux « militaires » définis comme tels par la Convention de La Haye (*Naval Prize Manual*, p. 66-67) (1).

B. — COMME PORTS DE GUERRE.

Ports français.

Cherbourg, Brest, Lorient, Rochefort, Toulon, Bizerte, Dakar, Diego-Suarez, Saigon.

Ports britanniques.

a) Dans les Iles Britanniques : Plymouth, Portland, Portsmouth, Douvres, Sheerness, Chatam, The Forth, Cromarty, Milford Haven, Queenstown, Berchaven.

b) Dans les colonies : Bermudes, Gibraltar, Hong-Hong, Malte, Simon's bay.

IV — Pour le passé, aucune réclamation ne sera élevée du chef des droits qui ont été acquittés pour les navires de guerre proprement dits, tels qu'ils ont été définis ci-dessus. En ce qui concerne les navires ne rentrant pas dans la catégorie des navires de guerre, l'amirauté britannique assurera le remboursement des droits de pilotage, remorquage et lamanage dont l'avance aurait été faite par le gouvernement français, depuis le début des hostilités.

L'insertion au *Journal officiel* et au *Bulletin officiel* de la marine de la présente circulaire tiendra lieu de notification.

MARINE, GUERRE FRANCO-ALLEMANDE, OFFICIERS DE MARINE, INGÉNIEURS HYDROGRAPHES, AVANCEMENT AU CHOIX, COMMISSION DE CLASSEMENT, COMPOSITION.

DÉCRET *modifiant le décret du 14 juin 1913, relatif à la composition des commissions de classement des officiers des corps navigants.*

(17 décembre 1915). — (Publ. au *J. off.* du 20 déc.).

LE PRÉSIDENT DE LA RÉPUBLIQUE FRANÇAISE ; — Vu le décret du 14 juin 1913 (2), relatif à l'avancement au choix des officiers des corps navigants, etc.. ; — Vu le décret du 8 juin 1915 (3), modificatif du précédent ; — Sur le rapport du ministre de la marine ; — Décrète :

ART. **1er**. L'art. 2 du décret du 14 juin 1913 est modifié de la maniere suivante :

« 1. Les commissions de classement comprennent :

Pour le corps des officiers de marine :

Le ministre de la marine, président ;
Le chef d'état-major général ;
Le directeur militaire des services de la flotte ;
Un officier général désigné par le ministre et choisi parmi ceux en service à Paris ;

Pour le corps des ingenieurs hydrographes :

Le ministre de la marine, président ;
Le chef d'état-major général ;
Un officier général désigné par le ministre et choisi parmi ceux en service à Paris,
Le directeur d'hydrographie.

. . . .

(Le reste sans changement)

« 2 Les délibérations des commissions de classement sont valables, même quand un des membres est absent.

« Lorsqu'un membre se trouve indisponible, le ministre peut prescrire son remplacement, s'il s'agit d'un officier de marine, par un des officiers généraux en service a Paris...

(Le reste sans changement) ».

2. Le décret du 8 juin 1915, modifiant l'art 2 du decret du 14 juin 1913, est abroge.

3. Le ministre de la marine est chargé, etc

RÉQUISITIONS MILITAIRES, MARINE, NAVIRES RÉQUISITIONNÉS, RÉGLEMENTATION, COMMISSION, CRÉATION.

ARRÊTÉ *instituant une commission chargée d'étudier les questions soulevées par la réglementation des requisitions.*

---

(1) Note du *J. off* — Les navires sont peints en blanc avec une large bande verte, et tout navire-hôpital ainsi peint devra de prime abord être consideré comme entrant dans le cadre de la convention intervenue avec le gouvernement britannique.

(2) *Bull. off*, nouv. serie, 107, n. 5690.

(3) 2e vol., p. 184.

(17 décembre 1915). — (Publ au *J. off.* du 22 déc.)

Le Ministre de la marine; — Arrête :

Art. 1er. Il est institué, sous la présidence du sous-secrétaire d'Etat de la marine, une commission chargée d'étudier les questions soulevées par la réglementation des réquisitions de navires, les conditions dans lesquelles pourrait être organisée l'exploitation commerciale des navires réquisitionnés, et l'opportunité de compléter la réquisition des navires non militarisés par des contrats passés avec les armateurs.

2. Cette commission est composée ainsi qu'il suit :

(*Suivent les noms au* J. off.).

3. Les armateurs, membres de la commission, seront appelés à prendre part à ses travaux, successivement, suivant la nature de l'armement qu'ils représentent

La commission recevra la déposition de toute personne intéressée qu'elle jugerait utile d'entendre.

Algérie, Guerre franco-allemande, Juges de paix mobilisés, Remplacement, Suppléants, Rémunération.

Arrêté *relatif à la rémunération des suppléants de juges de paix en Algérie.*

(18 décembre 1915). — (Publ. au *J. off.* du 24 déc.).

Le Garde des sceaux, Ministre de la justice; — Sur la proposition du gouverneur général de l'Algérie; — Vu le décret du 20 sept. 1915 (1), sur le fonctionnement des justices de paix en Algérie pendant la guerre : — Arrête :

Art. 1er. La rémunération prévue par l'art. 2 du décret précité du 20 sept. 1915, pour les suppléants appelés à remplacer les juges de paix mobilisés, est fixée au chiffre de 180 fr par mois.

2. La rémunération est allouée par décision du gouverneur général, sur la proposition du procureur général.

Il ne peut être attribué qu'une rémunération par justice de paix.

3. La décision du gouverneur général allouant une rémunération pourra avoir effet du 1er avril 1915 pour les suppléants qui sont chargés de l'intérim depuis le début des hostilités, et l'ont assuré d'une façon continue. Les suppléants ne remplissant pas les conditions ci-dessus recevront la rémunération du jour de la décision.

1° Assurances sur la vie, Guerre franco-allemande, Etats et tableaux, Dispense. — 2° Sociétés d'épargne et de capitalisation, Guerre franco-allemande, Etats et tableaux, Dispense.

Arrêté *dispensant les sociétés d'assurances sur la vie et les entreprises de capitalisation d'annexer à leur compte rendu, au* 31 *déc.* 1915, *les états et tableaux réglementaires.*

(18 décembre 1915). — (Publ. au *J. off.* du 21 déc.).

Le Ministre du travail et de la prévoyance sociale; — Vu la loi du 17 mars 1905 (2), relative à la surveillance et au contrôle des sociétés d'assurances sur la vie et de toutes les entreprises dans les opérations desquelles intervient la durée de la vie humaine; — Vu la loi du 19 déc. 1907 (3), relative à la surveillance et au contrôle des sociétés de capitalisation; — Vu l'arrêté du 29 juill. 1907 (4), relatif aux modeles des états et tableaux que les entreprises d'assurances sur la vie doivent annexer à leur compte rendu publié ou à publier au *Journal officiel*; — Vu l'arrêté du 24 nov. 1909 (5), modifiant l'arrêté du 29 juill. 1907 en ce qui concerne les dates de production, de publication et de dépôt du compte rendu des entreprises d'assurances sur la vie; — Vu l'arrêté du 25 juill. 1910 (6), relatif aux modèles des états et tableaux que les entreprises de capitalisation doivent annexer à leur compte rendu publié; — Vu l'arrêté du 20 déc 1912 (7), modifiant, pour les entreprises d'assurances sur la vie et les entreprises de capitalisation, les modèles d'états et de tableaux à annexer au compte rendu annuel des opérations; — Vu l'arrêté du 26 déc. 1914 (8), dispensant les sociétés d'assurances sur la vie et les entreprises de capitalisation d'annexer à leur compte rendu, au 31 dec 1914, les états et tableaux réglementaires; — Considérant les difficultés matérielles que les entreprises continueraient à éprouver à établir lesdits états et tableaux dans les circonstances actuelles; — Vu l'avis du comité consultatif des assurances sur la vie et des entreprises de capitalisation; — Sur la proposition du conseiller juridique, chef du service du contrôle des assurances privées pendant la mobilisation; — Arrête :

Art. 1er. Les états et tableaux prévus respectivement par les arrêtés des 29 juill. 1907 et 25 juill. 1910 pour les sociétés d'assurances sur la vie et pour les entreprises de capitalisation, comme devant être annexés au compte rendu annuel des

(1) *Supra*, p. 37.

(2) S. et P. *Lois annotées* de 1905, p. 1041; *Pand. pér.*, 1905.3 65.

(3) S et P. *Lois annotées* de 1908, p. 647; *Pand. pér.*, *Lois annotées* de 1908, p. 647.

(4) *J. off.*, 1er août 1907, p. 5390.

(5) *J. off.*, 2 déc. 1909, p. 11490.

(6) *J. off.*, 4 août 1910, p. 6771.

(7) *J. off.*, 22 déc. 1912, p. 10678.

(8) 1er vol., p. 274

opérations, ne seront pas obligatoires pour l'exercice 1915. Les états à annexer au compte rendu du 31 déc 1916 devront être afférents aux opérations des trois exercices 1914, 1915 et 1916.

2 Le présent arrêté sera publié au *Journal officiel* de la République française

---

CAISSE DES RETRAITES POUR LA VIEILLESSE, LOI DU 20 JUILL. 1886, DÉROGATION, AGENTS DES ADMINISTRATIONS DÉPARTEMENTALES, COMMUNALES ET COLONIALES, DES ÉTABLISSEMENTS PUBLICS ET D'UTILITÉ PUBLIQUE, RETRAITE, SUPPRESSION DU MAXIMUM.

LOI *étendant aux agents des administrations publiques départementales, communales et coloniales, aux agents des établissements publics et de certains établissements d'utilité publique, et à leurs conjoints, le bénéfice des dispositions de la loi du 27 mars* 1911, *relative à la Caisse nationale des retraites pour la vieillesse.*

(18 décembre 1915). — (Publ. au *J. off.* du 20 déc.).

ARTICLE UNIQUE. — Le bénéfice des dispositions de la loi du 27 mars 1911 (1), portant dérogation à l'art. 6 de la loi du 20 juill. 1886 (2), est étendu aux agents des administrations publiques départementales, communales et coloniales, ainsi qu'aux conjoints de ces agents

Il en est de même en ce qui concerne les établissements publics et en ce qui concerne les établissements d'utilité publique, qui, par analogie, seraient admis audit bénéfice par la commission supérieure de la Caisse nationale des retraites pour la vieillesse.

JUSTICES DE PAIX, GUERRE FRANCO-ALLEMANDE, JUGES DE PAIX MOBILISÉS, DÉMISSIONNAIRES OU DÉCÉDÉS, RÉUNION DE JUSTICES DE PAIX.

DÉCRETS *portant réunion temporaire de justices de paix.*

(18 décembre 1915). — (Publ. au *J. off.* du 22 déc.).

1er DÉCRET.

LE PRÉSIDENT DE LA RÉPUBLIQUE FRANÇAISE; — Sur le rapport du garde des sceaux, ministre de la justice; — Vu l'art. 1er de la loi du 6 avril 1915 (3), concernant le fonctionnement des justices de paix pendant la guerre; — Vu l'absence pour cause de mobilisation des juges de paix de Saint-Germain (Lot), Cancon (Lot-et-Garonne), Puget-Théniers (Alpes-Maritimes), Breteuil (Oise), Betz (Oise), Molliens-Vidame (Somme), Montrevault (Maine-et-Loire), Candé (Maine-et-Loire), Morteau (Doubs), Chemin (Jura), Amance (Haute-Saône), Pesmes (Haute-Saône), Rémalard (Orne), Gavray (Manche), Bourg-Saint-Maurice (Savoie), Lucenay-l'Evêque (Saône-et-Loire), Corcieux (Vosges), Mirebeau (Vienne), Maurs (Cantal), Saint-Paulien (Haute-Loire), Pionsat (Puy-de-Dôme), Manzat (Puy-de-Dôme), Saint-Valery-en-Caux (Seine-Inférieure), les Cabannes (Ariège), Castanet (Haute-Garonne); — Vu les propositions des premiers présidents des Cours d'appel d'Agen, Aix, Amiens, Angers Besançon, Caen, Chambéry, Dijon, Nancy, Poitiers, Riom, Rouen, Toulouse, et des procureurs généraux près lesdites Cours; — Décrète :

ART. 1er. Sont provisoirement réunies les justices de paix de :

Saint-Germain et Labastide-Murat (Lot), sous la juridiction du juge de paix de Labastide-Murat.

Cancon et Montflanquin (Lot-et-Garonne), sous la juridiction du juge de paix de Montflanquin.

Puget-Théniers et Villars (Alpes-Maritimes), sous la juridiction du juge de paix de Villars.

Breteuil et Froissy (Oise), sous la juridiction du juge de paix de Froissy.

Betz et Crépy-en-Valois (Oise), sous la juridiction du juge de paix de Crépy-en-Valois.

Molliens-Vidame et Hornoy (Somme), sous la juridiction du juge de paix de Hornoy.

Montrevault et Beaupréau (Maine-et-Loire), sous la juridiction du juge de paix de Beaupréau.

Candé et Segré (Maine-et-Loire), sous la juridiction du juge de paix de Segré.

Morteau et Montbenoit (Doubs), sous la juridiction du juge de paix de Montbenoit.

Chemin et Dôle (Jura), sous la juridiction du juge de paix de Dôle.

Amance et Jussey (Haute-Saône), sous la juridiction du juge de paix de Jussey.

Pesmes et Gray (Haute-Saône), sous la juridiction du juge de paix de Gray.

Rémalard et le Theil (Orne), sous la juridiction du juge de paix du Theil.

Gavray et Bréhal (Manche), sous la juridiction du juge de paix de Bréhal.

Bourg-Saint-Maurice et Aime (Savoie), sous la juridiction du juge de paix de Aime

Lucenay-l'Evêque et Epinac (Saône-et-Loire),

---

(1) S et P. *Lois annotées* de 1911, p. 123; *Pand. pér., Lois annotées* de 1911, p. 123.

(2) S. *Lois annotées* de 1887, p. 147. — P. *Lois, décr.*, etc. de 1887, p. 254.

(3) 2e vol., p. 104.

sous la juridiction du juge de paix d'Epinac.

Corcieux et Gérardmer (Vosges), sous la juridiction du juge de paix de Gérardmer.

Mirebeau et Neuville (Vienne), sous la juridiction du juge de paix de Neuville.

Maurs et Saint-Mamet (Cantal), sous la juridiction du juge de paix de Saint-Mamet.

Saint-Paulien et Le Puy, canton Nord (Haute-Loire), sous la juridiction du juge de paix du canton Nord du Puy.

Pionsat et Montaigut (Puy-de-Dôme), sous la juridiction du juge de paix de Montaigut.

Manzat et Saint-Gervais (Puy-de-Dôme), sous la juridiction du juge de paix de Saint-Gervais.

Saint-Valery-en-Caux et Cany (Seine-Inférieure), sous la juridiction du juge de paix de Cany.

Les Cabannes et Tarascon (Ariège), sous la juridiction du juge de paix de Tarascon.

Castanet et Toulouse, canton Ouest (Haute-Garonne), sous la juridiction du juge de paix du canton Ouest de Toulouse.

2. Le garde des sceaux, ministre de la justice, est chargé, etc.

2e Décret.

Le Président de la République française; — Sur le rapport du garde des sceaux, ministre de la justice; — Vu l'art 1er de la loi du 6 avril 1915 (1), concernant le fonctionnement des justices de paix pendant la guerre ; — Vu les décès des juges de paix de Peyruis (Basses-Alpes), Bergues (Nord), Champtoceaux (Maine-et-Loire), Villaines-la-Juhel (Mayenne), Tuffé (Sarthe), Maiche (Doubs), Vassy (Calvados), Bozel (Savoie), Saint-Firmin (Hautes-Alpes), le Donjon (Allier), Criquetot-l'Esneval (Seine-Inférieure); — Vu la démission du juge de paix de Conques (Aude) ; — Vu les propositions des premiers présidents des Cours d'appel d'Aix, Amiens, Angers, Besançon, Caen, Chambéry, Grenoble, Montpellier, Riom, Rouen, et des procureurs généraux près lesdites Cours; — Décrète :

Art **1er**. Sont provisoirement réunies les justices de paix de :

Peyruis et Forcalquier (Basses-Alpes), sous la juridiction du juge de paix de Forcalquier.

Bergues et Hondschoote (Nord), sous la juridiction du juge de paix de Hondschoote

Champtoceaux et Saint-Florent (Maine-et-Loire), sous la juridiction du juge de paix de Saint-Florent.

Villaines-la-Juhel et Horps (Mayenne), sous la juridiction du juge de paix de Horps.

Tuffé et la Ferté-Bernard (Sarthe), sous la juridiction du juge de paix de la Ferté Bernard.

Maiche et Saint-Hippolyte (Doubs), sous la juridiction du juge de paix de Saint-Hippolyte

Vassy et Condé-sur-Noireau (Calvados), sous la juridiction du juge de paix de Condé-sur-Noireau.

Bozel et Moutiers (Savoie), sous la juridiction du juge de paix de Moutiers.

Saint-Firmin (Hautes-Alpes) et Corps (Isère), sous la juridiction du juge de paix de Corps

Conques et Carcassonne, canton Est (Aude), sous la juridiction du juge de paix du canton Est de Carcassonne.

Le Donjon et Jaligny (Allier), sous la juridiction du juge de paix de Jaligny.

Criquetot-l'Esneval et Goderville (Seine-Inférieure), sous la juridiction du juge de paix de Goderville

2. Le garde des sceaux, ministre de la justice est chargé, etc.

3e Décret.

Le Président de la République française, — Sur le rapport du garde des sceaux, ministre de la justice; — Vu l'art 1er de la loi du 6 avril 1915 (2), concernant le fonctionnement des justices de paix pendant la guerre : — Vu le décès du juge de paix de Clery (Loiret); — Vu les propositions du premier président de la Cour d'appel d'Orléans et du procureur général près ladite Cour; — Décrète :

Art. **1er**. Sont provisoirement réunies les justices de paix de Clery et Meung-sur-Loire (Loiret), sous la juridiction du juge de paix de Meung-sur-Loire.

2 Le garde des sceaux, ministre de la justice, est chargé, etc.

Paris (Ville de), Guerre franco-allemande, Bons municipaux, Renouvellement.

Décret *autorisant le renouvellement des bons municipaux de la Ville de Paris*

(18 décembre 1915). — (Publ. au *J. off* du 19 déc.).

Le Président de la République française, — Sur le rapport du ministre de l'intérieur et du ministre des finances ; — Vu le décret du 21 sept 1914 (3), relatif à l'émission des bons départementaux ou communaux, ensemble la loi du 17 mars 1915 (4) ; — Vu les décrets des 7 nov. (5) et 15 déc. (6) 1914, autorisant l'émission de bons municipaux de la ville de Paris, d'une durée d'un an, à concurrence d'une somme maximum de

(1-2) 2e vol., p. 104.

(3) 1er vol., p. 118.

(4) 2e vol., p. 62.

(5-6) 1er vol., p. 189 et 256.

140 millions de francs; — Vu les décrets des 18 juill. (1) et 6 août 1915 (2), autorisant l'émission d'une seconde série de bons municipaux de la ville de Paris, d'une durée de six mois ou d'un an, à concurrence d'une somme maximum de 178 millions de francs; — Vu la délibération du conseil municipal de Paris, en date du 6 déc. 1915: — La section de l'intérieur, de l'instruction publique et des beaux-arts du Conseil d'Etat entendue; — Décrète :

ART. 1er. Est autorisé le renouvellement à leur échéance, aux mêmes conditions et pour une durée de dix mois ou d'un an, des bons municipaux émis par la ville de Paris, en vertu des décrets des 7 nov. et 15 déc. 1914, 13 juill. et 6 août 1915.

2. Les ministres de l'intérieur et des finances sont chargés, etc.

SOCIÉTÉS COOPÉRATIVES, SOCIÉTÉS COOPÉRATIVES OUVRIÈRES DE PRODUCTION, CONSTITUTION, NOMBRE MINIMUM D'ASSOCIÉS, ADMINISTRATION, CONSEIL D'ADMINISTRATION, COMPOSITION, SOCIÉTAIRES OUVRIERS OU EMPLOYÉS DE L'ENTREPRISE, SOCIÉTAIRES ÉTRANGERS A L'ENTREPRISE, SALAIRES DES AUXILIAIRES, SOCIÉTÉS COOPÉRATIVES OUVRIÈRES DE CRÉDIT, CONSTITUTION, OPÉRATIONS AUTORISÉES, PRÊTS AUX SOCIÉTÉS COOPÉRATIVES DE PRODUCTION, PRÊTS A COURT TERME, PRÊTS A LONG TERME, MAXIMUM, DONS ET LEGS, AVANCES DE L'ÉTAT, COMMISSIONS DE RÉPARTITION, BANQUES COOPÉRATIVES OUVRIÈRES, CRÉATION, MODE DE CONSTITUTION, VERSEMENT DES PRÊTS AUX SOCIÉTÉS COOPÉRATIVES DE PRODUCTION ET DE CRÉDIT, REMBOURSEMENT.

LOI *sur les sociétés coopératives ouvrières de production et le crédit au travail.*

(**18 décembre 1915**). — (Publ. au *J. off.* du 19 déc.).

ART. 1er. Les sociétés coopératives de production ont pour but l'exercice en commun de la profession des associés pour l'entreprise de travaux, pour la vente des objets fabriqués ou travaillés par eux, ou produits par leur exploitation

2. Elles sont constituées sous l'une des formes determinées par les titres I, II et III de la loi du 24 juill. 1867 (3).

3 Toutefois, elles doivent comprendre au moins sept personnes appartenant, soit, comme ouvriers, à l'industrie exercée dans l'entreprise sociale, soit, comme employés, à l'entreprise elle-même.

Elles sont administrées par des délégués nommés et révocables par l'assemblée générale des actionnaires, dans les conditions determinées par les statuts.

4 Au cas où les sociétés comprendraient un certain nombre de sociétaires n'étant ni ouvriers de l'industrie, ni employés permanents de l'entreprise, les deux tiers au moins des membres du conseil d'administration devront être pris statutairement parmi les sociétaires ouvriers de l'industrie ou employés de l'entreprise Les sociétaires non ouvriers ou employés ne devront avoir aucun droit aux fonds de réserves autre que la réserve légale et ne pourront toucher qu'un intérêt dont le maximum sera fixé par les statuts, sans autre participation dans les bénéfices. Les sociétés devront se réserver la faculté de rembourser, au fur et à mesure de leurs ressources, les parts appartenant à ces sociétaires non ouvriers.

5. Si les sociétes emploient des ouvriers non sociétaires à titre d'auxiliaires, elles devront accorder à tous les travailleurs, associés ou non, au prorata des salaires touchés ou du temps de travail fourni par chacun d'eux au cours de l'exercice, une participation dont le taux ne devra jamais être inférieur à 25 p. 100 du total des benéfices nets, et devra être au moins égale au taux du dividende attribué au capital

Cette disposition ne s'appliquera pas aux auxiliaires qui seront employés à titre exceptionnel et pour les besoins accessoires de l'entreprise, si, au cours d'un même exercice, ils n'y séjournent pas plus d'un mois.

6 Les sociétés coopératives ouvrières de production bénéficieront des avantages réservés par les lois au crédit au petit et au moyen commerce, à la petite et à la moyenne industrie Elles pourront, en outre, recevoir des encouragements spéciaux de l'Etat, sous forme d'avances ou de subventions, si elles satisfont aux conditions déterminées par la présente loi.

7. Les sociétés coopératives ouvrières de crédit sont celles qui se proposent d'effectuer des opérations de crédit, soit avec leurs associés, soit avec d'autres sociétés coopératives.

8. Elles sont constituées sous l'une des formes déterminées par les titres I, II et III de la loi du 24 juill. 1867.

9. Elles doivent répondre aux conditions suivantes :

1° N'admettre comme actionnaires que des sociétés coopératives ouvrières de production ou des sociétés coopératives ouvrières de crédit, ou des membres des sociétés coopératives de production;

(1-2) 2e vol, p. 230 et 275.

(3) S. *Lois annotées* de 1867, p. 205. — P. *Lois, décr.*, etc. de 1867, p. 346.

2° N'effectuer d'opérations de banque que pour le compte des sociétés ouvrières de production ou de crédit;

3° Ne consentir de prêts ou d'ouvertures de crédit qu'aux sociétés ouvrières de production.

10. Les sociétés coopératives ouvrières de crédit peuvent faire des opérations d'escompte, d'avances, de transport de créances ou d'encaissement, avec leurs propres associés ou avec d'autres sociétés coopératives.

Elles bénéficieront de tous les avantages accordés par l'art. 6 aux sociétés coopératives ouvrières de production.

Elles peuvent, par une décision spéciale de l'assemblée générale, contracter des emprunts destinés à augmenter leur fonds de roulement.

11. Les sociétés coopératives ouvrières de crédit ne pourront consentir de prêts et ouvertures de crédit aux coopératives ouvrières de production que sur les adjudications ou marchés passés qui seront terminés ou en cours d'exécution, et seulement jusqu'à concurrence de 80 p. 100 de la valeur des travaux exécutés et non réglés, après constat ou justification.

Les prêts ne pourront dépasser une durée de trois années, ni être supérieurs au tiers du capital versé de la société emprunteuse.

Le montant des prêts consentis à une même entreprise ne devra jamais excéder 3 p. 100 du capital et des réserves de la société ouvrière de crédit prêteuse.

Par dérogation au § 2 du présent article, des prêts à long terme pourront être consentis par les sociétés coopératives ouvrières de crédit aux sociétés coopératives ouvrières de production pour la constitution d'entreprises nécessitant d'importants frais de premier établissement. En aucun cas, la durée du remboursement ne pourra excéder vingt années. Le total des opérations à long terme ne pourra dépasser lui-même 15 p. 100 du capital d'une société ouvrière de crédit, sans préjudice de ce qui est écrit au § 3 du présent article.

12. Les coopératives ouvrières de production et les coopératives ouvrières de crédit sont autorisées à recevoir des dons et legs

13. Les encouragements alloués aux sociétés coopératives ouvrières de production ou de crédit, en vertu de l'art. 6 de la présente loi, seront répartis après avis d'une commission spéciale, composée comme suit :

Le ministre du travail, président ;

Deux sénateurs ;

Trois députés ;

Un membre du Conseil d'Etat ;

Un membre de la Cour des comptes ;

Le gouverneur de la Banque de France ou son délégué ;

Deux fonctionnaires du ministère des finances ;

Trois fonctionnaires du ministère du travail et de la prévoyance sociale ;

Six représentants des sociétés ouvrières de production ou de crédit ;

Trois membres du conseil supérieur du travail.

Les membres de cette commission seront nommés pour trois ans par décret.

14. Les subventions aux sociétés coopératives ouvrières de production ou de crédit ne peuvent être prélevées que sur les crédits inscrits annuellement au budget ; elles seront acquises aux sociétés bénéficiaires.

Les avances aux sociétés coopératives ouvrières de production ou de crédit ne pourront dépasser la moitié de l'actif net dont justifiera la société emprunteuse. Elles seront imputées sur les ressources budgétaires constituées : 1° à l'aide des crédits ouverts par la loi de finances ; 2° à l'aide des disponibilités du fonds de dotation prévu à l'art. 15 ci-après, lesquelles seront rattachées par décret au budget du ministère du travail et de la prévoyance sociale, au fur et à mesure des besoins, conformément aux dispositions concernant les fonds de concours pour dépenses d'intérêt public.

15. Sur l'avance de 20 millions de francs versée au Trésor par la Banque de France, en vertu de l'art. 1er de la convention du 11 nov. 1911, approuvée par la loi du 29 déc. 1911 (1), le gouvernement est autorisé à disposer de 2 millions de francs pour être attribués, sous forme d'avances portant intérêt à 2 p. 100 l'an, aux sociétés coopératives ouvrières de production ou de crédit.

Cette somme figurera à un compte spécial du Trésor, où seront également portés les fonds de concours qui seraient versés en vue de la même affectation, ainsi que tous recouvrements opérés dans les conditions prévues ci-après, sur les avances consenties par l'Etat, et les intérêts produits par ces avances, exception faite du cas prévu à l'art 17, § 2.

Ce compte constituera le fonds de dotation des sociétés coopératives ouvrières de production et de crédit de France.

16. Les avances aux sociétés coopératives ouvrières de production et de crédit seront consenties aux sociétés bénéficiaires, après avis de la commission prévue à l'art. 13 de la présente loi, soit directement par le Trésor, soit par l'intermédiaire de banques coopératives ouvrières agréées pour ce service par arrêté du ministre du travail et de la prévoyance sociale.

Ces banques seront constituées sous l'une des formes déterminées par les titres I, II et III de la loi du 24 juill. 1867.

Les banques ainsi agréées recevront mandat de reverser à chacune des sociétés bénéficiaires de

---

(1) S. et P. *Lois annotées* de 1912, p. 270, *Pand. pér.*, *Lois annotées* de 1912, p. 270.

prêt le montant du prêt qui lui sera attribué, de régler avec la société les conditions et les termes du remboursement, de prendre toute sécurité jugée nécessaire, y compris tout nantissement sur le fonds de commerce, l'achalandage, en vue d'assurer le recouvrement des arrérages de remboursement et d'exercer éventuellement toute poursuite judiciaire.

Les sommes recouvrées seront reversées au fonds de dotation, au fur et à mesure des rentrées, pour être employées à de nouvelles avances consenties aux sociétés ouvrières dans les mêmes conditions.

17. Les banques coopératives ouvrières qui seront chargées du service des avances prévu par l'article précédent, ne devront consentir de prêts ou d'ouvertures de crédit qu'aux sociétés ouvrieres de production ou de crédit.

Elles bénéficieront, en outre des avances ou subventions, auxquelles elles pourront prétendre au même titre et dans les mêmes conditions que toutes sociétés ouvrières de production ou de crédit, des avantages suivants :

a) L'intérêt de 2 p. 100 des avances consenties par leur intermédiaire sera encaissé par elles à leur profit.

b) Pour les rémunérer des frais que leur occasionnera le service des recouvrements, il pourra leur être alloué, après avis de la commission spéciale, au prorata des sommes par elles recouvrées, une bonification qui ne sera pas inférieure à 2 p. 100, mais qui ne devra pas excéder 5 p. 100.

18. Un règlement d'administration publique déterminera les conditions d'application de la présente loi, et notamment la forme des conventions entre l'Etat et les banques coopératives chargées du service des prêts aux sociétés ouvrières, la durée de ces prêts, le contrôle des banques coopératives, les sanctions éventuelles et les voies de recours en cas d'inexécution des engagements contractés par les banques ou par les sociétés bénéficiaires des prêts.

MAROC, GUERRE FRANCO-ALLEMANDE, BLÉ DUR, ADMISSION EN FRANCHISE.

DÉCRET *autorisant l'entrée en franchise, pendant une période de six mois, d'une quantité de 40.000 quintaux de blé d'origine et de provenance de la zone française de l'empire chérifien.*

(**19 décembre 1915**). — (Publ. au *J. off.* du 20 déc.).

LE PRÉSIDENT DE LA RÉPUBLIQUE FRANÇAISE; — Vu les lois du 11 janv. 1892 (1), 27 févr. 1894 (2) et 29 mars 1910 (3); — Vu l'art. 1er de la loi du 12 juill. 1906 (4); — Vu le décret du 1er août 1914 (5), ordonnant la mobilisation totale de l'armée; — Le conseil des ministres entendu; — Décrète :

ART. **1er**. Une quantité de 40.000 quintaux de blé dur en grains originaires, et provenant de la zone française de l'empire chérifien, pourra être admise en franchise à l'entrée en France, du 1er déc. 1915 au 31 mai 1916.

2. Il sera justifié de l'origine de ces blés par des certificats des autorités françaises du protectorat, visés par la douane du port d'embarquement.

3. Le ministre des affaires étrangères, le ministre du commerce, de l'industrie, des postes et des télégraphes, le ministre de l'agriculture et le ministre des finances sont chargés, etc.

BUDGET, GUERRE FRANCO-ALLEMANDE, CRÉDIT SUPPLÉMENTAIRE, PENSIONS CIVILES.

LOI *portant ouverture d'un crédit supplémentaire pour l'inscription des pensions civiles (Loi du 9 juin 1853).*

(**20 décembre 1915**) — (Publ. au *J. off.* du 22 déc.).

ARTICLE UNIQUE. Il est ouvert au ministre des finances, sur l'exercice 1915, pour l'inscription des pensions civiles liquidées par application de la loi du 9 juin 1853 (6), un crédit supplémentaire d'un million huit cent mille francs (1.800.000 fr), en sus du produit des extinctions

---

ARMÉE, GUERRE FRANCO-ALLEMANDE, ALLOCATIONS AUX FAMILLES NÉCESSITEUSES DE SOUTIENS DE FAMILLE, TIRAILLEURS INDIGÈNES DES COLONIES.

DÉCRET *accordant des allocations aux familles nécessiteuses des militaires indigènes appelés à servir hors de leur colonie d'origine.*

(**21 décembre 1915**). — (Publ. au *J. off.* du 30 déc.).

LE PRÉSIDENT DE LA RÉPUBLIQUE FRANÇAISE; — Sur le rapport des ministres des colonies et des finances; — Vu la loi du 7 juill. 1900 (7), portant organisation des troupes coloniales, et plus

(1) S. et P. *Lois annotées* de 1892, p. 344; *Pand. pér.*, 1892.3.81.

(2) S. et P. *Lois annotées* de 1894, p. 797; *Pand. pér.*, 1895.3.15.

(3) S. et P. *Lois annotées* de 1910, p. 1068, *Pand. pér.*, *Lois annotées* de 1910, p. 1068.

(4) S. et P. *Lois annotées* de 1907, p. 456, *Pand. pér.*, 1907.3.60.

(5) 1er vol., p. 9.

(6) S. *Lois annotées* de 1853, p. 67. — P. *Lois, décr.*, etc de 1853, p. 118.

(7) S. et P. *Lois annotées* de 1900, p. 1113; *Pand. pér.*, 1901.3.147.

spécialement l'art. 16; — Vu la loi du 21 mars 1905 (1), sur le recrutement de l'armée, complétée et modifiée par la loi du 7 août 1913 (2); — Vu les différents actes concernant le recrutement, l'organisation, la solde et l'administration des troupes indigènes dans les diverses possessions d'outre-mer; — Vu la loi du 5 août 1914 (3), tendant à accorder, pendant la durée de la guerre, des allocations aux familles nécessiteuses dont le soutien serait appelé ou rappelé sous les drapeaux; — Décrète :

ART. 1er. Il est accordé aux familles nécessiteuses des tirailleurs appelés à servir hors de leur colonie d'origine une allocation mensuelle, dont le maximum est fixé à 15 fr., lorsque ces familles n'ont pas été autorisées à accompagner leur chef.

2. Des arrêtés des gouverneurs généraux intéressés détermineront, pour chaque groupe ou pour chaque colonie du groupe, le mode d'attribution, la nature et le taux de cette allocation.

3. Les dépenses résultant de l'application de ces dispositions seront supportées par l'Etat, au titre du budget du département des colonies.

4. Le ministre des colonies et le ministre des finances sont chargés, etc.

PÊCHE MARITIME, PÊCHERIES, PARCS A HUÎTRES ET A MOULES, RÉGLEMENTATION, CONDITIONS D'AUTORISATION ET DE FONCTIONNEMENT.

DÉCRET *portant règlement d'administration publique pour l'application de l'art. 2 du décret-loi du 9 janv. 1852*

(21 décembre 1915). — (Publ. au *J. off.* des 26-27 déc.)

LE PRÉSIDENT DE LA RÉPUBLIQUE FRANÇAISE; — Sur le rapport du ministre de la marine et du ministre des travaux publics; — Vu le décret-loi du 9 janv. 1852 (4), concernant la pêche maritime et côtière, et notamment l'art. 2; — Vu le décret du 21 févr. 1852 (5), sur la pêche et la domanialité publique maritime; — Vu l'art. 2 de la loi de finances du 20 déc. 1872 (6); — Vu l'art. 49 de la loi du 24 déc. 1896 (7), sur l'inscription maritime; — Vu la loi du 15 févr. 1902 (8), relative à la protection de la santé publique; — Vu le décret du 29 mars 1913 (9), rattachant au ministère de la marine divers services du ministère du commerce; — Vu l'avis du ministre des finances; — Le Conseil d'Etat entendu; — Décrete :

ART. 1er. Les demandes de création ou d'exploitation d'un des établissements visés à l'art. 2 du décret du 9 janv. 1852 sont adressées à l'administrateur de l'inscription maritime du quartier où doit être situé l'établissement.

Elles contiennent, le cas échéant, l'engagement d'acquitter les redevances d'après les tarifs fixés par des arrêtés concertés entre le ministre de la marine et le ministre des finances et soumis à des revisions périodiques.

Le dépôt des demandes est constaté par la remise d'un récépissé extrait d'un carnet à souche, et délivré par l'administrateur de l'inscription maritime.

2. Ces demandes, à l'exception de celles tendant à obtenir, pour les établissements mobiles, une autorisation d'une durée n'excédant pas deux mois, font l'objet d'une enquête dans les communes sur les territoires desquelles doivent être exploités les établissements envisagés.

L'ouverture de l'enquête est annoncée, quinze jours à l'avance, au moyen d'affiches signées par l'administrateur de l'inscription maritime, et apposées au bureau de cet administrateur, à celui du syndic des gens de mer et à chaque mairie.

La durée de l'enquête est de quinze jours pour les établissements fixes, de dix jours pour les établissements mobiles, à compter de la date indiquée par les affiches.

Les demandes concurrentes qui seraient présentées pendant la période d'affichage sont soumises à l'enquête en même temps que la demande principale. Aucune demande concurrente n'est admise après l'ouverture de l'enquête.

Les maires reçoivent les observations ou réclamations qui se produisent, et les transmettent à l'administrateur de l'inscription maritime, qui invite les pétitionnaires à en prendre connaissance dans un délai déterminé. Le dossier est ensuite communiqué par ses soins au service des ponts et chaussées, qui le lui renvoie, avec son avis au point de vue des intérêts de la navigation, de la conservation du domaine public et de la liberté de la circulation, et qui y joint, pour les établissements fixes, un plan indiquant la situation de l'emplacement sollicité, par rapport à l'ensemble des concessions du quartier, ainsi que tous renseignements topographiques utiles à l'appréciation des conditions de salubrité.

---

(1) S. et P. *Lois annotées* de 1906, p. 3; *Pand. pér.*, 1905.3.81.

(2) S. et P. *Lois annotées* de 1914, p. 561; *Pand. pér.*, *Lois annotées* de 1914, p. 561.

(3) 1er vol., p. 28.

(4) S. *Lois annotées* de 1852, p. 7. — P. *Lois, décr.*, etc. de 1852, p. 14.

(5) S. *Lois annotées* de 1852, p. 60. — P. *Lois, décr.*, etc. de 1852, p. 105.

(6) S. *Lois annotées* de 1873, p. 310. — P. *Lois, décr.*, etc. de 1873, p. 547.

(7) S. et P. *Lois annotées* de 1897, p. 209; *Pand. pér.*, 1898.3.34.

(8) S. et P. *Lois annotées* de 1902, p. 345; *Pand. pér.*, 1903.3.20.

(9) *Bull. off.*, nouv. série, 102, n. 5359.

Si les petitionnaires ne persistent pas dans leurs demandes, ils y renoncent par écrit, et mention de leur notification est faite sur le carnet des récépissés

3. Apres le renvoi du dossier par le service des ponts et chaussées, l'administrateur de l'inscription maritime y joint :

1° Un bulletin de renseignements concernant chaque pétitionnaire, et faisant connaître sa profession, ses charges de famille, sa moralité, les garanties qu'il offre au point de vue de la bonne exploitation de l'établissement, les établissements dont il est déjà concessionnaire;

2° Pour les établissements fixes, une notice sommaire indiquant les résultats des mesurages effectués sur place.

Le dossier est ensuite transmis au directeur de l'inscription maritime, avec l'avis, s'il y a lieu, de la commission locale instituée à l'article suivant.

4 Dans tout département où se trouvent des établissements fixes sur le domaine public ou ses dépendances, il est institué une commission de sept membres, composée d'un administrateur de l'inscription maritime, président, designe par le directeur de l'inscription maritime, d'un représentant du service des ponts et chaussées désigné par l'ingénieur en chef de la circonscription, de l'inspecteur départemental d'hygiene, ou, à défaut, d'un représentant des services d'hygiène du département désigné par le préfet, et de quatre délégués des concessionnaires d'établissements de pêche

Dans le cas où l'importance des établissements l'exigerait, le ministre de la marine divise le département en régions, et, pour chaque région, institue une commission distincte. Il peut aussi placer dans les attributions d'une commission tout ou partie du département voisin.

Cette commission donne son avis motivé sur les demandes d'autorisation d'établissements fixes, notamment en ce qui concerne les conditions d'hygiene et de salubrité, sur le classement des pétitionnaires concurrents et sur les projets de lotissement des portions déterminées du rivage qui seraient dressés par l'Administration.

Elle peut être consultée sur les demandes d'établissements mobiles, et, d'une façon générale, sur toutes les questions intéressant l'exploitation des établissements de pêche de la région, ainsi que la conservation des bancs et gisements naturels de coquillages.

5 Il est statué sur les demandes par le ministre de la marine, sur la proposition du directeur de l'inscription maritime, et après avis du comité scientifique des pêches maritimes et de la commission consultative chargée d'examiner les questions concernant les établissements de pêche dépendant du domaine public maritime.

Toutefois, le directeur de l'inscription maritime peut, en vertu d'une délégation du ministre de la marine, accorder les autorisations d'installation et d'exploitation d'établissements mobiles, à l'exception des viviers flottants.

Une copie certifiée conforme de l'acte d'autorisation est remise à l'intéressé, et, s'il y a plusieurs bénéficiaires d'une même autorisation, à celui d'entre eux qu'ils auront désigné.

Les décisions portant refus sont notifiées par écrit aux intéressés par l'administrateur de l'inscription maritime.

6. Les demandes d'autorisation ayant pour objet la réduction ou le partage d'établissements fixes sur le domaine public ou ses dépendances sont soumises aux règles qui précèdent, sauf à l'enquête prévue à l'art. 2.

7. Les autorisations sont accordées à titre personnel.

Les cessions d'établissements en cours de concession, la substitution d'une société à un ou plusieurs détenteurs, ou inversement, ne peuvent avoir lieu qu'en vertu d'une nouvelle autorisation, donnée suivant les mêmes formes, à l'exception de l'enquête prévue à l'art. 2.

Toutefois, en cas de décès du concessionnaire, le bénéfice de l'autorisation jusqu'à la fin de la concession est maintenu, dans la mesure de leurs droits successoraux, au veuf ou à la veuve, aux héritiers en ligne directe, aux frères et sœurs et leurs héritiers en ligne directe, sauf opposition motivée de l'autorité administrative qui a accordé l'autorisation

L'héritier qui entend bénéficier de cette disposition doit demander expressément le maintien de l'autorisation à son profit, et, s'il y a plusieurs héritiers qualifiés à cet effet, ils soumettent à l'agrément de l'Administration la désignation de l'un d'eux ou d'un tiers, comme gérant responsable.

8. Les autorisations de création ou d'exploitation des établissements fixes ne peuvent être accordées pour une durée supérieure à vingt-cinq ans. Les autorisations pour les établissements mobiles ne peuvent être accordees pour une durée supérieure à cinq ans.

Elles peuvent être renouvelées suivant les mêmes règles et apres les mêmes formalités, dans les cinq dernières années de la concession, pour les établissements fixes, et dans la dernière année, pour les établissements mobiles.

L'acte d'autorisation fixe la durée de la concession.

9. Lorsque l'exploitation ne peut, pour un motif quelconque autre que ceux prévus à l'art. 13, être continuée, soit par le concessionnaire, soit par ses ayants droit, dans les conditions prévues à l'art. 7, jusqu'à l'expiration de la concession, et qu'elle n'a été l'objet d'aucune cession approuvée, l'autorisation donnée à un nouveau concessionnaire comporte le remboursement par celui-ci, à l'ancien exploitant ou à ses ayants droit, de la valeur actuelle des installations, du matériel et des appro-

visionnements existants. S'il y a désaccord sur le prix, ce prix est fixé à dire d'experts.

10. Donnent lieu aux formalités prévues aux art. 1 à 5 du présent décret, les ouvertures ou modifications de prises d'eau destinées à l'alimentation en eau de mer d'établissements situés sur des propriétés privées.

Tout changement d'exploitant doit, dans ce cas, faire l'objet d'une déclaration à l'administrateur de l'inscription maritime du quartier, qui en délivre récépissé.

11. Les conditions générales d'installation et d'exploitation des établissements ou ouvrages régis par le décret du 9 janv. 1852 sont fixées par les décrets rendus en exécution de l'art. 3, 9°, dudit décret. Les conditions particulières sont déterminées par les actes d'autorisation.

En ce qui concerne les établissements situés dans les ports et passes navigables, ainsi que dans la partie des fleuves, rivières ou canaux comprise entre la limite de la mer et le point de cessation de la salure des eaux, ces conditions particulières sont fixées de concert avec l'Administration des travaux publics.

12. Toute personne qui renonce à l'exploitation de l'un des établissements ou ouvrages régis par le présent décret doit en faire la déclaration écrite à l'administrateur de l'inscription maritime du quartier où est situé l'établissement.

13. Les autorisations concernant les établissements ou ouvrages visés au présent décret peuvent, à toute époque, être modifiées ou retirées, sans indemnité à la charge de l'Etat :

1° Si l'établissement se trouve exposé à des causes d'insalubrité dûment constatées, ou si l'emplacement concédé n'a pas été utilisé ou approprié dans le délai d'un an, ou s'il a été abandonné depuis le même délai;

2° En cas de non-exécution des prescriptions imposées au concessionnaire ou du non-paiement des redevances;

Dans les cas prévus ci-dessus, le retrait de l'autorisation n'est prononcé qu'un mois au moins après une mise en demeure adressée à l'intéressé par le directeur de l'inscription maritime, et restée sans résultat;

3° En cas de condamnation prononcée contre le concessionnaire, lorsque la nature du délit ou la gravité de la peine rendent nécessaire le retrait de la concession;

4° Pour l'exécution de travaux publics intéressant, soit la défense nationale, soit la sécurité de la navigation, soit la conservation du rivage.

Le retrait ou la modification de l'autorisation peuvent être requis, suivant les cas, par le ministre compétent.

14 Les décisions prononçant retrait ou modification des autorisations sont prises par l'autorite administrative qui a donné l'autorisation, avec l'avis de la commission locale, si elle a été consultée sur l'autorisation, et, s'il est statué par le ministre de la marine, avec, en outre, l'avis de la commission consultative visée à l'art. 5, § 1er

Ces avis ne sont pas demandés dans le cas prévu au 4° de l'art. 13.

Ces décisions visent, parmi les motifs indiqués au présent décret, celui ou ceux dont elles font état.

Une copie certifiée en est remise à l'intéressé par les soins de l'Administration de l'inscription maritime.

DISPOSITIONS TRANSITOIRES

15. Les exploitants d'établissements existant actuellement, en vertu de permissions précaires et révocables, pourront bénéficier, pour ces établissements, des dispositions du présent décret, s'ils demandent et obtiennent l'autorisation prévue à l'art. 5. L'instruction de leur demande sera dispensée de l'enquête prescrite à l'art. 2.

Aucune des permissions actuellement accordées à titre précaire et révocable ne pourra être maintenue au profit de son titulaire, pour aucun motif, au delà d'une période maximum de vingt-cinq années à dater de la publication du présent décret

16. Un décret rendu sur le rapport du ministre de la marine fixera les dispositions de détail nécessaires à l'application du présent règlement

17. Sont abrogées toutes dispositions contraires au présent décret.

18. Le ministre de la marine et le ministre des travaux publics sont chargés, etc.

ARMÉE, GUERRE FRANCO-ALLEMANDE, CONCOURS A L'AGRICULTURE, GÉNÉRAUX COMMANDANTS DE REGIONS, DÉLÉGATION DU MINISTRE, CONSEILS PERMANENTS.

CIRCULAIRE *relative aux travaux agricoles en* 1916.

(22 décembre 1915). — (Publ. au *J. off.* du 31 déc).

Le Ministre de la guerre à MM. les inspecteurs généraux, le général gouverneur militaire de Paris, le général commandant la région du Nord, les généraux commandant les régions 3 à 18, 20 et 21, le général commandant en chef les forces de terre et de mer de l'Afrique du Nord.

L'expérience de la campagne agricole de 1915 doit permettre, pour la suivante, une meilleure utilisation des ressources propres à faciliter la mise en valeur du territoire national, question d'autant plus urgente qu'avec la prolongation des hostilités, la main-d'œuvre agricole va en diminuant, en raison des nouveaux appels en cours ou en expectative.

Les travaux agricoles durent, en fait, toute l'année : les labours et les semailles ont lieu aussi bien au printemps qu'à l'automne; les fenaisons, les moissons, les vendanges et les battages occupent toute la belle saison; enfin, la taille de la vigne et certains travaux accessoires ont lieu en hiver; les dates du commencement et de la fin de ces différents travaux sont essentiellement variables suivant les régions.

Il est impossible, dans ces conditions, de fixer periodiquement, comme il a été tenté en 1915, de concert avec le ministère de l'agriculture, par une réglementation minutieuse, le concours que l'armée devra prêter à l'agriculture pour l'exécution de chacun des travaux précités.

La solution la plus conforme aux intérêts de l'agriculture ne se peut trouver que dans une large décentralisation, seul moyen de régler tous les cas d'espèce dans les conditions de célérité et d'efficacité nécessaires.

En conséquence, j'ai décidé que les généraux commandant les régions auraient, en cette matiere, la délégation permanente de mes pouvoirs, sous le contrôle des inspecteurs généraux.

Le but à réaliser est le suivant :

Prêter à l'agriculture (sous toutes ses formes) le concours maximum compatible avec l'état de guerre

Je sais combien sont multiples les besoins du pays en matiere de main-d'œuvre; mais les travaux agricoles, quels qu'ils soient (céréales, vignes, pommes, châtaignes, tabac, cultures industrielles, etc...) prennent une des premières places dans l'ordre d'urgence; leur exécution régulière, prompte, et aussi complète que possible, constitue un des éléments essentiels de la résistance nationale, et par suite un des facteurs principaux du succès.

La mise en valeur du sol est un des besoins auxquels il faut satisfaire à tout prix, au même titre que le ravitaillement des armées en hommes et en matériel, ou la mise à la disposition des usines travaillant pour la défense nationale de la main-d'œuvre nécessaire.

En vous inspirant de cette idée, il vous appartiendra à l'avenir de prévoir, pour votre région, les mesures propres à réaliser le désideratum indiqué ci-dessus.

Toutefois, pour les mêmes motifs qui m'incitent à vous déléguer mes pouvoirs en cette matière, il vous serait difficile de régler dans le détail toutes les dispositions à adopter dans une région qui s'étend sur plusieurs départements. Il est nécessaire que vous soyez assisté d'organes permanents, qui seront à la fois consultatifs et exécutifs.

En raison de l'organisation actuelle des services agricoles, ces organes doivent être départementaux D'accord avec le ministre de l'agriculture, j'ai decidé qu'ils comprendraient, dans chaque département :

Le préfet, ou son délégué;

Un officier général, ou son délégué;

Le directeur des services agricoles

Vous donnerez aux officiers généraux, membres de ces commissions, toutes instructions utiles, soit pour trancher les questions sur place, soit pour soumettre les questions importantes à votre décision.

Les procédés à employer pour donner satisfaction aux besoins agricoles sont variés. Vous pourrez utiliser ceux qui ont été en vigueur cette année (permissions individuelles, équipes de travailleurs, prêts de chevaux aux cultivateurs), ou en instituer de nouveaux. C'est ainsi qu'on peut recommander les « équipes volantes », mises par les chefs militaires de tout ordre, de leur propre initiative, pour une journée ou une demi-journée, à la disposition des cultivateurs du voisinage, pour donner un « coup de main »; il m'a été signalé que, maintes fois, des commandants d'unités au repos avaient été sollicités par des agriculteurs de prêter cette main-d'œuvre volante, et qu'ils ne s'y étaient pas crus autorisés, faute d'instructions; ces instructions doivent être donnees, et dans l'esprit le plus large.

J'ai dit à la tribune de la Chambre que les intérêts du pays devaient être défendus au nom du bon sens et non combattus au nom des règlements; le libre jeu des initiatives et des responsabilités correspondantes, la saine compréhension des intérêts en cause, doivent permettre les solutions fécondes et rationnelles de tous les problèmes que posent les exigences même les plus diverses

Je vous laisse d'ailleurs toute initiative à ce sujet, en vous signalant l'intérêt qui s'attache à ce que, pour les travaux d'une certaine durée, l'homme soit mis à même de travailler chez lui, ou tout au moins dans sa commune.

Dans le cas où vous auriez à vous entendre avec une région voisine pour une question de main-d'œuvre agricole, vous en référerez à l'inspecteur général, qui, en cas de différend, prendra la décision.

Enfin, lorsque le ministre de l'agriculture me signalera des mesures à prendre, je vous donnerai, comme suite à la présente circulaire, les directives nécessaires pour régler au mieux de l'intérêt national les questions soulevées.

ENREGISTREMENT, GUERRE FRANCO-ALLEMANDE, DÉCLARATIONS DE MUTATIONS PAR DÉCÈS, MILITAIRES TUÉS A L'ENNEMI OU MORTS DE BLESSURES OU MALADIES, CIVILS TUÉS A L'ENNEMI, SUCCESSION, EXEMPTION DE DROITS.

CIRCULAIRE *relative à l'établissement et à la délivrance du certificat destiné à être joint à une déclaration de succession dans les conditions prévues par la loi du* 26 *déc.* 1914.

(22 décembre 1915). — (Publ au *J. off.* du 25 dec.)

Le Ministre de la marine à MM les vice-amiraux commandant en chef, prefets maritimes, officiers généraux, supérieurs et autres commandant à la mer et à terre et directeurs de l'inscription maritime.

L'art 6 de la loi du 26 déc 1914 (1), promulguée au *Journal officiel* du 28 déc. 1914, exempte de l'impôt de mutation par décès les parts nettes recueillies par les ascendants et descendants et par la veuve du défunt, dans les successions :

1° Des militaires des armées françaises de terre et de mer morts sous les drapeaux pendant la durée de la guerre actuelle ;

2° Des militaires qui, soit sous les drapeaux, soit après renvoi dans leurs foyers, seront morts, dans l'année à compter de la cessation des hostilités, de blessures reçues ou de maladies contractées pendant la guerre ;

3° De toutes personnes tuées par l'ennemi au cours des hostilités.

Aux termes de ce même article, « la déclaration de ces successions doit néanmoins être souscrite dans les délais fixés par l'art. 24 de la loi du 22 frim an 7 ; elle doit être accompagnée d'un certificat de l'autorité militaire, constatant que la mort a été causée par une blessure reçue ou une maladie contractée pendant la durée de la guerre, ou, dans le cas de civils tués par l'ennemi, établissant les circonstances du décès ».

J'ai l'honneur de vous faire connaître qu'après entente avec M le ministre des finances, j'ai arrêté les mesures suivantes, en vue d'assurer la délivrance des certificats dont il s'agit aux personnes ayant qualité pour bénéficier de l'exemption des droits de mutation par décès.

1° *Militaires de l'armée de mer tués ou décédés*

Les militaires de l'armee de mer visés aux §§ 1er et 2 de l'art. 6 de la loi du 26 déc. 1914 sont à ranger en deux groupes, savoir :

a) Officiers et assimilés et agents divers appartenant à un des corps militaires de la marine autre que le corps des équipages de la flotte.

b) Marins de tous grades du corps des équipages de la flotte et personnel des musiques de la flotte

Les certificats de décès des officiers et assimilés et agents divers rentrant dans le premier groupe indiqué ci-dessus seront délivrés par l'administration centrale, sous le timbre de la direction ou du service compétent, et seront conformes au modèle n° 1 ci-annexé.

En ce qui concerne le deuxième groupe, qui comprend les marins de tous grades des équipages de la flotte et le personnel des musiques de la flotte, les certificats de décès seront délivrés par les administrateurs des quartiers d'inscription maritime, pour les marins inscrits, et par les commandants des dépôts des équipages de la flotte, pour les marins immatriculés.

Les certificats à établir par les administrateurs d'inspections maritime et les commandants des dépôts des équipages de la flotte seront conformes au modèle n° 2 ci-annexé.

Les demandes de certificats de déces devront donc être adressées par les héritiers :

1° Au ministre de la marine, s'il s'agit d'un officier ou assimilé ou d'un agent d'un des corps militaires de la marine ;

2° A l'administrateur de son quartier d'inscription, s'il s'agit d'un marin inscrit maritime ;

3° Au commandant de son dépôt d'immatriculation, s'il s'agit d'un marin du recrutement ou de l'engagement volontaire

2° *Civils tues par l'ennemi.*

Deux cas sont à envisager :

1° Civils tués à bord des bâtiments de l'Etat ou des bâtiments de commerce ;

2° Civils tues dans un service ou établissement, à terre, de la marine nationale.

En ce qui concerne les civils tués à bord des bâtiments, les certificats (modèle n° 3 ci-après), établissant les circonstances du décès, seront délivrés :

a) Par le chef du service de la solde du port comptable du bâtiment, pour les décès survenus à bord des bâtiments de l'Etat ou des bâtiments de commerce militarisés.

b) Par l'administrateur de l'inscription maritime du port d'armement du bâtiment, pour les décès survenus à bord des bâtiments de commerce non militarisés.

Pour les civils tues dans un service ou établissement de la marine nationale, les certificats, également conformes au modele n° 3, seront délivrés par les préfets maritimes ou par les commandants de la marine sous les ordres desquels se trouvent placés ces organismes.

En dehors des deux cas envisagés ci-dessus, même s'il s'agit de civils au service de la marine (ouvriers des arsenaux, par exemple, tués hors d'un établissement de la marine), les certificats seront délivrés par les généraux commandants de régions, conformément aux instructions données, à cet effet, par M. le ministre de la guerre.

Les demandes de certificats concernant les civils tués à bord des bâtiments ou dans un service ou établissement de la marine devront être adressées directement au ministre de la marine (cabinet du ministre, service des archives), qui les transmettra aux autorités maritimes compétentes.

Vous recevrez prochainement des exemplaires

(1) 1er vol., p. 275.

de chacun des trois modeles visés dans la présente dépêche

(*Suivent au J. off. les modèles annexés*)

JUSTICES DE PAIX, LOI DU 25 MAI 1838, MODIFICATION, POURVOI EN CASSATION, VIOLATION DE LA LOI, AMENDE, ENREGISTREMENT, RÉDUCTION.

LOI *étendant le cas d'admission des demandes en cassation contre les decisions des juges de paix.*

(22 décembre 1915) — (Publ. au *J. off.* du 24 déc.).

ARTICLE UNIQUE L'art. 15 de la loi du 15 mai 1838 (1) est ainsi modifié :

« Les jugements rendus par les juges de paix pourront être attaqués par la voie du recours en cassation pour exces de pouvoir et pour violation de la loi

« Sont réduits de moitié l'amende et les divers droits fixes d'enregistrement auxquels sont actuellement assujettis, en cas de pourvoi contre les jugements rendus par les juges de paix, le premier acte de recours, ainsi que tous les actes de la procédure devant la Cour de cassation et les arrêts rendus par cette Cour

« Toutes les dispositions contraires à la présente loi sont abrogées ».

PIGEONS, GUERRE FRANCO-ALLEMANDE, PIGEONS VIVANTS, TRANSPORT, INTERDICTION.

DÉCRET *interdisant a l'intérieur du territoire français le transport des pigeons vivants de toutes espèces.*

(22 décembre 1915) — (Publ. au *J. off.* du 29 déc.)

LE PRÉSIDENT DE LA RÉPUBLIQUE FRANÇAISE; — Sur le rapport des ministres de l'intérieur et de la guerre; — Vu le décret du 2 août 1914 (2); — Décrète :

ART. **1**er. A compter de la promulgation du présent decret, est interdit, à l'intérieur du territoire français, le transport des pigeons vivants de toutes espèces.

2 Le décret du 2 août 1914 est abrogé, en ce qu'il a de contraire aux dispositions du présent decret

3 Les ministres de l'intérieur et de la guerre sont chargés, etc.

POSTES, RETRAITES OUVRIÈRES ET PAYSANNES, TARIFS POSTAUX.

DÉCRET *fixant les tarifs postaux applicables aux objets de correspondance concernant l'exécution de la loi sur les retraites ouvrières et paysannes.*

(22 décembre 1915). — (Publ. au *J. off.* du 6 janv.)

LE PRÉSIDENT DE LA RÉPUBLIQUE FRANÇAISE; — Vu la loi du 5 avril 1910 (3), sur les retraites ouvrières et paysannes, et notamment la disposition ci-après de l'art. 22, modifie par la loi du 17 août 1915 (4) : « Un décret réglera le tarif postal applicable aux objets de correspondance adressés ou reçus pour l'exécution de la loi par les préfectures et les mairies, ainsi que la Caisse nationale des retraites et par les autres caisses prévues à l'art. 14 » ; — Vu le décret du 25 nov. 1911 (5), fixant le tarif spécial applicable aux objets de correspondance concernant l'exécution de la loi sur les retraites ouvrières et paysannes; — Vu le décret du 29 juin 1912 (6), réduisant à un centime jusqu'à 5 grammes le tarif des bulletins annuels de situation envoyés sous bande par la Caisse nationale des retraites et par les autres caisses visées à l'art. 14 de la loi du 5 avril 1910; — Vu le décret du 22 août 1912 (7), modifiant les conditions d'expédition des bulletins annuels de situation admis au tarif de un centime par le décret du 29 juin 1912;— Sur le rapport du ministre du commerce, de l'industrie, des postes et des télégraphes, du ministre du travail et de la prévoyance sociale et du ministre des finances; — Décrète :

ART. **1**er. Les correspondances concernant l'exécution de la loi sur les retraites ouvrières et paysannes, adressées ou reçues par les préfectures, les mairies, la Caisse nationale des retraites et les autres caisses visées à l'art. 14 de la loi du 5 avril 1910, sont admises à circuler par la poste sous enveloppe ouverte, au tarif ci-après :

Jusqu'à 20 grammes : 5 centimes;

De 20 à 50 grammes : 10 centimes :

De 50 à 100 grammes : 15 centimes;

De 100 à 150 grammes : 20 centimes, et ainsi de suite, en ajoutant 5 centimes par 50 grammes ou fraction de 50 grammes excédant.

2. Les bulletins annuels de situation envoyés par la Caisse nationale des retraites et les autres caisses visées à l'art. 14 de la loi du 5 avril 1910 aux assujettis à la loi sur les retraites ouvrières et paysannes, sont admis au tarif réduit de un centime jusqu'à 5 grammes, à la condition d'être expédiés sous bande mobile ou d'être pliés en

---

(1) S. 2e vol. des *Lois annotées*, p. 440.

(2) 1er vol., p. 16.

(3) S. et P. *Lois annotées* de 1911, p. 1; *Pand. pér., Lois annotées* de 1911, p. 1.

(4) 2e vol., p. 290.

(5) *Bull. off.*, nouv. série, 70, n. 3328.

(6) *Bull. off*, nouv. serie, 84, n. 4274.

(7) *Bull. off.*, nouv serie, 88. n. 4523.

forme de lettre ouverte aux deux extrémités, de manière à ce que leur contenu puisse toujours être facilement vérifié.

3. Sont également admis au tarif de un centime jusqu'à 5 grammes les avis imprimés, au moyen desquels les mairies invitent les assujettis à la loi sur les retraites ouvrières et paysannes à venir retirer ou échanger leur carte d'assuré.

Ces avis ne doivent comporter aucune indication manuscrite, si ce n'est la date, le nom et l'adresse du destinataire, ainsi que la signature du maire ou de son remplaçant.

Ils doivent être expédiés sous bande mobile ou pliés en forme de lettre ouverte aux deux extrémités, de manière à ce que leur contenu puisse toujours être facilement vérifié.

4. Les correspondances, avis et bulletins visés dans les articles précédents doivent porter sur leur suscription, en caractères très apparents, la mention : « Application de la loi sur les retraites ouvrières et paysannes ».

5. Sont abrogées les dispositions des décrets des 25 nov. 1911, 29 juin et 22 août 1912.

6. Le ministre du commerce, de l'industrie, des postes et des télégraphes, le ministre du travail et de la prévoyance sociale et le ministre des finances sont chargés, etc.

ARMÉE, GUERRE FRANCO-ALLEMANDE, MÉDECINS, PHARMACIENS, OFFICIERS D'ADMINISTRATION DU SERVICE DE SANTE, RÉSERVE, ARMÉE TERRITORIALE, CONDITIONS D'AVANCEMENT.

DÉCRET *modifiant le décret du 22 mai 1909, sur l'avancement des medecins et pharmaciens, des officiers d'administration du service de santé de la réserve et de l'armée territoriale.*

(23 décembre 1915). — (Publ. au *J. off.* des 26-27 dec.).

LE PRÉSIDENT DE LA RÉPUBLIQUE FRANÇAISE ; — Sur le rapport du ministre de la guerre ; — Vu le décret du 22 mai 1909 (1), sur l'avancement des médecins et pharmaciens, des officiers d'administration du service de santé de la réserve et de l'armée territoriale ; — Décrète :

ART **1er**. L'art. 13 du decret du 22 mai 1909 est abrogé et remplace par le suivant :

« Art. 13 En temps de guerre, les médecins et pharmaciens et officiers d'administration de la réserve et de l'armée territoriale peuvent obtenir l'avancement au choix dans les mêmes conditions d'ancienneté que les officiers de l'armée active, mais au titre de la réserve ou de l'armée territoriale ».

2. Le ministre de la guerre est chargé, etc.

BUDGET, GUERRE FRANCO-ALLEMANDE, EXERCICE 1915, BUDGET GÉNÉRAL, BUDGETS ANNEXES, CRÉDITS PROVISOIRES, CONVERSION EN CRÉDITS DÉFINITIFS.

LOI *portant conversion en crédits définitifs des crédits provisoires ouverts au titre du budget général et au titre des budgets annexes de l'exercice* 1915.

(23 décembre 1915). — (Publ. au *J. off* du 24 déc.).

ART. **1er**. Sont convertis en crédits définitifs les crédits provisoires alloués, au titre du budget général de l'exercice 1915, par les lois des 26 déc. 1914 (2), 29 juin (3) et 28 sept. 1915 (4), et répartis par les décrets pris en exécution desdites lois, ainsi que les crédits alloués par des lois spéciales portant ouverture de crédits additionnels aux crédits provisoires.

Les crédits ouverts aux ministres pour les dépenses du budget général de l'exercice 1915 sont, en conséquence, fixés à la somme de 21 961.462.478 fr. 88, savoir :

1° Dette publique	1.827.393 673 »
2° Pouvoirs publics.....	20.145 038 »
3° Services généraux des ministères...............	19.327.875.891 88
4° Frais de régie, de perception et d'exploitation des impôts et revenus publics..	718.466.799 »
5° Remboursements, restitutions et non-valeurs...	67.581.077 »
Total égal.	21.961.462.478 88

2 Sont convertis en crédits définitifs les crédits provisoires alloués, au titre des budgets annexes rattachés pour ordre au budget général de l'exercice 1915, par les lois des 26 déc 1914, 29 juin et 28 sept. 1915, et répartis par les décrets pris en exécution desdites lois, ainsi que les crédits alloués par des lois speciales, portant ouverture de crédits additionnels aux crédits provisoires.

Les crédits ouverts aux ministres pour les dépenses des budgets annexes rattachés pour ordre au budget général de l'exercice 1915 sont, en conséquence, fixés à la somme de 1.260.462.267 fr. 96.

---

(1) *Bull off.*, nouv. série 10, n. 460.

(2) 1er vol., p 275.

(3) 2e vol, p 212.

(4) *Supra*, p. 46

CONTRIBUTIONS DIRECTES, GUERRE FRANCO-ALLEMANDE, SURSIS DE PAIEMENT.

CIRCULAIRE *aux trésoriers-payeurs généraux concernant les sursis de paiement en matière de contributions directes.*

(Publ. au *J. off* du 28 déc. 1915)

I

DEMANDES DE DÉLAIS POUR LE PAIEMENT DES CONTRIBUTIONS DE L'EXERCICE 1914 (SUITE A LEUR DONNER).

Par suite de l'état de guerre, un certain nombre de contribuables non mobilisés se trouvent momentanément gênés, et, tout en se montrant disposés à se libérer dans un avenir plus ou moins prochain, se déclarent dans l'impossibilité absolue de faire un versement immédiat au percepteur C'est le cas notamment de certains propriétaires fonciers, qui, ne recevant pas les loyers de leurs immeubles et n'ayant pas d'autres ressources, ne peuvent solder leurs impôts de l'exercice 1914 (1). Il serait contraire aux intérêts du Trésor et tout à fait abusif de faire admettre en non-valeurs les cotes dues par ces contribuables, puisque le recouvrement peut en être escompté, et, d'autre part, l'exercice de poursuites contre de tels débiteurs, qui ne font point preuve de mauvaise volonté, serait d'une excessive rigueur. Cependant, dans l'état actuel des règlements, les percepteurs hésitent le plus souvent à accorder des délais pour le paiement de cotes de l'exercice expire, et sont tentés, pour sauvegarder leur responsabilité, de faire procéder à la notification des actes de poursuites.

En vue de remédier à cette situation et de permettre aux contribuables solvables, mais momentanément gênés, d'obtenir des sursis de paiement, le ministre a, par une décision du 27 avril 1915, approuvé les dispositions suivantes.

Lorsqu'un contribuable, mis en demeure de solder ses contributions de 1914 (2), se déclare dans l'impossibilité de le faire et sollicite des délais, le percepteur a le choix entre trois partis, savoir :

1° Accorder, sous sa responsabilité, le sursis demandé.

2° Rejeter la demande, sous sa responsabilité, et passer outre aux poursuites, s'il est nécessaire. Le receveur des finances, constitué directeur des poursuites, en conformité des dispositions de l'art 1300 de l'instruction générale, conserve toutefois le droit d'ajourner, s'il le juge utile, le visa de la contrainte, et peut inviter le percepteur à lui soumettre la demande de sursis, comme il est expliqué au 3° ci-après.

3° Soumettre la demande de sursis à l'appréciation du trésorier général, en se conformant à la procédure qui va être indiquée, et qui a pour effet de dégager, dans des limites déterminées, la responsabilité du comptable détenteur du rôle.

II

PROCÉDURE INSTITUÉE A L'EFFET DE FAIRE STATUER PAR LE TRÉSORIER GÉNÉRAL SUR LES DEMANDES DE SURSIS POUR LE PAIEMENT DES CONTRIBUTIONS DE 1914

Dans le cas où le percepteur ne croit pas pouvoir accorder lui-même le sursis sollicité, il doit, s'il n'est pas dejà en possession d'une demande écrite, inviter le contribuable à lui présenter cette demande (sur papier non timbré), en indiquant les motifs de non-paiement, et en précisant, autant que possible, la durée du délai sollicité.

Les demandes de cette nature ne sont soumises à aucune forme spéciale. Les percepteurs doivent considérer comme telles, non seulement toutes les demandes qu'ils auraient eux-mêmes invité les contribuables à leur transmettre, mais aussi toutes les pétitions ou réclamations par lesquelles les contribuables auraient spontanément sollicité un délai, et qui leur parviendraient, soit directement, soit par l'intermediaire de leurs chefs de service, des autorités locales ou de l'Administration supérieure.

Toute demande de sursis est transmise, par le percepteur, au receveur particulier des finances. Elle est accompagnée d'un rapport consigné dans un cadre conforme au modele n° 1 ci-après. Le percepteur fournit dans ce rapport tous les renseignements de nature à éclairer le trésorier général et formule un avis au sujet du délai sollicité.

Le receveur particulier, apres avoir pris connaissance du rapport du percepteur, et recueilli, s'il le juge nécessaire, des renseignements complémentaires, émet son avis dans le cadre réservé à cet effet sur le rapport, et transmet le dossier au trésorier général.

Avant de se prononcer, le trésorier général a la faculté de consulter, s'il le croit utile, le service de l'assiette. Dans ce cas, le dossier est communiqué au directeur des contributions directes, qui provoque les observations du contrôleur intéressé, et consigne son avis à la suite de ses observations.

En possession des renseignements recueillis, qu'il peut au besoin compléter par une enquête personnelle, le trésorier général statue sur la demande. Il mentionne sa décision sur le rapport

(1) Note du *J. off.* — Ce qui est dit des impôts de 1914 doit, en vertu d'une nouvelle décision ministérielle, être étendu aux impôts de 1915.

(2) Note du *J. off.* — Ou de 1915 (V. la note précédente).

même, qu'il renvoie au percepteur. S'il accorde le sursis, il en indique la durée, soit d'une manière précise (délai de tant de mois ou jusqu'à telle date, ou paiement par acomptes de .... francs chacun, à verser les .....), soit d'une manière indéterminée, en employant la formule : *Délai accordé jusqu'à nouvel ordre*. Dans ce dernier cas, le délai prendra fin lorsque l'administration supérieure en décidera ainsi par voie de mesure générale.

Pour sa décharge, le percepteur conserve le rapport contenant la décision du trésorier général, dont il prend note au rôle, et donne avis au contribuable.

Il est d'ailleurs entendu que le percepteur peut, sous le contrôle du trésorier général, faire cesser à toute époque le sursis, lorsqu'un fait nouveau se produit, révélant l'existence de ressources suffisantes à la disposition du contribuable ou de nature à diminuer les garanties du Trésor (déménagement hors du ressort de la perception, vente de mobilier, etc.). En pareil cas, le percepteur consulte le trésorier général avant de mettre fin au sursis ; toutefois, s'il y a urgence, il peut prendre toutes mesures nécessaires, sauf à en informer sans délai le trésorier général.

Si, à l'expiration du délai accordé, les cotes ayant fait l'objet d'un sursis restaient impayées et ne pouvaient être recouvrées, les comptables devraient, à l'appui de l'état des cotes irrécouvrables, produire lesdites décisions ; celles-ci dégageraient leur responsabilité, en ce sens que l'autorité chargée de statuer sur l'admission en non-valeurs ne pourrait, sauf le cas de fait nouveau visé ci dessus (déménagement, vente de mobilier, etc.), faire grief de l'absence de poursuites *pendant la durée du délai accordé*.

Il résulte des explications qui précèdent que, tant que le délai n'est pas expiré, les contributions faisant l'objet de sursis ne doivent pas être portées sur l'état de cotes irrécouvrables ; c'est seulement à l'expiration du sursis, et si le recouvrement ne peut être obtenu, après emploi, s'il y a lieu, des moyens coercitifs, que le percepteur doit demander l'admission en non-valeurs

Dans le cas où des contributions ont donné lieu à l'émission d'une contrainte extérieure, le percepteur auquel cette contrainte est transmise doit recevoir la demande de sursis, si elle lui est adressée, et la faire parvenir sans délai, avec son avis sommairement motivé, au percepteur détenteur du rôle, qui reste chargé de l'instruire et de la soumettre à son chef de service. En attendant la décision, le percepteur qui a reçu la contrainte extérieure doit surseoir aux poursuites, sauf le cas où il y aurait lieu de craindre la disparition du gage du Trésor. Dès que la décision est intervenue, le percepteur détenteur du rôle en donne avis au contribuable intéressé et au percepteur à qui la contrainte extérieure a été transmise. Ce dernier conserve la contrainte pour opérer le recouvrement conformément à la décision du trésorier général. Une procédure analogue serait suivie, si la demande parvenait directement au percepteur détenteur du rôle; ce dernier devrait informer le percepteur détenteur de la contrainte, d'abord de la présentation de la demande, et ensuite de la décision intervenue.

Le sursis accordé pour le paiement des contributions directes et des taxes assimilées établies au profit de l'Etat s'étend d'office aux taxes assimilées (taxe sur les chiens, prestations, taxes de remplacement), que le percepteur aurait également à recouvrer pour le compte des communes. Le Trésor jouissant d'un privilège primant celui des communes, il ne serait pas admissible que le percepteur imputât des recouvrements au compte des communes, alors qu'il ne porterait aucune recette au compte du Trésor.

Les comptables devront examiner avec le plus grand soin et la plus grande célérité les demandes de sursis de paiement. Il est en particulier recommandé aux percepteurs de ville, qui disposent d'un cabinet distinct du bureau réservé au public, de recevoir dans ce cabinet les contribuables demandant un sursis, et de recueillir à ce moment tous renseignements utiles à l'examen de la demande.

Les dispositions qui précèdent devront être appliquées dès réception de la présente circulaire En attendant qu'ils soient approvisionnés d'imprimés du modèle n° 1 ci-après, les percepteurs devront établir des rapports manuscrits, en s'inspirant des indications données par ledit modèle

(*Suit au* J. off. *le modèle annexe*)

DOUANES, GUERRE FRANCO-ALLEMANDE, INTERDICTIONS DE SORTIE, DÉROGATIONS, ARGENT EN LINGOTS, EN BARRES, EN POUDRE.

DÉCRET *autorisant des dérogations à la prohibition de sortie de l'argent brut*

(23 décembre 1915) — (Publ. au *J. off.* du 30 déc.)

LE PRÉSIDENT DE LA RÉPUBLIQUE FRANÇAISE, — Sur le rapport du ministre des finances ; — Vu l'art. 34 de la loi du 17 déc. 1814 (1); — Vu le décret du 18 nov 1915 (2); — Décrète.

ART. 1er. Des exceptions aux dispositions du décret du 18 nov. 1915, susvisé, pourront être autorisées, dans les conditions qui seront déterminées par le ministre des finances.

2 Le ministre des finances est chargé, etc

---

(1) S. 1er vol. des *Lois annotées*, p 914.

(2) *Supra*, p. 134.

POSTES, GUERRE FRANCO-ALLEMANDE, ENVOIS POSTAUX, GRATUITÉ, NOEL 1915 ET 1er JANVIER 1916, MILITAIRES, MARINS, ZONE DES ARMÉES, COLONIES, PROTECTORAT (PAYS DE), ÉTRANGER.

1° LOI *autorisant, a l'occasion de Noel 1915 et du 1er janv. 1916, l'envoi gratuit par poste, à destination de tous les militaires et marins présents dans la zone des armées, en France, aux colonies, dans les pays de protectorat et à l'étranger, d'un paquet du poids maximum d'un kilogramme.*

(23 décembre 1915) — (Publ au *J. off.* du 23 déc.).

ART. 1er. Pendant la période du 25 déc. 1915 au 6 janv. 1916 inclus, le public sera admis à envoyer gratuitement, par la poste, à destination de tous les militaires et marins présents dans la zone des armées en France, aux colonies, dans les pays de protectorat et à l'étranger, un paquet du poids maximum d'un kilogramme.

2 Un décret déterminera les conditions d'application de la présente loi.

2° DÉCRET *fixant les conditions d'application de la loi du 23 déc. 1915.*

(23 décembre 1915) — Publ. au *J. off* du 23 déc.).

LE PRÉSIDENT DE LA RÉPUBLIQUE FRANÇAISE; — Vu la loi du 23 déc 1915 (1), accordant, pendant la période du 25 déc. 1915 au 6 janv. 1916 inclus, la gratuité d'envoi, par poste, à destination de tous les militaires et marins présents dans la zone des armées en France, aux colonies, dans les pays de protectorat et à l'étranger, d'un paquet du poids maximum d'un kilogramme, loi dont l'art. 2 est ainsi conçu : « Un décret déterminera les conditions d'application de la présente loi »; — Sur le rapport du ministre du commerce, de l'industrie, des postes et des télégraphes et du ministre de la guerre; — Décrète :

ART. 1er. Le public est admis, aux dates ci-après, à envoyer gratuitement un paquet postal, du poids maximum d'un kilogramme, à destination des militaires et marins présents dans la zone des armées, en France, aux colonies, dans les pays de protectorat et a l'étranger :

25, 26 et 27 décembre — Destinataires dont le nom commence par les lettres A et B;

28 et 29 décembre. — Destinataires dont le nom commence par les lettres C, D, E;

30 et 31 décembre. — Destinataires dont le nom commence par les lettres F, G, H, I, J, K;

1er et 2 janvier. — Destinataires dont le nom commence par les lettres L et M;

3 et 4 janvier. — Destinataires dont le nom commence par les lettres N, O, P, Q;

5 et 6 janvier. — Destinataires dont le nom commence par les lettres R, S, T, U, V, W, X, Y, Z.

2 Les militaires présents dans la zone des armées sont :

a) En France : 1° ceux dont l'adresse comporte un numéro de secteur postal; 2° ceux qui, sans être compris dans un secteur postal, sont desservis par un bureau de poste de la zone des armées;

b) Dans les colonies, les pays de protectorat et à l'étranger : ceux qui font partie des troupes du Maroc et de la Tunisie, de l'armée d'Orient et du corps expéditionnaire d'Orient, des troupes opérant dans l'Ouest africain, colonnes Nord-Cameroun, Sud-Cameroun, Ouest-Cameroun, de la Shangha et de la Lobaye.

3. Sont considérés comme présents dans la zone des armées tous les marins en service à la mer.

4 Chaque paquet à expédier doit être déposé, avec une fiche portant l'adresse de l'expéditeur et celle du destinataire, au guichet d'un bureau de poste. L'expéditeur est tenu d'indiquer son adresse sur le paquet Les facteurs ruraux sont autorisés à servir d'intermédiaires pour le dépôt de ces paquets, dans la mesure ou leur service le permettra et sans garantie de l'Administration.

5. Il ne doit être expédié par chaque personne qu'un seul paquet à destination du même militaire.

6. Les envois destinés à une collectivité (escouade, compagnie, régiment, etc., etc.), ou portant une adresse impersonnelle (exemple : M. le capitaine commandant la ° compagnie), ne sont pas admis.

7. Les paquets expédiés gratuitement en vertu de la loi du 23 déc. 1915 ne peuvent être admis au bénéfice de la recommandation, même si l'expéditeur offre d'acquitter le droit fixe correspondant Ils sont acheminés et distribués dans les mêmes conditions que les objets non recommandés pour lesquels la taxe d'affranchissement a été acquittée

La perte ou la détérioration de ces paquets n'engage pas la responsabilité de l'Etat.

8. Le ministre du commerce, de l'industrie, des postes et des télégraphes et le ministre de la guerre sont chargés, etc.

1° PROTÊTS, GUERRE FRANCO-ALLEMANDE, MORATORIUM. PROROGATION DE DÉLAIS, VALEURS NÉGOCIABLES, TIERS PORTEUR, AVIS AU DÉBITEUR, PAIEMENTS PARTIELS, ACTION EN PAIEMENT, DÉCRET DU 27 OCT. 1914, APPLICATION, SUSPENSION, EXCLUSION DES FOURNISSEURS DE L'ETAT OU DES PAYS ALLIÉS, ALGÉRIE. — 2° VENTE DE MARCHAN-

(1) C'est la loi qui précède.

DISES, GUERRE FRANCO-ALLEMANDE, MORATORIUM, PROROGATION DE DÉLAIS, DÉCRET DU 27 OCT. 1914, APPLICATION, SUSPENSION, EXCLUSION DES FOURNISSEURS DE L'ETAT OU DES PAYS ALLIÉS, ALGÉRIE. — 3° CRÉDIT (OUVERTURE DE), GUERRE FRANCO-ALLEMANDE, PROROGATION DE DÉLAIS, MORATORIUM, AVANCES SUR TITRES, EXCLUSION DES FOURNISSEURS DE L'ETAT ET DES PAYS ALLIÉS, ACTION EN PAIEMENT, DÉCRET DU 27 OCT. 1914, APPLICATION, SUSPENSION, ALGÉRIE. — 4° BANQUE-BANQUIER, GUERRE FRANCO-ALLEMANDE, MORATORIUM, PROROGATION DE DÉLAIS, DEPÔTS, COMPTES COURANTS, RETRAITS, ALGÉRIE.

DÉCRET *relatif à la prorogation des échéances et au retrait des dépôts espèces* (1).

(23 décembre 1915). — (Publ. au *J. off.* du 25 déc.).

LE PRÉSIDENT DE LA RÉPUBLIQUE FRANÇAISE; — Sur le rapport du président du conseil, ministre des affaires étrangères, des ministres du commerce, de l'industrie, des postes et des télégraphes, des finances, de la justice, de l'intérieur, du travail et de la prévoyance sociale; — Vu le Code de commerce; — Vu la loi du 5 août 1914 (2), relative à la prorogation des échéances des valeurs négociables; — Vu les décrets des 31 juill. (3), 1er (4), 4 (5), 9 (6) et 29 août (7), 27 sept (8), 27 oct. (9), 24 nov. (10), 15 déc. 1914 (11), 25 févr. (12), 15 avril (13), 24 juin (14) et 16 oct. 1915 (15); — Le conseil des ministres entendu; — Décrète :

ART. **1er**. Les délais accordés par les art 1, 2, 3 et 4 du décret du 29 août 1914 et prorogés par les art. 1er des décrets des 27 sept., 27 oct, 15 déc. 1914, 25 févr., 15 avril, 24 juin et 16 oct 1915, sont prorogés sous les mêmes conditions et réserves, pour une nouvelle période de quatre-vingt-dix jours francs

Le bénéfice en est étendu aux valeurs négociables qui viendront à échéance avant le 1er avril 1916, à la condition qu'elles aient été souscrites antérieurement au 4 août 1914.

2 Le porteur d'un effet de commerce appelé à bénéficier pour la première fois d'une prorogation d'échéance est tenu d'aviser le débiteur qu'il est en possession dudit effet et que le paiement peut en être effectué entre ses mains.

Cet avis pourra être constaté, soit par le visa signé et daté du débiteur sur l'effet de commerce, lors de la présentation, soit par une lettre recommandée

Faute par le porteur d'accomplir ces formalités dans le délai d'un mois à dater de l'échéance nor-

---

(1) Ce décret est précédé au *J. off.* d'un rapport ainsi conçu :

« Le décret du 16 octobre dernier, qui a prorogé les délais antérieurement accordés pour l'acquittement des valeurs négociables, a fixé à soixante jours la durée de la nouvelle prorogation. Les effets de cette prorogation expirent le 31 décembre courant.

« Il avait paru, lors de la préparation du décret du 16 octobre dernier, qu'au cours de cette période de soixante jours, il serait possible de déterminer, — en prenant d'ailleurs toutes les mesures nécessaires pour sauvegarder entièrement les intérêts des débiteurs hors d'état de s'acquitter, — le moment à partir duquel devraient cesser les prorogations d'échéance.

« L'enquête poursuivie à ce sujet auprès des chambres de commerce et des groupements économiques a permis de constater que nombre d'entre eux sont, en principe, favorables à la cessation des prorogations d'échéances.

« Il existe, toutefois, des commerces ou industries dont les affaires ont été suspendues ou considérablement réduites du fait de l'état de guerre. C'est le cas, par exemple, pour les commerces ou industries de luxe et d'art, pour les industries du bâtiment, de l'ameublement, pour les maisons d édition, etc.

« La situation déjà difficile de ces commerces ou industries se trouve encore aggravée en raison de la prolongation des hostilités. Aussi les groupements syndicaux ou professionnels qui les représentent ont-ils demandé avec insistance le maintien, en ce qui les concerne, du régime des prorogations.

« En faisant état de ces considérations, et en tenant compte de ce que les divers commerces ou industries sont solidaires les uns des autres, il nous a semblé qu'il y avait lieu, dès lors, de différer, pour l'instant, l'application des mesures de liquidation projetées, et qu'il serait préférable de proroger, pour une nouvelle période de quatre-vingt-dix jours, le régime antérieurement établi.

« Tel est l'objet principal du projet de décret que nous avons l'honneur de soumettre à votre signature.

« Pour faciliter la libération des débiteurs qui ne seraient pas en état d'acquitter le montant intégral de leur dette, mais qui seraient néanmoins disposés à faire un effort pour réduire cette dette, nous avons estimé qu'il y avait lieu d'admettre la possibilité pour le débiteur d'effectuer des payements partiels.

« L'art. 3 du projet de décret dispose, à cet égard, que le porteur ne pourra pas refuser un payement partiel, pourvu qu'il soit au moins du quart du principal, la somme ainsi payée ne pouvant être inférieure à 50 francs, sauf celle afférente au dernier des termes.

« Il existe, d'autre part, des débiteurs qui n'éprouvent pas, dans les circonstances présentes, les difficultés auxquelles se heurtent, tant en ce qui concerne l'absence de commandes que pour l'achat de leurs matières premières ou le recrutement de la main-d'œuvre, la plupart des industries ou commerces. Ce sont ceux qui, en raison de l'état de guerre, sont fournisseurs de l'Etat ou des Etats alliés, ou qui travaillent pour le compte de ces Etats, soit à titre principal, soit comme sous-traitants. C'est encore le cas de ceux qui livrent à ces fournisseurs des matières premières brutes, ouvrées ou mi ouvrées, ou qui coopèrent pour partie à la fabrication.

« En raison de la situation particulière de ces débiteurs, il nous a paru qu'il n'y avait pas lieu d'admettre plus longtemps à leur égard la prorogation pure et simple des échéances, mais de fixer, dès maintenant, les dates auxquelles leurs dettes deviendront exigibles.

« L'art. 5 du projet de décret ci-joint a décidé, en conséquence, que la nouvelle prorogation de quatre-vingt-dix jours, établie par le décret, ne s'étendrait pas à ces débiteurs.

« Un décret spécial, que nous avons l'intention de soumettre à votre signature, déterminera le régime qui leur est applicable ».

(2) 1er vol., p. 33.

(3 à 11) 1er vol., p 3, 8, 23, 40, 89, 128 175, 219, 259.

(12 à 14) 2e vol., p. 43, 118, 207.

(15) *Supra*, p. 80.

male de l'effet, les intérêts de 5 p. 100, institués à son profit par le décret du 29 août 1914, cesseront de courir à partir de l'expiration de ce délai.

Toutefois, ces formalités ne sont pas nécessaires, si le porteur peut prouver que le débiteur a été antérieurement avisé.

3 Dans les délais de prorogation des échéances fixés par le présent décret, le porteur ou le créancier ne pourra pas refuser un paiement partiel, pourvu qu'il soit au moins du quart du principal.

Toute somme ainsi payée ne pourra être inférieure à 50 fr., sauf celle qui sera afférente au dernier des termes.

Les intérêts seront exigibles à chaque terme pour la portion du principal payée par le débiteur.

Chaque paiement partiel sera mentionné sur le titre par le porteur, qui en donnera quittance.

Cette quittance sera exemptée du droit de timbre.

4 Sont maintenues toutes les dispositions des décrets des 29 août, 27 sept., 27 oct., 15 déc. 1914, 25 févr., 15 avril, 24 juin et 16 oct. 1915, qui ne sont pas contraires au présent décret.

Toutefois, l'application des §§ 2 et 3 de l'art. 2, et du § 2 de l'art. 3 du décret du 27 oct. 1914, concernant le recouvrement des valeurs négociables et des créances à raison de ventes commerciales ou d'avances sur titres, est suspendue jusqu'à l'expiration dudit délai de quatre-vingt-dix jours.

5. Les dispositions du présent décret ne s'appliquent pas aux débiteurs qui, en raison de l'état de guerre, sont fournisseurs de l'Etat ou des Etats alliés, ou travaillent pour le compte de ces Etats, soit à titre principal, soit comme sous-traitants, ni aux débiteurs qui fournissent aux personnes ci-dessus dénommées des matières brutes, ouvrées ou mi-ouvrées, ou qui coopèrent pour partie à la fabrication.

Un décret fixera le régime applicable à ces débiteurs.

6 Le présent décret est applicable à l'Algérie.

7 Le président du conseil, ministre des affaires etrangeres, les ministres du commerce, de l'industrie, des postes et des télégraphes, des finances, de la justice, de l'intérieur, du travail et de la prévoyance sociale, sont charges, etc.

1° Protêts, Guerre franco-allemande, Moratorium, Cessation, Valeurs négociables, Fournisseurs de l'Etat et des pays alliés, Sous-traitants, Valeurs souscrites avant le 4 août 1914 et échues originairement depuis le 31 juill. 1914, Prorogation de 20 mois, Paiements partiels, Intérêts, Quittances, Timbre, Exemption, Interdiction de protêt, Lettre recommandée avec avis de réception, Délai supplémentaire, Président du tribunal de commerce, Procédure, Timbre, Enregistrement, Exemption, Poursuites, Autorisation du président du tribunal de commerce, Algerie, Juges de paix a compétence étendue. — 2° Vente de marchandises, Guerre franco-allemande, Moratorium, Cessation, Fournisseurs de l'Etat et des pays alliés, Sous-traitants, Ventes antérieures au 4 août 1914, Prorogation de 20 mois, Délais supplémentaires, Président du tribunal de commerce, Poursuites, Autorisation du président du tribunal de commerce, Algérie, Juges de paix a compétence étendue. — 3° Crédit (ouverture de), Avances sur titres, Guerre franco-allemande, Moratorium, Cessation, Fournisseurs de l'Etat et des pays alliés, Sous-traitants, Prorogation fixe de délai, Délais supplémentaires, Président du tribunal de commerce, Poursuites, Autorisation du président du tribunal de commerce, Algerie, Juges de paix a compétence étendue.

Décret *mettant fin à la prorogation des échéances, en ce qui concerne les débiteurs qui, en raison de l'état de guerre, travaillent pour l'Etat ou pour les Etats alliés* (1).

---

(1) Ce décret est précédé au *J. off.* d'un rapport ainsi conçu :

« En soumettant à votre signature le decret du 23 déc. 1915, qui a prorogé pour une nouvelle période de quatre-vingt dix jours l'écheance des valeurs négociables, il nous a paru qu'il y avait lieu de ne pas faire bénéficier de cette prorogation les debiteurs qui, en raison de l'etat de guerre, sont fournisseurs de l'Etat ou des Etats alliés, ou travaillent pour le compte de ces Etats, soit a titre principal, soit comme sous-traitants.

« La même exception a été etablie pour les debiteurs qui livrent à ces fournisseurs des matières premieres brutes, ouvrées ou mi ouvrées, ou qui coopèrent pour partie à la fabrication.

« Il serait anormal, en effet, de maintenir a ces catégories de debiteurs le bénefice des prorogations d'échéance. D'une part, en raison même des besoins de la guerre, l'activité des établissements en question a été l'objet d'une reprise beaucoup plus accentuée que dans les autres industries ou commerces. D'autre part, etant donne l'intérêt qu'il y a assurer a l'Etat une livraison rapide, ces établissements bénéficient de facilités particulieres, tant pour l'achat et le transport des matières premieres qui leur sont indispensables que pour le recrutement de leur main-d'œuvre.

« En décidant que le bénefice des prorogations ne s'appliquerait plus a ces etablissements, — à partir des dates indiquees par le decret, — il convenait, toutefois, de fixer, avec tous les ménagements justifies par les circonstances, le régime auquel serait soumise cette categorie de débiteurs.

« Les règles tracées à cet égard font l'objet du projet de decret que nous avons l'honneur de vous soumettre ci-joint.

(23 décembre 1915). — (Publ. au *J. off* du 25 déc.).

LE PRÉSIDENT DE LA RÉPUBLIQUE FRANÇAISE ; — Sur le rapport du président du conseil, ministre des affaires étrangères, des ministres du commerce, de l'industrie, des postes et télégraphes, des finances, de la justice, de l'intérieur, du travail et de la prévoyance sociale ; — Vu le Code de commerce ; — Vu la loi du 5 août 1914 (1), relative à la prorogation des échéances des valeurs négociables ; — Vu les décrets des 31 juill. (2), 1er (3), 4 (4), 9 (5) et 29 août (6), 27 sept. (7), 27 oct. (8), 24 nov. (9), 15 déc. 1914 (10), 25 févr. (11), 15 avril (12), 24 juin (13), 16 oct. (14) et 23 déc. 1915 (15) ; — Le conseil des ministres entendu ; — Décrete :

ART. 1er Par application de l'art. 5 du décret du 23 déc. 1915, relatif à la prorogation des échéances, les débiteurs qui, en raison de l'état de guerre, sont fournisseurs de l'Etat ou des Etats alliés, ou travaillent pour le compte de ces Etats, soit à titre principal, soit comme sous-traitants, ou les débiteurs qui fournissent aux personnes ci-dessus dénommées des matières premières brutes, ouvrées ou demi-ouvrées, ou qui coopèrent pour partie à la fabrication, sont soumis aux dispositions ci-après.

2. L'échéance des valeurs négociables souscrites par ces débiteurs avant le 4 août 1914 et échues originairement depuis le 31 juill. 1914 inclusivement est prorogée de vingt mois, date pour date, à partir du jour de leur échéance originaire.

A défaut d'une date correspondant, dans le vingtième mois, à la date de l'échéance originaire, la valeur negociable sera considérée comme echue le dernier jour de ce vingtième mois.

3. Toutefois, le porteur ne pourra pas refuser un paiement partiel, pourvu qu'il soit au moins du quart du principal.

En ce cas, le solde devra être payé au moins par tiers de deux mois en deux mois.

Toute somme ainsi payée ne pourra pas être inferieure à 50 fr., sauf celle qui sera afférente au dernier des termes.

Les intérêts seront exigibles à chaque terme pour la portion du principal payée par le débiteur.

Chaque paiement partiel sera mentionne sur le titre par le porteur qui en donnera quittance

Cette quittance sera exemptée du droit de timbre.

4 Il ne pourra être dressé de protêt ; le défaut de paiement sera constaté par une lettre recommandée adressée par le porteur au débiteur, et suivie d'un avis de réception.

5 Pendant les trente derniers jours précédant l'échéance, telle qu'elle est fixée par l'art. 2 du présent décret, le débiteur pourra obtenir des délais supplémentaires. Le président du tribunal de commerce du lieu où le paiement doit se faire statuera sans frais, par ordonnance rendue sur la requête du débiteur, le porteur entendu ou dûment appelé par lettre recommandée à lui adressée par le greffier.

Si le porteur ne s'est pas fait connaître au dé

« Les valeurs négociables à l'égard desquelles le benéfice des prorogations cessera de s'appliquer sont celles qui ont eté souscrites anterieurement au 4 août 1914 et sont échues originairement depuis le 31 juill. 1914 inclusivement.

« L'echeance de ces valeurs est prorogée de vingt mois, date pour date, à partir du jour de leur echeance primitive.

« Le porteur est tenu d'accepter un paiement partiel de la part de son débiteur, pourvu que ce paiement soit au moins du quart du principal.

« Dans un but d'economie, le défaut de paiement ne pourra donner lieu a un protêt. Il sera constaté par une lettre recommandée.

« Afin d'éviter les poursuites contre ceux des debiteurs qui, en raison de circonstances diverses, seraient hors d'état de s'acquitter, le décret prévoit qu'ils peuvent demander au president du tribunal de commerce du lieu où le paiement doit se faire, dans les trente derniers jours précedant l'échéance, des délais supplémentaires pour s'acquitter.

« Ces delais pourront être accordés par ordonnance rendue sur la requête du débiteur, le porteur entendu ou dûment appele. Ils pourront être renouveles une ou plusieurs fois, s'il est nécessaire.

« Dans le cas ou il y aurait lieu néanmoins de recourir à des poursuites, le décret reconnaît au tribunal de commerce le pouvoir d'accorder des délais aux débiteurs pour s'acquitter, ce qui, pour les effets de commerce, est une dérogation à l'art. 157 du Code de commerce.

« En outre, jusqu'à ce qu'il en soit autrement ordonné, l'application des art. 161 a 172 du Code de commerce, relatifs aux recours contre les endosseurs, est momentanément suspendue.

« Des mesures semblables ont été également prévues pour ce qui a trait au paiement des fournitures de marchandises faites aux debiteurs visés au projet de décret anterieurement au 4 août 1914, ainsi que pour les sommes dues avec ou sans echéance, a raison d'avances faites anterieurement à la même date.

« Les dispositions de ce projet de décret paraissent de nature à sauvegarder, aussi complètement que possible, les interêts des débiteurs auxquels le bénéfice des prorogations d'échéance sera retiré à partir des dates fixees par le décret.

« Si, d'ailleurs, le non-paiement a l'échéance d'un effet de commerce devenu exigible avait pour conséquence d'entrainer, a l'égard du débiteur défaillant, certaines pénalites ou décheances (comme ce peut être le cas, notamment, dans les cessions de fonds de commerce), celui-ci serait couvert par l'art. 5 du decret du 10 août 1914, qui admet que, pendant la durée des hostilités, les clauses des contrats qui stipulent une déchéance, en cas d'inexécution dans un délai ou a une date prefixe, cessent de porter effet, à condition que ces contrats aient été conclus avant le 4 août 1914.

« Cette suspension ne peut, d'autre part, aux termes du décret du 15 déc. 1914 (art. 5), être levee que par ordonnance du président du tribunal civil, et seulement à l'égard de ceux qui ne sont ni presents sous les drapeaux, ni domiciliés dans les régions particulierement éprouvees par les hostilites ».

(1) 1er vol., p. 33.

(2 a 10) 1er vol., p. 3, 8, 23, 40, 89, 128, 175, 219, 259

(11 a 13) 2e vol., p. 43, 118, 207.

(14) *Supra*, p. 80.

(15) C'est le décret qui précède.

biteur avant l'échéance, telle qu'elle est fixée par l'art. 2 du présent décret, des délais supplémentaires pourront être demandés au président du tribunal de commerce, à partir de la présentation de la valeur négociable, tant que le porteur n'aura pas exercé de poursuites devant le tribunal conformément à l'article suivant.

La prolongation des délais supplémentaires précédemment obtenus pourra être, selon les circonstances, accordée une ou plusieurs fois par le président du tribunal de commerce.

La requête et l'ordonnance du président du tribunal de commerce ne donneront lieu à aucuns frais, et seront dispensés des droits de timbre et d'enregistrement.

6. Dix jours francs après la date de l'avis de réception de la lettre recommandée, constatant, conformément à l'art. 4, le défaut de paiement, le débiteur pourra être poursuivi sans protêt préalable.

Aucune poursuite devant le tribunal de commerce ne sera possible qu'en vertu d'une permission du président du tribunal, accordée sur la requête du porteur, sauf dans le cas de rejet d'une demande de délai formée par le débiteur ou d'expiration des délais accordés par le président du tribunal sans que le débiteur se soit acquitté.

Le tribunal, saisi d'une demande formée dans l'un des cas précédents, pourra, par dérogation à l'art. 157 du Code de commerce, accorder des délais pour le paiement.

Le seul défaut de poursuite, dans les cas où il ne peut en être exercé, n'engagera pas la responsabilité du porteur envers les endosseurs, le tireur et les autres garants du paiement.

7. Jusqu'à ce qu'il en soit autrement ordonné par un décret ultérieur, l'application des art. 161 à 172 inclusivement du Code de commerce demeurera suspendue en ce qui concerne les valeurs négociables régies par les dispositions précédentes.

8 Le paiement des fournitures de marchandises faites aux débiteurs visés au présent décret antérieurement au 4 août 1914 sera exigible vingt mois, date pour date, à compter du jour de l'exigibilité fixée primitivement par la convention des parties

Toutefois, les créanciers ne pourront refuser des paiements partiels faits dans les conditions déterminées par l'art. 3 du présent décret. Les débiteurs pourront obtenir des délais supplémentaires, conformément à l'art. 5, et des poursuites devant le tribunal de commerce ne pourront être exercées que sous les conditions indiquées dans l'art. 5.

9 Les dispositions de l'article précédent s'appliquent aux sommes dues avec échéance par les mêmes débiteurs, à raison d'avances faites antérieurement au 4 août 1914, en compte ou à découvert, ainsi qu'à toutes avances faites, antérieurement à la même date, sur des valeurs mobilières et sur des effets de commerce.

Pour les sommes dues par eux sans échéance à raison d'avances faites antérieurement au 4 août 1914, le remboursement pourra en être réclamé à partir du 30 juin 1916, à charge par le créancier d'observer, en outre, s'il y a lieu, les délais de préavis stipulés, et sans préjudice de l'application des art. 3 et 5 et des alin. 2 et 3 de l'art. 6 du présent décret.

En matière d'avances sur titres, il pourra être décidé par le président du tribunal de commerce ou par le tribunal qu'il sera sursis à la réalisation du gage, alors même que les débiteurs n'obtiendraient pas les délais par eux demandés et que les poursuites seraient autorisées.

10. Sont maintenues toutes les dispositions des décrets des 29 août, 27 sept., 27 oct., 15 déc. 1914, des 25 févr., 15 avril, 24 juin, 16 oct. et 23 déc. 1915 qui ne sont pas contraires au présent décret.

11. Les dispositions du présent décret sont applicables à l'Algérie.

Toutefois, par dérogation aux dispositions des art. 5 et 6 ci-dessus, dans le ressort des justices de paix à compétence étendue, le juge de paix statuera au lieu et place du président du tribunal de commerce, dans les limites de la compétence à lui reconnue par les lois, ordonnances et décrets actuellement en vigueur.

12. Le président du conseil, ministre des affaires étrangères, les ministres du commerce, de l'industrie, des postes et des télégraphes, des finances, de la justice, de l'intérieur, du travail et de la prévoyance sociale sont chargés, etc.

ARMÉE, GUERRE FRANCO-ALLEMANDE, AFRIQUE OCCIDENTALE FRANÇAISE, TIRAILLEURS SÉNÉGALAIS, NOUVEAUX BATAILLONS, RECRUTEMENT, ADMINISTRATION, INDEMNITÉS SPÉCIALES, OFFICIERS DU GROUPE DE L'AFRIQUE OCCIDENTALE, COMMANDANTS DES GROUPES DU CAMEROUN ET DE L'OYEM.

DÉCRET *allouant des indemnités pour frais de bureau et de représentation aux officiers titulaires d'emplois nouveaux créés en Afrique occidentale et en Afrique equatoriale française.*

(24 décembre 1915). — (Publ. au *J. off.* du 3 janv. 1916).

LE PRÉSIDENT DE LA RÉPUBLIQUE FRANÇAISE; — Vu la loi du 28 sept 1915 (1), portant ouverture de crédits provisoires applicables au 4e trimestre 1915, qui a ouvert au ministre des colonies un crédit spécial en vue d'assurer le recrute-

(1) *Supra*, p. 46.

ment de tirailleurs en Afrique occidentale française; — Vu le décret du 29 déc. 1903, sur la solde et les accessoires de solde des troupes stationnées aux colonies; — Vu l'art. 55 de la loi de finances du 25 févr. 1901 (1); — Sur le rapport du ministre des colonies et du ministre des finances; — Décrète :

ART. 1er. Une « indemnité spéciale de frais de bureau », fixée comme suit, est allouée pour le service spécial du recrutement et de l'administration des nouveaux bataillons de tirailleurs sénégalais constitués en Afrique occidentale française :

Chef d'état-major du groupe de l'Afrique occidentale française, 150 fr. par mois.

Sous-intendant chargé de la surveillance administrative, 75 fr. par mois.

Inspecteur permanent de trois bataillons et au delà, 60 fr. par mois.

Inspecteur permanent de deux bataillons au moins, 51 fr. par mois.

Commandant militaire faisant fonction d'inspecteur, 50 fr. par mois

2. Au point de vue des « frais de représentation » les inspecteurs sont assimilés :

1° L'inspecteur de trois bataillons et au delà, à l'officier supérieur commandant un régiment d'infanterie indigène de trois bataillons au moins;

2° L'inspecteur de deux bataillons au moins, à l'officier supérieur commandant un régiment d'infanterie indigène de deux bataillons au moins.

Il n'est pas alloué de frais de représentation aux commandants militaires chargés en même temps des fonctions d'inspecteur.

3. Les commandants de groupe des troupes de l'Afrique équatoriale française opérant au Cameroun sont traités, pour l'allocation des indemnités de « frais de bureau », prévues au tarif n° 13 du décret du 29 déc. 1903 :

1° Le commandant du groupe Nord-Cameroun, comme l'officier supérieur commandant un régiment d'infanterie coloniale ou indigène de deux bataillons au moins;

2° Le commandant du groupe de l'Oyem, comme l'officier supérieur commandant un bataillon ou un groupe de batteries s'administrant séparément;

3° Le directeur du service des étapes Est-Cameroun, comme l'officier commandant un détachement de compagnie ou de batterie s'administrant séparément de 50 hommes au moins et de moins de 101.

4 Les allocations ci-dessus cesseront d'être perçues dès que les circonstances qui en ont motivé la création auront cessé d'exister.

Le gouverneur général fixera, sur la proposition du commandant supérieur des troupes, la date à laquelle elles commenceront à être payées et celle à laquelle elles cesseront d'être dues.

5. Les dispositions du présent décret pourront être étendues, par voie de circulaire du ministre des colonies, aux formations analogues qui viendraient à être créées dans nos autres possessions

6. Les ministres des finances et des colonies sont chargés, etc.

DOUANES, GUERRE FRANCO ALLEMANDE, INTERDICTIONS D'IMPORTATION, ABROGATION, ESPÈCES BOVINE, OVINE ET CAPRINE, SUISSE.

ARRÊTÉ *modifiant celui du 18 janv. 1898, et autorisant l'importation en France et le transit des animaux des espèces bovine, ovine et caprine provenant de Suisse.*

(24 décembre 1915). — (Publ. au *J. off.* du 9 janv. 1916).

LE MINISTRE DE L'AGRICULTURE; — Vu la loi du 21 juin 1898 (2), sur le Code rural, liv. III, chap. 2, 3e section : « Importation et exportation des animaux »; — Vu le décret du 11 juin 1905 (3), rendu pour l'application des prescriptions de cette partie de ladite loi; — Vu l'arrêté ministériel du 18 janv. 1898 (4), qui a prohibé l'importation en France et le transit des animaux des espèces bovine, ovine, caprine et porcine provenant de Suisse; — Considérant que l'état sanitaire du bétail suisse est actuellement satisfaisant, en ce qui concerne tout au moins les espèces bovine, ovine et caprine; — Sur le rapport du directeur des services sanitaires et scientifiques et de la répression des fraudes; — Arrête :

ART. 1er. L'arrêté du 18 janv. 1898, ci-dessus visé, portant prohibition d'importation en France et de transit des animaux des espèces bovine, ovine, caprine et porcine provenant de Suisse, est rapporté en ce qui concerne les espèces bovine, ovine et caprine.

2. Le directeur général des douanes et les préfets des départements intéressés sont chargés, etc

---

OUVRIERS, ACCIDENTS DU TRAVAIL, SOCIÉTÉS D'ASSURANCES, CAUTIONNEMENTS, MAINTIEN

ARRÊTÉ *maintenant, pour l'année 1916, les cautionnements des sociétés d'assurances contre les accidents du travail.*

(24 décembre 1915). — (Publ. au *J. off* du 31 déc.).

LE MINISTRE DU TRAVAIL ET DE LA PRÉVOYANCE

---

(1) S. et P. *Lois annotées* de 1901, p. 140; *Pand. pér.*, 1902.3 33.

(2) S. et P. *Lois annotées* de 1899, p. 705; *Pand. pér.*, 1900.3.1.

(3) S. et P. *Lois annotées* de 1905, p. 913

(4) *J. off.*, 31 janv. 1898, p. 671.

SOCIALE; — Vu la loi du 9 avril 1898 (1), concernant les responsabilités des accidents dont les ouvriers sont victimes dans leur travail, et spécialement le § 1er de l'art. 27; — Vu le décret du 28 févr. 1899 (2), portant règlement d'administration publique pour l'exécution de l'art. 27, susvisé, et spécialement l'art. 3 dudit décret; — Vu l'arrêté du 13 juin 1914, fixant, pour l'année 1913, les cautionnements des sociétés d'assurances contre les accidents du travail; — Vu l'arrêté du 5 janv. 1915 (3), maintenant, pour l'année 1914, les cautionnements des sociétés d'assurances contre les accidents du travail et l'évaluation des valeurs qui les composent, tels qu'ils avaient été fixés pour l'année 1914; — Considérant les difficultés matérielles d'établir, dans les circonstances actuelles, les bases de fixation des cautionnements pour l'année 1916; — Vu l'avis du comité consultatif des assurances contre les accidents du travail; — Sur la proposition du conseiller juridique, chef par intérim du service du contrôle des assurances privées; — Arrête :

ARTICLE UNIQUE. Les cautionnements auxquels sont astreintes les sociétés d'assurances contre les accidents du travail et l'évaluation des valeurs qui les composent, maintenus pour l'année 1915, tels qu'ils avaient été fixés pour l'année 1914, seront également maintenus dans les mêmes conditions pour l'année 1916.

OUVRIERS, ACCIDENTS DU TRAVAIL, SOCIÉTÉS D'ASSURANCES, PRIMES D'ASSURANCES, TAUX, MAINTIEN POUR 1916.

ARRÊTÉ *maintenant pour l'année* 1916 *les primes fixées par les arrêtés des* 30 *mars* 1899 *et* 28 *nov.* 1906, *relatifs aux sociétés d'assurances contre les accidents du travail.*

(24 décembre 1915). — (Publ. au *J. off.* du 31 déc.)

LE MINISTRE DU TRAVAIL ET DE LA PRÉVOYANCE SOCIALE; — Vu la loi du 9 avril 1898 (4), concernant les responsabilités des accidents dont les ouvriers sont victimes dans leur travail; — Vu la loi du 12 avril 1906 (5), étendant à toutes les exploitations commerciales les dispositions de la loi du 9 avril 1898, sur les accidents du travail, — Vu le décret du 28 févr. 1899 (6), modifié par le décret du 27 déc. 1906 (7), portant règlement d'administration publique pour l'exécution de l'art. 27 de la loi du 9 avril 1898; — Vu l'arrêté ministériel du 29 mars 1899 (8), déterminant les bases des cautionnements que doivent constituer les sociétés d'assurances contre les accidents du travail; — Vu l'arrêté ministériel du 30 mars 1899 (9), déterminant les primes prévues à l'art. 6 du décret du 28 févr. 1899 et à l'art. 2 de l'arrêté ministériel du 29 mars 1899, relatifs aux sociétés d'assurances contre les accidents du travail, spécialement l'art. 2 dudit arrêté; — Vu l'arrêté ministériel du 5 mai 1899 (10), complétant les arrêtés des 29 et 30 mars, susvisés, — Vu l'arrêté ministériel du 28 nov. 1906 (11), déterminant les primes pour les exploitations commerciales visées par la loi du 12 avril 1906; — Vu l'avis du comité consultatif des assurances contre les accidents du travail; — Sur la proposition du conseiller juridique, chef par intérim du service du contrôle des assurances privées; — Arrête :

ART. 1er. Les primes visées au dernier alinéa de l'art. 6 du décret du 28 févr. 1899 et à l'art. 2 de l'arrêté ministériel du 29 mars 1899, telles qu'elles sont fixées à l'art. 1er de l'arrêté ministériel du 30 mars 1899 et à l'art. 2 de l'arrêté ministériel du 28 nov. 1906, sont maintenues provisoirement pour l'année 1916.

2. Est prorogé, jusqu'au 1er janv. 1917, l'effet des dispositions contenues dans l'art. 2 de l'arrêté ministériel du 5 mai 1899.

OUVRIERS, ACCIDENTS DU TRAVAIL, SOCIÉTÉS D'ASSURANCES, SYNDICATS DE GARANTIE, PRODUCTION DE TABLEAUX, PRODUCTION FACULTATIVE.

ARRÊTÉ *rendant facultative, pour les sociétés d'assurances et les syndicats de garantie contre les accidents du travail, la production des tableaux* I *à* V *à annexer au compte rendu de leurs opérations pour l'exercice* 1916

(24 décembre 1915). — (Publ au *J. off.* du 31 déc.).

LE MINISTRE DU TRAVAIL ET DE LA PRÉVOYANCE SOCIALE; — Vu la loi du 9 avril 1898 (12), concernant les responsabilités des accidents dont

(1) S. et P. *Lois annotées* de 1899, p. 761; *Pand. pér.*, 1899.3.19.

(2) S. et P. *Lois annotées* de 1899, p. 804; *Pand. pér.*, 1899.3.102.

(3) 1er vol., p. 295.

(4) S. et P. *Lois annotées* de 1899, p. 761; *Pand. pér.*, 1899.3.49.

(5) S. et P. *Lois annotées* de 1907, p. 399; *Pand. pér.*, 1906.3.248.

(6) S. et P. *Lois annotées* de 1899, p. 804, *Pand. pér.*, 1899.3.102.

(7) *J. off.*, 28 déc 1906, p 8626.

(8) *J. off.*, 2 avril 1899, p. 2190.

(9) *J. off.*, 2 avril 1899, p. 2190.

(10) *J. off.*, 7 mai 1899, p. 3010.

(11) *J. off.*, 30 nov. 1906, p. 7935.

(12) S. et P. *Lois annotées* de 1899, p. 761; *Pand. pér.* 1899.3.49

les ouvriers sont victimes dans leur travail; — Vu le décret du 28 févr. 1899 (1), modifié par le décret du 27 déc. 1906 (2), portant règlement d'administration publique pour l'exécution de l'art. 27 de cette loi; — Vu l'arrêté du 13 déc. 1912 (3), déterminant les tableaux à annexer au compte rendu détaillé annuel des opérations des sociétés d'assurances et des syndicats de garantie contre les accidents du travail; — Vu l'arrêté du 5 janv. 1915 (4), disposant que les états à annexer au compte rendu au 31 déc. 1915 des opérations des sociétés d'assurances et des syndicats de garantie contre les accidents du travail devront être afférents aux exercices de 1914 et 1915; — Considérant les difficultés matérielles que les entreprises éprouveraient à établir lesdits tableaux dans les circonstances actuelles; — Vu l'avis du comité consultatif des assurances contre les accidents du travail; — Sur la proposition du conseiller juridique, chef par intérim du service du contrôle des assurances privées; — Arrête :

ARTICLE UNIQUE. Les tableaux I à V, prévus par l'arrêté du 13 déc. 1912, conformément à l'art. 12 du décret du 28 févr. 1899, pour les sociétés d'assurances et les syndicats de garantie contre les accidents du travail, comme devant être annexés au compte rendu annuel des opérations, ne seront pas obligatoires pour l'année 1915. Les états à annexer au compte rendu au 31 déc. 1915, qui devait comprendre également les opérations de l'exercice 1914, seront joints au compte rendu au 31 déc. 1916, et seront ainsi afférents à chacun des trois exercices 1914, 1915 et 1916.

PILOTAGE, GUERRE FRANCO-ALLEMANDE, NAVIRES DE GUERRE.

CIRCULAIRE *au sujet du règlement des frais de pilotage, remorquage et lamanage dans les ports français et britanniques.*

(24 décembre 1915). — (Publ. au *J off.* du 25 déc.).

Le Ministre de la marine à MM. les vice-amiraux commandant en chef, préfets maritimes; officiers généraux et autres commandant à la mer; commandants de la marine; gouverneurs généraux, gouverneurs, lieutenants gouverneurs et administrateurs des colonies; agents diplomatiques et consulaires à l'étranger.

Des doutes se sont élevés, sur le sens exact des dispositions du § 2 de la circulaire du 16 déc. dernier (5), au sujet du règlement des frais de pilotage, remorquage et lamanage dans les ports français et britanniques des navires de guerre, ainsi que des bâtiments affrétés ou requisitionnés par les deux gouvernements.

Pour éviter tout malentendu, je précise que la phrase : « Dans les ports de guerre seuls, les navires de guerre des deux nations ne supportent aucun frais pour les opérations de l'espèce », doit s'entendre en ce sens que, en ce qui concerne les navires de guerre des deux nations, le gouvernement français prendra ces frais à sa charge dans les ports de guerre français, et que, réciproquement, le gouvernement britannique les supportera dans les ports de guerre britanniques

---

ARMÉE, GUERRE FRANCO-ALLEMANDE, SOUS-OFFICIERS, BRIGADIERS, CAPORAUX ET SOLDATS RENGAGÉS, UNIFICATION DES HAUTES PAYES JOURNALIÈRES.

DÉCRET *modifiant le tarif n 9, annexé au décret du 11 janv. 1913, sur les tarifs de solde des troupes metropolitaines* (6).

(25 décembre 1915). — (Publ. au *J. off.* du 31 déc.).

LE PRÉSIDENT DE LA RÉPUBLIQUE FRANÇAISE; — Sur le rapport des ministres de la guerre et des finances; — Vu le décret du 11 janv. 1913 (7), sur les tarifs de solde et allocations individuelles en deniers régularisées sur revues; — Vu l'art. 55 de la loi du 25 févr. 1901 (8), portant fixation du budget général des dépenses et des recettes de l'exercice 1901; — Décrète :

ART 1er. Le tarif n° 9, annexé au décret du 11 janv. 1913, est modifié comme suit (V. le tarif à la suite du décret, p. 211) :

2 Les dispositions de l'article qui précède sont applicables, à compter du 1er janv. 1916, à tous les militaires de l'armée active, de la réserve et de l'armée territoriale, ou de sa réserve, indistinctement.

Toutefois, les militaires de l'armee active ayant contracté, soit au titre de la cavalerie (ou de l'ar-

---

(1) S et P. *Lois annotees* de 1899, p. 804, *Pand. pér*, 1899 3.102.

(2) *J. off*, 28 dec 1906, p. 8626.

(3) *J. off.*, 15 dec. 1912, p 10495.

(4) 1er vol, p. 295

(5) *Supra*, p 186

(6) Ce décret est précédé au *J. off.* d'un rapport ainsi conçu :

« Le décret du 14 janv. 1913 prévoit, pour les militaires de la cavalerie et de l'artillerie des divisions de cavalerie et pour les maitres pointeurs de l'artillerie, une haute paye supérieure à celle des militaires de même grade dans les autres armes ou services.

« Cette différence de tarification, qui se justifiait en temps de paix, ne répond plus aux nécessités actuelles et peut être supprimee sans inconvénient, sous réserve du maintien des droits acquis par les militaires de l'armée active en vertu de leur contrat ».

(7) *J. off.*, 24 janv. 1913, p. 770

(8) S et P. *Lois annotées* de 1901, p. 140, *Pand pér*, 1902.3.33.

tillerie des divisions de cavalerie), soit en qualité de maître pointeur de l'artillerie, et dont le contrat était en cours lors de la mobilisation, ont toujours droit à la haute paye spéciale de l'ancien tarif, même en cas de changement d'arme, soit jusqu'au jour où ils reçoivent une haute paye supérieure par suite de promotion, soit, à defaut, jusqu'à la fin de la guerre ou jusqu'à l'expiration du contrat, suivant que ce dernier arrive à expiration avant ou après la cessation des hostilités.

3. Le ministre de la guerre et le ministre des finances sont chargés, etc.

GRADES	ARMES OU SERVICES	HAUTE PAYE JOURNALIÈRE après deux ans de service	après six ans de service	après dix ans de service	OBSERVATIONS
Sous officiers et assimilés	Cavalerie et artillerie des divisions de cavalerie.	1 »	(a)	(a)	(a) A partir de la 6e année, la haute paye est comprise dans la solde mensuelle
	Autres armes et services .	1 »	(a)	(a)	
Brigadiers ou caporaux fourriers, brigadiers ou caporaux (1).	Cavalerie et artillerie des divisions de cavalerie	0 60	0 65	0 70	(1) La haute paye de caporal est attribuée aux soldats musiciens qui reçoivent la solde de caporal
	Autres armes et services	0 60	0 65	0 70	
Soldats (2)	Cavalerie et artillerie des divisions de cavalerie	0 20	0 25	0 30	(2) La haute paye de soldat est attribuée aux maîtres pointeurs servant au delà de la durée légale.
	Autres armes et services.	0 20	0 25	0 30	

Assurances (Caisses d'), Caisse nationale des retraites pour la vieillesse. Rentes viagères, Élévation du maximum.

Loi *élargissant les conditions de constitution de rentes viagères à la Caisse nationale des retraites pour la vieillesse.*

(25 décembre 1915). — (Publ. au *J. off.* du 27 déc.).

Article unique Le maximum de la rente viagère que la Caisse nationale des retraites pour la vieillesse est autorisée à faire inscrire sur la même tête est fixé à deux mille quatre cents francs (2 400 fr.)

Les sommes versées dans une année au compte de la même personne ne peuvent excéder quatre mille francs (4.000 fr.).

Les versements peuvent être faits au profit de toute personne à partir de sa naissance. La Caisse nationale des retraites pour la vieillesse établira, à cet effet, pour les âges inférieurs à trois ans, une table de mortalité qu'elle rectifiera ultérieurement d'après les résultats dûment constatés de ces opérations.

Sont abrogées toutes dispositions contraires de la loi du 20 juill. 1886 (1).

Douanes, Guerre franco-allemande, Interdiction d'importation, Abrogation, Espèce bovine, Îles anglo-normandes.

Arrêté *modifiant celui du 20 juill. 1911, et autorisant l'importation en France et le transit des animaux de l'espèce bovine provenant des îles anglo-normandes.*

(25 décembre 1915). — (Publ. au *J. off.* du 9 janv.).

Le Ministre de l'agriculture; — Vu la loi du 21 juin 1898 (2), sur le Code rural, livre III, chapitre II, 8e section : « Importation et exportation des animaux »; — Vu le décret du 11 juin 1905 (3), rendu pour l'exécution des prescriptions de cette partie de ladite loi; — Vu l'arrêté ministériel du 20 juill. 1911 (4), qui a prohibé l'importation en France et le transit des animaux des espèces bovine, ovine, caprine et porcine provenant des Iles-Britanniques; — Considerant que l'état sanitaire du bétail bovin des îles anglo-normandes est actuellement satisfaisant; — Sur le rapport du directeur des services sanitaires et scientifiques et de la répression des fraudes; — Arrête :

Art. 1er Par dérogation aux dispositions de l'arrêté du 20 juill. 1911, susvisé, portant prohi-

(1) S. *Lois annotées* de 1887, p. 117. — P. *Lois, décr.*, etc. de 1887, p. 251.

(2) S. et P. *Lois annotées* de 1899, p. 705; *Pand. pér.*, 1900 3 1

(3) S. et P. *Lois annotées* de 1905, p. 913.

(4) *J. off.*, 23 juill. 1911, p. 6156.

bition de l'importation en France et du transit du betail britannique, sont désormais autorisés l'importation en France et le transit des animaux de l'espèce bovine en provenance des îles anglo-normandes.

2. Le directeur général des douanes et les préfets des départements sont chargés, etc.

ALGÉRIE, TERRITOIRES DU SUD, BUDGET, FIXATION EN RECETTES ET EN DÉPENSES, ABSINTHE, REMBOURSEMENT DES DROITS.

DÉCRET *fixant le budget des territoires du Sud de l'Algérie pour l'exercice* 1916.

(27 décembre 1915) — (Publ. au *J off.* du 30 déc).

LE PRÉSIDENT DE LA RÉPUBLIQUE FRANÇAISE; — Sur le rapport des ministres de l'intérieur, des finances et de la guerre; — Vu la loi du 24 déc 1902 (1), portant organisation des territoires du Sud de l'Algérie, instituant un budget spécial et autonome pour ces régions; le décret du 30 déc. 1903 (2), portant reglement d'administration publique pour l'exécution de l'art. 6 de la loi du 24 déc. 1902; le décret du 14 août 1905 (3), sur l'organisation administrative et militaire des territoires du Sud de l'Algérie; la délibération du conseil de gouvernement, en date du 26 juill. 1915; — Décrète :

ART 1er. Le budget des territoires du Sud de l'Algérie, pour l'exercice 1916, est arrêté, en dépenses, à la somme de 5 millions 35 993 fr., conformément à l'état A ci-annexé, et en recettes, à la somme de 5.130.992 fr, conformément aux évaluations prévues à l'état B, ci-annexe.

2 La nomenclature des services pouvant donner lieu à prélèvement sur le crédit ouvert au chapitre des dépenses éventuelles est fixée conformément aux indications de l'état C, ci-annexé.

3. Est autorisé le remboursement des droits perçus au profit du Trésor sur les absinthes ou liqueurs similaires d'absinthe se trouvant actuellement chez les débitants et chez les marchands en gros non entrepositaires.

Ce remboursement aura lieu à charge de mise en entrepôt ou d'envoi à la rectification.

4. Les ministres de l'intérieur, des finances et de la guerre sont chargés, etc.

(*Suivent au* J. off *les états annexés*).

COLONIES, GUERRE FRANCO-ALLEMANDE, DOUANES, INTERDICTION DE SORTIE, VOLAILLES MORTES.

DÉCRET *prohibant les volailles mortes à la sortie des colonies et pays de protectorat autres que la Tunisie et le Maroc.*

(27 décembre 1915). — (Publ. au *J. off.* du 28 déc.).

LE PRÉSIDENT DE LA RÉPUBLIQUE FRANÇAISE, — Sur le rapport du ministre des colonies, du ministre des finances et du ministre du commerce, de l'industrie, des postes et des télégraphes; — Vu l'art. 34 de la loi du 17 déc 1814 (4); — Vu le sénatus-consulte du 3 mai 1854 (5); — Vu le décret du 29 nov. 1915 (6), prohibant les volailles mortes à la sortie de la métropole; — Decrete :

ART. 1er. Sont prohibées la sortie des colonies et pays de protectorat, autres que la Tunisie et le Maroc, ainsi que la réexportation en suite d'entrepôt, de dépôt, de transit, de transbordement et d'admission temporaire, des volailles mortes, soit à l'état frais, soit conservées par un procédé quelconque.

Toutefois, des exceptions à cette disposition pourront être autorisées, sous les conditions qui seront déterminées par le ministre des colonies.

2. Les ministres des colonies, des finances et du commerce, de l'industrie, des postes et des télégraphes, sont chargés, etc

---

DOUANES, GUERRE FRANCO-ALLEMANDE, INTERDICTIONS DE SORTIE, DÉROGATION, RETRAIT, BEURRE.

ARRÊTÉ *abrogeant, en ce qui concerne le beurre, les dispositions de l'arrêté du* **12** *févr.* 1915

(27 décembre 1915). — (Publ. au *J. off.* du 28 déc.).

LE MINISTRE DES FINANCES; — Sur le rapport de la commission interministérielle des dérogations aux prohibitions de sortie; — Vu le décret du 21 déc. 1914 (7); — Vu l'arrêté du 12 févr. 1915 (8); — Arrête :

ART. 1er. Sont abrogées, en ce qui concerne le beurre, les dispositions de l'arrêté du 12 févr. 1915, susvisé.

2 Le conseiller d'Etat directeur général des douanes est chargé, etc.

---

(1) S. et P. *Lois annotées* de 1904, p. 673; *Pand. pér.*, 1903.3.23.

(2) S et P *Lois annotées* de 1904, p 794; *Pand. pér.*, 1904 3.20.

(3) *Bull. off.*, 12e série, 2648, n. 46344.

(4) S. 1er vol. des *Lois annotees*, p. 911.

(5) S. *Lois annotées* de 1854, p. 38 — P. *Lois, décr.*, etc. de 1854, p. 137.

(6) *Supra*, p 155.

(7) 1er vol, p 268.

(8) 2e vol, p 23

MINISTÈRE DE LA GUERRE, GUERRE FRANCO-ALLEMANDE, CHEMINS DE FER, QUESTIONS LITIGIEUSES, COMMISSION D'EXAMEN, CRÉATION.

ARRÊTÉ *instituant près le ministère de la guerre une commission chargée d'examiner, pour leur présentation à la décision du ministre, les questions litigieuses soulevées par les compagnies ou administration de chemins de fer à propos de l'exécution des transports militaires.*

(27 décembre 1915). — (Publ. au *J. off.* du 28 déc.).

LE MINISTRE DE LA GUERRE; — Sur la proposition de l'état-major de l'armée; — Arrête :

ART. **1er**. Il est institué, près du ministère de la guerre, une commission chargée d'examiner, pour leur presentation à la décision du ministre, les questions litigieuses soulevées par les compagnies et administration de chemins de fer à propos de l'exécution des transports militaires.

2 Cette commission est composée comme suit :

(Suivent les noms au *J. off.*).

3. Les membres des commissions de réseau peuvent être entendus à titre consultatif.

4. La commission se réunit sur la convocation de son président.

ALGÉRIE, HYGIÈNE ET SALUBRITÉ PUBLIQUES, VACCINATION OBLIGATOIRE EN TEMPS DE GUERRE, CALAMITÉS PUBLIQUES, EPIDÉMIES.

DÉCRET *rendant applicable à l'Algérie la loi du 7 sept 1915, qui determine en quels cas la vaccination ou la revaccination antivariolique peut être rendue obligatoire.*

(28 décembre 1915). — (Publ. au *J. off.* du 1er janv. 1916).

LE PRÉSIDENT DE LA RÉPUBLIQUE FRANÇAISE; — Sur le rapport du ministre de l'intérieur; — Vu la loi du 15 févr. 1902 (1), relative à la protection de la santé publique; — Vu le décret du 27 mai 1907 (2), relatif aux vaccinations et revaccinations en Algérie; — Vu la loi du 7 sept. 1915 (3), déterminant en quels cas la vaccination ou la revaccination antivariolique peut être rendue obligatoire à tous les âges; — Vu l'avis du gouverneur général de l'Algérie; — Décrète :

ART. **1er**. L'art. 1er du décret du 27 mai 1907 est complété par les dispositions suivantes :

« En cas de guerre, de calamité publique, d'épidémie ou de menace d'épidémie, la vaccination ou la revaccination antivariolique peut être rendue obligatoire, par arrêtés du gouverneur genéral ou par arrêtés préfectoraux, pour toute personne, quel que soit son âge, qui ne pourra justifier avoir été vaccinée ou revaccinée avec succès depuis moins de cinq ans ».

2. Le ministre de l'intérieur est chargé, etc.

BAIL A LOYER, GUERRE FRANCO-ALLEMANDE, MORATORIUM, PROROGATION DE DÉLAIS, MOBILISÉS, VEUVES OU FEMMES DE MILITAIRES MORTS OU DISPARUS, MILITAIRES REFORMÉS, SOCIÉTÉS EN NOM COLLECTIF OU EN COMMANDITE, ASSOCIÉS OU GÉRANTS MOBILISÉS, LOCATAIRES NON MOBILISÉS, RÉGIONS ENVAHIES, PETITS LOYERS, INDUSTRIELS, COMMERÇANTS OU PATENTÉS, AUTORISATION AU PROPRIÉTAIRE DE PROUVER L'EXISTENCE DE RESSOURCES, EXCEPTION POUR LES LOYERS DE 600 FR. ET AU-DESSOUS, LORSQUE LE LOCATAIRE N'A PAS PLUS DE 3.000 FR. D'APPOINTEMENTS OU DE TRAITEMENT, AUTRES LOCATAIRES, LOYERS ANTÉRIEUREMENT ÉCHUS, DÉCLARATION, LOYERS DU 1er JANVIER AU 31 MARS 1916, PREUVE CONTRAIRE PAR LE PROPRIÉTAIRE, SUSPENSION DES CONGÉS ET DE L'EXPIRATION DES BAUX, HÉRITIERS D'UN MILITAIRE DÉCÉDÉ, RÉSILIATION, LOYERS D'AVANCE, LOGEMENTS GARNIS, COMPÉTENCE DU JUGE DE PAIX, RESSORTISSANTS DES PAYS ALLIÉS OU NEUTRES, ALSACIENS-LORRAINS, POLONAIS, TCHÈQUES, PERMIS DE SÉJOUR, ALGÉRIE.

DÉCRET *relatif à la prorogation des délais en matière de loyers* (4).

---

(1) S et P. *Lois annotees* de 1902, p. 345; *Pand. pér.*, 1903.3.20.

(2) *Bull. off.*, 12e série, 2864, n. 49.569.

(3) *Supra*, p. 10.

(4) Ce décret est précéde au *J. off.* d'un rapport ainsi conçu :

« Le regime du moratorium, institué en matière de loyers par les décrets en vigueur, est appelé a cesser prochainement.

« La Chambre a, en effet, fixé au 20 janvier la discussion du projet de loi dont elle a été saisie par le gouvernement, et qui réglera la situation des propriétaires et des locataires.

« Toutefois, les mesures prises en faveur de ceux-ci par le décret du 14 septembre dernier viennent a expiration le 31 décembre. Il est indispensable qu'un nouveau décret intervienne pour en prolonger l'effet jusqu'a l'adoption par le Parlement de la loi nouvelle.

« L'objet du present décret est de maintenir. pour une derniere periode de trois mois, en faveur des locataires, le regime dont ils jouissent actuellement. Il paraît, dans ces conditions, n'y avoir aucun inconvenient grave à reproduire les dispositions essentielles du décret du 14 septembre.

« Mais il nous a paru nécessaire d'y apporter certaines modifications sur des points particuliers. Nous avons pense qu'il était équitable de permettre aux mobilises, qui ont été réformés a la suite de blessures ou de maladies contractees dans le service, de continuer à benéficier, pendant

(28 décembre 1915). — (Publ. au *J. off.* du 29 déc.)

LE PRÉSIDENT DE LA RÉPUBLIQUE FRANÇAISE ; — Sur le rapport du président du conseil, ministre des affaires étrangères, du garde des sceaux, ministre de la justice, des ministres du commerce, de l'industrie, des postes et des télégraphes, de l'intérieur, des finances, du travail et de la prévoyance sociale ; — Vu la loi du 5 août 1914 (1) ; — Vu les décrets des 14 août (2), 1er (3) et 27 sept. (4), 27 oct. (5), 17 déc. 1914 (6), 7 janv. (7), 13 févr. (8), 20 mars (9), 17 juin (10) et 14 sept. 1915 (11), relatifs à la prorogation des délais en matière de loyers ; — Vu le décret du 14 oct (12), portant application des décrets des 14 août, 1er et 27 sept. 1914 à l'Algérie ; — Vu les décrets des 8 (13) et 16 oct. (14) 1914, étendant aux Alsaciens-Lorrains, aux Polonais et aux Tchèques ayant obtenu un permis de séjour en France le bénéfice des décrets ; — Le conseil des ministres entendu ; — Décrète :

ART. **1er**. Il est accordé de plein droit, dans tous les départements, aux locataires présents sous les drapeaux, un délai de trois mois, pour le payement des termes de leur loyer, qui, soit par leur échéance normale, soit par leur échéance prorogée par les decrets des 14 août, 1er sept., 27 oct., 17 déc. 1914, 20 mars, 17 juin 1915 et 14 sept. 1915, deviendront exigibles à dater du 1er janv. jusqu'au 31 mars 1916 inclusivement.

Ces dispositions sont applicables aux veuves des militaires morts sous les drapeaux depuis le 1er août 1914, aux femmes des militaires disparus depuis la même date ou aux membres de leur famille qui habitaient antérieurement avec eux les lieux loués, ainsi qu'aux militaires réformés à la suite de blessures ou de maladies contractées à la guerre pendant les six mois qui suivent la date de la réforme.

Sont également admises au bénéfice des dispositions prévues au premier alinéa du present article les sociétés en nom collectif, dont tous les associés, et les sociétés en commandite dont tous les gérants sont présents sous les drapeaux.

2. Il est accordé aux locataires non présents sous les drapeaux un délai de même durée que celui prévu à l'art. 1er, et pour le payement des mêmes termes, à la condition qu'ils rentrent dans les catégories ci-apres :

1° Dans les portions de territoires énumérées au tableau annexé au présent décret, tous les locataires, quel que soit le montant de leur loyer,

2° A Paris, dans les communes du département de la Seine et dans les communes de Saint-Cloud, Sevres et Meudon (Seine-et-Oise), les locataires dont les loyers annuels rentrent dans les catégories suivantes :

a) Loyers annuels inférieurs ou égaux à 1.000 fr, que les locataires soient patentés ou non patentés ;

b) Loyers annuels supérieurs à 1 000 fr, mais ne dépassant pas 2.500 fr., lorsque les locataires sont des industriels, commerçants ou autres patentés ;

3° Dans les villes de 100.000 habitants et au-dessus, les locataires dont le loyer annuel est inférieur ou égal à 600 fr.;

4° Dans les villes de moins de 100.000 habitants et de plus de 5.000 habitants, les locataires dont le loyer annuel est inférieur ou égal à 300 fr.;

5° Dans les autres communes, les locataires dont le loyer annuel est inférieur ou égal à 100 fr.

Toutefois, le propriétaire est admis à justifier, devant le juge de paix, que son locataire est en état de payer tout ou partie des termes ainsi prorogés. Cette faculté ainsi accordée au propriétaire n'est pas admise à l'encontre des locataires visés par le n° 2 du présent article, dont le loyer annuel est inférieur ou égal à 600 fr., à moins qu'il ne s'agisse de locataires dont les traitements ou appointements fixes sont, au jour de la réclamation, y compris toutes indemnités, égaux ou supérieurs à 3.000 fr. par an.

3. En ce qui concerne les locataires non présents sous les drapeaux, et ne rentrant dans aucune des categories visées à l'art. 2 ci-dessus, mais admis par les décrets anterieurs à bénéficier des prorogations de délai, savoir :

1° Les commerçants, industriels et autres patentés, ainsi que les non patentés, locataires dans les territoires énumérés dans la liste annexée au décret du 1er sept. 1914, mais ne figurant plus dans celle annexée au présent décret ;

2° Les commerçants, industriels et autres patentés, locataires dans les territoires autres que ceux figurant dans la liste annexée au décret du 1er sept 1914 ;

---

six mois encore, du régime qui leur etait accordé pendant qu'ils étaient sous les drapeaux.

« Il nous a paru également qu'il n'était pas admissible que certains locataires, jouissant d'un traitement fixe suffisant pour faire face à leurs obligations envers leurs propriétaires, puissent continuer a se prévaloir des dispositions exceptionnelles qui, dans le departement de la Seine et certaines localités de Seine-et-Oise, interdisent de faire la preuve de la solvabilite des locataires.

« C'est pourquoi nous avons, dans le nouveau texte, autorisé le propriétaire a faire la preuve de la faculté de payer vis-a-vis des locataires dont le loyer est egal ou inferieur à 600 fr, lorsque ceux ci jouissent de traitements égaux ou superieurs à 3.000 fr.

« Enfin, aucune incertitude ne peut se produire sur la situation faite aux réfugiés des départements envahis, le texte les comprenant nécessairement au nombre des locataires appeles au bénéfice du moratorium, quelle que soit la date a laquelle est intervenue la location ».

(1 à 7) 1er vol., p. 33, 54, 94, 126, 173, 263, 269.

(8 à 10) 2e vol., p. 24, 74 et 289.

(11) *Supra*, p. 29

(12) 1er vol, p. 158.

(13-14) 1er vol., p 146 et 160.

Le payement des loyers est réglé de la façon suivante :

a) Pour les termes venant à échéance entre le 1er janvier et le 31 mars inclusivement, une prorogation ne dépassant pas trois mois est accordée, sous réserve, par le locataire, de faire une déclaration qu'il est hors d'état de payer tout ou partie desdits termes.

Cette déclaration est faite au greffe de la justice de paix, où elle est consignée sur un registre, et il en est délivré récépissé.

Elle doit être effectuée au plus tard la veille du jour où le payement doit avoir lieu. Le propriétaire en est avisé, par les soins du greffier, au moyen d'une lettre recommandée avec avis de réception.

Au cas où le propriétaire veut contester cette déclaration, il cite le locataire devant le juge de paix. Le locataire doit présenter toutes preuves à l'appui de sa déclaration.

b) Pour les termes échus, qui, ayant bénéficié de prorogations, deviendront exigibles entre le 1er janv. et le 31 mars 1916 inclusivement, il est accordé une nouvelle prorogation de trois mois

Toutefois, le propriétaire est admis à justifier, devant le juge de paix, que son locataire est en état de payer tout ou partie des termes ainsi prorogés.

4 En ce qui concerne les locataires visés aux art. 1, 2 et 3 ci-dessus, les congés, les baux prenant fin sans congés, ainsi que les nouvelles locations, sont régis par les dispositions suivantes :

1° Est suspendu, pour une période de trois mois, sous les conditions et réserves déterminées par l'art 3 du décret du 27 sept. 1914, l'effet des congés, qui, normalement, ou par suite de prorogations résultant des décrets antérieurs, se produira entre le 1er janv. et le 31 mars 1916 inclusivement;

2° Sont prorogés, pour une période de trois mois, sous les conditions et réserves déterminées par l'art. 3 du décret du 27 sept. 1914, les baux prenant fin sans congé, qui, normalement, ou par suite de prorogations résultant des décrets antérieurs, viendront à expiration entre le 1er janvier et le 31 mars inclusivement;

3° Si les locaux ayant fait l'objet des suspensions de congé ou des prorogations de bail visées aux n. 1° et 2° ci-dessus sont ou demeurent reloués au profit d'un tiers, le point de départ de cette relocation est ajourné d'une période de trois mois, sauf accord contraire entre les parties;

4° Lorsqu'un locataire a conclu une nouvelle location, et s'il jouit, pour son ancienne location, de la suspension de congé prévue par le n. 1° ci-dessus, il ne peut être astreint au payement de la nouvelle location tant que l'entrée en jouissance n'a pas lieu.

Toutefois, le propriétaire a la faculté de demander au juge de paix la résiliation de la nouvelle location

5. En cas de mort sous les drapeaux d'un locataire, ses héritiers ou ayants droit peuvent, si le contrat contient une clause de résiliation en cas de décès, ou ne stipule pas expressément la continuation du bail en cas de décès, être autorisés, par le juge de paix, à défaut d'accord avec le propriétaire, à sortir des lieux loués sans avoir à acquitter préalablement les termes, et, le cas échéant, les indemnités dues en vertu du contrat ou de l'usage des lieux. Ce magistrat fixe, dans sa sentence, les délais accordés pour le payement des sommes ainsi dues au propriétaire.

6. En cas de loyer payable d'avance, le locataire, à défaut de payement à l'époque fixée par le bail ou par l'usage des lieux, ne peut être cité par le propriétaire devant le juge de paix, comme il est dit aux articles ci-dessus, qu'après que les termes sont échus.

Si le locataire a versé au propriétaire, au début de la location, les derniers termes à échoir, il ne peut, jusqu'à concurrence des sommes ainsi payées d'avance, être cité à raison des termes échus.

Les dispositions du présent article sont applicables seulement dans les portions de territoire énumérées au tableau annexé au décret du 1er sept. 1914.

7. Les règles établies par les articles précedents s'appliquent, sous les mêmes conditions et réserves, aux locataires en garni.

8. Les contestations auxquelles peut donner lieu l'application du présent décret sont de la compétence du juge de paix du canton où est situé l'immeuble loué, et sont régies par les dispositions de l'art. 6 du décret du 1er sept 1914.

Ce magistrat entend les parties en son cabinet. A défaut de conciliation, il renvoie l'affaire en audience publique pour le prononcé de la sentence.

En cas de refus des délais demandés par le locataire, si, à raison du prix annuel de la location, dépassant 600 fr., le juge de paix n'est pas compétent, d'après la loi du 12 juill 1905 (1), pour connaître de l'action en payement des loyers, il renvoie le propriétaire à se pourvoir, pour ce payement, par les voies de droit.

9. Sont admis à bénéficier du présent décret :

1° Les ressortissants des pays alliés et neutres;

2° Les Alsaciens-Lorrains, les Polonais et les Tchèques, sujets des empires d'Allemagne et d'Autriche-Hongrie, qui ont obtenu un permis de séjour en France.

10. Les dispositions du présent décret sont applicables en Algérie.

11. Sont maintenues les dispositions des décrets antérieurs, relatifs à la prorogation des délais en matière de loyers, en ce qu'elles ne sont pas contraires au présent décret.

12 Le président du conseil, ministre des affaires

(1) S. et P. *Lois annotées* de 1905, p. 983; *Pand. pér.*, 1905.3 227.

étrangères, le garde des sceaux, ministre de la justice, les ministres du commerce, de l'industrie, des postes et des télégraphes, de l'intérieur, des finances, du travail et de la prévoyance sociale sont chargés, etc

ANNEXES

TABLEAU DRESSÉ EN EXÉCUTION DE L'ART. 2 DU DÉCRET DU 28 DÉC. 1915.

Aisne.
Ardennes.
Marne.
Meurthe-et-Moselle.
Meuse.
Nord.
Oise (arrondissements de Compiègne et de Senlis).
Pas-de-Calais (arrondissements d'Arras, Béthune et Saint-Pol).
Seine-et-Marne (arrondissements de Coulommiers, Meaux, Melun et Provins).
Somme (arrondissements d'Amiens, Doullens, Montdidier et Péronne).
Territoire de Belfort.
Vosges (arrondissements d'Epinal et de Saint-Dié).

LISTE DES DÉPARTEMENTS DRESSÉE EN CONFORMITÉ DE L'ART. 1er DU DÉCRET DU 1er SEPT. 1914, RELATIF A LA PROROGATION DES LOYERS.

Aisne.
Ardennes.
Aube.
Doubs.
Eure.
Haute-Marne.
Haute-Saône.
Marne.
Meurthe-et-Moselle.
Meuse.
Nord.
Oise.
Pas-de-Calais.
Seine.
Seine-et-Marne.
Seine-Inférieure.
Seine-et-Oise.
Somme.
Vosges.
Territoire de Belfort.

LYON (VILLE DE), GUERRE FRANCO-ALLEMANDE, TAXES MUNICIPALES, TAXE SUPPLÉMENTAIRE SUR LES SPECTACLES, ŒUVRES DE GUERRE MUNICIPALES.

LOI *établissant à Lyon une taxe supplémentaire sur les spectacles en faveur des œuvres municipales créées pendant la guerre.*

(28 décembre 1915). — (Publ. au *J. off.* du 30 déc.).

ARTICLE UNIQUE. La ville de Lyon est autorisée à percevoir, au profit des œuvres municipales de guerre, et pour la durée de leur fonctionnement, une taxe qui se superposera à celle de 10 centimes établie par l'art. 16 de la loi du 28 juin 1901 (1), sur les théâtres, cafés-concerts, etc., et qui sera fixée comme suit :

5 centimes pour un prix d'entrée de 5 centimes à 50 centimes;

10 centimes pour un prix d'entrée de 55 centimes à 1 fr.;

50 centimes pour un prix d'entrée de 4 fr. 55 à 5 fr., de telle sorte qu'une élévation de taxe de 5 centimes corresponde toujours à une augmentation de 50 centimes du prix de la place.

MINISTÈRE DU TRAVAIL ET DE LA PRÉVOYANCE SOCIALE, COMITÉ CONSULTATIF DES CONVENTIONS INTERNATIONALES EN MATIÈRE DE PRÉVOYANCE SOCIALE ET D'ASSISTANCE.

DÉCRET *instituant un comité consultatif des conventions internationales en matière de prévoyance sociale et d'assistance.*

(28 décembre 1915). — (Publ. au *J. off.* du 7 janv. 1916).

LE PRÉSIDENT DE LA RÉPUBLIQUE FRANÇAISE; — Sur le rapport du ministre du travail et de la prévoyance sociale et du président du conseil, ministre des affaires étrangères; — Vu notamment l'art. 1er de la loi du 15 juill. 1893 (2), l'art. 26 de la loi du 1er avril 1898 (3), l'art. 3 de la loi du 9 avril 1898 (4) modifié par la loi du 31 mars 1905 (5), l'art. 11 de la loi du 5 avril 1910 (6), et l'art. 1er de la loi du 25 févr. 1914 (7), prévoyant des conventions internationales en matière d'assistance médicale, de secours mutuels, d'accidents du travail, de retraites ouvrières et paysannes ou de retraites des ouvriers mineurs, — Décrète :

ART. **1er**. Il est institué auprès du ministre du travail et de la prévoyance sociale un comité consultatif des conventions internationales en matière de prévoyance sociale et d'assistance.

2. Ce comité comprend :

Un président et un vice-président, nommés par le ministre du travail et de la prévoyance sociale, après avis du ministre des affaires étrangères;

Le directeur des affaires administratives et techniques au ministère des affaires étrangères, ou un sous-directeur délégué par lui;

Le directeur général de la Caisse des dépôts et

---

(1) *Bull. off.*, 12e série, 2273, n. 40053.

(2) S. et P. *Lois annotées* de 1894, p. 681; *Pand. pér.*, 1895.3.85.

(3) S. et P. *Lois annotées* de 1899, p. 729; *Pand. pér.*, 1900.3.17.

(4) S. et P. *Lois annotées* de 1899, p. 761; *Pand. pér.*, 1899.3.49.

(5) S. et P. *Lois annotées* de 1905, p. 953; *Pand. pér.*, 1905.3.126.

(6) S. et P. *Lois annotées* de 1911, p. 1; *Pand. pér. Lois annotées* de 1911, p. 1.

(7) S. et P. *Lois annotées* de 1915, p. 843; *Pand. pér. Lois annotées* de 1915, p. 843.

consignations, ou un sous-directeur de cet établissement délégué par lui,

Un inspecteur des finances nommé par le ministre du travail, après avis du ministre des finances;

Le directeur des retraites ouvrières et paysannes,

Le directeur de la mutualité;

Le chef du service du contrôle des sociétés d'assurances privées;

Le directeur de la statistique générale de la France;

Le directeur de l'assistance et de l'hygiène publiques au ministère de l'intérieur;

Le directeur des affaires commerciales et industrielles au ministère du commerce;

Les deux vice-présidents du conseil supérieur du travail;

Trois secrétaires-rapporteurs, avec voix consultative, désignés par le ministre du travail et de la prévoyance sociale.

3. Le comité se réunit sur la convocation du président, ou, à son défaut, du vice-président.

Il peut, avec l'autorisation spéciale du ministre du travail et de la prévoyance sociale, procéder à des enquêtes et entendre les personnes qu'il jugerait en état de l'éclairer sur les questions qui lui sont soumises.

4. Le ministre du travail et de la prévoyance sociale et le ministre des affaires étrangères sont chargés, etc

---

POUDRES, POUDRES DE MINES, PRIX, FIXATION.

DÉCRET *modifiant les prix de vente, à l'intérieur, des poudres de mine « fin grain »*

(28 décembre 1915). — (Publ. au *J. off.* du 31 déc.).

LE PRÉSIDENT DE LA RÉPUBLIQUE FRANÇAISE; — Vu l'art. 18 de la loi de finances du 29 mars 1897 (1); — Vu le décret du 14 janv. 1899 (2); — Sur les rapports des ministres des finances et de la guerre; — Décrete :

ART. 1er Les prix fixés par le décret du 14 janv. 1899, pour la vente à l'intérieur des poudres de mine dites « fin grain », sont modifiés comme suit :

DÉSIGNATION DES PRODUITS		PRIX DE VENTE par kilogramme — dans les entrepôts.	PRIX DE VENTE par kilogramme — dans les débits.
Poudre de mine noire	Poudre fin grain forte	1 70	»
	Poudre fin grain ordinaire	1 60	»
	Poudre fin grain lente	1 30	»

2. Ces prix sont applicables à l'Algérie.

3. Les ministres des finances et de la guerre sont chargés, etc.

ALGÉRIE, BUDGET DE 1915, CONTRIBUTIONS DIRECTES, TAXES ASSIMILÉES, CONTRIBUTIONS ARABES, CONTRIBUTION FONCIÈRE DES PROPRIÉTÉS BATIES, TAUX, DROITS, PRODUITS ET REVENUS, AUTORISATION DE PERCEVOIR, DÉPARTEMENTS, COMMUNES, CENTIMES ADDITIONNELS, SOMMES RESTÉES SANS EMPLOI, REPORT A L'EXERCICE 1916.

LOI *autorisant la perception des droits, produits et revenus applicables au budget spécial à l'Algérie pour l'exercice* 1916.

(29 décembre 1915) — (Publ. au *J. off.* du 30 déc.).

ART. 1er. Les contributions directes, taxes y assimilées et contributions arabes énoncées à l'état A, annexé à la présente loi, seront établies, pour 1916, au profit de l'Algérie, conformément aux lois existantes.

2 Le taux de la contribution foncière des propriétés bâties demeure fixé, en principal, à trois francs vingt pour cent (3 fr. 20 p. 100) de la valeur locative établie comme il est dit à l'art. 5 de la loi du 20 juill. 1891 (3), et après les déductions spécifiées à l'art. 4 de la loi du 29 déc. 1900 (4).

3. Les droits, produits et revenus énoncés à l'état B, annexé à la présente loi, seront établis, pour 1916, conformément aux lois existantes au

---

(1) S. et P. *Lois annotées* de 1897, p. 318.

(2) *Bull. off.*, 12e série, 2040, n. 35970

(3) S. et P. *Lois annotées* de 1892, p. 297.

(4) S. et P. *Lois annotées* de 1901, p. 191; *Pand. per.*, 1902.3.1.

profit des départements, des communes, des établissements publics et des communautés d'habitants dûment autorisées.

4. Le maximum des centimes ordinaires, que les conseils généraux peuvent voter annuellement en vertu de l'art. 58 du décret du 23 sept. 1875 (1), est fixé, pour l'année 1916 : 1° à vingt-cinq centimes (0 fr. 25), sur la contribution foncière des propriétés bâties ; 2° à un centime (0 fr. 01), sur les contributions foncière (propriétés bâties) et des patentes.

5. En cas d'insuffisance du produit des centimes ordinaires pour concourir, par des subventions, aux dépenses des chemins vicinaux de grande communication, et, dans les cas extraordinaires, aux dépenses des autres chemins vicinaux, les conseils généraux sont autorisés à voter, pour l'année 1916, à titre d'imposition spéciale, sept centimes (0 fr. 07) additionnels aux contributions foncière (propriétés bâties) et des patentes.

6. Le maximum des centimes extraordinaires que les conseils généraux peuvent voter annuellement, en vertu de l'art. 40 du décret du 23 sept. 1875, modifié par le décret du 17 sept. 1898 (2), est fixé, pour l'année 1916, à douze centimes (0 fr. 12) additionnels aux contributions foncière (propriétés bâties) et des patentes.

7. Le maximum de l'imposition spéciale à établir sur les contributions foncière (propriétés bâties) et des patentes, en cas d'omission au budget départemental d'un crédit suffisant pour faire face aux dépenses spécifiées à l'art. 61 du décret du 23 sept. 1875, ou déclarées obligatoires par des lois spéciales, est fixé, pour l'année 1916, à deux centimes (0 fr. 02).

8 Le maximum des centimes que les conseils municipaux peuvent voter, en vertu de l'art. 133 de la loi du 5 avril 1884 (3), est fixé, pour l'année 1916, à cinq centimes (0 fr. 05) sur la contribution foncière des propriétés bâties.

9. Le maximum des centimes extraordinaires que les conseils municipaux sont autorisés à voter, pour en affecter le produit à des dépenses extraordinaires d'utilité communale, et qui doit être arrêté annuellement par les conseils généraux, en vertu de l'art. 42 du décret du 23 sept. 1875, ne pourra dépasser, en 1916, vingt centimes (0 fr. 20).

10. Lorsque, en exécution du § 5 de l'art. 149 de la loi du 5 avril 1884, il y aura lieu, par le gouvernement, d'imposer d'office, sur les communes, des centimes additionnels pour le paiement de dépenses obligatoires, le nombre de ces centimes ne pourra excéder le maximum de dix centimes (0 fr. 10), à moins qu'il ne s'agisse de l'acquit de dettes résultant de condamnations judiciaires, auquel cas il pourra être élevé jusqu'à vingt centimes (0 fr. 20).

11. Il n'est pas dérogé à l'exécution de l'art 4 de la loi du 2 août 1829 (4), relatif au cadastre, non plus qu'aux dispositions des décrets des 23 sept. 1875 et 17 sept. 1898, sur les attributions départementales, de la loi du 5 avril 1884, sur l'organisation communale, des décrets des 5 juill 1854 (5) et 15 juin 1899 (6), sur les chemins vicinaux, du décret du 19 mars 1886 (7), sur les chemins ruraux, de la loi du 21 déc. 1882 (8), tendant à accorder des secours aux familles nécessiteuses des soldats de la réserve et de l'armée territoriale pendant l'absence de leurs chefs, de la loi du 22 mars 1890 (9), sur les syndicats de communes, et de la loi du 20 juill. 1891, en ce qui concerne notamment le calcul du produit total des centimes départementaux et communaux portant sur la contribution foncière des propriétés bâties

12 Est et demeure autorisée la perception des contributions directes, des taxes y assimilées et des contributions arabes, à établir, pour l'exercice 1916, en conformité de la présente loi.

13. Est également autorisée, pour 1916, conformement aux lois existantes, la perception des divers droits, produits et revenus énoncés dans l'état C, annexé à la présente loi.

14. Est autorisé le report au budget des exercices 1916 et suivants des sommes restées sans emploi sur les divers crédits du service des chemins de fer, inscrits aux budgets de 1915 pour l'utilisation des fonds de l'emprunt de 175 millions. Ces sommes conserveront l'affectation qu'elles avaient dans les prévisions de dépenses du budget de 1915, et seront ouvertes par décret aux chapitres correspondants du budget de 1916 et des budgets suivants

15. Toutes contributions directes ou indirectes, autres que celles qui sont autorisées, pour l'exercice 1916, par les lois de finances relatives au budget de l'Algérie, à quelque titre ou sous quelque dénomination qu'elles se perçoivent, sont formellement interdites, à peine, contre les autorités qui les ordonneraient, contre les employés qui confectionneraient les rôles et tarifs et ceux qui en feraient le recouvrement, d'être poursuivis

(1) S. *Lois annotées* de 1875, p. 752. — P. *Lois, décr*, etc. de 1875, p. 1294.

(2) S. et P. *Lois annotées* de 1900, p. 1007, *Pand. pér*, 1899.3.80.

(3) S. *Lois annotées* de 1884, p. 553. — P. *Lois, décr*, etc. de 1884, p. 594.

(4) S. 1er vol. des *Lois annotées*, p. 1210

(5) V. *Code ann. de l'Algérie*, par Estoublon et Lefébure, p 166.

(6) S. et P. *Lois annotées* de 1900, p. 1012 ; *Pand pér.*, 1900.3.26.

(7) V. *Code ann de l'Algérie*, par Estoublon et Lefébure, p. 676.

(8) S. *Lois annotées* de 1883, p. 424. — P. *Lois, décr.*, etc. de 1883, p. 695.

(9) S. *Lois annotées* de 1890, p. 790. — P. *Lois, décr*, etc de 1890, p. 1374.

comme concussionnaires, sans préjudice de l'action en répétition, pendant trois ans, contre tous receveurs, percepteurs ou individus qui en auraient fait la perception.

(*Suivent au J. off. les états annexés*).

BUDGET, EXERCICE 1915, CRÉDITS SUPPLÉMENTAIRES, PRINCE DE MONACO, REDEVANCES.

LOI *portant ouverture d'un crédit, au titre du budget général de l'exercice 1915, pour le remboursement des redevances dues au prince de Monaco.*

(29 décembre 1915) — (Publ au *J. off* du 30 déc.).

ARTICLE UNIQUE. Il est ouvert au ministre des finances, au titre du budget général de l'exercice 1915, un credit supplémentaire de huit cent trente-cinq mille cinq cent quatre-vingt-deux francs soixante-deux centimes (835.582 fr. 62), applicable au chapitre 127 du budget de son ministère : « Remboursements sur produits indirects et divers ».

Il sera pourvu au crédit ci-dessus au moyen des ressources du budget général de l'exercice 1915.

BUDGET, GUERRE FRANCO-ALLEMANDE, EXERCICE 1915, ANNULATION DE CRÉDITS, BATIMENTS CIVILS ET PALAIS NATIONAUX, OUVERTURE DE CRÉDITS, EMISSIONS DE LA DÉFENSE-NATIONALE, ŒUVRE DU SECOURS NATIONAL.

LOI *concernant l'annulation et l'ouverture de crédits au titre du budget général de l'exercice 1915, en vue de l'installation du service des émissions de la défense nationale*

(29 décembre 1915). — (Publ. au *J off.* du 30 déc.).

ART. **1er**. Sur les crédits ouverts pour les dépenses du budget général de l'exercice 1915, est et demeure définitivement annulee une somme de cent trois mille cinq cent trente francs (103.530 fr.) au titre du chapitre 76 de la 2e section du budget du ministère de l'instruction publique, des beaux-arts et des inventions intéressant la défense nationale . « Grosses réparations des bâtiments civils et des palais nationaux ».

2 Il est ouvert au ministre de l'instruction publique, des beaux-arts et des inventions intéressant la défense nationale, pour les dépenses du budget général de l'exercice 1915, un crédit extraordinaire de cent trois mille cinq cent trente francs (103.530 fr.), applicable à un chapitre nouveau, portant le n° 76 *bis* de la 2e section du budget de son ministère, et intitulé : « Installation, au pavillon de Flore, du service des émissions de la défense nationale, et réinstallation à l'Ecole des beaux-arts des services du Secours national ».

Il sera pourvu au crédit ci-dessus au moyen des ressources du budget général de l'exercice 1915.

BUDGET, GUERRE FRANCO-ALLEMANDE, EXERCICE 1915, CRÉDITS SUPPLÉMENTAIRES, AVANCES AUX PAYS ALLIÉS OU AMIS, MAXIMUM, MINISTERE DES COLONIES, MATÉRIEL D'ARTILLERIE, ARMES ET MUNITIONS, CORPS EXPÉDITIONNAIRES.

LOI *concernant l'ouverture de crédits au titre du budget général de l'exercice* 1915

(29 décembre 1915). — (Publ. au *J. off.* du 30 déc.).

TITRE Ier

BUDGET GÉNÉRAL

ART. **1er**. Il est ouvert aux ministres, pour les dépenses du budget général de l'exercice 1915, des crédits supplémentaires et extraordinaires s'élevant à la somme totale de trente-neuf millions deux cent soixante-sept mille huit cent quatre-vingt-dix francs (39.267 890 fr)

Ces crédits demeurent répartis, par ministère et par chapitre, conformement à l'état annexé à la présente loi.

Il sera pourvu aux crédits ci-dessus au moyen des ressources du budget général de l'exercice 1915.

TITRE II

DISPOSITIONS SPÉCIALES

2. Le montant des avances que le ministre des finances est autorisé à faire, au moyen des ressources de la trésorerie, à des pays alliés ou amis, est porté à la somme de deux milliards trois cent vingt-sept millions cinq cent mille francs (2 milliards 327.500.000 fr.).

3. Pendant la durée de la guerre, le ministre des colonies est autorisé à faire passer à titre définitif au service des troupes d'une colonie le matériel d'artillerie, canons, munitions, armes portatives et objets divers, expédié d'une colonie d'un autre groupe pour les besoins des colonnes expéditionnaires.

(*Suit au J. off. l'état annexé*)

BUDGET, GUERRE FRANCO-ALLEMANDE, EXERCICE 1915. CRÉDITS SUPPLÉMENTAIRES, MINISTERE DE LA GUERRE.

LOI *portant ouverture de crédits au ministre de la guerre, au titre du budget général de l'exercice 1915.*

(29 décembre 1915) — (Publ au *J. off.* du 30 déc.).

ARTICLE UNIQUE Il est ouvert au ministre de la guerre, pour les depenses du budget général de l'exercice 1915, des crédits supplémentaires s'élevant à la somme totale de cent quatre millions huit cent quatre-vingt-onze mille neuf cent quatre-vingts francs (104 891.980 fr.), et applicables aux chapitres ci-après du budget de son ministère :

Intérieur.

Chap. 11. — Frais de déplacements et transports..	59.400.000
Chap. 14. — Entretien des prisonniers de guerre........	2.900.000
Chap. 18. — Service militaire des chemins de fer..............	11.000.000
Chap 23 — Casernements et bâtiments militaires	6.300 000
Chap. 29. — Remonte.......	22.500.000

Algérie et Tunisie.

Chap. 55 — Frais de déplacements et transports....	68.980
Chap. 56. — Service du recrutement..	2.723.000
Total égal.........	104.891.980

Il sera pourvu aux crédits ci-dessus au moyen des ressources du budget général de l'exercice 1915.

BUDGET, GUERRE FRANCO-ALLEMANDE, EXERCICE 1915, OUVERTURE ET ANNULATION DE CREDITS, MINISTRES D'ETAT, CRÉATION, SOUS-SECRÉTAIRES D'ETAT, SUPPRESSION.

LOI *portant ouverture et annulation de crédits au titre du budget général de l'exercice 1915, par suite de la nomination de ministres d'Etat et de la suppression de sous-secrétariats d'Etat.*

(29 décembre 1915). — (Publ. au *J. off.* du 30 déc.).

ART. **1er**. Il est ouvert aux ministres, pour les dépenses du budget général de l'exercice 1915, des crédits supplémentaires s'élevant à la somme totale de trente-six mille quatre cent cinquante-neuf francs (36.459 fr.).

Ces crédits demeurent répartis, par ministère et par chapitre, conformément à l'état A, annexé à la présente loi.

Il sera pourvu aux crédits ci-dessus au moyen des ressources du budget général de l'exercice 1915.

2. Sur les crédits ouverts aux ministres, pour les dépenses du budget général de l'exercice 1915, une somme de neuf mille huit cent vingt-huit francs (9.828 fr.) est et demeure définitivement annulée, conformément à l'état B annexé à la présente loi.

(*Suivent au* J. off. *les états annexes*).

BUDGET, GUERRE FRANCO-ALLEMANDE, EXERCICE 1916, PREMIER TRIMESTRE, CRÉDITS PROVISOIRES. — I. BUDGET GÉNÉRAL ET BUDGETS ANNEXES. — 1° CRÉDITS ACCORDÉS. — OUVERTURE DE CRÉDITS, BUDGET GÉNÉRAL, BUDGETS ANNEXES (ART. 1er A 3). — 2° IMPÔTS ET REVENUS AUTORISÉS. — CONTRIBUTIONS DIRECTES : AUTORISATION DE PERCEVOIR (ART. 4). — IMPÔT GÉNÉRAL SUR LE REVENU : PERCEPTION EN 1916, DÉLAIS (ART. 5). — CONTRIBUTIONS INDIRECTES, DROITS, PRODUITS ET REVENUS : AUTORISATION DE PERCEVOIR (ART. 6) — OCTROI : SURTAXES SUR L'ALCOOL, ACTES CONSTITUTIFS D'OCTROIS, PROROGATION (ART. 7 ET 8). — CHEMINS DE FER DE L'ETAT : EMISSION D'OBLIGATIONS (ART. 9). — II. DISPOSITIONS SPÉCIALES. — CLÔTURE DE L'EXERCICE : REPORT, MINISTERES DE LA GUERRE ET DE LA MARINE (ART. 10). — COMPTABILITÉ PUBLIQUE : PRÉSENTATION DE LA LOI DE RÈGLEMENT DU BUDGET . PRODUCTION DES COMPTES, DÉLAI (ART. 11). — MAROC : COMPTABILITÉ, COUR DES COMPTES (ART. 12). — JUGES DE PAIX : JUGES DE PAIX MOBILISÉS, DÉCÉDÉS OU DÉMISSIONNAIRES, RÉMUNÉRATION DES SUPPLÉANTS (ART. 13). — MINISTÈRE DE LA GUERRE : MATÉRIEL DE COUCHAGE AUXILIAIRE, PRISE EN CHARGE (ART. 14). — BUREAUX DE PLACEMENT : SUBVENTION AUX BUREAUX GRATUITS, RÉPARTITION (ART. 15). — MOYENS DE SERVICE ET DISPOSITIONS SPÉCIALES (ART. 16 A 26).

1° LOI *portant : 1° ouverture sur l'exercice 1916 des crédits provisoires applicables au premier trimestre de 1916 ; 2° autorisation de percevoir, pendant la même période, les impôts et revenus publics*

(29 décembre 1915). — (Publ. au *J off.* du 30 déc.).

TITRE Ier

BUDGET GÉNÉRAL ET BUDGETS ANNEXES RATTACHÉS POUR ORDRE AU BUDGET GÉNÉRAL

§ 1er. — *Crédits accordés*

ART. **1er**. Il est ouvert aux ministres, au titre du budget général de l'exercice 1916, des crédits provisoires s'élevant à la somme totale de sept milliards cinq cent quarante-neuf millions six cent huit mille deux cent soixante-quatre francs

(7 549.608.264 fr.), et applicables au premier trimestre de 1916.

2 Il est ouvert aux ministres, au titre des budgets annexes rattachés pour ordre aux budgets de leurs departements respectifs, pour l'exercice 1916, des crédits provisoires s'élevant à la somme totale de six cent quarante-neuf millions sept cent dix mille six cent quarante francs (649 millions 710 640 fr.), et applicables au premier trimestre de 1916

3. Les crédits ouverts par les art. 1 et 2 ci-dessus seront répartis, par ministères et par chapitres, au moyen d'un décret du Président de la République.

§ 2. — *Impôts et revenus autorisés*

4 Est et demeure autorisée la perception des contributions directes et des taxes y assimilées, établies pour l'exercice 1916 en vertu de la loi du 7 août 1915 (1)

5. L'art. 5 de la loi du 26 déc. 1914 (2) est complété ainsi qu'il suit :

« Toutefois, le ministre des finances est autorisé à proroger par décret les délais impartis pour l'accomplissement des formalités prévues par les articles susvisés de la loi de finances du 15 juill. 1914 (3), de manière que la mise en recouvrement de l'impôt soit assurée avant le 31 déc 1916.

« Un décret fixera également les conditions dans lesquelles des délais supplémentaires, ne pouvant dépasser trois mois à dater de la fin des hostilités, seront accordés aux contribuables, mobilisés ou non, qui se trouveraient empêchés, par suite d'un cas de force majeure dûment constaté, de souscrire en temps utile la déclaration prévue par l'art. 16 de la loi du 15 juill. 1914.

« Les délais visés au § 2 de l'art. 17 de ladite loi seront applicables aux taxations d'office ».

6. La perception des impôts indirects et des produits et revenus publics continuera d'être opérée, pendant le premier trimestre de 1916, conformement aux lois en vigueur.

Continuera d'être faite, pendant la même période, la perception, conformément aux lois existantes, des divers droits, produits et revenus, au profit des départements, des communes, des établissements publics et des communautés d'habitants dûment autorisées.

Continuera également d'être faite, pendant la même période, la perception, conformément aux lois existantes, des divers produits et revenus affectés aux budgets annexes rattachés pour ordre au budget général.

7. Est autorisée l'approbation, par décrets rendus en Conseil d'Etat, de la prorogation, jusqu'au 31 déc. 1916 inclusivement, des surtaxes d'octroi sur l'alcool qui expirent le 31 déc. 1915, et dont le maintien a été voté par les conseils municipaux.

8. Sont autorisés, à titre provisoire, jusqu'au 31 déc. 1916 inclusivement, sauf vote contraire des conseils municipaux, quand il n'aura pu être statué dans les conditions prévues aux art. 137 et 139 de la loi du 5 avril 1884 (4), ainsi qu'à l'art. 7 de la présente loi :

1° La prorogation des surtaxes d'octroi sur l'alcool ;

2° La prorogation des actes constitutifs de tout octroi arrivant à l'expiration le 31 déc. 1915, sous réserve des dispositions de l'art. 17 de la loi de finances du 30 juill. 1913 (5) et de l'article unique de la loi du 13 août 1913 (6).

9. Le ministre des finances est autorisé, pour subvenir, pendant le premier trimestre de 1916, aux dépenses de la deuxième section des budgets annexes des chemins de fer de l'Etat, à émettre, dans les conditions déterminées par l'art. 44 de la loi de finances du 13 juill. 1911 (7), des obligations amortissables, dont le montant ne pourra excéder la somme de cinq millions quarante-quatre mille francs (5.044 000 fr.) pour le réseau ancien des chemins de fer de l'Etat, et celle de soixante-quatre millions six cent cinquante-trois mille six cent soixante-quinze francs (64.653.675 fr.) pour le réseau racheté de la Compagnie de l'Ouest.

TITRE II

DISPOSITIONS SPECIALES

10. Pour l'exécution des services de la guerre et de la marine afférents à l'exercice 1915, les dates de clôture, fixées par l'art. 4 de la loi du 25 janv. 1889 (8) aux 31 mars, 30 avril, 30 juin et 31 juillet, sont reportées respectivement aux 31 juill, 31 août, 30 novembre et 31 décembre.

11. Il est apporté les dérogations ci-apres aux dispositions des art. 6 et 7 de la loi du 25 janv. 1889 et 21 de la loi du 14 avril 1896 (9) :

1° La présentation du projet de loi de règlement définitif du budget de l'exercice 1915 et la production des comptes des ministres à l'appui devront avoir lieu, au plus tard, le 31 mai 1917 ;

2° La déclaration générale de conformité relative au même exercice devra être remise par la

(1) 2e vol., p. 275.
(2) 1er vol., p. 275.
(3) *J off.*, 18 juill. 1914, p. 6448.
(4) S *Lois annotées* de 1884, p. 553. — P. *Lois, décr.*, etc de 1884, p. 894.
(5) S et P. *Lois annotées* de 1914, p. 687; *Pand pér*, *Lois annotees* de 1914, p. 687.
(6) S. et P *Lois annotées* de 1915, p 813 ; *Pand. pér*, *Lois annotees* de 1915 p. 813.
(7) S. et P. *Lois annotees* de 1912, p. 202 ; *Pand pér.*, *Lois annotees* de 1912, p. 202.
(8) S. *Lois annotées* de 1890, p 627. — P. *Lois, décr*, etc de 1890, p. 1080.
(9) *Bull. off.*, 12e série, 1771, n 30947.

Cour des comptes au ministre des finances avant le 1er oct 1917 ;

3° La distribution de cette déclaration, avec le rapport qui l'accompagne, sera faite au Sénat et à la Chambre des députés avant le 1er avril 1918.

Les dérogations prévues ci-dessus sont exceptionnelles et ne concernent que l'exercice 1915.

12. Les opérations comptables intéressant le protectorat du Maroc seront, à partir de l'exercice financier 1916-1917, soumises à la Cour des comptes.

13. Par dérogation aux dispositions de l'art. 32 de la loi de finances du 30 mai 1899 (1), à partir de la promulgation de la présente loi et jusqu'à la fin des hostilités, les suppléants des juges de paix, chargés de l'intérim, quelle qu'en soit la cause, et notamment en cas de décès ou de démission du titulaire, ne recevront aucune autre rémunération que celle fixée par le décret du 16 avril 1915 (2), en exécution de la loi du 6 avril 1915 (3), et dans les conditions d'attribution déterminées par ces textes.

14. Sont autorisees, à dater du 31 déc. 1915, la cession gratuite au service du couchage et la prise en charge dans les comptes-matières de ce service du matériel de couchage auxiliaire inventorié dans les comptes-matieres du service de l'habillement et du campement.

15. Le § 1er de l'art. 119 de la loi de finances du 13 juill. 1911 est modifié ainsi qu'il suit :

« L'emploi du crédit ouvert au ministre du travail et de la prévoyance sociale, pour subventions aux bureaux publics de placement, sera réglé par un décret contresigné par le ministre du travail et de la prévoyance sociale et par le ministre des finances ».

TITRE III

MOYENS DE SERVICE ET DISPOSITIONS ANNUELLES

16. Il est ouvert au ministre des finances, sur l'exercice 1916, pour l'inscription des pensions civiles liquidées par application de la loi du 9 juin 1853 (4), un crédit supplémentaire de deux millions de francs (2.000.000 fr), en sus du produit des extinctions.

17. Il est ouvert au ministre de la guerre un crédit provisoire de quarante-deux millions de francs (42 000.000 fr.), pour l'inscription au Trésor public des pensions militaires de son département et des pensions militaires des troupes coloniales à liquider dans le courant du premier trimestre de 1916.

18. Il est ouvert au ministre de la marine un crédit provisoire de huit cent quatre-vingt-un mille deux cent cinquante francs (881.250 fr.), pour l'inscription au Trésor public des pensions militaires de son département à liquider dans le courant du premier trimestre de 1916.

19. Il est ouvert au ministre des colonies un crédit provisoire de quatre-vingt-onze mille francs (91.000 fr.), pour l'inscription au Trésor public des pensions militaires de son département à liquider dans le courant du premier trimestre de 1916

20. Est fixé à cent millions de francs (100.000.000 fr.), pour le premier trimestre de 1916, le maximum du compte courant à ouvrir au Trésor pour les sommes non employees appartenant aux caisses d'assurances régies par la loi du 5 avril 1910 (5), sur les retraites ouvrieres et paysannes, et dont la gestion financière est confiée à la Caisse des dépôts et consignations, en vertu de l'art. 15 de ladite loi.

Le taux de l'intérêt servi par le Trésor sera le même que celui du compte courant de la Caisse des dépôts et consignations.

21. Le ministre de l'intérieur est autorisé à engager, pendant l'année 1916, dans les conditions déterminées par la loi du 12 mars 1880 (6) et par le décret du 10 avril 1914 (7), pour le programme vicinal de 1916, des subventions qui ne pourront excéder la somme de dix millions de francs (10 000.000 fr.), et qui seront imputables tant sur les crédits de l'exercice 1916 que sur les crédits à ouvrir ultérieurement.

22. La valeur du matériel à délivrer aux services d'exécution de la marine pour emploi, pendant le premier trimestre de 1916 (crédits-matières), est fixée par chapitre conformément à l'état annexé a la présente loi.

23. Les travaux à exécuter, pendant le premier trimestre de 1916, soit par les compagnies de chemins de fer, soit par l'Etat, pour la continuation des lignes nouvelles en construction des grands réseaux concédés, ne pourront excéder le maximum de six millions trois cent cinquante mille francs (6 350.000 fr.).

24 Le montant des travaux complémentaires de premier établissement (c'est-à-dire de ceux qui deviennent nécessaires posterieurement à la mise en exploitation des lignes) à exécuter en 1916, et dont le ministre des travaux publics pourra autoriser l'imputation au compte de ces travaux, est fixé, pour le premier trimestre de 1916, non compris le matériel roulant, à la somme de dix-huit millions de francs (18.000.000 fr.).

25. Le montant des travaux complementaires à effectuer sur le chemin de fer de Dakar à Saint Louis, à l'aide d'avances à faire par l'Etat dans

(1) S. et P. *Lois annotées* de 1899, p. 853 ; *Pand. per*, 1899.3.117.

(2) 2° vol, p 122.

(3) 2° vol., p. 104.

(4) S. *Lois annotées* de 1853, p. 67. — P. *Lois, décr.*, etc de 1853, p. 118.

(5) S. et P. *Lois annotées* de 1911, p. 1; *Pand pér.*, *Lois annotées* de 1911, p. 1.

(6) S *Lois annotées* de 1881, p. 38. — P. *Lois, décr.*, etc. de 1881, p. 62.

(7) *Bull. off.*. nouv. serie, 127, n. 6892.

les conditions de l'art. 4 de la convention de concession du 30 oct. 1880, et dont le ministre des colonies pourra approuver les projets pendant le premier trimestre de 1916, sous la réserve de l'inscription au budget colonial des crédits nécessaires à l'exécution, ne pourra excéder le maximum de cinquante mille francs (50 000 fr.).

26. Toutes contributions directes et indirectes autres que celles qui sont autorisées par les lois en vigueur et par la présente loi, à quelque titre ou sous quelque dénomination qu'elles se perçoivent, sont formellement interdites, à peine, contre les autorités qui les ordonneraient, contre les employés qui confectionneraient les rôles et tarifs et ceux qui en feraient le recouvrement, d'être poursuivis comme concussionnaires, sans préjudice de l'action en répétition pendant trois années contre tous receveurs, percepteurs ou individus qui en auraient fait la perception.

(*Suit au* J. off. *l'état annexé*).

2° DÉCRET *répartissant les crédits provisoires applicables au premier trimestre de* 1916.

(29 décembre 1915) — (Publ. au *J. off.* du 30 déc.).

LE PRÉSIDENT DE LA RÉPUBLIQUE FRANÇAISE; — Vu la loi du 29 déc. 1915 (1), qui a ouvert aux ministres des crédits provisoires sur l'exercice 1916, pour les dépenses de leur département pendant le premier trimestre de 1916; — Sur la proposition du ministre des finances; — Décrète :

ART. **1er**. Le crédit provisoire montant à 7 549.608.264 fr., ouvert aux ministres sur l'exercice 1916 par l'art. 1er de la loi susvisée du 29 déc. 1915, pour les dépenses du budget général de leurs départements, est réparti, par ministère et par chapitre, conformément à l'état A ci-annexé.

2. Le crédit provisoire montant à 649.710.640 fr., ouvert aux ministres par l'art. 2 de la loi précitée au titre des budgets annexes rattachés pour ordre au budget général de l'exercice 1916, est réparti, par ministere et par chapitre, conformément à l'état B ci-annexé.

3. Le ministre des finances et les ministres des autres départements sont chargés, etc

(*Suivent au* J. off. *les états annexés.*)

CHEMINS VICINAUX, GUERRE FRANCO-ALLEMANDE, PROGRAMMES DE 1912 ET 1913, DELAI D'EXÉCUTION, PROROGATION.

LOI *prorogeant jusqu'au* 31 *déc.* 1916 *le delai d'exécution des travaux de vicinalité compris dans les programmes de* 1912 *et de* 1913.

(29 décembre 1915). — (Publ. au *J off* du 30 déc.).

ARTICLE UNIQUE. Le délai d'exécution des travaux de vicinalité compris dans les programmes de 1912 et de 1913 est reporté au 31 déc. 1916.

CIMETIÈRES, GUERRE FRANCO-ALLEMANDE, SÉPULTURE PERPÉTUELLE DES MILITAIRES ET MARINS, TERRAINS NÉCESSAIRES HORS DES CIMETIERES, ACQUISITION PAR L'ETAT, EXPROPRIATION D'UTILITÉ PUBLIQUE, TRAVAUX URGENTS, EXEMPTION DE TIMBRE ET D'ENREGISTREMENT, AMÉNAGEMENT DES CIMETIÈRES, ENTRETIEN.

LOI *concernant les lieux de sépulture à établir pour les soldats des armées françaises et alliées decédés pendant la durée de la guerre.*

(29 décembre 1915). — (Publ au *J off.* du 31 déc.).

ART. **1er**. Lorsque, en vue de l'établissement des sépultures perpétuelles qui devront être assurées aux militaires des armées françaises ou alliées, décédés pendant la durée de la guerre des suites de blessures ou de maladies contractées aux armées, il sera nécessaire d'acquérir des terrains hors des cimetières existants, l'acquisition sera faite au nom de l'Etat par le ministre de la guerre.

2. Si l'emplacement de ces terrains a été choisi sur rapport favorable d'un membre de la commission sanitaire de circonscription, — ou du conseil départemental d'hygiène, — délégué par le préfet, et sur avis conforme du conseil municipal, cet emplacement sera déterminé par arrêté préfectoral, sans autre formalité.

3. Si l'expropriation est nécessaire, l'utilité publique sera déclarée par simple arrêté du ministre de la guerre, et la procédure suivie conformément aux art. 3 et suivants de la loi du 30 mars 1831 (2). Toutefois, le règlement définitif des indemnités de dépossession s'opérera conformément aux dispositions de l'art. 16 de la loi du 21 mai 1836 (3).

4 Les terrains acquis dans les conditions de la présente loi pourront être remis en tout ou partie aux communes, en compensation de ceux occupes, dans les cimetieres communaux, par les sépultures militaires.

Le ministre de la guerre est autorisé à passer toute convention d'échange à cet effet.

5. Les dispositions des art. 56, 57 et 58 de loi du 3 mai 1841 (4) sont applicables aux actes passés en exécution de la présente loi.

En conséquence, tous lesdits actes seront visés pour timbre et enregistrés gratis, et aucun droit

(1) C'est la loi qui precède.

(2 3) S 2e vol. des *Lois annotées*, p. 39 et 296.

(4) S. 2e vol. des *Lois annotees* p 634.

ne sera perçu pour les formalités à effectuer à la conservation des hypotheques.

6. Les dépenses d'acquisition, d'occupation, de clôture et d'entretien des terrains nécessaires aux sépultures visées par la présente loi sont à la charge de l'Etat. Toutefois, l'entretien des sépultures pourra être confié, sur leur demande, soit aux municipalités, soit à des associations régulièrement constituées, tant en France que dans les pays alliés, suivant convention à intervenir entre elles et le ministre de la guerre.

7. Les lois et règlements relatifs à la police et à la conservation des cimetieres sont applicables à tous les terrains affectés à des sépultures militaires.

TRAVAIL, GUERRE FRANCO-ALLEMANDE, CHÔMAGE, OFFICES DÉPARTEMENTAUX DE PLACEMENT.

CIRCULAIRE *relative aux offices publics de placement des travailleurs.*

(29 décembre 1915). — (Publ. au *J. off.* du 31 déc.).

Le Ministre du travail et de la prévoyance sociale à MM. les préfets.

La mobilisation, en provoquant l'arrêt, tout au moins momentané, de plus de la moitié des établissements industriels et commerciaux, avait réduit au chômage plus de 2 millions de travailleurs, auxquels etait venu s'ajouter près d'un million de personnes évacuées des départements envahis et de la Belgique.

En présence de cette situation, l'absence d'une organisation de placement public, analogue à celle qu'a instituée l'Angleterre par la loi de 1909 (1), s'est fait vivement sentir.

Sans doute, au fur et à mesure que l'activité renaissait, que les établissements industriels et commerciaux ouvraient à nouveau, que l'agriculture reprenait ses travaux, le nombre de ces chômeurs a considérablement diminué, mais il n'est pas douteux qu'il eût diminué plus vite et à moins de frais, s'il eût existé des offices locaux (départementaux et municipaux) de placement en plein fonctionnement.

Les résultats obtenus par l'Office central de placement des chômeurs et réfugiés et par les autres offices de placement qui furent improvisés sous le coup de la nécessité, dans un certain nombre de départements, le demontrent nettement. Il s'en faut cependant que ces dernières institutions suffisent, encore aujourd'hui, à assurer d'une maniere parfaite la répartition de la main-d'œuvre disponible. Un grand nombre de départements sont encore dépourvus de bureaux publics de placement; dans les départements où il en existe, les industriels, les commerçants, les agriculteurs en ignorent trop souvent l'existence, et il arrive qu'ils vont chercher au loin et font venir à grands frais des ouvriers, alors qu'il leur serait possible d'en trouver d'inoccupés à quelques kilometres de chez eux.

Il importe de remédier à cette situation. Nous serions sans excuse, si nous nous laissions surprendre par la démobilisation. Celle-ci jettera sur le marché du travail un grand nombre de travailleurs, qui ne trouveront peut-être pas tout de suite à s'occuper, soit que les établissements où ils étaient employés aient disparu ou aient réduit leur activité, soit qu'ils aient changé totalement leur fabrication. A ces chômeurs démobilisés s'ajouteront les ouvriers qui seront licenciés par les usines créées ou développées pour satisfaire aux besoins des fabrications de guerre, fabrications qui prendront fin ou qui se ralentiront sensiblement avec la cessation des hostilités. D'un autre côté, la paix amènera la réouverture d'établissements détruits ou actuellement arrêtés, l'ouverture de nouvelles usines pour la fabrication de produits pour lesquels nous étions jusqu'ici tributaires de nos ennemis; enfin, pour parer au déficit causé dans le personnel des exploitations agricoles, industrielles et commerciales par les pertes de la guerre, il faudra peut-être recourir à la main-d'œuvre du dehors.

Mettre en rapports les travailleurs démobilisés, qui n'auront pu retrouver leur emploi antérieur avec les industriels, les commerçants, les agriculteurs qui manqueront de personnel; répartir la main-d'œuvre étrangère, en surveiller l'emploi, et cela de manière à en assurer l'utilisation dans les meilleures conditions possibles; veiller au placement particulièrement délicat des militaires mutilés et réformés; telles sont les tâches qu'auront à assumer les offices de placement régionaux et locaux existant ou à créer. Pour que ces offices donnent tout leur effet, il est nécessaire qu'il en existe partout, et qu'ils soient en rapports directs les uns avec les autres, afin que les demandes auxquelles il n'aura pu être satisfait dans une localité ou une région puissent être portées à la connaissance des offices voisins susceptibles d'y donner suite.

D'ailleurs — il ne faut pas l'oublier — l'art. 85 du livre Ier du Code du travail (ancienne loi du 14 mars 1904) (2) fait une obligation aux communes comptant plus de 10.000 habitants de créer un bureau municipal de placement, aux autres communes de tenir un registre constatant les offres et les demandes de travail. A plusieurs reprises, mes prédécesseurs, et notamment M. René Viviani, dans sa circulaire du 15 nov. 1911,

(1) Note du *J. off.* — Ci-joint, sur le fonctionnement du placement public en Angleterre pendant la guerre, une étude documentaire de l'Association nationale française pour la lutte contre le chômage, subventionnée par mon département.

(2) S. et P. *Lois annotées* de 1904, p. 729; *Pand. pér.*, 1904.3.57.

M Henry Chéron, dans sa circulaire du 22 nov. 1913, ont rappelé cette obligation aux municipalités Plus récemment, M. Bienvenu-Martin a signalé la nécessité de développer l'action des bureaux municipaux en liaison avec celle des fonds de chômage. Malheureusement, un petit nombre seulement de municipalités ont répondu à l'attente des pouvoirs publics; à la veille de la guerre, le nombre des bureaux municipaux de placement existant et faisant au moins 100 placements par an demeurait très restreint.

Vous voudrez bien rappeler aux municipalités des communes de votre département, comptant plus de 10.000 habitants, les obligations formelles qui leur incombent en vertu de la loi, l'intérêt majeur qui s'attache, dans les circonstances actuelles, à leur accomplissement, et vous les inviterez à inscrire, dans le budget de 1916, les crédits nécessaires pour le fonctionnement normal des bureaux municipaux de placement, dont les circulaires précitées de mes prédécesseurs ont indiqué, d'une façon très précise, les conditions techniques de fonctionnement.

En ce qui concerne le placement départemental, déjà, sur l'initiative de certains préfets ou à la demande des commissions mixtes pour la reprise du travail, instituées en exécution de la circulaire de mon prédécesseur, du 5 févr. 1915, un certain nombre d'offices departementaux ont été organisés et fonctionnent.

Il convient que cette organisation se généralise, et que partout soient créés des offices départementaux de placement, chargés de relier entre eux les offices locaux existant dans le département, et notamment d'organiser le placement agricole Ces offices départementaux pourront être greffés, le cas échéant, sur le bureau municipal du chef-lieu d'arrondissement; les préfets pourront faire appel, pour l'organisation, la mise en train, et même pour le fonctionnement de ces services nouveaux, au concours des inspecteurs du travail et des directeurs des services agricoles, qui, d'après l'expérience faite dans plusieurs départements, paraissent particulièrement qualifiés à cet effet.

L'extension des opérations du bureau municipal du chef-lieu à toute l'étendue du département peut être réalisée à très peu de frais, avec le concours de fonctionnaires départementaux déjà existants, et en utilisant le bénéfice de la franchise postale sous le timbre du préfet.

Pour permettre à ces offices de fonctionner le plus tôt possible, il y aurait lieu de saisir les conseils généraux, à leur prochaine session, des demandes de crédits nécessaires à cet effet. Dans certains départements, où l'adhésion du conseil général paraissait probable, les conseils municipaux ont parfois fait l'avance des premiers frais pour éviter tout retard dans l'organisation du service départemental. De même que pour les bureaux de placement municipaux, il y aura intérêt à placer ces offices départementaux sous la direction et le contrôle de commissions mixtes, composées en nombre égal de patrons et d'ouvriers appartenant aux professions intéressées.

L'Etat ne se désintéressera pas des efforts qui seront faits tant par les municipalités que par les départements pour organiser régionalement et localement le placement des travailleurs Déjà figurait au budget du ministère du travail un crédit spécialement destiné à subventionner les bureaux municipaux de placement répondant à certaines conditions que l'expérience a démontré être nécessaires à leur fonctionnement normal A ma demande, le Parlement vient d'étendre les subventions de l'Etat à tous les bureaux publics de placement, municipaux ou départementaux. Un décret interviendra à bref délai pour fixer les conditions de répartition de ces subventions, afin qu'elles puissent être attribuées aux offices départementaux et municipaux créés depuis le 1er juill 1915.

J'insiste auprès de vous, en vue de connaître, au fur et à mesure, les suites qui auront été données aux présentes instructions, tant par les conseils municipaux que par le conseil général de votre département.

ALGÉRIE, BUDGET DE 1915, RECETTES ET DÉPENSES, FIXATION, ABSINTHE, RESTITUTION DES DROITS.

DÉCRET *portant fixation du budget spécial de l'Algérie pour l'exercice* 1916.

(30 décembre 1915) — (Publ. au *J. off.* du 31 déc.)

LE PRÉSIDENT DE LA RÉPUBLIQUE FRANÇAISE; — Sur le rapport du ministre de l'intérieur; — Vu la loi du 19 déc. 1900 (1); l'art. 68 de la loi du 30 mars 1902 (2); l'art. 99 de la loi du 31 mars 1903 (3); l'art. 18 de la loi du 29 déc. 1907 (4), et l'art. 1er de la loi du 1er mai 1895 (4); la loi du 29 déc. 1915 (5), autorisant la perception des droits, produits et revenus applicables au budget de l'Algérie pour l'exercice 1916; les délibérations de l'assemblée plénière des délégations financières algériennes, en date du 26 juin 1915; les délibérations du conseil supérieur du gouvernement, en date du 30 juin 1915; — Décrète :

ART. 1er. Le budget de l'Algérie pour l'exercice 1916 est arrêté en dépenses, à la somme de 130.388.836 fr, conformément à l'état A, ci-annexé,

---

(1) S. et P. *Lois annotées* de 1901, p. 187; *Pand pér.*, 1901.3.73

(2) S et P *Lois annotées* de 1902, p. 415; *Pand. pér.*, 1902.3.70.

(3) S. et P. *Lois annotées* de 1903, p. 570; *Pand pér.*, 1903.3.52.

(4) S. et P. *Lois annotées* de 1908, p. 704; *Pand pér.*, *Lois annotées* de 1908, p. 704.

(5) *Supra*, p 217.

et en recettes, à la somme de 130.402.635 fr, conformément aux évaluations prévues à l'état B, ci-annexé.

2. La nomenclature des services pouvant donner lieu à prélevement sur le crédit ouvert au chapitre des dépenses éventuelles est fixée conformément aux indications de l'état C, ci-annexé.

3. Est autorisé le remboursement des droits perçus au profit du Trésor sur les absinthes ou liqueurs similaires d'absinthe se trouvant actuellement chez les débitants et chez les marchands en gros non entrepositaires.

Ce remboursement aura lieu à charge de mise en entrepôt ou d'envoi à la rectification.

4 Le ministre de l'intérieur est chargé, etc.

(*Suivent* au J. off *les états annexés*).

ALGÉRIE, GUERRE FRANCO-ALLEMANDE, BONS, EMISSION, RENOUVELLEMENT, ESCOMPTE PAR LA BANQUE DE L'ALGÉRIE.

LOI *autorisant l'Algérie à émettre des bons qui seront escomptés par la Banque de l'Algérie, pour parer au déficit de l'exercice* 1915.

(30 décembre 1915). — (Publ au *J. off.* du 1er janv. 1916).

ART. **1er**. Pour faire face au découvert résultant du déficit de l'exercice 1915, l'Algérie est autorisée à émettre, avant le 1er juill 1916 et dans la limite d'une somme maximum de 50 millions de francs, des bons à échéance d'un an. Ces bons seront renouvelables de plein droit à la fin de la première année; ils pourront ensuite être renouvelés à l'expiration de chacune des deux années suivantes, en vertu d'une autorisation donnée par décret rendu après avis du Conseil d'Etat.

2 La Banque de l'Algérie est autorisée à escompter lesdits bons. Elle sera dispensée de la redevance prevue par l'art. 4 de la loi du 29 déc. 1911 (1), sur le montant de ses billets correspondant à cet escompte.

ARMÉE, GUERRE FRANCO-ALLEMANDE, INDIENS NON RENONÇANTS, ENGAGEMENT POUR LA DURÉE DE LA GUERRE, INCORPORATION.

DÉCRET *relatif aux engagements pour la durée de la guerre des Indiens non renonçants.*

(30 décembre 1915). — (Publ. au *J. off.* du 8 janv. 1916).

LE PRÉSIDENT DE LA RÉPUBLIQUE FRANÇAISE; — Sur le rapport du ministre de la guerre et des colonies; — Vu les lois des 21 mars 1905 (2) et 7 août 1913 (3), sur le recrutement de l'armée; — Vu les art. 16 et 18 de la loi du 7 juill 1900 (4), portant organisation des troupes coloniales; — Vu les décrets du 19 sept 1903 (5), portant réorganisation de l'infanterie et de l'artillerie coloniales; — Vu le décret du 1er août 1914 (6), ordonnant la mobilisation des armées de terre et de mer; — Décrète :

ART. **1er**. Les Indiens non renonçants reconnus aptes au service armé sont autorisés à contracter un engagement pour la durée de la guerre.

2. Les engagés de cette catégorie seront incorporés dans des unités spéciales, rattachées administrativement, suivant les circonstances de leur utilisation ou de leur installation, soit à des corps de troupes français, soit à des corps indigenes

3. Les ministres de la guerre et des colonies sont, chacun en ce qui le concerne, chargés, etc

---

ARMÉE, GUERRE FRANCO-ALLEMANDE, RECRUTEMENT, CLASSE 1917, APPEL SOUS LES DRAPEAUX, ANTILLES, RÉUNION (ILE DE LA), GUYANE, COMMUNES DE PLEIN EXERCICE DU SÉNÉGAL.

LOI *relative à l'appel sous les drapeaux de la classe* 1917.

(30 décembre 1915). — (Publ. au *J. off* du 31 déc).

ARTICLE UNIQUE. Le ministre de la guerre est autorisé à appeler sous les drapeaux la classe 1917.

Cet appel aura lieu aux Antilles, à la Guyane et à la Réunion, et dans les communes de plein exercice du Sénégal, en même temps que dans la métropole. Toutefois, les recrues de ces colonies seront incorporées et instruites sur place ou dans les régions voisines, pour être, à partir de mai 1916, utilisées au mieux des intérêts de la défense nationale.

ASSURANCES (CAISSES D'), CAISSE NATIONALE D'ASSURANCE EN CAS DE DÉCÈS, TAUX DE L'INTÉRÊT.

DÉCRET *modifiant le taux de l'intérêt composé du capital dont il est tenu compte dans les tarifs de la Caisse nationale d'assurance en cas de décès.*

(30 décembre 1915). — (Publ. au *J. off* du 31 déc.).

LE PRÉSIDENT DE LA RÉPUBLIQUE FRANÇAISE;

---

(1) S. et P. *Lois annotées* de 1912, p. 272; *Pand. per.*, *Lois annotées* de 1912, p. 272.

(2) S. et P. *Lois annotées* de 1906, p. 3; *Pand. pér*, 1905.3.81.

(3) S. et P. *Lois annotées* de 1914, p. 561; *Pand. pér*, *Lois annotées* de 1914, p. 561.

(4) S. et P. *Lois annotées* de 1900, p. 1113; *Pand. pér.*, 1901.3.147.

(5) *J. off.*, 29 sept. 1903, p. 6025; *Pand. pér.*, 1903 3.176.

(6) 1er vol., p. 9.

— Sur le rapport du ministre du travail et de la prévoyance sociale et du ministre des finances; — Vu la loi du 11 juill. 1868 (1), portant création de la Caisse nationale d'assurance en cas de décès; — Vu l'art. 59 de la loi du 26 juill. 1893 (2), portant fixation du budget général des dépenses et des recettes de l'exercice 1894; — Vu la loi du 9 mars 1910 (3); — Vu le décret du 31 juill. 1913 (4), fixant à 3.50 p. 100 le taux de l'intérêt des tarifs de la Caisse nationale d'assurance en cas de décès, à partir du 1er janv. 1914; — Vu l'avis exprimé dans la séance du 28 déc. 1915 par la commission supérieure formée en exécution de l'art. 17 de la loi précitée du 11 juill. 1868; — Décrète :

ART. **1er**. Est fixé à 4.25 p. 100 le taux de l'intérêt composé du capital dont il est tenu compte dans les tarifs de la Caisse nationale d'assurance en cas de décès, d'après lesquels sont calculés :

1° Le montant des primes à payer pour les contrats comportant le paiement d'un capital en cas de décès, souscrits à partir du 1er janv. 1916;

2° Le montant des capitaux assurés à provenir des versements et ajournements d'échéance effectués à partir de la même date, en vertu des art. 1 et 3 de la loi du 9 mars 1910.

2 Le ministre du travail et de la prévoyance sociale et le ministre des finances sont chargés, etc.

CODE CIVIL, ART. 313 ET 331, MODIFICATION, LOI DU 7 NOV. 1907, ABROGATION, ENFANTS NÉS HORS MARIAGE, LÉGITIMATION, MARIAGE SUBSÉQUENT, ENFANTS NATURELS RECONNUS POSTÉRIEUREMENT AU MARIAGE, ENFANTS ADULTÉRINS, MENTION EN MARGE DE L'ACTE DE NAISSANCE, PRÉSOMPTION DE PATERNITÉ, LÉGITIMATION PAR NOUVEAU MARIAGE, APPLICATION DE LA LOI AUX COLONIES, DISPOSITIONS TRANSITOIRES.

LOI *concernant la légitimation des enfants adultérins.*

(30 décembre **1915**). — (Publ. au *J. off.* du 31 déc.).

ART. **1er**. L'art. 331 du Code civil est modifié ainsi qu'il suit :

« Les enfants nés hors mariage, autres que ceux nés d'un commerce adultérin, sont légitimés par le mariage subséquent de leurs père et mere, lorsque ceux-ci les ont légalement reconnus avant leur mariage ou qu'ils les reconnaissent au moment de sa célébration. Dans ce dernier cas, l'officier de l'état civil qui procede au mariage constate la reconnaissance et la légitimation dans un acte séparé.

« Lorsqu'un enfant naturel aura été reconnu par ses pere et mère ou par l'un d'eux postérieurement à leur mariage, cette reconnaissance n'emportera légitimation qu'en vertu d'un jugement rendu en audience publique, après enquête et débat en chambre du conseil, lequel jugement devra constater que l'enfant a eu, depuis la célébration du mariage, la possession d'état d'enfant commun

« Les enfants adulterins sont légitimés, dans les cas suivants, par le mariage subsequent de leurs père et mère, lorsque ceux-ci les reconnaissent au moment de la célébration du mariage, dans les formes déterminées par le § 1er du présent article :

« 1° Les enfants nés du commerce adultérin de la mère, lorsqu'ils sont désavoués par le mari ou ses héritiers;

« 2° Les enfants nés du commerce adultérin du père ou de la mere, lorsqu'ils sont réputés conçus à une époque où le père ou la mere avait un domicile distinct, en vertu de l'ordonnance rendue conformément à l'art. 878 du Code de procédure civile, et antérieurement à un désistement de l'instance, au rejet de la demande ou à une réconciliation judiciairement constatée :

« Toutefois, la reconnaissance et la légitimation pourront être annulées, si l'enfant a la possession d'état d'enfant légitime;

« 3° Les enfants nés du commerce adultérin du mari, dans tous les autres cas, s'il n'existe pas, au moment du mariage subséquent, d'enfants ou de descendants légitimes issus du mariage au cours duquel l'enfant adultérin est né ou a été conçu.

« Toute légitimation sera mentionnée en marge de l'acte de naissance de l'enfant légitimé.

« Cette mention sera faite à la diligence de l'officier de l'état civil qui aura procédé au mariage, s'il a connaissance de l'existence des enfants, sinon, à la diligence de tout intéressé ».

2. Le deuxieme alinéa de l'art. 313 du Code civil est complété ainsi qu'il suit :

« La présomption de paternité établie par l'article précédent ne s'applique pas à cet enfant, même en l'absence de désaveu, s'il a été légitimé par un nouveau mariage de sa mere, conformément aux dispositions de l'art 331 ».

3 L'art 335 du Code civil est complété par la disposition suivante :

« Sous réserve des dispositions de l'art. 331 ».

4 La loi du 7 nov. 1907 (5) est abrogée

5. La présente loi est applicable aux colonies.

6. Pour les mariages antérieurs à la promulgation de la présente loi, il ne sera plus délivré d'expédition commune de l'acte de légitimation et de l'acte de célébration du mariage que dans les conditions déterminées par l'art. 57 du Code civil.

---

(1) S. *Lois annotées* de 1868, p. 336. — P. *Lois, décr.*. etc. de 1868, p. 572.

(2) S. et P. *Lois annotées* de 1894, p. 721.

(3) S. et P. *Lois annotées* de 1910, p. 1043; *Pand pér.*, *Lois annotees* de 1910, p. 1043.

(4) *Bull. off*, nouv. série, 110, n. 5862.

(5) S. et P. *Lois annotées* de 1908, p. 600; *Pand. pér.*, *Lois annotées* de 1908, p. 600.

Les enfants adultérins se trouvant dans les conditions prévues par les dispositions qui précèdent, et dont les père et mère auront contracté mariage avant la promulgation de la présente loi, pourront être, de la part de ceux-ci, dans le délai de deux ans à partir de cette promulgation, l'objet d'une reconnaissance, qui emportera légitimation dans les conditions prévues par la présente loi.

COLONIES, GUERRE FRANCO-ALLEMANDE, MINES, PERMIS DE RECHERCHES, INDO-CHINE, TITULAIRES MOBILISÉS, FRANÇAIS, PROTÉGÉS FRANÇAIS, RESSORTISSANTS DES PAYS ALLIÉS, PROROGATION, RENOUVELLEMENT.

DÉCRET *portant prorogation et renouvellement des permis de recherches minières en Indo Chine.*

(30 décembre 1915). — (Publ. au *J. off.* du 1er janv. 1916).

LE PRÉSIDENT DE LA RÉPUBLIQUE FRANÇAISE ; — Vu l'art. 18 du sénatus-consulte du 3 mai 1854 (1) ; — Vu les décrets des 25 févr. 1897 (2), 26 janv 1912 (3) et 24 déc. 1913 (4), réglementant les mines en Indo-Chine ; — Vu le décret du 20 avril 1915 (5), relatif à la prorogation d'office et au renouvellement exceptionnel du permis de recherches minières en Indo Chine ; — Sur le rapport du ministre des colonies ; — Décrète :

ART. **1er**. Les dispositions de l'art. 1er du décret du 20 avril 1915 sont remplacées, en ce qui concerne l'Indo-Chine, par les suivantes :

« Lorsqu'un ou plusieurs titulaires d'un permis de recherches minières ont été mobilisés dans les armées françaises ou alliées, la durée de la validité assignée à ce permis par les décrets du 25 févr. 1897 ou du 26 janv. 1912 sera augmentée, d'office et gratuitement, de la durée totale, majorée de six mois, des périodes de mobilisation des titulaires successifs du permis. La période de la mobilisation d'un titulaire comprend le temps pendant lequel, postérieurement au 20 avril 1915 et à la date certaine de son acquisition du permis, il a été à la fois mobilisé et en possession de ce permis.

« Sont assimilées à des titulaires mobilisés les sociétés civiles ou en nom collectif dont tous les associés, et les sociétés en commandite dont tous les gérants sont simultanément mobilisés ».

2. Les dispositions de l'art. 2 du décret du 20 avril 1915 sont remplacées, en ce qui concerne l'Indo-Chine, par les suivantes :

« Les nationaux, sujets ou protégés français, les ressortissants des puissances alliées et les sociétés de nationalité française, protégée ou alliée, qui sont titulaires de permis de recherches minières venant à expiration avant le 1er juill. 1916, pourront, à titre exceptionnel, renouveler ces permis avant leur expiration pour une période d'un an, aux conditions qui seront fixées par un arrêté du gouverneur général ».

3. Il ne sera tenu aucun compte, dans l'application des art. 2 du décret du 20 avril 1915 ou du présent décret, de la prorogation d'office dont peut bénéficier le permis à renouveler, en raison de la mobilisation d'un ou de plusieurs de ses titulaires

Ce permis continuera à porter, au delà du terme fixé par les décrets du 25 févr. 1897 ou du 26 janv 1912, les effets prévus par ces règlements, pendant une période égale à la plus longue des périodes de prolongation dues à l'application indépendante des art. 1er et 2 du décret du 20 avril 1915 ou du présent décret

4. Le gouverneur général prendra, après avis du chef du service des mines, les arrêtés nécessaires à l'application du présent décret.

5 Le ministre des colonies est chargé, etc

GUERRE, GUERRE FRANCO-ALLEMANDE, RAVITAILLEMENT DE LA POPULATION CIVILE, TAXATION DES FARINES, DÉPARTEMENT DE SEINE-ET-OISE.

DÉCRET *relatif à la taxation de la farine dans les départements de la Seine et de Seine-et-Oise*

(30 décembre 1915). — (Publ. au *J. off.* du 31 déc.).

LE PRÉSIDENT DE LA RÉPUBLIQUE FRANÇAISE ; — Vu la loi du 16 oct. 1915 (6), portant ouverture au ministre du commerce, de l'industrie, des postes et des télégraphes sur l'exercice 1915 de crédits additionnels aux crédits provisoires, pour procéder à des opérations d'achat et de vente de blé et de farine pour le ravitaillement de la population civile, et notamment l'art. 8 de ladite loi ; — Vu le décret du 16 oct 1915 (7), déléguant aux préfets le pouvoir de taxer la farine, par application de l'art. 8 de la loi du 16 oct. 1915, et notamment l'art. 1er dudit décret ; — Vu la loi du 1er févr. 1892 (8), ayant pour objet d'assurer l'approvisionnement de la population civile des places fortes en cas de guerre ; — Vu l'avis du ministre de l'agriculture ; — Vu l'avis du gouverneur militaire de Paris ; — Vu l'avis du préfet de la Seine et du préfet de police, — Vu l'avis du préfet de Seine-et-Oise ; — Sur le rapport du ministre du commerce, de l'industrie, des postes et des télégraphes et du ministre de la guerre ; — Décrète :

ART. **1er**. Le prix de la farine destinée à la

(1) S. *Lois annotées* de 1854, p. 78. — P. *Lois, décr*, etc. de 1854, p 137.

(2) *J. off.*, 27 juill. 1897, p. 4300.

(3) *Bull. off.*, nouv. série, 74, n. 3627.

(4) *Bull. off*, nouv. série, 120, n. 6422.

(5) 2e vol., p. 125.

(6-7) *Supra*, p. 72 et 73.

(8) S. et P *Lois annotées* de 1893, p. 458.

panification, quelle que soit sa provenance, ne pourra dépasser, dans le département de Seine-et-Oise, les prix de :

40 fr. 75 les 100 kilogr. nets, et 64 fr. les 157 kilogr. nets, pour la farine prise au moulin.

41 fr. 10 les 100 kilogr. nets, ou 64 fr. 50 les 157 kilogr. nets, pour la farine rendue au seuil de la boulangerie

Ce prix s'entend de la farine non logée ou logée en toiles facturées et reprises au même prix

2. Le prix de la farine destinée à la panification, et fabriquée dans le département de la Seine, ne pourra pas dépasser dans ce département le prix de 41.40 les 100 kilogr. nets, ou 65 les 157 kilogr. nets. Ce prix s'entend de la farine rendue au seuil de la boulangerie, non logée, ou logée en toiles facturées et reprises au même prix.

La farine destinée à la panification provenant du département de Seine-et-Oise ou d'autres départements, et livrée dans le département de la Seine, ne pourra pas être vendue à des conditions de prix ou de livraison autres que celles prévues au paragraphe précédent.

3. Les meuniers des départements de la Seine et de Seine-et-Oise restent soumis à toutes les obligations résultant des règlements militaires.

4 Le présent décret sera mis en application à compter du 1er janv. 1916.

5. Le ministre du commerce, de l'industrie, des postes et des télégraphes et le ministre de la guerre sont chargés, etc.

IMPOT SUR LE REVENU, IMPÔT GÉNÉRAL COMPLÉMENTAIRE, EXERCICE 1915, DÉCLARATION, DÉLAI.

DÉCRET *fixant le point de départ des délais pour les déclarations relatives à l'impôt général sur le revenu* (1).

(30 décembre 1915). — (Publ. au *J. off.* du 31 déc.).

LE PRÉSIDENT DE LA RÉPUBLIQUE FRANÇAISE; — Sur le rapport du ministre des finances; — Vu les art. 5 à 24 de la loi du 15 juill. 1914 (2), portant fixation du budget général des dépenses et des recettes de l'exercice 1914; — Vu l'art. 5 de la loi du 26 déc. 1914 (3), portant ouverture de crédits provisoires sur l'exercice 1915; — Vu l'art. 5 de la loi du 29 déc 1915 (4), portant ouverture de crédits provisoires sur l'exercice 1916; — Décrète :

ART. 1er. Le point de depart des delais pour les déclarations relatives à l'impôt général sur le revenu, fixé par l'art. 16, § 5, de la loi du 15 juill 1914, est reporté du 1er janv. au 1er mars 1916.

2. Le ministre des finances est chargé, etc.

ALGÉRIE, GUERRE FRANCO-ALLEMANDE, INTERDICTIONS D'EXPORTATION, DJEBARS, REJETONS DE PALMIERS, DÉROGATION, GOUVERNEUR GÉNÉRAL, MAROC, TUNISIE, PÉNALITÉS.

DÉCRET *portant interdiction de l'exportation des djebars (rejetons de palmiers) hors du territoire de l'Algérie.*

(31 décembre 1915). — (Publ. au *J. off.* du 7 janv. 1916).

LE PRÉSIDENT DE LA RÉPUBLIQUE FRANÇAISE; — Vu l'art. 25 de la loi du 24 avril 1833 (5), concernant le régime législatif des colonies; ensemble l'ordonnance royale du 22 juill. 1834 (6), sur la haute administration des possessions françaises du nord de l'Afrique; — Vu le décret du 23 mars 1898 (7), relatif aux services de l'agriculture en Algérie; — Vu le décret du 23 août 1898 (8), sur le gouvernement et la haute administration de l'Algérie; — Vu la loi du 24 déc. 1902 (9), portant création des territoires du Sud de l'Algérie, en-

---

(1) Ce décret est précédé au *J. off.* d'un rapport ainsi conçu :

« L'art. 5 de la loi du 29 déc. 1915 autorise la prorogation, par décret, des délais dans lesquels doivent être accomplies, aux termes de la loi du 15 juill. 1914, relative à l'impôt général sur le revenu, les formalités prévues pour l'établissement de l'impôt.

« D'une part, un certain temps est nécessaire à l'Administration pour procéder aux divers travaux préparatoires que réclame l'organisation d'un système fiscal entièrement nouveau.

« D'autre part, il n'est pas moins utile que les contribuables, avant l'ouverture des délais qui leur sont accordés pour faire les déclarations prévues par la loi, soient informés de leurs droits comme de leurs obligations, et puissent réunir les éléments d'évaluation de leur revenu.

« Le même art 5 stipule que des délais supplémentaires, qui pourront aller jusqu'à l'expiration d'une période de trois mois après la cessation des hostilités, pourront être en outre accordés, aussi par décret, aux contribuables présents sous les drapeaux et à tous ceux qui, par suite de force majeure, se trouveront empêchés de faire la déclaration de leur revenu dans le délai de droit commun.

« Pour ce qui concerne ces delais spéciaux, il n'est pas besoin que des mesures soient prises dès à présent.

« Mais il convient de fixer aujourd'hui le délai général dans lequel seront recevables les déclarations de leur revenu global, que seront appelés à souscrire les contribuables qui ne seraient pas dans le cas de profiter de délais supplémentaires

« En reportant, pour 1916, le délai de deux mois prévu à cet effet par la loi de 1914 à la periode qui s'etendra du 1er mars au 30 avril, il semble que l'on aura tenu compte, dans la mesure convenable, des diverses circonstances qui doivent être prises en considération ».

(2) *J. off.*, 18 juill. 1914, p. 6448.

(3) 1er vol., p. 275.

(4) *Supra*, p. 220.

(5) S. 2e vol. des *Lois annotées*, p. 164.

(6) S. 2e vol. des *Lois annotées*, p. 242.

(7) S. et P. *Lois annotées* de 1899, p. 911; *Pand. pér.*, 1899.3 83.

(8) S. et P. *Lois annotées* de 1900, p. 1010; *Pand. pér.*, 1899.3.74.

(9) S et P. *Lois annotées* de 1904, p. 673; *Pand. pér.*, 1903.3 23.

semble le décret du 14 août 1905 (1), sur l'administration de ces territoires ; — Vu les propositions du gouverneur général de l'Algérie ; — Sur le rapport du ministre de l'intérieur et du ministre de l'agriculture ; — Décrète :

ART. 1er. L'exportation hors du territoire de l'Algérie des djebars (rejetons de palmiers) est interdite ; toutefois, des autorisations spéciales pourront être accordées par le gouverneur général de l'Algérie pour des expéditions de djebars à destination du Maroc et de la Tunisie.

2. Les infractions aux dispositions du présent décret seront constatées par les agents du service des douanes, par tous les officiers de police judiciaire, et par tout agent ayant qualité pour verbaliser.

Les délinquants seront passibles, indépendamment de la confiscation des djebars, des pénalités prévues par les lois et règlements de douanes pour l'exportation des marchandises prohibées.

3. Le ministre de l'intérieur et le ministre de l'agriculture sont chargés, etc.

ARMÉE, GUERRE FRANCO-ALLEMANDE, SERVICE DE SANTÉ MILITAIRE, OFFICIERS DE RÉSERVE ET DE L'ARMÉE TERRITORIALE, GRADES TEMPORAIRES, MÉDECINS MAJORS DE 1re OU 2e CLASSE, MÉDECINS ET PHARMACIENS PROFESSEURS OU AGRÉGÉS DES FACULTÉS DE MÉDECINE, DES FACULTÉS MIXTES DE MÉDECINE ET DE PHARMACIE ET DES ÉCOLES SUPÉRIEURES DE PHARMACIE, MÉDECINS, CHIRURGIENS ET PHARMACIENS DES HÔPITAUX NOMMÉS AU CONCOURS.

DÉCRET *relatif à l'avancement spécial des médecins et pharmaciens de complément en possession de certains titres* (2).

(31 décembre 1915). — (Publ. au *J. off.* du 4 janv. 1916).

LE PRÉSIDENT DE LA RÉPUBLIQUE FRANÇAISE ; — Sur le rapport du ministre de la guerre : — Vu la loi du 13 mars 1875 (3) et notamment les art. 45 et 55 ; — Vu le décret du 22 mai 1909 (4), sur l'avancement des médecins et pharmaciens, des officiers d'administration du service de santé de la réserve et de l'armée territoriale, — Décrète :

ART. 1er. A titre transitoire, pendant la durée des hostilités, pourront être promus d'emblée au grade de major de 1re classe, dans le cadre des officiers de réserve et dans le cadre des officiers de l'armée territoriale, à la condition d'avoir été primitivement pourvus du grade d'aide-major de 2e classe, les professeurs titulaires des Facultés de médecine, les professeurs agrégés des Facultés de médecine parvenus au terme de neuf années d'agrégation, les pharmaciens professeurs titulaires dans les Écoles supérieures de pharmacie et dans les Facultés mixtes, les pharmaciens professeurs agrégés des Écoles supérieures de pharmacie, des Facultés mixtes, parvenus au terme de leurs neuf années d'agrégation, les médecins, chirurgiens et pharmaciens des hôpitaux, nommés au concours depuis dix ans au moins, dans les villes possédant une Faculté de médecine.

2. A titre transitoire, pendant la durée des hostilités, pourront être promus d'emblée au grade de major de 2e classe, dans le cadre des officiers de réserve et dans le cadre des officiers de l'armée territoriale, à la condition d'avoir été primitivement pourvus du grade de médecin aide-major de 2e classe :

Les professeurs agrégés des Facultés de médecine, les pharmaciens professeurs agrégés des Facultés mixtes, des Écoles supérieures de pharmacie, comptant moins de neuf années d'agrégation, les médecins, chirurgiens et pharmaciens des hôpitaux, nommés au concours depuis moins de dix ans dans les villes possédant une Faculté de médecine.

3. Le ministre de la guerre est chargé, etc.

---

(1) S. et P. *Lois annotées* de 1906, p. 278.

(2) Ce décret est précédé au *J. off.* d'un rapport ainsi conçu :

« L'expérience a fait apparaître la nécessité de remanier les dispositions relatives à l'avancement des médecins et pharmaciens civils dans le cadre des officiers de réserve et dans le cadre de l'armée territoriale.

« Dans les circonstances actuelles, il est indispensable de mettre à leur juste place toutes les notoriétés de la médecine et de la pharmacie du pays, et d'utiliser, avec le maximum d'efficacité, le concours dans l'armée des médecins et des pharmaciens qui offrent de particulières garanties de science et d'expérience.

« En conséquence, il importe de donner, pendant la durée de la guerre, aux médecins appartenant aux Facultés, et, par voie de concours, aux hôpitaux des villes possédant une Faculté de médecine, aux pharmaciens appartenant aux Facultés mixtes, aux Écoles supérieures de pharmacie, ou, par voie de concours, aux hôpitaux des villes possédant une Faculté de médecine, la possibilité d'obtenir sans retard dans la hiérarchie militaire un grade en rapport avec leur situation scientifique.

D'ailleurs, en ce qui les concerne, le bénéfice des mesures exceptionnelles, maintes fois justifiées, que nous avons l'honneur de vous proposer, ne constituerait pas une innovation : les décrets du 10 janv. 1884, du 2 mai 1887 et du 26 août 1887 conféraient aux médecins et pharmaciens dont il s'agit des promotions d'emblée au grade de major de 1re classe ou de 2e classe, à la condition d'avoir été précédemment pourvus du grade d'aide-major de 2e classe. Le décret du 19 déc. 1889 a abrogé ces dispositions, parce que, estimait-on alors, le cadre de complément dans le service de santé avait paru assez solidement constitué. Les décrets subséquents du 9 août 1897 et du 22 mai 1909, ce dernier encore en vigueur, tout en édictant quelques facilités d'avancement à l'égard des médecins qui remplissent des fonctions déterminées dans les Facultés ou dans les hôpitaux, des pharmaciens des Écoles supérieures de pharmacie, des Facultés mixtes ou des hôpitaux, les ont replacés sous le régime de droit commun.

Le projet de décret que nous soumettons à votre haute approbation permettrait d'établir une rapide et nécessaire équivalence entre les titres universitaires ou hospitaliers et les grades militaires ».

(3) S. *Lois annotées* de 1875, p. 693. — P. *Lois, décr.*, etc. de 1875, p. 1192.

(4) *Bull. off.*, nouv. série, 10, n. 460.

DOUANES, CACAO, EXTRACTION DE BEURRE DE CACAO, EXPORTATION, ADMISSION EN FRANCHISE, ENTREPÔT RÉEL.

DÉCRET *relatif à la fabrication du beurre de cacao, pour l'exportation, dans des locaux placés sous le régime de l'entrepôt réel.*

(31 décembre 1915). — (Publ. au *J. off.* du 8 janv. 1916).

LE PRÉSIDENT DE LA RÉPUBLIQUE FRANÇAISE ; — Vu l'article unique de la loi du 28 juin 1913 (1) ; — Vu le décret du 22 août 1886 (2) ; — Vu l'avis du comité consultatif des arts et manufactures ; — Sur le rapport du ministre du commerce, de l'industrie, des postes et des télégraphes et du ministre des finances ; — Décrète :

ART. 1er. Tout industriel, qui désire bénéficier des dispositions contenues dans la loi susvisée du 28 juin 1913, est tenu d'en faire la déclaration par écrit à la direction générale des douanes. Cette declaration est accompagnée d'un plan de l'emplacement de l'atelier où s'effectue l'extraction, ainsi que d'un plan du magasin de dépôt des produits à mettre en œuvre et du magasin de dépôt des produits obtenus, avec indication de toutes les issues extérieures.

2. L'emplacement de l'atelier où s'effectue l'extraction sera préalablement agréé par le service des douanes, et enclos, si celui-ci le juge nécessaire. Les jours et fenêtres de l'atelier, du magasin de dépôt des produits à mettre en œuvre et du magasin de dépôt des produits obtenus doivent être garnis d'un treillis en fer à mailles de 5 centimètres carrés au plus, et les portes donnant accès dans chacun d'eux doivent être fermées par une serrure et par un cadenas Ferret ; la clef de ce dernier reste entre les mains de la douane.

3. L'industriel est tenu de mettre à la disposition des employés, dans l'enceinte de l'usine et à proximité de l'entrée de l'atelier, un local convenable pour le bureau, garni du mobilier nécessaire

L'entretien, le chauffage et l'éclairage du bureau sont à la charge du fabricant.

4. Les cacaos en fèves destinés à l'extraction du beurre de cacao sont placés sous le régime de l'admission temporaire, dans les conditions déterminées par le décret du 22 août 1886. L'intéressé doit représenter, dans un délai de quatre mois, 100 kilogr. de cacao torréfié et concassé pur pour 130 kilogr. de cacao en fèves. Ces produits doivent être présentés dans le magasin de dépôt à ce destiné, ils ne doivent pas contenir plus de 2 p. 100 de germes et de débris de coques. Un échantillon prélevé par le service est adressé à cet effet au laboratoire régional du ministère des finances, aux frais des intéressés.

L'acquit-à-caution d'admission temporaire est régularisé, après que l'industriel a souscrit, entre les mains du receveur, une déclaration d'entrée en entrepôt, portant engagement cautionné d'acquitter, à défaut de réexportation régulière, les droits sur le cacao en feves dont il a été donné décharge.

Chaque compte se règle, sans aucune déduction, dans un délai de quatre mois.

5. Sur un registre mis à sa disposition, le fabricant doit indiquer, au fur et à mesure des opérations, d'une part, le poids de cacao torréfie et concassé mis en œuvre, d'autre part, les quantités de cacao en poudre ou en tourteaux, ainsi que celles de beurre de cacao obtenues.

Ce registre doit être représenté a toute réquisition des employés.

Les entrées et les sorties ne peuvent avoir lieu que de jour, c'est-à-dire dans les intervalles de temps déterminés par l'art. 5 du titre XIII de la loi des 6 et 22 août 1791 (3). Le travail de fabrication doit s'effectuer sous la surveillance permanente des agents des douanes, lesquels constatent, avant les opérations, l'état de vacuité des appareils.

Les récipients dans lesquels est recueilli le beurre de cacao (seaux, bassines, etc.) doivent porter l'insculpation de leur tare empreinte dans le métal, tare que l'agent de surveillance doit toujours être en mesure de vérifier ; il doit également être mis à même de constater les quantités de cacao en poudre ou en tourteaux obtenues.

6. Le cacao en poudre ou en tourteaux et le beurre de cacao déclares pour la réexportation doivent être emballés en caisse, sauf pour les pains de 5 kilogr. au moins, qui peuvent être simplement enveloppés et ficelés

Les caisses et les pains doivent être plombés ; toutefois, le plombage par capacité peut être autorisé pour les expéditions de 1.000 kilogr. et au-dessus. Le prix des plombs est de 10 centimes pour le plombage par colis et de 20 centimes pour le plombage par capacité.

Les sorties à destination de l'étranger ou des entrepôts sont effectuées sous le lien d'acquits-à-caution de transit, délivrés après reconnaissance et pesée des produits par le service attaché à l'établissement. Les acquits-à-caution doivent énoncer le nombre, le numéro, la marque, ainsi que le poids brut et net des colis.

Le cacao en poudre et le beurre de cacao peuvent être déclarés pour la consommation, moyennant le paiement des droits afférents au cacao en fèves.

Les produits conservés par le fabricant sont déposés dans le magasin annexe, d'où ils sont retirés ultérieurement pour la réexportation, la consommation ou la mise en entrepôt réel

7. Les employés peuvent, à des époques indé-

(1) S. et P. *Lois annotées* de 1913, p. 549 ; *Pand. per.*, *Lois annotées* de 1913, p. 549.

(2) S. *Lois annotees* de 1886, p. 121. — P. *Lois, décr.*, etc. de 1886, p. 209.

(3) S. 1er vol. des *Lois annotees*, p. 136.

terminées, procéder à des inventaires ; les excédents et les déficits sont immédiatement soumis aux droits, sans préjudice, s'il y a lieu, des pénalites prévues par la loi du 28 juin 1918. Les quantités trouvées en plus ne doivent pas séjourner dans les locaux exercés. Les manquants sont ajoutés aux sorties.

Lors de chaque inventaire, l'industriel est tenu de remettre aux employés chargés de la surveillance une déclaration signée de lui, et indiquant, pour chaque atelier ou magasin, la quantité de matières y contenues.

8. Pour la pesée des produits lors des inventaires, ainsi que pour la vérification des chargements à l'arrivée et au départ, et, d'une manière générale, pour toutes les opérations inhérentes à l'exercice, les industriels doivent fournir les ouvriers, de même que les poids, balances et autres ustensiles nécessaires, dont le contrôle est assuré par le service.

9. Lorsque l'exercice est permanent, les frais de surveillance sont à la charge des industriels, qui ont, en outre, à pourvoir au logement des agents, soit en nature, soit au moyen d'une indemnité.

L'industriel doit effectuer le paiement des frais d'exercice, à titre de dépenses remboursables à l'Etat, par trimestre et d'avance, et prendre l'engagement de payer le supplément de frais qui pourrait être ultérieurement reconnu nécessaire pour assurer la surveillance, ou qui résulterait d'une augmentation de traitement accordée aux employés par mesure générale.

Dans le cas où il renoncerait à travailler sous régime d'entrepôt, l'industriel ne serait déchargé de payer la redevance que six mois après la déclaration de fermeture faite par lui à la douane.

10. Quand la surveillance est intermittente, le service est indemnisé suivant le tarif propre à chaque administration.

11. Le ministre du commerce, de l'industrie, des postes et des télégraphes et le ministre des finances sont chargés, etc

---

Marine, Guerre franco-allemande, Levée des inscrits nés en 1897.

Circulaire *relative a la levée anticipée des inscrits définitifs nés en* 1897

(31 décembre 1915). — (Publ au *J. off.* du 1er janv. 1916).

Le Ministre de la marine à MM. les vice-amiraux commandant en chef, préfets maritimes, aux commandants de la marine en Corse, en Algérie et les directeurs de l'inscription maritime.

Un décret du 15 févr. 1915 (1) a autorisé la levée des inscrits maritimes définitifs âgés de moins de vingt ans, en laissant au ministre le soin de déterminer les catégories de marins soumis à cet appel anticipé, ainsi que la date de leur incorporation. Une circulaire du 28 mais 1915 a prescrit la levée des inscrits appartenant par leur âge à la classe 1916, et fixé les conditions dans lesquelles elle devait s'effectuer.

Le contingent de la classe 1917 devant être appelé prochainement sous les drapeaux, il y a lieu de prévoir parallèlement la levée des inscrits définitifs nés en 1897.

J'ai l'honneur de vous faire connaître, en conséquence, que ces marins devront être levés dans les conditions ci-après :

Les dispositions de la circulaire du 15 fevr. 1915 leur seront intégralement applicables. Toutefois, le délai d'un mois, prévu par cette circulaire pour les inactifs et ceux qui exercent une navigation, ne conférant pas la mise en sursis d'appel, aura pour point de départ le 5 janv. 1916.

Pensions, Paiement trimestriel, Paiement a terme échu.

Loi *relative à la fixation des dates d'échéance des pensions.*

(31 décembre 1915). — (Publ. au *J. off.* du 4 janv. 1916).

Article unique. Les arrérages des pensions inscrites sur le Grand-Livre de la dette publique, dont la concession sera publiée au *Journal officiel* postérieurement à la promulgation de la présente loi, seront payables trimestriellement et à terme échu La date des échéances sera indiquée sur les titres de pension, et fixée de manière à répartir également les paiements sur l'ensemble du trimestre.

La même règle sera appliquée pour les pensions actuellement inscrites, au fur et à mesure que les certificats d'inscription de ces pensions devront être renouvelés par suite d'épuisement des cases réservées à l'estampillage. Jusque-là, lesdites pensions continueront à être payables aux époques fixées par l'art 13, § 1er, de la loi du 12 août 1876 (2)

Retraites ouvrières et paysannes, Guerre franco-allemande, Allocations ou bonifications de l'Etat, Assurés facultatifs mobilisés, Durée de la mobilisation, Entrée en compte, Assurés obligatoires ou facultatifs mobilisés, Inscription sur les listes pendant la mobilisation, Versements.

Loi *dispensant des versements, pendant la durée de*

(1) 2e vol., p 31.

(2) S. *Lois annotées* de 1877, p. 188. — P. *Lois, décr.*, etc. de 1877, p. 324.

leur mobilisation, les assurés facultatifs et les personnes admises à l'assurance obligatoire dans un delai à courir de la cessation des hostilités

(31 décembre 1915). — (Publ. au *J. off.* du 1er janv. 1916).

ART. 1er. La durée pendant laquelle les assurés facultatifs visés à l'art. 36, §§ 7, 8 et 9, de la loi sur les retraites ouvrières et paysannes (1) auront été mobilisés entrera en ligne de compte pour la détermination du montant de l'allocation ou de la bonification de l'Etat prévue à cet article.

2. Les personnes mobilisées rentrant dans l'une des catégories visées aux art. 1 et 36 de la loi sur les retraites ouvrières et paysannes, et dont l'inscription en qualité d'assurés aura été effectuée, soit pendant la durée des hostilités, soit au plus tard dans les six mois de la date qui sera fixée par décret après la cessation des hostilités, bénéficieront des dispositions du decret du 18 nov. 1914 (2) et de la présente loi.

L'inscription pourra être effectuée dès la promulgation de la présente loi, sur la demande de l'intéressé ou de son mandataire.

3. Les mobilisés visés à l'art. 2, qui réclameront dès à present leur inscription, ouvriront à leurs ayants droit les avantages prévus par les art. 6 et 36, § 11 de la loi, à condition, toutefois, d'effectuer, soit par eux-mêmes, soit par un tiers, les versements exigés à cet effet.

Les assurés qui, avant d'être mobilisés, n'auraient pas effectué ces versements, seront admis à les compléter dans les mêmes conditions.

1° SOCIÉTÉS D'ASSURANCES, GUERRE FRANCO-ALLEMANDE, ASSURANCE CONTRE LES ACCIDENTS DU TRAVAIL, ASSURANCE SUR LA VIE, SOCIÉTÉS ALLEMANDES, AUTRICHIENNES ET HONGROISES, RETRAIT D'APPROBATION OU D'ENREGISTREMENT, SÉQUESTRE, ALGÉRIE. — 2° ASSURANCE SUR LA VIE, GUERRE FRANCO ALLEMANDE, SOCIÉTÉS ALLEMANDES, AUTRICHIENNES ET HONGROISES, RETRAIT D'APPROBATION OU D'ENREGISTREMENT, SÉQUESTRE, ALGÉRIE. — 3° RETRAITES OUVRIÈRES ET PAYSANNES, GUERRE FRANCO-ALLEMANDE, ASSURÉS MOBILISÉS, DURÉE DE LA MOBILISATION, ENTRÉE EN COMPTE.

LOI *portant régularisation : 1° du décret du 29 sept 1914, relatif aux societés allemandes, autrichiennes et hongroises d'assurances contre les accidents du travail et d'assurances sur la vie; 2° du décret du 18 nov. 1914, relatif à la situation, au regard de la loi des retraites ouvrières et paysannes, des assurés mobilisés.*

(31 décembre 1915). — (Publ. au *J. off.* du 1er janv. 1916).

ARTICLE UNIQUE. Sont sanctionnés :

1° Le décret du 29 sept. 1914 (3), relatif aux sociétés allemandes, autrichiennes et hongroises d'assurances contre les accidents du travail et d'assurances sur la vie.

2° Le decret du 18 nov. 1914 (4), relatif à la situation, au regard de la loi des retraites ouvrières et paysannes, des assurés mobilisés.

ARMÉE, GUERRE FRANCO-ALLEMANDE, ENGAGEMENTS SPÉCIAUX DES HOMMES DÉGAGÉS DE TOUTE OBLIGATION MILITAIRE.

CIRCULAIRE *complétant les dispositions contenues dans la dépêche du 26 déc. 1915, sur les engagements speciaux.*

(1er janvier 1916) — (Publ au *J off.* du 5 janv).

Le Ministre de la guerre à M le général commandant la ° région, à .

Les dispositions contenues dans la dépêche du 26 déc. 1915, relative aux engagements spéciaux, sont complétées par les mesures de détails suivantes :

I. — *Indemnités spéciales.*

Les engagés spéciaux ne vivant pas à l'ordinaire et ne couchant pas à la caserne recevront l'indemnité journaliere de 2 fr 50, prévue par le règlement sur les frais de deplacement.

D'autre part, ceux qui ne seront pas revêtus d'effets militaires (engagés ayant une infirmité trop apparente) percevront :

1° Une prime de 18 fr. pour les effets civils dont ils sont detenteurs à leur arrivée au corps;

2° Une prime journalière d'entretien de 25 centimes.

II. — *Dispositions diverses.*

a) L'acte d'engagement spécial est conforme au modele ci-joint.

b) Les anciens officiers rayés des cadres pour une raison quelconque, et dégagés de toute obligation militaire, sont admis a contracter l'engagement special, comme sergents

J'ai l'honneur de vous prier de vouloir bien informer de ces dispositions l'autorité militaire intéressée placée sous vos ordres.

(*Suit au J. off. le modèle annexé*)

---

(1) S. et P. *Lois annotées* de 1911, p. 1; *Pand. pér., Lois annotées* de 1911, p. 1.

(2) 1er vol., p. 208.

(3) 1er vol, p. 134.

(4) 1er vol, p. 208.

ARMÉE, GUERRE FRANCO-ALLEMANDE, CORPS DU CONTRÔLE, DÉCRET DU 20 SEPT. 1915, ABROGATION.

DÉCRET *abrogeant le décret du 20 sept. 1915, relatif aux attributions des fonctionnaires du contrôle en mission spéciale dans les régions de corps d'armée* (1).

(2 janvier 1916). — (Publ. au *J off.* des 2-3 janv.).

LE PRÉSIDENT DE LA RÉPUBLIQUE FRANÇAISE; — Sur le rapport du ministre de la guerre; — Vu les art. 25 et 26 de la loi du 16 mars 1882 (2), sur l'administration de l'armée; — Vu le décret du 20 sept. 1915 (3), fixant les attributions des fonctionnaires du contrôle en mission spéciale dans les régions de corps d'armée; — Décrète :

ART. **1er**. Le décret du 20 sept. 1915, fixant les attributions des fonctionnaires du contrôle en mission spéciale dans les régions de corps d'armée, est abrogé.

2 Le ministre de la guerre est chargé, etc.

ARMÉE, GUERRE FRANCO-ALLEMANDE, OFFICIERS DISPARUS, RETOUR, AVANCEMENT A L'ANCIENNETÉ, DÉLAI DE RÉCLAMATION.

DÉCRET *portant addition à l'art 36 de l'ordonnance du 16 mars 1838, sur l'avancement dans l'armée* (4).

(2 janvier 1916). — (Publ. au *J. off* du 8 janv.).

LE PRÉSIDENT DE LA RÉPUBLIQUE FRANÇAISE; — Sur le rapport du ministre de la guerre; — Vu l'ordonnance du 16 mars 1838 (5), portant règlement, d'après la hiérarchie militaire des grades et des fonctions, sur la progression de l'avancement et de la nomination aux emplois dans l'armée, en exécution de la loi du 14 avril 1832 (6), — Décrète :

ART. **1er**. L'art. 36 de l'ordonnance du 16 mars 1838, sur l'avancement dans l'armée, est complété comme il suit :

« Les officiers portés disparus au cours d'actions de guerre obtiendront, à leur retour en France, l'avancement auquel ils avaient droit par leur ancienneté, pendant leur absence, pourvu qu'ils aient réclamé dans un delai de deux mois à partir de leur retour au corps »

2 Le ministre de la guerre est chargé, etc

MINISTÈRE DE LA GUERRE, GUERRE FRANCO-ALLEMANDE, COMITÉS CONSULTATIFS D'AC-

(1) Ce décret est précédé au *J off.* d'un rapport ainsi conçu :

« Depuis le début de la guerre, les fonctionnaires du corps du contrôle de l'administration de l'armée ont été, en majorité, affectés à des emplois dont les circonstances avaient fait juger la création nécessaire.

« Ils ont d'abord été attachés aux directions des services du matériel, instituées dans les régions de corps d'armée par un décret en date du 31 août 1914.

« Puis, le décret du 20 sept. 1915 ayant supprimé ces directions, les contrôleurs ont été maintenus auprès des généraux commandant les régions, à titre de conseillers administratifs.

« Ces affectations ont pu se justifier à l'époque ou elles ont été décidées; elles ont permis aux fonctionnaires du contrôle de rendre d'incontestables services. Mais, actuellement, elles me paraissent présenter le grave inconvénient de ne pas correspondre à la meilleure utilisation d'un corps de fonctionnaires qui ont été créés par la loi du 16 mars 1882, sur l'administration de l'armée, pour renseigner le ministre, d'une façon complète et précise, sur la marche de ses services, et dont le législateur a tenu à assurer l'entière indépendance, en les subordonnant directement au ministre.

« Le développement considérable pris par les services de la guerre, l'accroissement énorme de leurs dépenses, rendent plus indispensable que jamais, aussi bien à l'administration centrale que dans les services extérieurs, un contrôle fortement organisé, qui assure le meilleur emploi des crédits votes pour la défense nationale, en même temps que la satisfaction complète et rapide des besoins de l'armée.

« J'estime, en conséquence, que le moment est venu de rendre le corps du contrôle à sa mission normale.

« Il va de soi, d'ailleurs, que l'organisation du contrôle devra être conçue de façon à s'adapter à l'organisation actuelle de l'administration de la guerre, et que les diverses missions des contrôleurs seront réglées de manière à leur permettre de jouer, aussi bien auprès des sous-secrétaires d'Etat que du ministre lui-même, le rôle fixe par la loi du 16 mars 1882.

« Si vous partagez cette manière de voir, j'ai l'honneur de vous prier de vouloir bien revêtir de votre signature le projet de décret ci-joint, qui abroge le décret du 20 sept. 1915, fixant les attributions des fonctionnaires du contrôle en mission spéciale dans les régions de corps d'armée ».

(2) S. *Lois annotées* de 1882, p. 348. — P. *Lois, décr.*, etc. de 1882, p. 566.

(3) *Supra*, p. 37.

(4) Ce décret est précédé au *J. off.* d'un rapport ainsi conçu :

« Aux termes de l'art. 36, 3e alinéa, de l'ordonnance du 16 mars 1838, sur l'avancement dans l'armée, « tout officier qui, par suite d'une erreur, n'aurait pas obtenu l'avancement auquel son ancienneté lui donnait droit, est nommé à la première vacance qui survient, pourvu qu'il ait réclamé dans le délai de six mois à partir de la notification au corps de la promotion de l'officier moins ancien que lui, ou qu'il ait été reconnu d'office, dans le même délai que l'erreur a été commise à son préjudice ».

« Des dispositions analogues me paraissent devoir être prévues en faveur des officiers qui ont été portés comme disparus au cours de la guerre actuelle.

« Comme il est toutefois impossible de déterminer même approximativement le nombre maximum de mois qui s'écoulera entre la date de la disparition et celle du retour en France des officiers qui sont tombes aux mains de l'ennemi, il semble qu'il y ait lieu d'accorder aux intéressés un délai partant du jour de leur retour. Ce délai serait d'ailleurs assez court : deux mois au maximum

« Si vous approuvez cette manière de voir, j'ai l'honneur de vous prier de vouloir bien revêtir de votre signature le projet de décret ci-joint, qui compléterait, dans le sens indiqué, l'art. 36 de l'ordonnance du 16 mars 1838 ».

(5) S. 2e vol. des *Lois annotées*, p. 407.

(6) S. 2e vol. des *Lois annotees*, p. 103.

TION ÉCONOMIQUE, CAMP RETRANCHÉ DE PARIS, MODE DE NOMINATION.

MODIFICATION *à l'instruction du 3 déc.* 1915, *relative à l'organisation et au fonctionnement des comités consultatifs d'action économique*

(Publ sans date au *J. off.* des 2-3 janv. 1916).

L'art 6 de l'instruction du 3 déc. 1915 (1) est remplacé par les dispositions suivantes :

« Art 6. La composition du comité consultatif d'action économique du camp retranché de Paris est fixée par le ministre de la guerre (sous-secrétaire d'Etat du ravitaillement et de l'intendance) »

ARMÉE, GUERRE FRANCO-ALLEMANDE, ADJUDANTS D'ADMINISTRATION DU GÉNIE, RECRUTEMENT, STAGE.

DÉCRET *réglant pour le temps de guerre le recrutement des adjudants d'administration du génie.*

(3 janvier 1916). — (Publ au *J. off.* du 7 janv.).

LE PRÉSIDENT DE LA RÉPUBLIQUE FRANÇAISE ; — Sur le rapport du ministre de la guerre, — Vu le décret du 4 juin 1898 (2), concernant la situation militaire, les attributions et les droits des portiers-consigne, aujourd'hui adjudants d'administration du génie ; — Vu la loi du 15 avril 1914 (3), relative à la constitution des cadres et des effectifs des différentes armes ; — Décrete :

ART. **1**er. Pendant la durée des hostilités, les adjudants d'administration du génie sont recrutés parmi les sous-officiers du génie et les gendarmes provenant de cette arme, appartenant par leur classe de recrutement à la réserve de l'armée territoriale, remplissant les conditions d'ancienneté de grade prescrites par le decret du 4 juin 1898, et proposés régulièrement, à cet effet, par leurs chefs hiérarchiques

La nomination de ces candidats est subordonnée à un stage de quinze jours Les candidats qui, pendant ce stage, n'auraient pas été reconnus capables d'exercer l'emploi d'adjudant d'administration du génie, seront renvoyés à leur corps

2. Les dispositions de l'art. 9 du décret du 4 juin 1898, en ce qu'elles ont de contraire avec les dispositions ci-dessus, cesseront d'être en vigueur pendant la durée des hostilités

3 Le ministre de la guerre est chargé, etc.

ARMÉE, TEMPS DE GUERRE, SOUS-LIEUTENANTS DE RÉSERVE, SOLDE, TROUPES MÉTROPOLITAINES, TROUPES COLONIALES.

DÉCRETS *modifiant le tarif n 1 (solde des officiers), annexé aux décrets du* 11 *janv.* 1913 *et du* 26 *mai* 1904.

(3 janvier 1916). — (Publ. au *J. off.* du 9 janv.).

1er DÉCRET

LE PRÉSIDENT DE LA RÉPUBLIQUE FRANÇAISE ; — Sur le rapport des ministres de la guerre et des finances ; — Vu le décret du 11 janv 1913 (4), sur les tarifs de solde et allocations individuelles en deniers régularisées sur revues ; — Vu les décrets du 12 janv 1914 (5) et du 21 sept 1914 (6), modifiant le précédent ; — Vu l'art 55 de la loi du 25 févr. 1901 (7), portant fixation du budget

DÉSIGNATION des grades et emplois.	SOLDE budgétaire par an	RETENUE à déduire.	SOLDE DE PRÉSENCE NETTE			OBSERVATIONS
			par an.	par mois.	par jour.	
Sous-lieutenant de réserve n'ayant pas accompli la durée légale du service (1)	Sans changement.					(1) Les sous lieutenants de réserve effectuant des périodes reçoivent la solde de sous-lieutenant avant six ans de services. En temps de guerre, tous les sous-lieutenants de réserve, qu'ils aient ou non accompli la durée légale de service, sont admis à la solde des sous-lieutenants de l'armée active (avant ou après six ans de services, suivant leur ancienneté).

(1) *Supra*, p. 166.

(2) *J. off.*, 18 juin 1898, p. 3739.

(3) S. et P. *Lois annotées* de 1915, p. 917 ; *Pand. pér*, *Lois annotées* de 1915, p. 917.

(4) *J. off.*, 24 janv. 1913, p. 770.

(5) *Bull off.*, nouv. série, 121, n. 6510.

(6) *Bull. off.*, nouv. série, 138, n. 7695.

(7) S. et P. *Lois annotées* de 1901, p. 140, *Pand. pér.*, 1902.3.33.

général des dépenses et des recettes de l'exercice 1901 ; — Décrète :

ART. 1er. Le tarif n° 1, annexé au décret du 11 janv 1913, modifié par décrets du 12 janv. et du 21 sept. 1914, est complété comme suit. (V. à la page qui précède).

2 Le ministre de la guerre et le ministre des finances sont chargés, etc.

2e DÉCRET.

LE PRÉSIDENT DE LA RÉPUBLIQUE FRANÇAISE ; — Sur le rapport des ministres de la guerre et des finances ; — Vu le décret du 26 mai 1904, portant règlement provisoire sur la solde et les revues des corps de troupes coloniales stationnées dans la métropole ; — Vu les décrets du 12 janv 1914 (1) et du 21 sept. 1914 (2), modifiant le précédent ; — Vu l'art. 55 de la loi du 25 févr 1901 (3), portant fixation du budget général des dépenses et recettes de l'exercice 1901 ; — Décrète :

ART. 1er. Le tarif n° 1, annexé au décret du 26 mai 1904, modifié par décrets du 12 janv et du 21 sept. 1914, est complété comme suit :

DÉSIGNATION des grades et emplois.	SOLDE budgétaire par an.	RETENUE à déduire.	SOLDE DE PRÉSENCE NETTE			OBSERVATIONS
			par an.	par mois	par jour.	
Sous-lieutenant de réserve n'ayant pas accompli la durée légale du service (1)	Sans changement.					(1) Les sous-lieutenants de réserve effectuant des périodes reçoivent la solde de sous-lieutenant avant six ans de service. En temps de guerre, tous les sous-lieutenants de réserve, qu'ils aient ou non accompli la durée légale du service, sont admis à la solde des sous-lieutenants de l'armée active (avant ou après six ans de service, suivant leur ancienneté).

2. Le ministre de la guerre et le ministre des finances sont chargés, etc

DOUANES, GUERRE FRANCO-ALLEMANDE, INTERDICTION D'IMPORTATION, DÉROGATIONS, ANGLETERRE, DOMINIONS, COLONIES ET PROTECTORATS BRITANNIQUES, BELGIQUE, JAPON, RUSSIE, SERBIE, ÉTATS D'AMÉRIQUE, CONSERVES DE POISSONS ET DE LÉGUMES, FIGUES.

ARRÊTÉ *portant dérogation aux prohibitions de sortie établies par le décret du 7 déc.* 1915.

(**3 janvier 1916**). — (Publ. au *J off.* du 4 janv.).

LE MINISTRE DES FINANCES ; — Sur le rapport de la commission interministérielle des dérogations aux prohibitions de sortie ; — Vu le décret du 7 déc. 1915 (4) ; — Arrête :

ART. 1er Par dérogation aux dispositions du décret du 7 déc. 1915, susvisé, peuvent être exportés ou réexportés sans autorisation spéciale, lorsque l'envoi a pour destination l'Angleterre, les Dominions, les pays de protectorat et colonies britanniques, la Belgique, le Japon, la Russie (5), la Serbie (6) ou les États de l'Amérique, les produits énumérés ci-après :

Conserves de poissons

Figues sèches.

Conserves de légumes

2. Le conseiller d'État directeur général des douanes est chargé, etc

ALGÉRIE, GUERRE FRANCO-ALLEMANDE, RAVITAILLEMENT DE LA POPULATION CIVILE, BLÉS, FARINES ET SEMOULES, ORGE, GOUVERNEUR GÉNÉRAL, RÉQUISITION (DROIT DE), ACHATS A L'AMIABLE, PRIX MAXIMUM, PRÉFETS, FIXATION DU PRIX MAXIMUM DES BLÉS, MESURES FINANCIÈRES.

DÉCRET *autorisant le gouverneur général de l'Algérie à procéder à des opérations d'achat et de vente de blés, orges et farines pour le ravitaillement de la population civile.*

(**4 janvier 1916**). — (Publ. au *J. off.* du 5 janv).

LE PRÉSIDENT DE LA RÉPUBLIQUE FRANÇAISE ;

(1) *Bull. off.*, nouv. série, 121, n. 6510.

(2) *Bull. off.*, nouv. série, 138, n. 7695.

(3) S. et P. *Lois annotées* de 1901, p. 140 ; *Pand. pér.*, 1902 3.33.

(4) *Supra*. p. 172.

(5-6) Note du *J. off.* — Sous réserve, en ce qui concerne la Russie et la Serbie, de la souscription d'un acquit-à-caution à décharger par la douane russe ou serbe.

— Sur le rapport du ministre de l'intérieur et du ministre des finances; — Vu la loi du 3 juill 1877 (1), sur les réquisitions militaires; — Vu le décret du 8 août 1885 (2), pour l'application en Algérie de la loi du 3 juill. 1877, sur les réquisitions militaires; — Vu la loi du 16 oct. 1915 (3), portant ouverture au ministre du commerce, de l'industrie, des postes et télégraphes, sur l'exercice 1915, de crédits additionnels aux crédits provisoires, pour procéder à des opérations d'achat et de vente de blé et de farine pour le ravitaillement de la population civile; — Vu le décret du 16 oct 1915 (4), rendu en exécution de l'art. 8 de la loi du 16 oct 1915; — Vu le décret du 16 oct 1915 (5), rétablissant le droit de douane en ce qui concerne le froment, l'épeautre et le méteil et leurs farines et le pain; — Vu la loi du 19 déc. 1900 (6), portant création d'un budget spécial pour l'Algérie (art. 13); — Vu l'avis du ministre du commerce, de l'industrie, des postes et des télégraphes et du ministre de l'agriculture; — Décrete :

ART. **1er**. Pendant la durée de la guerre, il peut être pourvu en Algérie, par voie de réquisition de blé tendre et de blé dur, de farines et semoules, ainsi que d'orge, à l'approvisionnement de la population civile. Le droit de réquisition est exercé dans chaque département par les préfets ou par leurs délégués, sous l'autorité du gouverneur général de l'Algérie, et dans les conditions prévues par la loi du 3 juill 1877, relative aux réquisitions militaires, et le décret du 8 août 1885, pris pour application de cette loi à l'Algerie.

2 Le gouverneur général est chargé d'effectuer des achats de blés, orges et farines à l'intérieur de l'Algérie, de faire procéder, s'il y a lieu, aux requisitions, et de répartir les denrées suivant les nécessités de la consommation par voie de cessions

En cas de réquisition, l'indemnité qui pourra être allouée, soit par l'autorité administrative, soit par les tribunaux, ne pourra être supérieure à 30 fr par 100 kilogr. pour les blés tendres, pesant 78 kilogr. à l'hectolitre, et ne contenant pas plus de 2 p. 100 de corps étrangers. Elle sera de 31 fr. pour les bles durs type colon, pesant 80 kilogr. à l'hectolitre, et 18 fr. 50 pour les orges pesant 60 kilogr. à l'hectolitre.

Il y aura lieu à une augmentation ou à une reduction de 1 p. 100 sur le prix, pour chaque kilogramme en plus ou moins constaté à l'hectolitre, ainsi qu'à une réduction de 1 p. 100 sur le même prix, pour chaque unité en plus p 100 de corps étrangers.

3 Les operations de recettes et de dépenses effectuées en conformité de l'article precédent sont constatées à un compte hors budget ouvert dans les écritures du trésorier général.

Une somme de 1 million pourra être prélevée sur le fonds de réserve de l'Algérie pour constituer le fonds de roulement nécessaire auxdites opérations.

4 A partir de la publication du présent décret, et pendant la durée de la guerre, les préfets pourront fixer le prix des farines de blé tendre et de blé dur, qui ne pourra en aucun cas dépasser celui qui résulterait d'une extraction à 74 p. 100 du blé tendre et à 81 p. 100 du blé dur, tels qu'ils sont definis à l'art. 2

Les meuniers ne pourront plus fabriquer qu'une seule sorte de farine, à savoir la farine entière, ne comprenant ni remonlage, ni sons.

L'art 8, dernier paragraphe, de la loi du 16 oct. 1915 est rendu applicable à l'Algérie. En conséquence, le tribunal pourra, en cas d'infractions aux dispositions du présent article, et en sus des peines inscrites aux art. 479, 480 et 482 du Code pénal, ordonner que son jugement sera intégralement ou par extraits affiché dans les lieux qu'il fixera, et inséré dans les journaux qu'il designera, le tout aux frais du condamné, sans que la dépense puisse dépasser 500 fr.

5. Un arrêté du gouverneur général déterminera les conditions d'execution du présent décret, notamment en ce qui concerne les personnes auxquelles le droit de réquisition pourra être délégué par les préfets, les formes de cette délégation et le fonctionnement des opérations de ravitaillement.

6. Le ministre de l'intérieur et le ministre des finances sont chargés, etc.

ARMÉE, GUERRE FRANCO-ALLEMANDE, CONCOURS AUX TRAVAUX AGRICOLES.

ADDITION *à la circulaire du* 22 *déc*. 1915 (7), *relative aux travaux agricoles en 1916.*

(Publ. sans date au *J. off* du 4 janv. 1916).

Ajouter au § 12 de ladite circulaire, apres :

« En raison de l'organisation actuelle des services agricoles, ces organes doivent être départementaux D'accord avec le ministre de l'agriculture, j'ai decide qu'ils comprendraient, dans chaque département :

« Le préfet, ou son delégué

« Un officier général, ou son délégué.

« Le directeur des services agricoles »,

Le paragraphe suivant :

---

(1) S. *Lois annotées* de 1877, p. 249. — P. *Lois, décr.*, etc. de 1877, p. 428.

(2) S. *Lois annotées* de 1885, p. 811. — P. *Lois, décr.*, etc. de 1885, p. 1349.

(3-4) *Supra*, p. 72, 73.

(5) *Supra*, p. 72.

(6) S. et P. *Lois annotées* de 1901, p. 187; *Pand. pér.*, 1901.3.73.

(7) *Supra*, p. 196.

« Cette commission devra se tenir en liaison avec les sous-comités départementaux d'action économique crées par le décret du 25 oct. 1915 (1) et l'instruction du 3 déc. 1915 (2), modifiée le 28 déc. 1915 (3) ; elle les tiendra régulierement au courant de ses opérations »

MINISTÈRE DU COMMERCE, DE L'INDUSTRIE, DES POSTES ET TÉLÉGRAPHES, SUPPRESSION DU BUREAU DU CABINET.

DÉCRET *supprimant le bureau du cabinet du ministre du commerce et de l'industrie.*

(4 janvier 1916). — (Publ. au *J. off.* du 6 janv.)

LE PRÉSIDENT DE LA RÉPUBLIQUE FRANÇAISE ; — Sur le rapport du ministre du commerce, de l'industrie, des postes et des télégraphes ; — Vu le décret du 9 mai 1913 (4) ; — Décrète :

ART. **1er** Est supprimé le bureau du cabinet, prévu par l'art. 1er du décret du 9 mai 1913.

2. Sont abrogées toutes les dispositions contraires à l'article ci-dessus

3. Le ministre du commerce, de l'industrie, des postes et telégraphes est chargé, etc.

MARINE, GUERRE FRANCO-ALLEMANDE, SYNDICS DES GENS DE MER, GARDES MARITIMES, CANDIDATS PORTÉS SUR LA LISTE D'ADMISSIBILITÉ, LIMITE D'AGE, NON-APPLICATION AUX CANDIDATS MOBILISÉS.

DÉCRET *modifiant les dispositions du décret du 18 févr.* 1911, *relatif à l'organisation du personnel des syndics des gens de mer et des gardes maritimes.*

(5 janvier 1916). — (Publ. au *J. off.* du 12 janv.).

LE PRÉSIDENT DE LA RÉPUBLIQUE FRANÇAISE ; — Vu le décret du 18 févr. 1911 (5), portant réorganisation du personnel des syndics des gens de mer et des gardes maritimes ; — Vu les décrets des 11 juill. 1911 (6), 28 juill. 1912 (7) et 9 oct. 1913 (8), modifiant le précédent ; — Sur le rapport du ministre de la marine ; — Décrete :

ART. **1er**. Les dispositions de l'art. 8 du décret du 18 févr. 1911, relatives à la limite d'âge fixée pour l'admission dans le personnel des syndics des gens de mer et des gardes maritimes, ne sont pas applicables aux candidats inscrits sur la liste d'admissibilité auxdits emplois et rappelés sous les drapeaux.

2. Le ministre de la guerre est chargé, etc

TRIBUNAUX MARITIMES, GUERRE FRANCO-ALLEMANDE, CONSEIL DE REVISION ET TRIBUNAL DE REVISION DE BREST, SUPPRESSION.

DÉCRET *supprimant le conseil et le tribunal de revision maritimes de Brest.*

(5 janvier 1916). — (Publ. au *J. off* du 8 janv.).

LE PRÉSIDENT DE LA RÉPUBLIQUE FRANÇAISE, — Vu le décret du 1er août 1914 (9), établissant, dans chacun des ports de Brest et de Toulon, un conseil de revision et un tribunal de revision maritimes ; — Sur le rapport du ministre de la marine, — Décrète :

ART. **1er** Le conseil et le tribunal de revision maritimes de Brest sont supprimés

2. Les affaires pendantes devant le conseil ou le tribunal de revision de Brest sont, de plein droit, déférées au conseil ou au tribunal de revision de Toulon, dont le ressort s'étendra desormais aux cinq arrondissements maritimes.

3 Les archives du conseil ou du tribunal de revision de Brest seront versées au dépôt central des archives judiciaires du 2e arrondissement maritime.

4 Le ministre de la marine est chargé, etc

DESSINS ET MODÈLES, DÉPÔT DES MODÈLES, COMMUNES, SECRÉTAIRE DU CONSEIL DE PRUD'HOMMES, INDEMNITÉS, REGISTRE, TIMBRE (FRAIS DE).

LOI *modifiant l'art.* 8, § 1er, *de la loi du* 14 *juill* 1914, *sur les dessins et modèles*

(6 janvier 1916). — (Publ au *J. off* du 11 janv.)

ARTICLE UNIQUE. — L'indemnité de trois francs quatre-vingt-quinze centimes (3 fr. 95) par dépôt, et la taxe de cinq centimes (0 fr. 05) par objet déposé, dont la perception est autorisée par l'art. 8, § 1er, de la loi du 14 juill 1909 (10), sur les dessins et modèles, reçoivent l'attribution suivante :

(1-2) *Supra*, p. 100, 166.

(3) *Supra*, p. 234 (publiée sans date au *J. off.* des 2-3 janv. 1916).

(4) *Bull. off.*, nouv. série, 105, n. 5507.

(5) *Bull. off.*, nouv. série, 52, n. 2453.

(6) *Bull. off.*, nouv. série, 61, n. 2931.

(7) *Bull. off.*, nouv. serie, 86, n. 4442.

(8) *Bull. off.*, nouv. série, 115, n. 6156.

(9) *Bull. off.*, nouv. série, 135, n. 7411.

(10) S. et P. *Lois annotees* de 1910, p. 969, *Pand. pér.*, *Lois annotées* de 1910, p. 969.

1° A la commune du siege des prud'hommes ou du tribunal de commerce, une allocation de cinquante centimes (0 fr. 50), plus la taxe de cinq centimes (0 fr. 05), par objet déposé ;

2° Au secrétaire du conseil des prud'hommes ou au greffier du tribunal, une indemnité de deux francs vingt-cinq centimes (2 fr. 25), y compris l'allocation prevue par l'art. 58 de la loi du 27 mars 1907 (1) ;

3° Une somme de un franc vingt centimes (1 fr. 20), pour les frais de timbre du registre des declarations et transcriptions de dépôt et du certificat du dépôt.

DOUANES, INTERDICTIONS D'IMPORTATION, ESPÈCES CHEVALINE, ASINE ET MULETIÈRE, VIANDES FRAICHES, SALÉES ET FRIGORIFIÉES.

ARRÊTÉ *complétant celui du* 10 *juin* 1909, *et prohibant l'importation en France et le transit des viandes d'animaux des espèces chevaline, asine et leurs croisements, fraîches, salees ou conservées par un procédé frigorifique.*

(6 janvier 1916). — (Publ. au *J. off.* du 9 janv.).

LE MINISTRE DE L'AGRICULTURE ; — Vu la loi du 21 juin 1898 (2), sur le Code rural, livre III, chapitre II, 3e section, « importation et exportation des animaux » ; — Vu le décret du 11 juin 1905 (3), rendu pour l'exécution de cette partie du Code rural ; — Vu le decret du 26 mai 1898 (4), portant reglement d'administration publique. relativement à l'entrée en France des viandes fraîches importées de l'étranger ; — Vu l'arrêté ministériel du 10 juin 1909, portant interdiction de l'importation en France et du transit des viandes fraîches d'animaux des espèces chevaline, asine et leurs croisements ; — Considérant que les raisons qui ont motivé la prohibition des importations de viandes fraîches d'animaux des espèces chevaline, asine et leurs croisements subsistent et s'appliquent entièrement aux viandes salées ou conservées par le froid de ces mêmes animaux ; — Vu l'avis du comité consultatif des épizooties ; — Sur le rapport du directeur des services sanitaires et scientifiques et de la répression des fraudes ; — Arrête :

ART. **1er**. L'importation en France et le transit des viandes fraîches, salées, ou conservées par un procédé frigorifique, d'animaux des espèces chevaline, asine et leurs croisements, sont interdits.

2 L'arrêté ministeriel précité du 10 juin 1909 est rapporté.

3. Le directeur général des douanes et les préfets des départements sont chargés, etc

---

PÊCHE FLUVIALE, FLEUVES ET RIVIÈRES, REPRODUCTION DU POISSON, RÉSERVE, INTERDICTION DE LA PÊCHE, DÉCRETS DES 10 DÉC. 1909 ET 13 MARS 1911, PROROGATION.

DÉCRET *portant renouvellement des réserves de pêche pour* 1916 *dans les fleuves et rivières non canalisés.*

(6 janvier 1916). — (Publ. au *J off* du 13 janv).

LE PRÉSIDENT DE LA RÉPUBLIQUE FRANÇAISE ; — Sur le rapport du ministre de l'agriculture ; — Vu les lois du 15 avril 1829 (5) et 31 mai 1865 (6), sur la pêche fluviale ; — Vu le décret du 5 sept. 1897 (7), portant reglement général de la pêche fluviale ; — Vu le décret du 10 déc 1909 (8), réservant pour la reproduction du poisson, pour une durée de cinq ans à compter du 1er janv. 1910, les parties des fleuves et rivieres désignées à l'état annexé audit décret ; — Vu le décret du 13 mars 1911 (9), réservant pour la reproduction du poisson, pour une durée de quatre ans à compter du 1er janv 1911, les parties des rivières désignées audit decret ; — Vu le décret du 31 déc 1914 (10), qui a prorogé pour un an, à compter du 1er janv. 1915, l'effet des décrets du 10 déc 1909 et du 13 mars 1911 ; — Vu la circulaire du ministre de l'agriculture du 10 août 1915, invitant les prefets à soumettre aux conseils généraux des départements des propositions en vue de renouveler pour un an les réserves établies par les décrets du 10 déc. 1909 et du 13 mars 1911 ; — Vu les avis des préfets des départements intéressés ; — Vu les délibérations des conseils généraux de ces départements ; — Le Conseil d'Etat entendu ; — Décrète :

ART. **1er**. Sont prorogées pour une nouvelle durée d'un an, à compter du 1er janv 1916, les interdictions de pêche prononcées par les décrets susvisés des 10 déc 1909 et 13 mars 1911.

2 Le ministre de l'agriculture est chargé, etc

---

(1) S. et P. *Lois annotees* de 1907, p. 490 ; *Pand. pér.*, 1907 3 213.

(2) S. et P. *Lois annotées* de 1899, p. 705 ; *Pand. pér.*, 1900.3.1.

(3) S et P. *Lois annotées* de 1905, p. 943.

(4) *Bull. off.*, 12e série, 1186, n. 19608.

(5) S. 1er vol. des *Lois annotées*, p. 1200.

(6) S. *Lois annotées* de 1865, p. 29. — P. *Lois, décr.*, etc. de 1865, p. 51.

(7) S. et P. *Lois annotées* de 1898, p. 567 ; *Pand. pér.*, 1898.3.78.

(8) *J. off.*, 17 déc. 1909, p. 11896.

(9) *Bull. off.*, nouv. série, 53, n. 2543.

(10) *Bull. off.*, nouv. série, 144, n. 8089.

RENTES SUR L'ETAT, GUERRE FRANCO-ALLEMANDE, RENTES 5 P. 100, EMISSION, SOUSCRIPTION EN RENTES 3 P. 100, DATE ET MODE DE LIBÉRATION.

ARRÊTÉ *concernant la remise des titres de rente 3 p. 100 pour la libération des souscriptions à l'emprunt en rente 5 p. 100, et la délivrance des certificats provisoires.*

(6 janvier 1916). — (Publ au *J off.* du 7 janv.).

LE MINISTRE DES FINANCES; — Vu les loi, décret et arrêté du 16 nov. 1915 (1), relatifs à l'émission de rente 5 p. 100; — Arrête :

ART. **1er**. Toute souscription à l'emprunt en rente 5 p. 100, qui comporte la remise de rente 3 p. 100 perpétuelle, devra être libérée entre le 15 et le 31 janv. 1916 inclus, tant par la remise de ces titres 3 p 100 que par le versement, s'il y a lieu, d'un solde en numéraire.

2 1° Si la souscription a eu lieu chez un comptable direct du Trésor (trésorier général, receveur particulier ou percepteur) ou par l'intermédiaire de la Banque de France, la libération se fera à la caisse qui a reçu la souscription;

2° Si la souscription a eu lieu dans un bureau de poste ou aux guichets d'une caisse d'épargne ordinaire, la libération se fera chez le receveur des finances de l'arrondissement (trésorier général ou receveur des finances), lorsque la résidence du receveur des postes ou le siège de la caisse d'épargne est chef-lieu d'arrondissement; chez le percepteur de la commune où est située la recette des postes ou la caisse d'épargne, dans le cas contraire

A Paris, les souscriptions reçues dans les bureaux de poste et à la caisse d'épargne, et comportant la remise de rentes 3 p. 100, seront libérées à la caisse centrale du Trésor (Pavillon de Flore).

En Algérie, en Tunisie, dans les colonies et dans les pays de protectorat, la libération se fera, selon le lieu de souscription, chez le comptable du Trésor (trésorier général de l'Algérie, payeur principal ou payeur particulier, receveur général des finances tunisiennes, trésorier-payeur) ou à la Banque de l'Algérie.

3. Les titres de rente 3 p. 100 remis en paiement pourront être de toute nature et de tout libellé

Toutefois, les rentes grevées, soit d'un droit d'usufruit, soit d'un droit de retour mentionné sur l'inscription, et les rentes remises en nantissement, ne seront admises qu'avec le consentement du nu propriétaire, du bénéficiaire du droit de retour ou du créancier gagiste; ce consentement devra résulter de la production d'une lettre, dont la signature sera légalisée par le maire de la résidence, ou certifiée par un notaire.

4. Le montant des rentes 3 p 100, dont les titres seront présentés pour la libération de l'emprunt, peut être supérieur ou inférieur au montant pour lequel elles ont été décomptées lors de la souscription.

Dans le premier cas, la partie formant excédent donnera lieu à la remise ultérieure d'un titre de rente 3 p. 100 de même nature, et, s'il y a lieu, de même libellé que le titre soumis à prélevement.

Dans le second cas, l'insuffisance sera comblée immédiatement par un versement de 22 fr. pour chaque franc de rente décompté dans la souscription et non remis.

5. Tout retard dans la libération des souscriptions comportera le paiement d'intérêts calculés au taux de 6 p 100 l'an sur le montant des sommes qui n'auront pas été réglées en titres ou en numéraire avant le 31 janv. 1916

Le calcul de ces intérêts sera fait à raison de 25 centimes p. 100 par quinzaine entièrement écoulée à partir du 16 janv. 1916, la quinzaine s'entendant de toute période entière allant du 1er au 15 inclus ou du 16 au dernier jour inclus de chaque mois. Le même procédé de décompte sera appliqué aux intérêts de retard dus en vertu de l'art. 9 de l'arrêté du 16 nov 1915 pour les souscriptions en numéraire dont les termes de libération ne sont pas acquittés à échéance.

La période du 15 au 31 janv. 1916 comptera pour une quinzaine.

6. Le certificat provisoire, qui, en vertu de l'art. 16 de l'arrêté du 16 novembre dernier, sera remis à partir du 15 janv. 1916, pour toute souscription faite en numéraire, libérée au moins des deux premiers termes, sera délivré au porteur Il en sera de même pour toute souscription entièrement libérée avec ou sans rente 3 p. 100, si cette souscription n'a comporté et ne comporte ni remise, ni demande de titres nominatifs ou mixtes (rentes 3 1/2 p. 100, rentes 3 p 100, certificats nominatifs de dépôt d'obligations de la défense nationale, rentes 5 p. 100).

Il sera délivré un certificat nominatif de dépôt dans les autres cas.

Lorsque la souscription aura été faite au moyen de titres de rente 3 p. 100 nominatifs ou mixtes, venant s'adjoindre à des valeurs au porteur ou à des valeurs nominatives de libellé différent, il pourra être délivré, selon le cas, après les délais nécessaires à l'examen des titres, un certificat au porteur et un certificat nominatif, ou plusieurs certificats nominatifs.

7 Si une souscription est libérée pour partie au moyen de titres nominatifs ou mixtes de rente 3 p. 100, devant donner lieu à un règlement distinct, et si la conversion conduit à un nombre fractionnaire de rentes 5 p. 100, ce dernier nombre est porté au nombre entier immédiatement supérieur, l'autre partie de la souscription subissant une réduction équivalente

(1) *Supra*, p. 129 et 130.

Les parties en cause auront à se tenir compte réciproquement des arrérages formant ladite augmentation ou réduction, mais mention sera faite sur le titre majoré du montant de la rente d'origine qui a été convertie et du montant de la majoration.

8 La remise des certificats provisoires ou certificats nominatifs de dépôts aura lieu à partir du 15 janvier.

Elle se fera en France aux caisses ci-apres :

Si la souscription a eu lieu chez un comptable direct du Trésor (trésorier général, receveur particulier ou percepteur), ou par l'intermédiaire de la Banque de France :

A la caisse qui a reçu la souscription ;

Si la souscription a eu lieu dans un bureau de poste ou aux guichets d'une caisse d'épargne ordinaire : *a*) à la caisse du receveur des finances de l'arrondissement (trésorier général ou receveur des finances), lorsque la résidence du receveur des postes ou le siège de la caisse d'épargne est chef-lieu d'arrondissement ; *b*) à la caisse du percepteur de la commune ou est située la recette des postes ou la caisse d'épargne, dans le cas contraire.

Toutefois, à Paris et en ce qui concerne les souscriptions faites dans les bureaux de poste, à l'hôtel de ville, à la Caisse des dépôts et à la caisse d'epargne, la remise se fera :

1° A la caisse centrale du Trésor public (Pavillon de Flore), pour toutes les souscriptions non libérées à l'émission ;

2° A la caisse centrale du Trésor public (place du Palais-Royal), pour toutes les souscriptions entierement libérées à l'émission, sauf l'exception ci-apres :

3° Dans les bureaux de poste, pour les souscriptions au porteur entièrement libérées à l'émission et faites dans ces bureaux.

En Algérie, en Tunisie, dans les colonies et dans les pays de protectorat, la délivrance des certificats provisoires se fera, selon le lieu de souscription, chez le comptable du Trésor (trésorier général de l'Algérie, payeur principal ou payeur particulier, receveur général des finances tunisiennes, trésorier-payeur) ou à la Banque de l'Algérie

---

COLONIES, GUERRE FRANCO-ALLEMANDE, INTERDICTIONS DE SORTIE, DÉROGATIONS, ANGLETERRE, DOMINIONS, PROTECTORATS ET COLONIES BRITANNIQUES, BELGIQUE, JAPON, MONTÉNÉGRO, RUSSIE, SERBIE, ETATS D'AMÉRIQUE, VOLAILLES MORTES.

ARRÊTÉ *portant dérogation à des prohibitions de sortie.*

(7 janvier 1916). — (Publ. au *J. off.* du 8 janv.).

LE MINISTRE DES COLONIES ; — Vu le décret du 24 déc. 1915 (1) ; — Vu l'arrêté du ministre des finances, en date du 7 dec. 1915 (2) ; — Arrête :

ARTICLE UNIQUE Par dérogation aux prohibitions de sortie actuellement en vigueur, peuvent être exportées ou réexportées des colonies et pays de protectorat autres que la Tunisie et le Maroc, sans autorisation spéciale, lorsque l'envoi a pour destination l'Angleterre, les Dominions, les pays de protectorat et colonies britanniques, la Belgique, le Japon, le Monténégro, la Russie (3), la Serbie (4), ou les Etats de l'Amérique, les volailles mortes, soit à l'état frais, soit conservées par un procédé quelconque.

COLONIES, GUERRE FRANCO-ALLEMANDE, PROTECTORAT (PAYS DE), MINES, PERMIS D'EXPLORATION, DE RECHERCHES OU D'EXPLOITATION, CONCESSIONS MINIÈRES, RENOUVELLEMENT DE PERMIS OU DE CONCESSIONS, VENTE, CESSION, NATIONAUX OU RESSORTISSANTS DES PAYS ENNEMIS, INTERDICTION, SOCIÉTÉS DE MINES, CONSEIL D'ADMINISTRATION, ADMINISTRATEURS DÉLÉGUÉS, DIRECTEURS, NATIONALITÉ FRANÇAISE, EXCLUSION DES RESSORTISSANTS DES PAYS ENNEMIS, INFRACTIONS, PÉNALITÉS.

DÉCRET *fixant les conditions relatives à l'octroi des permis miniers dans les colonies françaises* (5).

---

(1) *Supra*, p. 208.

(2) *Supra*, p. 174.

(3-4) Note du *J. off.* — Sous réserve, en ce qui concerne la Russie et la Serbie, de la souscription d'un acquit-à-caution à décharger par la douane russe ou serbe.

(5) Ce décret est précédé au *J. off.* d'un rapport ainsi conçu :

« La réglementation minière dans les colonies françaises et dans les pays de protectorat administrés par le département des colonies admet, d'une façon générale, que l'exploitation et la recherche puissent être effectuées par des prospecteurs de nationalite quelconque, qui, de ce fait, acquièrent des droits à l'octroi de permis définitifs d'exploitation ou de concessions Aussi, un certain nombre de ces permis avaient-ils été, avant les hostilités, accordés à des sujets ou ressortissants des puissances actuellement en guerre avec la France.

« Des mesures ont été immédiatement prises dans toutes les colonies pour la mise sous séquestre des permis dont sont titulaires ces étrangers ou des droits qu'ils peuvent posseder dans des industries minières.

« Cependant, certains permis étant, aux termes de la réglementation en vigueur, soit renouvelables, soit transformables, au gré des intéressés, mais dans des delais impératifs, en concessions ou permis d'exploitation, les séquestres pourraient se croire obligés de procéder, dans les délais impartis par les décrets, aux formalités exigées pour ces renouvellements ou transformations, et les gouverneurs ne disposeraient d'aucun texte formel leur permettant de s'opposer à ces demandes.

« Ainsi convient-il, à mon avis, de compléter les mesures que j'ai fait prendre, en édictant à cet égard, en dehors des sanctions edictées par la loi du 4 avril 1915, des dispositions spéciales, inspirées du décret du 27 sept. 1914, relatif à l'interdiction des relations commerciales avec les sujets des puissances ennemies.

(8 janvier 1916). — (Publ au *J. off* du 13 janv).

LE PRÉSIDENT DE LA RÉPUBLIQUE FRANÇAISE ; — Vu l'art. 18 du sénatus-consulte du 3 mai 1854 (1) ; — Vu le décret du 6 juill. 1899 (2), portant réglementation sur la recherche et l'exploitation des mines dans les colonies ou pays de protectorat de l'Afrique continentale, autres que l'Algérie et la Tunisie ; — Vu le décret du 20 juill. 1897 (3), portant réglementation des mines autres que celles des métaux précieux et de pierres précieuses à Madagascar ; — Vu le décret du 23 mai 1907 (4), portant réglementation de l'exploitation de l'or, de métaux précieux ou de pierres précieuses à Madagascar ; — Vu le décret du 10 mars 1906 (5), portant modification à la réglementation minière de la Guyane : — Vu le décret du 26 janv 1912 (6), réglementant les mines en Indo-Chine ; — Vu le décret du 28 janv 1913 (7), réglementant la recherche et l'exploitation des gîtes naturels de substance minérale existant en Nouvelle-Calédonie et dépendances ; — Vu le décret du 27 sept. 1914 (8), relatif à l'interdiction des relations commerciales avec l'Allemagne et l'Autriche-Hongrie ; — Vu la loi du 4 avril 1915 (9), ayant pour objet de donner des sanctions pénales à l'interdiction faite aux Français d'entretenir des relations d'ordre économique avec les sujets d'une puissance ennemie ; — Sur le rapport du ministre des colonies ; — Décrète :

ART 1er. Dans les colonies françaises et dans les pays de protectorat autres que l'Algérie, la Tunisie et le Maroc, aucune autorisation ou permis d'exploration, de recherches ou d'exploitation minière, aucune concession minière, aucun renouvellement de permis ou de concession ne peuvent être ni accordés, ni adjugés, ni cédés, ni transmis à des nationaux ou à des ressortissants des pays en guerre avec la France, ni acquis ni reçus de ces nationaux ou ressortissants

En cas d'infraction aux prescriptions ci-dessus édictées, la déchéance des permis miniers ou des concessions sera prononcée par le gouverneur de la colonie, dans les conditions prévues aux actes réglementant les mines dans les colonies ou pays de protectorat, mais toutefois sans qu'il soit besoin d'aucun avertissement ou mise en demeure aux intéressés, et sur la simple constatation de la violation d'une des prescriptions ci-dessus

Cette disposition ne fait d'ailleurs pas obstacle à mise en déchéance pour les autres motifs prévus par les décrets et règlements en vigueur.

2 Les sociétés formées pour la recherche ou l'exploitation des mines ou se livrant à cette recherche ou à cette exploitation doivent être constituées conformément aux lois françaises, et avoir leur siège social, soit en France, soit dans les colonies françaises

Dans les sociétés anonymes, les trois quarts des membres du conseil d'administration, dont le président et les administrateurs délégués, ainsi que les directeurs, doivent être nationaux, sujets ou protégés français Dans les sociétés en commandite par actions, les trois quarts des membres du conseil de surveillance, dont le président, les gérants, doivent être nationaux, sujets ou protégés français En aucun cas, ne peuvent faire partie des conseils d'administration ou de surveillance les nationaux ou les ressortissants des pays en guerre avec la France.

Les sociétés formées en vue de la recherche et de l'exploitation des mines sont tenues de remettre au chef du service des mines un exemplaire de leurs statuts et la liste des membres du conseil d'administration ou de surveillance. Tout changement aux statuts et à la liste des membres du conseil doit également être porté à la connaissance du chef du service des mines.

En cas d'infraction aux prescriptions ci-dessus édictées. la déchéance des permis miniers ou des concessions, dont ces sociétés seraient en possession ou auraient le contrôle ou la jouissance, pourra être prononcée dans les conditions prévues aux actes réglementant les mines dans les colonies ou pays de protectorat.

« Seraient interdits l'octroi, le renouvellement, l'adjudication, la cession ou la transmission de tous permis d'exploration, de recherches ou d'exploitation, ainsi que de toutes concessions minières. à des nationaux des pays en guerre avec la France ou à des ressortissants de ces pays.

« Il m'a paru également nécessaire de stipuler que les sociétés formées pour la recherche et l'exploitation des mines devront, ce qui, dans un esprit très libéral, mais peut-être dangereux, n'a pas été prévu pour toutes les colonies. être constituées conformément aux lois françaises, avoir leur siège social, soit en France, soit dans les colonies françaises, et avoir un conseil d'administration composé de Français ou sujets français pour les trois quarts au moins de ses membres, dont le président et les administrateurs délégués. La sanction de cette prescription, qui se justifie d'elle-même par les nombreux faits constatés depuis l'ouverture des hostilités, consisterait dans la déchéance des permis miniers, déjà prévue pour des cas analogues dans les réglementations minières de l'Indo-Chine et de la Nouvelle Calédonie.

« Cette disposition n'aurait toutefois pas d'effet rétroactif pour les sociétés actuellement constituées et en possession de droits miniers, mais, tant qu'elles ne seront pas transformées pour satisfaire à ces conditions, aucun permis ni aucune concession ne pourront leur être accordés que par voie de décret. »

(1) S. *Lois annotées* de 1854, p. 78. — P. *Lois, décr.*, etc. de 1855, p. 137.

(2) S. et P. *Lois annotées* de 1901, p. 204 ; *Pand. pér.* 1900 3.50.

(3) S. et P. *Lois annotées* de 1898, p. 510.

(4) *J. off.*, 24 mai 1907, p. 3676.

(5) *Bull. off.*, nouv. série, 98, n. 5082.

(6) *Bull. off.*, nouv. série, 74, n. 3627.

(7) *J. off.*, 29 janv. 1913, p. 931.

(8) 1er vol., p. 127.

(9) 2e vol., p. 98.

Les dispositions des alin 1 et 2 du présent article ne sont pas applicables aux societés qui, au moment de la promulgation du présent décret dans la colonie, sont en possession ou ont la jouissance de permis ou de concessions. Toutefois, aucun permis de recherches ou d'exploitation, aucun renouvellement de permis ni aucune concession miniere ne pourront désormais, tant qu'elles ne satisferont pas à ces conditions, leur être accordés ou cédés qu'en vertu de décrets pris sur la proposition du ministre des colonies, apres avis du gouverneur général ou du gouverneur de la colonie L'octroi de permis de recherches ou d'exploitation, l'institution de concessions minieres, pourront être refusés, si l'Administration le juge à propos, sans que ce refus puisse créer aucun droit à indemnité ou autre en faveur de la société demanderesse.

3 Sont abrogées toutes dispositions d'arrêtés ou de décrets antérieurs contraires à celles du présent décret.

4 Le ministre des colonies est chargé, etc

GUERRE, GUERRE FRANCO-ALLEMANDE, RAVITAILLEMENT DE LA POPULATION CIVILE, BLÉS, FARINES, CESSION AUX DÉPARTEMENTS ET AUX COMMUNES, RÉTROCESSION PAR LES DÉPARTEMENTS ET COMMUNES, RÉGLEMENTATION, PRIX DE CESSION, FIXATION, COMPTABILITÉ, CONTRÔLE, INVENTAIRE.

DÉCRET *fixant les dispositions auxquelles sont soumises les cessions de blé et de farine consenties aux departements et aux communes par le service de ravitaillement pour l'alimentation de la population civile, ainsi que la revente de ces denrées*

(8 janvier 1916). — (Publ au *J off* du 10 janv)

LE PRÉSIDENT DE LA RÉPUBLIQUE FRANÇAISE ; — Vu le décret du 27 oct 1915 (1), pris en exécution de la loi du 16 oct. 1915 (2), portant ouverture au ministre du commerce, de l'industrie, des postes et des télégraphes de crédits additionnels aux crédits provisoires pour proceder à des opérations d'achat et de vente de blé et de farine pour le ravitaillement de la population civile, et notamment les art. 22, 23 et 24 dudit décret ; — Sur le rapport du ministre de l'intérieur, du ministre du commerce, de l'industrie, des postes et des télégraphes, et du ministre des finances ; — Decrete :

ART 1er Les cessions de ble et de farine consenties aux départements et aux communes par le service de ravitaillement pour l'alimentation de la population civile et la revente de ces denrées sont soumises aux dispositions qui font l'objet des articles ci-après.

2 Les demandes de cession et les ventes de denrées sont effectuées, suivant le cas, par les préfets ou les maires, en vertu de délibération du conseil général ou du conseil municipal intéressé. Les délibérations des conseils municipaux sont soumises à l'approbation du préfet. Elles fixent le montant maximum des quantités à acheter, et déterminent, d'apres les stipulations de l'acte de cession passé avec le service du ravitaillement, les prix de vente à consentir, ainsi que les conditions à imposer pour éviter toute spéculation

Le prix de vente ne doit en aucun cas être inférieur au prix de revient, sans pouvoir depasser toutefois le prix maximum fixé par le service du ravitaillement.

Le prix de revient est déterminé par le prix de cession et les frais de transport, auxquels le conseil général ou le conseil municipal intéressé a la faculté d'ajouter tout ou partie des frais accessoires.

3. Les départements et les communes qui effectuent ces opérations peuvent demander que les denrées à eux cédées par le service du ravitaillement soient conservées momentanément par ce service, et expédiées directement aux particuliers auxquels ils revendent.

Le service du ravitaillement est tenu d'informer les communes des quantités et qualités de denrées expédiées dans ces conditions

Les destinataires ne peuvent prendre possession des denrées qu'apres reconnaissance à l'arrivee, effectuée en présence d'un représentant du département ou de la commune, et donnant lieu à l'établissement d'un proces-verbal contradictoire, dressé en double exemplaire, et signé par le destinataire et le représentant du département ou de la commune. Ces proces-verbaux sont immediatement transmis au préfet et au trésorier-payeur general, s'il s'agit d'opérations interessant un département : au maire et au receveur municipal, s'il s'agit d'opérations intéressant une commune

4 Dans le cas où les départements ou les communes constituent des magasins d'approvisionnement, ils sont tenus d'organiser, indépendamment de la comptabilité en deniers réglementaire, une comptabilité-matières, et d'instituer un agent comptable spécial responsable des opérations

Cet agent est place sous le contrôle du préfet et du trésorier général, s'il s'agit d'opérations intéressant un departement ; du maire et du receveur municipal, s'il s'agit d'opérations intéressant une commune Il prend charge, en quantite et en valeur, des denrées approvisionnées, la valeur etant déterminée, d'apres le prix de cession et les frais de transport, au moyen d'un bordereau certifié,

---

(1) *Supra*, p. 103.

(2) *Supra*, p. 72.

suivant le cas, par le préfet et le trésorier général, ou par le maire et le receveur municipal.

5. L'agent comptable matières est nommé par le préfet, lorsqu'il s'agit d'opérations intéressant un département; par le maire, avec l'agrément du préfet, lorsqu'il s'agit d'opérations intéressant une commune, quelle que soit l'importance des revenus de la commune.

Les prix de cession, ainsi que les dépenses accessoires, sont payés par le comptable en deniers du département ou de la commune. Les mandats de paiement doivent être appuyés des pieces justificatives réglementaires, et notamment, en ce qui concerne les prix de cession, de la délibération autorisant l'opération et du récépissé à souche de l'agent comptable-matières, ou de l'expédition du procès-verbal de reconnaissance à l'arrivée, pour les denrées expédiées directement aux particuliers.

6 Les ventes effectuées par le département ou par la commune sont constatées par des actes dressés en triple exemplaire, et signés, d'une part, par l'acheteur, d'autre part, suivant le cas, par le préfet ou par le maire. Le premier exemplaire est remis à l'acheteur, le second est transmis au trésorier général, pour être conservé par lui, s'il s'agit d'opérations intéressant un département, pour être transmis par lui au receveur municipal, s'il s'agit d'opérations intéressant une commune; le troisieme est conservé par le préfet ou par le maire intéressé.

Le produit des ventes est encaissé par le trésorier général ou le receveur municipal, sur la production d'un bulletin de versement, établi, suivant le cas, par le préfet ou par le maire, et délivré à l'acquéreur, qui le remet au comptable en deniers, en effectuant le versement du prix.

7. Lorsque les denrées sont emmagasinées par les soins du département ou de la commune, la livraison ne peut avoir lieu qu'après paiement du prix. Elle est opérée par l'agent comptable-matières, au vu de la quittance à souche du comptable en deniers, et contre remise d'un double du bulletin de versement, établi, suivant le cas, par le préfet ou par le maire, et revêtu du cachet du comptable et de l'attestation du paiement.

Lorsque les denrées sont expédiées directement aux particuliers par le service du ravitaillement, le prix doit être acquitté dans la huitaine de l'arrivée des marchandises à la gare de destination.

8. Pour retracer dans la comptabilite du comptable en deniers les opérations de cession et de vente, il est ouvert un compte spécial aux services hors budget

Ce compte comprend : en recette, le produit des ventes et les recettes accessoires; en dépense, le prix des denrées cédees par le service du ravitaillement, et, s'il y a lieu, les frais de transport, les dépenses du personnel auxiliaire, de magasinage, de manutention et autres frais accessoires.

Les manquants et déchets de toute nature constatés par les inventaires et par les procès-verbaux, certifiés, suivant le cas, par le préfet ou par le maire, font l'objet d'un mandat de dépense budgétaire qui est inscrit en recette au compte spécial Il en est de même, en fin d'année, pour les frais accessoires que le département ou la commune déciderait de prendre à sa charge, et qui n'entreraient pas dans le calcul du prix de revient.

Les manquants et déchets ne peuvent être toutefois portés en dépense budgétaire qu'en vertu d'une décision du préfet ou du maire intéressé, lorsque la somme n'excède pas pour l'année 1 000 fr, et d'une décision du ministre des finances, prise après avis de l'assemblée délibérante interessée et du ministre de l'intérieur, lorsque la somme est supérieure.

Le comptable en deniers tient en outre un relevé spécial des entrées et des sorties de marchandises, qu'il rapproche, toutes les fois qu'il le juge utile, des écritures de l'agent comptable-matières

9. Chaque fois que le préfet ou le maire intéressé le juge nécessaire, et, obligatoirement, en fin d'année, une commission, composée, suivant le cas, soit d'un représentant du préfet et de deux conseillers géneraux, soit du maire ou d'un adjoint, et de deux conseillers municipaux, pris dans l'ordre du tableau, dresse, en présence de l'agent comptable-matieres, un inventaire des denrées en magasin.

10. En fin d'année, l'agent comptable-matières dresse le compte de ces opérations

Ce document est transmis au comptable en deniers, qui s'assure, sous sa responsabilité, de la concordance avec le relevé spécial établi par ses soins, et l'annexe à son compte de gestion.

En cas d'irrégularités constatées, le comptable en deniers en provoque la régularisation, suivant le cas, aupres du préfet ou du maire intéresse.

11 Le ministre de l'intérieur, le ministre du commerce, de l'industrie, des postes et des télégraphes, et le ministre des finances sont chargés, etc.

PÊCHE FLUVIALE, RIVIÈRES NAVIGABLES, CANAUX, REPRODUCTION DU POISSON, RÉSERVES, DÉCRET DU 27 DÉC. 1910, PROROGATION.

DÉCRET *prorogeant pour un an l'effet du décret du 27 déc. 1910, relatif aux réserves établies pour la reproduction du poisson dans les rivières canalisées*

(10 janvier 1916) — (Publ. au *J. off.* du 12 janv).

LE PRÉSIDENT DE LA RÉPUBLIQUE FRANÇAISE; — Sur le rapport du ministre des travaux publics:

— Vu les lois des 15 avril 1829 (1) et 31 mai 1865 (2), sur la pêche fluviale; — Vu le décret du 7 nov. 1896 (3), qui a transféré au ministère de l'agriculture une partie du service de la pêche fluviale; — Vu le decret du 5 sept. 1897 (4), portant réglementation de la pêche fluviale; — Vu le décret du 27 déc. 1910 (5), fixant, pour une période de quatre ans à compter du 1er janv. 1911, les parties de canaux et rivières navigables canalisées, réservées pour la reproduction du poisson; — Vu le décret du 8 janv. 1915 (6), qui a prorogé pour un an, à compter du 1er janv. 1915, l'effet du décret du 27 dec. 1910; — Vu la circulaire du ministre des travaux publics du 12 août 1915, invitant les prefets à soumettre aux conseils généraux des départements des propositions en vue de renouveler pour un an les réserves établies par le décret du 27 déc. 1910, susvisé; — Vu les avis des préfets des départements intéressés; — Vu les délibérations des conseils généraux de ces départements; — Le Conseil d'Etat entendu; — Décrete :

ART. 1er. Est prorogé, pour une nouvelle durée d'un an, à compter du 1er janv. 1916, l'effet du décret susvisé du 27 déc. 1910.

2 Le ministre des travaux publics est chargé, etc

SUCRES, GUERRE FRANCO-ALLEMANDE, STOCKS DISPONIBLES, PRIX, COMMISSION D'ÉVALUATION ET DE CONTRÔLE.

ARRÊTÉ *instituant une commission ayant pour mission d'évaluer les stocks de sucre disponibles pour la consommation générale, et de contrôler les prix de cette denrée.*

(10 janvier 1916) — (Publ. au *J. off.* du 19 janv.)

LE MINISTRE DU COMMERCE, DE L'INDUSTRIE, DES POSTES ET DES TÉLÉGRAPHES; — Arrête :

ART. 1er. Il est institué une commission ayant pour mission d'évaluer les stocks de sucre disponibles pour la consommation générale, et de contrôler les prix de cette denrée

2. Sont nommés membres de cette commission.

(*Suivent les noms au* J. off.).

M. Jonnart exercera les fonctions de président.

3 Le directeur du service du ravitaillement civil est chargé, etc.

ALGÉRIE, GUERRE FRANCO-ALLEMANDE, MILITAIRES INDIGÈNES, EMPLOIS CIVILS RÉSERVÉS, RÉFORMÉS N. 1, RETRAITÉS POUR BLESSURES DE GUERRE OU INFIRMITÉS, ACTIONS D'ÉCLAT, DROIT DE PRÉFÉRENCE.

DÉCRET *relatif aux emplois réservés aux anciens militaires indigènes de l'Algérie*

(11 janvier 1916). — (Publ. au *J. off.* du 16 janv.).

LE PRÉSIDENT DE LA RÉPUBLIQUE FRANÇAISE; — Sur le rapport du ministre de l'intérieur, du ministre de la guerre et du garde des sceaux, ministre de la justice; — Vu l'art. 27 du décret du 3 févr. 1912 (7); — Vu l'art. 5 du décret du 19 sept. 1912 (8); — Décrete :

ART. 1er. L'art. 5 du décret du 19 sept 1912 est modifié ainsi qu'il suit :

« Les emplois rétribués sur les fonds des communes, des départements ou de l'Etat, figurant dans un tableau special établi par le ministre de l'intérieur, sur les propositions du gouverneur général, sont réservés pour les cinq sixiemes, après justification de l'aptitude des candidats, aux indigènes ayant accompli au moins trois années de service militaire, ou ayant contracté un engagement pour la durée de la guerre dans un corps régulier ou dans un corps auxiliaire.

« Un droit de préférence, pendant un délai de cinq ans à dater de la cessation des hostilités, est accordé aux indigenes des armées de terre et de mer réformés n° 1 ou retraités par suite de blessures ou d'infirmités résultant de blessures ou de maladies contractées au service devant l'ennemi. A defaut de candidats des deux catégories susvisees, bénéficieront du même droit, quelle que soit la durée de leurs services, les anciens militaires qui se seront distingués par une action d'éclat ».

2. Le ministre de l'intérieur, le ministre de la guerre et le garde des sceaux, ministre de la justice, sont chargés, etc

---

COLONIES, PROTECTORAT (PAYS DE), GUERRE FRANCO-ALLEMANDE, DOUANES, INTERDICTIONS DE SORTIE.

DÉCRET *prohibant divers produits à la sortie des colonies et pays de protectorat autres que la Tunisie et le Maroc.*

(11 janvier 1916). — (Publ. au *J. off.* du 15 janv.).

LE PRÉSIDENT DE LA RÉPUBLIQUE FRANÇAISE;

---

(1) S. 1er vol. des *Lois annotées*, p. 1200.

(2) S. *Lois annotées* de 1865, p. 29. — P. *Lois, décr.*, etc. de 1865, p. 51.

(3) S. et P. *Lois annotées* de 1897, p. 239; *Pand. pér.*, 1897 3.47.

(4) S. et P. *Lois annotees* de 1898, p. 567; *Pand. pér.*, 1898.3.78.

(5) *Bull. off.*, nouv. série, 48, n. 2276.

(6) 1er vol., p. 303.

(7) *Bull. off*, nouv. série, 75, n. 3668.

(8) *Bull. off.*, nouv. série, 90, n. 4615.

— Sur le rapport du ministre des colonies, du ministre des finances, et du ministre du commerce, de l'industrie, des postes et des télégraphes; — Vu l'art 34 de la loi du 17 déc. 1814 (1); — Vu le sénatus-consulte du 3 mai 1854 (2); — Vu le décret du 7 déc 1914 (3), portant prohibition de divers produits à la sortie de la métropole; — Decrete :

Art 1er. Sont prohibées la sortie des colonies et des pays de protectorat autres que la Tunisie et le Maroc, ainsi que la réexportation en suite d'entrepôt, de depôt, de transit, de transbordement et d'admission temporaire, des produits enumérés ci-apres :

Accumulateurs et plaques d'accumulateurs
Acétyl cellulose
Acétates
Acide bromhydrique.
Acide stéarique.
Acide tartrique et tartrates alcalins.
Aconit (préparations et alcaloides).
Aiguilles à tricoter.
Alcaloides végétaux.
Aluminium pur ou allié sous toutes ses formes et oxyde.
Alun.
Anti-friction (métal).
Armes à feu autres que de guerre, pieces detachées et munitions
Armes blanches et pieces détachées.
Bâches.
Belladone et ses préparations, ou alcaloïdes.
Bichromate de soude.
Bicyclettes et pièces détachées
Boîtes métalliques en fer-blanc pour l'emballage des conserves alimentaires.
Cantharides et leurs préparations.
Caoutchouc (ouvrages en)
Caroubes
Cellulose
Cérésine.
Chandelles
Charcuterie fabriquée.
Charcuterie (vessies, enveloppes et membranes pour).
Châtaignes, marrons, millet et leurs farines.
Chaussures (fournitures et outillage pour la fabrication des) (Voir aussi : Fournitures et outillage)
Chiffons de tout genre.
Chloramide et préparations à base de chloral.
Chlore liquéfié.
Chlorure d'étain, de magnésium, de zinc.
Chrome sous toutes ses formes
Ciment.
Cobalt sous toutes ses formes.
Coca et préparations.
Confections en tissus de coton.
Conserves de tomates et autres conserves alimentaires (Voir aussi : Extraits de viandes et soupes comprimées).
Cordages, filets et autres ouvrages de cordes
Corne et autres matières analogues brutes
Crin et poils.
Cuir (ouvrages en cuir)
Cuivre pur ou allié, sous toutes ses formes
Cyanures, ferri-cyanures et ferro-cyanures de potassium et de sodium.
Diamants bruts utilisables dans un but industriel
Drap
Electrodes, piles et leurs élements.
Engrais chimiques.
Ergot de seigle.
Etain pur ou allié sous toutes ses formes
Eucaine (hydrochlorure).
Extraits de viande et toutes autres conserves alimentaires (Voir aussi : Conserves alimentaires)
Farineux alimentaires ci-après désignés : châtaignes, marrons, millet et leurs farines
Ferri-cyanures et ferro-cyanures de potassium et de sodium
Feuilles de caoutchouc vulcanisé.
Ficelles de chanvre.
Figues seches.
Fils d'alpaga, de mohair et de poils
Fils de ramie
Forges portatives
Fournitures pour la fabrication des chaussures telles que rivets en cuivre, boutons, agrafes, chevilles à talons, clous ou rivets pour pose mécanique ou à la main
Fromages.
Garnitures de machines et de chaudieres, y compris la laine de laitier
Gaz asphyxiants (produits pour la fabrication des).
Gentiane et ses préparations.
Glands.
Gommes de tous genres.
Goudron végétal et huile de goudron végétal
Houes (Voir aussi : Outils pour pionniers).
Indigo naturel.
Ipécacuanha (racine d').
Jusquiame et ses préparations.
Laines d'effilochage et rognures de chiffons neufs.
Lapins.
Liege brut ou ouvre
Magnétos (machines)
Manches ou poignées d'outils.
Manganese (métal), sous toutes ses formes
Marc d'olives.
Marrons (Voir aussi : Farineux alimentaires)

(1) S. 1er vol. des *Lois annotées*, p. 914.
(2) S. *Lois annotées* de 1854, p. 78. — P. *Lois décr.*, etc. de 1854, p. 137.
(3) *Supra*, p. 172.

Matériel sanitaire.
Matières lubrifiantes.
Mèches de mineurs
Médicaments
Mercure (composés et préparations de).
Métal antifriction (Voir : Antifriction).
Meules
Millet (Voir aussi : Farineux alimentaires)
Mica travaillé.
Molybdène (métal, minerai et sels de)
Nickel pur ou allié, sous toutes ses formes.
Noix vomique et ses alcaloïdes ou préparations.
Novocaïne
Outillage pour la fabrication des chaussures
Outils pour maréchaux ferrants, charpentiers, charrons et selliers
Outils et appareils pour pionniers, leurs manches ou poignées détachées
Pansement (objets de)
Paraldéhyde.
Peaux brutes et préparées d'agneau.
Peptone
Peroxydes métalliques.
Piles électriques (Voir aussi : Electrodes)
Platine (métal, minerai et sels).
Poissons frais ou en saumure, secs, salés ou conserves.
Pommes de terre de toutes sortes.
Produits chimiques pour usage pharmaceutique
Protargol.
Pulvérisateurs autres que pour la toilette, la médecine et les usages domestiques
Ramie
Résines.
Rogues de morue et de maquereau
Saccharine et produits assimilés.
Salicylate de soude et méthylsalicylate.
Salvarsan et néo-salvarsan (chlorhydrate de dioxydiamidoarsénobenzol).
Santonine et ses préparations.
Savons
Sels de cuivre, de chrome, d'étain et de mercure.
Selenium.
Sérums.
Silicium
Son et autres issues de mouture.
Soude (hyposulfite de)
Soupes comprimées et desséchées.
Sulfate de soude.
Sulfate de zinc.
Tapiocas
Tartre
Teintures dérivées du goudron de houille.
Thymol et ses préparations.
Tissus de chanvre.
Tissus de coton confectionnés ou non (Voir : Confections)
Tissus de jute
Tissus de laine
Tissus de lin.
Tissus de ramie.
Titane (métal, minerai et sels)
Tourbe
Tourteaux et autres produits propres à la nourriture du bétail
Trional.
Tungstène (métal et minerai) (wolfram) sous toutes ses formes
Urée et ses composés
Urotropine (hexaméthylène tétramine) et ses préparations.
Vaccins
Vanadium (métal, minerai et sels de).
Véronal (acide diéthylbarbiturique) et véronal sodique
Vessies, enveloppes et membranes pour charcuteries.
Viandes fumées
Zinc (métal pur ou allié), sous toutes ses formes

Toutefois, des exceptions à cette disposition pourront être autorisées, sous les conditions qui seront déterminées par le ministre des colonies

2 Le ministre des colonies, le ministre des finances, le ministre du commerce, de l'industrie, des postes et des télégraphes sont chargés, etc

---

Guerre franco-allemande, Guerre maritime, Blocus, Côte du Cameroun.

Notification *relative au blocus de la côte du Cameroun (côte ouest d'Afrique).*

(Publ sans date au *J. off.* du 12 janv 1916).

A la date du 10 janvier, zéro heure, le blocus de la côte du Cameroun (côte Ouest d'Afrique), objet de la notification publiée au *Journal officiel* du 28 avril 1915 (1), est restreint aux limites suivantes, savoir :

Entre l'embouchure de la rivière Sanaga, latitude 3°35′ Nord, longitude, 9°39′ Est, et l'embouchure de la rivière Campo, latitude 2°21′ Nord, longitude 9°50′ Est.

Les longitudes sont comptées à partir du méridien de Greenwich.

Armée, Guerre franco-allemande, Etablissements travaillant pour la défense nationale, Service auxiliaire, Hommes non convoqués, Service armé, Pères de six enfants, Classes 1887 et 1888, Demande d'emploi, Autorisation.

Circulaire *relative au recrutement d'ouvriers pour les établissements travaillant pour la défense nationale.*

---

(1) 2e vol., p. 130.

(13 janvier 1916) — (Publ. au *J. off.* du 20 janv.).

Le Ministre de la guerre à MM. les inspecteurs généraux; le général gouverneur militaire de Paris; le général commandant la région du Nord; les généraux commandant les régions 3 à 18-20 et 21; le général commandant en chef les forces de terre et de mer de l'Afrique du Nord; le commissaire résident général de France au Maroc.

J'ai décidé d'autoriser, jusqu'au 15 févr. 1916 :

a) Les hommes du service auxiliaire de toutes classes non encore convoqués;

b) Les pères de six enfants du service armé de toutes classes;

c) Les hommes du service arme des classes 1888 et 1887;

Ayant exercé, pendant un an au moins, l'une des professions énumérées au tableau ci-joint, à demander d'être appelés avant les hommes de leur catégorie, pour être employés, sauf circonstances exceptionnelles, jusqu'à la fin des hostilités, dans les établissements travaillant pour la défense nationale.

Les regles d'application de cette mesure seront les suivantes :

1° Les intéressés devront adresser leurs demandes au bureau de recrutement dont ils dépendent, en spécifiant :

a) Le temps durant lequel ils ont exercé leur profession;

b) Les établissements, usines et exploitations où ils l'ont exercée;

c) L'établissement, usine ou exploitation où ils travaillent dans le moment.

2° Les bureaux de recrutement signaleront directement, le 1er, le 11 et le 21 de chaque mois, aux contrôleurs de la main-d'œuvre militaire, designes au tableau II ci-joint, les demandes qu'ils auront reçues dans la décade précédente, avec indication des renseignements annexés à ces demandes.

3° Les contrôleurs de la main-d'œuvre feront connaître aux bureaux de recrutement, au fur et à mesure des besoins, et compte tenu des disponibilités, le nombre d'ouvriers de chaque profession qu'il y aura lieu d'appeler, et l'établissement sur lequel ils devront être dirigés.

4° Les commandants de recrutement désigneront les ouvriers à appeler, en suivant, en principe, pour chaque profession, l'ordre de réception des demandes; toutefois, les ouvriers que les contrôleurs de la main-d'œuvre signaleront comme étant déjà employés dans des établissements travaillant pour la défense nationale, et comme devant y être maintenus, pourront être appelés hors tour

Les commandants de recrutement etabliront les ordres d'appel sur ces bases, et dirigeront les ouvriers directement sur les établissements désignés par les contrôleurs de la main-d'œuvre; ils en aviseront les dépôts intéressés, qui prendront ces hommes en écriture, les considéreront comme détachés, et leur feront parvenir la fiche d'identite et l'insigne de brassard réglementaires.

5° Les dispositions de l'art. 7 de la loi du 17 août 1915 (1) et de la circulaire n° 7106 du 15 oct. 1915 seront applicables aux hommes appelés en vertu de la présente décision. de plus, ceux d'entre ces hommes qui, pour un motif autre qu'une mesure disciplinaire, ne pourront être maintenus dans les usines, au lieu d'être diriges sur leurs depôts, seront renvoyés dans leurs foyers, en attendant l'appel normal de leur classe.

Vous voudrez bien prendre toutes dispositions utiles à l'execution de la présente dépêche; il y aura lieu notamment de lui donner la plus grande publicité, de provoquer les demandes d'appel, et de faciliter aux intéressés l'accomplissement des formalités nécessaires.

Vous me ferez connaître mensuellement, sur l'état dont la production a été prescrite par la dépêche n° 17421-1/11 du 16 nov. 1915, et sous une rubrique spéciale, l'effectif des hommes ainsi appelés dans chacune des trois catégories visées au § 1 de la présente dépêche, en indiquant le nombre de ceux d'entre eux qui étaient déjà employés dans un établissement travaillant pour la defense nationale.

(*Suivent au* J. off. *les tableaux annexés*)

1° ARMES, GUERRE FRANCO-ALLEMANDE, ARMES ET MUNITIONS DE GUERRE, FABRICATION, INTERDICTION. — 2° GUERRE, GUERRE FRANCO-ALLEMANDE, MACHINES-OUTILS, ARMES ET MUNITIONS DE GUERRE, FABRICATION, COMMERCE, INTERDICTION.

INSTRUCTION *pour l'application du décret du* 7 *déc.* 1915, *portant interdiction de la fabrication des armes et des munitions de guerre et du commerce et de la fabrication des machines-outils destinées a la fabrication des armes et des munitions de guerre.*

(Publ. sans date au *J. off.* du 13 janv. 1916)

L'interdiction de la fabrication des armes et munitions de guerre, édictée par le décret du 7 déc. 1915 (2), concerne les armes, pièces constitutives d'armes, munitions et projectiles énumérés dans l'instruction ministérielle du 22 oct. (3) pour l'application du décret du 3 oct. 1915 (4).

Les machines-outils visées par le décret du 7 déc 1915 sont celles qui ont été construites

---

(1) 2e vol., p. 287.

(2) *Supra*, p. 172.

(3) *Supra*, p. 92.

(4) *Supra*, p. 59.

spécialement en vue de la fabrication des armes et munitions de guerre, et également celles qui, sans rentrer dans cette catégorie, sont utilisées ou peuvent être utilisées pour cette fabrication.

L'interdiction du commerce de ces machines-outils atteint toutes opérations d'offres, d'achat, de vente, et généralement les négociations quelconques les concernant.

Les autorisations de fabriquer les armes et munitions de guerre, comme les autorisations de faire le commerce ou de fabriquer les machines-outils destinées à la fabrication des armes et munitions, sont delivrées par le ministre de la guerre, ou, par delégation, par le sous-secrétaire d'Etat de l'artillerie et des munitions.

Ces autorisations sont accordées :

a) Pour une transaction spéciale ;

b) A titre permanent, pour un matériel déterminé ;

c) A titre permanent, pour du matériel de toute nature.

Les autorisations des types *a* et *b* ne sont susceptibles d'aucune extension, toute entreprise en dépassant le cadre doit faire l'objet d'une demande et d'une autorisation nouvelle.

Les sous-traitants devront se pourvoir d'une autorisation, avec le concours du traitant principal.

Les autorisations ne peuvent être transférées.

Leurs bénéficiaires ne doivent être intéressés, ni directement, ni indirectement, dans une transaction avec l'ennemi.

Ils sont tenus d'avoir un registre, coté et paraphé à chaque feuille par le service qui a délivré l'autorisation, sur lequel sont inscrits jour par jour, dans des colonnes distinctes, l'espèce et le nombre des armes, pièces d'armes ou munitions qu'ils fabriquent, ou, dans le cas des machines-outils, l'espèce et le nombre des machines-outils qu'ils fabriquent ou dont ils font le commerce, avec indication de leur destination et des noms et domiciles des constructeurs, vendeurs ou acheteurs. Ce registre doit être tenu continuellement à la disposition des officiers contrôleurs du département de la guerre.

Les autorisations sont révocables à tout instant pour inobservation des conditions qui précèdent, ou des lois et reglements relatifs à la matiere.

Les demandes sont établies et les autorisations délivrées sur des formules conformes aux modèles F, E1 et E2 annexés à la présente instruction.

(*Suivent au* J. off. *les modeles annexés*).

CODE CIVIL, ENFANTS NATURELS ET ADULTÉRINS, LÉGITIMATION, LOI DU 30 DÉC. 1915, APPLICATION.

CIRCULAIRE *relative à l'application de la loi du 30 déc. 1915, concernant la légitimation des enfants naturels et adultérins.*

(Publ. sans date au *J. off.* du 13 janv. 1916).

Le Garde des sceaux, ministre de la justice, à M. le procureur général, à....

Sous le régime des dispositions de l'art. 331 du Code civil, modifié par la loi du 7 nov. 1907 (1), les enfants naturels ne pouvaient être légitimés que par le mariage subséquent de leurs pere et mere. et à la condition que ceux-ci les aient légalement reconnus avant leur mariage, ou, au plus tard, dans l'acte même de célebration.

Bien que la reconnaissance pure et simple des enfants adultérins fût interdite en principe (art. 335, C. civ.), deux hypotheses s'offraient où ces enfants pouvaient cependant être légitimés par le mariage subséquent de leurs père et mère, dans l'acte même de celébration :

a) Lorsqu'il s'agissait d'enfants nés plus de *trois cents jours après l'ordonnance du président du tribunal civil,* assignant, à des époux en instance de séparation de corps ou de divorce, un domicile séparé Encore était-il nécessaire que la procédure engagée eût abouti au divorce ou à la séparation, ou qu'elle eût été interrompue par le déces du conjoint (circonstances exclusives de toute reconciliation).

b) L'enfant né pendant le mariage, et *désavoué par le mari*, pouvait egalement être légitimé par mariage subséquent de la mere avec son complice.

La loi qui vient d'être publiée au *Journal officiel* du 31 déc. 1915 (2) apporte à ces dispositions des modifications essentielles, qui se résument en l'enoncé de deux principes :

Le législateur autorise, moyennant certaines conditions, la légitimation des enfants naturels simples, *même* s'ils ne sont reconnus qu'après la célébration du mariage :

Il étend les cas dans lesquels la légitimation des enfants adultérins est admise.

ENFANTS NATURELS

I. — *Légitimation de plein droit par mariage subséquent ou concomitant à la reconnaissance de l'enfant.*

Ce mode de légitimation demeure, comme par le passé, le procédé normal, celui auquel il convient en principe de toujours recourir, et qui est d'ailleurs le plus simple, puisque ses effets se réalisent de plein droit, à la seule condition que les père et mere aient reconnu l'enfant, soit avant leur mariage, soit au moment de sa celébration.

Mais, dans cette dernière hypothese, il importe d'observer que, dorénavant, la reconnaissance et la

---

(1) S. et P. *Lois annotées* de 1908, p. 600 ; *Pand. pér., Lois annotées* de 1908, p. 600.

(2) *Supra*, p. 227.

légitimation ne pourront plus être contenues dans l'acte de mariage lui-même, et qu'elles devront *toujours* être constatées par un *acte separé*.

A cette innovation se rattachent les consequences suivantes ·

a) Il conviendra, dans la pratique, que les officiers de l'etat civil suggerent aux futurs époux de reconnaître tous deux l'enfant le plus tôt possible. et de préférence avant la célébration de l'union projetée. Cette façon de procéder aura pour avantages : d'une part, d'assurer aux enfants, dans toute éventualité, le bénéfice d'une filiation; et, d'autre part, de permettre la célébration du mariage, sans que les assistants soient mis au courant d'une situation que les futurs peuvent avoir intérêt à ne pas divulguer.

b) Dans toutes les communes où il n'existe pas de registre spécial pour les reconnaissances d'enfants naturels, celles-ci devront être inscrites sur les registres des actes de naissance, et non sur celui des actes de mariage, sous reserve, bien entendu, du cas où la commune ne posséderait qu'un seul registre pour tous les actes de l'état civil, de quelque nature qu'ils soient.

c) Les actes constatant une reconnaissance d'enfant naturel passée antérieurement à la célébration du mariage continueront à être dresses conformement à la formule indiquee au chapitre 4 du formulaire général de l'état civil (*Bulletin officiel* de janv -févr 1913).

Lorsque la reconnaissance n'aura lieu qu'au moment de la celébration du mariage, l'acte *séparé*, relatif à cette reconnaissance et à la légitimation de l'enfant naturel, pourra être dresse conformement à la formule suivante :

Formule de légitimation faite au moment de la célébration du mariage.

Le trente janvier mil neuf cent seize, onze heures du matin, Jules Benoît, né à Versailles le sept octobre mil huit cent quatre-vingt-deux, typographe, domicilié à Paris, 17, rue de Nevers, et Louise Durand, née à Clamart (Seine), le trois mai mil huit cent quatre-vingt-neuf, brocheuse, domiciliée à Paris, 55, quai des Grands-Augustins, dont le mariage vient d'être célebré en cette mairie, ont declare reconnaître, en vue de la légitimation, un enfant, né à Corancy (Nievre), le douze décembre mil neuf cent onze, et inscrit sous les noms de Jacques-Lucien, fils de Louise Durand. En présence de ... et de ..., qui, lecture faite, ont signe avec les déclarants et nous, Pierre Roux, adjoint au maire du sixieme arrondissement de Paris.

Observation. — Cet acte devra être signé des déclarants, de deux témoins et de l'officier de l'état civil.

Disposition transitoire

Une disposition transitoire prescrit, pour les expéditions d'actes de mariage antérieurs au 30 déc 1915, de ne plus recopier la partie relative à la legitimation, à moins que les personnes énoncees à l'art 57 du Code civil ne l'exigent.

II — *Légitimation après célébration du mariage, en vertu d'un jugement.*

Désormais, les époux qui auraient omis de reconnaître un enfant naturel avant, ou, au plus tard, lors de la célébration de leur mariage, ne verront plus opposer à la légitimation de cet enfant une forclusion rigoureuse et absolue Mais la reconnaissance faite postérieurement au mariage n'emportera légitimation qu'en vertu d'un jugement, rendu en audience publique, après enquête et délibération en chambre du conseil, jugement qui devra constater que l'enfant a eu, depuis la célébration du mariage, la possession d'état d'enfant commun aux deux époux

Il va de soi que les magistrats qui rendront un jugement de cette nature devront ordonner la transcription de son dispositif sur les registres de l'année courante des naissances de la commune où est né l'enfant, et prescrire également une mention en marge de l'acte de naissance de cet enfant.

La mention marginale d'une legitimation déclarée par jugement pourra être redigée conformement à la formule suivante :

Mention en marge d'une légitimation declarée par jugement.

(C. civ., art. 331, § 2).

Fil $\frac{s}{le}$ legitimé (e) de.......... et de......

aux termes d'un $\frac{\text{jugement du tribunal civil}}{\text{arrêt de la Cour d'appel}}$

de......., en date du......., transcrit le .....

Le............ mil neuf cent seize

Le $\frac{\textit{maire,}}{\textit{greffier,}}$

(Signature).

D'autre part, les officiers de l'état civil ne devront pas perdre de vue que, dans le cas où la legitimation résulte d'un mariage, soit subséquent, soit concomitant à la reconnaissance de l'enfant, cette légitimation s'opérant de plein droit, il leur appartient *d'office* de faire effectuer une mention marginale, selon la formule indiquée au chapitre IX, § B, du formulaire précite, sans être fondés à exiger, en pareil cas, la production d'un jugement

LÉGITIMATION DES ENFANTS ADULTÉRINS

Il est essentiel de ne pas perdre de vue que la légitimation des enfants adultérins ne demeure possible qu'à la condition qu'ils soient reconnus au moment même de la célébration du mariage de leurs père et mere (sous réserve des dispositions transitoires), et seulement dans trois cas, dont le second nécessitera l'examen de plusieurs hypothèses.

1er cas.

Enfants nés du *commerce adultérin de la mère*, lorsqu'ils ont été désavoués par le mari, ou, d'après le texte nouveau de l'art 331, par ses héritiers.

2e cas

Enfants nés du *commerce adultérin du père ou de la mère*, lorsqu'ils sont réputés *conçus* à une epoque ou le pere et la mere avaient un *domicile distinct*, en vertu de l'ordonnance rendue conformément à l'art 878 du Code de procédure civile, et antérieurement à un désistement de l'instance, au rejet de la demande ou à une réconciliation judiciairement constatée.

On remarquera la nouvelle rédaction de l'art. 331. Elle permet de légitimer les enfants adultérins dans des hypotheses qui echappaient aux prévisions de l'ancien texte.

Les enfants adultérins, nés plus de trois cents jours après l'ordonnance assignant aux époux un domicile séparé, ne pouvaient être legitimés que dans le cas ou la procédure de divorce ou de séparation de corps avait abouti à un divorce ou à une séparation, et dans celui où elle avait été interrompue par le décès de l'autre conjoint.

Désormais, la légitimation pourra intervenir même au cas ou ladite procedure n'aura pas abouti, et aura ete suivie, soit d'une réconciliation entre les epoux, soit d'un désistement d'instance, soit du rejet de la demande.

Il va sans dire que l'enfant adultérin pourra encore être légitimé dans les hypothèses antérieurement prevues par l'art. 331.

D'autre part, il convient de preciser de quelle façon seront calculés, selon les cas, les délais de 180 jours et de 300 jours qui serviront à déterminer :

a) Si la période légale de conception est bien posterieure à la date de l'ordonnance qui attribue aux époux un domicile separé ;

b) En cas de désistement, de rejet de la demande, ou de réconciliation judiciairement constatee, si la conception est antérieure à l'un de ces évenements

Il échet à cet effet de s'inspirer des principes suivants :

a) Ne peut être légitimé, en vertu de la disposition envisagée dans ce second paragraphe, qu'un enfant dont la légitimation serait éventuellement susceptible, eu égard à la date de sa conception, de faire l'objet d'un désaveu, ou un enfant non réputé légitime

b) Il faut que la date de conception de cet enfant se rattache à une époque où son auteur, bien qu'engagé dans les liens d'un mariage, avait un domicile séparé de son conjoint.

L'application de ces données conduit, notamment, à envisager dans la pratique les hypothèses suivantes :

1° Un enfant naît d'une femme mariée en instance de divorce ou de séparation de corps *plus de 300 jours* apres l'ordonnance prévue par l'art 878 du Code de procédure civile ; puis intervient le divorce, la séparation de corps ou le déces du conjoint

Cet enfant adultérin peut être légitimé comme sous le régime de la loi de 1907

2° Même hypothèse, mais suivie d'un désistement de la demande en divorce ou en séparation de corps, d'un rejet de cette demande ou d'une reconciliation judiciairement constatee.

L'enfant peut être légitime, s'il est né *plus de 300 jours apres l'ordonnance* prevue par l'art 878 du Code de procédure civile, et *moins de 180 jours depuis le désistement, le rejet de la demande ou la réconciliation* judiciairement constatée, circonstances considérées par le législateur comme constituant une présomption de reprise de la vie commune

3° Un enfant naît d'une *femme mariee* moins de 300 jours depuis l'ordonnance qui a permis aux époux d'avoir un domicile séparé.

Dans ce cas, l'enfant est légitime, et ne pourrait être l'objet d'un désaveu, de la part du mari, fondé sur l'art. 313 du Code civil, puisque, d'apres cet article, celui-ci ne peut desavouer l'enfant que s'il est ne 300 jours apres l'ordonnance

Inversement, mais encore pour la même raison, si l'enfant naît *plus de 180 jours apres la reprise de la vie commune*, il ne peut être légitime, car, aux termes de l'art. 313, le mari ne peut desavouer l'enfant que s'il est ne moins de 180 jours depuis le rejet définitif de la demande ou depuis la réconciliation

4° Un enfant naît d'un *homme marié et* d'une *femme libre de liens conjugaux*, alors que cet homme marie est engagé dans une instance en divorce ou en separation de corps, mais apres l'ordonnance rendue conformément à l'art. 878 du Code de procedure civile

S'il naît plus de trois cents jours apres cette ordonnance, l'hypothese est identique à celle qui est prévue sous le n 1

Mais il suffirait ici, ainsi que le fait remarquer M. Maxime Lecomte dans son rapport au Sénat (n° 356 du 21 déc. 1911, p 48), que l'enfant fût né *cent quatre-vingts jours au moins après l'ordonnance* pour qu'il fût présumé conçu pendant la période que l'on peut appeler « favorable à la légitimation » En effet, le lien conjugal est relâche, les epoux vivent séparément, et, d'autre part, l'enfant en question, né d'une femme libre de liens conjugaux, n'est pas couvert de ce chef par une autre presomption de paternité. Il va de soi, d'ailleurs, qu'aucune reprise de la vie commune entre les époux ne doit être intervenue avant la date de la conception.

D'autres hypothèses pourraient encore être envisagées; mais celles qui viennent d'être examinées permettront, soit par elles-mêmes, soit par leur combinaison, de résoudre les principales difficultés.

3e cas

La loi du 30 déc. 1915 permet enfin, d'une façon générale, de légitimer les *enfants* nés du commerce adulterin *du mari*, dans tous les cas où il n'existe pas, au moment du mariage subséquent, d'enfants ou de descendants légitimes issus du mariage au cours duquel l'enfant adultérin est né ou a éte conçu.

On peut se demander si la preuve qu'il n'existe pas d'enfants legitimes issus de la premiere union doit être imposée à l'époux précédemment engagé dans les liens d'un mariage qui veut légitimer un enfant adultérin. On conçoit à quels obstacles paraît se heurter cette preuve négative, le législateur n'ayant pas d'ailleurs prévu de quelle façon elle serait administrée. Serait-ce en faisant appel au concours de témoins pour corroborer la déclaration de l'intéressé? Mais tel n'est pas le rôle des témoins comparants. Serait-ce au moyen d'un acte de notoriété? Mais les actes de notoriété sont, eux-mêmes, dressés dans des formes variables selon les cas; tantôt, en effet, ils sont soumis à une homologation de justice; tantôt, au contraire, ils en sont dispensés. Ce serait, semble-t-il, ajouter à la loi que d'imposer des formalités de cette nature. Il apparaît donc que, sous réserve de prévoir ultérieurement des garanties spéciales, si la pratique révélait des abus, l'officier de l'état civil pourra, en l'etat actuel, se borner à enregistrer la déclaration de l'interessé, certifiant qu'il n'existe pas, au moment du mariage subsequent, d'enfants ou de descendants légitimes issus du mariage au cours duquel l'enfant adultérin a été conçu.

Les déclarations inexactes permettraient, d'ailleurs, l'exercice d'une action en annulation de reconnaissance et de légitimation, que les intéressés pourraient facilement soutenir, en administrant la preuve positive de l'existence d'un enfant issu du premier mariage.

Disposition transitoire.

Une disposition transitoire autorise les père et mere, qui ont contracté mariage avant la promulgation de la loi, à faire, dans un délai de deux ans, en faveur des enfants adultérins se trouvant dans l'un des cas visés (et même si ce cas était déjà prévu par la loi du 7 nov. 1907), une reconnaissance qui emportera légitimation Cette reconnaissance, qui, aux termes de la disposition transitoire de la loi du 7 nov. 1907, devait être faite devant l'officier de l'état civil du domicile des deux conjoints, pourra être effectuée devant n'importe quel officier de l'état civil, la loi nouvelle ne contenant à cet égard aucune attribution de compétence.

Il n'apparaît pas que, pour l'application de ces dispositions exceptionnelles visant les enfants adultérins, un jugement soit nécessaire, comme au cas où il s'agit de legitimer, apres la célebration du mariage, des enfants naturels simples

Il échet enfin de ne pas oublier que la reconnaissance des enfants adultérins, en dehors des cas de legitimation autorisés par la loi nouvelle, demeure interdite, conformément à l'art. 335 du Code civil.

RECONNAISSANCE ET LÉGITIMATION PAR PROCURATION REÇUE AUX ARMÉES

Les militaires présents sous les drapeaux, et qui sont autorisés à contracter mariage par procuration, pourront donner à leur mandataire, constitué dans les formes prévues par la loi du 4 avril 1915 (1), les pouvoirs nécessaires pour reconnaître et légitimer un enfant naturel ou un enfant adultérin dans les cas admis par la loi

L'officier de l'état civil devra encore, en pareilles circonstances, recevoir la déclaration du mandataire, ayant pour objet la reconnaissance et la légitimation, par un acte distinct de celui de la célebration du mariage.

Il sera enfin loisible à un militaire présent sous les drapeaux, qui aurait déjà contracté mariage avec la mère d'un enfant adultérin, avant la promulgation de la loi nouvelle, de bénéficier, dans les cas ou la légitimation est admise, de la disposition transitoire de cette loi, en donnant à un tiers, dans les formes prevues par la loi du 8 juin 1893 (2), une procuration à l'effet de passer les déclarations nécessaires pour légitimer l'enfant.

Je vous prie de m'accuser réception des présentes instructions, que vous communiquerez aux chefs des parquets de votre ressort, en les priant d'en donner connaissance aux maires de leur arrondissement et de tenir la main à leur application.

GUERRE, GUERRE FRANCO-ALLEMANDE, RÉGIONS OCCUPÉES PAR L'ENNEMI, BILLETS ÉMIS PAR LES VILLES PENDANT L'OCCUPATION, ECHANGE EN FRANCE.

ARRÊTÉ *relatif à l'échange contre du numéraire, par les personnes venant des régions envahies à leur entrée en France, des billets émis par les villes de ces régions.*

(**14 janvier 1916**). — (Publ. au *J. off* du 15 janv.).

LE MINISTRE DE L'INTÉRIEUR ET LE MINISTRE DES FINANCES; — Arrêtent :

(1) 2e vol., p. 98.

(2) S. et P. *Lois annotees* de 1893, p. 565; *Pand. pér.*, 1894.3.34.

ART 1er. Les personnes venant des régions envahies pourront, à leur entrée en France, échanger contre du numéraire, à la caisse du comptable du Trésor désigné à cet effet, les billets émis par les villes de ces régions, dans la limite de 50 fr. pour le chef de famille, de 50 fr par personne adulte à sa charge, et de 15 fr par enfant au-dessous de 16 ans.

2 Les personnes, qui auront en leur possession des billets pour une somme supérieure, se feront délivrer, au moment de leur entrée en France, un certificat mentionnant le montant desdits billets et les villes qui les ont émis. Au moyen de ce certificat, elles pourront ulterieurement effectuer chaque quinzaine un nouvel échange, dans la limite prévue à l'article précédent.

3 Les personnes rentrées en France antérieurement à la mise en application du présent arrêté pourront, jusqu'au 5 févr. 1916 inclus, se faire délivrer, par la préfecture du département de leur résidence actuelle, un certificat permettant, dans les conditions specifiées à l'art 2, l'échange des billets restés en leur possession.

4 Les échanges visés aux art 2 et 3 auront lieu à la caisse du caissier-payeur central du Trésor public, à Paris, aux caisses des trésoriers-payeurs généraux, des receveurs particuliers des finances et des percepteurs, dans les départements. Les comptables mentionneront au dos des certificats la date et le montant de chacun des échanges successifs.

5. Le montant des échanges effectués en conformité des dispositions du présent arrêté sera imputé sur les crédits ouverts au ministre de l'intérieur, et le reglement avec les villes intéressées aura lieu apres la cessation des hostilites

6. Les ministres de l'intérieur et des finances sont charges, etc

---

JUSTICES DE PAIX, GUERRE FRANCO-ALLEMANDE, JUGES DE PAIX MOBILISÉS, DÉCÉDÉS OU DÉMISSIONNAIRES, RÉUNION DE JUSTICES DE PAIX.

DÉCRETS *portant réunion temporaire de justices de paix.*

(14 janvier 1916) — (Publ au *J. off* du 21 janv.)

1er DÉCRET.

LE PRÉSIDENT DE LA RÉPUBLIQUE FRANÇAISE; — Sur le rapport du garde des sceaux, ministre de la justice; — Vu l'art. 1er de la loi du 6 avril 1915 (1), concernant le fonctionnement des justices de paix pendant la guerre; — Vu l'absence, pour cause de mobilisation, des juges de paix de Sigoules (Dordogne), Bugeat, Juillac (Corrèze), Bellegarde (Creuse), Châteauneuf-la-Forêt (Haute-Vienne), Izernore (Ain), Corcieux (Vosges), Marguerittes, Trèves (Gard), Mormoiron (Vaucluse), Ustaritz, Lasseube (Basses-Pyrénées), Plouaret, Uzel (Côtes-du-Nord), Pont-Scorff (Morbihan), le Fousseret (Haute-Garonne), Lautrec (Tarn), Auvillars (Tarn-et-Garonne): — Vu les propositions des premiers presidents des Cours d'appel de Bordeaux, Limoges, Lyon, Nancy, Nîmes, Pau, Rennes, Toulouse, et des procureurs généraux pres lesdites Cours; — Décrète :

ART. 1er. Sont provisoirement réunies, tant que durera l'absence pour cause de mobilisation des juges de paix des cantons susvisés, les justices de paix de :

Sigoules et Laforce (Dordogne), sous la juridiction du juge de paix de Laforce.

Bugeat et Meymac (Correze), sous la juridiction du juge de paix de Meymac.

Juillac et Ayen (Corrèze), sous la juridiction du juge de paix de Ayen

Bellegarde et Aubusson (Creuse), sous la juridiction du juge de paix d'Aubusson.

Châteauneuf-la-Forêt et Eymoutiers (Haute-Vienne), sous la juridiction du juge de paix d'Eymoutiers.

Izernore (Ain), précédemment réunie à Nantua, par décret du 24 avril 1915 (2), et Brénod (Ain), sous la juridiction du juge de paix de Brénod

Corcieux et Gérardmer (Vosges), sous la juridiction du juge de paix de Gérardmer.

Marguerittes et Nîmes, 2e canton (Gard), sous la juridiction du juge de paix du 2e canton de Nîmes

Treves et Alzon (Gard), sous la juridiction du juge de paix d'Alzon

Mormoiron et Carpentras (Vaucluse), sous la juridiction du juge de paix de Carpentras.

Ustaritz et Bayonne, canton Nord-Ouest (Basses-Pyrénées), sous la juridiction du juge de paix du canton Nord-Ouest de Bayonne.

Lasseube et Monein (Basses-Pyrénées), sous la juridiction du juge de paix de Monein.

Plouaret et Lannion (Côtes-du-Nord), sous la juridiction du juge de paix de Lannion.

Uzel et Corlay (Côtes-du-Nord), sous la juridiction du juge de paix du canton de Corlay

Pont-Scorff et Hennebont (Morbihan), sous la juridiction du juge de paix d'Hennebont

Le Fousseret et Rieux (Haute-Garonne), sous la juridiction du juge de paix de Rieux.

Lautrec et Vielmur (Tarn), sous la juridiction du juge de paix de Vielmur

Auvillars et Moissac (Tarn-et-Garonne), sous la juridiction du juge de paix de Moissac

2 Le garde des sceaux, ministre de la justice, est chargé, etc

(1) 2e vol., p. 104.

(2) 2e vol., p. 163.

2e Décret.

Le Président de la République française ; — Sur le rapport du garde des sceaux, ministre de la justice : — Vu l'art 1er de la loi du 6 avril 1915 (1), concernant le fonctionnement des justices de paix pendant la guerre : — Vu les décès des juges de paix d'Oyonnax (Ain), Saint-Georges-en-Couzan (Loire), Darney (Vosges), Lachèze (Côtes-du-Nord), Rohan (Morbihan), Lisle-sur-Tarn, Montech (Tarn-et-Garonne) ; — Vu les démissions des juges de paix de Saint-Alvere (Dordogne), Bourg-Saint-Andéol (Ardeche), Langogne (Lozere), Nogent-sur-Seine (Aube), Marcilly-le-Hayer (Aube) ; — Vu les propositions des premiers présidents des Cours d'appel de Bordeaux, Lyon, Nîmes, Paris, Rennes, Toulouse, et des procureurs généraux près lesdites Cours ; — Decrete :

Art 1er Sont provisoirement réunies les justices de paix de :

Saint-Alvere et Cadouin (Dordogne), sous la juridiction du juge de paix de Cadouin.

Oyonnax et Nantua (Ain), sous la juridiction du juge de paix de Nantua

Saint-Georges-en-Couzan et Boën (Loire), sous la juridiction du juge de paix de Boën.

Darney et Monthureux-sur-Saône (Vosges), sous la juridiction du juge de paix de Monthureux-sur-Saône.

Bourg-Saint-Andéol (Ardeche) et Pont-Saint-Esprit (Gard), sous la juridiction du juge de paix de Pont-Saint-Esprit

Langogne et Villefort (Lozere), sous la juridiction du juge de paix de Villefort

Nogent-sur-Seine et Villenauxe (Aube), sous la juridiction du juge de paix de Villenauxe.

Marcilly-le-Hayer et Romilly-sur-Seine (Aube), sous la juridiction du juge de paix de Romilly-sur-Seine

Lacheze et Merdrignac (Côtes-du-Nord), sous la juridiction du juge de paix de Merdrignac

Rohan et la Trinité-Porhoët (Morbihan) sous la juridiction du juge de paix de la Trinité-Porhoet

Lisle-sur-Tarn et Rabastens (Tarn), sous la juridiction du juge de paix de Rabastens.

Montech et Grisolles (Tarn-et-Garonne) sous la juridiction du juge de paix de Grisolles.

2 Le garde des sceaux, ministre de la justice, est chargé, etc.

3e Décret.

Le Président de la République française, — Sur le rapport du garde des sceaux, ministre de la justice ; — Vu le décret du 18 déc 1915 (2), réunissant, en raison de l'absence pour cause de mobilisation du juge de paix de Saint-Paulien (Haute-Loire), les justices de paix de Saint-Paulien et du canton Nord du Puy (Haute-Loire) sous la juridiction du juge de paix du canton Nord du Puy ; — Vu les nouvelles propositions, en date du 29 déc. 1915, du premier président de la Cour d'appel de Riom et du procureur général près ladite Cour ; — Decrete :

Art. 1er Sont provisoirement réunies, tant que durera l'absence pour cause de mobilisation du juge de paix de Saint-Paulien, les justices de paix de Saint-Paulien et du canton Sud-Est du Puy (Haute-Loire), sous la juridiction du juge de paix du canton Sud-Est du Puy.

2. Est rapporté le decret susvisé en date du 18 déc. 1915

3. Le garde des sceaux, ministre de la justice, est chargé, etc

---

Marchés a terme, Marchés a livrer, Marchandises de cours inférieur a 40 fr. le quintal ou l'hectolitre, Bourse de commerce de Paris.

Arrêté *fixant, pour l'année* 1916, *la nomenclature des marchandises faisant l'objet d'un trafic a livrer réglementé, dont la moyenne des cours a été inférieure à* 40 *fr. par quintal ou hectolitre.*

(14 janvier 1916). — (Publ au *J off.* du 15 janv)

Le Ministre du commerce, de l'industrie, des postes et des télégraphes ; — Vu les art. 10 et 12 de la loi de finances du 13 juill 1911 (3), — Vu les art 8, 9, 10 et 11 de la loi de finances du 27 févr 1912 (4) ; — Vu le décret du 21 juin 1913 (5), portant reglement d'administration publique pour l'exécution des dispositions des lois susvisées, relatives aux opérations d'achat ou de vente de marchandises à terme ou à livrer, — Sur la proposition du conseiller d'Etat, directeur des affaires commerciales et industrielles, — Arrête :

Article unique. La nomenclature des marchandises faisant l'objet d'un trafic à livrer réglementé, dont la moyenne des cours pratiqués pendant les cinq dernieres années, telle qu'elle résulte des cours de la marchandise en disponible, arrêtés par les courtiers assermentés a été inférieure à 40 fr. par quintal ou hectolitre, est fixée comme suit pour l'année 1916 :

---

(1) 2e vol., p. 104.

(2) *Supra*, p. 189.

(3) S. et P. *Lois annotées* de 1912, p 202 ; *Pand. pér.*, *Lois annotées* de 1912, p. 202.

(4) S. et P. *Lois annotées* de 1913, p 379 ; *Pand. pér.*, *Lois annotées* de 1913, p. 379.

(5) S. et P. *Lois annotées* de 1913, p. 513 ; *Pand. pér.*, *Lois annotées* de 1913, p. 513.

Bourse de commerce de Paris.

1° Avoines;
2° Blé;
3° Farines;
4° Seigle

COLONIES, GUERRE FRANCO-ALLEMANDE, PROTECTORAT (PAYS DE), FONCTIONNAIRES. EMPLOYÉS ET AGENTS, PENSIONS, SERVICES DE GUERRE, BLESSURES OU INFIRMITÉS. PENSIONS MILITAIRES, PENSIONS CIVILES, VEUVES, ORPHELINS, OPTION, DÉLAI, EFFET RÉTROACTIF, SERVICES ADMISSIBLES. TEMPS DE GUERRE, SERVICE MILITAIRE, PRISONNIERS DE GUERRE.

LOI *relative aux pensions des fonctionnaires, employés et agents du service colonial et des services locaux des colonies et pays de protectorat français relevant du ministère des colonies, qui, accomplissant en temps de guerre un service militaire, sont tués ou atteints de blessures ou d'infirmités dans l'exercice de ce service.*

(15 janvier 1916) — (Publ au *J. off.* du 18 janv).

ART **1er**. Les fonctionnaires, employés et agents rétribués sur les budgets généraux, locaux ou spéciaux des colonies et pays de protectorat français relevant du ministere des colonies, qui, accomplissant, en temps de guerre, un service militaire, sont atteints, dans l'exécution de ce service, de blessures ou d'infirmités ouvrant des droits à une pension militaire, peuvent, en renonçant à cette pension, réclamer le benefice du régime normal des retraites auquel ils étaient assujettis comme fonctionnaires Dans ce cas, les blessures et infirmites sont considérées comme reçues ou contractées dans l'exercice des fonctions civiles

L'option ainsi faite emportera détermination du régime éventuellement applicable à la veuve ou aux orphelins.

L'application des dispositions qui précedent est limitée : 1° aux fonctionnaires, employés et agents régis pour la retraite par les lois des 18 avril 1831 (1) et 9 juin 1853 (2): 2° à ceux soumis aux reglements constitutifs des caisses de retraites des colonies et pays de protectorat français relevant du ministere des colonies, lorsque les personnes qualifiées pour prendre des decisions au nom de ces caisses auront adhéré à cette mesure.

2 Peuvent également opter, dans les conditions prévues par l'article précédent, pour le régime de pension afferent à l'emploi civil, les veuves ou orphelins légitimes desdits fonctionnaires, employés et agents rétribués sur les budgets généraux, locaux ou spéciaux des colonies et pays de protectorat français relevant du ministère des colonies, qui ont été tués dans l'accomplissement d'un service militaire en temps de guerre, ou qui, avant d'avoir usé de la faculté ouverte par l'article précédent, sont morts des suites de blessures reçues dans l'exécution du même service

Dans le cas où la veuve serait en concours avec des enfants d'un autre lit, il sera statue, relativement à l'option à exercer, et sur citation délivrée a la requête de la partie la plus diligente, par le tribunal civil du lieu de la succession, siégeant en chambre du conseil Les actes de procédure seront exempts des droits de timbre et d'enregistrement.

3 Lorsque les fonctionnaires, employes ou agents visés à l'art. 1er sont tributaires d'une caisse de retraites coloniale, et peuvent avoir, d'apres la réglementation de cette caisse, des ayants cause autres que ceux prévus par la legislation sur les pensions de l'Etat, ces ayants cause sont admis à bénéficier du régime de la caisse, comme si leur auteur était mort par suite de l'exercice des fonctions civiles.

Ce droit est independant de l'option que la veuve et les orphelins légitimes viendraient à exercer en faveur d'une pension de l'Etat La quotite du secours ou de la pension verse par la caisse coloniale est calculee et liquidée comme si tous les ayants droit du fonctionnaire décédé participaient au régime de ladite caisse

4 La cause du déces, l'origine et la gravité des blessures ou infirmités seront, même en cas d'option pour le regime des pensions civiles ou des caisses de retraites coloniales, constatées dans les formes prescrites pour la liquidation des pensions militaires

5. L'option autorisée par les art 1 et 2 de la présente loi devra être exercée, ou la citation prévue à son art. 2 délivrée, dans les délais impartis aux intéressés pour faire valoir leurs droits à la pension militaire.

6 Seront reçues à exercer rétroactivement le droit d'option prévu par les art 1er et 2 ci-dessus, les personnes visées par ces articles, qui auront forme une demande de pension militaire entre le 2 août 1914 et la promulgation de la présente loi aux colonies Il en sera ainsi même si leur demande avait eté suivie d'une concession de pension ou d'un secours annuel d'orphelins

Les delais prévus à l'art 5 auront, dans ces cas, pour point de départ la promulgation de la loi.

7 Pour l'application, en vertu des dispositions qui précedent, de la loi du 9 juin 1853 et des reglements sur les caisses de retraites coloniales,

(1) S. 1er vol. des *Lois annotées*, p. 49.

(2) S. *Lois annotées* de 1853, p. 67. — P. *Lois, décr.*, etc. de 1853, p. 118.

les blessures ou le décès résultant d'événements de guerre sont assimilés :

En ce qui concerne la loi du 9 juin 1853, aux blessures reçues ou au décès survenu dans les circonstances définies aux art. 11-1° et 14-1° de ladite loi;

En ce qui a trait aux caisses de retraites coloniales, aux blessures reçues ou au décès survenu au cours ou à la suite de lutte ou de combat soutenu dans l'exercice des fonctions civiles.

8. Pour l'application de l'art. 127 *c* de la loi de finances du 13 juill. 1911 (1) à ceux des fonctionnaires, employés et agents visés à l'art 1er de la présente loi, qui sont régis, au point de vue de la retraite, par la loi du 18 avril 1831, sont assimilées au temps de présence effective dans le grade de fonctionnaire aux colonies les périodes de service militaire accomplies par les intéressés, lorsqu'en temps de guerre, ils sont rappelés sous les drapeaux ou s'engagent pour la durée de la guerre

Il en est de même du temps durant lequel ils auraient été prisonniers de guerre.

La même regle est applicable aux veuves et orphelins desdits fonctionnaires. employés et agents.

9. Les fonctionnaires, employés et agents du service colonial et des services locaux des colonies et pays de protectorat français relevant du ministère des colonies, tributaires d'une caisse de retraites coloniale, qui, apres leur assujettissement à cette institution, sont, en temps de guerre, rappelés sous les drapeaux ou s'engagent pour la durée de la guerre, sont admis à compter, pour la constitution du droit à la pension et pour la liquidation, les périodes de service militaire effectuées par eux dans ces conditions, et celles durant lesquelles ils auraient été prisonniers de guerre, comme temps de présence effective aux colonies, accompli sous le régime de ladite caisse

Le même avantage est étendu aux veuves et orphelins de ceux des agents intéresses décédés en activité de service

Le mode exceptionnel de décompte prévu au premier paragraphe du présent article cesse toutefois d'être appliqué, si les fonctionnaires, employés et agents visés à ce paragraphe ont obtenu une pension à l'occasion des services militaires qui y sont mentionnés.

IMPÔT GÉNÉRAL SUR LE REVENU, IMPÔT COMPLÉMENTAIRE, LOI DU 15 JUILL. 1914, ART. 5 A 25, APPLICATION, REVENU IMPOSABLE, DÉTERMINATION, DÉCLARATION PAR LE CONTRIBUABLE, REVENU GLOBAL, ETAT DES CHARGES, RENSEIGNEMENTS D'ETAT CIVIL, DÉLAI DE DÉCLARATION, DÉCLARATION (DÉFAUT DE), AVIS DU CONTRÔLEUR DES CONTRIBUTIONS DIRECTES, DÉCLARATION DÉTAILLÉE DANS LE DÉLAI D'UN MOIS, TAXATION D'OFFICE, CHANGEMENT DE DOMICILE, MODIFICATION DE LA DÉCLARATION, CONTRÔLE DES DÉCLARATIONS ET TAXATIONS D'OFFICE, RÔLES SUPPLÉMENTAIRES, DÉCÈS DU CONTRIBUABLE.

DÉCRET *portant règlement d'administration publique pour l'application des art 1 à 25 de la loi du 15 juill 1914, établissant un impôt général sur le revenu.*

(15 janvier 1916). — (Publ. au *J. off.* du 23 janv.).

LE PRÉSIDENT DE LA RÉPUBLIQUE FRANÇAISE; — Sur le rapport du ministre des finances; — Vu les art. 5 à 24 de la loi du 15 juill. 1914 (2), établissant un impôt général sur le revenu, et notamment le 4e alin. de l'art 16; — Vu l'art 25 de la même loi, portant qu'un reglement d'administration publique fixera les mesures d'exécution nécessaires pour l'application des dispositions des art. 5 à 24, susvisés; — Le Conseil d'Etat entendu; — Décrète :

CHAPITRE Ier

Du revenu imposable.

ART **1er**. En vue de la détermination, pour chaque contribuable passible de l'impôt général sur le revenu, du revenu total qui doit servir de base au calcul de sa contribution, les revenus provenant de sources diverses sont classés de la façon suivante :

Revenus des propriétés foncières bâties;

Revenus des propriétés foncières non bâties;

Revenus des valeurs et capitaux mobiliers,

Bénéfices de l'exploitation agricole;

Bénéfices du commerce, de l'industrie, de l'exploitation minière et des charges et offices.

Revenus des professions libérales;

Revenus des emplois publics et privés;

Revenus de tous capitaux et de toutes occupations lucratives non dénommées ci-dessus;

Retraites, pensions et rentes viageres

Pour chaque catégorie de revenus, le revenu net est constitué par l'excédent du produit brut effectivement réalisé, y compris la valeur des profits et des avantages dont le contribuable a joui en nature, sur les dépenses réellement effectuées en vue de l'acquisition et de la conservation du revenu

Ces dépenses comprennent notamment :

En ce qui concerne les propriétés foncières, les

---

(1) S. et P. *Lois annotées* de 1912, p. 202, *Pand. pér., Lois annotees* de 1912, p. 202.

(2) S. et P. *Lois annotées* de 1916, p. 38; *Pand. pér., Lois annotées* de 1916, p 38.

frais de gestion, d'assurances, d'entretien et l'amortissement du capital immobilier, à l'exclusion des sommes dépensees pour l'accroissement de ce capital.

En ce qui concerne les valeurs mobilières, les impôts dont la charge annuelle incombe au possesseur de ces valeurs

En ce qui concerne les exploitations agricoles, commerciales, industrielles et autres le loyer, ou, si l'exploitant est propriétaire, la valeur locative des fonds sur lesquels porte l'exploitation agricole, ainsi que des propriétés immobilières occupées pour les besoins de toutes les exploitations ci dessus mentionnées: l'intérêt des capitaux prêtés à l'entreprise, lorsque la personnalité de celle-ci est distincte de celle de l'exploitant, les traitements, salaires et rétributions diverses payés aux employés, ouvriers et auxiliaires, ainsi que la valeur des avantages et des produits qui leur sont concedes en nature; le coût des matières premières, les frais généraux divers et les frais d'assurances, le loyer du materiel et des installations n'ayant pas un caractère immobilier, ou, si l'exploitant en est propriétaire, les frais d'entretien et l'amortissement, en tenant compte de la nature et des conditions de l'exploitation, à l'exclusion des sommes depensées pour donner une plus-value à l'outillage et de celles affectées à l'extension de l'entreprise ou à la constitution de réserves

En ce qui concerne les professions, emplois et toutes autres occupations lucratives, les frais de toute nature et les dépenses que necessite spécialement l'exercice de la fonction, de la profession, de l'emploi ou de l'occupation, ainsi que les retenues supportees et les sommes versées pour la constitution de pensions ou de retraites

2 Le revenu net servant de base à l'impôt est forme par l'ensemble des revenus nets afférents à chacune des categories determinees à l'art 1er, sous deduction, dans les conditions où la loi autorise ce retranchement, des charges qui grèvent l'ensemble du revenu, et qui sont specifiées à l'art 10 de la loi du 15 juill 1914.

CHAPITRE II

Des déclarations.

3 Le contribuable passible de l'impôt, qui souscrit la déclaration prévue par le § 1er de l'art 16 de la loi du 15 juill 1914, indique dans cette déclaration .

A — Ses nom et prénoms; le lieu de sa résidence, ou, s'il a plusieurs residences, le lieu de son principal établissement; la nature de ses occupations professionnelles;

B. — Le montant de son revenu global.

Ce revenu est constitué par la totalisation du revenu net personnel du contribuable, de celui de sa femme, de ceux enfin des autres membres de sa famille qui habitent avec lui et des personnes qu'il declare être à sa charge

Toutefois, le contribuable peut s'abstenir de comprendre dans le revenu global qui fait l'objet de sa déclaration, les revenus personnels des membres de sa famille visés par le second alinéa de l'art 8 de la loi du 15 juill. 1914, lorsqu'il se trouve au cas de demander le benefice de cette disposition de la loi Il doit alors, dans sa declaration reclamer ce benéfice et designer nommément lesdites personnes Si cette demande est fondee, les personnes désignées jouissent des mêmes droits et sont soumises aux mêmes obligations que les autres contribuables

C. — L'etat des charges, que, par application de l'art 10 de la loi, il a deduites pour fixer le revenu global, objet de sa declaration.

Cet etat précise :

Au sujet des dettes contractees et des rentes payees à titre obligatoire, le nom et le domicile du créancier, la nature ainsi que la date du titre constatant la créance, et, s'il y a lieu, le nom et la residence de l'officier public qui a dressé l'acte, ou la juridiction dont émane le jugement, enfin le chiffre des interêts ou arrérages annuels,

Au sujet des impôts directs ou des taxes assimilees aux contributions directes, la nature de chaque contribution, le lieu de l'imposition, l'article du rôle et le montant de la cotisation;

Au sujet des pertes resultant d'un déficit d'exploitation la designation de l'entreprise déficitaire, le chiffre et les éléments constitutifs du déficit.

D. — S'il est marié, la date et le lieu de son mariage; s'il a des personnes à sa charge, les noms, prénoms, date et lieu de naissance de chacune d'elles, ainsi que les circonstances (lien de parenté, etc) de nature à justifier que ces personnes doivent être considérees comme étant à sa charge par application de l'art 13 de la loi

En outre, si le déclarant veut faire usage de la faculte, que lui réserve le § 1er de l'art 16 de la loi du 15 juill. 1914, d'appuyer la declaration de son revenu global du détail des éléments qui le composent, il peut specifier la répartition de ce revenu dans les catégories déterminées par l'art 1er du present décret. Il indique également, s'il est chef d'entreprise, le siege de son exploitation; s'il est employé d'une administration publique ou d'une entreprise privee à laquelle il est attaché, et la nature de son emploi

4 Lorsqu'un contribuable n'a pas souscrit la déclaration de son revenu global dans les deux premiers mois de l'année, le contrôleur, en l'informant du revenu d'après lequel son imposition sera, le cas échéant, etablie d'office, et de la faculté qui lui est laissée de produire une déclaration détaillee dans un nouveau délai d'un mois, à partir de la reception de cet avis, le prévient que si, à l'expiration de ce délai, il n'a pas fait cette

déclaration, il conservera néanmoins le droit de présenter, au sujet de la taxation d'office, telles observations qu'il jugera utiles, soit par écrit, dans un delai de dix jours, soit verbalement ; il lui fixe en même temps le jour et l'heure où il pourra l'entendre.

5. La lettre d'avis adressée au contribuable, en conformité de l'article précédent, doit reproduire le texte complet des art. 16, 17, 18 et 19 de la loi du 15 juill. 1914.

6. Le contribuable, qui, après réception de cette lettre d avis, souscrit la déclaration prévue par l'art 16, dernier paragraphe, de la loi susmentionnée, mentionne dans cette déclaration les indications précisées dans les §§ A B C D de l'art 3 du présent décret.

Il doit, en outre, spécifier la répartition de l'ensemble de ses ressources dans les diverses catégories déterminées par l'art 1er de ce décret ; il fournit enfin toutes les autres indications precisées par le paragraphe final de l'art. 3.

7. Lorsqu'un contribuable estime qu'il n'est pas passible de l'impôt. à raison du montant de son revenu global, calculé sans tenir compte, le cas échéant, des revenus des personnes de sa famille se trouvant dans les conditions prévues par le § 2 de l'art 8 de la loi, pour lesquelles il reclame des impositions distinctes, et toutes déductions prévues par les art 10 et 12 de ladite loi ayant d'ailleurs ete opérées, il peut en produire l'affirmation, soit dans les deux premiers mois de l'année, soit dans le délai d'un mois apres la réception de la lettre d'avis mentionnée dans les articles précédents du présent décret

Cette affirmation devra être accompagnée, s'il y a lieu, des indications mentionnées dans les §§ C et D de l'art. 3 du présent décret et de celles précisées par le § B du même article, qui sont relatives à la désignation des personnes de la famille du contribuable pour lesquelles celui-ci réclame les impositions distinctes

L'Administration peut le taxer d'office, comme tout contribuable n'ayant pas souscrit la déclaration de son revenu, mais elle est tenue, en cas de contestation, de prouver l'inexactitude de l'affirmation produite par ce contribuable qu'il n'est pas passible de l'impôt. Pour faire la preuve à sa charge, l'Administration doit établir que, dans l'année qui a précédé celle de l'imposition, l'assujetti a joui d'un revenu au moins égal au minimum imposable, compte non tenu des déductions et des charges pour lesquelles les justifications nécessaires n'auront pas été fournies par le contribuable

8. Le contribuable, qui use de la faculté de ne pas renouveler annuellement sa déclaration, doit cependant, s'il a transporté d'une commune à une autre, soit sa residence unique, soit son principal établissement, signaler ce changement, dans le délai ouvert pour faire la déclaration annuelle au contrôleur du lieu où doit être établie sa nouvelle imposition Faute par lui de s'être conformé à cette prescription, et à moins qu'il ne justifie de son imposition dans une autre commune, il n'est pas recevable à se prévaloir de ce que la mutation n'a pas éte opérée pour réclamer la décharge de son imposition

9. Tout contribuable, qui, ayant souscrit une déclaration au cours de l'année précédente ou de l'une des années antérieures, entend ne pas la maintenir, doit, dans le délai de deux mois fixe par l'art. 16, § 5, de la loi, s'il ne souscrit pas une déclaration nouvelle, avertir le contrôleur qu'il retire sa précédente déclaration. Sa situation est dès lors celle d'un contribuable qui n'a pas fait la déclaration de son revenu global, prévue par l'art 16, § 1er, de la loi

10. La déclaration est remise au contrôleur du lieu indiqué dans cette déclaration comme étant celui ou le contribuable a sa résidence unique, ou, s'il a plusieurs résidences, son principal établissement

Le bénéfice des dispositions insérées dans la loi du 15 juill. 1914 et dans le present reglement, au profit des contribuables qui ont fait une declaration de leur revenu, demeure acquis à ce contribuable pour l'année où il a souscrit sa déclaration et pour les années suivantes, tant qu'il ne l'aura pas retirée, quelle que soit la commune dans laquelle il aura été imposé au rôle de l'impôt général sur le revenu.

CHAPITRE III

Contrôle des déclarations et taxation d'office.

11 Pour la vérification des déclarations et l'établissement des taxations d'office, les éléments certains sur lesquels peuvent s'appuyer les contrôleurs, dans les conditions prévues aux art 17 et 19 de la loi du 15 juill. 1914, doivent s'entendre de tout élément de preuve ayant un caractère d'authenticité certaine, et dont ils ont eu connaissance ou. communication en vertu de leurs fonctions

CHAPITRE IV

Dispositions diverses

12 Tout contribuable omis dans les rôles généraux de l'impôt peut être valablement inscrit, au cours de l'année de l'imposition, sur un rôle supplémentaire de la commune dans laquelle il est imposable.

13 Lorsqu'un contribuable passible de l'impôt a été inscrit à tort au rôle d'une commune dans laquelle il n'était pas imposable, parce qu'il n'y avait pas sa résidence unique, ou, s'il a plusieurs résidences, son principal établissement, il peut, dans le cas ou il aurait obtenu, à raison de cette erreur, la décharge de sa contribution, être inscrit à un rôle supplémentaire de la commune où il devait être imposé. Ce rôle doit être émis dans l'année qui suit la date à laquelle la décision accordant cette décharge est devenue définitive

14 Lorsque, à la suite de l'ouverture de la succession d'un contribuable, il a été constaté que ce contribuable a été omis à tort ou insuffisamment imposé aux rôles de l'année de son décès ou de l'une des cinq années antérieures, les sommes dont le Trésor aura ainsi été frustré sont recouvrées au moyen de rôles qui peuvent être émis au cours des deux années suivant la déclaration de la succession, ou, si aucune déclaration n'a été faite, le paiement par les héritiers des droits de mutation après décès

L'imposition est établie au nom de la succession, et les ayants droit sont tenus solidairement d'en acquitter le montant.

15 Les agents du service des contributions directes sont seuls appelés à formuler des avis sur les réclamations relatives à l'impôt général sur le revenu.

16. Le ministre des finances est chargé, etc

MINISTÈRE DU COMMERCE, DE L'INDUSTRIE, DES POSTES ET TÉLÉGRAPHES, GUERRE FRANCO-ALLEMANDE, EXPORTATION, INTERDICTION DU COMMERCE AVEC LES SUJETS DES PAYS ENNEMIS, INTERDICTION DE SORTIE, COMMISSION CONSULTATIVE.

ARRÊTÉ *instituant une commission consultative des affaires se rattachant aux prohibitions de sortie, et à l'application, en matière d'exportation, de l'interdiction du commerce avec les sujets des pays ennemis.*

(15 janvier 1916). — (Publ au *J. off* du 18 janv).

LE MINISTRE DU COMMERCE, DE L'INDUSTRIE, DES POSTES ET DES TÉLÉGRAPHES: — Sur le rapport du conseiller d'Etat directeur des affaires commerciales et industrielles ; — Arrête ·

ART. **1er** Il est institué, auprès du ministre du commerce, de l'industrie, des postes et des télégraphes, une commission consultative des affaires se rattachant aux prohibitions de sortie, et à l'application, en matière d'exportation, de l'interdiction du commerce avec les sujets des pays ennemis.

2 Sont nommés membres de cette commission

(*Suivent les noms au* J. off.).

3 Le conseiller d'Etat directeur des affaires commerciales et industrielles est chargé, etc.

MINISTÈRE DU COMMERCE, DE L'INDUSTRIE, DES POSTES ET TÉLÉGRAPHES, GUERRE FRANCO-ALLEMANDE, IMPORTATION, INTERDICTION DU COMMERCE AVEC LES SUJETS DES PAYS ENNEMIS, INTERDICTIONS D'ENTRÉE, ETABLISSEMENTS SÉQUESTRÉS, COMMISSION CONSULTATIVE.

ARRÊTÉ *instituant une commission consultative des affaires se rattachant à l'application, en matière d'importation, des actes relatifs à l'interdiction du commerce avec les sujets des pays ennemis, aux prohibitions d'entrée des marchandises, aux établissements placés sous séquestre.*

(15 janvier 1916). — (Publ. au *J. off.* du 18 janv.).

LE MINISTRE DU COMMERCE, DE L'INDUSTRIE, DES POSTES ET DES TÉLÉGRAPHES ; — Sur le rapport du conseiller d'Etat directeur des affaires commerciales et industrielles ; — Arrête :

ART. **1er**. Il est institué, auprès du ministre du commerce, de l'industrie, des postes et des télégraphes, une commission consultative des affaires se rattachant : à l'application, en matière d'importation, des actes relatifs à l'interdiction du commerce avec les sujets des pays ennemis, aux prohibitions d'entrée des marchandises, aux établissements placés sous séquestre.

2 Sont nommés membres de cette commission :

(*Suivent les noms au* J. off.)

3 Le conseiller d'Etat directeur des affaires commerciales et industrielles est chargé, etc

---

1° SOCIÉTÉS D'ASSURANCES, GUERRE FRANCO-ALLEMANDE, MORATORIUM, PROROGATION DE DÉLAIS, REMBOURSEMENT DES SOMMES DUES EN VERTU DES CONTRATS D'ASSURANCE, ALGÉRIE. — 2° SOCIÉTÉS D'ÉPARGNE ET DE CAPITALISATION, GUERRE FRANCO-ALLEMANDE, MORATORIUM, PROROGATION DE DÉLAIS, REMBOURSEMENT DE SOMMES DUES EN VERTU DE CONTRATS DE CAPITALISATION OU D'ÉPARGNE, ALGÉRIE.

DÉCRET *relatif à la prorogation des contrats d'assurance. de capitalisation et d'epargne* (1).

(15 janvier 1916) — (Publ. au *J. off* du 22 janv.).

LE PRÉSIDENT DE LA RÉPUBLIQUE FRANÇAISE ;

---

(1) Ce décret est précédé au *J. off.* d'un rapport ainsi conçu

« Le projet de décret que nous avons l'honneur de vous soumettre proroge pour une nouvelle période de soixante jours francs les délais précédemment accordés pour l'acquittement des sommes dues par les entreprises d'assurance, de capitalisation et d'epargne, en maintenant aux mêmes taux les paiements provisoirement exigibles des-

— Sur le rapport des ministres du travail et de la prévoyance sociale, de la justice, de l'intérieur, de l'agriculture, du commerce, de l'industrie, des postes et des télégraphes ; — Vu la loi du 5 août 1914 (1), relative à la prorogation des échéances des valeurs négociables ; — Vu le decret du 29 août 1914 (2), relatif à la prorogation des échéances ; — Vu les décrets des 27 sept (3), 27 oct (4), 29 déc 1914 (5), 23 févr (6), 24 avril (7), 26 juin (8), 28 août (9), 30 oct (10) et 20 nov 1915 (11), relatifs aux contrats d'assurance, de capitalisation et d'epargne, — Le conseil des ministres entendu ; — Décrète :

ART 1er Les délais accordés par les art. 1er et 5 du decret du 27 sept. 1914 pour le paiement des sommes dues par les entreprises d'assurances, de capitalisation et d'épargne, et prorogés par l'art. 1er des décrets des 27 oct., 29 déc. 1914, 23 févr, 24 avril, 26 juin, 28 août, 30 oct. et 20 nov. 1915, sont prorogés, à dater du 1er févr. 1916, pour une nouvelle période de soixante jours francs, sous les mêmes conditions et réserves que celles edictees par le décret du 20 nov. 1915, le bénéfice de cette prorogation étant étendu aux contrats à échoir avant le 1er avril 1916, pourvu qu'ils aient éte conclus antérieurement au 4 août 1914

Toutefois, pendant la durée de cette prorogation, les entreprises d'assurances contre les accidents de toute nature — autres que les accidents du travail — seront tenues de payer l'intégralité de l'indemnité temporaire et 60 p 100 du capital et de toutes autres indemnités dues.

2. Les dispositions du present decret sont applicables à l'Algérie.

3. Les ministres du travail et de la prévoyance sociale, de la justice, de l'interieur, de l'agriculture. du commerce, de l'industrie, des postes et des télégraphes sont chargés, etc.

ARMÉE, AVANCEMENT DES OFFICIERS, OFFICIERS DE RÉSERVE, COLONELS, PROMOTION AU GRADE DE GÉNÉRAL, OFFICIERS DE L'ARMÉE TERRITORIALE, LIEUTENANTS-COLONELS, PROMOTION AU GRADE DE COLONEL.

DÉCRET *portant addition au décret du 10 dec. 1907, relatif à l'avancement des officiers de réserve et des officiers de l'armée territoriale*

(17 janvier 1916). — (Publ au *J. off* du 23 janv)

LE PRÉSIDENT DE LA RÉPUBLIQUE FRANÇAISE ; — Sur le rapport du ministre de la guerre ; — Vu les art. 45 et 58 de la loi du 13 mars 1875 (12), — Vu le décret du 10 dec 1907 (13), relatif à l'avancement des officiers de réserve et des officiers de l'armée territoriale, et les décrets de diverses dates qui l'ont modifie, notamment celui du 11 oct 1915 (14) ; — Decrete :

ART. 1er Le titre I « Officiers de réserve », du décret du 10 déc. 1907, relatif à l'avancement des officiers de réserve et des officiers de l'armée territoriale, est completé par un article nouveau, numéroté 1 *bis*, dont le texte suit

« *Art. 4 bis* Les colonels de réserve susceptibles d'exercer le commandement d'une brigade peuvent être promus au grade de général de brigade dans le cadre des officiers de réserve, dans les mêmes conditions d'ancienneté que les officiers de l'armée active »

2 Le titre II « Officiers de l'armée territoriale », du décret du 10 déc 1907, relatif à l'avancement des officiers de réserve et de l'armée territoriale, est complété par un article nouveau, numéroté 8 *bis*, dont le texte suit :

« *Art 8 bis* Les lieutenants-colonels de l'armée territoriale peuvent être promus au grade de colonel dans l'armée territoriale, en vue d'exercer les fonctions d'officier général dans les mêmes conditions d'ancienneté que les officiers de l'armée active »

3 Le ministre de la guerre est chargé, etc

ARMÉE, GUERRE FRANCO-ALLEMANDE, ENGAGEMENTS POUR LA DURÉE DE LA GUERRE, TROUPES COLONIALES, SECTIONS D'INFIRMIERS MILITAIRES ET DE COMMIS ET OUVRIERS D'ADMINISTRATION, DÉCRET DU 12 DÉC. 1915, APPLICATION, INDIGÈNES DE L'AFRIQUE OCCIDENTALE, DE L'AFRIQUE ÉQUATORIALE, DE LA CÔTE DES SOMALIS, DE LA NOUVELLE CALÉDONIE ET DES ETABLISSEMENTS FRANÇAIS DE L'OCÉANIE.

DÉCRET *appliquant aux indigenes de l'Afrique occidentale et de l'Afrique equatoriale les dispositions du decret du 12 dec 1915, fixant les conditions d'engagement pour la durée de la guerre des indi*

---

dites entreprises, dont la situation ne s'est pas sensiblement modifiée.

« Toutefois, pour les sociétés d'assurances contre les accidents de toute nature, il a semblé qu'on pouvait sans inconvénient leur demander de verser aux intéressés l'intégralite de l'indemnite journalière, et 60 p. 100 du capital et de toutes autres indemnites dues, sans limitation. En matière d'assurances contre les accidents du travail, les entreprises demeurent, bien entendu, tenues d'acquitter l'intégralité des allocations temporaires et rentes viagères dues en vertu de la loi du 9 avril 1898 et des lois qui l'ont modifiee et complétée ».

(1 a 4) 1er vol., p. 33, 89, 129, 175, 284.

(5 à 9) 2e vol., p 38, 137, 209, 304.

(10-11) *Supra*, p. 111, 139.

(12) S. et P. *Lois annotees* de 1875, p. 693. — P *Lois, décr.*, etc. de 1875, p. 1192.

(13) *J. off.*, 13 dec. 1907, p. 8393.

(14) *Supra*, p. 66

gènes de l'Indo-Chine et de Madagascar dans les sections d'infirmiers militaires et de commis ou ouvriers d'administration des troupes coloniales, et accordant des allocations aux familles de ces militaires indigènes

(17 janvier 1916) — (Publ au *J. off* du 18 janv).

LE PRÉSIDENT DE LA RÉPUBLIQUE FRANÇAISE; — Sur le rapport des ministres de la guerre, des colonies et des finances; — Vu le décret du 12 déc. 1915 (1), fixant les conditions d'engagement pour la durée de la guerre des indigènes de l'Indo-Chine et de Madagascar dans les sections d'infirmiers militaires et de commis et ouvriers d'administration des troupes coloniales, et accordant des allocations aux familles de ces militaires indigènes; — Décrète :

ART **1er** Les dispositions du décret du 12 dec 1915. fixant les conditions d'engagement pour la duree de la guerre des indigenes de l'Indo-Chine et de Madagascar dans les sections d'infirmiers militaires et de commis et ouvriers d'administration des troupes coloniales, et accordant des allocations aux familles de ces militaires indigènes, sont applicables aux indigenes de l'Afrique équatoriale, de la Côte des Somalis, de la Nouvelle-Caledonie et des Etablissements français de l'Oceanie

2 Les engagements sont reçus dans les formes fixees .

En Afrique occidentale, par le decret du 7 févr 1912 (2), portant réorganisation du recrutement des troupes indigenes et de leurs réserves en Afrique occidentale française, modifie le 8 juin 1914:

En Afrique équatoriale, par un arrête du gouverneur géneral, rendu sur la proposition du commandant supérieur des troupes,

A la Côte des Somalis, par un arrêté du gouverneur genéral, rendu sur la proposition du commandant des troupes;

En Nouvelle-Calédonie et dans les Etablissements français de l'Oceanie, par arrêté des gouverneurs de ces possessions, rendus sur la proposition du commandant supérieur des troupes du groupe du Pacifique

3. Les ministres de la guerre, des colonies et des finances sont chargés, etc.

BUDGET, GUERRE FRANCO-ALLEMANDE, COLONIES, AFRIQUE OCCIDENTALE FRANÇAISE, INSUFFISANCE DE REVENUS, BUDGET COLONIAL, BUDGETS ANNEXES DES CHEMINS DE FER, AVANCES DE L'ETAT, MODE DE REMBOURSEMENT.

LOI *autorisant le ministre des finances a consentir des avances au budget général de l'Afrique occidentale française, a concurrence de 15 500 000 fr , pour parer a l'insuffisance éventuelle des recettes de ce budget et des budgets annexes des chemins de fer de la même colonie.*

(17 janvier 1916) — (Publ au *J off.* du 18 janv)

ARTICLE UNIQUE Le ministre des finances est autorisé à faire au budget général de l'Afrique occidentale française, sur les fonds du Trésor, des avances à concurrence de 15 500 000 fr. Ces avances seront constatées au debit d'un compte à ouvrir parmi les services speciaux du Tresor, sous le titre : « Avances au budget général de l'Afrique occidentale française pour parer à l'insuffisance éventuelle des recettes de ce budget et des budgets annexes des chemins de fer de la même colonie ».

Ces avances seront remboursées en dix termes annuels egaux, augmentes des intérêts calculés au taux de 5 p 100, sauf faculte de remboursement anticipé à toute époque.

Le premier terme du remboursement sera exigible en 1918

PARIS (VILLE DE), GUERRE FRANCO-ALLEMANDE, BOURSE DU TRAVAIL, COMMISSION ADMINISTRATIVE, POUVOIRS, PROROGATION.

DÉCRET *prorogeant les pouvoirs de la commission administrative de la Bourse du travail de Paris*

(17 janvier 1916) — (Publ au *J off.* du 19 janv.).

LE PRÉSIDENT DE LA RÉPUBLIQUE FRANÇAISE; — Vu le décret du 17 juill. 1900 (3), modifié par les decrets des 11 aout 1905 (4) et 15 oct. 1908 (5), et portant réorganisation de la Bourse du travail de Paris; — Vu le décret du 8 janv. 1915 (6), prorogeant d'une année les pouvoirs de la commission administrative de la Bourse du travail, qui prenaient fin le 9 févr. 1915; — Vu l'avis du préfet de la Seine du 29 déc. 1915; — Sur le rapport du ministre du travail et de la prévoyance sociale; — Décrete :

ART **1er**. Par derogation à l'art. 10 du décret précite du 17 juill. 1900, la commission administrative de la Bourse du travail, dont les pouvoirs, aux termes du decret du 8 janv 1915, prennent fin le 9 févr 1916, demeurera en fonctions jusqu'à une date qui sera fixée par arrêté ministeriel après la cessation des hostilités

2. Le ministre du travail et de la prévoyance sociale est charge, etc

---

(1) *Supra*, p. 182.

(2) *Bull. off.*, nouv. série, 75, n. 3676.

(3) *J. off.*, 18 juill. 1900, p. 4716.

(4) *Bull. off*, 12e série, 2668, n 46.604.

(5) *Bull. off*, 12e série, 3046, n. 52.390.

(6) 1er vol., p. 303.

MINISTÈRE DES FINANCES, GUERRE FRANCO-ALLEMANDE, COMPTABLES DIRECTS DU TRÉSOR, ADMINISTRATIONS FINANCIÈRES, ADMINISTRATION DES MONNAIES ET MÉDAILLES, LABORATOIRES DU MINISTÈRE DES FINANCES, CONSEIL DE DISCIPLINE, DÉLÉGUÉS DU PERSONNEL, MANDAT, PROROGATION.

DÉCRET *prorogeant le mandat des délegues aux conseils de discipline pour le personnel des finances*

(18 janvier 1916). — (Publ. au *J. off.* du 23 janv.).

LE PRÉSIDENT DE LA RÉPUBLIQUE FRANÇAISE; — Vu les décrets et arrêtés ministériels portant organisation du régime disciplinaire des comptables directs du Trésor, des agents des administrations financieres, des agents de l'Administration des monnaies et médailles et du service des laboratoires du ministère des finances; — Sur le rapport du ministre des finances; — Décrète :

ART. **1er**. Le mandat des délégués aux conseils de discipline du personnel des comptables directs du Trésor, des administrations financières, de l'Administration des monnaies et médailles et du service des laboratoires du ministère des finances, élus conformément aux reglements, et dont les pouvoirs ont expiré en 1915 ou expirent en 1916, est prorogé jusqu'à la fin de cette dernière année

2. Le ministre des finances est chargé, etc.

UNIVERSITÉS, ETUDIANTS ÉTRANGERS, EQUIVALENCES DE GRADE, DISPENSE DES DROITS SCOLAIRES.

DÉCRET *relatif aux équivalences accordées aux étudiants de nationalité étrangère*

(18 janvier 1916). — (Publ. au *J. off.* du 26 janv).

LE PRÉSIDENT DE LA RÉPUBLIQUE FRANÇAISE; — Sur le rapport du ministre de l'instruction publique, des beaux-arts et des inventions intéressant la defense nationale, et du ministre des finances; — Vu la loi du 14 juin 1854 (1), sur l'administration de l'instruction publique, notamment l'art. 14, § 1er; — Vu l'art. 5 du décret du 22 août 1854 (2), sur le régime des établissements d'enseignement supérieur; — Vu l'avis du conseil supérieur de l'instruction publique; — Le Conseil d'Etat entendu; — Décrète :

ART. **1er**. Les étudiants de nationalité étrangère, admis à bénéficier des décisions d'équivalence de grade, sont dispensés d'acquitter les droits afférents aux actes scolaires français (grades, scolarité, examen) correspondants.

2. Le présent décret aura son effet à dater du 1er janv. 1916.

3. L'art 5 du décret du 22 août 1854 est rapporté en ce qu'il a de contraire au présent décret

4. Le ministre de l'instruction publique, des beaux-arts et des inventions intéressant la défense nationale et le ministre des finances sont chargés, etc.

(1) S. *Lois annotées* de 1854, p. 114. — P. *Lois, décr.*, etc. de 1854, p. 198.

(2) S. *Lois annotées* de 1854, p. 155. — P. *Lois, décr.*, etc. de 1854, p. 269.

MINISTÈRE DU COMMERCE, DE L'INDUSTRIE, DES POSTES ET TÉLÉGRAPHES, GUERRE FRANCO ALLEMANDE, STOCKS D'HUILES ET D'ESSENCES DE PÉTROLE, PRIX, COMMISSION D'ÉVALUATION.

ARRÊTÉ *instituant une commission ayant pour mission d'évaluer les stocks disponibles d'huiles et d'essences de pétrole pour la consommation générale, et de contrôler le prix de ces produits.*

(19 janvier 1916). — (Publ. au *J. off.* du 20 janv.).

LE MINISTRE DU COMMERCE, DE L'INDUSTRIE, DES POSTES ET DES TÉLÉGRAPHES; — Arrête :

ART. **1er**. Il est institué une commission ayant pour mission d'évaluer les stocks disponibles d'huiles et d'essences de pétrole pour la consommation générale, et de contrôler le prix de ces produits.

2. Sont nommés membres de cette commission :

(*Suivent les noms au* J. off.).

3. Le directeur du service du ravitaillement pour l'alimentation de la population civile est chargé, etc

COLONIES, GUERRE FRANCO-ALLEMANDE, MINES, PERMIS DE RECHERCHES, PROROGATION, MADAGASCAR, GUYANE, NOUVELLE CALÉDONIE.

DÉCRET *portant prorogation des permis de recherches minières dans les colonies de Madagascar, de la Guyane et de la Nouvelle-Calédonie.*

(20 janvier 1916) — (Publ. au *J. off* du 25 janv.).

LE PRÉSIDENT DE LA RÉPUBLIQUE FRANÇAISE; — Vu l'art. 18 du sénatus-consulte du 3 mai 1854 (3); — Vu le décret du 20 juill. 1897 (4), portant réglementation des mines autres que

(3) S. *Lois annotées* de 1854, p. 78. — P. *Lois, décr.*, etc. de 1854, p. 137.

(4) *J off.*, 21 juill. 1897, p. 4300.

celles des métaux précieux et des pierres précieuses à Madagascar; — Vu le décret du 23 mai 1907 (1), portant réglementation de l'or, des métaux précieux et des pierres précieuses à Madagascar; — Vu le décret du 28 janv. 1913 (2), réglementant la recherche et l'exploitation des gîtes naturels de substances minérales existant en Nouvelle-Calédonie et dépendances; — Vu le décret du 10 mars 1906 (3), portant modification de la réglementation minière de la Guyane; — Vu le décret du 20 avril 1915 (4), relatif à la prorogation de validité et au renouvellement des permis miniers pendant la durée des hostilités; — Sur le rapport du ministre des colonies; — Décrète :

ART 1er. Les dispositions de l'art. 2 du décret du 20 avril 1915 sont, en ce qui concerne les permis de recherches minières accordés dans les colonies de Madagascar, de la Guyane et de la Nouvelle-Calédonie, prorogées pour une période d'une année expirant le 31 déc. 1916. En conséquence, les permis de recherches minières qui viendraient à expiration au cours de l'année 1916 pourront, à titre exceptionnel, être renouvelés pour une nouvelle période d'un an, aux conditions résultant de la réglementation en vigueur.

2. Les dispositions de détail relatives à l'application du présent décret seront, s'il y a lieu, fixées par arrêtés des gouverneurs.

3 Le ministre des colonies est chargé, etc.

COLONIES, ETABLISSEMENTS PÉNITENTIAIRES, SURVEILLANTS MILITAIRES, INDEMNITÉ POUR CHARGES DE FAMILLE.

DÉCRET *réglementant le mode d'attribution et de paiement de l'indemnité pour charges de famille allouée aux surveillants militaires des établissements pénitentiaires coloniaux.*

(21 janvier 1916). — (Publ. au *J. off.* du 26 janv.).

LE PRÉSIDENT DE LA RÉPUBLIQUE FRANÇAISE; — Vu la loi du 30 déc 1913 (5), art. 2, créant une indemnité pour charges de famille: — Vu la loi du 29 déc. 1915 (6), portant ouverture sur l'exercice 1916 des crédits provisoires applicables au premier trimestre de 1916; — Vu l'art 581 du Code de procédure civile; — Vu l'art. 55 de la loi du 25 févr. 1901 (7), portant fixation du budget général des dépenses et des recettes de l'année 1901; — Vu le décret du 20 nov. 1867, portant organisation du corps militaire des surveillants des établissements pénitentiaires coloniaux; — Sur la proposition des ministres des colonies et des finances; — Décrète :

ART. 1er. Les surveillants militaires de tout grade des établissements pénitentiaires coloniaux. ayant plus de deux enfants légalement à leur charge, ont droit, pour chacun desdits enfants, en sus du second, âgés de moins de seize ans et légalement à leur charge, à une indemnité de 50 fr. par trimestre, dans les conditions ci-après.

2. L'indemnité pour charges de famille est acquise, sous réserve des dispositions ci-dessous, aux surveillants militaires en activité de service, dans toutes les positions de présence dans les colonies pénitentiaires, de congé ou de service dans la métropole.

Elle n'est pas due :

Aux surveillants en disponibilité;

Aux surveillants frappés de suspension d'emploi.

3. Sont seuls considérés comme étant légalement à la charge du surveillant les enfants auxquels il peut devoir des aliments, d'après les dispositions du Code civil.

4. Les enfants admis, sans avoir à payer pension, dans un établissement de l'Etat, bénéficiaires de bourses ou de tout autre avantage équivalent, ne sont pas considérés comme etant à la charge du surveillant, et ne peuvent, par suite, ouvrir droit à l'allocation prévue à l'art. 1er.

Cette restriction ne s'applique pas aux enfants qui ne bénéficient que d'une bourse d'externat.

5. L'indemnité pour charges de famille est exclusive de toute gratification annuelle et de l'indemnité aux enfants de troupe laissés dans leur famille. Cette dernière indemnité cessera, par suite, d'être allouée pour les enfants donnant droit à l'allocation prévue au présent décret.

6. L'indemnité pour charges de famille est payée par trimestre et à terme échu, aux 31 mars, 30 juin, 30 septembre et 31 décembre

Elle est acquise en totalité pour chaque mois, du fait de l'existence, à un moment quelconque de ce mois, de la situation donnant droit à l'indemnité.

7. L'indemnité pour charges de famille est insaisissable.

8 Une instruction ministérielle déterminera les détails d'application du présent décret, qui aura son effet à compter du 1er janv. 1911.

9 Le ministre des colonies et le ministre des finances sont chargés, etc.

---

(1) *J. off.*, 24 mai 1907, p. 3676.

(2) *J. off.*, 29 janv. 1913, p. 931.

(3) *Bull. off.*, nouv. série, 98, n. 5082.

(4) 2e vol., p. 125.

(5) S. et P. *Lois annotées* de 1915, p. 821; *Pand. pér.*, *Lois annotées* de 1915, p. 821.

(6) *Supra*, p. 220.

(7) S. et P. *Lois annotées* de 1901, p. 140; *Pand. pér.*, 1902.3.33.

MARCHÉS ADMINISTRATIFS OU DE FOURNITURES, GUERRE FRANCO-ALLEMANDE, AVANCES ET ACOMPTES AUX FOURNISSEURS DU MINISTÈRE DE LA GUERRE

DÉCRET *relatif aux avances et aux acomptes qui peuvent être payés aux titulaires des marchés de fournitures de la guerre* (1)

(21 janvier 1916). — (Publ. au *J. off.* du 23 janv.).

LE PRÉSIDENT DE LA RÉPUBLIQUE FRANÇAISE; — Sur le rapport du ministre de la guerre et du ministre des finances; — Vu l'art. 93 du décret du 31 mai 1862 (2), portant règlement général sur la comptabilité publique; — Vu le règlement du 3 avril 1869, sur la comptabilité des dépenses du ministère de la guerre; — Vu le décret du 20 déc 1914 (3), modifiant les art. 141 et 142 de ce règlement; — Vu le décret du 27 mars 1915 (4), autorisant des avances aux titulaire des marchés du ministère de la guerre; — Décrete :

ART. **1er**. Les décrets précités des 20 déc. 1914 et 27 mars 1915 sont et demeurent abrogés.

2. Les art. 141 et suivants du règlement du 3 avril 1869 sont complétés par les dispositions suivantes :

Art. 141. Ajouter, *in fine* :

« En outre, en cas de mobilisation générale, des avances peuvent être consenties, avant toute livraison, aux titulaires des marchés de fournitures qui justifieront être obligés de faire, pour l'exécution de ces marchés, des achats de matières dont ils doivent acquitter tout ou partie du prix avant livraison.

« Ces avances ne peuvent excéder les cinq sixièmes des sommes ainsi payées par les fournisseurs.

« Elles ne pourront être délivrées que si elles ont été expressément stipulées dans le marché.

« Elles sont productives, au profit du Trésor, d'un intérêt, au taux de 5 fr. 75 p. 100 l'an, pour toute la période comprise entre le paiement de l'avance et sa régularisation.

« Les matières dont le paiement par le fournisseur a donné lieu au mandatement de ces avances demeurent la propriété du fournisseur jusqu'à la régularisation de l'avance, mais elles ne peuvent, sauf autorisation écrite du ministre de la guerre, être ni cédées, ni warrantées, ni employées pour un autre objet que pour l'exécution du marché conclu avec le ministère de la guerre. »

Art 142. Ajouter *in fine* :

« La régularisation des avances faites pour achat de matières, en cas de mobilisation générale, aux titulaires des marchés de fournitures, se fait par voie de précompte sur les mandats d'acomptes délivrés dans les conditions fixées par l'art. 143 ci-dessous, ou de paiement pour solde Cette régularisation se fait dès que ces matières sont effectivement entreposées dans les magasins ou ateliers du fournisseur en territoire français.

« Les sommes à régulariser par voie de précompte ou à reverser au Trésor comprennent, outre le principal de l'avance, l'intérêt prévu par l'art. 141 ci-dessus »

Art 143. Ajouter, *in fine* :

En cas de mobilisation générale, il peut être délivré, avant toute livraison, des acomptes aux titulaires des marchés de fournitures, qui justifieront avoir fait, pour l'exécution de leur marché, soit des approvisionnements de matières premieres effectivement payés par eux, soit des paiements pour salaires.

« Ces acomptes ne peuvent excéder les cinq sixièmes de la valeur des matières premières approvisionnées ou du montant des salaires versés par le fournisseur, depuis le paiement du dernier acompte au personnel employé aux fabrications

---

(1) Ce décret est précédé au *J. off.* d'un rapport ainsi conçu :

« Des decrets, en date des 20 déc. 1914 et 27 mars 1915, ont autorisé, pendant la durée des hostilités, le paiement aux fournisseurs du ministère de la guerre d'avances pour achat de matières premières ou pour paiement de salaires.

« L'expérience a fait ressortir que les termes trop généraux, dans lesquels sont conçus les decrets précités, avaient donné lieu à des abus qu'il importe de faire disparaître.

« Nous avons donc pensé qu'il était nécessaire de restreindre la délivrance des avances aux cas où celle-ci paraît réellement indispensable, c'est-à-dire à ceux où les fournisseurs sont obligés, pour se procurer des matières premières, d'en acquitter le montant avant d'avoir pu en prendre livraison dans leurs usines.

« Pour les autres cas. il a semblé qu'il suffirait de rendre moins étroites les règles qui président actuellement aux paiements d'acomptes pour services faits. En l'état actuel de la réglementation, le service relatif à un marché de fournitures n'est considéré comme fait qu'à la réception de tout ou partie de ces fournitures. Il nous a paru que, pendant la durée des hostilités, on pouvait autoriser exceptionnellement la délivrance d'acomptes, dès que le fournisseur justifierait avoir, pour l'exécution de son marché, soit acquitté des dépenses de main-d'œuvre, soit réalisé et payé des approvisionnements de matières premières.

« Quant aux avances consenties pour les matières que les fournisseurs ont dû payer avant d'en prendre livraison, elles seront transformées en paiements d'acomptes, dès que le fournisseur aura justifié de la réception de ces matières dans son usine.

« Les sommes ainsi avancées seront productives pour l'Etat d'un intérêt au taux de 5 fr. 75 p 100 l'an, depuis le paiement du mandat d'avances jusqu'à sa transformation en mandat d'acompte.

« Quant aux matières payées par mandats d'acomptes, elles seront, dès paiement effectué, la propriété de l'Etat, et le fournisseur ne pourra en disposer pour un autre objet que l'exécution de son marché.

« Ces dispositions nous paraissent de nature à concilier, dans toute la mesure du possible, les intérêts des finances publiques avec les nécessités de la production des fournitures intéressant le ministère de la guerre ».

(2) S. *Lois annotées* de 1862, p. 58. — P. *Lois, décr.*, etc. de 1862, p. 101.

(3) 1er vol., p. 267.

(4) 2 vol., p. 83.

ou confections concernant le ministère de la guerre.

« La délivrance de ces acomptes ne pourra avoir lieu que si elle a été expressément stipulée dans le marché.

« A compter de la remise au fournisseur du mandat d'acompte, les matières approvisionnées qui ont donné lieu à la délivrance de cet acompte deviennent la propriété exclusive du ministère de la guerre.

3 Le ministre de la guerre et le ministre des finances sont chargés, etc.

RÉQUISITIONS MILITAIRES, GUERRE FRANCO-ALLEMANDE, NAVIRES RÉQUISITIONNÉS ET NON MILITARISÉS, ÉTAT-MAJOR ET ÉQUIPAGE, PAIEMENT DES SALAIRES.

CIRCULAIRE *relative à l'établissement des états de paiement des salaires et majorations de salaires des équipages des navires réquisitionnés et non militarisés*

(21 janvier 1916) — (Publ. au *J. off* du 1er févr.).

Le Ministre de la marine à MM. les vice-amiraux commandant en chef, préfets maritimes, officiers généraux, supérieurs et autres commandant à la mer, commandants de la marine à terre, les gouverneurs généraux, gouverneurs et lieutenants gouverneurs des colonies, les agents diplomatiques et consuls à l'étranger.

La circulaire du 1er déc. 1915 (1) (*Journal officiel* du 5, page 8851, et *Bulletin officiel* de la marine, page 479), relative à la gérance des navires réquisitionnés et non militarisés, dispose que chaque paiement des salaires de l'état-major et de l'equipage, ainsi que des majorations de salaires, donne lieu à l'établissement d'un état destiné à servir de justification au capitaine gérant (modèle n° 1 fourni par le service central)

Je vous informe que cette disposition doit être complétée comme suit :

Le paiement des salaires et des majorations de salaires étant réglementairement effectué aux ayants droit en présence de l'administrateur de l'inscription maritime ou du consul qui en fait inscription au rôle d'équipage, l'état de paiement (modele n° 1, susvisé) ne comporte pas l'émargement des parties prenantes, et est simplement revêtu de la certification du paiement par l'administrateur de l'inscription maritime ou par le consul. Cette certification est portée au vu des apostilles du rôle d'équipage.

L'état de paiement, établi dans ces conditions, est affranchi du droit de timbre de quittance. Aux termes de la circulaire du directeur général de la comptabilité publique du 14 avril 1872, § 24 (*B. O. R.*, page 33), l'impôt du timbre n'est pas dû, en effet, lorsque, par application des règlements, les salariés ne souscrivent pas de quittance à l'appui du paiement.

Vous voudrez bien prendre note des prescriptions qui précèdent en marge de la circulaire du 1er décembre, précitée, § 4 du titre : « Equipage et état-major ».

(1) *Supra*, p. 158.

GUERRE, GUERRE FRANCO-ALLEMANDE, BIENS MOBILIERS OU IMMOBILIERS DES SUJETS DE PUISSANCES ENNEMIES, DÉTENTEURS, GARDIENS OU SURVEILLANTS, DETTES ENVERS LES SUJETS DES PUISSANCES ENNEMIES, ACTIONS, PARTS DE FONDATEURS, PARTS D'INTÉRETS, OBLIGATIONS DE SOCIETE, ASSOCIÉS EN NOM, GÉRANTS, ADMINISTRATEURS, INTÉRÊTS DANS LES MAISONS DE COMMERCE, ENTREPRISES OU EXPLOITATIONS, DÉCLARATION, FORMES DE LA DÉCLARATION, DÉLAI, DÉLAI SUPPLÉMENTAIRE DÉSIGNATION DE SÉQUESTRE, OMISSION VOLONTAIRE, PÉNALITÉS, AMENDE, EMPRISONNEMENT, INTERDICTION DES DROITS CIVILS ET CIVIQUES, CIRCONSTANCES ATTÉNUANTES, APPLICATION A L'ALGÉRIE, AUX COLONIES ET PAYS DE PROTECTORAT.

LOI *relative à la déclaration des biens des sujets des puissances ennemies.*

(22 janvier 1916). — (Publ. au *J. off.* du 23 janv)

ART. 1er. Tous détenteurs à un titre quelconque, tous gérants, gardiens ou surveillants de biens mobiliers ou immobiliers appartenant à des sujets d'une puissance ennemie, tous débiteurs de sommes, valeurs ou objets de toute nature envers lesdits sujets, pour quelque cause que ce soit, doivent en faire la déclaration détaillée, dans la quinzaine à compter de la date du décret à intervenir. Cette obligation incombe, dans les sociétés, à tous associés en nom, gérants, directeurs ou administrateurs.

Les actions, parts de fondateurs, obligations, titres ou intérêts, appartenant à des sujets d'une puissance ennemie dans les sociétés, doivent être déclarés par les personnes désignées au paragraphe précédent.

L'obligation de la déclaration s'étend à tous intérêts de sujets d'une puissance ennemie dans des maisons de commerce, entreprises ou exploitations quelconques, ainsi qu'à toutes ententes ou conventions d'ordre économique entre des Français, des protégés français ou des personnes résidant en territoire français ou de protectorat français et des sujets d'une puissance ennemie.

La déclaration est reçue : pour les biens mobiliers et immobiliers, par le procureur de la République de l'arrondissement de leur situation ; pour les dettes, par celui du domicile ou de la résidence du débiteur ; pour les actions, parts de fondateurs, obligations, titres ou intérêts, par celui du siège de la société ou de l'établissement ; pour les ententes et conventions, par celui du domicile ou de la residence des parties contractantes.

Des officiers de la police judiciaire, auxiliaires du procureur de la République, seront, s'il y a lieu, désignés par celui-ci pour recevoir en son nom les déclarations.

Une prolongation du délai imparti par le § 1er pourra être accordée par le procureur de la République aux personnes astreintes à la déclaration, qui justifieront qu'à raison de la multiplicité des biens, dettes ou intérêts qu'elles ont à déclarer, elles sont hors d'état de satisfaire intégralement aux prescriptions legales dans la quinzaine Ce délai supplémentaire n'excédera pas deux mois ; toutefois, en cas de nécessité reconnue, une nouvelle prorogation d'un mois pourra être concédée.

En outre, le délai supplémentaire pourra être renouvelé de deux mois en deux mois en faveur : 1° des établissements d'utilité publique ; 2° des maisons de commerce et autres établissements dont les chefs et propriétaires sont présents sous les drapeaux.

2 Les détenteurs français de biens appartenant à des sujets d'une puissance ennemie et les débiteurs français de sommes, valeurs ou objets quelconques envers ces sujets, à raison de contrats en cours lors de la déclaration de guerre, seront, sur leur demande, à moins de circonstances spéciales qui motiveraient une décision contraire, rendue sur réquisitions du ministere public par le président du tribunal civil, considérés comme séquestres de ces biens, sommes, valeurs ou objets qui demeureront confiés à leur garde.

3. Les declarations seront reçues par les procureurs de la République et officiers auxiliaires de police judiciaire, sous l'obligation du secret professionnel

4. Toute omission volontaire de déclaration dans le délai prescrit, ou toute déclaration sciemment incomplète ou inexacte, sera punie d'un emprisonnement d'un an à cinq ans et d'une amende de cinq cents francs (500) à vingt mille francs (20.000) ou de l'une de ces peines seulement.

Indépendamment des peines prévues au paragraphe précédent, les tribunaux pourront prononcer l'interdiction pendant dix années des droits civils et civiques énumérés en l'art. 42 du Code pénal.

L'art. 463 du Code pénal est applicable aux délits prévus par la présente loi.

5. La présente loi est applicable de plein droit à l'Algérie, aux colonies et aux pays de protectorat.

1° Saisie-arrêt, Guerre franco-allemande, Moratorium, Interdiction, Autorisation de saisir, Causes graves, Ordonnance sur requête, Référé, Pouvoir du juge, Exception pour les saisies-arrêts a raison de dettes commerciales contractées depuis la guerre. — 2° Saisie-gagerie, Guerre franco allemande, Moratorium, Interdiction, Autorisation de saisir, Causes graves, Ordonnance sur requête, Référé, Pouvoir du juge. — 3° Saisie conservatoire, Guerre franco-allemande, Interdiction, Autorisation de saisir, Causes graves, Ordonnance sur requête, Référé, Pouvoir du juge. — 4° Bail a loyer, Guerre franco-allemande, Moratorium, Expulsion du locataire, Interdiction, Autorisation du juge, Causes graves, Ordonnance sur requête, Référé, Pouvoir du juge. — 5° Bail a ferme, Métayage, Guerre franco-allemande, Moratorium, Expulsion du locataire, Interdiction, Autorisation du juge, Causes graves, Ordonnance sur requête, Référé, Pouvoir du juge.

Décret *relatif aux saisies conservatoires pendant la durée de la guerre, et à l'application de l'art* 1752 *du Code civil* (1).

---

(1) Ce decret est précédé au *J. off.* d'un rapport ainsi conçu :

« Aux termes de l'art. 2 de la loi du 5 août 1914, le gouvernement est autorisé, pendant la durée de la guerre, a prendre par décret, dans l'intérêt général, toutes les mesures necessaires pour faciliter ou suspendre les effets des obligations civiles ou commerciales. Il peut suspendre egalement tous délais impartis pour attaquer, signifier ou exécuter les décisions judiciaires.

« D'autre part, aux termes de l'art. 3 de ladite loi, aucune instance ne peut être engagee ou poursuivie, aucun acte d'execution ne peut être accompli contre les citoyens présents sous les drapeaux.

« Par application de l'art. 2, une série de dispositions ont été prises, sur l'initiative du gouvernement, en vue de subordonner à l'autorisation du magistrat compétent la continuation des instances engagées avant ou depuis l'ouverture des hostilités, ainsi que l'exécution des décisions de justice ; mais l'ensemble de ces textes laisse en dehors de ses prévisions certaines procédures spéciales, telles que la saisie-arrêt, la saisie-gagerie, la saisie foraine et la saisie revendication, auxquelles la loi ou la jurisprudence ont reconnu en tout ou en partie un caractere conservatoire.

« Envisagées sous cet aspect, elles ne constituent ni des instances ni des voies d'exécution dont l'exercice est interdit contre des mobilisés, pas plus qu'elles ne sont soumises obligatoirement, en vertu des décrets moratoires, a l'autorisation préalable du juge.

« Ainsi le créancier reste libre d'y recourir, sous la seule condition de se conformer aux règles du droit commun.

« Mais l'expérience a démontré que, dans les circonstances actuelles, la pratique des saisies conservatoires pouvait entraîner de graves abus, et rendre inefficaces les mesures de protection que, dans l'intérêt général, le legis

(22 janvier 1916). — (Publ. au *J. off.* du 23 janv.).

LE PRÉSIDENT DE LA RÉPUBLIQUE FRANÇAISE; — Sur le rapport du garde des sceaux, ministre de la justice, du ministre de l'intérieur, du ministre du commerce, de l'industrie, des postes et des télegraphes et du ministre de l'agriculture; — Vu l'art. 2 de la loi du 5 août 1914 (1), relative à la prorogation des échéances des valeurs négociables; — Vu le décret du 10 août 1914 (2), relatif à la suspension des prescriptions, péremptions et delais en matiere civile, commerciale et administrative; — Vu les décrets modificatifs du 15 déc 1914 (3) et du 11 mai 1915 (4); — Le conseil des ministres entendu; — Décrete :

ART. **1er.** Pendant la durée de la guerre et jusqu'à une date qui sera fixée par décret après la cessation des hostilites, aucune saisie-arrêt, aucune saisie-gagerie, et plus généralement aucune saisie faite à titre conservatoire, ne pourront être pratiquées sans une autorisation spéciale du magistrat competent, rendue sur requête.

Cette autorisation, qui devra être motivée, ne sera accordée que pour causes graves, et dans le cas où la saisie serait indispensable à la sauvegarde d'intérêts en péril.

Elle pourra n'être ordonnée que sous réserve pour le juge d'entendre, après la saisie, et au jour qu'il fixera, le saisi et le saisissant ou leur représentant

A cet effet, ladite ordonnance, ainsi que la convocation, seront notifiées au saisi, dans les conditions prévues par les §§ 1er et 2 du décret du 11 mai 1915.

Au jour dit, le juge aura la faculté de confirmer, modifier ou rétracter son ordonnance, alors même que les intéressés ne comparaîtraient pas; il devra, en ce cas, s'entourer d'office de tous renseignements utiles, et il pourra, au besoin, ajourner sa décision à une date ultérieure.

2. En tout état de cause, le saisi pourra. soit directement, soit par mandataire, se pourvoir devant le magistrat, qui appreciera s'il y a lieu, eu egard à la situation du débiteur, de prononcer

---

lateur a entendu instituer au profit d'une classe de débiteurs particulièrement intéressants.

« Alors qu'il a voulu soustraire les mobilises à toutes les préoccupations d'un proces, et accorder aux autres citoyens tous les menagements que commandent a la fois l'humanite et la justice, il peut arriver que, grace à d'habiles artifices de procedure, les créanciers, par la pratique d'une saisie, contraignent leurs debiteurs à subir leurs plus rigoureuses exigences, sous peine de voir leurs moyens d'existence compromis leurs affaires paralysees, leurs credits ebranlés. C'est ainsi qu'une saisie-arrêt pratiquée sans l'autorisation du juge, en vertu de l'art. 557 du Code de procédure civile, peut, à la veille d'une echeance, frapper d'indisponibilité totale les sommes ou effets appartenant aux debiteurs même absents ou mobilisés

« Il peut en être de même en matiere de saisie-gagerie.

« Parfois enfin, et alors même qu'une permission du juge est indispensable, il arrive qu'elle soit surprise a la bonne foi de ce magistrat, et qu'ainsi il en vienne à autoriser des mesures qui ont sur la situation du débiteur les plus graves contre-coups.

« Il importe, en notre matière. de temperer la rigueur du droit, tant au profit des citoyens sous les drapeaux que des debiteurs reellement interessants.

« Sans doute, l'interdiction pure et simple de toute saisie conservatoire pourrait avoir elle-même de facheuses conséquences et provoquer des plaintes legitimes, il importe de ne point desarmer contre les multiples combinaisons du vol et de la fraude tous ceux qui ont a faire valoir de justes revendications, et, parmi ces derniers, les mobilisés eux mêmes. Il convient que le commerçant, dont tout l'avoir est engagé dans de multiples opérations de crédit, et dont les rentrees sont difficiles, le proprietaire, dont le gage est en peril, la femme, qui n'a pour ressource que la modeste pension alimentaire qui lui a ete accordée, puissent prendre leurs sûretés contre un débiteur de mauvaise foi, qui, bien que jouissant de son plein traitement ou de l'intégralité de ses ressources, ou exerçant fructueusement un commerce ou une industrie, essaierait, à la faveur des circonstances, de se dérober à ses engagements. de dissimuler son patrimoine, ou, en changeant leur consistance, de ravir l'ensemble de ses biens aux poursuites de ses créanciers.

« La conciliation de ces intérêts contraires ne peut appartenir qu'au contrôle réfléchi du magistrat.

« Il faut, mais il suffit, qu'il soit mis à même de l'exercer dans chaque espèce en connaissance de cause.

« Le projet de décret que nous avons l'honneur de présenter a votre signature a pour objet de décider que, pendant la durée des hostilités, aucune saisie conservatoire ne pourra être exercée sans une ordonnance du magistrat compétent, rendue sur requête. Cette ordonnance, qui devra toujours être motivee, ne pourra être accordee que pour des motifs exceptionnels. En tout etat de cause, le saisi aura la faculté de se pourvoir devant le magistrat pour lui demander de retracter cette ordonnance ou d'en limiter les effets En outre, le droit de pratiquer la saisie pourra n'être accordé que sous reserve pour le juge d'appeler devant lui le saisi ou son representant et d'en recevoir des explications. Si, à raison des circonstances, celui-ci ne peut comparaître, le juge n'en aura pas moins la faculte, sur les renseignements qui lui auront été fournis, de rapporter ou de modifier sa premiere decision.

« Les règles du droit commun demeureront neanmoins applicables, en matiere commerciale, pour toutes les dettes contractees depuis l'ouverture des hostilités, et qui ne sont pas couvertes par les décrets moratoires relatifs a la prorogation des écheances. L'interêt du commerce ne s'accommoderait pas de mesures qui, en affaiblissant le crédit du commerçant, l'atteindraient lui-même, au cours des opérations qu'il effectue depuis le début de la guerre.

« L'art. 1752 du Code civil autorise le proprietaire ou bailleur a provoquer l'expulsion de son locataire. métayer ou fermier, sous le pretexte que sa maison n'est pas garnie de meubles suffisants. Cette expulsion, aux termes de la jurisprudence, peut être prononcee même par le juge des référes.

« La généralisation d'une telle pratique aurait pour effet de rendre illusoires les dispositions favorables prises en faveur de certains locataires ou fermiers, auxquels des délais ont ete accordes pour le paiement de leurs loyers ou fermages. Il importe d'y faire obstacle, en interdisant à leur égard toute mesure d'expulsion par application de l'art. 1752.

« Tel est l'objet du décret que nous soumettons à votre signature.

« Il reste d'ailleurs constant que, sous le regime du present décret, les mobilisés. par le seul effet de la loi du 5 août 1914 (art. 3), demeurent a l'abri de toutes instances, de toutes voies d'exécution, et par suite de toutes mesures d'expulsion qui pourraient être arbitrairement poursuivies à leur égard ».

(1 a 3) 1er vol., p. 33, 44, 258.

(4) 2e vol., p. 150.

mainlevée de la saisie, totale ou partielle, immédiate ou conditionnelle.

3. Les dispositions qui précèdent ne font pas échec, pour les procédures subséquentes aux mesures conservatoires, à l'accomplissement des formalités prescrites par les décrets des 10 août 1914, 15 déc. 1914 et 11 mai 1915, pour la levée de la suspension des délais.

Elles ne s'appliquent pas, en matière commerciale, aux saisies-arrêts exercées pour des créances contractées depuis l'ouverture des hostilites, et non couvertes par les dispositions des décrets moratoires relatifs à la prorogation des échéances.

4. Dans les circonstances prévues à l'art. 1er, aucune mesure d'expulsion, au profit du propriétaire ou bailleur, ne peut être prononcée, par application de l'art. 1752 du Code civil, envers les locataires, métayers ou fermiers auxquels des délais de payement ont été accordés, soit en vertu des décrets moratoires, soit en vertu de la décision du juge, pour le payement de leurs loyers ou fermages, et ce avant l'expiration desdits délais.

5. Le garde des sceaux, ministre de la justice, le ministre de l'intérieur, le ministre de l'agriculture et le ministre du commerce, de l'industrie, des postes et des télégraphes sont chargés, etc.

IMPÔT GÉNÉRAL SUR LE REVENU, IMPÔT COMPLÉMENTAIRE, LOI DU 15 JUILL. 1914, ART. 5 A 25, APPLICATION, DÉCLARATION DES CONTRIBUABLES, INSTRUCTIONS DU MINISTRE DES FINANCES.

NOTE *relative à l'application de l'impôt général sur le revenu (déclaration et formules de déclaration).*

(Publ sans date au *J. off.* du 23 janv. 1916).

IMPÔT GÉNÉRAL SUR LE REVENU

Les contribuables trouveront en temps utile dans les mairies :

1° Une note destinée à leur fournir, en ce qui concerne l'application de l'impôt général sur le revenu, les explications dont ils peuvent avoir besoin pour faire leur déclaration ;

2° Une formule de déclaration.

Le texte de cette note et le modèle de cette formule sont reproduits ci-dessous.

IMPÔT GÉNÉRAL SUR LE REVENU

Note pour les contribuables.

L'impôt général sur le revenu, dont l'application, à partir de l'année 1916, a été décidée par l'art. 5 de la loi du 29 déc. 1915 (1), est établi d'après les règles fixées par les art. 5 à 24 de la loi de finances du 15 juill. 1914 (2) et par le décret du 15 janv. 1916 (3).

Le texte complet des articles de la loi et de ceux du décret est reproduit ci-après, et la présente note a pour objet d'en résumer pratiquement et d'en expliquer les dispositions essentielles.

PERSONNES ASSUJETTIES A L'IMPÔT

L'impôt est dû chaque année par les personnes dont le revenu net total, après application des déductions stipulées par la loi pour charges de famille, a dépassé pendant l'année précédente la somme de 5.000 fr.

Les collectivités diverses (établissements publics, établissements d'utilité publique, associations, sociétés, etc.) n'y sont pas soumises ; mais, bien entendu, les membres des sociétés de toute nature doivent comprendre, dans le décompte de leur revenu personnel, pour l'établissement de l'impôt, leur part de bénéfices dans les opérations de ces sociétés.

REVENU IMPOSABLE

Le revenu imposable est formé par le produit total des différentes sources de revenus, gains et profits dont dispose chaque contribuable, sous déduction, d'une part, des frais et dépenses qui grèvent spécialement chacune de ces sources, et, d'autre part, des charges affectant l'ensemble des revenus, savoir, d'après l'énumération contenue dans la loi : les intérêts de dettes et emprunts, les contributions directes et taxes assimilées, les pertes résultant d'un déficit d'exploitation dans une entreprise agricole, industrielle ou commerciale.

Les revenus dont il est fait état pour l'établissement de l'impôt sont ceux qui ont été réalisés au cours de l'année précédente.

Pour 1916, en particulier, l'impôt portera sur les revenus réellement acquis au cours de l'année 1915. Si donc, pendant cette dernière année, les revenus d'un contribuable ont diminué pour une cause quelconque, et notamment par suite de la guerre, l'intéressé tiendra compte de cette diminution lorsqu'il produira sa déclaration. Les sommes qu'il n'aura pas touchées en 1915, même si elles sont susceptibles de l'être ultérieurement, soit pendant, soit après la guerre, pourront ne pas être comprises parmi les revenus déclarés. Mais, dans le cas où elles seraient encaissées au cours de l'une des années suivantes, elles devraient être reprises dans la déclaration des revenus de cette année.

---

(1) *Supra*, p. 220.

(2) S. et P. *Lois annotées* de 1916, p. 38; *Pand. pér.*, *Lois annotées* de 1916, p. 38.

(3) *Supra*, p. 256.

Chaque chef de famille est imposable pour ses revenus personnels et pour ceux de sa femme, sauf dans le cas où celle-ci, étant séparée de biens, ne vit pas avec son mari.

Il est également imposable pour les revenus personnels de ses enfants et des autres membres de sa famille vivant avec lui, à moins qu'il ne préfère demander que ceux-ci soient traités comme des contribuables distincts.

AVANTAGES ACCORDÉS EN CONSIDÉRATION DE LA SITUATION DE FAMILLE

Si le contribuable est marié, il a droit à une déduction spéciale de 2.000 fr. sur son revenu total.

S'il a des personnes à sa charge (ascendants âgés de plus de soixante-dix ans ou infirmes, descendants ou enfants recueillis, âgés de moins de vingt et un ans ou infirmes), il bénéficie, d'autre part d'une déduction de 1.000 fr. par personne jusqu'à la cinquième, et de 1.500 fr. par personne en sus de cinq.

Chaque contribuable n'étant passible de l'impôt que si son revenu total excède 5.000 fr, après application préalable des déductions qui viennent d'être indiquées, il s'ensuit qu'en fait, un contribuable marié n'est imposable que si son revenu réel dépasse : 7.000 fr., lorsqu'il n'a aucune personne à sa charge; 8 000 fr., quand il a un enfant mineur; 9.000 fr., quand il a deux enfants; 10 000 fr., quand il a trois enfants, et ainsi de suite.

De plus, les contribuables qui restent soumis à l'impôt ont droit encore, à raison de leurs charges de famille, à une atténuation de taxe. Le montant de leur cotisation, calculée d'après le tarif légal, est réduit de 5 p. 100 pour une personne à leur charge, 10 p. 100 pour deux personnes, 20 p. 100 pour trois personnes et ainsi de suite, chaque personne au delà de la troisième donnant droit à une nouvelle réduction de 10 p. 100, jusqu'à concurrence d'une réduction maximum de 50 p. 100.

CALCUL DE L'IMPÔT

Le revenu net, préalablement diminué du montant des déductions prévues en faveur des contribuables mariés et ayant des charges de famille, est taxé de la manière suivante.

La portion de ce revenu inférieure à 5.000 fr. est d'abord entièrement exonérée.

Puis l'impôt est appliqué, d'après le taux fixé par la loi (2 p 100, en vertu de la loi du 15 juill. 1914), savoir,

Au cinquième de la fraction du revenu comprise entre 5.000 et 10.000 fr.;

Aux 2 cinquièmes de la fraction comprise entre 10.000 et 15.000 fr..

Aux 3 cinquièmes de la fraction comprise entre 15.000 et 20.000 fr.;

Aux 4 cinquièmes de la fraction comprise entre 20.000 et 25.000 fr.;

A la totalité du surplus.

La somme totale ainsi obtenue est, en fin de compte, réduite, s'il y a lieu, comme il est dit plus haut, de 5 p. 100, 10 p. 100, 20 p 100, etc., suivant le nombre des personnes à la charge du contribuable.

Le résultat de ce mode de taxation, pour quelques chiffres de revenu pris comme exemples, est indiqué dans le tableau ci-après :

CHIFFRE du revenu total.	MONTANT DE L'IMPÔT dû par un contribuable.		
	célibataire.	marié sans enfants.	marié avec 3 enfants mineurs.
francs	francs.	francs	francs.
6 000	4	»	»
8 000	12	4	»
10 000	20	12	»
12 500	40	24	8
15 000	60	44	16
20 000	120	96	48
22 000	200	168	96
30 000	300	260	160
50 000	700	660	480
100 000	1.700	1 660	1 280
200 000	3 700	3 660	2 880
500 000	9 700	9 660	7 680

DÉCLARATION

Le contribuable peut faire, à son choix, une déclaration du chiffre de son revenu total, ou une déclaration contenant le détail de ses revenus par catégories (revenus des propriétés foncières bâties; revenus des propriétés foncieres non bâties; revenus des valeurs et capitaux mobiliers; bénéfices de l'exploitation agricole; bénéfices du commerce, de l'industrie et des charges et offices ; revenus des emplois publics et privés; retraites, pensions et rentes viagères).

Si le contribuable ne veut faire qu'une déclaration de l'ensemble de ses revenus, il doit la produire dans les deux premiers mois de chaque année (1) sans attendre aucun avis.

Après l'expiration de ce délai de deux mois, il pourra encore faire une déclaration, dans le délai d'un mois après réception de l'avis du contrôleur des contributions directes le prévenant qu'il se trouve dans le cas d'être imposé. Mais alors il devra fournir le détail de ses revenus par catégories.

Dans l'une et l'autre hypothèses, la déclaration emporte d'ailleurs les mêmes conséquences. Les énonciations qu'elle contient sont tenues pour exactes, à moins que l'Administration, après l'avoir vérifiée uniquement à l'aide des éléments certains dont ses agents disposent en vertu de leurs fonctions, n'apporte la preuve contraire. C'est là une situation différant essentiellement de celle du contribuable, qui, n'ayant pas fait de déclaration, est taxé d'office par le contrôleur des contributions directes, car il incombe dans ce cas au contribuable de prouver l'inexactitude de la base d'imposition qui lui a été assignée.

La déclaration assure, en outre, au contribuable le bénéfice de la déduction des charges qui peuvent grever son revenu global, — dettes, impôts, etc., — cette déduction n'etant acquise, aux termes de la loi, qu'à ceux qui produisent la déclaration de leur revenu.

Il suit de là que, conformément à l'intention nettement exprimée du législateur, la déclaration, lorsqu'en particulier le contribuable en a pris l'initiative, comporte pour celui qui la souscrit de très notables avantages.

RÉDACTION DE LA DÉCLARATION

Les formules destinées à la rédaction des déclarations sont mises dans les mairies à la disposition des intéressés.

Etablies suivant les prescriptions du règlement du 15 janv. 1916, elles présentent toutes les explications nécessaires pour guider les contribuables.

Ceux-ci auront soin de retirer les formules dont ils auront à faire emploi à la mairie du lieu ou leur imposition doit être établie, c'est-à-dire à la mairie de la commune — ou du quartier — où se trouve située leur résidence, unique ou principale. C'est, en effet, sur ces formules que sera indiquée l'adresse du contrôleur des contributions directes à qui la déclaration devra être adressée.

L'intéressé porte d'abord sur la formule de déclaration ses nom et prénoms; il indique le lieu de sa résidence, ou, s'il a plusieurs résidences, le lieu de son principal établissement, puis la nature de ses occupations professionnelles.

S'il se trouve dans le cas de réclamer le bénéfice de déductions spéciales en raison de sa situation de famille, il consigne les indications indispensables pour le calcul de ces déductions dans les cadres disposés à cet effet.

Puis, en vue de déterminer le revenu global que la déclaration doit faire ressortir, il classe, par catégories, les revenus, gains et profits de toute nature acquis par lui au cours de l'année qui a précédé celle de la déclaration. Dans chaque catégorie, il ne retient que le revenu net, c'est-à-dire l'excédent du produit brut sur les dépenses et frais nécessaires pour l'acquisition et la conservation du revenu, tels qu'ils sont précisés par l'art. 1er du décret du 15 janv. 1916. Après avoir ainsi calculé le produit net de ses revenus de diverses catégories, le contribuable en fait figurer sur sa déclaration le montant total, et, s'il le juge à propos, ou s'il y est tenu, comme on l'a expliqué ci-dessus, le détail par catégorie.

Il fournit ensuite, au sujet de la nature et du montant des charges susceptibles de venir en déduction de l'ensemble de ses ressources, les renseignements exigés par l'art. 3 du décret et indiqués sur la formule.

Retranchant enfin le montant de ces charges, s'il en existe, du montant total des revenus de diverses catégories, il dégage le chiffre du revenu global à retenir pour l'établissement de l'impôt, sans préjudice des déductions qui seront ultérieurement opérées pour charges de famille, d'après les renseignements consignés sur la déclaration.

Il va sans dire qu'en dehors des divers paragraphes de la formule, ayant trait à des indications obligatoires, le déclarant ne remplit que ceux dont la teneur concerne des renseignements utiles à fournir dans son propre intérêt. De telle sorte qu'un contribuable n'ayant à réclamer aucune déduction spéciale, pour charges grevant le revenu global ou pour charges de famille, pourra se borner, le cas échéant, à inscrire sur sa déclaration, après y avoir mentionné ses nom et prénoms, sa résidence et ses occupations professionnelles, la seule indication du montant total de son revenu net imposable.

Le contribuable atteste, par l'apposition de sa signature, l'exactitude de sa déclaration, qu'il envoie sous pli affranchi ou qu'il remet au contrô-

(1) Note du *J. off.* — Pour l'année 1916, l'ouverture du délai de déclaration a été retardée par un décret du 30 déc. 1915 (*Supra*, p. 229), et les déclarations seront reçues pendant la période de deux mois s'étendant du 1er mars au 30 avril.

En outre, des délais supplémentaires, qui pourront aller jusqu'à trois mois après la cessation des hostilités, et qu'un décret réglera ultérieurement, seront accordés aux contribuables, mobilisés ou non, qui se trouveront, par suite de force majeure, empêchés de faire leur déclaration dans le délai de droit commun.

leur des contributions directes dont l'adresse figure au bas de la dernière page de la formule. Ce fonctionnaire en accuse réception.

La déclaration, une fois souscrite, est considérée comme maintenue chaque année par l'intéressé tant qu'elle n'a pas été renouvelée ou retirée.

Afin d'être à même d'examiner ultérieurement si les indications qui y ont été consignées sont ou non susceptibles d'être modifiées, il est utile, par suite, que le contribuable en conserve une copie.

TAXATION ADMINISTRATIVE

Le contribuable, qui n'a fait de déclaration, ni dans les deux premiers mois de l'année, ni dans le délai d'un mois après réception de l'avis qui lui a ete envoyé par le contrôleur en exécution de l'art. 16 de la loi du 15 juill. 1914, est taxé d'après le revenu qui lui a été notifié dans cet avis, réserve faite des rectifications qu'auraient motivées les observations écrites ou verbales qu'il a toujours la faculté de produire.

Mais, comme il a été dit, il appartient au contribuable taxé d'office, s'il conteste la régularité de sa base d'imposition, d'en démontrer l'inexactitude.

La loi, dont le texte est ci-joint, a voulu que les contribuables ne fussent exposés à aucune mesure inquisitoriale, ni à aucun procédé d'investigation vexatoire.

Elle ne les oblige, en effet, à la production d'aucun acte, livre ou piece quelconque, et ils demeurent libres d'apprécier quelles justifications il leur convient d'apporter à l'Administration

S'ils sont conduits, par leur propre intérêt, à communiquer quelque document touchant au secret de leurs affaires, ils n'auront à craindre aucune divulgation, car la loi punit de peines sévères la violation du secret professionnel en cette matière, et l'Administration ne manquera pas de prendre toutes les précautions nécessaires pour que des indiscrétions ne puissent se produire.

(*Suivent au* J. off *les formules de déclaration*).

1° MARINE, GUERRE FRANCO-ALLEMANDE, DÉLÉGATIONS DE SOLDES, DÉLÉGATIONS D'OFFICE, OFFICIERS ET MARINS DÉCÉDÉS, VEUVES, ORPHELINS D'UN PREMIER LIT, DROITS RESPECTIFS. — 2° PENSIONS, GUERRE FRANCO-ALLEMANDE, OFFICIERS ET MARINS DÉCÉDÉS, VEUVES, ORPHELINS D'UN PREMIER LIT, DROITS RESPECTIFS.

CIRCULAIRE *relative à la délimitation des droits des veuves et des orphelins de différents lits des officiers et marins décédés sous les drapeaux à la pension ou à la moitié de la solde de leurs ayants cause.*

(24 janvier 1916). — (Publ. au *J. off.* du 27 janv.)

Le Ministre de la marine à MM. les vice-amiraux commandant en chef, préfets maritimes.

La question m'a été posée de savoir comment doit être réglée la situation pécuniaire des orphelins d'un premier lit des officiers et marins, décédés sous les drapeaux, suivant que leurs veuves ont opté pour la pension ou pour la moitié de la solde de leurs ayants cause.

Je vous informe qu'il y a lieu d'appliquer, pour délimiter les droits respectifs des veuves et des orphelins de divers lits des officiers et marins, décédés sous les drapeaux, les règles prévues par la circulaire du 30 oct. 1834 (*B. O. R.*, page 248), pour la répartition de la pension entre la veuve et les orphelins.

La veuve et les orphelins de chacun des autres lits forment autant de groupes qui ont des droits égaux au partage, soit de la pension entière de veuve, soit de la demi-solde prévue à l'art. 1er du décret du 17 déc. 1914 (1), avec réversibilité par fractions égales, sur les autres groupes, des droits des groupes venant à extinction.

En outre, chacun des groupes a le droit d'opter, indépendamment de l'option des autres groupes, entre la fraction de la pension de la veuve ou la fraction de solde qui lui revient normalement.

MARINE, NAVIRES DE COMMERCE MILITARISÉS, OFFICIERS DE LA MARINE MARCHANDE, GRADES.

CIRCULAIRE *relative aux grades à attribuer aux officiers de la marine marchande mobilisés sur des navires militarisés.*

(24 janvier 1916) — (Publ au *J. off.* du 26 janv.).

Mon attention a été appelée sur l'anomalie qui résulte de la concession d'une commission de lieutenant de vaisseau auxiliaire aux capitaines des navires de commerce militarisés, alors que les autres capitaines au long cours levés pour le service de la flotte ne servent qu'avec le grade d'enseigne de vaisseau de réserve ou auxiliaire.

De même, des commissions d'officiers mécaniciens auxiliaires ont été délivrées le plus souvent à tous les mécaniciens faisant partie des états-majors commerciaux des navires militarisés. Or, la loi du 2 mai 1899 (2), qui autorise la délivrance de ces commissions, ne fait qu'ouvrir une faculté au département, sans qu'il en résulte pour les intéressés le droit de ne servir qu'en qualité d'officier.

Seuls les chefs mécaniciens ayant conduit

(1) 1er vol. p. 265.

(2) S. et P. *Lois annotées* de 1900, p. 1001.

pendant une année au moins une machine de 1.200 chevaux, et dont le rappel n'a lieu que sur ordre spécial, doivent être obligatoirement levés à ce titre; les autres mécaniciens suivent le sort de leur classe ou catégorie, et, lorsqu'ils sont rappelés au service général de la flotte, reçoivent, suivant le brevet dont ils sont titulaires, les grades d'officiers mariniers prévus par la circulaire du 20 nov. 1914 (1). Il est excessif que ces derniers reçoivent des commissions d'officier, pour la seule raison qu'ils se trouvent sur un navire de commerce militarisé, alors que, de ce fait, ils ont déjà le bénéfice de conserver leur solde commerciale, si elle est superieure à la solde du grade qui leur est attribué.

Le nombre des navires militarisés augmentant sans cesse, j'ai décidé de mettre fin aux errements actuels, et j'ai arrêté les dispositions suivantes, qui abrogent le dernier paragraphe de la circulaire du 20 nov. 1914, et modifient l'instruction du 25 nov. 1911, sur l'organisation des croiseurs auxiliaires.

Capitaines. — Les capitaines ne recevront désormais des commissions de lieutenant de vaisseau que dans les cas où ils seront nommes par décret au commandement de leur bâtiment (par exemple, lorsqu'il s'agit d'un éclaireur auxiliaire, d'un navire hôpital, etc.) (Art. 2 de la loi du 2 mai 1899).

Dans tout autre cas, sauf proposition exceptionnelle motivée par l'importance et la mission du bâtiment, le capitaine ne recevra qu'une commission d'enseigne de vaisseau de 1re classe, son droit au commandement se trouvant respecté par l'application de l'art. 11 de la loi précitée du 2 mai 1899.

Mécaniciens. — Les dispositions de la circulaire du 20 nov. 1914, relatives aux grades à attribuer aux mécaniciens de la marine marchande mobilisés, seront applicables à ceux qui se trouvent sur des bâtiments militarisés comme à ceux qui sont levés pour le service général de la flotte.

Les intéressés recevront donc en principe les grades suivants :

Chefs mécaniciens ayant conduit pendant un an une machine de 1.200 chevaux : mécanicien principal de 2e classe.

Mécaniciens brevetés de 1re classe : maître mécanicien (2).

Mécaniciens brevetés de 2e classe : second maître mécanicien.

Toutefois, lorsqu'un bâtiment sera militarisé, la commission des effectifs du port de militarisation, tenant compte du rôle que le bâtiment doit remplir, de la puissance de la machine et de l'importance du personnel qui y est affecté, pourra formuler des propositions, en vue de la constitution d'un état-major militaire et de la délivrance d'un certain nombre de commissions d'officiers, quand il y aura lieu, par dérogation au principe ci-dessus.

Aucun breveté de 2e classe ne devra recevoir de commission d'officier; le chef mécanicien ne recevra une commission de mécanicien principal de 1re classe que s'il s'agit d'un bâtiment dont le commandant est pourvu du grade de lieutenant de vaisseau, et dont l'effectif comporte au moins trois officiers mécaniciens commissionnés

Le nombre de ces derniers ne pourra, en aucun cas, dépasser cinq.

Les officiers mécaniciens de la marine marchande, qui ne sont plus mobilisables, et qui n'accepteront pas de servir avec le grade qui leur revient par application des dispositions qui précèdent, seront débarqués ; s'il est nécessaire de les remplacer, il sera embarqué des maîtres ou seconds maîtres mécaniciens temporaires.

Les officiers de la marine marchande actuellement commissionnés conserveront leur grade, sauf avis contraire des autorités maritimes motivé par leur inutilité à bord

---

Chemins de fer, Guerre franco-allemande, Assurance, Colis postaux en provenance ou à destination de Corse, de l'Algérie et du Maroc.

ARRÊTÉ *portant application des dispositions de l'art. 4 de l'arrêté du 20 juill. 1915 aux colis postaux échangés entre la France continentale, la Corse, l'Algérie et le Maroc.*

(25 janvier 1916) — (Publ. au *J. off* du 10 févr.).

LE MINISTRE DU COMMERCE, DE L'INDUSTRIE, DES POSTES ET DES TÉLÉGRAPHES ET LE MINISTRE DE LA GUERRE; — Vu le décret du 29 oct. 1914 (3), relatif à la responsabilité des administrations de chemins de fer en matiere de transports commerciaux; — Vu l'arrêté interministériel du 20 juill. 1915 (4), fixant, pour les réseaux de l'Etat, de l'Orléans, du Paris-Lyon-Méditerranée, du Midi et des Ceintures de Paris, les conditions de délai et de responsabilité des administrations de chemins de fer en matière de transport des colis postaux; — Vu l'arrêté interministériel du 11 août 1915 (5), fixant les conditions de délai et de responsabilité des administrations de chemins de fer du Nord et de l'Est en matière de transport des colis postaux; — Arrêtent :

(1) *J. off*, 22 nov. 1914, p. 8794.

(2) Note du *J. off.* — Jusqu'au vote du projet de loi actuellement soumis aux délibérations du Parlement.

(3) 1er vol., p. 179.

(4-5) 2e vol., p. 239 et 278.

Art 1er. Les dispositions de l'art. 4 de l'arrêté du 20 juill 1915 pourront, sur la demande des expéditeurs, être appliquées, pour le parcours à effectuer en France, aux colis postaux échangés entre, d'une part, les réseaux ou parties de réseaux français sur lesquels le régime de l'assurance contre les conséquences de l'etat de guerre est en vigueur, et, d'autre part, la Corse, l'Algérie et le Maroc.

2 Le présent arrêté entrera en vigueur le 1er mais 1916.

GENDARMERIE, GUERRE FRANCO-ALLEMANDE, INDEMNITÉ JOURNALIÈRE.

DÉCRET *portant attribution d'une indemnité journalière aux hommes de troupe de la gendarmerie servant au titre de l'armée active dans les brigades du territoire, qui, par suite de circonstances exceptionnelles, ne peuvent recevoir en nature le logement auquel ils ont droit, et sont obliges de vivre séparés de leur famille.*

(25 janvier 1916). — (Publ. au *J. off.* du 28 janv.).

LE PRÉSIDENT DE LA RÉPUBLIQUE FRANÇAISE; — Sur le rapport du ministre de la guerre et du ministre des finances; — Vu le décret du 3 janv 1903 portant règlement sur la solde et les revues des corps de la gendarmerie, et les tarifs y annexes; — Vu le décret du 16 avril 1915 (1), complétant l'art. 13, tableau 2, du reglement précité du 3 janv. 1903; — Vu l'art. 55 de la loi du 25 févr. 1901 (2), portant fixation du budget général des dépenses et des recettes de l'exercice 1901; — Decrete :

Art 1er. Une indemnité journalière, équivalente à l'indemnité spéciale de mobilisation prévue par le decret du 16 avril 1915, pour les sous-officiers brigadiers, gendarmes et gardes de complement, est attribuée aux hommes de troupe de la gendarmerie servant, au titre de l'armée active, dans les brigades du territoire, et qui, appartenant à des brigades repliées, ou mis temporairement à la disposition du département de la guerre, comme provenant de la gendarmerie maritime ou coloniale, ne peuvent recevoir en nature le logement auquel ils ont droit, ou sont obligés de vivre séparés de leur famille.

Ladite indemnité est due pour chaque journée donnant droit à la solde de présence ou d'absence.

2. Le ministre de la guerre et le ministre des finances sont chargés, etc.

---

(1) *J. off.*, 22 avril 1915, p. 2466.

(2) S et P, *Lois annotées* de 1901, p. 140; *Pand. pér.*, 1902 3 33.

LIN, PRIMES AUX CULTIVATEURS, ANNÉE 1915, FIXATION.

ARRÊTÉ *fixant le taux de la prime allouée aux cultivateurs de lin et de chanvre.*

(25 janvier 1916). — (Publ. au *J. off.* du 26 janv.)

LE MINISTRE DE L'AGRICULTURE; — Vu la loi du 9 avril 1910 (3), qui alloue aux cultivateurs de lin et de chanvre, à partir de l'exercice 1910, et pendant une période de six années, des primes dont le montant annuel, y compris les frais de vérification et de contrôle, ne pourra pas dépasser 2.500 000 fr ; — Vu cette même loi, qui stipule que la prime sera fixee, chaque année, au prorata des surfaces ensemencées d'une étendue minimum de 8 ares, sans toutefois que ladite prime puisse être supérieure à 10 fr. par hectare; — Vu les relevés fournis par les préfets des départements intéressés; — Sur le rapport du directeur de l'enseignement et des services agricoles; — Arrête :

Art. 1er. Le taux de la prime allouée aux cultivateurs de lin et de chanvre par la loi du 9 avril 1910 est fixé, pour l'exercice 1915, à 60 fr. par hectare.

2 Le directeur de l'enseignement et des services agricoles et les préfets sont chargés, etc.

ARMÉE, GUERRE FRANCO ALLEMANDE, EMPLOI DE LA MAIN-D'ŒUVRE FÉMININE DANS LES BUREAUX ET SERVICES.

CIRCULAIRE *relative a l'emploi de la main-d'œuvre feminine.*

(26 janvier 1916). — (Publ. au *J. off.* du 27 janv).

Le Ministre de la guerre à MM. les sous-secrétaires d'Etat et directeurs de l'administration centrale, les généraux commandant les régions.

Par ma dépêche du 10 nov. 1915 (4), j'ai appelé votre attention sur la possibilité de remplacer le personnel militaire occupé à des travaux de copie par un personnel féminin de dactylographes et sténographes, généralement plus aptes à cette tâche que les hommes.

Allant plus loin dans cette voie, je suis disposé à admettre le remplacement du personnel militaire par des femmes, dans tous les postes et dans tous les emplois ou cela serait possible.

Déjà, à la suite d'initiatives heureuses, ce remplacement a été effectué par certains chefs de service Ce sont ces initiatives que je voudrais voir se généraliser.

---

(3) S. et P. *Lois annotées* de 1910, p. 1113; *Pand pér.*, *Lois annotées* de 1910, p. 1113.

(4) *Supra*, p. 124.

Il est bien entendu que l'emploi de cette main-d'œuvre féminine devrait avoir comme conséquence une réduction corrélative d'un nombre au moins égal de personnel militaire.

Je vous prie donc de rechercher quelles sont les situations pour lesquelles ce remplacement pourrait être opéré en étendant cette mesure de la manière la plus large, et de me faire des propositions dans ce sens pour le 15 février prochain

Je vous signale en particulier certains emplois dans les magasins d'habillement, dans les ateliers de confection et de réparations, dans les hôpitaux, dans les usines travaillant pour l'armée. etc

---

Armée, Guerre franco-allemande, Militaires disparus, Femme, Enfants, Ascendants, Secours immédiat.

Circulaire *relative aux secours à accorder aux familles des militaires disparus.*

(26 janvier 1916). — (Publ au *J off.* du 29 janv.)

Le Ministre de la guerre à MM. les généraux gouverneurs militaires de Paris et de Lyon, les généraux commandant les régions, le général commandant en chef les forces de terre et de mer de l'Afrique du Nord, le général commissaire résident général de la République française au Maroc, le général commandant la division d'occupation de Tunisie.

J'ai décidé que les prescriptions de la circulaire du 17 févr. 1915 (*B. O.*, P. P., p. 127), portant concession de secours immediats aux familles (veuves ou orphelins, ou, à défaut, ascendants au premier degré) de militaires décédés au cours des opérations de guerre, seraient étendues, dans les conditions suivantes, aux familles des militaires disparus

Le secours immédiat sera accordé, lorsque le pétitionnaire pourra produire, avec les pièces d'état civil destinées à établir sa qualité d'ayant droit, une copie, certifiée conforme, de l'avis officiel de disparition. La demande ne devra être formulee que si la disparition remonte à six mois au moins.

Les demandes de secours formulées par les familles des militaires disparus seront, comme les demandes de secours émanant des familles des militaires décédés, adressées par les ayants droit au général commandant la subdivision de leur domicile.

Guerre, Guerre franco-allemande, Ravitaillement de la population civile, Personnel, Cadres, Traitements.

Décret *relatif à la composition des cadres, aux traitements et rétributions du personnel titulaire, auxiliaire permanent, et auxiliaire temporaire du service du ravitaillement pour l'alimentation de la population civile.*

(26 janvier 1916). — (Publ. au *J off* du 30 janv)

Le Président de la République française; — Vu l'art 55 de la loi de finances du 25 févr. 1901 (1); — Vu le décret du 8 sept. 1914 (2), créant le service du ravitaillement pour l'alimentation de la population civile; — Vu le décret du 8 sept. 1914 (3), nommant le directeur de ce service, et l'arrêté du 6 oct. 1914, fixant le traitement de ce directeur; — Vu les arrêtés du 10 sept. 1914 (4) et du 23 oct. 1915, portant organisation du service du ravitaillement; — Vu l'arrêté du 25 oct. 1915, fixant la rémunération des auxiliaires actuellement attachés audit service, — Vu le décret du 17 nov. 1915, fixant le traitement de l'agent comptable; — Sur le rapport du ministre du commerce, de l'industrie, des postes et des télégraphes et du ministre des finances; — Décrete :

Art. **1er**. Les cadres du personnel du service créé à titre temporaire pour le ravitaillement de la population civile comprennent :

Un directeur;

Un agent comptable;

Six auxiliaires permanents, savoir : deux chefs de section et quatre rédacteurs.

2 Les traitements du directeur et de l'agent comptable soumis aux retenues pour pensions civiles sont fixés comme suit :

Directeur : 15.000 à 20.000 fr.;

Agent comptable : 4.000 fr.

L'agent comptable reçoit, de plus, une indemnité de responsabilité, non soumise à retenue, et fixée à 2.000 fr. par an.

Les auxiliaires permanents reçoivent une allocation mensuelle non soumise aux retenues pour pensions civiles. Cette allocation mensuelle peut varier de 300 fr. à 500 fr. pour les chefs de section, de 200 fr. à 350 fr. pour les rédacteurs

3. Independamment des cadres fixés par l'art. 1er, il peut être employé, à titre d'auxiliaires temporaires, suivant les besoins du service et dans la limite des crédits :

Des commis;

Des dames sténodactylographes;

Des gens de service.

Ces divers auxiliaires reçoivent des allocations

---

(1) S. et P. *Lois annotées* de 1901, p. 140, *Pand pér.* 1902.3.33.

(2) 1er vol, p. 104.

(3) *J. off.*, 9 sept. 1914, p 7874

(4) 1er vol., p 109.

journalières, dont le taux est fixé par arrêté ministériel.

4 Les officiers, sous-officiers et hommes de troupe mis à la disposition du ministre du commerce, de l'industrie, des postes et des télégraphes, par le ministre de la guerre, et touchant une solde militaire, ne peuvent recevoir aucune rémunération sur le crédit ouvert au ministre du commerce, même s'ils sont délégués dans l'un des emplois d'auxiliaires permanents prévus à l'art. 1er du présent décret.

5 Des enquêteurs peuvent être attachés au service du ravitaillement, à titre essentiellement temporaire, pour remplir des missions spéciales. Ces enquêteurs ne reçoivent aucune rémunération. Ils ont seulement droit, pendant la durée de leur mission, au remboursement des frais supportés par eux, dont ils devront justifier sur états.

6 Sont et demeurent abrogées les dispositions contraires au présent décret.

7. Le ministre du commerce, de l'industrie, des postes et des télégraphes, et le ministre des finances sont chargés, etc.

GENDARMERIE, GARDE RÉPUBLICAINE, ADJUDANTS-CHEFS, CRÉATION.

DÉCRET *portant création d'emploi d'adjudant-chef dans la gendarmerie et dans la garde républicaine.*

(27 janvier 1916) — (Publ au *J off* du 1er févr.).

LE PRÉSIDENT DE LA RÉPUBLIQUE FRANÇAISE; — Sur le rapport des ministres de la guerre et des colonies; — Vu la loi du 30 mars 1912 (1), autorisant la nomination, en 1912, d'un certain nombre d'adjudants-chefs dans les différentes armes et dans les services; — Vu le décret du 23 mai 1912 (2), portant modification à l'ordonnance du 16 mars 1838 (3), portant règlement, d'après la hiérarchie militaire des grades et des fonctions, sur la progression de l'avancement et la nomination aux emplois dans l'armée, en exécution de la loi du 14 avril 1832 (4); — Vu l'art. 32 de la loi du 13 mars 1875 (5), relative à la constitution des cadres et des effectifs de l'armée active et de l'armée territoriale; — Décrete :

ART. 1er Il est créé dans la gendarmerie et la garde républicaine des emplois d'adjudant-chef, dans la limite des crédits ouverts, et jusqu'à concurrence du quart du nombre des adjudants du cadre actif.

Ces emplois ne modifient pas l'effectif global de l'arme; ils se substituent à un nombre égal d'emplois d'adjudant.

2. Les articles ci-après du décret du 20 mai 1903 (6) sont modifiés ainsi qu'il suit :

Art 11. Entre « adjudant » et « sous-lieutenant », intercaler : « adjudant-chef, commandant de brigade (à cheval) ».

Art 12 A la dernière ligne du 1er alin., au lieu de : « par un adjudant ou un maréchal des logis chef », mettre : « par un adjudant-chef, un adjudant ou un maréchal des logis chef ».

A la dernière phrase du 3e alin., au lieu de : « l'adjudant est placé... », mettre : « l'adjudant-chef ou l'adjudant est placé ».

Art 33. Ajouter, *in fine,* le paragraphe ci-après :

« Toutefois, l'avancement à l'emploi d'adjudant-chef roule sur l'ensemble de l'arme dans les catégories suivantes :

« Gendarmerie départementale.

« Gendarmerie d'Algérie, de Tunisie et du Maroc

« Garde républicaine.

« Gendarmerie coloniale ».

Après l'art. 37, ajouter :

« *Art 37 bis.* Les adjudants-chefs sont choisis parmi les adjudants du service actif comptant au moins un an d'ancienneté dans leur emploi. Les nominations n'entraînent aucun changement de résidence ni d'affectation ».

Art 40. Ajouter, *in fine*, les alinéas ci-après :

« Les propositions pour l'emploi d'adjudant-chef sont transmises au ministre avec les tableaux d'avancement aux grades de brigadier et de sous-officier.

« Le ministre arrête les propositions, et dresse, pour l'ensemble de l'arme, un tableau d'avancement comprenant les quatre catégories prévues à l'art 33, et publié au *Bulletin officiel* ».

Art 41 Au lieu de : « Ils sont formés.. », mettre : « Les tableaux d'avancement prévus au § 1er de l'article ci-dessus sont formés par légion... ».

Ajouter à la suite du dernier alinéa : « sauf en ce qui concerne les promotions à l'emploi d'adjudant-chef.

« Le ministre procède aux nominations dans ce dernier emploi en suivant l'ordre des tableaux d'avancement ».

3. Les ministres de la guerre, des finances et des colonies sont chargés, etc.

GENDARMERIE, GUERRE FRANCO-ALLEMANDE, INDEMNITÉ JOURNALIÈRE.

---

(1) S. et P. *Lois annotées* de 1912, p 303; *Pand. pér., Lois annotées* de 1912, p. 303.

(2) *Bull. off.*, nouv. série, 82, n. 4124.

(3) S 2e vol. des *Lois annotées*, p. 407.

(4) S. 2e vol. des *Lois annotées*, p. 103

(5) S. *Lois annotées* de 1875, p 693. — P. *Lois, décr.*, etc. de 1875, p. 1192.

(6) *Bull. off.*, 12e série, n. 2468, 43.414.

CIRCULAIRE *relative à l'allocation d'une indemnité journalière aux gendarmes repliés, et à certaines autres catégories de militaires de l'arme se trouvant dans une situation analogue.*

(Publ. sans date au *J. off.* du 28 janv. 1916).

Pour l'application du décret du 25 janv. 1916 (1), portant attribution d'une indemnité journalière aux hommes de troupe de la gendarmerie servant au titre de l'armée active dans les brigades du territoire, qui, par suite de circonstances exceptionnelles, ne peuvent recevoir le logement auquel ils ont droit, ou sont obligés de vivre séparés de leur famille, il y a lieu de se conformer aux dispositions suivantes :

1° La nouvelle allocation devra être rappelée aux personnels de la gendarmerie de la zone des armées en opération, à partir du jour où l'indemnité représentative de vivres a cessé de leur être allouée.

2° Les gendarmes de complément percevant l'indemnité spéciale de mobilisation depuis le 16 avril 1915 n'ont pas droit à l'allocation nouvelle, qui ferait double emploi avec celle dont ils bénéficient déjà.

3° La nouvelle indemnité est, en principe, susceptible de se cumuler avec celles qui sont prévues par le règlement du 3 janv. 1903, sur la solde et les revues des corps de la gendarmerie.

4° Sont abrogées :

a) La décision du 31 mars 1915, n° 3190 4/5, qui a accordé l'indemnité de service extraordinaire aux gendarmes coloniaux affectés à la gendarmerie départementale pour la durée de la guerre;

b) Les décisions du 15 avril 1915, n°s 4026 4/5 et 4027 4/5, qui ont concédé l'indemnité en marche à certains militaires de la 2e légion de gendarmerie

---

POSTES, FRANCHISE POSTALE, IMPÔT GÉNÉRAL SUR LE REVENU, LOI DU 15 JUILL. 1914, ART. 23, APPLICATION.

DÉCRET *instituant des franchises postales et des taux spéciaux d'affranchissement pour les avis et communications concernant l'impôt général sur le revenu.*

(28 janvier 1916). — (Publ. au *J. off.* du 4 févr.).

LE PRÉSIDENT DE LA RÉPUBLIQUE FRANÇAISE; — Vu la loi de finances du 15 juill. 1914 (2) et notamment l'art 23; — Sur le rapport du ministre du commerce, de l'industrie, des postes et des télégraphes, et du ministre des finances; — Décrète :

ART. 1er. Sont admises à circuler en franchise par la poste, sous enveloppe fermée, les correspondances de service concernant l'impôt général sur le revenu, échangées entre les fonctionnaires autorisés à correspondre en exemption de taxe.

2 Les avertissements et avis envoyés sous enveloppe fermée aux contribuables par les percepteurs des contributions directes, au sujet de l'impôt général sur le revenu, sont admis à circuler par la poste au tarif d'un centime jusqu'à 10 grammes, et, au-dessus de ce poids, au tarif ordinaire prévu pour les imprimés sous bande

3. Les avis et communications concernant l'impôt général sur le revenu, adressés aux contribuables par les directeurs, les inspecteurs et les contrôleurs des contributions directes, sont transmis sous enveloppes fermées, d'un modèle spécial, fournies par l'Administration des finances.

Ces envois sont passibles, jusqu'à 50 grammes, d'une taxe d'un centime, qui est majorée de 10 centimes pour les plis recommandés avec avis de réception.

Ces taxes sont représentées, sur les enveloppes du modèle réglementaire, par l'empreinte du timbre « Imprimés PP » (port payé), apposé par les soins de la recette principale des postes de la Seine. Leur montant est remboursé à l'Administration des postes par celle des contributions directes.

4. Tous les plis envoyés en franchise ou à tarif réduit, en vertu des articles précédents, doivent porter extérieurement, d'une manière très apparente et du côté de la suscription, la mention « Impôt général sur le revenu » ainsi que le contreseing du fonctionnaire expéditeur.

5 Le ministre du commerce, de l'industrie, des postes et des télégraphes, et le ministre des finances sont chargés, etc.

ALGÉRIE, ÉCOLES PRIMAIRES D'EUROPÉENS, ÉCOLES ET CLASSES D'INDIGÈNES, INSTITUTEURS, INSTITUTRICES, ADJOINTS INDIGÈNES, TRAITEMENTS, BREVET SUPÉRIEUR, BACCALAURÉAT, BREVET DES ÉCOLES SUPÉRIEURES DE COMMERCE, ALLOCATIONS.

DÉCRET *fixant pour l'année 1915 les traitements des instituteurs et institutrices des écoles primaires d'Algérie.*

(29 janvier 1916). — (Publ. au *J. off.* du 30 janv.).

LE PRÉSIDENT DE LA RÉPUBLIQUE FRANÇAISE; — Sur le rapport du ministre de l'instruction publique, des beaux-arts et des inventions intéressant la défense nationale, du ministre de l'intérieur et du ministre des finances; — Vu la loi de

---

(1) *Supra*, p. 273

(2) S et P. *Lois annotées* de 1916, p 38, *Pand. pér.*, *Lois annotées* de 1916, p. 38.

finances du 30 juill. 1913 (art. 61 et 62) (1); — Vu la loi du 30 déc. 1913 (2), relative aux améliorations de traitement des instituteurs et institutrices d'Algérie; — Vu la loi de finances du 15 juill. 1914 (art. 61) (3); — Vu le règlement d'administration publique du 23 déc. 1914 (4); — Vu l'avis du gouverneur général de l'Algérie, ensemble les délibérations des délégations financières; — Vu l'avis du gouverneur général de l'Algérie, ensemble les délibérations des délégations financières; — Vu la loi du 14 août 1905 (art. 11); — Décrète :

Art. 1er. Les traitements des instituteurs et institutrices des écoles primaires d'Européens d'Algérie sont fixés ainsi qu'il suit, pour l'année 1915 .

	Instituteurs.	Institutrices.
Stagiaires... ..	1.500	1.500
5e classe..... ..	1.750	1 750
4e classe.... ...	2.150	2.050
3e classe... . .	2.550	2.350
2e classe.....	2.750	2.650
1re classe..	3.100	2.900

Toutefois, pour les instituteurs et institutrices âgés de quarante-neuf ans révolus, les taux des traitements en 1915 sont fixés aux chiffres prévus par le règlement d'administration publique du 23 déc. 1914.

2 Les traitements des instituteurs et institutrices français qui exercent dans les ecoles et classes d'indigènes d'Algérie sont les traitements designés à l'article précédent, uniformément augmentés d'une somme de 100 fr.

3 Les traitements des adjoints indigènes exerçant dans les écoles destinées aux indigènes sont fixes ainsi qu'il suit, pour l'année 1915 :

4e classe....	1.500
3e classe......	1.600
2e classe	1.800
1re classe......	1.900

4 Les traitements fixés aux art. 1, 2 et 3 sont exclusifs de toute majoration pour quart colonial.

5 Le taux de l'allocation annuelle soumise aux retenues pour pensions civiles versées aux maîtres pourvus du brevet supérieur, ou du baccalauréat, ou du brevet des écoles supérieures de commerce, ou entrés dans les cadres de l'enseignement primaire avant le 19 juill. 1889, est fixé à 100 fr. à dater du 1er janv. 1915.

Le taux de l'allocation annuelle non soumise aux retenues pour pensions civiles, payée aux stagiaires pourvus du certificat d'études normales, est fixé à 100 francs.

6. Les ministres de l'instruction publique, de l'intérieur et des finances sont chargés, etc

---

Armée, Guerre franco allemande, Officiers de réserve, Admission dans l'armée active.

Décret *relatif à la proportion des officiers de réserve à admettre dans l'armée active, pendant la durée de la guerre* (5).

(29 janvier 1916) — (Publ au *J off.* du 3 févr.).

Le Président de la République française — Sur le rapport du ministre de la guerre; — Vu la loi du 14 avril 1832 (6), sur l'avancement dans l'armée; — Vu la loi du 1er août 1913 (7), modifiant la loi du 14 avril 1832, en ce qui concerne la nomination aux grades de sous-lieutenant et de lieutenant, complétée par la loi du 18 dec. 1913 (8); — Vu les décrets des 12 nov. (9) et 3 déc. 1914 (10), ratifiés par la loi du 30 mars 1915 (11) et relatifs à l'admission des officiers de réserve dans l'armee active; — Vu le décret du 8 juill. 1914 (12), relatif aux conditions d'application de la loi du 1er août 1913, et notamment son art. 2; — Décrete :

Art. 1er Pendant la durée de la guerre, la proportion des officiers de réserve admis dans l'armée active, par rapport au nombre total des nominations de sous-lieutenants de l'armée active, ne devra pas dépasser pour chaque arme les chiffres suivants :

Infanterie : 33 p. 100.
Cavalerie : 15 p. 100.
Artillerie : 12 p 100.

---

(1) S. et P. *Lois annotées* de 1914, p. 687; *Pand pér.*, *Lois annotées* de 1914, p. 687.

(2) S. *Lois annotées* de 1915, p. 820; *Pand. pér.*, *Lois annotées* de 1915, p. 820.

(3) S. et P. *Lois annotées* de 1916, p. 38; *Pand. pér.*, *Lois annotées* de 1916, p. 38.

(4) *J. off.*, 26-27 déc. 1914, p. 9378.

(5) Ce décret est précédé au *J. off.* d'un rapport ainsi conçu

« Le décret du 8 juill. 1914 fixe au dixième des promotions annuelles le nombre des officiers de reserve visés par les §§ 4° et 5° de l'art. 1er de la loi du 1er août 1913, modifiée par la loi du 18 déc. 1913, à admettre chaque année dans l'armée active.

« Cette proportion, très suffisante en temps de paix, ne correspond plus aux besoins de l'armée pendant la guerre actuelle, le recrutement des officiers par les écoles militaires étant suspendu; il convient donc de l'élargir.

« Tel est le but du projet de décret qui vous est actuellement soumis. Si vous en approuvez les dispositions, j'ai l'honneur de vous prier de vouloir bien le revêtir de votre signature ».

(6) S. 2e vol. des *Lois annotées*, p. 103.

(7) S et P. *Lois annotées* de 1914, p. 577; *Pand. pér.* *Lois annotées* de 1914, p. 577.

(8) S. et P. *Lois annotées* de 1915, p. 814; *Pand. pér.* *Lois annotées* de 1915, p. 814.

(9-10) 1er vol., p. 197 et 226.

(11) 2e vol, p. 87.

(12) *Bull. off.*, nouv. série, 133, n. 7284.

Génie : 30 p. 100.
Infanterie coloniale : 25 p. 100.
Artillerie coloniale : 30 p. 100.
Train des équipages : 20 p. 100.
2 Le ministre de la guerre est chargé, etc.

FORÊTS, COUPES DE BOIS, PRIX NON ACQUITTÉ, DÉLAIS DE PAIEMENT, MORATORIUM, INTÉRÊT (TAUX DE L'), ÉLÉVATION.

DÉCRET *élevant le taux des intérêts pour le prix des coupes de bois vendues avant le 2 août 1914, et non acquittées.*

(29 janvier 1916) — (Publ. au *J. off* du 2 févr.).

LE PRÉSIDENT DE LA RÉPUBLIQUE FRANÇAISE; — Vu l'art. 2 de la loi du 5 août 1914 (1), relative à la prorogation des échéances des valeurs négociables; — Vu le décret du 20 sept. 1914 (2), relatif à la prorogation des échéances pour le paiement du prix des coupes de bois de l'Etat, des départements, des communes et des établissements publics; — Sur le rapport du ministre de l'agriculture et du ministre des finances; — Le conseil des ministres entendu; — Décrète :

ART. **1er**. Sont portés de 4 à 6 p. 100 les intérêts qui courront de plein droit, à partir du 1er fevr. 1916, et jusqu'au jour du paiement, pour le prix des coupes de bois de l'Etat, des départements, des communes et des établissements publics vendues avant le 2 août 1914, et non acquittées, par application du décret du 20 sept. 1914.

2. Le ministre des finances et le ministre de l'agriculture sont chargés, etc.

MARINE, ALGÉRIE, INSCRITS MARITIMES INDIGÈNES, MARINS BAHARIA, PENSIONS DE RETRAITE, RÉGLEMENTATION, VEUVES, ORPHELINS.

DÉCRET *déterminant les conditions d'obtention et les taux des pensions auxquelles peuvent prétendre les baharia algériens*

(29 janvier 1916) — (Publ. au *J. off.* du 3 fevr.).

LE PRÉSIDENT DE LA RÉPUBLIQUE FRANÇAISE; — Sur le rapport du ministre de la marine : — Vu les art. 4 et 9 de la loi du 18 juill. 1903 (3), créant un corps de marins indigènes ou baharia en Algérie et en Tunisie; — Vu le décret du 10 mars 1906 (4), portant organisation du corps des baharia en Algérie et en Tunisie; — La section des finances, de la guerre, de la marine et des colonies du Conseil d'Etat entendue; — Décrete :

ART. **1er**. Le droit à la pension de retraite pour ancienneté de services et pour blessures ou infirmités est acquis au personnel du corps indigène des baharia algériens dans les conditions déterminées par les lois et règlements applicables aux officiers de marine et au personnel du corps des équipages de la flotte, sauf les modifications qui sont apportées à ces dispositions par le présent décret, ainsi que par le décret, en date de ce jour (5), relatif aux bénéfices de campagne.

2. Les officiers mariniers, quartiers-maîtres et matelots baharia réunissant au moins quinze ans de services effectifs, qui, en raison de leur inaptitude physique, ont été reconnus impropres au service de la flotte, ont droit à une pension proportionnelle, réglée conformément à l'art. 2 de la loi du 16 janv. 1905 (6)

Ils ne peuvent obtenir, ni les pensions proportionnelles, ni les soldes de réforme créées par l'art 7 de la loi du 8 août 1913 (7).

3. Les veuves et les orphelins des baharia de tous grades mariés sous le régime de la loi française ont droit à des pensions ou à des secours annuels, dans les conditions prévues par les lois et reglements visés à l'art. 1er du présent décret.

En ce qui concerne les baharia de tous grades non mariés sous le régime de la loi française, ces pensions ou ces secours annuels sont accordés à leurs veuves et enfants d'après les regles suivantes :

Le mariage doit être notifié sans délai par le mari à l'autorité maritime, qui en fera mention sur l'état des services de l'intéressé; celui-ci devra produire à l'appui de sa declaration, soit un acte du cadi passé au moment de la célébration, soit un acte régulierement inscrit suivant les prescriptions de l'art. 17 de la loi du 23 mars 1882 (8), sur l'état civil des indigenes musulmans de l'Algérie. La naissance de chacun des enfants de bahari sera notifiée dans les mêmes formes. A l'égard, toutefois, des baharia actuellement en service, dont le mariage n'aurait pas eu lieu dans ces conditions, il est accordé un delai de six mois, à partir de la publication du présent décret, pour leur permettre de faire établir, par les moyens légaux, l'existence de leur union, et d'adresser à l'autorité maritime les notifications indiquées ci-dessus.

(1-2) 1er vol p. 33 et 197.
(3) S. et P. *Lois annotées* de 1904, p. 812.
(4) *J. off*, 13 mars 1906. p. 1652.
(5) *Infra*, p. 279
(6) S. et P. *Lois annotées* de 1905, p. 924.
(7) S. et P. *Lois annotées* de 1914, p. 640; *Pand pér.*, *Lois annotées* de 1914, p. 640.
(8) S. *Lois annotées* de 1882, p. 315. — P. *Lois, décr.*, etc. de 1882, p. 562.

La pension sera répartie individuellement, par parts égales, entre les veuves et les enfants âgés de moins de vingt et un ans. Elle cessera, en ce qui concerne les veuves, en cas de nouveau mariage, et, en ce qui concerne les enfants, lorsqu'ils auront atteint l'âge de vingt et un ans

Cette pension sera réversible sur tous les ayants droit existants jusqu'au dernier bénéficiaire

4 Les pensions auxquelles ont droit les officiers, officiers mariniers, quartiers-maîtres et matelots baharia, ainsi que leurs veuves, et les secours annuels de leurs orphelins, sont fixes conformément au tarif annexé au présent décret.

5. L'art. 30 du décret du 10 mars 1906 est abrogé.

6. Le ministre de la marine est chargé, etc.

(*Suit au J. off. le tableau annexé*).

MARINE, GUERRE FRANCO-ALLEMANDE, PERMISSIONS, VOYAGE GRATUIT, ETATS-MAJORS ET ÉQUIPAGES DES DRAGUEURS ET ARRAISONNEURS.

CIRCULAIRE *au sujet des marins, des dragueurs, arraisonneurs, etc, envoyés en permission*

(29 janvier 1916). — (Publ. au *J. off.* du 30 janv.).

Le Ministre de la marine à MM. les vice-amiraux commandant en chef, préfets maritimes.

J'ai décidé que les états-majors et équipages des dragueurs, arraisonneurs et autres bâtiments exerçant une navigation active pourraient, en principe, bénéficier des dispositions de la circulaire du 29 nov. 1915 (1), qui a accordé la gratuité du voyage (limitée à l'indemnité kilométrique, aller et retour) aux marins envoyés en permission, et présents à bord depuis plus de six mois.

Mais je vous laisse le soin de décider quels sont ceux de ces bâtiments qui doivent ou non être considérés comme effectuant une navigation active, et de statuer sur l'allocation des frais de déplacement aux marins de ces unités envoyés en permission.

MARINE, MARINS INDIGÈNES BAHARIA, BÉNÉFICE DE CAMPAGNE.

DÉCRET *fixant les bénéfices de campagne accordés aux marins indigènes* (2).

(29 janvier 1916). — (Publ. au *J. off.* du 2 fevr.).

LE PRÉSIDENT DE LA RÉPUBLIQUE FRANÇAISE; — Sur le rapport du ministre de la marine; — Vu la loi du 18 avril 1831 (3), sur les pensions de l'armée de mer, ensemble les lois qui l'ont modifiée; — Vu le décret du 26 août 1886, portant réorganisation du personnel des marins indigènes du Senégal, ensemble les décrets qui l'ont modifie; — Vu le décret du 15 juin 1892, portant organisation du personnel des marins indigènes de la Cochinchine; — Vu le décret du 26 mai 1895, portant organisation du personnel des marins indigènes de l'Annam et du Tonkin; — Vu le décret du 10 mars 1906 (4), portant organisation du corps des baharia en Algérie; — Vu le décret du 9 juill. 1906 (5), portant organisation du corps des baharia en Tunisie; — Vu le décret du 8 avril 1908 (6), portant réorganisation du service dans les défenses fixes; — La section des finances, de la guerre, de la marine et des colonies du Conseil d'Etat entendue; — Décrète :

ART. 1er. Les bénéfices de campagne accordés aux marins indigènes sont fixés ainsi qu'il suit :

1° Est compté pour la moitié en sus de sa durée effective le service à l'Etat accompli :

a) A la mer, en guerre,

b) A terre, en guerre,

c) En captivité à l'étranger.

2° Est compté pour le quart en sus de sa durée effective le service à l'Etat accompli :

a) A la mer, en paix,

b) A terre, en paix, hors de la colonie d'origine.

3° Est compté pour le quart de sa durée effective le service fait, en guerre comme en paix, sur les bâtiments ordinaires du commerce, sans que les bénéfices résultant de cette navigation puissent jamais entrer pour plus d'un tiers dans l'évaluation totale des services admis en liquidation.

2. La colonie d'origine est celle dans laquelle le marin a été recruté.

---

(1) *Supra*, p. 135.

(2) Ce décret est précédé au *J. off* d'un rapport ainsi conçu :

« Le mode de décompte des services accomplis dans l'armée de mer, tel qu'il est fixé par la réglementation en vigueur, est le même pour les marins des équipages de la flotte et les marins des divers corps indigènes.

« Il en résulte que le temps de service accompli par les marins indigènes à terre, en paix, dans leur colonie d'origine, leur ouvre actuellement le droit au même bénéfice de campagne qu'acquièrent les marins de la métropole en service à terre, en paix, dans une colonie.

« Cette anomalie a donné lieu à des observations justifiées de la part du Conseil d'Etat (section des finances).

« Pour donner satisfaction au désir exprimé par cette haute Assemblée, et afin de traiter suivant les mêmes règles les indigènes des armées de terre et de mer, j'ai fait préparer le projet de décret ci-joint, qui a reçu l'adhésion du ministre des finances et auquel j'ai l'honneur de vous prier de vouloir bien accorder votre haute sanction ».

(3) S. 2e vol. des *Lois annotées*, p. 49.

(4) *J off* 13 mars 1906, p. 1652.

(5) *J. off.*, 11 juill. 1906. p. 4736.

(6) *J off.*, 12 avril 1908, p. 2564.

Sont considérées comme colonies distinctes, pour l'application de l'article précédent, les possessions énumérées ci-après :

Afrique du Nord française,

Afrique occidentale française,

Congo,

Madagascar,

Cochinchine et Cambodge,

Annam et Tonkin.

3. Le calcul de la bonification des services accomplis avant la promulgation du présent décret s'opérera conformément à la réglementation antérieure.

4. Le ministre de la marine est chargé, etc.

MARINE, TUNISIE, INSCRITS MARITIMES INDIGÈNES, MARINS BAHARIA, PENSIONS DE RETRAITE, RÉGLEMENTATION, VEUVES, ORPHELINS.

DÉCRET *déterminant les conditions d'obtention et les taux des pensions auxquelles peuvent prétendre les baharia tunisiens.*

(29 janvier 1916) — (Publ. au *J. off.* du 3 févr.).

LE PRÉSIDENT DE LA RÉPUBLIQUE FRANÇAISE; — Sur le rapport du ministre de la marine; — Vu les art. 4 et 9 de la loi du 18 juill. 1903 (1), créant un corps de marins indigènes, ou baharia, en Algérie ou en Tunisie; — Vu le décret du 9 juill. 1906 (2), portant organisation du corps des baharia en Tunisie; — La section des finances, de la guerre, de la marine et des colonies du Conseil d'Etat entendue; — Décrète :

ART. **1er**. Le droit à la pension de retraite pour ancienneté de service et pour blessures et infirmités est acquis au personnel du corps indigène des baharia tunisiens dans les conditions déterminées par les lois et règlements applicables aux officiers de marine et au personnel du corps des équipages de la flotte, sauf les modifications qui sont apportées à ces dispositions par le présent décret, ainsi que par le décret, en date de ce jour (3), relatif aux bénéfices de campagne.

2. Les officiers mariniers, quartiers-maîtres et matelots baharia réunissant au moins quinze ans de services effectifs, qui, en raison de leur inaptitude physique, ont été reconnus impropres au service de la flotte, ont droit à une pension proportionnelle, régie conformément à l'art. 2 de la loi du 16 janv. 1905 (4).

Ils ne peuvent obtenir, ni les pensions proportionnelles, ni les soldes de réforme créées par l'art. 7 de la loi du 8 août 1913 (5).

3. Les veuves et les orphelins des baharia de tous grades ont droit aux pensions ou aux secours annuels prévus par les lois et règlements visés à l'art. 1er du présent décret.

Ces pensions ou secours leur sont alloués d'après les règles suivantes :

Le mariage doit être notifié sans délai par le mari à l'autorité maritime, qui en fera mention sur l'état des services de l'intéressé; celui-ci devra produire, à l'appui de sa déclaration, soit l'acte passé au moment de la célébration, soit un acte de notoriété dressé avec l'autorisation du cadi. La naissance de chacun des enfants du bahari sera notifiée dans les mêmes formes.

Il est accordé aux baharia actuellement en service un délai de six mois à partir de la publication du présent décret, pour leur permettre de faire établir, par les moyens légaux, l'existence de leur union, et d'adresser à l'autorité maritime les notifications indiquées ci-dessus

La pension sera répartie individuellement, par parts égales, entre les veuves et les enfants âgés de moins de 21 ans. Elle cessera, en ce qui concerne les veuves, en cas de nouveau mariage, et, en ce qui concerne les enfants, lorsqu'ils auront atteint l'âge de 21 ans.

Cette pension sera réversible sur tous les ayants droit existants, jusqu'au dernier bénéficiaire

4. Les pensions auxquelles ont droit les officiers mariniers, quartiers-maîtres et matelots baharia, ainsi que leurs veuves, et les secours annuels de leurs orphelins, sont fixés conformément au tarif annexé au présent décret.

5. L'art. 24 du décret du 9 juill. 1906 est abrogé.

6 Le ministre de la marine est chargé, etc.

(*Suit au J off. le tableau annexe*).

TRAITÉ INTERNATIONAL, GUERRE FRANCO-ALLEMANDE, BELGIQUE, TRIBUNAUX MILITAIRES, COMPÉTENCE.

DÉCLARATION *franco-belge relative à la juridiction pénale militaire.*

(Publ. sans date au *J. off* du 29 janv. 1916).

Le gouvernement de la République française et le gouvernement de S M. le roi des Belges sont d'accord pour reconnaître, pendant la présente guerre, la juridiction exclusive des tribunaux de leurs armées d'opérations respectives à l'égard des personnes appartenant à ces armées, quels que soient le territoire où elles se trouvent et la nationalité des inculpés.

Dans le cas d'infractions commises conjointe-

(1) S. et P. *Lois annotées* de 1904, p 812.

(2) *J. off*, 11 juill. 1906, p. 4736.

(3) C'est le décret qui précède.

(4) S. et P. *Lois annotées* de 1905, p. 924.

(5) S. et P. *Lois annotées* de 1914, p. 640; *Pand. per. Lois annotees* de 1914, p. 640.

ment ou de complicité en territoire belge par des individus faisant partie de ces deux armées, les auteurs et complices français sont déférés à la juridiction militaire belge.

Dans le cas d'infractions commises conjointement ou de complicité en territoire français par des individus faisant partie de ces deux armées, les auteurs et complices sont déférés à la juridiction militaire française, à l'ex ion des Belges qui ont été arrêtés par l'autorité belge.

Les deux gouvernements sont aussi d'accord pour reconnaître, pendant la présente guerre, la juridiction exclusive, en territoire français, des tribunaux français à l'égard des personnes étrangères à l'armée belge qui commettraient des actes préjudiciables à cette armée, et la juridiction exclusive, en territoire belge, des tribunaux belges à l'égard des personnes étrangères à l'armée française qui commettraient des actes préjudiciables à ladite armée.

GUERRE, GUERRE FRANCO-ALLEMANDE, COMITÉS CONSULTATIFS D'ACTION ÉCONOMIQUE, ORGANISATION ET FONCTIONNEMENT.

ADDITION *à l'instruction du 3 déc* 1915 (1), *modifiée le* 28 *dec.* 1915 (2)

(Publ. sans date au *J. off.* du 30 janv 1916).

Ajouter à l'art. 2 un paragraphe ainsi conçu : « Le président peut exceptionnellement appeler à siéger au comité régional les fonctionnaires ou toutes autres personnalités de la région dont la presence lui paraîtrait nécessaire, à raison de leur compétence, pour l'examen de questions déterminees ».

BUDGET, AUTORISATION D'ENGAGEMENT DE DÉPENSES, LA MECQUE, MÉDINE, PELERINS SANS RESSOURCES, HÔTELLERIES, CREATION.

OI *portant autorisation d'engagement d'une dépense de* 500 000 *fr*, *pour la création, a La Mecque et à Medine, de deux hôtelleries destinées aux pèlerins sans ressources originaires des possessions françaises*

(31 janvier 1916). — (Publ. au *J. off.* du 3 févr).

ARTICLE UNIQUE. Le ministre des affaires étrangeres est autorisé à engager une dépense de cinq cent mille francs (500.000 fr.), pour l'acquisition, l'aménagement ou la construction de deux hôtelleries à La Mecque et à Médine pour les pèlerins sans ressources originaires des possessions françaises.

COLONIES, GUERRE FRANCO-ALLEMANDE, CÔTE DES SOMALIS, CONSEIL DE GUERRE, CRÉATION.

DÉCRET *modifiant le tableau annexe au décret du* 23 *oct* 1913, *modifie par le décret du* 5 *juin* 1914, *et relatif a l'organisation du service de la justice militaire dans les troupes coloniales.*

(31 janvier 1916). — (Publ au *J. off.* du 6 févr.).

LE PRÉSIDENT DE LA RÉPUBLIQUE FRANÇAISE ; — Sur le rapport du ministre de la guerre ; — Vu la loi du 7 juill. 1900 (3), portant organisation des troupes coloniales ; — Vu le Code de justice militaire pour l'armée de terre ; — Vu le décret du 26 mai 1903 (4), portant organisation du groupement des forces militaires stationnées aux colonies ; — Vu le décret du 23 oct. 1903 (5), relatif à l'organisation du service de la justice militaire dans les troupes coloniales, notamment l'art. 4 et le tableau annexé au décret ; — Vu le décret du 5 juin 1914, relatif à la réorganisation de la justice militaire aux colonies ; — Vu l'avis du ministre des colonies ; — Décrète :

ART. 1er. Les dispositions du décret du 23 oct. 1903, modifié par le décret du 5 juin 1914, et relatif à l'organisation du service de la justice militaire dans les troupes coloniales, sont applicables dans la colonie de la Côte française des Somalis, sous réserve des prescriptions des art. 2 et 3 ci-dessous.

2. Il est etabli à la Côte française des Somalis un conseil de guerre permanent, qui sera du ressort du conseil de revision siégeant à Paris.

3. S'il est impossible de constituer ce conseil de guerre, faute de militaires du grade requis, ou s'il y a lieu de juger des officiers échappant par leur grade à la competence du tribunal, l'affaire sera jugée par le conseil de guerre permanent de la 15e région.

4 Pour l'exécution des dispositions relatives au service de la justice militaire, le gouverneur de la Côte française des Somalis exerce les attributions devolues aux gouverneurs des colonies principales des groupes, le commandant des troupes de la Côte française des Somalis exerce les attributions dévolues aux commandants supérieurs des troupes.

5. Le ministre de la guerre est chargé, etc.

MARINE, GUERRE FRANCO-ALLEMANDE, CAPI-

(1) *Supra*, p. 166.
(2) *Supra*, p. 234.
(3) S. et P. *Lois annotées* de 1900, p. 1113 ; *Pand. pér.*, 1901.3.147.
(4) *J. off.*, 4 juin 1903 p. 3489.
(5) *J. off.*, 6 dec. 1903, p. 7326.

TAINES DE FRÉGATE, COMMANDEMENT, CONDITIONS, SUSPENSION.

DÉCRET *relatif à la suspension des conditions à remplir par les capitaines de frégate pour obtenir un commandement.*

(31 janvier 1916). — (Publ. au *J. off* du 2 févr.).

LE PRÉSIDENT DE LA RÉPUBLIQUE FRANÇAISE; — Sur le rapport du ministre de la marine; — Vu le décret du 12 oct. 1910 (1); — Décrète :

ART. **1er**. L'application des dispositions de l'art. 7 du décret du 12 oct. 1910, relatives aux conditions à remplir par les capitaines de frégate pour obtenir un commandement, est suspendue pendant toute la durée des hostilités.

2 Le ministre de la marine est chargé, etc.

ARMÉE, GUERRE FRANCO-ALLEMANDE, TROUPES COLONIALES, TROUPES MÉTROPOLITAINES, SOLDATS PERMISSIONNAIRES, PRÉSENCE AU FRONT, SOLDE.

DÉCRETS *relatifs à la solde des permissionnaires* (2).

(1er février 1916). — (Publ. au *J. off.* du 5 févr.).

1er DÉCRET

LE PRÉSIDENT DE LA RÉPUBLIQUE FRANÇAISE; — Sur le rapport des ministres de la guerre et des finances; — Vu le décret du 26 mai 1904, portant règlement provisoire sur la solde et les revues des corps de troupes coloniales stationnés dans la métropole; — Vu les décrets du 20 sept. 1906 (3) et du 1er janv. 1915 (4), modifiant le précédent; — Vu l'art. 55 de la loi du 25 févr. 1901 (5), portant fixation du budget général des dépenses et des recettes de l'exercice 1901; — Décrète :

ART. **1er**. Le tableau n° 1, annexé au décret du 26 mai 1904, modifié par décrets du 20 sept 1906 et du 1er janv. 1915, est complété comme suit :

NUMÉROS d'ordre des positions.	POSITIONS	SUBDIVISIONS des positions.	RÈGLES D'ALLOCATION	DISPOSITIONS PARTICULIÈRES et observations
15	Congés ou permissions.	*f*) Permissions.	N'ont droit à aucune solde depuis le jour de leur départ jusqu'à celui de leur rentrée au corps inclusivement. Toutefois, en temps de guerre, les militaires bénéficiant d'une permission réglementaire au cours d'un séjour dans une formation considérée comme étant en opérations de guerre (1), ont droit, pendant la durée de la permission, à la solde de présence, augmentée, pendant les journées de voyage aller et retour, d'une indemnité représentative de vivres (2).	(1) Le ministre de la guerre détermine les territoires, places et formations qui doivent être considérés comme étant en opérations de guerre. (2) Le taux de l'indemnité représentative de vivres est celui prévu pour les militaires envoyés en congé de convalescence à la suite de blessures reçues ou de maladies contractées au cours des opérations militaires (n° 43 *bis*).

2. Les ministres de la guerre et des finances sont chargés, chacun en ce qui le concerne, de l'exécution du présent décret dont les dispositions sont applicables à compter du 1er oct. 1915.

2e DÉCRET

LE PRÉSIDENT DE LA RÉPUBLIQUE FRANÇAISE; — Sur le rapport des ministres de la guerre et des finances; — Vu le décret du 10 janv 1912, portant règlement sur la solde et les revues des troupes métropolitaines; — Vu les décrets du 11 déc. 1912 et du 1er janv. 1915 (6), modifiant le précédent; — Vu l'art. 55 de la loi du 25 févr 1901 (7), portant fixation du budget général des

(1) *Bull off*, nouv. série, 43, n. 2042

(2) Ce décret et le suivant sont précédés au *J. off.* d'un rapport ainsi conçu :

« En vertu de la réglementation en vigueur, les militaires, autres que les officiers et les sous officiers rengagés et assimilés n'ont droit à aucune solde en permission.

« Il nous a paru qu'il y avait lieu d'admettre une exception à cette règle en faveur des militaires du front jouissant des permissions réglementaires, qui recevraient la solde pendant toute la durée de la permission, y compris les journées de voyage à l'aller et au retour, et, en outre, une indemnité destinée à leur permettre de pourvoir à leur subsistance en cours de route.

« Si vous approuvez ces dispositions, qui auraient effet à compter de la date d'entrée en vigueur des nouvelles soldes (1er oct. 1915), nous avons l'honneur de vous proposer de vouloir bien revêtir de votre signature les deux projets de décrets ci-joints »

(3) *J. off*, 26 sept. 1906, p. 6526.

(4) *J. off.*, 7 janv. 1915, p. 106

(5) S et P. *Lois annotées* de 1901, p. 140; *Pand. pér.*, 1902.3 33.

(6) *J. off*, 7 janv 1915, p. 106.

(7) S et P. *Lois annotées* de 1901, p. 140, *Pand. pér.*, 1902.3 33.

dépenses et des recettes de l'exercice 1901 ; — Décrète :

ART. 1er. Le tableau n° 1, annexé au décret du 10 janv. 1912, modifié par décrets du 11 déc. 1912 et du 1er janv. 1915, est complété comme suit :

NUMERO d'ordre.	POSITIONS	SUBDIVISIONS des positions.	RÈGLES D'ALLOCATION	OBSERVATIONS
38	En permission ou en congé...	a) En temps de paix.	N'ont droit à aucune solde depuis le jour de leur départ jusqu'à celui de leur rentrée au corps inclusivement.	Mêmes observations qu'à la position 9. Les militaires venant d'outre-mer pour jouir d'un congé en France n'ont droit à aucune solde du jour de l'embarquement au jour exclu du débarquement au retour
		b) En temps de guerre	Mêmes règles que ci-dessus. Toutefois, les militaires bénéficiant d'une permission réglementaire au cours d'un séjour dans une formation considérée comme étant en état de guerre (1), ont droit, pendant la durée de la permission, à la solde de présence, augmentée, pendant les journées de voyage aller et retour, d'une indemnité représentative de vivres (2).	(1) Le ministre de la guerre détermine les territoires, places et formations qui doivent être considérés comme étant en opérations de guerre. (2) Le taux de l'indemnité représentative de vivres est celui prévu pour les militaires envoyés en congé de convalescence à la suite de blessures reçues ou de maladies contractées au cours des opérations militaires (N° 38 *bis*.)

2. Les ministres de la guerre et des finances sont chargés, etc.

AGRICULTURE, GUERRE FRANCO-ALLEMANDE, ORGANISATION DU TRAVAIL AGRICOLE, COMMUNES RURALES, COMITÉS D'ACTION AGRICOLE, CRÉATION, COMPOSITION, MODE D'ÉLECTION. FONCTIONNEMENT COMITÉS CANTONAUX.

DÉCRET *constituant un comité d'action agricole dans chaque commune rurale, et des comités cantonaux d'organisation agricole* (1).

(2 février 1916). — (Publ. au *J. off* du 3 févr.).

LE PRÉSIDENT DE LA RÉPUBLIQUE FRANÇAISE ; — Sur le rapport du ministre de l'agriculture ; — Décrète :

ART. 1er. Il est constitué, dans chaque commune rurale, pour le temps de la guerre, sous le nom de comité d'action agricole, un comité permanent, élu par tous les agriculteurs de la commune, et composé d'agriculteurs.

Les femmes dirigeant une exploitation agricole prendront part au vote, et pourront faire partie du comité.

---

(1) Ce décret est précédé au *J. off.* d'un rapport ainsi conçu :

« J'ai l'honneur de soumettre à votre signature un projet de décret relatif à l'organisation du travail dans les campagnes et au fonctionnement des comités communaux d'action agricole.

« Tout le monde reconnaît que la production agricole est un élément essentiel de la défense nationale et un des principaux facteurs de la victoire.

« D'autre part, les nécessités de la guerre imposent à notre agriculture les plus lourds sacrifices, et il est du devoir des pouvoirs publics de rechercher et d'appliquer tous les moyens de nature à concilier les intérêts supérieurs de l'armée avec ceux du travail de la terre.

« Les difficultés de la mise en culture ne cessent de grandir (avec l'appel de chaque classe et d'un grand nombre d'auxiliaires), et l'abandon définitif de très nombreuses terres serait inévitable, si on ne venait pas au secours de nos agriculteurs pour la campagne de printemps qui commence.

« Des mesures urgentes s'imposent donc partout, et il est nécessaire de les prendre sans délai ; mais, pour rendre la confiance à nos agriculteurs, il faut à la fois les diriger et les défendre. Le meilleur moyen de les rassurer paraît être de mobiliser à leur tour ceux qui restent à la terre, en mettant à leur tête des chefs qui leur inspirent confiance par leur valeur professionnelle, et qui aient, en même temps, assez d'autorité pour faire entendre leur voix.

« Il reste fort heureusement, dans chaque commune, des anciens dont la compétence est indiscutable, qui sont entourés du respect de tous, et il ne paraît pas douteux qu'en faisant appel à leur patriotisme, à leur amour de la terre, on obtiendra d'eux un concours sans bornes et absolument désintéressé.

« Leur action énergique, si elle est comprise et secondée avec conviction par l'Administration, et surtout par l'autorité militaire, peut ramener la vie partout, aussi bien dans la zone des armées que dans celle de l'intérieur, et assurer à notre prochaine récolte son maximum de rendement.

« Telles sont les raisons principales qui m'amènent à soumettre à votre haute approbation la création d'un organisme permanent, composé de l'élite des agriculteurs de chaque commune rurale, qui soit à la fois le centre d'action et le régulateur de l'activité générale. C'est à lui qu'il appartiendra de préparer dans les meilleures conditions possibles la campagne agricole qui va commencer ».

Ce comité se composera de 5 membres pour les communes de moins de 500 habitants, de 7 membres pour celles de 500 à 2.000 habitants, de 9 membres pour toutes les autres communes.

2 Ce comité sera chargé d'organiser d'une façon générale le travail agricole, et d'assurer la culture de toutes les terres dans les conditions suivantes :

1° Il aura pour mission de se mettre à la disposition des agriculteurs pour leur donner conseil et appui, de leur indiquer et de leur faciliter les moyens de se procurer des engrais, des semences, des animaux de travail, des machines, etc., enfin de les mettre en rapport avec les institutions de crédit mutuel agricole pouvant leur faire les avances d'argent nécessaires pour leurs opérations.

2° Il leur servira d'intermédiaire pour soumettre leurs demandes, leurs réclamations et leurs plaintes aux autorités militaires et civiles, soit directement, soit par l'intermédiaire du comité cantonal dont il sera question ci-après.

3° Il pourra, sur la demande des exploitants, mobilisés et même non mobilisés, accepter, à titre de mandataire bénévole, la direction des travaux de culture pour les terres que ceux-ci ne pourraient plus cultiver.

3. Les comités de plusieurs communes pourront s'entendre et se réunir pour diriger ensemble les opérations agricoles de ces communes, comme si elles n'en faisaient qu'une seule.

4. Les associations agricoles pourront également s'entendre pour constituer des groupements qui se mettront en rapport avec les comités pour leur apporter leur concours, leur appui et au besoin les suppléer.

5 Le comité sera présidé par le maire de la commune, auquel sera adjoint un vice-président, élu par le comité.

Quand plusieurs comités auront décidé de se réunir, ils feront choix de la commune qui sera le siège du groupement, et ce sera le maire de cette commune qui en aura la présidence.

6. Les membres des comités qui prendront la direction des cultures agiront comme mandataires des exploitants eux-mêmes, si ceux-ci ont confié la culture de leurs terres au comité. La responsabilité pécuniaire pour les dépenses engagées incombera aux exploitants.

7. Dans un délai de quinze jours, à dater du présent décret, les maires des communes rurales, assistés de deux conseillers municipaux, dresseront la liste des agriculteurs de la commune, sans aucune formalité; ceux qui seront omis pourront réclamer leur inscription après la confection de la liste.

8. Il sera institué, à côté des comités communaux d'action agricole, un comité cantonal dit d'organisation agricole, qui, sans s'immiscer dans la conduite des opérations de culture accomplies par ces comités, aura pour mission unique de les conseiller et de leur servir d'intermédiaire auprès des autorités militaires et civiles, en présentant à celles-ci, et en appuyant auprès d'elles, les réclamations et les plaintes d'ordre général portant sur toutes les questions relatives à la mise en valeur du sol : questions de main-d'œuvre, d'achats ou de réquisitions militaires, d'obstacles à la culture, de paiements d'indemnités, de transport, de crédit, etc.

9. Les ministres de l'agriculture et de l'intérieur sont chargés, etc.

ALGERIE, TITRES AU PORTEUR PERDUS OU VOLES, LOI ET DÉCRETS, APPLICATION.

DÉCRET *rendant applicables à l'Algérie diverses dispositions législatives et réglementaires relatives aux titres au porteur perdus ou volés.*

(2 février 1916). — (Publ au *J. off.* du 8 févr.).

LE PRÉSIDENT DE LA RÉPUBLIQUE FRANÇAISE; — Sur le rapport du ministre de l'intérieur, du ministre des finances et du garde des sceaux, ministre de la justice; — Vu la loi du 15 juin 1872 (1), relative aux titres au porteur, modifiée par la loi du 8 févr. 1902 (2); la loi du 8 mars 1912 (3) (art. 1er), relative aux obligations à émettre pour les besoins des chemins de fer de l'Etat; le décret du 10 avril 1873 (4), portant règlement d'administration publique pour l'exécution des art. 11 et 13 de la loi du 15 juin 1872; le décret du 8 mai 1902 (5), portant règlement d'administration publique pour l'exécution de l'art. 15, § 6, et de l'art 19 de la loi du 15 juin 1872, modifiés par la loi du 8 févr. 1902; — Décrète :

ART. 1er. La loi du 15 juin 1872, relative aux titres au porteur, la loi du 8 févr. 1902, les décrets des 10 avril et 8 mai 1902, portant règlement d'administration publique pour leur exécution, et l'art. 1er de la loi du 8 mars 1912, relative aux obligations à émettre pour les besoins des chemins de fer de l'Etat, sont applicables à l'Algérie.

2. Le ministre de l'intérieur, le ministre des finances et le garde des sceaux, ministre de la justice, sont chargés, etc.

---

(1) S. *Lois annotées* de 1872, p. 243. — P. *Lois, décr.*, etc de 1872, p. 416.

(2) S. et P. *Lois annotées* de 1902, p. 321; *Pand. pér.*, 1902.3.81.

(3) S et P. *Lois annotées* de 1912, p. 293; *Pand. pér.*, *Lois annotées* de 1912, p 293.

(4) S. *Lois annotées* de 1873, p. 433. — P. *Lois, décr*, etc. de 1873, p. 743.

(5) S. et P. *Lois annotées* de 1902, p. 325; *Pand. pér* 1902.3.151.

Armée, Guerre franco-allemande, Conseils de revision et commissions, Membres civils, Militaires, Indemnités.

Décret *modifiant le décret du* 12 *juin* 1908, *en ce qui concerne les indemnités attribuées aux membres des conseils de revision et de commissions diverses, et l'allocation à tous les militaires, pendant la durée des hostilités, de l'indemnité journalière au taux des celibataires.*

(2 février 1916). — (Publ au *J. off.* du 6 févr.).

Le Président de la République française; — Sur le rapport du ministre de la guerre; — Vu le decret du 12 juin 1908, portant reglement sur le service des frais de déplacement des militaires isolés; — Decrete :

Art 1er. L'art. 84 et le tableau A (tarif des indemnités de déplacement) du décret précité, sont modifiés ainsi qu'il suit :

Art. 84. Cet article est remplacé par les dispositions ci-après :

« Le présent règlement est applicable sur le territoire en temps de guerre.

« Toutefois, pendant la durée des hostilités, l'indemnité journalière est allouée à tous les militaires (officiers et hommes de troupe) effectuant des déplacements temporaires, au taux prévu pour les célibataires, quelle que soit la situation de famille des intéressés.

« Le reglement est également applicable, en principe, aux armées et dans la zone des armées, dans les mêmes conditions qu'à l'intérieur, sous la réserve des modifications que le général commandant en chef jugerait devoir y apporter, en raison des circonstances locales, dont il reste juge ».

TABLEAU A.

Les indications et dispositions relatives aux conseils de revision et aux commissions diverses sont remplacées par les suivantes :

GRADES OU QUALITÉ		INDEMNITÉ KILOMÉTRIQUE			INDEMNITÉ	
		en chemin de fer ou tramway	en voiture publique.	en voiture de louage.	de vacation (dans la residence ou en dehors de la résidence) (*e*).	de repas ou de découcher (*f*)
Membres civils des comites ou commissions consultatifs constitués auprès du ministre pour etudier et émettre un avis sur les diverses questions techniques qui leur sont soumises (*a*)..		»	»	»	»	»
Membres civils des conseils de revision ou des commissions diverses (*b*)	Non fonctionnaires et ne recevant pas un traitement de l'Etat, des départements ou des communes..	1re classe, plein tarif (*c*).	0 fr. 15 par kilometre.	0 fr. 50 pour les 25 premiers kilomètres, 0 fr 30 pour les suivants (*d*).	5 fr. »	3 fr. 50
	Fonctionnaires recevant un traitement de l'Etat, des departements ou des communes				»	3 fr. 50

Observations.

(*a*) Les membres civils de ces comites ou commissions n'ont pas droit, en principe, a indemnites. Toutefois, sur leur demande, le ministre peut autoriser l'allocation, à leur profit, de l'indemnite kilométrique pour le voyage, s'ils ont a se déplacer, ainsi que de l'indemnité journalière, sans que le montant de l indemnite puisse depasser 20 fr. par jour.

(*b*) L'indemnité fixe pour déplacement temporaire n'est pas allouée aux membres civils.

Les médecins civils requis pour assister les conseils de revision, à defaut de médecins militaires, sont traites comme les membres civils non fonctionnaires.

(*c*) Lorsque la durée de l'absence n'est pas supérieure a la durée de validité des billets d'aller et retour, il n'est alloué que l'indemnité correspondant au prix d'un billet de ce genre, soit l'indemnité au plein tarif diminuée de 25 p 100.

(*d*) Lorsque plusieurs membres de commissions, tant civils que militaires, font usage de la même voiture, l'indemnité est allouée a chacun dans la limite ci-après :

2 personnes utilisant la même voiture, 2/3 de l'indemnite prevue au tarif.

3 personnes et plus utilisant la même voiture, 1/2 de l'indemnité prévue au tarif.

Les sous-officiers, caporaux et soldats n'ont pas droit, en principe, à l'indemnité kilometrique en voiture de louage; ils reçoivent seulement l'indemnite kilometrique reglementaire, d'après le mode de locomotion employe, sauf le cas ou des raisons de force majeure nécessiteraient leur transport en voiture de louage. L'autorisation est accordée, dans ce cas, par le président du conseil de revision ou de la commission.

(*e*) La durée normale de la vacation est de quatre heures; il ne peut être alloue plus de deux indemnites de vacation par vingt quatre heures.

L'indemnite de vacation n'est jamais allouée aux fonctionnaires

(*f*) L'indemnite de repas (et exceptionnellement l'indemuite de decoucher) est alloués aux membres non fonctionnaires ou fonctionnaires pour les opérations effectuées en dehors de la résidence, lorsque celles-ci ont mis les intéressés dans l'obligation de prendre un ou plusieurs repas en dehors de ladite residence, ou de passer une nuit a l'hôtel. Il est attribue autant d'indemnités de repas ou de decoucher qu'il a été pris de repas ou passé de nuits à l'hôtel.

Il peut, exceptionnellement, être attribue une indemnite de repas dans la résidence aux non fonctionnaires ou fonctionnaires, dans le cas où, par suite de circonstances exceptionnelles, il ne leur aurait pas éte possible, entre la seance du matin et celle de l'après-midi, d'aller prendre leur repas chez eux.

L'obligation dans laquelle se seront trouvés les intéressés de prendre, soit un repas dans la résidence, soit un ou plusieurs repas en dehors de la résidence, ou de passer la nuit à l'hôtel, est constatée et certifiée, sous sa responsabilite, par le président de la commission.

Les percepteurs qui ont a se déplacer pour le paiement des indemnités reçoivent l'indemnite de repas ou de découcher, dans les mêmes conditions que les membres des commissions.

NOTA. — Les indemnités prévues ne sont allouées aux membres civils que si les intéresses en font la demande.

---

2. Sont abrogées toutes les dispositions contraires insérées dans les divers règlements, ou qui ont fait l'objet de décisions particulières, à l'exception des dispositions qui figurent expressément dans les lois en vigueur.

3. Le ministre de la guerre est chargé, etc.

POSTES, MINES, OUVRIERS MINEURS, CAISSE AUTONOME DE RETRAITES, CORRESPONDANCES, TARIF RÉDUIT.

DÉCRET *déterminant les tarifs postaux applicables aux correspondances expédiees ou reçues par la Caisse autonome de retraites des ouvriers mineurs pour le service des retraites de ces ouvriers*

(2 février 1916). — (Publ. au *J. off.* du 11 févr.).

LE PRÉSIDENT DE LA RÉPUBLIQUE FRANÇAISE; — Vu la loi du 25 févr. 1914 (1), modifiant la loi du 29 juin 1894 (2) et créant une caisse autonome de retraites des ouvriers mineurs; — Vu l'art. 7 de la loi de finances du 29 juin 1915 (3); — Vu le décret du 25 déc. 1915 (4), fixant les tarifs postaux applicables aux objets de correspondance concernant l'exécution de la loi sur les retraites ouvrières et paysannes; — Sur le rapport du ministre du commerce, de l'industrie, des postes et des télégraphes, du ministre du travail et de la prévoyance sociale et du ministre des finances; — Décrete :

ART. 1er. Les correspondances concernant le service des retraites des ouvriers mineurs, expédiées ou reçues par la Caisse autonome de retraites des ouvriers mineurs, sont admises à circuler par la poste au tarif réduit ci-après :

Jusqu'à 20 grammes : 5 centimes.

De 20 à 50 grammes : 10 centimes.

De 50 à 100 grammes : 15 centimes.

De 100 à 150 grammes : 20 centimes, et ainsi de suite, en ajoutant 5 centimes par 50 grammes ou fraction de 50 grammes excédant.

Pour bénéficier de ce tarif, les correspondances susvisées, expédiées sous enveloppe ouverte ou fermée, doivent porter sur leur suscription, en caracteres très apparents, la mention : « Service des retraites des ouvriers mineurs ».

2. Le ministre du commerce, de l'industrie, des postes et des télégraphes, le ministre du travail et de la prévoyance sociale, et le ministre des finances sont chargés, etc.

ARMÉE, GUERRE FRANCO-ALLEMANDE, BATTAGE DES GRAINS, ENTREPRENEURS, MÉCANICIENS, ENGRENEURS, SURSIS D'APPEL, CARNET DE BATTAGE.

CIRCULAIRE *relative à la tenue d'un carnet de battage des grains.*

(4 février 1916). — (Publ au *J. off* du 10 févr.).

Le Ministre de la guerre à MM. les généraux commandant les régions, les préfets, les directeurs de l'intendance et les sous-intendants militaires chargés du ravitaillement.

Pour permettre à l'administration militaire de se rendre compte de l'utilité des sursis d'appel accordés pour assurer le battage des grains, j'ai décide que tout entrepreneur en sursis, ou qui a des mécaniciens ou engreneurs en sursis d'appel, devra tenir un carnet de battage, indiquant, pour chaque journée, le nom et l'adresse du cultivateur qui a utilisé la machine, la nature des grains battus, le nombre de gerbes et la quantité de grains.

Ce carnet devra être présenté à toute réquisition de l'autorité militaire et préfectorale.

Chaque dimanche, un relevé du carnet pour la semaine précédente devra être adressé à la préfecture en double exemplaire.

Toute négligence dans la tenue du carnet ou dans le relevé, toute déclaration reconnue fausse, pourront entraîner la suppression immédiate du sursis d'appel.

(*Suit au* J. off. *le modele de ce carnet*).

---

(1) S. et P. *Lois annotées* de 1915, p. 843; *Pand. pér.*, *Lois annotées* de 1915. p. 843.

(2) S. et P. *Lois annotées* de 1894, p. 774; *Pand. pér.*, 1895 3 3

(3) 2e vol, p. 212.

(4) *Supra*, p. 199.

ARMÉE, GUERRE FRANCO-ALLEMANDE, TROUPES MÉTROPOLITAINES, TROUPES COLONIALES, SERGENTS-MAJORS, MARÉCHAUX DES LOGIS, SOLDE, RELÈVEMENT.

DÉCRETS *relatifs à la solde des sergents-majors* (1).

(**4 février 1916**). — (Publ. au *J. off.* du 9 févr.).

1er DÉCRET

LE PRÉSIDENT DE LA RÉPUBLIQUE FRANÇAISE; — Sur le rapport des ministres de la guerre et des finances; — Vu le décret du 11 janv. 1913 (2), sur les tarifs de solde et allocations individuelles en deniers régularisées sur revues; — Vu le décret du 21 oct. 1915 (3), modifiant le précédent; — Vu l'art. 55 de la loi du 25 févr. 1901 (4), portant fixation du budget des dépenses et des recettes de l'exercice 1901; — Décrète :

ART. **1er**. Pendant la durée des hostilités, le tarif n. 4, annexé au décret du 11 janv 1913, est modifié comme suit :

CORPS DE TROUPES DE TOUTES ARMES	SOLDE JOURNALIÈRE des non rengagés et des engagés ou rengagés jusqu'à la 5e année de service inclusivement.	
	de présence	d'absence.
Sergent-major, maréchal des logis chef et assimilé	1 22	0 93
Maréchal des logis maître sellier	(Sans changement).	
(Le reste sans changement).		

2. Le ministre de la guerre et le ministre sont chargés, chacun en ce qui le concerne, de l'exécution du présent décret, dont les dispositions sont applicables à compter du 1er janv 1916.

2e DÉCRET

LE PRÉSIDENT DE LA RÉPUBLIQUE FRANÇAISE; — Sur le rapport des ministres de la guerre et des finances; — Vu le décret du 26 mai 1904, portant règlement provisoire sur la solde et les revues des troupes coloniales stationnées dans la métropole; — Vu les décrets des 20 sept. 1906 (5) et 21 oct. 1915 (6), modifiant le précédent; — Vu l'art. 55 de la loi du 25 févr. 1901 (7), portant fixation du budget général des dépenses et des recettes de l'exercice 1901 : — Décrète :

ART. **1er**. Pendant la durée des hostilités, le tarif n. 5, annexé au décret du 26 mai 1904, modifié le 20 sept 1906, est modifié comme suit :

CORPS DE TROUPES DE TOUTES ARMES	SOLDE JOURNALIÈRE des non rengagés et des engagés ou rengagés jusqu'à la 3e année de service inclusivement.	
	de présence.	d'absence.
Sergent-major, maréchal des logis chef et assimilé	1 22	0 93
Maréchal des logis, maître sellier ..	(Sans changement).	
(Le reste sans changement).		

(1) Ce décret et le suivant sont précédés au *J. off.* d'un rapport ainsi conçu :

« Le Parlement a accordé les crédits nécessaires au relèvement, à partir du 1er janv. 1916, de la solde des sergents-majors, maréchaux des logis chefs assimilés.

« Pour l'emploi des crédits votes, nous avons l'honneur de vous proposer de relever de 20 centimes la solde des militaires susvisés (français et étrangers), dans les conditions prévues par le décret du 21 octobre pour les sergents, caporaux fourriers, caporaux, soldats et assimilés

« Si vous approuvez cette proposition, nous avons l'honneur de vous prier de vouloir bien revêtir de votre signature les projets de décrets ci-joints ».

(2) *J. off.*, 24 janv. 1913, p. 770.

(3) *Supra*, p. 88.

(4) S. et P. *Lois annotées* de 1901, p. 140; *Pand. pér.*, 1902 3.33

(5) *J. off.*. 27 sept. 1906, p. 6526.

(6) *Supra*, p. 88.

(7) S et P. *Lois annotées* de 1901, p. 140; *Pand. pér.*, 1902.3 33.

2 Le ministre de la guerre et le ministre des finances sont chargés, chacun en ce qui le concerne, de l'exécution du présent décret, dont les dispositions sont applicables à compter du 1er janv. 1916.

ARMÉE, GUERRE FRANCO-ALLEMANDE, ECOLES NATIONALES VÉTÉRINAIRES, ETUDIANTS, UTILISATION COMME INFIRMIERS.

CIRCULAIRE *concernant l'utilisation des étudiants inscrits sur les contrôles des écoles nationales vétérinaires, ayant moins de deux années de scolarité.*

(5 février 1916) — (Publ. au *J. off* du 11 févr).

Pendant la durée des hostilités, tous les etudiants ayant moins de deux années d'études, et inscrits sur les contrôles des écoles nationales véterinaires, pourront être employés, sur leur demande, en qualité d'infirmiers, dans les services véterinaires de l'armée, une fois leur instruction militaire terminée.

Ces jeunes gens suivront le sort de leur classe et de la formation à laquelle ils appartiennent, de telle sorte qu'en aucun cas, leur emploi spécial n'ait pour conséquence de les soustraire à leurs obligations militaires.

Après un stage de six mois dans un service vétérinaire, ils pourront être nommés « brigadiers infirmiers », si leurs notes militaires et professionnelles justifient l'octroi de cette récompense.

1° ASSURANCE SUR LA VIE, GUERRE FRANCO-ALLEMANDE, SOCIÉTÉS ÉTRANGÈRES, DÉPÔTS DE GARANTIE, EXERCICE 1916 EVALUATION DES VALEURS — 2° SOCIÉTÉS D'ÉPARGNE ET DE CAPITALISATION, GUERRE FRANCO-ALLEMANDE, SOCIÉTÉS ÉTRANGÈRES, DÉPÔTS DE GARANTIE, EXERCICE 1916, EVALUATION DES VALEURS.

DÉCRET *modifiant les decrets des 25 juin 1906, 1er avril 1908 et 28 janv. 1915, en ce qui concerne les dépôts à effectuer, en 1916, par les societes étrangères d'assurances sur la vie et de capitalisation.*

(5 février 1916) — (Publ. au *J. off.* du 9 févr.).

LE PRÉSIDENT DE LA RÉPUBLIQUE FRANÇAISE; — Sur le rapport du ministre du travail et de la prevoyance sociale et du ministre des finances; — Vu la loi du 17 mars 1905 (1), relative à la surveillance et au contrôle des sociétés d'assurances sur la vie et de toutes les entreprises dans les opérations desquelles intervient la durée de la vie humaine; — Vu la loi du 19 déc. 1907 (2), relative à la surveillance et au contrôle des sociétés de capitalisation; — Vu le decret du 25 juin 1906 (3), relatif aux dépôts de valeurs à la Caisse des dépôts et consignations par les entreprises étrangères d'assurances sur la vie; — Vu le décret du 1er avril 1908 (4), relatif aux dépôts de valeurs à la Caisse des dépôts et consignations par les entreprises étrangeres de capitalisation; — Vu le decret du 28 janv. 1915 (5), modifiant les décrets des 25 juin 1906 et 1er avril 1908, en ce qui concerne le dépôt à effectuer en 1915 par les sociétés étrangères d'assurances sur la vie et de capitalisation; — Vu l'avis du comité consultatif des assurances sur la vie et des entreprises de capitalisation; — Décrète :

ART. 1er. Dans la déclaration de dépôt qu'elles doivent produire respectivement avant le 31 mai et avant le 1er avril 1916, les entreprises étrangéres d'assurances sur la vie et de capitalisation pourront conserver, pour les valeurs mobilières déjà déposées au moment de cette déclaration, l'évaluation qui en aura été faite en dernier lieu.

Le dépôt à effectuer en 1916 pourra ne porter que sur les réserves calculées, en tenant compte seulement des primes effectivement encaissées au 31 déc. 1915.

2. Le ministre du travail et de la prévoyance sociale et le ministre des finances sont chargés, etc.

COLONIES, GUERRE FRANCO-ALLEMANDE, FRANCHISE POSTALE, MILITAIRES ET MARINS FRANÇAIS OU BELGES, LETTRES, MANDATS POSTE.

DÉCRET *appliquant aux colonies françaises et aux pays de protectorat, autres que la Tunisie et le Maroc, les dispositions des décrets des 3 août et 21 sept. 1914, concernant la franchise postale accordee aux militaires et marins français mobilisés, ainsi qu'aux militaires belges en campagne en France.*

(5 février 1916). — (Publ. au *J. off.* du 9 févr.).

LE PRÉSIDENT DE LA RÉPUBLIQUE FRANÇAISE; — Vu l'ordonnance du 17 nov. 1844 (6), sur les franchises postales; — Vu le décret du 3 août 1914 (7), relatif aux franchises postales accordées

(1) S. et P. *Lois annotées* de 1905, p. 1041; *Pand. pér.*, 1905.3 65.

(2) S et P. *Lois annotees* de 1908, p. 647; *Pand. pér.*, *Lois annotées* de 1908, p. 647.

(3) S. et P. *Lois annotées* de 1907, p 306; *Pand. pér.*, 1906.3 54.

(4) S. et P. *Lois annotées* de 1908, p 655, *Pand pér. Lois annotées* de 1908, p. 655.

(5) 2e vol, p. 8.

(6) S. 2e vol. des *Lois annotees*, p 359.

(7) 1er vol, p. 21

aux militaires et marins français mobilisés; — Vu le décret du 21 sept. 1914 (1), appliquant les dispositions du décret du 3 août 1914 à la correspondance des militaires belges en campagne en France; — Sur les rapports des ministres du commerce, de l'industrie, des postes et des télégraphes et des colonies, et après avis favorable du ministre des finances; — Décrète :

ART. 1er. Les dispositions des décrets des 3 août et 21 sept. 1914 sont déclarées applicables aux colonies françaises et pays de protectorat autres que la Tunisie et le Maroc.

2. Les ministres du commerce, de l'industrie, des postes et des télégraphes et des colonies sont chargés, etc.

GUERRE, GUERRE FRANCO-ALLEMANDE, RÉGIONS ENVAHIES, BILLETS ÉMIS PAR LES VILLES, CERTIFICATS DE REMBOURSEMENT, DÉLIVRANCE, PROROGATION DE DÉLAIS.

ARRÊTÉ *portant prorogation du délai fixé pour la délivrance des certificats destinés au remboursement des avis par les villes envahies.*

(5 février 1916). — (Publ. au *J. off.* du 15 févr.).

LE MINISTRE DE L'INTÉRIEUR ET LE MINISTRE DES FINANCES; — Vu l'arrêté du 14 janv. 1916 (2); — Arrêtent :

ARTICLE UNIQUE. Est prorogé jusqu'au 20 févr. 1916 inclus le délai fixé par l'art. 3 de l'arrêté du 14 janv. 1916 pour la délivrance, par les préfets, des certificats destinés au remboursement des billets émis par les villes envahies.

SUCRES, GUERRE FRANCO-ALLEMANDE, CULTURE ET ACHAT DES BETTERAVES A SUCRE.

CIRCULAIRE *relative à la culture et à l'achat des betteraves à sucre.*

(6 février 1916). — (Publ. au *J. off.* du 11 févr.)

Le Ministre de l'agriculture et le Ministre du commerce, de l'industrie, des postes et des télégraphes à MM. les préfets.

Le Gouvernement, soucieux d'assurer la production du sucre, a été amené à se préoccuper des conditions dans lesquelles allait s'engager la prochaine campagne sucrière.

Il est apparu qu'il y avait un intérêt majeur à empêcher que les événements actuels n'entraînent une réduction préjudiciable de la culture de la betterave en France, et en même temps une diminution d'activité de nos fabriques de sucre. Il est, en effet, évident que, plus notre culture betteravière sera developpée, moins grandes seront les quantités de sucre que nous aurons à faire venir de l'extérieur pour compléter nos ressources. De plus, le maintien de cette culture présente une réelle utilité, en raison du rôle qu'elle joue dans l'assolement des terres, notamment en ce qui concerne le blé.

D'autre part, la fabrication du sucre donne lieu à une série d'opérations que nous avons tout avantage à réserver à la main-d'œuvre nationale.

En vue d'apprécier ces divers intérêts, une commission spéciale a été chargée d'étudier les conditions actuelles de la culture, et les mesures qu'il y aurait lieu de prendre en vue d'inciter les cultivateurs à étendre leurs ensemencements le plus possible. Elle a évalué les différentes dépenses occasionnées par les semences, les façons culturales, les transports et les autres frais généraux, et elle a fait porter son examen sur le prix de vente qu'il paraît équitable de fixer. En conséquence, elle a adopté la résolution suivante :

Le prix de la tonne de betteraves à 7°,5 pour la campagne 1916-1917, doit être fixé au moins à 47 fr., avec une majoration de 0 fr. 60 par dixième de degré supplémentaire, ce qui porte à 50 fr. le prix de la tonne à 8°.

Approuvant cette conclusion, nous avons l'honneur de vous prier de la porter à la connaissance des intéressés, et de faire tous vos efforts auprès d'eux pour que ce prix soit inséré dans les contrats auxquels donnera lieu, dans votre département, la vente des betteraves pour la prochaine campagne. Vous devrez charger le directeur des services agricoles d'intervenir auprès des cultivateurs et des fabricants pour concilier les intérêts en présence et aplanir les difficultés qui pourraient se présenter.

Sans doute, il s'agit de contrats entre particuliers; mais, dans les circonstances que nous traversons, l'intérêt général est en jeu, et nous estimons que l'intervention administrative doit s'exercer pour concilier les prétentions des parties et faciliter la rédaction des contrats.

D'autre part, le ministre de la guerre, par une circulaire du 22 déc. 1915 (3), a donné pleins pouvoirs aux généraux commandant les régions pour prêter le concours de la main-d'œuvre militaire aux agriculteurs. Les cultivateurs de betteraves trouveront ainsi une aide sérieuse pour l'exécution des travaux de binage, sarclage, etc., nécessités par la préparation de la culture de la betterave : il appartient à la commission départementale de la main-d'œuvre agricole, que vous présidez, de recevoir à cet égard les demandes des

(1) 1er vol., p. 119.

(2) *Supra*, p. 252.

(3) *Supra*, p. 196.

cultivateurs, et, dans la mesure du possible, d'y faire donner satisfaction.

La commission a en outre examiné les conditions dans lesquelles la fabrique de sucre aura à travailler au cours de cette campagne; à cet egard, elle a admis une résolution qui prévoit pour cette industrie des garanties contre certains risques résultant de la guerre. Il y a donc lieu de penser que les fabricants, qui d'ailleurs obtiennent, au point de vue de la main-d'œuvre, des faveurs spéciales, et à qui nous demandons de s'engager à ne pas vendre le sucre au delà du prix de 75 fr. le quintal, s'efforceront de trouver un terrain d'entente avec les agriculteurs.

D'autre part, nous nous sommes mis d'accord avec les services compétents du ministère de la guerre pour établir la parité entre le prix du sucre et celui de l'alcool; c'est ainsi qu'il a été entendu qu'en ce qui concerne l'alcool provenant du traitement des betteraves ou des mélasses, le prix de 100 fr., fixé cette année pour l'hectolitre évalué sur la base de 100 degrés, ne sera pas dépassé.

Vous trouverez joint à la présente circulaire un modèle de contrat, contenant les clauses générales répondant aux vues que nous vous avons exposées; vous voudrez bien le recommander à l'adoption des intéressés.

ANNEXE

PROJET DE CONTRAT

Livraison. — Les betteraves doivent être livrees dans un bon etat de conservation et decolletees a la façon habituelle. Les betteraves avariees ou gelées peuvent être refusees.

Prix — La betterave est payee, au minimum, 47 fr. la tonne a 7° 5 de densite, avec 60 centimes d augmentation pour les 1/10 au-dessus de 7°,5, et 60 centimes de diminution pour les 1/10 au dessous de 7°,5, et jusqu'a 7°.

Si la densite est inférieure a 6°,5, le fabricant peut refuser la livraison. Le prix de 1/10 de densite entre 6°, 5° et 7° donne lieu a un arrangement entre le cultivateur et le fabricant Il est entendu que les betteraves a fort degre de densite ne doivent pas contenir moins de sucre par degré que les betteraves ayant 7° à 8° de densite.

La tonne achetee a forfait est payee 50 fr. au minimum, si la graine a ete fournie par le fabricant.

Réception — Les betteraves, qu'elles soient achetees a la densité ou a forfait, sont livrees par le cultivateur a l'usine, a la râperie, ou aux bascules, suivant les usages locaux.

Le poids, la tare, la densite, seront determines par les soins de la sucrerie, en presence du vendeur ou de son representant.

Les receptions commenceront le...
et finiront le..

Pulpes. — Les prix minima indiqués plus haut pour la tonne de betteraves supposent que le cultivateur prend a l'usine, par tonne de betteraves, de 480 à 500 kilogr. de pulpes, qui, au prix de 4 fr la tonne, representent environ 2 fr. par tonne de betteraves. Pour d'autres conditions relatives aux pulpes, un arrangement, qui reste dans l'esprit du present reglement, interviendra entre le cultivateur et le fabricant

Paiement. — Le paiement des betteraves et des pulpes se fera en.. termes et suivant les usages locaux.

En cas de contestation au sujet de l'exécution des présentes conventions les parties s'engagent à se soumettre sans appel à la décision de deux arbitres choisis par elles, lesquels arbitres, en cas de desaccord, pourront s adjoindre un tiers arbitre qui les departagera.

Résiliation. — En cas d'inondation, d'invasion de la région ou d'incendie de l'usine ou de tout autre cas de force majeure, le present engagement sera résilié de plein droit et sans indemnite pour l'une ou l'autre des parties.

ARMÉE, GUERRE FRANCO-ALLEMANDE, LABOURS ET SEMAILLES DE PRINTEMPS, PERMISSIONS AGRICOLES, ÉQUIPES AGRICOLES.

CIRCULAIRE *relative a la main-d'œuvre agricole pour la periode des labours et semailles du printemps* 1916.

(7 février 1916). — (Publ. au *J off* du 10 févr).

Le Ministre de la guerre à MM. les inspecteurs généraux, le genéral gouverneur militaire de Paris, le général commandant la région du Nord, les généraux commandant les régions 3 à 18, 20 et 21, le général commandant en chef les forces de l'Afrique du Nord.

Suite a la circulaire 19 442-1/11 *du* 22 *dec* 1915 (1).

La période des labours et semailles de printemps, si importante au point de vue de l'agriculture, commence, d'une maniere générale, le 15 février.

J'appelle toute votre attention sur l'intérêt qui s'attache à la mise en œuvre de tous les moyens dont nous disposons pour venir en aide à l'agriculture pendant cette période, afin d'assurer l'ensemencement de toutes les terres arables, dont malheureusement une trop grande proportion est restée en friche depuis la moisson derniere.

Pour augmenter encore les ressources en main-d'œuvre disponibles, j'ai décidé qu'il serait fait état, soit pour l'attribution des permissions agricoles, soit pour la formation d'équipes, *de tous le militaires, mobilisables ou non, qui ne sont pas sous les ordres du général en chef, a la seule exception de la classe* 1917.

C'est ainsi que les permissions agricoles pourront être accordées aux hommes mobilisables (active et réserve) de l'infanterie et du génie, auxquels le bénéfice en avait eté refuse jusqu'à ce jour, aux hommes de la classe 1916 restés dans la zone de l'intérieur, etc.

Je vous prie de donner immédiatement des instructions, dans le sens des directives qui precedent, aux autorités militaires sous vos ordres, et en particulier aux officiers généraux ou superieurs membres des commissions départementales de la main-d'œuvre agricole.

---

(1) *Supra*, p. 196.

DOUANES, GUERRE FRANCO-ALLEMANDE, INTERDICTIONS DE SORTIE, DÉROGATIONS, RETRAIT, MINERAIS DE CHROME ET DE NICKEL.

ARRÊTÉ *abrogeant certaines dispositions de l'arrêté du 12 févr. 1915.*

(7 février 1916) — (Publ. au *J. off.* du 8 févr.).

LE MINISTRE DES FINANCES; — Sur le rapport de la commission interministérielle des dérogations aux prohibitions de sortie; — Vu le décret du 21 déc. 1914 (1); — Vu l'arrêté du 12 févr. 1915 (2); — Arrête :

ART. **1er**. Sont rapportées, en ce qui concerne les minerais de chrome et de nickel, les dispositions de l'arrêté du 12 févr 1915, susvisé.

2 Le conseiller d'Etat directeur général des douanes est chargé, etc

---

DOUANES, GUERRE FRANCO-ALLEMANDE, INTERDICTIONS DE SORTIE, DÉROGATIONS, RETRAIT. BACHES, CORDAGES, CORDES, FICELLES. TISSUS DE CHANVRE.

ARRÊTÉ *abrogeant certaines dispositions de l'arrêté du 10 déc. 1915.*

(7 février 1916). — (Publ. au *J. off.* du 8 févr.).

LE MINISTRE DES FINANCES; — Sur le rapport de la commission interministérielle des dérogations aux prohibitions de sortie; — Vu le décret du 7 déc. 1915 (3); — Vu l'arrêté du 10 déc. 1915 (4); — Arrête :

ART. **1er**. Sont abrogées, en ce qui concerne les bâches en tissu de chanvre, les cordages, filets et ouvrages de cordes en chanvre, les ficelles de chanvre, les tissus de chanvre, les dispositions de l'arrêté du 10 déc. 1915, susvisé.

2. Le conseiller d'Etat directeur général des douanes est chargé, etc

---

ARMÉE, GUERRE FRANCO-ALLEMANDE, TROUPES COLONIALES, CAMEROUN, CORPS EXPÉDITIONNAIRE, OFFICIERS ET SOUS-OFFICIERS, INDEMNITÉ COMPLÉMENTAIRE DE RÉSIDENCE, INDEMNITÉ SPÉCIALE D'ALIMENTATION.

DÉCRET *allouant une indemnité complémentaire de résidence et une indemnité spéciale d'alimentation aux troupes opérant au Cameroun*

(8 février 1916) — (Publ. au *J. off.* du 13 févr.).

LE PRÉSIDENT DE LA RÉPUBLIQUE FRANÇAISE; — Sur le rapport des ministres des finances et des colonies; — Vu le décret du 29 déc. 1903 (5), portant règlement sur la solde des troupes coloniales et métropolitaines à la charge du département des colonies; — Vu le décret du 9 oct 1913 (6), modifiant le précédent; — Vu le décret du 20 déc. 1914 (7), fixant l'indemnité de résidence à allouer aux troupes en opérations au Cameroun allemand; — Vu le décret du 3 nov 1910 (8), sur le service de l'alimentation des troupes aux colonies; — Vu l'art. 55 de la loi de finances du 25 févr. 1901 (9); — Décrète :

ART. **1er**. Une indemnité complémentaire de résidence, fixée à 2 fr. par jour pour les officiers, à 1 fr. par jour pour les sous-officiers à solde mensuelle, est allouée aux troupes opérant contre les possessions allemandes au Cameroun.

Cette indemnité se cumule avec l'indemnité de 5e zone, prévue par le décret du 20 déc. 1914

2 Une indemnité spéciale d'alimentation de 1 fr. par jour est allouée dans les mêmes conditions aux militaires de tous grades à solde journalière

Cette indemnité se cumule, le cas échéant, avec celle déjà allouée conformément aux dispositions de l'art. 9 de l'instruction du 3 nov. 1910.

3. Le droit à ces indemnités, qui seront payées à compter du 1er janv. 1915, cessera lorsque les opérations actives seront terminées, et sur décision spéciale du ministre des colonies.

4. Le ministre des finances et le ministre des colonies sont chargés, etc.

ARMÉE, TROUPES COLONIALES, ARTILLERIE, STAGIAIRES OFFICIERS D'ADMINISTRATION, RANG D'ADJUDANT OU D'ADJUDANT-CHEF, SOLDE.

DÉCRET *modifiant le décret du 3 févr 1906 portant organisation du personnel des stagiaires officiers d'administration d'artillerie coloniale* (10)

---

(1) 1er vol., p 268

(2) 2e vol., p. 23.

(3 4) *Supra*, p. 174 et 177.

(5) *J. off* 1er janv. 1904, p. 48

(6) *Bull. off.*, nouv série, 115, n. 6159

(7) *Bull. off.*, nouv. série, 144, n. 8031.

(8) *Bull. off.*, nouv. série, 45, n. 2115.

(9) S. et P. *Lois annotées* de 1901, p. 140, *Pand. pér*, 1902.3 33.

(10) Ce décret est précédé au *J. off.* d'un rapport ainsi conçu :

« Aux termes de l'art. 5 du décret du 3 févr. 1906, portant organisation du personnel des stagiaires officiers d'administration d'artillerie coloniale, les stagiaires officiers d'administration de 1re et de 2e classe ont rang d'adjudant, et sont soumis, dans les mêmes conditions que les adjudants, aux lois, décrets et règlements en vigueur dans les troupes coloniales.

« Postérieurement, un décret du 23 mai 1912 a créé l'emploi d'adjudant-chef dans les corps de troupes, et un

(8 février 1916). — (Publ au *J off* du 12 févr).

Le Président de la République française; — Sur le rapport du ministre de la guerre, du ministre des colonies et du ministre des finances, — Vu la loi du 7 juill. 1900 (1), portant organisation des troupes coloniales; — Vu le décret du 3 févr. 1906 (2), portant organisation du personnel des stagiaires officiers d'administration d'artillerie coloniale, notamment son art. 5; — Vu le décret du 23 mai 1912 (3), portant modifications à l'ordonnance du 16 mars 1838 (4), portant règlement, d'après la hiérarchie militaire des grades et des fonctions, sur la progression de l'avancement et la nomination aux emplois dans l'armee, en exécution de la loi du 14 avril 1832 (5); — Vu le décret du 21 sept. 1914 (6), modifiant les tarifs n. 1, 2, 5, 6 et 6 *bis* du règlement provisoire du 26 mai 1904, sur la solde et les revues des troupes coloniales stationnées dans la métropole; — Décrète :

Art. 1er. L'art. 5 du décret du 3 févr. 1906, portant organisation du personnel des stagiaires officiers d'administration d'artillerie coloniale, est remplacé par le suivant :

« Les stagiaires officiers d'administration ont rang : d'adjudant-chef, s'ils appartiennent à la 1re classe; d'adjudant, s'ils appartiennent à la 2e classe.

« Ils sont soumis, dans les mêmes conditions que les adjudants-chefs ou les adjudants, suivant le cas, aux lois, décrets et règlements en vigueur dans les troupes coloniales. »

2. Les ministres de la guerre et des colonies sont chargés, chacun en ce qui le concerne, de l'exécution du présent décret, dont l'effet remontera au 1er janv. 1916, etc

---

Agriculture, Guerre franco-allemande, Communes rurales, Comités d'action agricole, Mode de désignation des membres

Décret *modifiant le décret du 2 févr.* 1916, *constituant dans chaque commune rurale un comité d'action agricole* (7)

---

décret du 21 sept. 1914, portant tarif des soldes des troupes coloniales, a attribue aux stagiaires officiers d'administration de 1re classe d'artillerie coloniale la solde d'adjudant-chef. Mais il n'a pas été possible de donner a ces sous-officiers le rang correspondant, la guerre ayant arrêté l'elaboration du decret spécial préparé en vue de la réorganisation générale de l'artillerie coloniale.

« Il en resulte, pour les stagiaires officiers d'administration d'artillerie coloniale, un traitement défavorable dont rien ne justifie le maintien.

« Dans ces conditions, il nous a paru équitable et logique d'appliquer aux stagiaires officiers d'administration de 1re classe d'artillerie coloniale, en ce qui concerne leur rang, les dispositions dont ils beneficient au point de vue de la solde.

« Nous avons, en conséquence, preparé le projet de décret ci-joint, modifiant le décret du 3 fevr. 1906, portant organisation du personnel susvisé ».

(1) S. et P. *Lois annotees* de 1900, p. 1113; *Pand. pér.*, 1901 3.147.

(2) *J off*, 21 févr. 1906, p. 1184.

(3) *J. off*, 25 mai 1912, p. 4742.

(4) S. 2e vol. des *Lois annotées*, p. 407.

(5) S. 2e vol. des *Lois annotees*, p. 103.

(6) *Bull off.*, nouv. série 138, n. 7700.

(7) Ce decret est precéde au *J. off.* d'un rapport ainsi conçu :

« Vous avez bien voulu donner votre approbation a un décret constituant dans chaque commune rurale un comité d'action agricole, élu par tous les agriculteurs de la commune, qui prendrait en main la direction de la culture des terres abandonnées, en même temps qu'il servirait d'intermédiaire et de défenseur des intérêts agricoles auprès des autorités civiles et militaires.

« En donnant à ces comités la base la plus large possible, j'ai pensé qu'ils feraient dans chaque commune l'union de toutes les forces, de toutes les bonnes volontes, et qu'ils provoqueraient partout un élan désintéressé en dehors de toutes les passions locales.

« Mais, comme le temps presse, et que la campagne de printemps commence déjà, il était nécessaire, pour donner à ces comités leur maximum d'efficacite, de les mettre en marche de suite, et j'ai décidé que la designation des membres de ces comites aurait lieu au plus tard le 23 fevr. 1916.

« Or, je suis avisé qu'un grand nombre de préfets considèrent l'opération comme absolument irréalisable dans un si court delai; ils objectent que la confection de la liste des agriculteurs sera impossible, à cause de la surcharge du travail des mairies, de l'absence d'un tres grand nombre de maires et de secrétaires de mairies; à cette objection, ils en ajoutent d'autres, sur lesquelles je n'insiste pas, parce que la question de la rapidite dans l'exécution prime toutes les autres, et que j'estime qu'il vaut mieux faire quelque chose d'imparfait que d'attendre qu'il soit trop tard pour agir.

« L'urgence passant ainsi avant tout, je suis amené, pour le simplifier, a modifier le mode de designation de ces comités, en les constituant en quelque sorte d une façon automatique. M'inspirant du projet de loi soumis en ce moment a la Chambre des députés, je remets le soin de cette désignation aux membres du conseil municipal, auquel seront adjoints les représentants les plus autorises de l agriculture, résidant dans la commune.

« Rien n'est changé au reste du décret. Le nombre des membres reste le même, en y comprenant le maire de la commune, qui reste président de la commission, avec un vice-président nommé par le conseil municipal et les membres des associations agricoles

« Rien n'est change non plus dans le mode d'organisation du comité cantonal, qui sera presidé par le maire du chef-lieu de canton.

« Enfin, il reste entendu que les femmes placees à la tête d'une exploitation agricole auront les mêmes droits que les hommes, beaucoup d'entre elles ont mérité, par leur vaillance et leur indiscutable compétence, d'être placees au premier rang dans les comites de l'agriculture.

« J'espere que ce mode de designation donnera malgré tout de bons résultats, parce que, dans toutes les communes, il existe en ce moment un grand courant national qui fait passer l'interêt général de l'agriculture avant toutes les divisions de personnes. Les conseils municipaux, unis aux représentants les plus autorises des associations agricoles, tiendront à honneur de choisir partout, sans autre considération, les hommes les plus compétents et les plus dévoues du monde agricole, ceux que l'opinion publique désigne dans chaque commune comme les vrais défenseurs des intérêts de l'agriculture ».

(9 février 1916). — (Publ. au *J. off.* du 10 févr.).

Le Président de la République française; — Sur le rapport du ministre de l'agriculture; — Décrète :

Art. 1er. L'art. 1er du décret du 2 févr. 1916 (1) est modifié ainsi qu'il suit :

« Il est constitué, dans chaque commune rurale, pour le temps de la guerre, sous le nom de comité d'action agricole, un comité permanent, composé de cinq membres pour les communes de moins de 500 habitants, de sept membres pour celles de 500 à 2.000, et de neuf membres pour toutes les autres communes.

« Les membres de ce comité seront désignés par le conseil municipal, auquel seront adjoints trois agriculteurs, hommes ou femmes, choisis par le conseil parmi les bureaux des associations agricoles, quelles qu'elles soient, ou, à leur défaut, parmi de simples membres de ces associations résidant dans la commune, et, s'il n'en existe pas, parmi les notables agriculteurs.

« Ils seront désignés à la majorité absolue parmi les agriculteurs hommes ou femmes, et pourront être choisis en dehors du conseil municipal et des trois membres adjoints ».

2. Le ministre de l'agriculture et le ministre de l'intérieur sont chargés, etc.

Armée, Guerre franco-allemande, Prisonniers de guerre, Inspection générale. Création.

Arrêté *relatif à la création d'une inspection générale des prisonniers de guerre*

(9 février 1916). — (Publ. au *J. off.* du 11 févr.).

Le Ministre de la guerre; — Arrête :

Art. 1er. Il est créé une inspection générale du service des prisonniers de guerre pour la durée des hostilités. Cette inspection aura à sa tête un officier général.

2. Rentrent dans les attributions de cette inspection générale toutes les questions relatives à l'organisation, l'encadrement, la discipline, l'utilisation des prisonniers de guerre, et, d'une façon générale, l'administration de ces prisonniers, telle qu'elle est prévue par l'instruction du 21 mars 1893, ainsi que toutes les questions concernant les prisonniers de guerre français à l'étranger, traitées d'accord avec le ministre des affaires étrangères; l'inspection générale du service des prisonniers de guerre est placée sous l'action du chef d'état-major général.

3. L'inspection générale du service des prisonniers de guerre est composée de la façon suivante : un général de division, inspecteur général; un général de brigade ou colonel, adjoint à l'inspecteur général; sept officiers ou assimilés, seize secrétaires (dont un sergent), cinq secrétaires dactylographes, deux plantons, un fonctionnaire civil chef de service, deux dames dactylographes.

(1) *Supra*, p. 283.

Armée, Guerre franco-allemande, Troupes coloniales, Groupements de travailleurs coloniaux, Agents et sous-agents.

Instruction *relative à la création d'un corps civil d'agents d'administration pour le cadre des groupements de travailleurs coloniaux*

(9 février 1916). — (Publ. au *J. off.* du 14 févr.).

Il est créé, pour assurer le commandement, l'administration et la surveillance des groupements de travailleurs coloniaux, un corps spécial d'agents civils, dénommés agents ou sous-agents d'administration des travailleurs coloniaux.

L'action de ces agents ne doit s'exercer qu'en dehors des établissements où sont employés les travailleurs coloniaux. Ils sont toutefois à la disposition des directeurs des établissements de l'État (établissements constructeurs, poudreries, manufactures, etc.) pour exécuter, d'accord avec eux, toutes les mesures nécessaires pour l'accomplissement de leur mission.

Dans les établissements de l'industrie privée, ils doivent, dans les mêmes conditions, se concerter avec le personnel chargé du contrôle de ces établissements, notamment en ce qui concerne le service de l'artillerie, avec les officiers du service des forges et les contrôleurs de la main-d'œuvre.

Les agents et sous-agents d'administration sont choisis :

1° Parmi les officiers, sous-officiers et militaires des troupes coloniales, retraités ou libérés du service, et dégagés de toute obligation militaire, ayant servi de préférence dans les corps indigènes;

2° Parmi les fonctionnaires et agents de l'Administration coloniale, retraités ou dégagés de toute obligation militaire;

3° Parmi les officiers, sous-officiers et militaires des troupes métropolitaines, retraités ou libérés du service ou dégagés de toute obligation militaire, ayant servi dans les corps indigènes aux colonies ou dans nos possessions de l'Afrique du Nord;

4° A défaut de candidats appartenant à ces trois catégories, parmi les fonctionnaires des administrations publiques retraités ou dégagés de toute obligation militaire et présentant les garanties nécessaires.

En attendant la constitution des cadres, le commandement et l'administration seront assurés par des officiers et sous-officiers des troupes coloniales en activité de service ou mobilisés, inaptes au service en campagne.

Selon les fonctions qu'ils ont remplies en activité de service, les agents d'administration des travailleurs coloniaux peuvent recevoir la dénomination et l'indemnité journalière ci-après :

GRADE OU FONCTION ASSIMILÉ A	DÉNOMINATION	INDEMNITÉ journalière.
Chef de bataillon	Agent principal	15f
Capitaine	Agent de 1re classe	12
Lieutenant ou sous-lieutenant	Agent de 2e classe	10
Adjudant chef ou adjudant	Sous agent de 1re classe	8
Sous-officier	Sous agent de 2e classe	7
Caporal ou soldat	Sous-agent de 3e classe	6

Ces agents sont revêtus de la tenue civile, et portent un brassard en drap bleu horizon, avec les lettres T. C.

Les signes distinctifs de l'emploi sont indiqués dans l'annexe à la présente instruction.

Le nombre des agents n'est pas limité ; il est subordonné aux besoins du service et de l'encadrement des groupements, qui seront constitués au fur et à mesure de l'arrivée en France des travailleurs coloniaux.

Chaque groupement sera, selon l'effectif, commandé et administré par un agent d'administration de 1re ou 2e classe, ou même par un sous-agent de première classe, auquel, suivant les besoins, seront adjoints des sous-agents de 1re, 2e et 3e classe, et, à défaut, des secrétaires militaires du service auxiliaire.

Les emplois de sous-agents de 3e classe, et, le cas échéant, ceux de 2e classe, seront attribués de préférence aux militaires de toutes armes, mutilés, aptes à remplir ces fonctions.

L'administration des groupements de travailleurs coloniaux est centralisée par le dépôt des travailleurs coloniaux, qui est commandé par un agent d'administration principal, sous l'autorité du commandant du dépôt des isolés des troupes coloniales.

Les agents et sous-agents d'administration des travailleurs coloniaux sont nommés par le ministre, sur la proposition du chef du service d'organisation des travailleurs coloniaux, qui leur donne une affectation selon les besoins du service.

Ils sont soumis aux règles de la subordination hiérarchique.

Ils sont tenus de se conformer strictement aux instructions qui leur sont données, soit par le commandant du dépôt, soit par les directeurs des établissements et les officiers du service des forges, soit par l'autorité militaire régionale pour toute mesure d'ordre public.

Toute négligence dans le service ou toute infraction aux ordres reçus peuvent entraîner, selon la gravité de la faute commise, une sanction disciplinaire, telle que l'avertissement et la réprimande, et même la révocation, qui est prononcée par le ministre.

Les agents et sous-agents peuvent recevoir de l'avancement. Ceux qui se seront fait remarquer par leur zèle, leur manière de servir et leur aptitude aux fonctions qu'ils remplissent pourront être nommés à la classe immédiatement supérieure. Le passage d'une classe à la classe supérieure ne peut avoir lieu qu'après au moins six mois de services.

L'indemnité journalière, prévue pour les agents d'administration des travailleurs coloniaux, est due à compter de la prise de service, qui est constatée par le commandant du dépôt, auquel ils doivent se présenter pour recevoir les instructions nécessaires. Cette indemnité n'est passible d'aucune retenue, sauf le cas d'imputation pour recouvrement à effectuer au profit du Trésor.

En cas de licenciement pour cessation de travail, les agents seront prévenus au moins quinze jours à l'avance. Ils recevront, en outre, sauf le cas de renvoi par mesure disciplinaire, une indemnité calculée à raison d'une journée par mois de service effectif, sans que cette indemnité puisse dépasser le total de quinze indemnités journalières.

Aucune indemnité ne sera payée en cas de départ volontaire de l'agent.

Les candidats désireux d'être nommés dans le corps des agents d'administration des travailleurs coloniaux doivent produire à l'appui de leur demande :

1° Un extrait de leur acte de naissance ;

2° Un certificat de bonne vie et mœurs ;

3° Une copie dûment certifiée de leurs états de services ;

4° Une déclaration stipulant qu'ils ont pris connaissance des dispositions contenues dans la présente instruction et qu'ils se conformeront rigoureusement aux obligations qui leur seront imposées ;

5° Le bulletin n° 3 du casier judiciaire.

Les demandes, accompagnées des pièces énoncées, seront adressées au ministre de la guerre, direction des troupes coloniales, service de l'organisation des travailleurs coloniaux en France.

ÉTABLISSEMENTS DANGEREUX, INSALUBRES OU INCOMMODES, NOMENCLATURE, MODIFICATION.

DÉCRET *portant addition à la nomenclature des établissements dangereux, insalubres ou incommodes.*

(9 février 1916) — (Publ. au *J. off.* du 14 févr.)

LE PRÉSIDENT DE LA RÉPUBLIQUE FRANÇAISE; — Sur le rapport du ministre du commerce, de l'industrie, des postes et des télégraphes; — Vu le décret du 15 oct. 1810 (1), l'ordonnance du 14 janv. 1815 (2) et le décret du 25 mars 1852 (3), sur la décentralisation administrative; — Vu le décret du 3 mai 1886 (4), déterminant la nomenclature et la division en trois classes des établissements dangereux, insalubres ou incommodes; — Vu les décrets des 5 mai 1888 (5), 15 mars 1890 (6), 26 janv. 1892 (7), 13 avril 1894 (8), 6 juill. 1896 (9), 24 juin 1897 (10), 17 août 1897 (11), 29 juill. 1898 (12), 19 juill. 1899 (13), 18 sept. 1899 (14), 22 déc. 1900 (15), 25 déc. 1901 (16), 27 nov. 1903 (17), 31 août 1905 (18), 19 juin 1909 (19), 22 juill. 1911 (20), 3 sept. 1913 (21) et 20 juin 1915 (22), qui ont modifié cette nomenclature; — Vu l'avis du comité consultatif des arts et manufactures, — Vu l'avis du conseil supérieur d'hygiène publique de France; — Le Conseil d'État entendu; — Décrète :

ART. **1er**. La nomenclature des établissements dangereux, insalubres ou incommodes, contenue dans les tableaux annexés aux décrets des 3 mai 1886, 5 mai 1888, 15 mars 1890, 26 janv. 1892, 13 avril 1894, 6 juill. 1896, 24 juin 1897, 17 août 1897, 29 juill. 1898, 19 juill. 1899, 18 sept. 1899, 22 déc. 1900, 25 déc. 1901, 27 nov. 1903, 31 août 1905, 19 juin 1909, 22 juill. 1911, 3 sept. 1913 et 20 juin 1915, est modifiée conformément au tableau annexé au présent décret.

2. Le ministre du commerce, de l'industrie, des postes et des télégraphes est chargé, etc.

TABLEAU ANNEXÉ

DÉSIGNATION DE L'INDUSTRIE	INCONVÉNIENTS	CLASSE
Usines de viscose :		
1° N'employant pas plus de 50 litres de sulfure de carbone par opération et n'en emmagasinant pas plus de 2 000 litres ;	Odeurs, émanations nuisibles et altération des eaux, danger d'incendie.	2e classe.
2° Employant plus de 50 litres de sulfure de carbone par opération ou emmagasinant plus de 2.000 litres de ce produit.	Idem	1re classe.

PHARMACIEN, DÉCÈS, VEUVE, ENFANTS OU HÉRITIERS, GESTION DE L'OFFICINE, DÉLAI D'UN AN, GESTION PAR UN ÉTUDIANT EN MÉDECINE, SURVEILLANCE D'UN PHARMACIEN DIPLÔMÉ, AUTORISATION DE GESTION, GUERRE FRANCO-ALLEMANDE, SUSPENSION DU DÉLAI D'UN AN, NOUVEAU DÉLAI DE DEUX ANS, POINT DE DÉPART, ALGÉRIE, COLONIES.

LOI *modifiant l'art.* 25 *de la loi du* 21 *germ. an* 11

(1-2) S. 1er vol. des *Lois annotées*, p. 834 et 918.

(3) S. *Lois annotées* de 1852, p. 104. — P. *Lois, décr.*, etc. de 1852, p. 180.

(4) S. *Lois annotées* de 1886, p. 74. — P. *Lois, décr.*, etc. de 1886, p. 127 ; *Pand. pér.*, 1886.3.87.

(5) S. *Lois annotées* de 1888, p. 305. — P. *Lois, décr.*, etc. de 1888, p. 527 ; *Pand. pér.*, 1888.3.40.

(6) *Bull. off.*, 12e série, 1325, n. 22169.

(7) S. et P. *Lois annotées* de 1893, p. 582 ; *Pand. pér.*, 1893.3.88.

(8) S. et P. *Lois annotées* de 1895, p. 962 ; *Pand. pér.*, 1895.3.56.

(9) S. et P. *Lois annotées* de 1896, p. 165 ; *Pand. pér.*, 1897.3.41.

(10) S. et P. *Lois annotées* de 1898, p. 460 ; *Pand. pér.*, 1898.3.92.

(11) S. et P. *Lois annotées* de 1898, p. 568 ; *Pand. pér.*, 1898.3.106.

(12) S. et P. *Lois annotées* de 1900, p. 1046 ; *Pand. pér.*, 1899.3.30.

(13) S. et P. *Lois annotées* de 1900, p. 1046.

(14) S. et P. *Lois annotées* de 1900, p. 1047 ; *Pand. pér.* 1900.3.63.

(15) S. et P. *Lois annotées* de 1902, p. 326 ; *Pand. pér.*, 1901.3.68.

(16) S. et P. *Lois annotées* de 1902, p. 326.

(17) *J. off.*, 8 déc. 1903, p. 7358.

(18) *J. off.*, 24 sept. 1905, p. 5716.

(19) *Bull. off.*, nouv. série, 12, n. 536.

(20) *Bull. off.*, nouv. série, 62, n. 2958.

(21) *Bull. off.*, nouv. série, 113, n. 6024.

(22) 2e vol., p. 106.

et étendant le bénéfice du moratorium aux veuves, enfants ou héritiers des pharmaciens décédés, en ce qui concerne les délais impartis pour la vente de l'officine.

(9 février 1916) — (Publ. au *J off* du 11 févr.)

Art. 1er L'art. 25 de la loi du 21 germ. an 11 (1) est complété ainsi qu'il suit :

« Au décès d'un pharmacien, la veuve, les enfants ou héritiers pourront continuer de tenir son officine ouverte pendant un délai, qui, en aucun cas, ne pourra dépasser une année à compter du décès, aux conditions de présenter à l'agrément de l'Ecole ou Faculté dont dépend l'inspection de l'officine un étudiant majeur et pourvu d'au moins huit inscriptions de scolarité, en même temps qu'un pharmacien diplômé, établi ou non, sous la responsabilité duquel seront dirigées et surveillées toutes les opérations de l'officine

« L'autorisation de gestion sera délivrée, après avis conforme de l'Ecole ou Faculté, par le préfet du département dans lequel est située l'officine ».

2 Le délai d'un an, accordé par l'art. 1er de la présente loi à la veuve, aux enfants ou héritiers d'un pharmacien décédé, est suspendu à dater du 31 juill. 1914. Un nouveau délai de deux ans est accordé aux personnes visées audit article. Il aura comme point de départ le 1er novembre qui suivra la date à laquelle le décret prévu aux art. 1er et 2 de la loi du 4 juill 1915 (2) sera promulgué au siège de chacune des Ecoles ou Facultés dont dépend l'inspection de l'officine.

Ce même délai profitera aux veuves, enfants ou héritiers des pharmaciens décédés antérieurement à la mobilisation, au profit desquels le délai d'un an avait commencé à courir, mais qui n'était pas entièrement révolu audit jour.

3. La présente loi est applicable à l'Algérie et aux colonies.

Armée, Guerre franco-allemande, Réformés, Mutilés, Placement, Sociétés de secours mutuels, Associations ouvrières de production.

1° Circulaire *sur le placement des réformés et mutilés de la guerre.*

(10 février 1916). — (Publ. au *J. off.* du 17 févr.)

Le Ministre du travail et de la prévoyance sociale à MM. les préfets.

La question s'est posée de savoir s'il y avait lieu, pour les pouvoirs publics, de créer des institutions spéciales pour le placement des réformés et mutilés de la guerre.

Après un examen approfondi de la question, il a paru à M le ministre de la guerre et à moi que, lorsqu'il s'agissait — et c'est heureusement le cas le plus fréquent — de réformés ou de mutilés susceptibles d'être employés à nouveau dans des conditions à peu près normales, la question du placement pour cette catégorie de travailleurs se posait de la même façon que pour les ouvriers ordinaires. Sans doute, la capacité de travail peut avoir été réduite du fait de la maladie ou de la mutilation ; mais, parmi les ouvriers ordinaires eux-mêmes, il y a des différences, parfois sensibles, de force physique et de capacité professionnelle.

Si l'on confiait systématiquement à des institutions spéciales le placement des réformés ou mutilés, il y aurait à craindre que ces travailleurs ne soient pas employés dans des conditions normales de rémunération. Le fait qu'ils jouissent d'une pension militaire peut, en effet, les inciter à accepter des places rémunérées à un taux inférieur à celui des ouvriers ordinaires. De là, la possibilité de conflits, d'une part, entre les ouvriers normaux et les mutilés ou réformés, que les premiers accuseront de travailler au rabais, d'autre part, entre les employeurs occupant des ouvriers normaux et ceux qui constitueraient des ateliers formés, principalement ou exclusivement, de mutilés ou réformés rémunérés à des prix inférieurs.

En outre, les offices créés spécialement pour les réformés ou mutilés auraient tendance à concentrer ces travailleurs dans un petit nombre de professions et établissements, alors qu'il est de l'intérêt de la société, comme de l'intérêt des réformés ou mutilés eux-mêmes, que ceux-ci soient replacés, toutes les fois que c'est possible, dans leur profession antérieure et dans la région même dont ils sont originaires, et où ils retrouveront le plus souvent leur famille et leurs relations habituelles.

Pour toutes ces raisons, je vous prie d'inviter les offices publics de placement existant dans votre département, bureaux municipaux ou départementaux, à accueillir dès maintenant les demandes d'emploi qui leur seraient faites par les mutilés ou réformés originaires de leur région, et même à provoquer, par la voie d'avis revêtant toutes les formes utiles de publicité, l'envoi de ces demandes d'emploi. Ils devront s'attacher à replacer les mutilés ou réformés, autant que possible, dans leur milieu originaire et dans leur métier antérieur.

Toutefois, s'ils se trouvent en présence de mutilés ou réformés dont la capacité fonctionnelle ou professionnelle semble encore susceptible d'amélioration, les offices publics devront adresser les fiches les concernant à l'Office central de pla-

---

(1) S. 1er vol des *Lois annotées*, p. 629.

(2) 2e vol., p. 219.

cement institué auprès de mon département, qui, de concert avec le bureau spécial de recherches et de renseignements pour les mutilés et réformés créé par M. le ministre de la guerre, s'occupera de les diriger vers une institution de rééducation fonctionnelle ou professionnelle. Cette mesure est destinée à les mettre, le mieux possible, en état de reprendre leur place dans les occupations normales de la vie nationale, but que nous devons tous poursuivre d'un commun accord.

Je vous serais très obligé de bien vouloir faire part des présentes instructions à tous les offices publics de placement existant dans votre département, et de me faire connaître la suite qui aura été donnée par ces offices aux présentes instructions

---

2° CIRCULAIRE *sur l'admission des mutilés de la guerre dans les sociétés de secours mutuels et les associations ouvrières de production.*

(10 février 1916). — (Publ. au *J. off.* du 17 févr.).

Le Ministre du travail et de la prévoyance sociale à MM. les préfets.

Le ministre du travail s'efforce de tout son pouvoir de rendre aux glorieux mutilés de la guerre le rang qu'ils occupaient dans la société, ou, tout au moins, un rang équivalent. Il appelle tout particulièrement votre attention sur les raisons d'humanité qui nous inspirent à tous le désir de voir les travailleurs mutilés reprendre, autant que possible, leur place parmi les autres travailleurs.

La création de groupements spéciaux de mutilés doit n'être qu'une exception ; elle ne s'imposerait que dans le cas où des groupements normaux n'admettraient pas parmi eux les mutilés aux conditions statutaires. J'espère que ce cas ne se présentera point.

Je vous signale tout spécialement l'intérêt qu'il y aurait à faire connaître aux sociétés de secours mutuels qu'elles ont le devoir de conserver ceux de leurs membres qui comptent parmi les mutilés de la guerre, et que les principes mêmes sur lesquels elles sont fondées leur font une obligation de recevoir dans leur sein, au même titre que les autres sociétaires, ceux des mutilés qui désireraient y être admis.

De même est-il essentiel d'avertir les mutilés, qui étaient avant la guerre membres de sociétés de secours mutuels, qu'ils ne sauraient, en raison de leur infirmité, être exclus de ces associations Il est d'autant plus nécessaire de fixer les intéressés sur leurs droits à cet égard que, si on laisse les mutilés croire qu'ils ont besoin de former des sociétés de secours mutuels composées d'eux seuls, qu'ils ne peuvent attendre que d'eux-mêmes les secours mutualistes, l'habitude pourrait s'introduire de ne pas les conserver ou de ne pas les admettre dans les associations ordinaires. C'est là une hypothèse que toutes les sociétés voudront repousser, dès qu'elle leur sera présentée, et je compte sur vous pour faire le nécessaire à cet égard

Les mêmes prescriptions s'appliquent en ce qui concerne les associations coopératives de production.

Ici encore, si on est obligé de concevoir, pour certains blessés plus durement frappés, des travaux spéciaux, et peut-être des établissements isolés, il me paraît de toute nécessité que tous ceux qui peuvent faire un travail normal soient, autant que possible, mis au labeur à côté des normaux et inscrits dans les mêmes sociétés qu'eux.

Par ce moyen, on sauvegardera la dignité morale des glorieuses victimes de la guerre, et on leur assurera, dans toute la mesure du possible, les mêmes conditions matérielles qu'aux autres citoyens. Ce double but doit être poursuivi avec méthode et persévérance.

JUSTICES DE PAIX, GUERRE FRANCO-ALLEMANDE, INTERRUPTION DES COMMUNICATIONS, TRANSFERT.

DÉCRET *relatif à l'application de la loi du 6 févr* 1915.

(10 février 1916) — (Publ. au *J off.* du 13 févr.).

LE PRÉSIDENT DE LA RÉPUBLIQUE FRANÇAISE; — Sur le rapport du garde des sceaux, ministre de la justice; — Vu la loi du 6 févr. 1915 (1), art. 2 ; — Décrète :

ART. **1er**. Le siège de la justice de paix du canton de Nomény est temporairement transféré à Malleloy.

2 Le garde des sceaux, ministre de la justice, est chargé, etc.

ARMÉE, GUERRE FRANCO-ALLEMANDE, INDEMNITÉ D'ENTRÉE EN CAMPAGNE, RETOUR A L'ARMÉE APRÈS SÉJOUR A L'INTÉRIEUR, TROUPES COLONIALES, TROUPES MÉTROPOLITAINES.

DÉCRETS *relatifs au renouvellement de l'indemnité d'entrée en campagne.*

(11 février 1916) — (Publ. au *J off.* du 15 févr).

1er DÉCRET.

LE PRÉSIDENT DE LA RÉPUBLIQUE FRANÇAISE; — Sur le rapport des ministres de la guerre et

(1) 2e vol., p. 21.

des finances ; — Vu le décret du 26 mai 1904, portant règlement provisoire sur la solde et les revues des troupes coloniales stationnées dans la métropole ; — Décrète

ART. 1er. Pendant la durée de la guerre, les militaires revenus des armées, et ayant perçu l'indemnité d'entrée en campagne, n'auront jamais droit à une nouvelle indemnité à ce titre, en cas de retour aux armées, quelle que soit la durée de séjour à l'intérieur entre les deux campagnes, sous réserve des dispositions réglementaires prévues pour le cas de promotion

2. Les dispositions qui précèdent, qui abrogent les dispositions contraires du décret du 26 mai 1904, auront effet à compter de leur promulgation

3. Le ministre de la guerre et le ministre des finances sont chargés, etc.

2e DÉCRET.

LE PRÉSIDENT DE LA RÉPUBLIQUE FRANÇAISE ; — Sur le rapport des ministres de la guerre et des finances ; — Vu le décret du 10 janv. 1912, sur la solde et les revues des troupes métropolitaines ; — Vu l'art 55 de la loi du 25 févr. 1901 (1), portant fixation du budget général des recettes et des dépenses de l'exercice 1901 ; — Décrète :

ART 1er. Pendant la durée de la guerre, les militaires revenus des armées, et ayant perçu l'indemnité d'entrée en campagne, n'auront jamais droit à une nouvelle indemnité à ce titre, en cas de retour aux armées, quelle que soit la durée de séjour à l'intérieur entre les deux campagnes, sous réserve des dispositions réglementaires prévues pour le cas de promotion.

2. Les dispositions qui précèdent, qui abrogent les dispositions contraires du décret du 10 janv. 1912, auront effet à compter de leur promulgation.

3. Le ministre de la guerre et le ministre des finances sont chargés, etc.

CHEMINS DE FER, GUERRE FRANCO-ALLEMANDE, TRANSPORTS COMMERCIAUX, PETITE VITESSE, OUVERTURE DES GARES LE DIMANCHE, CHARGEMENT ET DÉCHARGEMENT, DÉLAI, EMBRANCHEMENTS PARTICULIERS, CAMIONNAGE A DOMICILE, CAMIONNAGE D'OFFICE.

ARRÊTÉ *modifiant les arrêtés ministériels en vigueur, relatifs à l'ouverture et à la fermeture des gares, ainsi qu'au calcul des droits de magasinage, de camionnage et de stationnement.*

(11 février 1916). — (Publ au *J. off.* du 13 févr.).

LES MINISTRES DE LA GUERRE ET DES TRAVAUX PUBLICS ; — Considérant la nécessité d'activer les déchargements dans les gares, afin d'accélérer la rotation du matériel roulant ; — Arrêtent :

ART. 1er. Par dérogation à l'art. 13 (2) de l'arrêté ministériel du 12 juin 1866 (3), modifié et complété par l'art. 1er de l'arrêté du 17 avril 1908 (4), les commissions de réseau sont autorisées à ouvrir les gares le dimanche au service complet de la petite vitesse, pour toutes les marchandises

Cette mesure, qui doit être portée à la connaissance du public par voie d'affiche apposée dans les gares où elle est édictée, a pour effet d'étendre aux dimanches et jours fériés, dans ces gares, les dispositions applicables aux jours ouvrables, en ce qui concerne la remise des marchandises à domicile, l'expiration des délais de livraison, d'enlèvement, de chargement et de déchargement, ainsi que le mode de calcul des droits de magasinage ou de stationnement

2. Les wagons doivent être chargés ou déchargés dans le courant de la journée où ils ont été mis à la disposition de l'expéditeur ou du destinataire, pourvu :

1° Que l'avis (5) ait été adressé à l'intéressé de façon à lui parvenir la veille :

a) Avant onze heures, le samedi ou la veille d'un jour férié ;

b) Avant dix-neuf heures, les autres jours ;

2° Que les wagons aient été mis à la disposition de l'intéressé dès l'ouverture de la gare.

Quand l'une ou l'autre de ces conditions n'a pas été remplie, le délai assigné à l'expéditeur pour le chargement, ou au destinataire pour le déchargement, est augmenté de vingt-quatre heures

Passé les délais ainsi fixés, il est perçu un droit de stationnement, dans les conditions prévues par les art. 36, 37 et 38 des conditions d'application des tarifs généraux.

3. Les embranchements particuliers sont soumis, les dimanches et jours fériés, aux mêmes conditions que les autres jours

4. L'art. 35 (ancien 36) de l'arrêté ministériel du 27 oct. 1900 (6), modifié par les arrêtés ministériels des 28 févr. 1903 et 29 déc. 1908 (7), est remplacé par le suivant

---

(1) S. et P. *Lois annotées* de 1901, p. 140 ; *Pand. pér.*, 1902.3.33.

(2) Note du *J off.* — Art. 31 des conditions des tarifs généraux P. V.

(3) Lamé Fleury, *C. ann. des chem. de fer*, 4e éd., p 901.

(4) *Bull. ann. des chem. de fer*, 1908, 1re part, p. 36.

(5) Note du *J off.* — Remarque. S'il est accordé une bonification pour rapidité de libération du matériel, la lettre d'avis doit en faire mention explicitement.

(6) Lamé Fleury. *C ann des chem de fer*, 4e éd. p 392.

(7) *Bull ann. des chem. de fer*, 1909, 1re part, p. 30.

« *Camionnage d'office.* — Les administrations de chemins de fer sont autorisées à faire conduire d'office, au domicile du destinataire, ou dans un magasin public, toute marchandise adressée en gare qui ne serait pas enlevée dans un délai de vingt-quatre heures à dater de l'expiration du délai imparti pour son enlevement par les arrêtes ministériels en vigueur.

« Le camionnage est fait au domicile du destinataire toutes les fois que ce domicile est connu et que le transport peut y être effectué normalement.

« En dehors de cette hypothèse, le camionnage est fait dans un magasin public.

« Avis du camionnage dans un magasin public doit être donné immédiatement par la compagnie au destinataire, ou, lorsque le domicile de ce dernier est inconnu, à l'expéditeur, les règles énoncées à l'art. 32 de l'arrêté du 27 oct. 1900, pour les envois des avis d'arrivee des marchandises, etant applicables dans l'espèce.

« Les frais de camionnage sont calculés d'après « les prix doublés des tarifs » fixés par le ministre des travaux publics, ou d'apres les taxes doublées applicables aux embranchements ou raccordements, si la conduite est effectuée par voie de fer à un de ces embranchements ou raccordements ».

5. L'art 36 (1) de l'arrêté ministériel du 27 oct. 1900 ne reçoit pas son application dans les gares ouvertes le dimanche, en vertu des décisions des commissions de réseau.

6 Le présent arrêté entrera en vigueur le 18 févr. 1916.

COLONIES, GUERRE FRANCO-ALLEMANDE, AGENTS CIVILS DU COMMISSARIAT ET COMPTABLES DES COLONIES, COMMISSION DE CLASSEMENT, COMPOSITION.

DÉCRET *modifiant pour la durée des hostilités le decret du 28 janv.* 1903, *en ce qui concerne la composition des commissions de classement des agents civils du commissariat et des agents comptables des matières des colonies proposés pour l'avancement*

(11 février 1916) — (Publ. au *J. off.* du 15 fevr.).

LE PRÉSIDENT DE LA RÉPUBLIQUE FRANÇAISE; — Sur le rapport des ministres de la guerre et des colonies; — Vu le décret du 28 janv. 1903 (2), portant réorganisation des personnels des agents civils du commissariat et des comptables des matieres des colonies; — Vu le décret du 15 mars 1915 (3), modifiant, pendant la durée des hostilités, le décret du 28 janv. 1903; — Décrete :

ART. 1er. Les dispositions du décret du 15 mars 1915 sont abrogées.

2. Par dérogation aux prescriptions des art. 4 et 9 du décret du 28 janv 1903, le directeur du service de l'intendance du corps d'armée des troupes coloniales, présidant les commissions de classement des agents civils du commissariat et des comptables des matieres des colonies proposés pour l'avancement, est remplacé, pendant la durée des hostilités, par un sous-intendant militaire des troupes coloniales.

3. Les ministres de la guerre et des colonies sont chargés, etc.

ECOLES NATIONALES D'ARTS ET MÉTIERS, GUERRE FRANCO-ALLEMANDE, CONCOURS D'ADMISSION DE 1916, EPREUVES DE LANGUES ÉTRANGÈRES.

DÉCRET *portant modification au décret du* 14 *août* 1909, *déterminant les épreuves du concours d'admission aux écoles nationales d'arts et métiers*

(11 février 1916). — (Publ. au *J. off.* du 13 févr.).

LE PRÉSIDENT DE LA RÉPUBLIQUE FRANÇAISE; — Sur le rapport du ministre du commerce, de l'industrie, des postes et des télégraphes; — Vu l'art 14 du décret du 14 août 1909 (4), modifié par le décret du 12 mai 1911 (5), déterminant les épreuves du concours d'admission aux écoles nationales d'arts et métiers; — Décrète :

Par dérogation temporaire aux dispositions de l'art. 14, § 3, du décret du 14 août 1909, modifié par le décret du 12 mai 1911, le concours d'admission aux écoles nationales d'arts et métiers, en 1916, ne comportera pas d'épreuves de langues etrangères.

RÉQUISITIONS MILITAIRES, MARINE, NAVIRES RÉQUISITIONNÉS, GÉRANCE, CAPITAINES D'ARMEMENT, ADMINISTRATEURS DE L'INSCRIPTION MARITIME, DÉLÉGATION.

CIRCULAIRE *au sujet des capitaines d'armement.*

(11 février 1916). — (Publ. au *J. off.* du 15 févr.).

Le Ministre de la marine à MM. les vice-amiraux commandant en chef, préfets maritimes,

---

(1) Note du *J. off.* — Art. 57 des conditions des tarifs généraux P. V.

(2) *J. off.*, 3 févr. 1903, p 633

(3) 2e vol, p. 60.

(4) S. et P. *Lois annotées* de 1909, p. 959; *Pand. per*, *Lois annotees* de 1909, p. 959.

(5) *J. off.*, 19 mai 1911, p. 3971.

les contre-amiraux commandant la marine au Havre, Marseille, Alger, les capitaines de vaisseau commandant la marine à Dunkerque, Saint-Nazaire, Ajaccio, le vice-amiral commandant en chef l'armée navale, le contre-amiral commandant la base navale de l'armée d'Orient, les directeurs de l'inscription maritime.

On m'a signalé que, dans les ports où il n'a pas été nommé de capitaine d'armement des navires réquisitionnés, les administrateurs de l'inscription maritime sont souvent trop absorbés pas leur propre service pour pouvoir s'occuper activement de la gerance de ces navires.

J'ai décidé, en conséquence, que, dans tous les ports de la métropole où il n'existe pas de capitaines d'armement, les administrateurs de l'inscription maritime, qui, d'après la circulaire du 31 août 1915 (1), devaient assumer ces fonctions (sous l'autorité du major général du port chef-lieu, ou du commandant de la marine, s'il en existe un sur place), pourront y déléguer un inspecteur de la navigation, lequel sera désigné nominativement par eux, et dont le nom devra être notifié au service central. Toutefois, cette mesure ne devra être prise qu'autant que le service de l'inspection de la navigation n'aura pas à en souffrir.

J'appelle d'ailleurs l'attention toute particuliere des autorités maritimes sur la nécessité de recommander aux capitaines d'armement d'apporter leurs soins les plus minutieux à la stricte application de la circulaire du 1er déc. 1915 (2), en ce qui-concerne l'entretien des navires et la tenue de la comptabilité par les capitaines.

Ils devront exiger des capitaines la production de leurs demandes, et vérifier celles-ci avant d'y donner satisfaction; ils devront également, en tenant compte des usages commerciaux, vérifier et viser les factures produites par les capitaines, et les avertir que toute facture non visee par le capitaine d'armement, dans le port où la dépense a été engagée, peut être laissée à leur charge personnelle.

Ce visa du capitaine d'armement implique la vérification préalable par ses soins, tant de la légitimité et de la sincérité de la dépense que de l'exactitude et de la régularité de forme des pieces justificatives. Il vaut ainsi admission en compte du montant de la dépense, telle que le capitaine d'armement l'a autorisée ou approuvée durant l'escale (Circ. 1er déc. 1915. — Avances, 6e alin.). Il va sans dire que, dans ces conditions, les capitaines sont tenus de vérifier leurs dépenses d'une escale avant le départ, et qu'ils doivent, à cet effet, prendre la précaution de régler lesdites dépenses sans attendre le dernier moment.

Lorsqu'il y aura désaccord entre le capitaine d'armement et le capitaine du navire, au sujet d'une demande de ce dernier ou d'une dépense engagée par lui, la question sera soumise au port comptable, et subsidiairement au service central. Le montant de toute dépense rejetée fera l'objet d'un reversement au Trésor par le capitaine du navire, à la diligence du port comptable, qui inscrira la somme au débit dudit capitaine, puis, lors du reversement, à son crédit.

Les capitaines d'armement seront informés par l'autorité maritime du port chef-lieu des mouvements de navires réquisitionnés qui peuvent les concerner; la correspondance qu'ils auraient à echanger avec ces navires, lorsqu'ils ne connaissent pas leur situation exacte, sera transmise par l'intermédiaire du service central de gerance au ministère (Intendance maritime. — Approvisionnements).

BUDGET, GUERRE FRANCO-ALLEMANDE, EXERCICE 1916, OUVERTURE ET ANNULATION DE CRÉDITS, MINISTÈRE DES FINANCES, DETTE PUBLIQUE.

LOI *concernant l'ouverture et l'annulation de crédits sur l'exercice* 1916, *au titre du budget général.*

(12 février 1916). — (Publ. au *J. off.* du 14 févr.).

ART. **1er**. Il est ouvert au ministre des finances, sur l'exercice 1916, en addition aux crédits provisoires alloués par la loi du 29 déc. 1915 (3), pour les dépenses du budget général, un crédit de 189 millions de francs, applicable à un chapitre nouveau, portant le n° 1 *bis* du budget de son ministère, et intitulé : Rentes 5 p. 100.

2. Sur les crédits provisoires ouverts au ministre des finances, au titre de l'exercice 1916, par la loi du 29 déc 1915, pour les dépenses du budget général, une somme de 111.801.750 fr. est et demeure définitivement annulée, aux chapitres ci-après du budget de son ministère :

Chap. 2 *bis*. — Service des rentes 3 1/2 p. 100 amortissables (emprunt 1914) et remboursement	235.000
Chap. 11 *bis* — Intérêts des obligations de la défense nationale	83 191.750
Chap. 15 — Intérêts de la dette flottante du Trésor	28.375.000
Total égal	111.801.750

COLONIES, GUERRE FRANCO-ALLEMANDE, DOUANES, INTERDICTIONS DE SORTIE, DÉ-

(1) 2e vol., p. 310

(2) *Supra*, p 158.

(3) *Supra*, p. 220.

ROGATIONS, ANGLETERRE, DOMINIONS, PAYS DE PROTECTORAT ET COLONIES BRITANNIQUES, BELGIQUE, JAPON, RUSSIE, ETATS D'AMÉRIQUE.

ARRÊTÉ *portant dérogation aux prohibitions de sortie.*

(**12 février 1916**). — (Publ. au *J. off.* du 16 févr.).

LE MINISTRE DES COLONIES; — Vu le decret du 11 janv. 1916 (1); — Vu les arrêtés du ministre des finances du 10 déc. 1915 (2) et du 8 janv. 1916 (3); — Arrête :

ARTICLE UNIQUE. Par dérogation aux prohibitions de sortie actuellement en vigueur, peuvent être exportés ou réexportés sans autorisation spéciale, lorsque l'envoi a pour destination l'Angleterre, les Dominions, les pays de protectorat et colonies britanniques, la Belgique, le Japon, la Russie (4) ou les Etats de l'Amérique, les produits et objets énumérés ci-après :

Accumulateurs et plaques d'accumulateurs.

Acétyl-cellulose.

Acétates, autres que l'acétate ou pyrolignite de chaux et que les acétates médicamenteux.

Acide bromhydrique.

Acide stéarique.

Acide tartrique et tartrates alcalins, autres que le tartrate de potasse

Aconit, préparations et alcaloïdes.

Aiguilles à tricoter.

Alcaloïdes végétaux, autres que ceux dénommés aux décrets des 2 janv. 1915 (5) et 9 mars 1915 (6)

Aluminium (ouvrages et oxydes).

Aluns

Métal antifriction.

Armes à feu de tout genre (autres que de guerre) et pieces détachées.

Bâches.

Belladone ou ses préparations ou alcaloïdes.

Bichromate de soude.

Bicyclettes et pièces détachées.

Bonneterie de laine (ganterie, tissus en piece, articles brodés ou ornés) et articles autres que pour hommes.

Vessies, enveloppes et membranes pour charcuterie.

Cantharides et leurs préparations.

Ouvrages en caoutchouc, à l'exception des feuilles vulcanisées.

Caroubes

Cellulose.

Cerésine

Chandelles.

Charcuterie fabriquée.

Chiffons de tout genre.

Chloramide et préparations à base de chloral.

Chlorure d'étain, de magnésium, de zinc.

Chrome sous toutes ses formes

Ciment.

Cobalt sous toutes ses formes.

Coca et ses preparations.

Conserves de poissons.

Conserves de legumes.

Conserves de tomates

Extraits de viandes et conserves alimentaires à base de viande, autres que celles prohibées par décret du 2 janv. 1915.

Cordages, filets et autres ouvrages de cordes.

Corne et autres matieres analogues brutes.

Crin et poils

Ouvrages en cuir, autres que les articles d'habillement. de campement, d'équipement et de harnachements militaires.

Cuivre pur ou allié sous toutes ses formes.

Diamants bruts utilisables dans un but industriel.

Electrodes, piles et leurs éléments.

Engrais chimiques.

Ergot de seigle.

Etain pur ou allié sous toutes ses formes.

Eucaine (hydrochlorure).

Millet, marrons, châtaignes et leurs farines.

Boîtes en fer-blanc pour l'emballage des denrées alimentaires.

Ficelles de chanvre.

Figues sèches.

Fils d'alpaga, de mohair et de poils.

Fils de ramie

Forges portatives

Fournitures pour la fabrication des chaussures, telles que rivets en cuivre, boutons, agrafes, chevilles à talons, clous ou rivets pour pose mécanique ou à la main.

Fromages.

Garnitures de machines et de chaudières, y compris la laine de laitier.

Gentiane et ses préparations

Glands.

Gommes de tous genres, à l'exception de la gomme laque.

Goudron de bois et huile de goudron de bois.

Roues.

Indigo naturel.

Ipecacuanha (racine).

Jusquiame et ses préparations.

Laines d'effilochage et rognures de chiffons neufs.

---

(1) *Supra*, p. 243.

(2 3) *Supra*, p 177 et 236.

(4) Note du *J. off.* — Sous réserve, en ce qui concerne la Russie, de la souscription d'un acquit-à caution à décharger par la douane russe.

(5) 1er vol., p. 291.

(6) 2e vol., p. 521.

Lapins.
Liège brut ou ouvré
Manganèse (métal) sous toutes ses formes
Marc d'olives.
Matériel sanitaire, non compris les appareils et instruments de chirurgie.
Matières lubrifiantes, autres qu'à base d'huile minérale.
Mèches de mineurs.
Médicaments (à l'exception de ceux nommément frappés de prohibition).
Mercure (composés et préparations de).
Meules, autres qu'en émeri.
Mica travaillé.
Molybdène (sels de).
Nickel pur ou allié sous toutes ses formes.
Noix vomique et ses alcaloïdes ou préparations.
Novocaïne.
Objets de pansement.
Outils pour maréchaux ferrants et charpentiers, charrons et selliers.
Outils et appareils pour pionniers.
Manches ou poignées d'outils.
Outillage pour la fabrication des chaussures, à l'exception des machines-outils.
Paraldéhyde.
Peptone.
Péroxydes métalliques, autres que le péroxyde de sodium.
Produits chimiques pour usage pharmaceutique, à l'exception de ceux nommément frappés de prohibition.
Protargol
Ramie.
Resines, autres que de pin ou de sapin.
Saccharine et produits assimilés
Salicylate de soude.
Salvarsan et néosalvarsan (chlorhydrate de dioxydiamidoarsenobenzol).
Santonine et ses préparations.
Savons.
Sels de cuivre, de chrome, d'étain et de mercure.
Sélénium
Serums.
Silicium.
Soude (hyposulfite de)
Soupes comprimées ou desséchées.
Sulfate de soude.
Sulfate de zinc.
Tapiocas.
Thymol et ses préparations.
Tissus de chanvre (à l'exception de ceux écrus ou blanchis, armure toile, pesant plus de 27 kilogr 800 les 100 m. q.).
Tissus de coton (à l'exception de ceux écrus ou blanchis, armure toile, pesant plus de 22 kilogr. les 100 m. q.), confectionnés ou non.
Tissus de jute (à l'exception de ceux écrus, armure toile, pesant plus de 30 kilogr. les 100 m. q, et des sacs de jute)
Tissus de laine (à l'exception de ceux pour habillements, pesant 400 grammes et plus le m. q, de couleur uniforme).
Tissus de lin (à l'exception de ceux écrus ou blanchis, armure toile, pesant plus de 27 kil 500 les 100 m q).
Tissus de ramie.
Titane (sels de).
Tourbe.
Trional.
Tungstène (métal) sous toutes ses formes
Urée et ses composés.
Urotropine (hexaméthylene tétramine) et ses préparations.
Vaccins.
Vanadium (sels de)
Véronal (y compris le véronal sodique)
Zinc (ouvrages en).

DOUANES, GUERRE FRANCO-ALLEMANDE, INTERDICTIONS DE SORTIE

DÉCRET *prohibant la sortie de divers produits*

(12 février 1916) — (Publ. au *J off* du 13 févr.).

LE PRÉSIDENT DE LA RÉPUBLIQUE FRANÇAISE; — Sur le rapport des ministres du commerce, de l'industrie, des postes et des télégraphes, de l'agriculture, de la guerre, de la marine, des travaux publics et des finances; — Vu l'art. 34 de la loi du 17 déc. 1814 (1); — Décrète :

ART. 1er. Sont prohibées, à dater du 13 févr 1916, la sortie, ainsi que la réexportation en suite de dépôt, de transit, de transbordement et d'admission temporaire, des produits énumérés ci-après :

Cires végétales.
Agar-agar ou librine.
Sparte, fibres du coco, piassava, istle, écorce du tilleul, phormium-tenax, abaca, aloès et autres végétaux filamenteux non dénommés, bruts, teillés, tordus, ou en torsades et étoupes, même filés
Varech et autres algues servant à l'extraction de l'iode.
Laves de volvic et autres.
Palladium, métal pur ou allié.
Ouvrages en platine, rhodium, ruthénium, iridium, osmium et palladium, pur ou allie, autres que la joaillerie montée

Toutefois, des exceptions à cette disposition pourront être autorisées, sous les conditions qui seront déterminées par le ministre des finances

2. Les ministres du commerce, de l'industrie, des postes et des télégraphes, de l'agriculture, de

---

(1) S. 1er vol. des *Lois annotées*, p. 914.

la guerre, de la marine, des travaux publics et des finances sont chargés, etc.

DOUANES, GUERRE FRANCO-ALLEMANDE, INTERDICTIONS DE SORTIE, DÉROGATIONS, RETRAIT, ALUMINIUM, ALUMINE, SELS ET OXYDES D'ALUMINE.

ARRÊTÉ *abrogeant certaines dispositions des arrêtés des 12 févr et 10 déc. 1915*

(**12 février 1916**). — (Publ. au *J. off.* du 13 févr).

LE MINISTRE DES FINANCES; — Sur le rapport de la commission interministérielle des dérogations aux prohibitions de sortie; — Vu les décrets du 21 déc. 1914 (1) et 7 déc. 1915 (2) ; — Vu les arrêtés des 12 févr. (3) et 10 déc 1915 (4); — Arrête :

ART. 1er. Sont abrogées, en ce qui concerne le minerai d'aluminium, l'alumine anhydre et hydratee, les sels d'alumine et les oxydes d'aluminium, les dispositions des arrêtés des 12 févr. et 10 déc. 1915, susvisés

2 Le conseiller d'Etat directeur général des douanes, est chargé, etc.

DOUANES, GUERRE FRANCO ALLEMANDE, INTERDICTIONS DE SORTIE, DÉROGATION, RETRAIT. GRAINES DE BETTERAVES.

ARRÊTÉ *abrogeant certaines dispositions de l'arrêté du 12 févr. 1915*

(**12 février 1916**). — (Publ. au *J. off.* du 15 févr.).

LE MINISTRE DES FINANCES; — Sur le rapport de la commission interministérielle des dérogations aux prohibitions de sortie ; — Vu le décret du 9 janv 1915 (5) ; — Vu l'arrêté du 12 fevr. 1915 (6) ; — Arrête :

ART. 1er Sont rapportées, en ce qui concerne les graines de betteraves, les dispositions de l'arrêté du 12 févr. 1915, susvisé.

2 Le conseiller d'Etat directeur général des douanes est chargé, etc.

MONNAIES, MONNAIES NATIONALES, TEMPS DE GUERRE, VENTE, ACHAT OU CESSION AU-DESSUS DE LA VALEUR LÉGALE, TENTATIVE, PÉNALITÉS, EMPRISONNEMENT, AMENDE, CONFISCATION, CIRCONSTANCES ATTÉNUANTES, SURSIS A L'EXÉCUTION DE LA PEINE.

LOI *tendant à réprimer le trafic des monnaies et espèces nationales*

(**12 février 1916**). — (Publ. au *J off.* du 13 fevr.)

ARTICLE UNIQUE En temps de guerre, toute personne convaincue d'avoir acheté, vendu ou cedé, d'avoir tenté ou proposé d'acheter, de vendre ou de céder des especes et monnaies nationales, à un prix dépassant leur valeur légale, ou moyennant une prime quelconque, sera condamnée à une peine de six jours à six mois d'emprisonnement, et à une amende de cent francs a cinq mille francs (100 à 5.000 fr.), ou à l'une de ces deux peines seulement.

La confiscation des espèces et monnaies nationales sera obligatoirement prononcée, à l'encontre des délinquants, au profit de l'Assistance publique

L'art. 463 du Code pénal est applicable au délit prévu par la présente loi : la loi de sursis n'est applicable que pour la prison.

ALGÉRIE. JUSTICE MUSULMANE, SUPPRESSION D'UNE MAHAKMA, RATTACHEMENT DE LA CIRCONSCRIPTION A UN AUTRE SIEGE.

DÉCRET *portant suppression d'une mahakma.*

(**13 février 1916**). — (Publ. au *J. off.* du 18 févr)

LE PRÉSIDENT DE LA RÉPUBLIQUE FRANÇAISE; — Sur le rapport du garde des sceaux, ministre de la justice; — Vu l'art. 8, § 3, du décret du 17 avril 1899 (7), relatif à l'organisation de la justice musulmane en Algérie; — Vu l'avis du conseil de gouvernement, en date du 17 août 1915; — Décrete :

ART. 1er. La mahakma des Ouled-Kheliff est supprimée, et son territoire est rattaché à celle des Ouled-Sidi-Khaled, dont le siege est à Trézel.

La circonscription de cette juridiction comprendra desormais les centres de Trezel et d'El-Osseukhr, les tribus des Chaouia, Ouled-Bou-Affif. Ouled-Bel-Hocein, Ouled Zouai, Ouled-Sidi-Khaled-Cheraga, Kaabra, Oulad-Aziz, Ouled-Ziane-Cheraga, Ouled-Haddou, Ouled-Bou-Renane, Ouled-Karroubi, Sehari.

2 Le garde des sceaux. ministre de la justice, est chargé, etc

(1) 1er vol, p. 268.
(2) 2e vol., p 172.
(3) 2e vol, p. 23
(4) Supra, p 177

(5) 1er vol., p. 305.
(6) 2e vol. p. 23
(7) S *Lois annotées* de 1889 p. 491. — P *Lois, décr.*, etc de 1889, p. 843 · *Pand. pér.*, 1889.3 9.

MARINE, GUERRE FRANCO ALLEMANDE, AVANCEMENT, GRADES TEMPORAIRES.

CIRCULAIRE *relative au point de départ du compte de notes des marins de tous grades promus à titre définitif, apres avoir été l'objet d'un avancement sujet à revision.*

(13 février 1916). — (Publ. au *J off* du 15 fevr.).

Le Ministre de la marine à MM. les vice-amiraux commandant en chef, préfets maritimes, officiers généraux, supérieurs et autres commandant à la mer et à terre.

Par application du décret et de l'arrêté du 22 sept. 1914 (1), des avancements en grade, sujets à revision, ont été concédés directement par les autorités maritimes qualifiées à cet effet.

Un certain nombre des candidats qui ont bénéficié de ces avancements ont été promus depuis à titre définitif, par décision ministérielle, soit d'office, soit parce que leur nombre de points les y appelait.

J'ai décidé que le compte de notes de ces marins aurait pour point de départ, dans leur nouveau grade, non pas la date de leur promotion définitive, mais celle de leur promotion directement prononcée comme il est dit ci-dessus, sous la réserve bien entendu qu'ils réunissaient à cette dernière date les conditions minima exigées par la loi du 10 juin 1896 (2), c'est-à-dire le temps de service à la mer réduit de moitié, sauf le cas d'action d'éclat, dans lequel aucune condition n'est exigée (art. 40). Dans le cas contraire, le compte de notes des intéressés partira du jour où ils auront rempli lesdites conditions.

Ces dispositions continueront à être appliquees dans l'avenir chaque fois que des avancements sujets à revision deviendront définitifs ; le compte de notes des marins qui en seront l'objet sera soigneusement vérifié et arrêté en conséquence ; des états rectificatifs détaillés seront adressés au departement, soit immédiatement, si les intéresses sont compris dans une des promotions du 1er avril ou du 1er octobre, soit en même temps que les etats de notes du semestre au cours duquel aura eu lieu la promotion définitive, dans le cas contraire

Les marins de tous grades, qui, en raison de leur conduite et de leur manière de servir, ne paraîtraient pas dignes de bénéficier du rappel d'ancienneté prévu par la présente circulaire, devront être signalés au département, qui statuera sur la mesure à prendre à leur égard.

(1) 1er vol., p. 120 et 121.

(2) S. et P. *Lois annotées* de 1896, p. 112, *Pand. pér* 1897.3 35.

TRIBUNAUX MILITAIRES, GUERRE FRANCO-ALLEMANDE, CONSEIL DE REVISION DE BESANÇON, SUPPRESSION.

DÉCRET *supprimant le conseil de revision de Besançon.*

(13 février 1916). — (Publ. au *J. off* du 16 févr).

LE PRÉSIDENT DE LA RÉPUBLIQUE FRANÇAISE ; — Sur le rapport du ministre de la guerre ; — Vu le Code de justice militaire et notamment l'art. 26 ; — Vu le décret du 11 août 1914 (3), etablissant huit conseils de revision permanents ; — Vu le décret du 8 sept 1914 (4), modifiant le décret du 11 août 1914, et ramenant à sept le nombre de conseils de revision ; — Vu le decret du 23 sept. 1914 (5), étendant le ressort du conseil de revision de Paris ; — Décrète :

ART. 1er. Le conseil de revision permanent de Besançon est supprimé.

2 Le conseil de revision permanent de Paris a dans son ressort, outre le gouvernement militaire de Paris et la région du Nord, la septième région.

3. Le ministre de la guerre est chargé, etc.

ARMÉE, GUERRE FRANCO-ALLEMANDE, HOMMES DU SERVICE AUXILIAIRE, UTILISATION.

CIRCULAIRE *relative à l'utilisation rationnelle des hommes du service auxiliaire.*

(14 février 1916). — (Publ au *J. off.* du 16 févr.)

Le Ministre de la guerre à MM les généraux inspecteurs, les gouverneurs militaires de Paris et de Lyon, les généraux commandant les régions.

L'utilisation rationnelle des hommes du service auxiliaire doit avoir pour résultat de rendre au front tous les hommes en état de combattre. Elle doit aboutir également à ce qu'aucun homme de cette catégorie, dont la présence ne serait pas rigoureusement nécessaire dans les garnisons de l'intérieur, ne soit soustrait aux occupations par lesquelles il concourt à l'activité économique du pays.

Le premier resultat est obtenu par l'application des lois et reglements établis à cet effet.

Des mesures spéciales sont nécessaires en vue de la poursuite méthodique du second

Il est d'ailleurs possible, en raison des besoins toujours croissants, que ces mesures, non seulement ne permettent pas de renvoyer des hommes

(3-4) 1er vol., p 47 et 105.

(5) *Bull. off.*, nouv. serie, 138, n 7716.

présents, mais encore qu'elles ne puissent empêcher l'appel des classes nouvelles Du moins faut-il avoir la certitude que le sacrifice est strictement limité aux besoins qui le motivent.

Les règles suivantes seront observées dans cet objet :

I. — *Le nombre des auxiliaires affectés ne doit pas être supérieur aux besoins.*

En conséquence, tout auxiliaire doit être titulaire d'un emploi bien défini.

Dans les corps et services comptant des auxiliaires, un contrôle est tenu à jour, faisant ressortir l'emploi de chacun.

Les hommes sans emploi sont signalés au général commandant la région, qui leur donne une affectation.

Cet officier général signale au ministre les excédents qui se seraient produits.

II. — *Chaque auxiliaire doit être pourvu, autant que possible, d'un emploi correspondant a ses aptitudes et à ses capacités.*

A cet effet :

Récapituler (sur trois listes) les noms des hommes appelés (le même nom pouvant, bien entendu, figurer sur deux d'entre elles, et même sur les trois).

A — Utilisables dans les bureaux (secrétaires, dactylographes, comptables, professions libérales, etc...).

B. — Utilisables dans les spécialités (ouvriers de divers corps de métier et industries).

C — Utilisables comme manœuvres, en distinguant ceux qui ont l'habitude de soigner les chevaux de ceux qui ne l'ont pas (agriculteurs, terrassiers...).

Les déclarations des intéressés, comme les inscriptions faites sur leurs livrets, serviront de base à l'établissement de ces listes, mais il sera tenu compte aussi de l'état physique des appelés, notamment dans les catégories relevant du § C ci-dessus.

Les affectations nouvelles seront faites conformément aux indications de ces listes.

Les affectations anciennes seront rectifiées par les mutations dont ces mêmes listes feraient ressortir l'opportunité.

III — *Les auxiliaires ne doivent être éloignés de leurs foyers que dans la mesure où cet éloignement est une nécessité de service.*

En effet, il n'est pas indispensable d'imposer, en toutes circonstances, à cette catégorie de militaires, les obligations auxquelles sont soumis les hommes du service armé, encasernement, par exemple, logement et repas en commun, etc.

D'où possibilité pour le commandement de tolérer qu'en dehors du service, ces hommes profitent des facilités qui leur seraient accordées pour vaquer à des affaires ou participer à des travaux susceptibles d'aider à la vie économique du pays ; cela, sous réserve expresse que le service n'en subisse aucun dommage, ni directement, ni indirectement.

L'obligation de grouper les auxiliaires selon les besoins du service, et par conséquent d'une manière inégale entre les régions, empêche d'établir le principe que chaque homme doit être appelé à proximité de son domicile. Mais on devra s'efforcer de réaliser cette condition toutes les fois que ce sera possible.

Les affectations nouvelles seront donc faites en prenant pour règle de conserver à proximité de leur domicile tous les hommes pouvant y être placés, sans qu'aucun emploi soit créé à cet effet.

Pour les affectations anciennes, des mutations seront faites, à la suite d'une entente entre les généraux commandant les régions, pour ramener près de leur domicile les hommes qui en feront la demande, étant entendu que ces mutations restent subordonnées aux convenances du service, et ne sauraient être considérées comme un droit par les intéressés.

Ces mesures ayant pour objet de favoriser l'intérêt général, et non des intérêts particuliers, on s'inspirera de cette considération avant toute autre pour ordonner des mutations dont le résultat doit être de donner une aide nouvelle à l'industrie, au commerce, aux institutions d'utilité publique, et non de satisfaire à des convenances personnelles. Les faveurs accordées, quel qu'en soit le motif, sont toujours révocables, si les besoins du service ou de la discipline s'opposent à ce qu'elles soient maintenues.

MM. les généraux commandant les régions donneront les ordres nécessaires pour l'exécution immédiate de ces mesures.

Ils rendront compte le 15 mars des dispositions prises.

MM. les généraux inspecteurs s'assureront de leur exécution et des résultats obtenus.

ARMÉE, GUERRE FRANCO-ALLEMANDE, SERVICE D'ÉTAT-MAJOR, OFFICIERS, AFFECTATION, TEMPS DE COMMANDEMENT.

DÉCRET *fixant le temps de commandement des officiers brevetés pendant la durée des hostilités* (1)

---

(1) Ce décret est précédé au *J. off.* d'un rapport ainsi conçu :

« La guerre de 1870 avait montré que l'ancienne organisation du corps d'état major, en isolant du reste de l'armée les officiers qui en faisaient partie, avait conduit ces derniers à la méconnaissance des véritables besoins de la troupe ; le projet de loi, présenté ultérieurement a l'Assemblée nationale en vue de réorganiser ce service,

(14 février 1916). — (Publ au *J. off.* du 16 févr.).

Le Président de la République française; — Sur le rapport du ministre de la guerre; — Vu la loi du 20 mars 1880 (1), sur le service d'état-major; — Vu la loi du 24 juin 1890 (2), modifiant les art. 4, 5 et 9 de la loi du 20 mars 1880; — Vu le décret du 3 janv. 1891 (3), portant organisation du service dans les états-majors; — Vu l'art. 41 de la loi de finances du 17 avril 1906 (4); — Vu le décret du 23 oct. 1907 (5), relatif au temps de commandement auquel sont astreints les colonels, commandants et capitaines; — Décrète :

Art. **1er**. Jusqu'à la fin des hostilités, aucun officier appartenant à l'armée active, quel qu'en soit le grade, ne pourra être affecté à un état-major aux armées, exception faite des états-majors de brigade, s'il n'a exercé depuis le début de la guerre le commandement effectif d'une unité en campagne pendant au moins trois mois.

2 Dans un délai de six mois, à compter de la publication du présent décret au *Journal officiel*, les officiers de l'armée active, actuellement en service dans les états-majors visés à l'art. 1er, qui n'auraient pas commandé une unité en campagne pendant trois mois au moins, recevront le commandement d'une unité aux armées.

3. Les dispositions prévues aux art. 1 et 2 ne sont pas applicables aux officiers qui auront, au front, reçu des blessures ou contracté des maladies les mettant hors d'état de reprendre du service dans la troupe, aussi longtemps que durera cette incapacité.

L'application de ces dispositions pourra également être suspendue, par décision spéciale et motivée du ministre, pour les officiers dont la présence dans les divers états-majors est nécessaire à la bonne exécution du service.

4 Le ministre de la guerre est chargé, etc

Instruction publique, Inspecteurs d'académie, Recrutement, Avancement, Dispositions transitoires, Candidats mobilisés, Suppléants des inspecteurs d'académie mobilisés.

Décret *relatif au recrutement et à la nomination des inspecteurs d'académie* (6).

---

fut motivé précisément par « les dangers de l'isolement, funeste pour eux et pour l'ensemble de l'armée, des officiers d'état-major ».

« Aujourd'hui, tous nos officiers brevetés ont exercé, au cours de leur carrière, les commandements afférents à leurs grades successifs dans les formations du temps de paix; la plupart même, depuis le début des hostilités, ont conduit des unités au feu.

« Or, la loi de 1880 n'impose aucune obligation, quant au stage des officiers brevetés dans la troupe, en temps de guerre Cependant, l'expérience des combats livrés depuis dix huit mois a fait apparaître nombre de particularités dans l'emploi des diverses armes, dans les procédés et les détails d'exécution; il est indispensable, sous peine de retomber dans l'erreur du passé, que tous nos officiers d'état-major reprennent, au cours de la campagne même, un contact intime et nécessaire avec les éléments combattants; a cet effet, une réglementation s'impose.

« Ils rempliront d'autant mieux, ensuite, le rôle auquel les appellent leurs études antérieures qu'ils auront jugé par eux-mêmes des difficultés ou facilités d'exécution des ordres qu'ils ont charge d'élaborer pour le compte du commandement, dont ils ont à traduire et transmettre les décisions.

« Tel est l'objet du present décret, qui précise, en outre, les mesures en vue de realiser, dans l'application du principe ci-dessus posé, un échelonnement, et, éventuellement, des exceptions qu'il importe de prévoir pour éviter dans nos etats-majors toute perturbation, même passagere, dont la troupe serait la première a souffrir ».

(1) S. *Lois annotées* de 1880, p. 623. — P. *Lois, décr.*, etc. de 1880, p. 1073.

(2) S. et P. *Lois annotées* de 1891, p. 118; *Pand. pér.*, 1891.3.32.

(3) *J. off.*, 5 janv. 1891, p. 77; *Pand. pér.*, 1892.3 15.

(4) S. et P. *Lois annotées* de 1906. p. 283; *Pand. pér*, 1906.3.134

(5) *J. off.*, 26 oct. 1907, p. 7389.

(6) Ce décret est précédé au *J. off.* d'un rapport ainsi conçu :

« Depuis l'abrogation du titre 1er de la loi du 15 mars 1850, le choix des inspecteurs d'académie, si important pour la bonne administration de l'instruction publique, n'est soumis à aucune règle. Le décret du 10 juill. 1906 a bien spécifié que « nul ne peut être nommé inspecteur d'académie, s'il n'a été auparavant délégué dans ces fonctions pendant une duree qui ne peut être inférieure à deux ans ». Mais aucun texte n'a fixe les conditions que doivent remplir les « délegués ».

« A défaut de règlements, une jurisprudence s'est établie, a laquelle les critiques n'ont pas été épargnees. En fait, le ministre s'est abstenu de prendre les inspecteurs d'académie parmi les membres de l'enseignement primaire; son choix s'est toujours porté sur des professeurs, agrégés ou docteurs, de l'enseignement secondaire. Pourtant, c'est aux affaires de l'enseignement primaire que l'inspecteur d'académie doit consacrer la meilleure part de son activité; ne conviendrait-il pas d'appeler à cet emploi des fonctionnaires déja rompus a l'administration de l'enseignement primaire ?

« On a fait remarquer, d'autre part, qu'en dépit du decret du 10 juill. 1906, les inspecteurs d'académie débutent dans leurs fonctions sans y avoir été préparés. Ils ne sont, il est vrai, titularisés qu'au bout de deux ans de « délégation ». Mais, durant ces deux années, ils ne font pas leur apprentissage d'inspecteurs; ils ont tous les droits et tous les devoirs du titulaire. Aussi n'y a-t-il pas d'exemple qu'un « délégué » n'ait pas obtenu sa titularisation. Ne conviendrait-il pas d'instituer un stage, pendant lequel, avant d'être mis a la tête du personnel de tout un département, les candidats auraient a acquérir de l'expérience et a faire preuve d'aptitudes administratives?

« Le présent projet répond à ces deux ordres de considérations :

1° L'inspection académique devient accessible aux directeurs d'école normale et aux inspecteurs primaires. Mais, comme l'inspecteur d'academie est, dans son département, le chef de l'enseignement secondaire, on exige des membres de l'enseignement primaire qui sollicitent cet emploi le titre qui leur permettrait d enseigner dans un lycée ou dans un collège : la licence.

2° Nul ne sera délégué dans les fonctions d'inspecteur d'académie sans avoir fait un stage administratif. Appartient-il à l'enseignement superieur ou à l'enseignement secondaire? il s'initiera, durant son stage, aux affaires de

(14 février 1916). — (Publ. au *J. off.* du 20 févr.).

LE PRÉSIDENT DE LA RÉPUBLIQUE FRANÇAISE; — Vu l'art. 3 de la loi du 25 févr 1875 (1); — Vu l'art 3 du décret du 9 mars 1852 (2); — Vu le decret du 10 juill. 1906 (3); — Sur le rapport du ministre de l'instruction publique, des beaux-arts et des inventions intéressant la défense nationale; — Décrète :

ART. **1er**. Les inspecteurs d'académie sont nommés et révoqués par décret, sur la proposition du ministre de l'instruction publique

2 Nul ne peut être nommé inspecteur d'académie dans les départements, s'il n'a été auparavant délégué dans ces fonctions par le ministre de l'instruction publique pendant une durée qui ne peut être inférieure à deux ans, et si, au moment où cette délégation prend fin, il n'est l'objet d'une proposition du comité des recteurs et inspecteurs généraux de l'enseignement secondaire et de l'enseignement primaire.

3 Nul ne peut être délégué dans les fonctions d'inspecteur d'académie des départements, s'il ne remplit les conditions suivantes :

1° Posséder, soit le doctorat ès lettres ou ès sciences;

Soit une agrégation de l'enseignement secondaire;

Soit, avec le certificat d'aptitude à l'inspection primaire et à la direction des écoles normales, la licence ès lettres ou l'une des licences ès sciences énumérées à l'art. 1er du décret du 8 août 1905;

2° Avoir rempli les fonctions de :

Professeur ou maître de conférences dans une Faculté des lettres ou des sciences;

Proviseur, censeur ou professeur dans un lycée;

Directeur d'école normale;

Inspecteur de l'enseignement primaire;

3° Avoir fait, pendant un an, sous la direction d'un inspecteur d'académie, un stage comportant :

a) L'étude d'au moins vingt affaires administratives et la rédaction d'un rapport sur chacune de ces affaires;

b) La visite d'au moins vingt classes et la rédaction d'un rapport sur chacune de ces visites;

4° Être inscrit sur une liste d'aptitude, dressée, pour l'année courante, par le comité des recteurs et des inspecteurs généraux de l'enseignement secondaire et de l'enseignement primaire.

4 Quiconque est délégué dans les fonctions d'inspecteur d'académie reste dans son cadre d'origine; il peut être promu, pour ordre, dans les mêmes conditions que ses collègues. Il reçoit le traitement de la 4e classe des inspecteurs d'académie.

5. Les inspecteurs d'académie sont rangés en quatre classes. Les promotions sont décernées au choix.

6. (Dispositions transitoires). Les fonctionnaires qui auront suppléé pendant la guerre des inspecteurs d'académie mobilisés pourront être délégués dans les fonctions d'inspecteur d'académie, même s'ils ne possedent pas les titres requis par l'art 3 du présent décret. Leur suppléance leur tiendra lieu du stage prévu au même article.

Pendant un an, à partir de la promulgation du présent décret, les candidats aux fonctions d'inspecteur d'académie seront dispensés de prouver qu'ils ont accompli le stage institué par l'art. 3. Pour les candidats actuellement mobilisés, cette dispense vaudra pendant un an à dater de leur renvoi dans leurs foyers.

7. Sont abrogées toutes dispositions contraires au présent décret, dont le ministre de l'instruction publique est chargé d'assurer l'exécution

---

RÉQUISITIONS MILITAIRES, GUERRE FRANCO-ALLEMANDE, AVOINES DESTINÉES AUX SEMENCES, RESERVE.

CIRCULAIRE *relative aux avoines de semences.*

(14 février 1916). — (Publ. au *J. off.* du 16 févr).

Le Sous-Secretaire d'Etat du ravitaillement et de l'intendance à MM. les préfets des départements de l'intérieur, les directeurs de l'intendance, et les sous-intendants militaires chargés du ravitaillement.

Ma circulaire du 30 janv. 1916, n° 1027-8/5, relative à la réunion des contingents d'avoine imposés à chaque département, a prescrit que la répartition des réquisitions devait être faite de manière à laisser disponible l'avoine destinée aux semences et à réserver l'avoine nécessaire à l'alimentation des chevaux jusqu'à la prochaine ré-

---

l'enseignement primaire, et il visitera des écoles primaires. Appartient-il à l'enseignement primaire? il s'initiera, durant son stage, aux affaires de l'enseignement secondaire, et il visitera des lycées ou collèges. Le ministre ne pourra lui confier une délégation que si les chefs qui l'ont vu a l'œuvre, recteurs et inspecteurs généraux, lui délivrent un premier certificat d'aptitude. Et il ne sera nommé définitivement, deux ans après, que s'ils lui en délivrent un second.

« Pour cette nomination définitive, il semble qu'un décret doive intervenir. C'est par décret que sont nommés la plupart des chefs de services départementaux. Si nous entourons le choix des inspecteurs d'académie de garanties nouvelles d'experience, de competence et de capacité, il est juste de donner à leurs fonctions le prestige et l'autorité que confère une nomination présidentielle.

« Si ces dispositions vous paraissent justifiées, je vous serais reconnaissant de bien vouloir revêtir de votre signature le décret ci-joint ».

(1) S. *Lois annotees* de 1875, p. 669. — P. *Lois, décr.*, etc. de 1875, p. 1151.

(2) S. *Lois annotées* de 1852, p. 73. — P. *Lois décr.*, et de 1852, p. 126.

(3) *J. off.*, 17 juill. 1906, p. 4919.

colte, compte tenu d'un large emploi des denrées de substitution.

Il importe que ces prescriptions ne soient pas perdues de vue, et, en particulier, que l'avoine destinée aux semences soit réservée dans tous les cas.

Il y a là une question primordiale d'intérêt public, dont l'importance ne saurait vous échapper, et à laquelle se rattache l'ensemble de la situation économique de la France, qui demande que la production nationale soit poussée dans toutes les branches à son maximum.

D'autre part, il faut envisager le cas où l'avoine de semence ne sera pas utilisée là ou elle aura été récoltée.

Il faut donc prévoir que des mouvements assez nombreux se feront d'une région à une autre.

Pour faciliter ces transports, et en même temps éviter que, sous le nom d'avoine de semence, on enlève au ravitaillement les stocks sur lesquels il est en droit de compter, il conviendra d'exiger que l'expéditeur fournisse les pièces suivantes :

1° Une attestation délivrée par le maire de la commune expéditrice, certifiant que l'avoine en question a été cultivée, sélectionnée ou réservée pour la semence;

2° Une attestation du destinataire, visée par le maire de la commune réceptionnaire, ou un certificat du syndicat agricole réceptionnaire, attestant que cette avoine sera bien employée à la semence.

Sur le vu de ces pièces, le président de la commission de réception ou le sous-intendant militaire chargé du ravitaillement devront donner toutes facilités pour que ces avoines puissent circuler librement.

IMPÔT SUR LE REVENU, IMPÔT GÉNÉRAL COMPLÉMENTAIRE, DÉCLARATION, DÉLAI, PROROGATION, GUERRE FRANCO-ALLEMANDE, FORCE MAJEURE, DÉLAI SUPPLÉMENTAIRE, CONTRIBUABLES MOBILISÉS OU RÉSIDANT DANS LES RÉGIONS ENVAHIES.

DÉCRET *fixant les délais supplémentaires accordés aux contribuables empêchés, par suite d'un cas de force majeure, de souscrire, en temps utile, la déclaration pour l'impôt général sur le revenu* (1).

(15 février 1916). — (Publ. au *J. off.* du 17 févr.).

LE PRÉSIDENT DE LA RÉPUBLIQUE FRANÇAISE; — Sur le rapport du ministre des finances; — Vu les art. 5 à 24 de la loi du 15 juill. 1914 (2),

---

(1) Ce décret est précédé au *J. off.* d'un rapport ainsi conçu :

« La loi du 20 déc. 1915 a spécifié qu'un décret fixerait les conditions dans lesquelles des délais supplémentaires, ne pouvant dépasser trois mois à dater de la fin des hostilités, seraient accordés aux contribuables, mobilisés ou non, qui se trouveraient empêchés, par suite d'un cas de force majeure dûment constaté, de souscrire en temps utile la déclaration pour l'impôt général sur le revenu, prévue par l'art. 16 de la loi du 16 juill. 1914.

« Le projet de décret que j'ai l'honneur de soumettre à votre approbation a pour but de satisfaire à cette prescription de la loi.

« Le délai supplémentaire accordé aux contribuables ne pouvant se prolonger au delà du troisième mois après la fin des hostilités, il convient, pour préciser le sens de ces derniers mots, de se reporter au décret du 10 août 1914, pris en exécution de la loi du 5 août 1914 (1er vol., p. 33), relative à la prorogation des échéances des valeurs négociables. L'art. 2 de ce décret porte que tous les délais qui sont suspendus par la mobilisation recommenceront à courir à dater de la cessation des hostilités, et qu'un décret en fixera le point de départ.

« C'est donc par un décret que sera déterminée la période finale du délai supplémentaire pour la déclaration relative à l'impôt général sur le revenu. Ce décret tiendra compte des circonstances dans lesquelles aura eu lieu la cessation des hostilités, et, en fait, le délai pourra être prolongé jusqu'à la conclusion de la paix.

« Il n'y a pas lieu de définir ce que la loi a qualifié d'empêchement par suite de force majeure; le cas de force majeure peut dépendre, en effet, de trop de circonstances diverses pour qu'on puisse les prévoir toutes. Son appréciation est une question d'espèce, qui, en cas de désaccord entre l'Administration et les contribuables, sera tranchée par le conseil de préfecture, et, en dernier ressort, par le Conseil d'Etat.

« Les termes de la loi indiquent formellement que c'est l'empêchement de force majeure, et non le fait d'être mobilisé, qui ouvre le droit au délai supplémentaire; néanmoins, pour simplifier autant que possible l'application de la loi, tout en restant dans son esprit, le projet de décret décide que tout contribuable, mobilisé dans la zone des armées, ou dont la résidence est située dans une localité envahie ou comprise dans la zone des opérations militaires, sera présumé se trouver dans le cas de force majeure; il bénéficiera, sans avoir à accomplir aucune formalité, du délai supplémentaire pour faire sa déclaration.

« Mais ce n'est là qu'une présomption en sa faveur, et il appartiendra au directeur des contributions directes d'en faire cesser l'effet, en notifiant à l'intéressé qu'il doit faire sa déclaration dans un délai de deux mois. Le directeur agira ainsi, lorsque des circonstances particulières lui permettront d'établir que le cas de force majeure présumé n'est pas justifié en fait, ou bien encore lorsqu'il aura constaté que l'empêchement a cessé d'exister; par exemple : lorsque la mobilisation aura maintenu le contribuable mobilisé dans sa résidence habituelle, ou bien que l'établissement commercial ou industriel dont le mobilisé tire la plus grande partie de ses revenus a continué à fonctionner, ou bien lorsqu'un mobilisé aura été renvoyé temporairement dans ses foyers, etc.

« Les contribuables qui ne seront pas dans la situation qu'on vient d'indiquer devront, s'ils ont à se prévaloir d'un cas de force majeure, en informer le directeur des contributions directes le 15 avril au plus tard, en précisant la nature de l'empêchement qu'ils invoquent.

« Cette formalité suffira à suspendre provisoirement en leur faveur le délai de déclaration.

« Si le directeur estime que le cas de force majeure est allégué à tort, ou s'il constate que l'empêchement invoqué a cessé d'exister, il en avertira l'intéressé, qui aura, dans le premier cas, quinze jours, et dans le second cas, deux mois pour produire sa déclaration.

« La procédure instituée par le présent décret laisse intacts tous droits de réclamation par la voie contentieuse; dans tous les cas où le contribuable, ne s'étant pas conformé à l'avis notifié par le directeur, aura été taxé d'office, il aura le droit d'établir devant la juridiction compétente qu'il se trouvait réellement dans le cas de force majeure prévu par la loi ».

(2) S. et P. *Lois annotées* de 1916, p. 38; *Pand. pér.*, *Lois annotées* de 1916, p. 38.

portant fixation du budget général des dépenses et des recettes de l'exercice 1914; — Vu l'art. 5 de la loi du 26 déc. 1914 (1), portant ouverture de crédits provisoires sur l'exercice 1915; — Vu l'art. 5 de la loi du 29 déc 1915 (2), portant ouverture de crédits provisoires sur l'exercice 1916; — Vu le décret du 30 déc. 1915 (3), fixant le point de départ des délais pour les déclarations relatives à l'impôt général sur le revenu; — Décrète :

Art. 1er. Les contribuables, qui, par suite de force majeure, seront empêchés de souscrire, pour 1916, dans le délai ordinaire de deux mois, la déclaration prévue par le premier alinéa de l'art 16 de la loi du 15 juill. 1914, disposeront, pour produire cette déclaration, d'un délai supplémentaire prenant fin au plus tard trois mois après la date de la cessation des hostilités, telle que cette date sera fixée en exécution de l'art. 2 du décret du 10 août 1914 (4).

2. Tout contribuable, mobilisé dans la zone des armées, ou dont la résidence est située dans une localité envahie ou comprise dans la zone des opérations militaires, sera présumé se trouver dans le cas de force majeure prévu par l'article précédent.

Lorsque des circonstances particulières permettront d'établir que le cas de force majeure présumé ne peut être en fait valablement invoqué, ou lorsqu'il aura été constaté que l'empêchement a cessé d'exister, le directeur des contributions directes notifiera à l'intéressé, par lettre recommandée avec avis de réception, qu'il doit faire la déclaration dans un délai de deux mois, lequel courra à partir de la réception de l'avis.

Si le contribuable ne produit pas de déclaration, et s'il est taxé d'office, il conservera le droit de réclamer par voie contentieuse contre cette taxation, et de justifier qu'à la date de l'avis qui lui a été adressé, il se trouvait réellement dans le cas de force majeure prévu par la loi. Si sa réclamation est reconnue fondée, il obtiendra l'annulation de son imposition et se retrouvera placé dans la situation du contribuable pour qui le délai de déclaration n'est pas expiré, à moins que le terme extrême fixé par l'article précédent ne soit déjà dépassé, auquel cas la procédure réglée par le dernier alinéa de l'art. 16 de la loi du 15 juill. 1914 lui deviendra applicable.

3 Quand un contribuable, n'étant pas en situation de se prévaloir de la présomption stipulée à l'article précédent, se croira en droit de prétendre qu'il est empêché, par suite de force majeure, de souscrire sa déclaration dans le delai ordinaire de deux mois fixé pour 1916, il devra, s'il veut obtenir le bénéfice de délais supplémentaires, en informer le directeur des contributions directes, le 15 avril au plus tard, en précisant la nature de l'empêchement qu'il entend invoquer; le délai de déclaration sera suspendu, en ce qui le concerne, moyennant l'accomplissement de cette formalité.

Si le directeur estime que le cas de force majeure est allégué à tort, il en avertira, par lettre recommandée avec avis de réception, le contribuable, qui pourra faire sa déclaration dans les quinze jours suivant la réception de cet avis, au cas où le délai ordinaire de deux mois prendrait fin avant l'expiration de ladite période.

Lorsque le directeur aura constaté que l'empêchement ayant motivé la prolongation du délai de déclaration a cessé d'exister, il en préviendra l'intéressé, par lettre recommandée avec avis de réception, en lui impartissant, pour produire sa déclaration, un délai de deux mois, lequel courra à partir de la réception de l'avis.

Dans l'un et l'autre cas, les dispositions du dernier alinéa de l'art. 2 seront applicables, s'il y a désaccord entre l'Administration et le contribuable.

4. Le ministre des finances est chargé, etc.

Justices de paix, Guerre franco-allemande, Moratorium, Prorogation de délais, Bail a loyer, Conciliation, Contestation, Demande en paiement, Actions en justice, Continuation, Procédure.

Circulaire *sur la procédure à suivre en justice de paix en ce qui touche l'application des décrets sur la prorogation des loyers et sur l'autorisation de continuer les instances.*

(15 février 1916). — (Publ. au *J. off.* du 17 févr.).

Monsieur le procureur général,

A diverses reprises, mon attention a été appelée sur la méconnaissance par certains juges de paix des règles de procédure instituées, soit par la législation du moratorium des loyers, soit en ce qui touche les demandes d'autorisation aux fins de continuation d'instance, par les art. 3 du décret du 10 août 1914 (5) et 2 du décret du 15 décembre de la même année (6), modifiés tous deux par le décret du 11 mai 1915 (7).

Il me paraît indispensable qu'en des matières qui touchent de si près aux préoccupations publiques, les dispositions légales cessent d'être l'objet d'interprétations divergentes, de nature à

(1) 1er vol., p. 275.

(2-3) *Supra*, p. 220 et 229.

(4) 1er vol., p. 44.

(5-6) 1er vol., p. 44 et 258.

(7) 2e vol., p. 150.

égarer les justiciables sur l'étendue de leurs droits et de leurs obligations. S'il est inévitable que l'application de règles nouvelles éveille chez le juge le plus vigilant et le plus éclairé certaines incertitudes, le rappel de quelques principes essentiels doit, sans porter atteinte à l'independance des magistrats cantonaux et à leurs plus légitimes prérogatives, mettre un terme à des errements qui affectent moins le fond que la forme de leurs sentences, mais qui, en se perpétuant, risqueraient d'être préjudiciables à tous

I

LOYERS

Dans les contestations qui ont trait au point de savoir si le locataire qui se prévaut du moratorium est ou non en état de s'acquitter envers son propriétaire, la procédure comporte trois phases distinctes :

1° Le juge de paix procède dans son cabinet à une tentative de conciliation entre locataire et propriétaire (Décr., 28 déc. 1915, art. 8, § 2) (1); il entend les parties, et, si un accord intervient, il en dresse procès-verbal. A défaut de conciliation, il renvoie l'affaire en audience publique.

2° A l'audience publique, le juge de paix prononce sa sentence. Quel que soit le montant du loyer, son jugement, motivé et non susceptible d'appel, décide si le locataire a ou non le droit de se prévaloir de la prorogation. Au cas de négative, il fixe, s'il y a lieu, le délai dans lequel le jugement sera exécuté.

3° Sa sentence une fois rendue sur le moratorium, le juge de paix peut, mais seulement dans les limites de sa compétence habituelle, être saisi, soit en premier et dernier ressort, soit à charge d'appel, de la demande en paiement des loyers, formée par le propriétaire contre le locataire précédemment exclu par lui du bénéfice du moratorium.

Il convient, pour plus de clarté, de passer successivement en revue ces trois phases de la procédure.

§ 1er. — *Conciliation.*

La procédure en conciliation ne présente pas de difficultés pour le juge.

L'art. 8 du décret du 28 déc. 1915 est parfaitement explicite; il s'exprime ainsi : « Le magistrat entend les parties en son cabinet. A défaut de conciliation, il renvoie l'affaire en audience publique pour le prononcé de la sentence ».

L'article appelle cependant trois observations.

1° Ce n'est pas seulement à la tentative de conciliation qu'il est procédé dans le cabinet du juge; tout le débat sur l'application du moratorium s'y déroule. Mais le prononcé de la sentence doit être renvoyé à l'audience publique.

2° Quelle que soit l'importance du loyer, le juge de paix, à défaut de conciliation, doit statuer par jugement motivé sur le point de savoir si le locataire qui invoque le moratorium est en état de payer son loyer. Il ne faudrait donc pas, comme le fait s'est produit quelquefois, que le juge de paix, après échec de la tentative de conciliation dans son cabinet, crût son rôle terminé, et, sous prétexte qu'il s'agit d'un loyer annuel supérieur à 600 fr., renvoyât les parties à se pourvoir devant le tribunal civil.

Il est appelé dans tous les cas à trancher la question de prorogation, et ne doit se déclarer incompétent pour connaître de l'action en paiement du propriétaire qu'après avoir expressément accordé ou refusé, et cela en audience publique, les délais sollicités.

3° Lorsqu'il s'agit de locataires mobilisés, contre lesquels les décrets sur le moratorium ne permettent pas au propriétaire de faire la preuve qu'ils sont en situation de payer leur loyer, le juge de paix ne saurait se prêter à une tentative de conciliation, qui est, en réalité, sans objet. Il refusera d'accorder audience au demandeur. Il en doit être de même, à Paris et dans la banlieue, pour les locataires non présents sous les drapeaux dont le loyer n'excède pas 600 fr., à moins cependant que le propriétaire ne prétende être en mesure d'établir que son locataire jouit d'un traitement supérieur à 3.000 fr. (Décr., 28 déc. 1915, art. 2, *in fine*)

§ 2. — *Jugement de la contestation sur l'application du moratorium.*

Je viens de rappeler, à propos de la tentative de conciliation, que, quelle que soit l'importance du loyer annuel, le juge de paix est compétent pour se prononcer sur l'application du moratorium, et qu'il est tenu d'en accorder ou d'en refuser les avantages par jugement rendu en audience publique.

Je rappelle également que le jugement dont s'agit est toujours en dernier ressort, mais qu'il ne doit porter que sur la question de savoir si le locataire a droit ou non au bénéfice des dispositions moratoires.

Si, en outre, et en vertu de la loi du 12 juill. 1905 (2), le juge de paix est compétent pour statuer sur la demande en paiement des termes échus, c'est-à-dire, si le loyer annuel n'excède pas le taux ordinaire de sa compétence, il ne peut prononcer condamnation au paiement que par un second jugement, distinct de celui sur le moratorium

En effet, une condamnation au paiement des

(1) *Supra*, p. 213.

(2) S. et P. *Lois annotées* de 1905, p. 983 ; *Pand. pér.*, 1905.3 227.

loyers ne peut intervenir qu'autant que la question de moratorium a été préalablement tranchée. Or, d'une part, quoique en dernier ressort, le jugement sur le moratorium, s'il a été rendu par défaut, doit faire l'objet, en vertu de l'art. 6 du décret du 1er sept. 1914 (1), d'une notification spéciale par lettre recommandée du greffier au défaillant, à la suite de laquelle ce dernier a dix jours pour se pourvoir; d'autre part, la demande en paiement des loyers rentre dans la procédure ordinaire, et ne bénéficie pas de la disposition spéciale de l'art. 6, 3e alin., du décret du 1er sept. 1914, d'après lequel, en matière de moratorium, les citations sont faites par lettre recommandée du greffier, avec avis de réception.

Le juge de paix, qui statuerait sur la demande en paiement par le jugement même qui prononce sur le moratorium, se trouverait donc juger sans avoir été préalablement saisi, puisque la citation par lettre, prévue pour le moratorium, ne s'étend pas à la demande en paiement, et que, pour cette dernière, la citation par exploit d'huissier demeure indispensable

§ 3. — *Demande en paiement.*

Si le droit à la prorogation a été reconnu au locataire, ou si des délais lui ont été accordés, l'instance en paiement ne peut être introduite, ni devant le juge de paix, pour les locations annuelles n'excédant pas 600 fr., ni devant le tribunal civil, pour celles supérieures à ce chiffre.

S'il a été décidé, au contraire, que le locataire est en état de faire face à ses obligations, ou si les délais accordés sont expirés, il appartient alors au propriétaire de poursuivre, conformément aux règles du droit commun, le recouvrement de ses loyers échus

Le propriétaire qui ne possède pas un titre exécutoire appellera le locataire, suivant l'importance du bail, devant le juge de paix ou devant le tribunal civil.

Mais il peut arriver que, sur la demande en paiement, le débiteur veuille encore se prévaloir de la prorogation.

En justice de paix, le demandeur n'aura qu'à rappeler la date du jugement sur le moratorium pour permettre au juge de paix de constater, en se reportant à ses minutes, qu'il y a chose jugée sur ce point.

Devant le tribunal civil, la situation est plus delicate. Par suite d'analogie avec l'art. 65, C. proc., qui oblige à donner, en tête des assignations, copie du procès-verbal de non-conciliation, on pourrait décider, dans le silence des textes, que le propriétaire lèvera le jugement rendu sur le moratorium, et en donnera copie en tête de son assignation en paiement du loyer.

(1) 1er vol., p. 94.

Il est certain qu'un pareil mode de faire serait parfaitement licite; mais il ne semble pas qu'il soit obligatoire Il n'est, en effet, imposé par aucune disposition spéciale analogue à l'art. 65, C. proc.; et, d'autre part, le jugement sur la prorogation étant en dernier ressort, la signification qui en serait faite au défendeur ne présenterait pour lui d'utilité qu'autant qu'il n'aurait pas comparu et que la voie d'opposition lui demeurerait ouverte Or, le décret du 1er sept. 1914 prévoit, en cas de défaut, non pas une signification par exploit d'huissier, mais l'envoi au défaillant d'une lettre recommandée, contenant les dispositions de la sentence intervenue.

Il est à remarquer, d'autre part, que, si le pourvoi en cassation reste possible contre la sentence du juge de paix relative au moratorium, ce pourvoi n'est pas suspensif, et ne saurait retarder l'instruction de la demande en paiement.

Il serait donc excessif, dans une matière où l'on s'est efforcé à bon droit de simplifier la procédure, d'imposer au demandeur, quand l'utilité ne s'en impose pas, des formalités coûteuses, dont le locataire aurait en définitive à supporter les frais, telles que la levée d'une expédition régulière du jugement et sa signification.

Aussi, partant de ce qui a été prescrit par le décret du 1er sept 1914 pour le cas de defaut, ne verrais je que des avantages à ce que le juge de paix délivrât au demandeur un extrait tres succinct de son jugement, mentionnant simplement, outre les délais accordés ou le refus de délai, la date de la sentence et l'indication qu'elle a été rendue contradictoirement, ou que, notification ayant été faite conformément au décret du 1er sept. 1914 sans qu'il y ait eu opposition, elle est devenue définitive

Mais cet extrait succinct ne saurait tenir lieu du jugement lui-même.

Il ne suffirait en aucune façon que le juge de paix, sans avoir au préalable statué sur le moratorium, se contentât, par une sorte de permis de citer, de certifier que les parties ont comparu devant lui, et qu'à raison de l'importance de la location, il les a renvoyées à se pourvoir.

L'obligation de rendre un jugement comporte celle d'entendre les parties dans leurs explications, de statuer à l'audience publique, et de rédiger une sentence motivée, dont il est gardé minute, et d'apres laquelle sont établis l'avis à notifier au défaillant et l'extrait destiné au demandeur.

Baux notariés. — Le propriétaire nanti d'un bail notarié, qui le dispense de recourir à un jugement pour obtenir un titre exécutoire, n'en doit pas moins faire trancher, lui aussi, par le juge de paix la question du moratorium, si son locataire se prétend en droit de l'invoquer.

Par suite, avant de solliciter du président du tribunal civil l'autorisation de poursuivre l'exécution de son bail, conformément à l'art. 3, dernier alinéa, du décret du 10 août 1914, modifié par celui du 11 mai 1915, il devra justifier également, par le même extrait succinct, que le juge de paix n'a pas admis le droit de prorogation.

Il importe que les juges de paix, chaque fois qu'ils sont saisis d'une affaire de loyer, se conforment strictement aux règles ci-dessus rappelées. En les négligeant, ils exposeraient les parties à des nullités de procédure susceptibles de rendre sans valeur toutes les mesures d'exécution prises à la suite de leur sentence; ils méconnaîtraient en outre gravement l'intention des auteurs des décrets.

II

INSTANCES EN JUSTICE DE PAIX NON RELATIVES AUX LOYERS

Aux termes des art. 1er et 3 du décret du 10 août 1914 et de l'art. 2 du décret du 15 décembre, même année, tous deux modifiés par celui du 11 mai 1915, aucune instance ne peut être suivie qu'en vertu d'une autorisation résultant d'une ordonnance rendue par le président de la juridiction saisie, après convocation du défendeur.

L'autorisation de poursuivre l'instance doit toujours être distincte du jugement sur le fond.

Devant le tribunal de première instance, il ne saurait y avoir de difficulté, puisque c'est le tribunal tout entier qui juge, et le président seul qui autorise.

Mais, dans les instances portées devant le juge de paix, il arrive que ce magistrat, appelé à juger seul, néglige de s'assurer que le défendeur a été convoqué dans les conditions prescrites par l'art. 2 du décret du 15 déc. 1914, ou considère que l'autorisation de suivre la procédure jusqu'à décision définitive résulte suffisamment du jugement qui statue sur le fond.

C'est là une grave erreur

Il faut, pour l'autorisation, une ordonnance spéciale. En effet, si le défendeur ne comparaît pas, l'autorisation de suivre l'instance doit lui être notifiée avant les débats de l'affaire, et, s'il comparaît sans avoir eté spécialement convoqué pour voir autoriser la continuation de l'instance, il peut s'opposer à ce qu'il soit passe outre aux débats.

Vous voudrez bien faire porter les présentes instructions à la connaissance des juges de paix de votre ressort, et m'accuser réception de ma circulaire, dont je vous envoie des exemplaires en nombre suffisant pour chacun de ces magistrats cantonaux.

MARINE, GUERRE FRANCO-ALLEMANDE, MARINS DISPARUS, FEMMES, ENFANTS OU ASCENDANTS, SECOURS D'URGENCE.

CIRCULAIRE *sur la concession de secours d'urgence aux familles de marins disparus au cours des opérations de guerre.*

(15 février 1916). — (Publ. au *J off.* du 19 févr.).

Le Ministre de la marine à MM les directeurs et administrateurs de l'inscription maritime, les gouverneurs généraux et gouverneurs des colonies.

Le *Journal officiel* du 29 janv. 1916 a publié une circulaire de M. le ministre de la guerre (1), relative à la concession de secours immédiats aux familles (veuves ou orphelins, et, à défaut, ascendants au premier degré) des militaires disparus au cours des opérations de guerre.

Aux termes de cette circulaire, la demande de secours ne doit être présentée que six mois au moins après la disparition, et le requérant doit produire, en outre des pièces d'état civil établissant sa qualité d'ayant droit, une copie certifiée conforme de l'avis officiel de disparition.

J'ai décidé que ces dispositions seront appliquées au personnel de la marine, dans les conditions fixées par la circulaire du 30 mars 1915 (2), portant instructions pour l'allocation de secours d'urgence aux familles des marins et autres décédés au cours des hostilités.

MARINE, GUERRE FRANCO-ALLEMANDE, UTILISATION DES EFFECTIFS, ETABLISSEMENTS INDUSTRIELS, COMMISSIONS D'EXAMEN, FONCTIONNEMENT.

INSTRUCTION *relative au fonctionnement, dans les services de la marine, des commissions prévus par l'art. 6 de la loi du 17 août* 1915.

(15 février 1916). — (Publ au *J off* du 16 févr)

1. Il est institué deux commissions d'ordre professionnel pour assurer l'application, dans les services de la marine, de l'alin. 4 de l'art. 6 de la loi du 17 août 1915 (3).

Ces commissions opereront dans les arsenaux et établissements suivants :

Commission n° 1 · Cherbourg, Brest, Lorient, Indret.

Commission n° 2 : Rochefort, Toulon, Ruelle, Guérigny.

2. Chacune de ces commissions se compose, non compris le président, de quatre membres :

Un ingénieur du génie maritime;

---

(1) *Supra*, p. 274.

(2) 2e vol., p. 92.

(3) 2e vol., p. 287.

Un ingénieur d'artillerie navale et deux membres ouvriers.

3. Chacune des commissions est présidée par un officier supérieur du génie maritime ou de l'artillerie navale.

4. Les présidents et membres des commissions sont désignés par le ministre de la marine. Aucun d'eux ne devra appartenir aux ports et établissements dans lesquels la commission est chargée d'opérer.

5. Les deux membres ouvriers de chaque commission sont choisis parmi les délégués à la commission mixte consultative pour les questions ouvrières.

6. Les commissions commenceront leurs travaux aussitôt que le ministre leur en donnera l'ordre; elles les poursuivront avec la plus grande diligence possible.

Le président avisera de l'arrivée de la commission le préfet maritime ou le directeur de l'établissement; celui-ci donnera des ordres pour que les locaux, le personnel et le matériel nécessaires soient mis à la disposition de la commission.

Le contrôle résidant de l'arsenal ou de l'établissement sera avisé de la convocation de la commission par les soins du président, et assistera aux séances, s'il le juge utile, avec voix représentative.

7. Les différents services des arsenaux et les établissements hors des ports employant des ouvriers militaires détachés ou en sursis, appartenant à l'une des classes mobilisées ou mobilisables, devront établir un état nominatif de ces hommes, en les répartissant en deux catégories :

a) Ouvriers spécialistes ou manœuvres ayant déclaré avoir exercé leur profession pendant au moins un an antérieurement à la mobilisation;

b) Hommes n'entrant pas dans la catégorie précédente.

Outre la liste nominative indiquée à l'alinéa précédent, il sera établi une fiche individuelle pour chacun des ouvriers militaires employés, avec mention de la spécialité, de la nature de l'emploi dans l'établissement, de la classe de recrutement et de la situation de famille.

Il sera joint à la fiche, s'il y a lieu, une déclaration individuelle, signée de l'intéressé, certifiant qu'il a exercé pendant un an au moins sa profession, avec mention des établissements, usines et exploitations où il l'a exercée, et tous certificats et pièces propres à justifier l'exactitude de ladite declaration.

Il pourra être fait emploi des fiches individuelles déjà établies à la suite d'instructions précédentes, à la condition d'y ajouter, s'il y a lieu, la déclaration individuelle, signée de l'intéressé, dont il vient d'être fait mention.

Les états et les fiches seront mis à la disposition de la commission.

8. La commission procédera successivement à l'examen de la situation de chacune des deux catégories d'hommes employés dans les arsenaux et établissements.

Pour les premiers, la commission se bornera à vérifier si leur déclaration et les certificats produits par eux remplissent bien les conditions prescrites par la loi. Pour les manœuvres même de cette catégorie, c'est-à-dire ceux satisfaisant aux conditions déterminées par l'alin. 1° de l'art. 6 de la loi, l'ordre à observer dans leur affectation, en tenant compte de leurs aptitudes militaires (service armé et auxiliaire), âge et situation de famillé, par application de l'alin. 3°, n'est pas soumis au contrôle des commissions. Si celles-ci estiment que certaines énonciations figurant dans les déclarations fournies par les intéressés sont inexactes, il leur est loisible de le signaler et de provoquer les poursuites en conseil de guerre prévues à l'art. 7 de la loi; mais elles n'ont aucune compétence pour appliquer elles-mêmes des sanctions.

Pour les hommes de la seconde catégorie, la commission procédera à une enquête sur la nature de leur emploi dans l'établissement A cet effet, elle pourra procéder à tous examens, interrogatoires et constatations qu'elle jugera utiles.

Les avis seront émis à la majorité des voix.

9. A l'issue de chacune de ces séances, la commission dressera une liste des hommes, ne remplissant pas les conditions visées à l'art 6, alin. 1 et 2, de la loi du 17 août 1915, dont elle propose le maintien dans leur présent emploi

Les procès-verbaux des séances des commissions et les documents annexés (états nominatifs, listes des hommes dont le maintien est proposé, etc...), accompagnés, s'il y a lieu, des observations du contrôle résidant, seront envoyés en deux exemplaires, sans delai, au ministre de la marine.

Retraites ouvrieres et paysannes, Loi du 17 aout 1915, Application, Decret du 25 mars 1911, Modification.

Décret *modifiant le décret du 25 mars 1911, portant règlement d'administration publique pour l'exécution de la loi sur les retraites ouvrières et paysannes.*

(**15 février 1916**). — (Publ. au *J off.* du 23 févr)

Le Président de la République française; — Sur le rapport du ministre du travail et de la prévoyance sociale et du ministre des finances; — Vu la loi sur les retraites ouvrières et paysannes (1), modifiée par la loi du 17 août 1915 (2);

---

(1) S. et P. *Lois annotées* de 1911, p. 1; *Pand. pér., Lois annotees* de 1911, p. 1.

(2) 2e vol., p. 290.

— Vu le décret du 25 mars 1911 (1), portant règlement d'administration publique pour l'exécution de la loi sur les retraites ouvrières et paysannes, modifié par les décrets des 6 août 1912 (2), 5 juin (3) et 26 juill. 1913 (4); — Le Conseil d'Etat entendu; — Décrète :

ART. 1er. Les art. 1, 4, 7, 11, 12, 14, 16, 17, 19, 24, 41, 83, 98, 105, 107, 115, 125, 135, 137, 138, 158, 161, 162, 164 et 170 sont complétés ou modifiés ainsi qu'il suit. Est, en outre, ajouté à ce décret l'art. 30 *bis* ci-après

Art 1er, § 6 nouveau Figurent également sur la premiere liste :

1° Les salariés français résidant dans la commune, et allant travailler habituellement à l'étranger;

2° Les salariés français résidant à l'étranger ou aux colonies, et y travaillant pour le compte d'une entreprise ayant son siege social dans la commune

Art. 4, § 7 nouveau Les personnes visées à l'art. 1er, § 6, 2°, du décret, doivent faire remettre à la mairie, par l'intermédiaire du chef d'entreprise, le bulletin de renseignements susvisé.

Art 7, § 3 nouveau. Dès que le maire a connaissance des erreurs d'inscription ou des changements survenus dans la situation des assurés qui seraient de nature à provoquer leur changement de catégorie ou leur radiation des listes, il en avise le préfet. La décision ordonnant la radiation ou le changement de catégorie d'un assuré prend effet au premier jour du mois qui suit son anniversaire de naissance.

Art. 11, addition à la fin du § 3. Elle est valable jusqu'à la fin du mois où s'est produit l'anniversaire de la naissance de l'assuré.

Art 12 modifie Les seuls timbres dont l'apposition sur les cartes annuelles entre en ligne de compte pour l'acquisition des pensions sont les timbres-retraite émis par le ministre du travail.

La vente des timbres est faite dans les lieux et conditions déterminés par un arrêté concerté entre les ministres du travail, des finances, et des postes et des télégraphes.

Art. 14, addition au § 1er. Dans le cas où les cartes ne peuvent être remises à domicile, les maires doivent aviser les intéressés qu'elles sont tenues à leur disposition à la mairie.

§ 5 nouveau. Pour les personnes visées à l'art. 1er, § 6, 2°, du présent décret, les cartes sont remises au chef d'entreprise.

Art 16, §§ 1er et 2 modifies. Le préfet adresse au maire de la résidence de chaque assuré, dans les trois premiers jours du mois qui suit celui de l'anniversaire de sa naissance, une nouvelle carte annuelle en échange de la carte précédente.

Toutefois, lorsque la premiere carte a été établie moins de quatre mois avant l'expiration du mois où s'est produit cet anniversaire, sa durée de validité est prorogée d'une année.

Art. 17 modifié. L'assuré, qui veut, au moment de l'échange de sa carte, transférer son compte d'une caisse d'assurances à une autre, celui qui veut substituer pour ses versements le régime du capital aliéné au régime du capital réservé, ou inversement, en avise le préfet au moyen d'un bulletin signé par lui ou par son mandataire spécial. Ce bulletin doit être remis à la mairie par l'intéressé un mois avant la date à laquelle la carte devra être échangée; il mentionne le numéro matricule de sa carte d'identité et contient toutes les indications prévues aux §§ 2, 3 et 4 de l'art 4 ci-dessus.

Le choix fait reste valable jusqu'à notification d'un choix différent, effectuée dans les formes indiquées au paragraphe précédent.

Toute demande de changement, formulée moins d'un mois avant la date du plus prochain échange de la carte, ne reçoit suite qu'à l'échange suivant.

L'abandon de la totalité des versements antérieurement effectués à capital réservé est notifié et reçoit suite dans les mêmes formes et délais. La rente supplémentaire produite par l'abandon du capital est calculée en raison de l'âge atteint par l'assuré et du tarif en vigueur au moment où la demande parvient à la caisse d'assurance.

Pour les personnes visées à l'art. 1er, § 6, 2°, du présent décret, le bulletin spécial contenant une demande de changement devra être adressé au préfet du département du siege social de l'entreprise.

Art. 19. Dispositions remplaçant le dernier paragraphe.

. . . .

Soit qu'il cesse d'appartenir à une caisse visée à l'art. 14 de la loi des retraites pour adhérer à une institution patronale autorisée conformément à l'art. 98 du présent décret, ou inversement.

La carte complementaire est valable seulement pour le délai restant à courir jusqu'à la fin du mois où doit se produire le prochain anniversaire de naissance de l'assuré; toutefois, lorsqu'elle est demandée moins de quatre mois avant cette date, sa durée de validité est prorogée d'une année.

Art. 24, §§ 1, 2 et 3 modifiés. Dans les huit premiers jours de chaque mois, le maire transmet au préfet les cartes dont la durée de validité est expirée depuis la fin du mois précédent, et qui ont été échangées contre la carte nouvelle.

Au vu de ces cartes, le préfet établit, pour chaque caisse d'assurance, un bordereau récapitulatif, portant, en regard des noms des assurés et des numéros matricules de leurs cartes, l'indication du montant des versements constatés sur ces

(1) S. et P. *Lois annotées* de 1911, p. 75; *Pand. pér.*, *Lois annotées* de 1911, p. 75.

(2-3-4) S. et P. *Lois annotées* de 1913, p. 425, 530 et 531; *Pand. pér.*, *Lois annotées* de 1913, p. 425, 530 et 531.

cartes, et, s'il y a lieu, des majorations auxquelles ces versements doivent donner lieu en vertu de l'art. 36 de la loi sur les retraites ouvrières et paysannes. Lorsque l'attribution à la caisse du montant des sommes inscrites sur la carte, en versements de l'assuré et en versements du patron, fait apparaître des millimes à l'un et l'autre des deux totaux partiels, le premier est arrondi au nombre de centimes immédiatement supérieur, et le second au nombre de centimes immédiatement inférieur.

Avant la fin de chaque mois, le préfet envoie à la caisse d'assurance intéressée, avec le bordereau, les cartes la concernant, échangées dans les premiers jours du mois.

Art 30 bis *additionnel.* Les travailleurs à domicile visés à l'art. 2, § 5, de la loi sur les retraites ouvrières et paysannes doivent faire connaître au fabricant pour le compte duquel ils travaillent le nombre, l'âge et le sexe de leurs ouvriers. Ils notifient au fabricant toute modification survenue dans la consistance de leur personnel.

Ils exercent sur le salaire du personnel les prélèvements prévus à l'art. 3 de la loi, et y ajoutent, à titre de contribution patronale, le montant des sommes dont le fabricant leur a fait l'avance pour cet objet, d'après l'état de ce personnel.

Art 41, § 2 nouveau. Les dispositions des art. 32, 33, 34 et 35 du présent décret sont applicables, dans les conditions qui seront déterminées par un arrêté du ministre du travail et du ministre des finances, aux employeurs qui entendent user de la faculté prévue par l'art 3, § 9, de la loi.

Art. 83, § 3 nouveau Toutefois, les unes et les autres peuvent recevoir comme adhérentes, en qualité d'assurées facultatives, les femmes non salariées des salariés au profit desquels elles sont instituées.

Art 98, § 2 modifié. Lorsqu'il s'agit d'un assuré obligatoire marié, les versements provenant de retenues prélevées sur son salaire, bien qu'appliqués pour partie à son conjoint, entrent en ligne de compte pour leur totalité, en vue du droit à l'allocation viagère prévue à l'art. 4 de la loi sur les retraites ouvrières et paysannes.

Art 105, § 1er. Remplacer les premiers mots : « chaque semaine », par les mots : « chaque mois ».

Art 107, § final. Remplacer les derniers mots : « en rente 3 p. 100 perpétuelle », par les mots : « en rentes perpétuelles sur l'Etat ».

Art. 115 modifié La liquidation et l'ordonnancement de la remise de 5 p. 100 et de 1 p. 100, accordée par l'art. 12 de la loi des retraites ouvrières et paysannes aux établissements qui ont opéré l'encaissement des cotisations des assurés et celles de leurs employeurs, sont effectués, au nom de ces établissements, par le ministre du travail, d'après le montant des encaissements constatés par les préfets sur chaque carte annuelle.

Art. 125, § 2. Supprimer la dernière phrase, ainsi conçue : « Il indique, en outre, conformément aux prescriptions du dernier alinéa de l'art. 13 de la loi sur les retraites ouvrières et paysannes, le coefficient de réduction servant à calculer le montant de la pension correspondant à l'âge de soixante ans, pour les titulaires qui n'ont pas atteint cet âge »

Art. 135, § 3 Ajouter après les mots : « du § 4 de l'art 4 », les mots : « et des §§ 4 et 10 de l'art. 36 ».

Art. 137 modifié En même temps qu'il transmet le dossier de liquidation à la caisse à laquelle l'assuré adhérait au moment de la demande, le ministre du travail invite les caisses auxquelles l'assuré avait antérieurement adhéré à transférer à cette dernière les réserves mathématiques afférentes aux portions de retraites acquises dans chacune d'elles, sauf dans le cas prévu au deuxième alinéa de l'art. 20 de la loi sur les retraites ouvrieres et paysannes, où le transfert ne doit pas être effectué.

A cet effet, les diverses caisses qui ont été précédemment chargées de la tenue du compte de l'assuré indiquent à la dernière caisse le montant de la rente acquise par le titulaire et la réserve mathématique correspondante Lorsque le tarif de cette dernière caisse assure, moyennant le versement de toutes ces réserves mathématiques, une rente totale au moins égale à l'ensemble des rentes qui auraient été liquidées au profit de l'assuré dans les diverses caisses auxquelles il a été précédemment affilié, ou bien si la différence en moins ne dépasse pas, pour l'ensemble, cinq centimes par trimestre, le transfert des réserves mathématiques a lieu immédiatement après la réception de la justification de l'existence de l'assuré, adressée par la caisse cessionnaire aux caisses cédantes. Si la différence en moins dépasse cinq centimes par trimestre, la dernière caisse arrête le montant total de la rente obtenue dans les divers organismes par les versements de l'intéressé, pour lui en payer seule, à l'avenir, les arrérages.

En vue de la régularisation de leurs écritures, les caisses d'assurances produisent à la recette des finances, dans le premier trimestre de chaque année, pour l'année précédente, un relevé indiquant, pour chacune des caisses pour le compte desquelles elles auront payé des arrérages de pension, le detail par assuré et par échéance des sommes déboursées. Ces états, vérifiés et certifiés par le receveur des finances, sont adressés au ministère du travail, qui les groupe par caisse, et les transmet ensuite à la Caisse des dépôts et consignations, afin de lui notifier le montant net de la somme dont le compte courant de chaque organisme doit être débité ou crédité.

Art. 138. Remplacer au début les mots : « pour la liquidation des retraites opérée à un âge antérieur à soixante-cinq ans », par les mots : « pour la liquidation des retraites opérée entre soixante et soixante-cinq ans ».

Art. 158, §§ 6 et 7 nouveaux. Lorsque la rente liquidée au profit d'un assuré n'ayant pas droit à l'allocation viagère ou à la bonification de l'Etat prévue par l'art. 36 de la loi sur les retraites ouvrières et paysannes n'atteindra pas, y compris la bonification prévue par l'art. 4, § 1er, de ladite loi, s'il y a lieu, le chiffre annuel de 4 fr., la caisse d'assurance notifiera à l'intéressé le montant de cette rente, et lui fera connaître que, dans le délai d'un mois à compter de la date de cette notification, il pourra, conformément aux dispositions de l'art. 5, § 5, de la loi, demander à sa caisse d'assurance ou aux caisses auxquelles il a successivement adhéré le remboursement intégral et sans intérêts des sommes portées à son compte. Cette disposition n'est pas applicable aux retraites émises antérieurement au 1er janv. 1916.

Si, à l'expiration du délai qui lui est imparti, l'assuré n'a pas exercé son choix entre la liquidation de sa pension et le remboursement des sommes portées à son compte, la caisse d'assurance délivrera d'office à son nom un extrait d'inscription.

Art. 161, § 1er modifié. Les capitaux dont la réserve a été stipulée au profit des ayants droit sont remboursés sans intérêts, sur la production de la carte d'identité de l'assuré ou d'un acte de notoriété, d'un extrait de l'acte de décès et d'un certificat de propriété délivré dans les formes et suivant les règles prescrites par l'art. 6 de la loi du 28 flor. an 7 (1). Dans le cas où la carte d'identité a déjà été produite à l'appui d'un dossier de demande d'allocation au décès, conformément à l'art. 162 ci-après, il y est suppléé par une attestation émanant du maire de la commune où le dépôt de la pièce a été effectué.

Art. 162. Addition précédant le dernier paragraphe : « 5° si l'assuré était âgé de plus de soixante ans, des pièces nécessaires à la liquidation de l'allocation ou de la bonification de l'Etat ou, si la pension est déjà liquidée, du titre de rente ou du titre spécial d'allocation ou de bonification ».

Art 164, § 4 nouveau. Lorsque l'allocation au décès a été liquidée par application du § 5 de l'art 6 de la loi sur les retraites ouvrieres et paysannes, le montant des arrérages de l'allocation ou bonification de l'Etat payés à l'assuré ou à ses héritiers est déduit de la dernière mensualité, et, le cas échéant, des mensualités précédentes, en commençant par la dernière.

(1) S. 1er vol. des *Lois annotees*, p. 498.

Art. 170, § 3 modifié. Si, après examen de ces déclarations, le préfet constate que, parmi les personnes y mentionnées, se trouvent des assurés adhérents à une caisse d'assurance, il établit à leur nom une fiche, sur laquelle il porte une mention indiquant la valeur des timbres apposés sur la déclaration, puis il assure la transmission de cette fiche conformément aux règles applicables aux cartes. Il adresse ensuite les déclarations au ministre du travail, en lui faisant connaître les noms des assurés pour lesquels il a établi une fiche. Le ministre du travail prononce l'attribution au fonds de réserve des sommes versées au nom des autres personnes.

2. Sont remplacés ainsi qu'il suit les renvois à des articles ou à des alinéas de la loi sur les retraites ouvrières et paysannes, dont le numérotage doit être changé, par suite des modifications apportées à cette loi :

Articles.	Paragraphes	*Au lieu de*	*Mettre*
8	3	§§ 6, 7 ou 8 de cet article.	§§ 7, 8 ou 9 de cet article.
22	1	§ 7 de l'art. 36.	§ 8 de l'art. 36
22	2	§ 8 de l'art. 36.	§ 9 de l'art 36.
28	2	§§ 1 et 5 de l'art. 36.	§§ 1 et 6 de l'art 36.
31	1	Art 3, § 5.	Art. 3, § 7.
36	1	Art 3, § 5.	Art. 3, § 7.
37	1	Art 3, § 5.	Art. 3, § 7.
41	1	Art 3, § 5.	Art. 3, § 7.
42	1	Art 3, § 5.	Art. 3, § 7.
43	1	Art 3, § 5.	Art. 3, § 7.
135	1	§ 6 de l'art. 36.	§§ 4 et 7 de l'art 36.
140	1	L'art 36, §§ 7 et 8.	L'art 36, §§ 8 et 9
141	1	§ 6 de l'art. 36.	§§ 4 et 7 de l'art 36.
141	2	§ 4 de l'art. 36.	§§ 4 et 5 de l'art. 36
141	3	§ 11 de l'art 36.	§ 12 de l'art. 36.
152	2	Art. 2 de la loi.	Art. 4, § 2, de la loi.
157	4	§ 6 de l'art 36.	§ 7 de l'art. 36

3 A titre exceptionnel, les membres des divers organismes assurant le service des retraites ouvrières et paysannes élus par l'assemblée générale des intéressés, dont les pouvoirs expirent pendant la durée des hostilités, restent en fonctions jusqu'à ce qu'un arrêté du ministre du travail ait fixé la date des élections auxquelles doit donner lieu leur remplacement.

4 Le ministre du travail et de la prévoyance sociale et le ministre des finances sont chargés, etc.

TABLE ALPHABÉTIQUE

Les chiffres indiquent les pages.

A

Actes de l'état civil.

Agent de change.

Contributions arabes — V. le § Budget de 1916.
Contributions directes. — V. le § Budget de 1916.
Debitants de boissons. — V. les §§ Budget de 1916, Octroi de mer, Territoires du Sud.
Delais. — V. le § Expropriation pour utilite publique.
Départements. — V. le § Budget de 1916.
Djebars. — V. le § Douanes.

Douanes.

Interdiction de la sortie de l'Algérie, ainsi que de la réexportation en suite d'entrepôt, de dépôt, de transit et de transbordement, des tabacs en feuilles ou en côtes (Décr., 10 sept. 1915). 11
Ratification du décret du 23 juin 1915, prohibant la sortie de l'Algérie de la houille carbonisée (coke) (Loi, 15 nov. 1915). 127
Interdiction de l'exportation des djebars (rejetons de palmiers) hors du territoire de l'Algérie; faculté pour le gouverneur général d'autoriser des exportations à destination du Maroc et de la Tunisie; penalités en cas d'infractions (Décr., 31 déc. 1915). 229
Ecoles indigènes. — V. Instituteurs et institutrices (Traitements des).
Ecoles primaires d'Européens. — V. le § Instituteurs et institutrices (Traitements des).
Elections. — V. le § Tribunaux de commerce.

Emplois réservés aux anciens militaires.

Dispositions relatives aux emplois rétribués sur les fonds de l'Etat, des départements et des communes, réservés aux anciens militaires indigènes de l'Algérie (Droit de préference en faveur des militaires réformés n° 1, ou retraités par suite de blessures ou d'infirmités résultant de maladies contractées en service devant l'ennemi) (Décr., 11 janv. 1916). 245
Epidémies. — V. le § Vaccination obligatoire.
Escompte. — V. le § Bons (Emission de).

Expropriation pour utilité publique.

Dispositions concernant les moyens propres à permettre en Algerie l'expropriation pour cause d'utilité publique pendant la durée des hostilités (L'art. 4 de la loi du 5 août 1914, sur les prorogations d'echéance, ne s'applique pas a la prise de possession des terrains expropriés) (Loi, 30 sept. 1915). 51
Simplification des formalités relatives à l'expropriation d'urgence pour cause d'utilité publique en Algérie, pendant la durée de la guerre (Renvoi apres la guerre des formalités postérieures a la prise de possession; non-application du decret du 10 aout 1914, sur la suspension des delais, aux délais des formalités précédant l'exécution du travail public) (Décr., 27 oct. 1915). 102
Farines. — V. le § Ravitaillement de la population civile.
Gouverneur général. — V. le § Douanes.
Hygiène et santé publiques. — V. le § Vaccination obligatoire.
Impôt foncier des propriétés bâties. — V. le § Budget de 1916.
Indigènes algériens. — V les §§ Emplois réservés aux anciens militaires, Instituteurs et institutrices (Traitements des), Police des indigènes.

Instituteurs et institutrices (Traitements des)

Fixation pour l'année 1916 des traitements des instituteurs et institutrices des ecoles primaires d'Algérie (Traitements des instituteurs et institutrices des écoles primaires d'Europeens et des écoles et classes d'indigènes, traitements des adjoints indigènes, allocation pour possession du brevet supérieur, du baccalauréat, du brevet des écoles supérieures de commerce et du certificat d'etudes normales) (Décr., 29 janv. 1916). 276
Interdictions d'exportation. — V. le § Douanes.
Juges de paix mobilisés, décédés ou démissionnaires. — V le § Justices de paix.

Justices de paix.

Dispositions réglementant la reunion temporaire de justices de paix en Algérie pendant la guerre, en cas de mobilisation, décès, démission, révocation de juges de paix (Décr., 20 sept. 1915). 37
Determination de la rémuneration des suppleants appeles a remplacer les juges de paix mobilisés en Algérie (Arr., 18 dec. 1915). 188

Justice musulmane.

Suppression d'une mahakma en Algérie, et rattachement de la circonscription à une autre circonscription (Decr., 13 févr. 1916). 303
Mahakma. — V. le § Justice musulmane.
Marchands en gros. — V. les §§ Budget de 1916, Octroi de mer, Territoires du Sud.
Maroc. — V. le § Douanes.
Militaires indigenes. — V. le § Emplois réservés aux anciens militaires.
Moratorium. — V. le § Expropriation pour utilité publique.

Octroi de mer.

Autorisation du remboursement aux debitants et marchands en gros des droits d'octroi de mer perçus en Algérie sur les absinthes et liqueurs similaires (Décr., 27 nov. 1915). 151
Orge. — V. le § Ravitaillement de la population civile.

Police des indigènes.

Dispositions ayant pour objet d'assurer,

pendant la durée de la guerre, la surveillance et la police des populations indigènes dans les communes de plein exercice en Algerie par les administrateurs de communes mixtes (Décr., 23 oct. 1915).

Préfets. — V. le § Ravitaillement de la population civile.

Prise de possession — V. le § Expropriation pour utilité publique.

Prix maximum. — V. le § Ravitaillement de la population civile.

Prorogation de délais. — V. le § Expropriation pour utilité publique.

Rattachement de circonscriptions judiciaires. — V. le § Justice musulmane.

Ravitaillement de la population civile.

Autorisation au gouverneur général de l'Algérie de proceder à des opérations d'achat et de vente de bles, orges et farines pour le ravitaillement de la population civile, et notamment à des achats par voie de réquisition ou à l'amiable; fixation du prix maximum des blés, fabrication d'une seule sorte de farine; mesures financières (Décr., 4 janv. 1916). 236

Réformés. — V. le § Emplois réservés aux anciens militaires.

Rejetons de palmiers. — V. le § Douanes.

Remboursement de droits. — V. les §§ Budget de 1916, Octroi de mer, Territoires du Sud.

Réquisition (Droit de). — V. le § Ravitaillement de la population civile.

Retraités. — V. le § Emplois reservés aux anciens militaires.

Réunion de justices de paix. — V. le § Justices de paix.

Suppléants de juges de paix. — V. le § Justices de paix.

Tabacs. — V. le § Douanes.

Taxes assimilées aux contributions directes. — V. le § Budget de 1916.

Territoires du Sud.

Fixation du budget des territoires du Sud de l'Algérie pour l'exercice 1916; dispositions spéciales au remboursement des droits perçus sur l'absinthe (Décr., 27 déc. 1915). 212

Titres au porteur perdus ou volés.

Application à l'Algérie de diverses dispositions legislatives et reglementaires relatives aux titres au porteur perdus ou voles (Décr., 2 fevr. 1916). 284

Traitements. — V. le § Instituteurs et institutrices (Traitements des).

Tribunaux de commerce.

Régularisation du décret du 9 janv. 1915, relatif à l'ajournement, jusqu'après la cessation des hostilités, des élections des membres des tribunaux de commerce en Algérie (Loi, 30 sept. 1915). 57

Tunisie. — V. le § Douanes.

Urgence. — V. le § Expropriation pour utilité publique.

Vaccination obligatoire.

Application à l'Algérie de la loi du 7 sept. 1915, qui determine en quels cas la vaccination ou la revaccination antivariolique peut etre rendue obligatoire (calamités publiques et épidemies) (Décr., 28 dec 1915). 213

Allemagne. — V. Colonies, Douanes.

Allemands. — V. Assurance sur la vie, Moratorium, Societés d'assurances.

Alliés. — V. Budget, Cimetières, Colonies, Décorations, Douanes, Guerre, Moratorium.

Allocations. — V. Retraites ouvrières et paysannes.

Allocations aux familles. — V. Armée, Marine, Réquisitions militaires.

Allumettes chimiques.

Dispositions relatives a la vente des pâtes pour allumettes aux industriels travaillant pour la défense nationale (Decr., 15 nov. 1915) 126

V. Chemins de fer, Marine, Moratorium, Pharmacie.

Alsaciens-Lorrains. — V. Moratorium.

Aluminium. — V. Colonies, Douanes.

Amandes — V. Colonies, Douanes.

Amende. — V. Débits de boissons, Guerre, Monnaies.

Amérique. — V. Colonies, Douanes.

Amiante — V. Douanes.

Anes — V. Douanes.

Anglais. — V. Traité international.

Angleterre. — V. Colonies, Douanes, Traite international.

Animaux. — V. Boucher, Douanes.

Animaux nuisibles.

Instructions relatives a la protection de l'agriculture contre les animaux nuisibles et le gibier surabondant (I. Animaux nuisibles; usage du droit de repousser les fauves et de detruire les animaux nuisibles, battues administratives ordonnees par les prefets, permissions spéciales aux personnes possedant équipage de chasse; battues municipales, transport, colportage et vente des animaux détruits. — II. Gibier, mesures à prendre en ce qui concerne la multiplication des faisans et lievres) (Circ., 14 sept. 1915). 25

Instructions relatives a l'emploi du fusil pour la destruction des animaux nuisibles dans la zone des armées (Circ., 25 sept. 1915). 42

Armée.

Adjudants d'administration du génie.

Aéronautique militaire.

Armée d'Orient.

Chasseurs forestiers.

Commandant en chef des armées.

Dispositions confiant à un général de division le commandement des armées françaises, à l'exception des forces en action sur les théâtres d'opérations relevant du ministère des colonies, du général commandant en chef des forces de l'Afrique du Nord et du général résident général et commissaire extraordinaire du gouvernement au Maroc (Décr., 2 déc. 1915). 161
Nomination du général Joffre commandant en chef des armées françaises (Décr., 2 déc. 1915). 161
V. le § Armée d'Orient.
Commandement d'une unité active. — V. le § Etat-major.
Commis et ouvriers d'administration. — V. le § Engagements pour la durée de la guerre.
Commissions. — V. le § Conseil de revision.
Communes de plein exercice. — V. les §§ Recrutement, Troupes coloniales.
Compagnies sahariennes. — V. le § Troupes coloniales.
Concours. — V. le § Service de santé militaire.

Congés et permissions.

Instructions relatives à la délivrance des congés et permissions dans la zone de l'intérieur et dans la zone des armées (Circ., 23 oct. 1915). 93
Dispositions relatives à la solde des permissionnaires des troupes métropolitaines (Attribution, en temps de guerre, de la solde de présence pendant la durée des permissions) (Décr., 1er févr. 1916). 282
Dispositions relatives à la solde des permissionnaires des troupes coloniales (Attribution, en temps de guerre, de la solde de présence pendant la durée des permissions). 282

Conseils de revision.

Modification du décret du 12 juin 1908, en ce qui concerne les indemnités attribuées aux membres des conseils de revision et de commissions diverses, et l'allocation à tous les militaires, pendant la durée des hostilités, de l'indemnité journalière au taux des célibataires (Décr., 2 févr. 1916). 285

Contrôleurs de l'armée.

Détermination des attributions des fonctionnaires du contrôle en mission spéciale dans les régions de corps d'armée (Décr., 20 sept. 1915). 37
Abrogation du décret du 20 sept. 1915, relatif aux attributions des fonctionnaires du contrôle en mission spéciale dans les régions de corps d'armée (Décr., 2 janv. 1916). 234
Corps du contrôle. — V. le § Contrôleurs de l'armée.
Corps expéditionnaire. — V. les §§ Armée d'Orient, Troupes coloniales.
Côte des Somalis. — V. le § Engagements pour la durée de la guerre.

Décentralisation et simplification des services

Instruction relative aux dispositions à prendre pour simplifier et accélérer le fonctionnement des divers services de l'armée par la décentralisation (Circ., 10 nov. 1915). 124

Délégations de solde.

Instructions relatives au paiement des délégations de solde aux bénéficiaires résidant en dehors du lieu de garnison du dépôt (Circ., 17 sept. 1915). 32
Ecoles d'aviation militaire. — V. le § Aéronautique militaire.
Ecole de tir aérien. — V. le § Aéronautique militaire.
Ecoles nationales vétérinaires. — V. le § Vétérinaires.

Effectifs (Répartition et utilisation des)

Instructions pour l'application de l'art 6 de la loi du 17 août 1915, en ce qui concerne les établissements, usines et exploitations de l'industrie privée travaillant pour la défense nationale, autres que les exploitations houillères (Instr., 19 sept. 1915). 33
Instructions pour l'application aux exploitations houillères de l'art. 6 de la loi du 17 août 1915 (Instr. publ. au *J. off.* du 19 sept. 1915). 35
Instructions relatives au recrutement d'ouvriers pour les établissements travaillant pour la défense nationale parmi les auxiliaires non convoqués, les pères de six enfants du service armé, les hommes du service armé des classes 1887 et 1888 (Circ., 13 janv. 1916). 247
V. les §§ Inaptes au service armé, Service auxiliaire.
Enfants. — V. les §§ Indemnité pour charges de famille, Secours immédiat.

Engagements pour la durée de la guerre

Modification des conditions d'engagement pour la durée de la guerre des indigènes de l'Afrique occidentale dans le corps des tirailleurs sénégalais ; primes d'engagement, haute paie des anciens soldats, attribution d'allocations aux familles des militaires indigènes, et de pensions aux veuves et orphelins (Décr., 9 oct. 1915). 64
Dispositions tendant à développer en Afrique occidentale française les engagements volontaires de tirailleurs indigènes par la répartition entre les diverses colonies de secours pécuniaires destinés aux collectivités indigènes, et proportionnels au nombre des engagements (Décr., 14 oct. 1915). 68
Dispositions fixant les conditions d'enga-

Instructions precisant les conditions d'installation et de salubrite des cantonnements et camps d'instruction occupés pendant l'hiver (Circ., 29 nov. 1915). 153
Instructions sur les mesures à prendre à l'occasion de la classe 1917 (Mesures a prendre préalablement à l'incorporation des recrues; mesures de salubrité des casernements; surveillance de l'alimentation; mode d'instruction et d'entraînement; mesures préventives contre les maladies transmissibles; lutte contre l'alcoolisme) (Instr., 3 dec. 1915). 162

Inaptes au service armé.

Instructions relatives à l'utilisation, pendant la durée de la guerre, des officiers, sous-officiers et hommes de troupe inaptes au service armé, et susceptibles d'être retraités ou reformés (Circ., 23 sept. 1915). 39
Indemnité d'alimentation. — V. le § Troupes coloniales.

Indemnité d'entrée en campagne.

Dispositions relatives au renouvellement de l'indemnité d'entrée en campagne pour les troupes métropolitaines, au cas de retour à l'armée après séjour à l'intérieur (Décr., 11 fevr. 1916). 298
Dispositions relatives au renouvellement de l'indemnité d'entrée en campagne pour les troupes coloniales, au cas de retour a l'armée après séjour à l'intérieur (Décr., 11 févr. 1916). 297
Indemnité de résidence. — V. le § Troupes coloniales.

Indemnité journalière.

Modification du décret du 13 nov. 1914, attribuant des allocations spéciales aux officiers et sous-officiers de la zone des operations (Diminution de l'allocation journalière des officiers, sous-officiers et adjudants à solde mensuelle ou journalière) (Décr., 3 oct. 1915). 58
V. le § Conseils de revision.

Indemnité pour charges de famille.

Modification du décret du 26 août 1914, portant création d'une indemnité pour charges de famille (Attribution de l'indemnité aux militaires de la réserve et de l'armée territoriale, rappelés à l'activité, et pourvus d'une solde mensuelle) (Circ., 3 oct. 1915). 58
Dispositions relatives au paiement, pendant la durée des hostilites, de l'indemnité annuelle pour charges de famille, instituée par l'art. 2 de la loi du 30 dec. 1913, aux femmes ou personnes ayant la charge effective des enfants des militaires ayant droit à cette indemnité, alors même que les militaires sont tués, disparus ou faits prisonniers (Loi, 5 oct. 1915). 60
Indiens renonçants. — V. le § Engagements pour la durée de la guerre.
Indigènes. — V. les §§ Engagements pour la durée de la guerre, Militaires indigènes retraités, Relevement de la solde, Troupes coloniales.
Indo-Chine. — V. le § Engagements pour la durée de la guerre.
Infanterie coloniale. — V. le § Troupes coloniales.
Infirmiers militaires. — V. le § Engagements pour la durée de la guerre.
Inspection générale de l'hygiene des troupes. — V. les §§ Hygiène des troupes, Troupes coloniales.
Inspection générale des prisonniers de guerre. — V. le § Prisonniers de guerre.
Lieutenant-colonel. — V. le § Officiers de réserve et de l'armée territoriale.
Madagascar. — V. le § Engagements pour la duree de la guerre.

Main d'œuvre féminine.

Instructions relatives à l'emploi de la main-d'œuvre féminine dans les bureaux et services dépendant de l'Administration de la guerre (Circ., 26 janv. 1916). 273
Maladies transmissibles. — V. le § Hygiène des troupes.
Maréchal des logis. — V. le § Relevement de la solde.
Maréchal des logis chef. — V. le § Relevement de la solde.
Mécaniciens. — V. le § Travail agricole.
Medecins. — V. le § Service de sante militaire.
Médecins auxiliaires. — V. le § Service de santé militaire.
Médecins des hôpitaux. — V. le § Service de santé militaire.
Médecins-majors. — V. le § Service de santé militaire.
Militaires décédés. — V. les §§ Engagements pour la durée de la guerre, Indemnité pour charges de familles.
Militaires disparus. — V. les §§ Indemnité pour charges de famille, Officiers disparus, Secours immédiat.
Militaires indigènes. — V. les §§ Engagements pour la durée de la guerre, Militaires indigènes retraités, Relèvement de la solde, Troupes coloniales.

Militaires indigènes retraites.

Autorisation du rappel sous les drapeaux des anciens militaires indigènes de l'Afrique du Nord, titulaires d'une pension proportionnelle de retraite, libérés des services actifs en 1905, 1906 et 1907 (Décr., 10 sept. 1915). 11
Mise hors cadres. — V. le § Officiers de réserve spéciale.
Mission spéciale. — V. le § Contrôleurs de l'armée.
Mutilés. — V. le § Réformés et mutilés.
Nouvelle-Calédonie. — V. le § Engagements pour la durée de la guerre.
Océanie (Etablissements français de l). — V. le § Engagements pour la durée de la guerre.
Officiers. — V. les §§ Chasseurs forestiers, Etat-major, Inaptes au service arme,

bureaux gratuits de placement (Circ., 10 févr. 1916). 296
Instructions sur l'admission des mutilés de la guerre dans les sociétés de secours mutuels et les associations ouvrières de production (Circ., 10 févr. 1916). 297
Régions de corps d'armée. — V. le § Contrôleurs de l'armée.

Relèvement de la solde.

Ouverture, au ministre de la guerre, d'un crédit additionnel aux crédits provisoires de 1915, en vue du relèvement de la solde des brigadiers, caporaux et soldats (Loi, 19 oct. 1915). 85
Relèvement de la solde des hommes de troupe (maréchaux des logis, sergents, caporaux, brigadiers et soldats des troupes métropolitaines et des tirailleurs algériens), en exécution de la loi du 19 oct. 1915 (Décr., 21 oct. 1915). 88
Relèvement de la solde des maréchaux des logis, sergents, caporaux, brigadiers et soldats des troupes coloniales (Décr., 21 oct. 1915). 89
Relèvement de la solde des soldats français et étrangers en opération au Maroc (Décr., 21 oct. 1915). 90
Dispositions relatives au relèvement de la solde des sergents-majors et maréchaux des logis chefs des troupes métropolitaines (Décr., 4 févr. 1916). 287
Dispositions relatives au relèvement de la solde des sergents-majors et maréchaux des logis chefs des troupes coloniales (Décr., 4 févr. 1916). 287
Rengagement. — V. le § Haute paie.
Réserve de l'armée active. — V. le § Officiers de réserve et de l'armée territoriale.
Réserve de l'armée territoriale. — V. le § Adjudants d'administration du génie.
Réserve spéciale. — V. le § Officiers en réserve spéciale.
Réunion (Ile de la). — V. le § Recrutement.
Secours. — V les §§ Engagements pour la durée de la guerre, secours immédiat.

Secours immédiat.

Instructions relatives aux secours à accorder aux familles des militaires disparus (Secours immédiat aux femmes, enfants et ascendants) (Circ., 26 janv. 1916). 274
Sénégal. — V. les §§ Recrutement, Troupes coloniales.
Sergents. — V. le § Relèvement de la solde.
Sergents-majors. — V. le § Relèvement de la solde.

Service auxiliaire.

Instructions relatives à l'utilisation rationnelle des hommes du service auxiliaire (Circ., 14 févr. 1916). 304
V. le § Effectifs (Répartition et utilisation des).

Service de santé militaire.

Autorisation de nomination au grade de médecin auxiliaire, pendant la durée de la guerre, des étudiants en médecine possesseurs à la mobilisation de quatre inscriptions de doctorat, après accomplissement d'une année de service aux armées comme infirmier régimentaire ou infirmier dans une section d'infirmiers (Décr., 27 nov. 1915). 151
Modification du décret du 22 mai 1909, sur l'avancement des médecins et pharmaciens, des officiers d'administration du service de santé de la réserve et de l'armée territoriale (Avancement au choix, en temps de guerre, dans les mêmes conditions d'ancienneté que les officiers de l'armée active) (Décr., 23 déc. 1915). 200
Dispositions relatives à l'avancement spécial des médecins et pharmaciens en possession de certains titres (Promotion au grade de major de 1re classe, dans la réserve et l'armée territoriale, des médecins professeurs ou agrégés des Facultés de médecine, des pharmaciens professeurs ou agrégés des Facultés mixtes et Écoles supérieures de pharmacie, des médecins, chirurgiens et pharmaciens des hôpitaux nommés au concours, depuis dix ans, dans les villes de Faculté de médecine; promotion au grade de major de 2e classe des médecins agrégés des Facultés de médecine, pharmaciens agrégés des Facultés mixtes et Écoles supérieures de pharmacie, ayant moins de neuf ans d'agrégation, des médecins, chirurgiens et pharmaciens des hôpitaux, nommés au concours depuis moins de dix ans dans les villes de Faculté de médecine) (Décr., 31 déc. 1915). 230
Sociétés de secours mutuels. — V. le § Réformés et mutilés.
Solde. — V. les §§ Congés et permissions, Délégations de solde, Engagements pour la durée de la guerre, Haute paie, Officiers de réserve et de l'armée territoriale, Relèvement de la solde.
Solde mensuelle. — V. les §§ Indemnité journalière, Indemnité pour charges de famille.
Somalis (Côte des). — V. le § Engagements pour la durée de la guerre.
Sous-lieutenants de réserve. — V. le § Officiers de réserve et de l'armée territoriale.
Sous-officiers. — V. les §§ Adjudants d'administration du génie, Haute paie, Inaptes au service armé, Indemnité journalière, Indemnité pour charges de famille, Relèvement de la solde.
Stagiaires officiers d'administration. — V. le § Officiers d'administration.
Sursis d'appel. — V. le § Travaux agricoles.
Temps de commandement. — V. le § État-major.
Tirailleurs algériens. — V. le § Relèvement de la solde.

B

Budget de 1916.

Crédits supplémentaires.

de timbre et d'enregistrement; délai d'option; effet rétroactif au 2 août 1914, assimilation du service militaire en temps de guerre à la présence aux colonies; régime des caisses locales de pensions, entrée en compte du service militaire en temps de guerre pour les militaires et prisonniers de guerre) (Loi, 15 janv. 1916). 255

Pensions civiles. — V. le § Pensions.

Pensions militaires. — V. le § Pensions.

Péremption. — V. les §§ Moratorium, Postes.

Permis de recherches. — V. le § Mines.

Personnel civil de l'administration pénitentiaire. — V. le § Administration pénitentiaire.

Poivre. — V. le § Douanes.

Postes.

Maintien, par dérogation au décret du 18 mars 1915, du régime des delais de peremption des mandats-poste dans les colonies françaises (Decr., 7 sept. 1915) 9

Application aux colonies et pays de protectorat, autres que la Tunisie et le Maroc, des dispositions des decrets des 3 août et 21 sept. 1914, concernant la franchise postale accordée aux militaires et marins français mobilisés, ainsi qu'aux militaires belges en campagne en France (Décr., 5 fevr. 1916). 288

Prescription. — V les §§ Moratorium, Postes.

Président du tribunal civil. — V. le § Moratorium.

Prisonniers de guerre. — V. le § Pensions.

Prorogation de délai. — V. les §§ Mines, Moratorium.

Protectorats britanniques. — V. le § Douanes.

Protectorat (Pays de). — V. les §§ Douanes, Mines, Officiers publics et ministériels, Pensions.

Protégés français. — V. le § Mines.

Pyrolignite de chaux. — V. le § Douanes.

Ratification de décrets. — V. le § Douanes.

Recel en matière criminelle.

Dispositions rendant applicable à tous les justiciables des tribunaux français de l'Indo-Chine la loi du 22 mai 1915 sur le recel (Décr., 14 oct. 1915). 69

Référé. — V. le § Moratorium.

Renouvellement d'inscription. — V le § Moratorium.

Rongony. — V. le § Chanvre à fumer.

Russie. — V. le § Douanes.

Sacs. — V. le § Douanes.

Sénégal. — V. le § Expropriation pour utilité publique.

Serbie. — V. le § Douanes.

Signification de jugement. — V. le § Moratorium.

Sociétés de mines. — V. le § Mines.

Somalis (Côte des). — V. le § Tribunaux militaires.

Suppléance des officiers publics et ministériels. — V. le § Officiers publics et ministériels.

Surveillants militaires. — V. le § Administration pénitentiaire.

Suspension des délais. — V. le § Moratorium.

Tableau d'avancement. — V. le § Administration pénitentiaire.

Timbre. — V. le § Pensions.

Transcription. — V. le § Moratorium.

Tribunal civil. — V. le § Pensions.

Tribunaux militaires.

Modification du tableau annexé au décret du 23 oct. 1913, modifié par le décret du 5 juin 1914, et relatif à l'organisation du service de la justice militaire dans les troupes coloniales (création à la Côte des Somalis d'un conseil de guerre permanent) (Décr., 31 janv. 1916). 281

Vaseline. — V. le § Douanes.

Vente. — V. les §§ Chanvre à fumer, Mines, Navires, Or (Vente de l').

Veuves. — V. le § Pensions.

Voies de recours. — V. le § Moratorium.

Volailles. — V. le § Douanes.

Zinc. — V. le § Douanes.

V. Armée, Armes, Budget, Caisse nationale des retraites pour la vieillesse, Guerre, Pharmacien, Postes.

Colonies britanniques. — V. Colonies, Douanes.

Colportage. — V. Animaux nuisibles, Pigeons.

Comité consultatif. — V. Armée, Guerre, Ministere de l'agriculture.

Comités consultatifs d'action économique. — V. Guerre.

Comité consultatif de l'aéronautique militaire. — V. Armée.

Comités d'action agricole. — V. Agriculture.

Comité d'avancement. — V. Ministère des travaux publics.

Comités de salaires. — V. Code du travail et de la prévoyance sociale.

Comités professionnels d'expertise. — V. Code du travail et de la prévoyance sociale.

Commandant de la marine. — V. Marine.

Commandement d'étapes. — V. Guerre.

Commerçants. — V. Moratorium.

Commis de trésorerie. — V. Trésoriers généraux.

Commis et ouvriers d'administration. — V. Armée.

Commis-greffiers assermentés. — V. Greffiers.

de prud'hommes ou au greffier du tribunal de commerce; remboursement des frais du registre des declarations et transcriptions des depôts) (Loi, 6 janv. 1916). 238

Destruction des animaux nuisibles. — V. Animaux nuisibles.

Dette flottante. — V. Budget.

Dette publique.

Autorisation d'emprunt aux Etats-Unis (Loi, 9 oct. 1915). 64

V. Rentes sur l'Etat.

Directeur de l'Assistance publique. — V. Postes.

Directeur des haras. — V. Haras.

Direction générale des fabrications. — V. Ministere de la guerre

Djebars. — V. Algérie.

Dominions britanniques. — V. Colonies, Douanes.

Dommages de guerre. — V. Colonies, Debits de boissons, Guerre.

Dons et legs. — V. Sociétés coopératives.

Douanes.

Acétate de chaux. — V. le § Interdictions d'exportation.

Admission en franchise. — V. les §§ Maroc, Suppression des droits d'entree.

Agents et preposés.

Dispositions relatives au maintien, dans les cadres de l'Administration des douanes, des contrôleurs adjoints reconnus inaptes au service militaire arme, a la suite de blessures ou infirmités de guerre (Décr., 22 oct. 1915). 92

Dispositions accordant des bonifications d'ancienneté aux agents des douanes qui ont obtenu une citation a l'ordre de l'armee, et autorisant des promotions exceptionnelles au grade administratif assimilé au grade militaire obtenu par les agents, et des promotions exceptionnelles, au grade de capitaine des douanes, des lieutenants proposés à ce grade à titre définitif par leurs chefs militaires (Décr., 15 nov. 1915). 126

Alliés. — V. les §§ Dérogations aux interdictions d'exportation, Tunisie.

Aluminium. — V. le § Dérogations aux interdictions d'exportation.

Amandes. — V. les §§ Dérogations aux interdictions d'exportation, Interdictions d'exportation, Tunisie.

Amérique. — V. le § Dérogations aux interdictions d'exportation.

Amiante. — V. le § Dérogations aux interdictions d'exportation.

Anes. — V. le § Viandes.

Angleterre. — V. le § Dérogations aux interdictions d'exportation.

Animaux.

Modification de l'arrêté du 18 janv. 1898, et autorisation de l'importation en France et du transit des animaux des espèces bovine, ovine et caprine provenant de Suisse (Arr., 24 déc. 1915). 208

Modification de l'arrêté du 20 juill. 1911, et autorisation de l'importation en France et du transit des animaux de l'espece bovine provenant des îles anglo-normandes (Arr., 25 dec. 1915). 211

Argent. — V. les §§ Dérogations aux interdictions d'exportation, Interdictions d'exportation.

Avancement. — V. le § Agents et préposés

Baches. — V. le § Dérogations aux interdictions d'exportation.

Bananes. — V. le § Tunisie.

Belgique. — V. le § Dérogations aux interdictions d'exportation.

Beurre. — V. les §§ Dérogations aux interdictions d'exportation, Suppression des droits d'entrée.

Beurre de cacao.

Reglementation de la fabrication du beurre de cacao, pour l'exportation, dans des locaux placés sous le régime de l'entrepôt réel (Decr., 31 déc. 1915). 231

Blé. — V. les §§ Maroc, Retablissement des droits d'entree.

Blessures. — V. le § Agents et préposes.

Bonifications d'anciennete. — V. le § Agents et préposés.

Bovins. — V. le § Animaux.

Cacao. — V. le § Beurre de cacao.

Capitaine des douanes. — V. le § Agents et préposés.

Carbonate de soude. — V. le § Interdictions d'exportation.

Carborandum. — V. le § Interdictions d'exportation.

Caroubes. — V. le § Tunisie.

Caséine. — V. le § Interdictions d'exportation.

Caution. — V. le § Dérogations aux interdictions d exportation.

Cédrats. — V. le § Tunisie.

Certificat d origine. — V. le § Tunisie.

Charbon. — V. le § Interdictions d'exportation.

Chevaux. — V. les §§ Dérogations aux interdictions d'exportation, Viandes.

Chevres. — V. le § Animaux.

Chrome. — V. le § Dérogations aux interdictions d'exportation.

Citation à l'ordre de l'armee. — V. le § Agents et préposés.

Citrons. — V. le § Tunisie.

Coke. — V. le § Interdictions d'exportation.

Colonies britanniques. — V. le § Dérogations aux interdictions d'exportation.

Conserves. — V. le § Derogations aux interdictions d'exportation.

Contrôleurs adjoints. — V. le § Agents et préposés.

Interdictions d'exportation.

Maroc.

F

Forêts.

G

Gendarmerie.

Greffiers

Guerre.

H

Haras.

Commissions de reforme.

Instructions relatives à l'application des dispositions de l'art. 3 de la loi du 17 août 1915, en ce qui concerne la visite par une commission de reforme des marins classés ou versés dans le service auxiliaire, réformés temporaires ou réformés n. 2, categories de marins dispensés de la visite (Circ., 2 sept. 1915). 4

Instructions relatives à l'application de la circulaire du 2 sept. 1915 (Application de l'art. 3 de la loi du 17 août 1915; remise à la disposition de l'autorité militaire des marins qui, à la suite de l'examen des commissions de réforme, sont reconnues aptes au service armé ou auxiliaire) (Circ., 21 oct. 1915). 91

Concours. — V. le § Ecole navale.

Délégations de solde.

Détermination des conditions de la délégation de solde par les officiers de la marine servant dans un des corps du département de la guerre (Circ., 18 oct. 1915). 84

Instructions relatives à la délimitation des droits des veuves et des orphelins de differents lits des officiers et marins décédés sous les drapeaux à la pension ou à la moitié de la solde de leurs ayants cause (Option entre la délégation et la pension; option en cas d'existence d'enfants d'un premier lit) (Circ., 24 janv. 1916). 271

Délégations d'office. — V. Delégations de solde.

Dragueurs. — V. le § Permissions.

Eclairage des côtes (Personnel de l'). — V. le § Inscrits maritimes.

École navale.

Autorisation de l'ouverture des concours d'admission a l'Ecole navale en 1915 entre les candidats des classes 1915, 1916, 1917 sous les drapeaux au 1er janv. 1916, et d'un concours en 1916, pour les candidats des classes 1916 et 1917 qui auraient acquis l'aptitude physique depuis le concours de 1915, et ceux des classes 1915, 1916 et 1917, qui, pour force majeure decoulant de leurs obligations militaires, n'auraient pu se présenter au concours de 1915 (Decr., 21 nov. 1915). 141

Instructions relatives à la reprise des concours d'admission a l'Ecole navale (Circ., 21 nov. 1915). 141

Enfants. — V. le § Secours immédiat.

Enfants d'un premier lit. — V. le § Délégations de solde.

Etablissements industriels. — V. les §§ Arsenaux, Commission d'examen des mobilisés affectes à des établissements industriels.

Etat-major. — V. le § Permissions.

Etudiants en médecine ou en pharmacie. — V. le § Médecins ou pharmaciens auxiliaires.

Exercice d'imputation. — V. le § Allocations aux familles des marins.

Familles nécessiteuses. — V. le § Allocations aux familles des marins.

Familles nombreuses. — V. le § Pères de familles nombreuses.

Femmes. — V. le § Secours immédiat.

Fonctionnaires et agents de la marine. — V. le § Inscrits maritimes.

Force majeure. — V. le § Ecole navale.

Formations militaires du département de la guerre. — V. le § Délégations de solde.

Gardes maritimes. — V. les §§ Inscrits maritimes, Syndics des gens de mer.

Gendarmerie maritime.

Instructions relatives à l'application à la gendarmerie maritime du décret (guerre) du 4 août 1915, sur le maintien en activité des sous-officiers et brigadiers de gendarmerie et des gendarmes au dela de la limite d'âge (Circ., 12 dec. 1915). 184

Grades. — V. les §§ Grades temporaires, Officiers de la marine marchande.

Grades temporaires.

Instructions relatives au point de départ du compte des notes de marins de tous grades, promus à titre définitif, après avoir éte l'objet d'un avancement sujet à revision (Circ., 13 févr. 1916). 304

Gratification. — V. le § Arsenaux.

Indemnité de route. — V. le § Permissions.

Indemnité de travail. — V. le § Arsenaux.

Indigènes. — V. le § Inscrits maritimes indigènes.

Infirmiers. — V. le § Medecins ou pharmaciens auxiliaires.

Ingénieurs hydrographes. — V. le § Avancement des officiers.

Inscrits maritimes.

Instructions relatives à la situation, au point de vue de l'avancement, des hommes maintenus au service et des inscrits dispensés ou en congé illimité rappelés (Circ., 10 sept. 1915). 19

Modification de l'art 399 du décret du 17 juill 1908, définissant l'armee de mer, et portant réorganisation du corps des équipages de la flotte et du personnel des musiques de la flotte (refondu le 15 juill. 1914) (Non-disponibilite des inscrits définitifs : fonctionnaires et agents vises a l'art. 42 de la loi du 21 mars 1905, fonctionnaires et agents de la marine, prud'hommes pêcheurs, gardes-jurés, pilotes lamaneurs, officiers et maitres de port, gardiens de phare, des personnels du balisage et de l'eclairage des côtes et du service sanitaire maritime, des équipages des bâtiments affectés à un service d'intérêt public maritime) (Decr., 20 oct 1915). 87

publique et des beaux-arts, pour la délivrance des ordonnances de paiement et de délégation concernant la 2e section de son département (Decr., 3 nov. 1915). 114
Création au ministère de l'instruction publique et des beaux-arts d'une direction des inventions intéressant la defense nationale (Décr., 13 nov. 1915). 126
Modification du titre du ministere de l'instruction publique et des beaux-arts (Ministere de l'instruction publique, des beaux-arts et des inventions intéressant la défense nationale) (Décr., 15 nov. 1915). 127

Ministère du travail et de la prévoyance sociale.

Institution, auprès du ministère du travail et de la prévoyance sociale, d'un comité consultatif des conventions internationales en matière de prévoyance sociale et d'assistance (Décr., 28 déc. 1915). 216

Ministère des travaux publics.

Prorogation des pouvoirs des fonctionnaires désignés comme représentants du personnel des travaux publics auprès des comites d'avancement et du conseil d'enquête (Arr., 27 nov. 1915). 152

Ministres belges. — V. Postes.

Ministre du commerce. — V. Guerre.

Ministres d'Etat. — V. Budget.

Ministre de la guerre. — V. Guerre, Marches administratifs ou de fournitures.

Ministre de la marine. — V. Navires

Mobilisés. — V. Agent de change, Algerie, Bureaux de bienfaisance, Communes, Conservatoire de musique et de declamation, Contributions directes, Débits de boissons, Guerre, Hospices, Impôt sur le revenu, Instruction publique, Justices de paix, Légion d honneur, Marine, Moratorium, Postes, Retraites ouvrières et paysannes, Timbre.

Monaco (Prince de). — V. Budget.

Monnaies.

Dispositions tendant à réprimer le trafic des monnaies et espèces nationales (Pénalités d'amende et d emprisonnement contre l'achat, la vente ou la cession et la tentative d'achat, de vente ou de cession, en temps de guerre, de monnaies nationales au-dessus de leur valeur légale ou moyennant prime; confiscation des monnaies; circonstances atténuantes, et sursis à l'application de l'emprisonnement) (Loi, 12 févr. 1916). 303
V. Colonies, Ministère des finances.

Montenegro. — V. Colonies, Douanes.

Moratorium.

Accidents du travail. — V. le § Societes d'assurances.
Action en justice. — V. le § Procedure devant le juge de paix.
Action en paiement. — V. les §§ Banque-Banquier, Crédit (Ouverture de), Protêts, Vente de marchandises.
Algérie. — V. les §§ Bail a ferme, Bail a loyer, Banque-Banquier, Crédit (Ouverture de), Protêts, Sociétés d'assurances, Sociétés d'épargne et de capitalisation, Vente de marchandises.
Allemands. — V. le § Bail à loyer.
Alliés. — V. les §§ Bail à loyer, Credit (Ouverture de), Protêts, Vente de marchandises.
Alsaciens-Lorrains. — V. le § Bail à loyer.
Associés. — V. le § Bail à loyer.
Assurances. — V. le § Sociétés d'assurances.
Assurance contre les accidents. — V. le § Societés d'assurances.
Assurance sur la vie. — V. le § Sociétes d'assurances.
Austro-Hongrois. — V. le § Bail à loyer.
Autorisation du juge. — V. les §§ Bail a ferme, Bail à loyer, Saisie-arrêt, Saisie conservatoire, Saisie-gagerie, Vente de marchandises.
Avances sur titres. — V. le § Crédit (Ouverture de).
Avis au débiteur. — V. les §§ Crédit (Ouverture de), Protêts, Vente de marchandises.

Bail à ferme.

Dispositions relatives a la prorogation et a la suspension des baux des fermiers et metayers qui ont été mobilisés (Application des decrets antérieurs aux baux qui doivent prendre fin ou commencer à courir dans la période du 1er déc. 1915 au 31 mars 1916, soit par convention, soit par suite d'une precedente prorogation ou suspension, application à l'Algérie) (Decr., 24 nov. 1915). 145
Interdiction, pendant la guerre, de toute mesure d'expulsion contre un fermier ou métayer qui beneficie du moratorium ou de délais accordés par justice, sans une autorisation du juge, donnée sur requête, sous réserve de referé, à la suite duquel le juge peut rétracter, modifier ou confirmer son ordonnance (Decr., 22 janv. 1916). 266

Bail à loyer.

Dispositions relatives a la prorogation des délais en matière de loyers (Delai de trois mois accorde de plein droit, pour le paiement des loyers, aux locataires mobilises, aux veuves de militaires décédes, aux femmes de militaires disparus et aux membres de leurs familles qui habitent avec eux, aux sociétés en nom collectif dont tous les associes, et aux socié-

tés en commandite dont tous les gérants sont sous les drapeaux; même delai pour les locataires des portions de territoire énumerées au tableau annexé, pour les locataires n'ayant pas : 1° plus de 1.000 fr. de loyer, a Paris, Saint-Cloud, Sèvres et Meudon; 2° plus de 2.500 fr., s'ils sont patentes; 3° plus de 600 fr., dans les villes de 100.000 habitants et au-dessus; 4° 300 fr. dans les villes de 5.000 à 100.000 habitants; 5° 100 fr. dans les autres communes, avec réserve pour le proprietaire de prouver devant le juge de paix que le locataire peut payer, sauf exception pour les locataires du 2°, payant moins de 600 fr. — En ce qui concerne les locataires non presents sous les drapeaux et ne rentrant pas dans les catégories précédentes, delai de trois mois pour les termes échus entre le 1er oct. et le 31 dec. 1915, pour les commerçants, les patentés et les non-patentés, locataires dans les territoires enumérés au tableau annexé au décret du 1er sept. 1915, moyennant déclaration au greffe de la justice de paix; faculté pour le propriétaire de contester la déclaration, mais preuve à la charge du locataire; au contraire, pour les termes antérieurs, preuve à la charge du propriétaire. — Suspension pour trois mois des congés, et prorogation pour le même délai des baux venant à expiration, report à trois mois du point de départ de la relocation au profit d'un tiers, lorsque le locataire use de la faculté de continuer le bail. — Au cas de mort du locataire sous les drapeaux, à défaut de clause stipulant la continuation du bail, faculté pour le juge de paix d'autoriser les héritiers a deménager sans payer les loyers. — Imputation des loyers d'avance sur les termes échus, dans les territoires énumérés au tableau annexe au decret du 1er sept 1914. — Application du decret aux locations en garni. — Compétence du juge de paix pour les contestations. — Application du decret aux ressortissants des pays alliés ou neutres, aux Alsaciens-Lorrains, Polonais, Tchèques, sujets de l'Allemagne ou de l'Autriche-Hongrie, qui ont obtenu un permis de séjour. — Application à l'Algérie) (Decr., 14 sept. 1915). 29

Prorogation des delais en matière de loyers (Prorogation de plein droit, pour trois mois, des délais accordes pour le paiement des loyers, aux locataires mobilisés, veuves de militaires décédés, femmes de militaires disparus, et aux membres de leur famille demeurant avec eux, aux militaires reformes pendant les six mois qui suivent la réforme, aux societés en nom collectif dont tous les associes, et aux sociétés en commandite dont tous les gérants sont sous les drapeaux; même prorogation de plein droit : 1° pour les locataires des portions de territoire enumérees au tableau annexe; 2° pour les locataires n'ayant pas . 1° plus de 1.000 fr. de loyer, a Paris, Saint-Cloud, Sèvres et Meudon; 2° et plus de 2.500 fr., s'ils sont patentes; 3° plus de 600 fr., dans les villes de 100.000 habitants et au-dessus; 4° 300 fr., dans les villes de 5.000 a 100 000 habitants; 5° 100 fr., dans les autres communes, avec réserve pour le propriétaire de prouver devant le juge de paix que le locataire peut payer, sauf exception pour les locataires du 2° ne payant pas plus de 600 fr., et encore a la condition que ceux-ci ne jouissent pas de traitements ou appointements s'elevant à plus de 3.000 fr — En ce qui concerne les locataires non présents sous les drapeaux, et ne rentrant pas dans les catégories précédentes, délai de trois mois pour les termes echus entre le 1er janv. et le 31 mars 1916, pour les commerçants, les patentés et les non-patentes, locataires dans les territoires énumérés au tableau annexé au décret du 1er sept. 1915, moyennant déclaration au greffe de la justice de paix; faculté pai le propriétaire de contester la déclaration, mais preuve a la charge du locataire; au contraire, pour les termes antérieurs, preuve à la charge du locataire. — Suspension pour trois mois des conges, et prorogation pour le même delai des baux venant à expiration; report à trois mois du point de depart de la relocation au profit d'un tiers, lorsque le locataire use de la faculté de continuer le bail. — Au cas de mort du locataire sous les drapeaux, à défaut de clause stipulant la continuation du bail, faculté pour le juge de paix d'autoriser les héritiers à deménager sans payer les loyers. — Imputation des loyers payés d'avance sur les termes échus, dans les territoires énumeres au tableau annexe au decret du 1er sept 1914. — Application du décret aux locations en garni. — Compétence du juge de paix pour les contestations. — Application du décret aux ressortissants des pays-allies ou neutres, aux Alsaciens-Lorrains, Tchèques, Polonais, sujets de l'Allemagne et de l'Autriche-Hongrie, et ayant obtenu un permis de sejour. — Application à l'Algérie) (Décr., 28 déc. 1915). 213

Interdiction, pendant la guerre, de toute mesure d'expulsion contre un locataire bénéficiant du moratorium ou de délais accordés par justice, sans une autorisation du juge donnée sur requête, sous réserve de référé, à la suite duquel le juge peut rétracter, modifier ou confirmer son ordonnance (Décr., 22 janv. 1916) 266

V. le § Procédure devant le juge de paix.

Banque-Banquier.

Nouvelle prorogation de 60 jours francs, en France et en Algerie, sous les conditions et réserves prevues par les decrets

Neutres. — V. le § Bail a loyer.
Ordonnance sur requête. — V. les §§ Bail à ferme, Bail à loyer, Crédit (Ouverture de), Protêts, Saisie-arrêt, Saisie conservatoire, Saisie-gagerie, Vente de marchandises.
Paiements partiels. — V. les §§ Crédit (Ouverture de), Protêts, Vente de marchandises.
Paris (Ville de). — V. le § Bail à loyer.
Pays ennemi. — V. le § Sociétés d'assurances.
Permis de séjour. — V. le § Bail a loyer.
Petits loyers. — V. le § Bail a loyer.
Polonais. — V. le § Bail a loyer.
Président du tribunal de commerce. — V. les §§ Crédit (Ouverture de), Protêts, Vente de marchandises.
Preuve (Charge de la). — V. le § Bail a loyer.
Primes d'assurance. — V. le § Sociétés d'assurances.

Procédure devant les juges de paix.

Instructions sur la procédure a suivre en justice de paix, en ce qui touche l'application des décrets sur la prorogation des loyers et sur l'autorisation de continuer les instances (Circ., 15 févr. 1916). 309
Prorogation des baux. — V. les §§ Bail à ferme, Bail à loyer.
Prorogation de délai. — V. les §§ Bail a ferme, Bail à loyer, Banque-Banquier, Crédit (Ouverture de), Protêts, Sociétés d'assurances, Sociétes d'epargne et de capitalisation, Vente de marchandises.
Prorogation des échéances. — V. le § Protêts.

Protêts.

Dispositions relatives à la prorogation des échéances pour une nouvelle période de 60 jours, sous les conditions prévues par les décrets antérieurs, et extension aux valeurs, souscrites avant le 4 août 1914, et venant à échéance avant le 1er janv. — Avis au débiteur par le porteur; à défaut, cessation du cours des intérêts. — Suspension, pendant le même délai, de l'application des §§ 2 et 4 du décret du 27 oct. 1914, relatifs a la demande en paiement des effets de commerce pendant les derniers 30 jours, à l'égard des debiteurs non mobilisés ou domiciliés dans les regions envahies — Application du décret a l'Algérie (Décr., 16 oct. 1915). 80
Dispositions relatives à la prorogation des échéances et au retrait des dépôts espèces (Nouvelle prorogation de 90 jours francs, en France et en Algérie, des délais accordés pour le paiement des valeurs négociables, sous les conditions prévues par les décrets antérieurs. — Avis au débiteur par le porteur ; à défaut d'avis, cessation du cours des intérêts. — Autorisation des paiements partiels, que le porteur ne peut refuser, et qui sont constatés par une quittance exempte de timbre. — Suspension de l'application de l'art. 2, §§ 2 et 3, du décret du 27 oct. 1914. — Exclusion des débiteurs fournisseurs de l'Etat, de leurs sous-traitants, et des débiteurs qui coopèrent à leur fabrication, ou leur fournissent des matières ouvrées, brutes ou mi-ouvrées (Décr., 23 dec. 1914). 203
Dispositions mettant fin à la prorogation des echeances, en ce qui concerne les debiteurs qui, en raison de l'état de guerre, travaillent pour l'Etat ou pour les Etats alliés (Conditions de la cessation de la prorogation des échéances, en ce qui concerne les débiteurs qui, en raison de l'état de guerre, travaillent pour l'Etat ou les pays alliés, leurs sous-traitants, et les débiteurs qui leur fournissent des matières ou cooperent a la fabrication. — Prorogation de 20 mois des échéances de valeurs négociables à partir de leur date originaire; autorisation de paiements partiels, du quart au moins en principal, mentionnés par quittance exempte de timbre. — Autorisation au président du tribunal de commerce d'accorder des délais supplémentaires pendant les 30 jours précédant l'échéance, par ordonnance sur requête, avec dispense de timbre et d'enregistrement. — Dix jours apres l'avis de reception de la lettre recommandée demandant paiement, le president du tribunal de commerce peut autoriser les poursuites devant le tribunal de commerce, qui peut encore accorder des delais. — Application à l'Algérie, avec competence du juge de paix a compétence étendue substituée a celle du tribunal de commerce) (Décr., 23 déc. 1915). 205
Rachat de l'assurance. — V. le § Sociétés d'assurances.
Réalisation du gage. — V. le § Crédit (Ouverture de).
Référé. — V. les §§ Bail a ferme, Bail à loyer, Protêts, Saisie-arrêt, Saisie conservatoire, Saisie-gagerie.
Régions envahies. — V. les §§ Bail à loyer, Sociétés d'assurances.
Remboursement partiel. — V. les §§ Crédit (Ouverture de), Protêts, Vente de marchandises.
Résidence hors de France ou d'Algérie. — V. le § Sociétés d'assurances.
Résiliation. — V. le § Bail a loyer.
Saint-Cloud. — V. le § Bail a loyer.

Saisie-arrêt.

Interdiction, pendant la guerre, de toute saisie-arrêt, sans une autorisation donnée, pour causes graves, sur requête, et sous réserve de référé, à la suite duquel l'ordonnance peut être rétractée, modifiee ou confirmée; exception pour les saisies-arrêts pour dettes commerciales contractées depuis la guerre, et non moratorisées (Décr., 22 janv. 1916). 266

mes dues pour vente de marchandises entre commerçants, en ce qui concerne les fournisseurs de l'Etat et des pays alliés, leurs sous-traitants, et ceux qui leur fournissent des matieres ouvrées, brutes ou mi-ouvrées, ou coopèrent à leur fabrication. — Prorogation de 20 mois du paiement des fournitures, a compter de l'exigibilité fixée par la convention. — Autorisation de paiements partiels, du quart au moins du principal, que le créancier ne peut refuser, et qui sont constatés par quittance exempte de timbre. — Autorisation de délais supplémentaires accordés par le président du tribunal de commerce pendant les trente jours qui précèdent l'échéance, par ordonnance sur requête, dispensée de timbre et d'enregistrement. — Dix jours après l'avis de réception de la lettre recommandee adressée au debiteur, celui-ci peut être poursuivi, sur autorisation donnée par le president du tribunal de commerce. — Le tribunal de commerce, saisi de la poursuite, peut accorder des délais de paiement. — Application à l'Algérie, avec compétence du juge de paix à compétence etendue substituée a celle du tribunal de commerce) (Décr., 23 déc. 1915). 205

Veuves. — V. le § Bail à loyer.

V. Agent de change, Colonies, Contributions directes, Forêts, Pharmacien.

Moutons. — V. Boucher, Douanes.

Mulets. — V. Douanes.

Munitions de guerre. — V. Armes, Budget, Guerre.

Mutilés. — V. Armee.

N

Naissance en France. — V. Code civil.

Nantissement. — V. Budget.

Nationalité. — V. Code civil.

Navigation maritime.

Autorisation, sous certaines restrictions, aux capitaines de la marine marchande belge d'embarquer comme officiers sur les navires de commerce francais (Décr., 5 nov. 1915) 115

Navires.

Interdiction de la vente des navires de mer pendant la durée des hostilités, sauf autorisation du ministre de la marine (Nullité des actes consentis en fraude de la loi; pénalités, amende, emprisonnement, confiscation du navire; circonstances atténuantes) (Loi, 11 nov. 1915). 125

V. Colonies, Douanes, Guerre, Marine marchande, Navigation maritime.

Navires anglais. — V. Pilotage.

Navires de guerre. — V. Pilotage, Rentes sur l'Etat.

Navires-hôpitaux. — V. Réquisitions militaires.

Navires militarisés. — V. Marine, Réquisitions militaires.

Navires réquisitionnés. — V. Pilotage, Réquisitions militaires.

Neutres. — V. Guerre, Moratorium.

Nickel. — V. Douanes.

Noisettes. — V. Colonies, Douanes.

Noix. — V. Colonies, Douanes.

Non-disponibilité. — V. Marine.

Nouvelle-Calédonie. — V. Armée, Colonies.

Noyaux. — V. Colonies, Douanes.

O

Obligations amortissables. — V. Budget.

Obligations de la défense nationale. — V. Rentes sur l'Etat.

Obligations (**en général**). — V. Colonies.

Obligations industrielles. — V. Guerre.

Océanie (**Etablissements français de l'**). — V. Armée.

Octroi.

Tarif des droits sur les poissons à l'octroi de Paris (Décr., 11 déc. 1915). 180

V. Budget.

Octroi de mer. — V. Algérie.

Œufs. — V. Douanes.

Œuvres de guerre. — V. Lyon (Ville de).

Œuvre du Secours national. — V. Budget.

Offices publics de placement. — V. Travail.

Officiers. — V. Armée. Décorations, Douanes.

Officiers d'administration. — V. Armée.

Officiers de la marine marchande. — V. Marine, Navigation maritime.

Officiers de marine. — V. Marine.

Officiers de port. — V. Marine.

Officiers de réserve ou de l'armée territoriale. — V. Armée.

Officiers en réserve spéciale. — V. Armée.

Officiers mariniers. — V. Marine.

Officiers publics et ministériels. — V. Colonies.

Oranges. — V. Douanes.

Ordonnance sur requête. — V. Moratorium.

Orge. — V. Algerie.

Orphelins. — V. Armée, Bureaux de bienfaisance, Colonies, Communes, Hospices, Marine, Timbre.

Os. — V. Colonies, Douanes.

Ouvriers.

Maintien, pour l'année 1916, des cautionnements des sociétés d'assurances contre les accidents du travail (Arr., 24 déc. 1915). 208

Dispositions rendant facultative, pour les sociétés d'assurances et les syndicats de garantie contre les accidents du travail, la production des tableaux I à V à annexer au compte rendu de leurs opérations pour l'exercice 1916 (Arr., 24 dec. 1915). 209

Maintien, pour l'année 1916, des primes fixées par les arrêtés des 30 mars 1899 et 28 nov. 1906, relatifs aux sociétés d'assurances contre les accidents du travail (Arr., 24 déc. 1915). 209

V. Armée, Marine, Sociétés coopératives, Travail.

Ouvriers mineurs. — V. Postes.

Ouvrières. — V. Code du travail et de la prévoyance sociale.

P

Pain. — V. Douanes.

Paquets postaux. — V. Postes.

Parcs à moules. — V. Pêche fluviale.

Parents nourriciers. — V. Postes.

Paris (Ville de).

Autorisation du renouvellement des bons municipaux de la Ville de Paris (Décr., 18 déc. 1815). 190

Prorogation des pouvoirs de la commission administrative de la Bourse du travail de Paris (Décr., 17 janv. 1916). 261

V. Budget, Marchés à terme, Moratorium, Octroi.

Parts de fondateur. — V. Guerre.

Participation aux bénéfices. — V. Sociétes coopératives.

Pâtes phosphorées. — V. Allumettes chimiques.

Patentés. — V. Moratorium.

Patron. — V. Postes.

Pays ennemis. — V. Guerre, Ministere du commerce, de l'industrie, des postes et des telégraphes, Moratorium.

Peaux de chevreau. — V. Douanes.

Pêche fluviale.

Renouvellement des réserves de pêche pour 1916 dans les fleuves et rivières non canalisés, en vue de la reproduction du poisson (Décr., 6 janv. 1916). 239

Prorogation pour un an de l'effet du décret du 27 déc. 1910, relatif aux réserves établies pour la reproduction du poisson dans les rivières canalisees et canaux (Decr, 10 janv. 1916). 244

Pêche maritime.

Ajournement en 1916, pour l'Afrique équatoriale française, de l'application de l'art. 13 du décret du 12 avril 1914, portant réglementation de la pêche et de l'exploitation industrielle de la baleine en Afrique équatoriale française, et prescrivant aux concessionnaires l'utilisation industrielle des résidus (Décr., 21 nov. 1915). 142

Reglement d'administration publique pour l'application de l'art. 2 du décret-loi du 9 janv. 1852 (Conditions d'autorisation et de fonctionnement des pêcheries et parcs a moules) (Décr., 21 déc. 1915). 194

Pêcheries. — V. Pêche fluviale.

Peines. — V. Algérie, Colonies, Débits de boissons, Guerre, Monnaies, Navires.

Pèlerins de La Mecque. — V. Budget.

Pensions.

Règlement d'administration publique concernant la procédure de liquidation des pensions militaires (Conditions moyennant lesquelles, pendant la guerre, les liquidations de pensions sont soumises à la section des finances du Conseil d'Etat, contrôle des liquidations de pensions, au ministère des finances, par des membres du Conseil d'Etat) (Décr., 31 oct. 1915). 112

Dispositions relatives a la fixation des dates d'écheance des pensions (Paiement trimestriel, paiement à terme échu) (Loi, 31 dec. 1915). 232

V. Armee, Budget, Colonies, Marine.

Pensions civiles. — V. Budget, Colonies.

Pensions militaires. — V. Colonies, Pensions.

Pension proportionnelle. — V. Armée.

Percepteur. — V. Communes.

Péremption. — V. Colonies.

Permis de recherches. — V. Colonies.

Permis de séjour. — V. Moratorium.

Permissions agricoles. — V. Agriculture, Armée.

Permissions militaires. — V. Agriculture, Armée, Marine.

Somalis (Côte des). — V. Armée, Colonies.

Sous-lieutenants. — V. Armée.

Sous-officiers. — V. Armee, Marine.

Sous-secrétaire d'Etat. — V. Budget, Ministère de la guerre, Ministère de l'instruction publique.

Sous-traitants. — V. Moratorium.

Stationnement (Droits de). — V. Chemins de fer.

Subventions. — V. Budget, Societés cooperatives.

Successions. — V. Enregistrement.

Sucres.

Dispositions relatives aux sucres cristallisés employés en franchise dans l'industrie (Denaturation des sucres pour la fabrication de l'alcool) (Decr., 18 nov. 1915). 134

Institution d'une commission ayant pour mission d'evaluer les stocks de sucre disponibles pour la consommation générale, et de contrôler les prix de cette denrée (Arr., 10 janv. 19 6). 245

Instructions relatives à la culture et à l'achat des betteraves a sucre pendant la prochaine campagne sucrière (Fixation du prix des betteraves; modeles de contrat) (Circ.; 6 fevr. 1916). 289

Suisse. — V. Douanes.

Suppléance des officiers publics et ministériels. — V. Colonies.

Suppléants de juges de paix. — V. Algérie, Budget.

Suppression des droits d'entrée. — V. Douanes.

Surnuméraires. — V. Contributions directes.

Sursis à l'exécution des peines. — V. Monnaies.

Sursis d'appel. — V. Armée.

Sursis de paiement. — V. Contributions directes.

Surtaxes d'alcool. — V. Budget.

Surveillants militaires des établissements pénitentiaires. — V. Colonies.

Suspension des actions en justice. — V. Agent de change, Moratorium.

Suspension des délais. — V. Colonies, Contributions directes.

Syndics des gens de mer. — V. Marine.

Syndicats de garantie. — V. Ouvriers.

Syndicats professionnels. — V. Débits de boissons.

T

Tabacs. — V. Algérie.

Tableau d'avancement. — V. Colonies, Haras, Ministère de la guerre.

Tarifs. — V. Octroi.

Tarif réduit. — V. Postes.

Taxation des denrées — V. Algerie, Guerre.

Taxation d'office. — V. Impôt sur le revenu.

Taxes assimilées aux contributions directes. — V. Algérie, Budget, Trésoriers generaux.

Taxes municipales. — V. Lyon (Ville de).

Taxe sur les spectacles. — V. Lyon (Ville de).

Tchèques. — V. Moratorium.

Temps de guerre. — V. Hygiène et sante publiques, Marches administratifs ou de fournitures, Monnaies.

Tentative. — V. Monnaies.

Territoires du Sud. — V. Algérie, Douanes.

Tiers porteur. — V. Moratorium.

Timbre.

Dispositions relatives au recrutement du personnel feminin de l'atelier general du timbre (Recrutement exclusif, pendant les hostilites, parmi les femmes, orphelines, filles celibataires ou veuves des militaires tués a l'ennemi ou décédés de blessures ou maladies contractées sous les drapeaux ; en cas d'insuffisance, parmi les femmes, orphelines et filles celibataires ou veuves de militaires réformes n. 1, élevation après la guerre de la proportion des emplois reservés aux veuves, filles et sœurs d'agents et sous-agents) (Decr., 15 nov. 1915). 128

V. Cimetières, Colonies, Justices de paix, Moratorium, Rentes sur l'Etat.

Tirailleurs algériens. — V. Armée.

Tirailleurs sénégalais. — V. Armée.

Tissus de chanvre. — V. Douanes.

Titres au porteur. — V. Algerie.

Tour de service colonial. — V. Armée.

Tours à métaux — V. Guerre.

Traitements. — V. Algerie, Communes, Instruction publique.

Traité international.

Accord franco-britannique relatif à la compétence pénale militaire (Compétence en matière pénale, pendant la guerre, des tribunaux des armées d'opérations,

ERRATA

1er volume.

Page 31, 2e col., *après* l'art. 4 de la loi du 5 août 1914, réprimant les indiscrétions de la presse en temps de guerre, *ajoutez* l'art. 5, ainsi conçu « La presente loi cessera d'être en vigueur a la date qui sera fixee par un décret du Président de la République, et, au plus tard, a la conclusion de la paix ».

Erratum public au *J. off.* du 7 sept. 1915.

Page 138, 2e col., ligne 48, *au lieu de* le maire, *lisez*. le commandant de recrutement dans la circonscription duquel se trouve la commune.

Page 139, 1re col., lignes 29 et 30, *supprimez* en établissant l'état C *bis*.

Page 139, 1re col., ligne 35, *au lieu de* le maire, *lisez* le commandant de recrutement.

2e volume.

Page 113. Le texte de la loi du 9 avril 1915 doit être completé ainsi qu'il suit

« Le droit à pension sera ouvert et la pension liquidée à compter du lendemain du deces. Mais la jouissance des arrérages sera suspendue jusqu'à la cessation du régime des allocations.

« Dans le cas ou les intéressés opteraient pour le régime des pensions, ils pourront néanmoins, a titre d'avance, toucher l'allocation jusqu'au jour ou la liquidation de leur pension sera terminée. Ces avances seront precomptées sur les premiers arrérages touchés.

« Si la pension n'est point à la charge du Tresor public, la collectivite ou l'etablissement debiteur remboursera à l'Etat une somme égale au montant des arrérages frappes de suspension ou aux allocations servies à titre d'avance, suivant que la quotité de l'allocation aura eté superieure ou inférieure a celle de la pension.

« 3. Les dispositions de l'article précédent seront applicables aux pensions dont le droit s'est ouvert antérieurement à la promulgation de la présente loi ».

3e volume.

Page 39, 1re col., ligne 6, *au lieu de*. 21 septembre 1914, *lisez :* 21 septembre 1915.

Page 158, 2e col., ligne 2, *au lieu de*. non mobilisés, *lisez :* non militarises.

Imprimerie du Recueil Sirey, au Mesnil (Eure)

MANUEL DES SOCIETES

www.ingramcontent.com/pod-product-compliance
Lightning Source LLC
Chambersburg PA
CBHW052106230326
41599CB00054B/4029